FINANCIAL INSTITUTIONS MANAGEMENT

제3판

금융기관론

권재중 김대식 김덕영
윤석헌 이동걸 이병윤
장정자 정재욱 홍정훈 공저

Financial
Institutions
Management

도서출판
청람

■ 제3판 들어가는 글 ■

본 서 제2판 발간 이후에도 글로벌 금융위기의 여파는 계속되었다. 2009년부터 시작된 유럽 재정위기가 2015년 그리스 경제위기를 촉발했고 금년 초에는 중국 증시가 급락하면서 중국경제의 경착륙 우려가 높아졌다. 그나마 미국경제가 회복의 기미를 보여 작년 말 미연준이 기준금리 0.25%p 인상을 추진했으나 국제금융시장의 변동성 확대가 우려되면서 아직은 추가적 금리인상으로 이어지지 않고 있다. 그리고 지난 6월 영국이 국민투표로 EU 탈퇴를 의미하는 브렉시트(Brexit)를 가결시키면서 세계경제 폐쇄화 움직임에 대한 우려가 커지고 있다.

이 모든 것들은 금융을 지나치게 부의 증대수단으로 이용하는 것과 무관하지 않다. 글로벌 금융위기 직후 미국에서는 금융이 다수의 희생을 배경으로 일부가 이득을 챙기는 소위 99% 대 1% 문제를 악화시켰다는 주장이 대두되면서 월가점령(Occupy Wall Street)으로 분출되었다. 유사한 사고가 학계로도 번졌는데, 일부 선진국의 경우 금융이 경제규모 대비 과다하다는 논문이 발표되어 주목을 받았다. 비록 개발도상국에서는 금융발전의 경제성장 기여가 어느 정도 인정된다 하더라도 일부 선진국에서처럼 지나치게 비대한 금융은 경제발전에 오히려 해가 된다는 것이다. 이런 맥락에서 향후 금융은 규모 키우기보다 금융역량을 키워 중개기능 활성화 및 사회적 역할 확대에 활용해야 한다는 것이다.

국내 금융은 어떤가? 일부 선진국에서 비대한 금융규모가 문제라면 국내에서는 과다규제가 문제이다. 그동안 정부의 금융산업에 대한 지나친 규제와 간섭 때문에 금융의 역량이 자라지 못하고 따라서 금융의 질적 수준이 정체상태에 머물러 있다. 이런 상황이 지속되면서 국내 금융산업은 경쟁력 약화와 더불어 수익성 하락세가 이어지고 있다. 은행권의 경우 2010년 이후 NIM(순이자마진)의 하락세가 이어지고 있고 총이익에서 비이자수익이 차지하는 비중이 20%를 넘지 못한다. 꺾일 줄 모르고 증가하는 가계부채와 늘어나는 좀비기업 비중은 향후 은행권 수익성에 어두운 그림자를 중첩하고 있다. 보험권은 수년 내 IFRS4 도입에 따른 자본금 확충 문제로 고전을 면치 못하고 증권권은 다수의 소형 증권사 난립체제가 증권산업 경쟁력 강화의 장애요인으로 작용하고 있다.

요즘 정보통신기술(ICT) 발전을 배경으로 핀테크(FinTech)가 금융업무에 상전벽해의 변화를 가져올 것이라는 예상이 넘쳐난다. 금융환경이 오프라인에서 온라인으로 빠르게 이동하면서 금융회사 영업점을 찾는 고객이 줄고 있다. 이에 따라 금융회사들도 인력감축과 점포정리 등으로 비용절감을 도모하는 등 금융권에 불고 있는 핀테크 바람이 태풍으로 바뀔 가능성이 높아지고 있다. 그러나 한 가지 유의할 점은 이러한 핀테크 바람이 금융회사 금융중개기능을 개선 내지 확충하는 방향으로 불어야 한다는 점이다. 금융의 기본역할이 그곳에 있기 때문인데, 바로 본 서의 강조점이다.

제3판의 개정에서는 이러한 금융환경 및 금융산업의 변화를 반영코자 노력했다. 그동안의 규제환경 변화 내용을 담으려고 노력했고 변화하는 금융회사의 경영과 위험관리 등을 포함하여 금융중개기능 수행내역을 담아 보려고 시도했다. 그러나 이러한 노력이 얼마나 효과적이었는지는 솔직히 장담하기 어렵다. 국내 금융환경 등 여러 가지 이유가 있겠으나 무엇보다 저자들의 노력 부족이 가장 큰 이유였을 것이다. 그래서 앞으로도 저자들은 이러한 부분을 보완하기 위해 금융의 역할과 국내 금융회사들의 중개기능 확충을 위한 공부와 고민을 지속해 나갈 것임을 말씀드린다.

제3판의 개정 내용을 요약하면 다음과 같다. 먼저 모든 장에서 데이터와 법 · 규정 및 제도 내용을 최신의 것으로 업데이트하였다. 그리고 박스를 추가하여 관련 사례 또는 간단한 데이터 분석 등을 소개하였다. 다음으로 제1장(금융시스템, 금융산업 및 금융기관)에서는 금융기관의 분류를 기존의 '브로커와 자산변환기관' 에서 '브로커 · 딜러와 자산변환기관' 으로 바꿨다. 이는 분류 기준을 위험부담 유무에서 자산변환 유무로 변경한데 따른 것이다. 제2장(우리나라 금융산업의 변화와 발전)에서는 인터넷전문은행의 도입과 최근 금융산업의 트렌드가 되고 있는 핀테크 관련 내용들을 추가하였다. 제3장(우리나라의 금융기관 현황)은 제2판에서 주로 은행, 증권회사, 보험회사의 현황을 다루었던 제3장(우리나라의 금융기관 현황)과 기타 비은행금융기관 현황을 다루었던 제14장(기타 비은행금융기관의 경영활동)을 통합하여 현재 우리나라에서 영업하고 있는 모든 금융기관의 현황을 개괄적으로 살펴볼 수 있도록 하였다.

제10장(비이자수익업무)에서는 중개기능 관련성 여부에 따라 이자이익과 비이자수익을 구분하는 체계를 새롭게 제시하였다. 제11장(자산유동화와 대출채권 매각)에서는 도

입부분에 자산유동화가 은행의 새로운 조달수단으로서 '은행의 경영활동'과 직접적으로 연계됨을 설명하였다. 또한 제2판에서 IMF 직후의 부실채권 유동화 위주로 기술했던 것과는 달리 제3판에서는 최근의 주택담보대출 유동화에 대해서도 강조함으로써 유동화 업무의 발전을 설명하였다. 제13장(금융투자회사 경영활동과 투자은행업무)에서는 글로벌 금융위기 발생 등 그동안의 환경변화에 따른 자본시장법의 주요 개정 내용을 반영하였으며 증권산업에서 나타난 주요 변화 내용을 보완하였다. 제14장(보험회사의 경영활동)에서는 보험산업 이슈를 추가하였다. 제15장(위험관리의 발전)에서는 한국거래소에 2015년에 상장된 미니코스피200선물, 위안선물 등을 반영하여 한국거래소에 상장되어 거래되는 주식 및 통화 관련 파생금융상품 표를 수정하였다.

제17장(환위험관리)에서는 2015년 위안선물의 상장 등 제도 변화를 추가하였다. 제19장(신용위험관리)에서는 제2판에서 간략히 기술되어 있던 신용위험평가 방법에 대한 내용을 보다 상세히 기술하였다. 제21장(금융기관의 지배 및 조직구조)에서는 2015년 7월에 공포된 「금융회사의 지배구조에 관한 법률」의 주요 내용을 추가하였다. 제22장(금융규제와 감독)에서는 글로벌 금융위기 이후 강조되고 있는 소비자보호규제 관련 내용들을 추가하였다. 제23장(금융회사 건전성감독)에서는 글로벌 금융위기 이후 변화한 금융회사 건전성감독관련 내용들을 충실히 반영하였다.

한편 제3판에서는 교재의 내용을 개정하면서 동시에 출판사를 율곡에서 청람으로 변경했는데, 무엇보다 본 서 제3판의 발간작업을 흔쾌히 맡아주신 청람의 이수영 사장님께 감사드린다. 그리고 무더운 여름동안 편집과 교정의 전 과정을 성실히 도와주시어 제3판이 새롭게 태어나는데 노력을 아끼지 않으신 청람의 이영란 실장님과 관계자분들께도 감사를 드린다. 한편 지난 제1판과 제2판의 발간 및 판매작업을 깔끔히 마무리해주신 율곡의 박기남 사장님과 관계자분들께도 아쉬운 마음을 전하고 그간의 도움에 감사드린다. 그리고 공사다망한 중에 제3판 개정작업에 참가하지 못했으나 제1판과 제2판의 저술 및 개정작업에서 큰 역할을 맡아주셨던 금융연구원의 김우진 박사님께도 심심한 사의를 전한다. 아울러 제3판의 개정작업에 필요한 자료수집에 큰 도움을 주신 금융연구원의 윤선미 연구원께도 감사를 드린다.

마지막으로 본 서를 개정하는 동안 저자들의 작업을 인내와 격려로 지원해주신 저자들의 모든 가족들에게 다시금 감사와 사랑의 마음을 전한다.

2016년 7월

저자 일동

■ 초판 들어가는 글 ■

1997년의 외환위기는 우리나라 금융산업에 커다란 분기점이 되었다. 위기 이전에는 금융기관을 독립적인 기업으로 보기보다 경제개발과 산업투자에 필요한 자금을 동원하여 지원하는 지원창구 정도로 보는 사고방식이 주류를 이루었다. 그러나 위기 이후에는 기업부실이 금융부실을 초래하여 은행을 비롯한 많은 금융기관들의 도산사태를 경험하면서 금융기관도 하나의 기업이고 따라서 그 경영도 기업 경영의 일반 원칙을 따라야 한다는 인식이 강화되기 시작하였다. 다시 말해서 금융기관이 수행하는 금융중개기능에 대한 인식의 변화가 뒤따른 것이다. 위기 이전에는 국가경제적 목적에 맞추어 정부가 정한 정책 방침에 따라 시중자금을 특정 산업이나 기업에 공급하는 것을 금융중개기능으로 생각했으나, 그 후에는 금융시장에서 위험에 상응하는 가격을 결정하고 이를 토대로 자금을 효율적으로 배분하는 것을 금융중개기능으로 인식하기 시작한 것이다.

금융기관의 경영에도 괄목할만한 변화가 뒤따랐다. 과거에는 정부의 지시에 순응하는 대가로 정부의 보호를 받으며 일종의 독점적 지위를 누리는 지대 추구형 경영을 하였으나, 이제는 금융기관들이 능동적으로 위험을 부담하고 관리하는 부가가치 창출형 경영을 하는 것으로 인식하게 되었다. 따라서 금융기관들이 기업과 가계 등 대출받는 사람을 스스로 평가 · 선택하고 또 대출을 공여한 후에도 사후관리를 해야 한다는 것을 인식하게 되었고, 금융기관이 위험관리에 실패하면 수익성이 나빠지고 심하면 도산할 수 있음을 경험하였다. 금융기관에게도 일반 기업과 마찬가지로 주주가치 극대화가 경영진의 가장 중요한 경영목표로 자리잡는 등 우리나라 금융기관의 경영 패러다임은 지난 10여 년 동안 실로 엄청난 변화를 보였다. 이러한 인식의 변화에 발맞추어 외국의 다양한 선진 경영기법과 위험관리기법을 도입하는 등 많은 노력을 기울여 왔다.

2007~2009년 진행된 글로벌 금융위기는 우리나라의 금융산업과 금융기관 경영에 새로운 지평을 열었다. 이 기간 중 우리나라 금융산업과 금융기관들은 위기와 기회를 동시에 경험하게 되었는데, 한편으로는 외환시장의 충격이 국내 금융시장으로 확산되면서 국

내 금융기관 및 경제주체들에게 극심한 위험을 초래하였다.

국내 금융산업 또는 금융기관들의 특별한 오류 없이도 외부의 충격으로 전체가 흔들리는 시스템위험이 초래될 수 있음을 경험한 것이다. 또 한편으로는 글로벌 금융위기가 주로 해외 금융선진국들에게 큰 충격을 안겨주었던 상황에서, 한국의 금융기관들도 경영능력과 금융노하우를 갖추면 글로벌 금융시장으로의 진출을 도모해 볼 수 있는 기회가 확대된 것이다. 금융에 관한 기본을 공부하고 금융실력으로 무장 할 경우 글로벌 금융시장에서 우리 금융기관들에게도 보다 많은 기회가 주어진다는 것을 확인하게 된 것이다.

한편 해외 금융산업의 발달수준 및 글로벌 금융환경 변화 속도에 비해서, 그리고 심지어 국내 금융산업의 발달수준과 속도에 비해서도 국내 금융 관련 연구와 교육은 아직 그 기반이 충분하지 못하고 발달속도 또한 빠르지 못한 실정이다. 국내 금융기관들 또는 금융산업을 대상으로 한 연구가 많이 부족한 실정이고, 학생들을 위한 교과서도 향상의 여지가 있어 보인다. 물론 서구에서도 재무관리 및 금융경제학의 타 분야에 비해 금융기관론 또는 금융기관경영론 교재들의 상대적 빈곤이 눈에 띄는데, 이는 이 분야의 학문적 발전을 반영하기도 하지만 교재 집필의 상대적 어려움을 드러내는 것이기도 하다. 이는 결국 학생들의 선택폭 제한으로 귀착되며, 이론과 실무를 조화롭게 다루는 교과서 부족을 아쉬워하는 금융기관 종사자들을 접하게 되는 이유가 된다.

이에 금융기관 연구에 공통의 관심을 가진 10명의 학계 및 금융계 전문가들이 금융과 금융기관 및 금융기관 경영을 두루 다루는 기본 교과서를 집필하기로 뜻을 모았다. 대학에서 학문적 연구와 강의를 통해 습득한 지식과 경험, 금융기관에서 실제 업무를 수행하면서 얻은 경험과 노하우, 금융기관을 관찰하고 분석하는 연구소에서 연구와 경영자문을 통해 습득한 지식과 경험, 더 나아가 금융정책 및 감독 업무를 수행하면서 얻은 다양한 지식과 경험들을 담아 금융을 공부하는 학생들에게 이론과 실용적 가치 양면에서 도움이 되는 교과서를 만들어 보자는 생각을 하게 된 것이다.

저자들은 이 책이 금융기관을 이해하고 금융기관 경영을 공부하는 데 있어 충실한 기초 교과서가 되기를 희망한다. 그러기 위해 우선 금융기관 이해에 필요한 기본이론들을 포함시켰는데, 특히 해외 서적과 자료들을 참고하여 비교적 최신이론까지 소개하려고 노력하였다. 그리고 필요한 경우 금융기관 실무 현장에서 요구되는 실무적 지식도 포함시키고자 노력하였으며, 이를 위해 금융기관의 실무 연수 서적이나 내부 지침서 등을 참고하였다. 아울러 우리나라 금융산업 현황과 금융제도 및 규제 등에 대해서도 소개함으로써 학생들이 우리 금융산업의 큰 틀을 이해하는 데 도움이 되고자 하였다.

저자들은 이 책이 우리나라 금융기관을 이해하기 위한 완벽한 교재가 되기에는 많이 부족하다고 생각한다. 그럼에도 불구하고 금융기관 공부를 위한 좋은 출발서가 될 수 있기를 기대한다. 그리고 이 책을 토대로 향후 좀더 성숙하고 완벽한 금융기관론 교재가 발간되어 금융기관 공부를 위한 보다 나은 길잡이가 되어 우리나라 금융 및 금융산업 발전에 기여할 수 있기를 기대한다.

이 책은 주 대상을 대학에서 경영, 경제 또는 금융을 공부하는 학부 3~4학년 학생들로 삼았으나, 경영학석사(MBA) 과정 학생들도 금융기관에 대한 사전적 배경이 없는 경우 기초교재로 사용할 수 있을 것이다. 경영학, 경제학 및 금융학의 기초이론을 배운 학생들을 대상으로 금융기관 및 금융기관 경영과 관련된 기초이론부터 다소 난이도가 높은 이론까지를 제시하였고, 해당 주제별로 우리나라 금융산업과 금융기관의 현실적인 이슈들을 정리 · 제시하였다. 따라서 학생들은 이 책을 공부함으로써 상급학교에 진학하여 더 공부하고자 할 경우 필요한 지식기반을 갖출 수 있고, 또는 졸업 후 금융기관에 취직할 경우 해당 이슈에 대해 필요한 기본 지식을 습득할 수 있다. 물론 금융이나 금융기관에 대한 사전적 지식이 없는 경영, 경제 및 금융의 저학년 학생들도 이 책의 일부를 선별적으로 읽음으로써 해당 이슈를 쉽게 이해할 수 있을 것이다. 아울러 금융기관 종사자들도 이 책을 금융 및 금융기관의 기본 이론을 복습하기 위한 참고서로 사용할 수 있을 것으로 기대한다. 새로운 업무를 맡게 된 경우에는 기본 참고서로 사용할 수 있을 것이다.

이 책은 모두 7편으로 구성되어 있다. 제1편에서는 금융산업을 개관하고, 제2편에서는 금융기관이론의 핵심이라 할 수 있는 금융중개기능에 대해 살펴본다. 이러한 논의를 배경으로 개별 금융기관들의 실제 경영활동에 대해 살펴보는데, 제3편에서 중추적 금융중개기관이라 할 수 있는 은행의 경영활동 전반에 대해 살펴보고, 이어서 제4편에서 증권사, 보험사 및 기타 비은행금융기관들의 경영활동을 순서대로 살펴본다. 한편 제5편과 제6편에서는 논의의 초점을 경영관리와 전략에 맞추어 제5편에서 금융기관의 성장과 발전 전략에 대해 살펴보고, 제6편에서는 위험관리에 대해 살펴본다. 마지막으로 제7편에서는 금융 규제 · 감독에 대해 살펴본다. 아래에서 각 편에 담겨 있는 장들의 내용에 대해 간략히 살펴보기로 한다.

제1편(금융산업 개관)은 금융산업 전반을 개관하기 위한 것으로 세 개의 장으로 구분하였다. 제1장에서는 금융의 기본 개념으로 금융시스템, 금융산업 및 금융시장 등의 용어들을 정리하고 상호 연관성을 살펴본다. 그리고 금융산업을 구성하는 금융시장과 금융기관들을 개관하고 이들의 경제적 기능을 살펴본다. 제2장에서는 우리나라 금융산업에 초점을 맞추어 그 변화와 발전 과정을 살펴본다. 아울러 금융위기를 전후하여 글로벌 금융산업의 발전방향을 살펴본다. 제3장에서는 우리나라 금융기관으로 시각을 좁혀 과거 경영 패러다임이 어떻게 변해 왔는지를 살펴본다.

아울러 현재 영업 중인 금융기관들의 종류와 각각의 업무를 살펴보며, 향후 금융환경의 변화 및 그에 따른 경영이슈들을 살펴본다.

제2편(금융중개기능)은 거시적 관점과 미시적 관점을 다루는 두 개의 장으로 구분된다. 제4장은 화폐금융론의 전통을 이어받아 거시적 관점에서 금융중개기능을 공부한다. 우선 화폐의 정의와 기능에서 출발하여 현대적 은행제도로 이어지는 발달과정을 살펴보고, 핵심적 중개기능으로 인식되는 예금확장 프로세스와 통화승수모형 등을 살펴본다. 이어서 제5장에서는 자산변환기능과 브로커기능으로 구분되는 금융의 미시적 기능에 대해 살펴보는데, 이를 가능케 하는 요인으로 위험관리, 정보의 창출과 전달 및 위임감시 기능을 논의한다. 아울러 금융기관과 기업고객 사이에서 중개기능 제공 통로역할을 하는 관계금융에 대해서 살펴본다.

제3편(은행의 경영활동)에서는 핵심적 금융기관이라 할 수 있는 은행을 대상으로 그 경영활동에 대해 공부한다. 제6장에서는 은행의 대차대조표 및 손익계산서 등 재무제표를 통해 은행 경영활동 전반을 살펴본다. 아울러 다양한 은행경영 평가방법을 소개한다. 이러한 전반적 논의를 토대로 은행의 세부 업무를 다섯 장에 걸쳐 논의하는데, 제7장에서는 은행의 핵심 업무 중 하나인 예금과 그 밖의 부채 관리에 대해 공부한다. 제8장에서는 은행의 또 다른 핵심 업무인 대출과 기타 여신업무를 논의하는데, 여신업무의 기본 개념, 여신운용 기본 원칙, 여신업무 취급절차 등을 소개하고 대출금리가 결정되는 이론적 구조와 여신금리체계 등을 살펴본다. 제9장에서는 은행의 부외거래업무에 대해 살펴본다. 구체적으로 지급보증, 대출약정, 신용장, 자산유동화와 대출채권 매각 및 파생금융상품 활용 등을 살펴보고 각각에 수반되는 위험요소에 대해서 살펴본다. 이어서 제10장에서는 은행의 비이자수익업무에 대해 살펴보는데, 이러한 업무들이 확대된 배경을 살펴보

고 구체적으로 프라이빗 뱅킹, 방카슈랑스, 신용카드, 프로젝트 파이낸싱, 자산관리 등 비이자수익업무에 대해 살펴본다. 제11장에서는 은행 대차대조표의 마지막 항목인 자본관리에 대해 살펴본다. 여기서 은행 자본금의 필요성을 주주와 감독당국의 관점으로 구분하는데, 자본관리가 어떻게 은행의 위험관리 및 성과관리와 연계되는지와 더불어 금융시스템 안정 유지를 위한 자본관리의 중요성에 대해서 공부한다.

제4편(비은행금융기관 경영활동)에서는 은행 이외 금융기관들의 경영활동을 살펴본다. 우선 제12장에서는 직접금융시장에서 핵심적 역할을 하는 증권회사 경영활동을 살펴본다. 2009년 자본시장법 시행으로 우리나라에서는 증권회사, 자산운용사, 투자자문사 등이 금융투자회사로 통합되었다. 따라서 금융투자회사를 중심으로 증권업무 및 투자은행업무에 대해 살펴본다. 제13장은 보험회사 경영활동에 대해 공부한다. 위험의 정의와 유형, 그리고 보험 개념에 대해 알아보고, 보험업 및 보험회사의 유형과 더불어 다양한 보험업무들에 대해 살펴본다. 그리고 보험회사의 재무제표, 위험관리체계 및 경영평가제도에 대해서도 살펴본다. 제14장은 기타 비은행금융기관의 경영활동에 대해 공부한다. 최근 금융의 겸업화와 전문화가 동시에 진행되면서 다양한 틈새시장이 창출되고 있는데, 여기서는 은행, 증권, 보험 이외영역에서 활동하는 금융기관들을 소개한다.

제5편(금융기관의 성장과 발전전략)에서는 금융기관의 성장과 발전전략을 살펴본다. 우선 제15장에서는 금융기관의 대형화 · 겸업화에 대해 논의하고 M&A에 대해 살펴본다. 특히 M&A의 유형 및 동기 등에 대해 공부하고, 각국의 M&A 관련법 · 제도 및 최근 글로벌 M&A 동향을 살펴본다. 제16장에서는 금융발전의 또 다른 추세로서 자산유동화와 대출채권 매각에 대해 공부한다. 이러한 추세의 원인과 더불어 개념과 종류를 살펴보고, 구체적으로 자산유동화증권의 발행구조 및 위험관리 이슈를 살펴본다. 한편 현대 금융기관의 경쟁력은 단순히 자산규모, 자본력 등 유형자산에만 의존하지 않으며, 지배구조, 조직구조, 위험관리 등 무형자산에도 의존하는데, 제17장에서 금융기관의 지배 및 조직 구조를 살펴본다. 최근 지배구조 동향 및 금융그룹의 대표적 조직형태인 금융지주회사 제도 등에 대해서도 살펴본다.

제6편(금융기관의 위험관리)에서는 금융기관의 위험관리를 여섯 개의 장으로 나누어 논의한다. 우선 제18장에서는 환율, 금리, 유가의 변동성 증대 등 최근 30여년간의 금융환경 변화를 살펴보고, 베어링 은행 파산 등 금융위험 관리 실패사례를 공부한다. 그리고

제19장에서는 전통적으로 은행 위험관리의 핵심이 되어 온 금리위험과 유동성위험 측정 및 관리방안에 관해 공부한다. 금리개정모형과 듀레이션모형을 공부하고 파생금융상품을 통한 금리위험 헤징방법을 공부하며, 유동성위험의 측정 및 관리방안에 대해서 논의한다. 제20장에서는 외환위험에 대해 공부한다.

외환위험의 내용을 살펴본 후, 외환거래 및 포트폴리오 위험 측정에 대해 공부하고, 부내헤징과 부외헤징에 대해서 공부한다. 제21장에서는 시장위험에 대해 공부한다. 최근 시장위험 측정수단으로 각광받고 있는 위험가치(Value at Risk) 개념을 소개하고, 구체적인 계산방법 등을 살펴본다. 아울러 시장의 극단적 상황 하에서 금융기관의 위험노출을 측정하는 위기상황 분석(stress test)에 대해서 논의한다. 제22장은 신용위험에 대해 논의한다. 대부분 금융기관은 어떤 형태로든 신용위험에 노출되는데, 여기서는 신용위험의 개념을 공부하고 여러 가지 측정방법을 소개한다.

제23장에서는 운영위험을 논의하는데, 운영위험의 개념에 대해 공부하고 측정방법에 대해 살펴본다.

제7편(금융 규제 · 감독)에서는 금융산업에 적용되는 규제와 감독을 세 장으로 나누어 살펴본다. 우선 제24장에서는 금융규제 · 감독의 일반론을 다루는데, 금융규제란 무엇이고 왜 필요하며, 어떤 종류가 있는지, 그리고 금융감독과는 어떤 관계를 지니는지 등을 살펴본다. 우리나라의 금융감독기구는 어떻게 구성되어 있는지에 대해서도 공부한다. 다음 제25장에서는 금융회사의 건전성감독에 대해 살펴본다.

구체적으로 금융회사에 대한 건전성감독이 왜 필요한지, 그리고 구체적인 방법은 무엇인지를 공부한다. 마지막으로 제26장에서는 예금보험제도에 대해서 공부한다. 예금보험제도의 필요성, 도입 시의 역기능과 역기능 해소방안 및 현실에서의 적용형태 등을 살펴본다.

위에서 설명한 구성을 토대로, 이 책을 대학의 강의교재로 사용할 경우, 다음 두 가지 옵션을 고려해 볼 수 있다. 우선 두 학기 강의를 위해서는 다음을 고려할 수 있다.

- 첫 학기 : 제1편의 '금융산업 개관', 제2편의 '금융중개기능', 제3편의 '은행의 경영활동', 그리고 제4편의 '비은행금융기관 경영활동' 을 공부한다.
- 둘째 학기 : 제5편의 '금융기관의 성장과 발전전략', 제6편의 '금융기관의 위험관리'

및 제7편의 '금융 규제 · 감독' 을 공부한다.

다음으로 한 학기 강의를 위해서는 대상 학생에 따라 다음과 같이 고려할 수 있다.

- **저학년을 대상으로 재무금융 입문 과목으로 강의하고자 하는 경우** : 제1편과 제2편에서 금융의 기초지식과 산업의 개관을 가르치고, 제3편의 6~8장과 제4편의 12~14장에서 다양한 금융기관들의 경영활동에 대해 공부한다.
- **고학년을 대상으로 금융위험 관리를 강의하고자 하는 경우** : 제2편의 '금융중개기능' 과 제3편의 '은행의 경영활동' 을 간단히 살펴보고, 제6편의 '금융기관의 위험관리' 를 집중적으로 공부한다.

끝으로 이 책의 발간을 흔쾌히 맡아주신 율곡출판사의 박기남 사장님께 특별한 감사의 뜻을 전한다. 그리고 부족한 원고를 꼼꼼히 챙겨 완성도를 높여주신 방조일 주간님과 저자들의 바쁜 일정 핑계를 묵묵히 감내하고 발간에 이르기까지 오로지 열정으로 애써 주신 한근석 부장님께 심심한 사의를 표한다. 이 밖에도 이 책의 발간을 위해 수고해 주신 모든 분들, 특히 교과서 집필을 묵묵히 지원해 주시고 격려해 주신 저자 가족들의 사랑과 헌신에 대해 깊은 감사의 말씀과 사랑을 전한다.

2011년 8월
저자 일동

■ 차 례 ■

FINANCIAL INSTITUTIONS MANAGEMENT

제2편 금융중개기능

제 4 장 화폐의 발달과 신용창출

제 8 장 대출 및 기타 여신업무

제 9 장 부외거래업무

FINANCIAL INSTITUTIONS MANAGEMENT

제5편 금융기관의 위험관리

제15장 위험관리의 발전

제16장 금리위험관리와 유동성위험관리

제20장 운영위험관리

FINANCIAL INSTITUTIONS MANAGEMENT

제6편 금융회사 지배구조와 규제 · 감독

제21장 금융기관의 지배 및 조직구조

PART 01

FINANCIAL INSTITUTIONS MANAGEMENT

금융산업 개관

CHAPTER 01

금융시스템, 금융산업 및 금융기관

본 장에서는 금융의 기본개념을 살펴본다. 우선 금융이란 무엇인가를 논의하고, 일국의 금융시스템, 금융산업, 금융시장 및 금융기관 간의 상호관계를 개관한다. 이어서 각각을 살펴보는데, 우선 금융시스템을 정의하고 시장중심형과 은행중심형 금융시스템을 비교한다. 다음 금융산업을 정의하고 금융산업과 실물경제와의 관계 및 금융중개기능 수행과 부가가치 창출 등에 대해 논의한다. 그리고 금융시장을 정의하고 간략히 분류하며, 효율적 시장 가설에 대해 논의한다. 마지막으로 금융기관을 정의하고 기능과 종류에 대해 살펴본다.

1. 금융이란 무엇인가?

1.1 금융의 정의

금융(金融)이란 자금(資金)의 융통(融通)을 말한다. 여기서 자금은 돈을 말하고 융통은 흐른다는 뜻이므로, 결국 금융이란 돈의 흐름을 말하는 것이다. 당신이 여윳 돈을 은행에 맡기고 은행이 이 돈을 기업에 사업자금으로 지원함으로써 경제가 전체적으로 잘 돌아가도록 하는 것, 이것이 바로 금융인 것이다.

그렇다면 금융은 실물경제와 어떤 관계를 갖는가? 이러한 질문에 접할 때, 우리는 흔히 실물경제를 사람의 몸에, 그리고 금융을 몸 안을 흐르는 혈액에 비유한다. 이러한 비유는 경제에서 금융이 차지하는 중요성을 강조하는 것으로, 체내의 혈액순환이 원활해지면 그만큼 인체기능이 향상되는 것처럼 경제 활성화를 위해 금융의 역할이 중요함을 지적하고 있다.

금융과 실물경제의 관계는 동전의 앞뒷면 관계에 비유되기도 하는데, 이를 두 가지 방향으로 구분해서 살펴보기로 하자. 첫째는 금융이 실물경제에 미치는 영향이고, 둘째는 실물경제가 금융에 미치는 영향이다. 우선 후자에서 실물경제의 성장과 발전이 금융의 성장과 발전을 가져온다는 것은 대체로 수용할 수 있다. 그러나 전자의 경우는 간단하지 않은데, 다음 세 가지로 나누어 살펴볼 수 있다. ① 금융은 실물경제활동에 소요되는 자금을 조달하며, 조달된 실물경제활동의 성과물을 조달방식에 따라 배분하는 역할을 한다. 이러한 과정을 통해 금융은 실물경제활동을 이끌어 가는 유인을 제공하고 또 이를 선도하는 것이다. ② 금융은 조달과 성과배분 과정에서 정보의 비대칭성 및 도덕적 해이 문제를 극복하는 데 기여한다. 기업의 조달에서의 주식과 부채의 구성, 대출과 채권발행 간의 선택, 금융기관의 중개기능, M&A를 통한 기업구조조정 등을 통해 조달과 성과배분 과정의 효율성을 제고할 수 있다. 그러나 ③ 금융이 실물경제에 부정적인 영향을 끼치는 경우도 없지 않다. 비근한 예가 2008년의 글로벌 금융위기라고 할 수 있는데, 미국의 비우량 모기지 시장의 부실이 증권화라는 일종의 금융혁신을 통해서 전 세계 금융시장으로 확대되어 대공황 이후 최대의 경제위기를 초래했으며 더 나아가 유럽 재정위기로 이어진 것은 실물경제에 대한 금융의 부정적 기여를 드러내는 것이다. 즉, 증권화라는 금융수단의 과용이 실물경제에 큰 피해를 입히게 된 것이다.

본 소절을 마무리하기 전에 재무와 금융이라는 용어에 대해 언급하고자 한다. 이들은 영어로는 모두 finance지만, 우리나라에서는 두 가지가 반드시 동일한 의미로 사용되지는 않는다. 즉, 재무는 기업의 재무적 수요 또는 개인의 재무계획 등에서와 같이 수요 측면에 관한 표현으로 많이 쓰이는 반면, 금융은 금융기관이나 금융서비스 등에서와 같이 공급 측면을 나타내는 경우에 주로 사용된다.

1.2 금융시장, 금융기관, 금융산업 및 금융시스템

본 장에서는 금융시스템, 금융산업, 금융시장 및 금융기관을 각각 간략히 살펴보는데, 우선 여러 개념들 간의 연관성을 살펴보기 위해서 본 소절에서 전체를 간단히 개관하기로 한다.

우선 금융시장이란 금융상품이 거래되는 장소 또는 메커니즘이다. 이 점에서 일반적인 금융시장도 상품시장과 다를 바 없지만, 금융상품의 특수성에 주목할 필요가 있다. 일반적으로 재화가 거래되는 상품시장에서는 상품을 구입하는 자가 돈을 지불하고 상품을 수령한다. 여기서 돈은 재화를 얻기 위한 수단으로서의 역할을 하며, 돈을 지불하는 것으로 거래가 종료된다. 그러나 금융시장에서는 거래되는 상품 자체가 후일의 돈에 대한 청구권이라는 점에서 차이가 있다.

금융상품의 거래에서는 수요자와 공급자가 과연 누구인지가 얼핏 분명하지 않을 수 있다. 만약 당신이 어떤 기업이 발행한 채권, 즉 회사채를 구입하는 경우라면, 당신은 **자금의 공급자**가 되면서 동시에 회사채라는 **금융상품의 수요자**가 된다. 그리고 당신에게 회사채를 판매한 기업은 **자금의 수요자**가 되면서 동시에 **금융상품의 공급자**가 된다. 그러나 만약 당신이 은행과 거래한다면 어떠한가? 우선 당신이 은행에 예금을 하는 경우에는, 당신은 자금의 공급자가 되는 동시에 **예금**이라는 금융상품의 수요자가 된다. 그러나 만약 당신이 은행으로부터 **대출**을 받는다면, 당신은 자금의 수요자가 되면서 대출이라는 금융상품의 수요자가 되는 것이다. 여기서 주목할 점은 은행과의 거래에서는 그것이 예금이건 또는 대출이건 간에 당신은 금융상품의 수요자가 되고 은행은 공급자가 된다는 점이다. 여하간 위의 두 가지 예에서 본 바와 같이 자금을 공급하는 가계, 이를 수요하는 기업, 그리고 양자 사이에서 금융서비스를 공급하는 금융기관들이 모여서 거래하는 시장이 바로 금융시장이다.

근래 들어 정보통신기술의 발달에 힘입어 거래당사자들이 실제로 모여서 거래하는 장소로서의 시장은 그 의미가 빠른 속도로 퇴색하고 있고, 그 대신 거래당사자들의 호가를 접수하고 또 **접속**(match)시켜 주는 정보시스템으로서의 시장이 발달하고 있다. 대표적인 예가 **한국거래소**(Korea Exchange : KRX)의 전자거래제도이며, 개인들의 **홈트레이딩 시스템**(home trading system : HTS)을 통한 주식매매가 활성화되는 것도 이러한 추세를 반영한다.

금융시장은 통상 직접금융시장과 간접금융시장으로 구분되는데,[1] 전자의 경우는 자금의 공급자(예 : 가계)와 수요자(예 : 기업)가 직접 만나 자금과 유가증권(또는 금융상품)을 교환한다. 앞에서 언급한 회사채 구입의 예가 이에 해당된다. 한편, 간접금융시장에서는 앞의 은행 예에서와 같이 금융기관이 금융상품의 공급자가 되고 예금자(예 : 가계)와 차입자(예 : 기업)는 각각 금융상품의 수요자가 된다.

금융기관이란 수요자들에게 다양한 금융서비스를 공급하는 금융업을 주된 업무로 취급하는 회사 또는 기관을 지칭한다. 우리들 주변에서 쉽게 접할 수 있는 은행, 증권사, 그리고 보험사 등이 금융기관인데, 이들은 대부분 사기업으로 회사의 형태를 지니고 있지만 국가경제적 필요성으로 인해 공기업 또는 공공기관의 형태로 운영되기도 한다. 비근한 예가 산업은행과 기업은행 등이다. 그리고 금융산업이란 금융기관들과 고객들 간 금융서비스가 거래되어 부가가치가 창출되는 산업으로, 선진국의 경우에는 통상 금융서비스산업으로 불린다.

마지막으로 금융시스템(financial system)은 금융시장과 금융산업의 기본 틀과 더불어 이들 안에서 활동하는 금융기관과 일반 경제주체들의 활동을 통제하는 법과 규정, 그리고 이 모든 것을 아우르는 전체 시스템을 지칭한다. 예컨대, 금융기관의 건전성 및 금융

---

1 이러한 구분은 본 장의 4.2.1에서 좀 더 자세히 설명된다.

시장의 안정성을 확보하기 위한 **금융감독제도**와 **예금보험제도**, 그리고 금융 및 경제활동의 기본이 되는 화폐의 창출 및 가치보전을 책임지는 **중앙은행제도** 등을 포함하는 넓은 개념으로 이해된다.

2. 금융시스템

2.1 정의

금융시스템이란 협의로는 일국의 경제 안에서 활동하는 금융기관과 일반 경제주체들의 금융활동을 통제하는 일체의 규범 및 규제체계, 즉 금융산업과 금융시장을 통제하는 기본 틀을 말한다. 그러나 광의로는 앞서 언급한 바와 같이 금융 관련 규범 및 규제체계를 포함하여 금융시장과 금융산업을 망라하는 금융에 관한 모든 것을 지칭한다.

[그림 1-1]에서 **자금의 공급자**(저축자 또는 금융투자자)와 **자금의 수요자**(차입자 또는

그림 1-1 | 금융시스템 개관

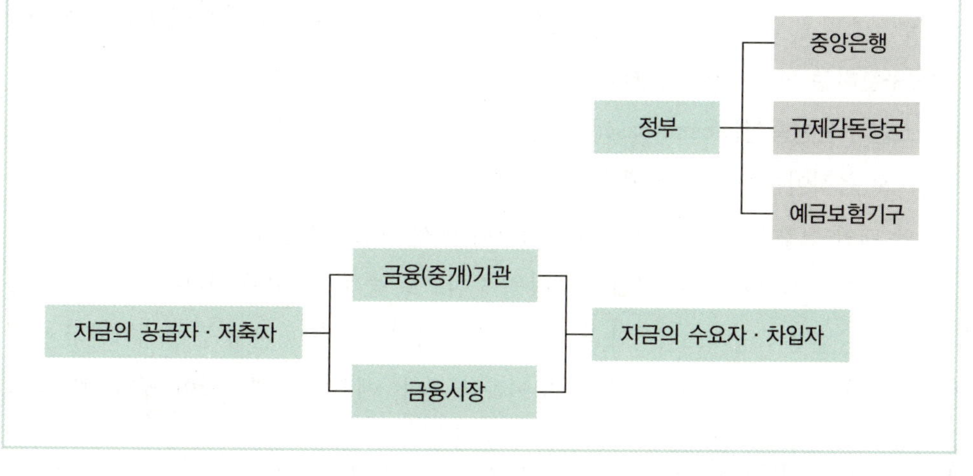

실물투자자)는 금융시장에서 직접 만나 자금과 유가증권을 주고받거나 또는 금융기관을 통해 간접적으로 원하는 거래를 수행하기도 한다. 여기서 전자는 수요자와 공급자가 직접 만나 금융거래를 하므로 직접금융이라 부르고, 후자는 양 당사자 간에 금융거래를 중개하는 중개기관이 끼어 있어 간접금융이라 부른다. 실제로 후자의 경우 자금이 저축자에서 차입자로 흘러가지만, 실제로는 앞의 은행 예에서 본 것처럼 이들 각각이 중개기관과 거래하는 것이다. 이 경우 금융기관은 금융거래를 중개 내지 주선함으로써 경제주체들에게 금융서비스를 제공하게 되는데, 이것이 부가가치 창출에 기여하고 아울러 금융기관 수익성 창출의 원천이 되어 금융산업이 형성된다. 한편 정부는 이러한 금융시장에서의 거래와 금융기관의 경영 등에 대해 일정한 방식으로 간여한다. 중앙은행은 경제가 필요로 하는 화폐의 공급을 책임지고, 규제감독당국은 금융시스템의 안정성 확보를 위해 거래 및 금융기관 경영을 직접 또는 간접으로 규제하고 감독한다. 이 밖에도 **예금보험제도**, **경쟁촉진제도**, **증권거래제도**, **회계제도** 및 각종의 **공시제도** 등이 직 · 간접적으로 금융행위에 폭넓은 영향을 미친다.[2]

2.2 금융시스템의 유형

2.2.1 시장중심형 및 은행중심형 금융시스템

금융시스템은 일국의 정치, 문화, 경제의 상이함을 배경으로 다양한 형태가 존재하며, 이를 구분하는 방법 역시 다양하다. 그러나 일반적으로는 **시장중심형**(market-based) **금융시스템**과 **은행중심형**(bank-based) **금융시스템**으로 구분한다. 이는 일국의 금융이 시장중심으로 움직이는가 또는 은행중심으로 움직이는가를 기준으로 분류하는 것이다. 물론 각각에 대한 정확한 정의가 쉬운 것은 아니며 구체적이고 객관적인 기준을 찾기도 어렵지만, 대체로 일국의 금융산업에서 은행을 중심으로 중개기관이 차지하는 비중이 큰 경우를 은행중심형 금융시스템이라 부르고, 자본시장이 발달하여 은행 등 중개기관의 비중이 작은 경우를 시장중심형 금융시스템이라 부른다. 예컨대 자본시장이 크게 발달되어

---

2 중앙은행제도, 규제감독제도 및 예금보험제도에 대해서는 각각 제4장, 제22장 및 제24장을 참조하기 바란다.

Box 1-1 | 우리나라는 은행중심형 금융시스템

우리나라의 금융시스템은 은행중심형으로 알려지고 있다. 이는 과거 정부가 경제개발이라는 정책목표 달성을 위해 은행을 수단으로 사용했는데, 경제규모가 확대되면서 은행이 더불어 성장했기 때문이다. 반면에 자본시장 확충 · 발전이 상대적으로 지연됐는데, 최근 한국경제가 저성장 국면에 진입하면서 한국경제의 향후 지속가능 성장 및 선진화를 위해 자본시장의 확충 · 발전이 필요하다는 지적이 대두되고 있다.

[표 1-1]은 국내기업들의 자금조달을 살펴보기 위해 국내은행의 기업대출과 자본시장에서 증권공모를 통한 자금조달 실적을 비교한 것이다. 이들은 모두 연간의 유량(flow) 개념이고, 간접금융시장과 직접금융시장 전체를 망라하지는 못하지만 국내 금융시장에서 기업들의 간접 및 직접금융시장 조달의 기본구조를 보여준다고 할 수 있다.

| 표 1-1 | 국내기업의 직 · 간접금융 조달 비교

(단위 : 조원)

구분		2010년	2011년	2012년	2013년	2014년	2015년
은행대출[1]		9.8	44.6	32.5	36.2	51.5	50.2
	대기업	12.3	30.9	26.0	8.9	16.1	△4.0
	중소기업	△2.4	13.8	6.5	27.3	35.4	54.2
주식		10.3	12.9	2.4	5.2	5.8	8.0
	대기업	7.2	11.1	1.8	4.4	4.2	5.7
	중소기업	3.1	1.8	0.6	0.8	1.6	2.3
회사채[2]		45.8	61.8	57.2	41.6	42.3	40.9
	대기업	45.1	61.1	57.1	41.5	42.3	40.7
	중소기업	0.6	0.7	0.1	0.0	0.0	0.2

주 : 1) 국내은행 기업대출(은행계정 원화대출금 및 신탁계정 신탁대출금) 증감 기준
2) 금융채, ABS, 은행채 제외
자료 : 금융감독원

2015년을 기준으로 살펴보면, 간접금융인 국내은행의 기업대출이 50.2조원, 직접금융인 기업들의 증권시장 공모 조달자금이 48.9조원으로 유사한 규모임을 알 수 있다. 특히 직접금융에서는 주식과 채권이 각각 8.0조원과 40.9조원으로 큰 차이를 보여 기업들의 채권조달 선호를 읽을 수 있다. 이들을 대기업과 중소기업으로 구분해서 살펴보면, 우선 국내은행 기업대출의 경우는 대기업 대출이 6년간 연평균 15.0조원에서 감소세를 보이는 반면, 동일 기간 중 중소기업 대출은 연평균 22.5조원에서 증가세를 보여, 대기업의 탈은행화 추세를 드러낸다. 한편 주식과 회사채 조달시장 모두에서 대기업이 중소기업을 압도하지만 회사채 시장에서 그 정도가 특히 심한 것으로 드러난다.

종합적으로 우리나라 금융시장에서 중소기업은 은행대출을 주로 사용하고, 대기업은 자본시장에서 회사채 및 주식을 통해 조달하는데 후자의 비중이 낮음을 알 수 있다. 중소기업의 경우는 자본시장 참여가 극히 제한적인 실정이다.

있는 미국과 영국의 경우는 시장중심형으로, 그리고 유럽대륙 대부분 국가들과 일본 및 우리나라 등은 은행중심형으로 분류하는 것이 보통이다.

2.2.2 겸업주의 및 전업주의 금융시스템

금융시스템은 개별 금융기관에게 허용하는 업무의 범위를 기준으로 겸업주의와 전업주의 금융시스템으로 구분된다. **겸업주의 금융시스템**(universal banking system)이란 금융기관이 은행업무, 증권업무 및 보험업무 중 일부 또는 전부를 함께 취급토록 하는 방식을 말한다. 그리고 **전업주의 금융시스템**(specialized banking system)이란 금융기관의 업무영역을 은행, 보험, 증권 등으로 구분하여 선택적으로 취급토록 하고 타 업무영역 진입을 제한하는 방식이다.

전통적으로 독일, 프랑스 등은 겸업주의를 택해 왔으며, 이 중에서도 특히 독일은 은행이 기업을 '요람에서 무덤까지' 돌봐주는 데 필요한 모든 금융기능을 자체적으로 구비하도록 하기 위해 보험 및 증권 기능을 함께 갖추도록 허용해 왔다. 한편 미국, 일본, 우리나라 등은 전업주의를 금융시스템의 근간으로 채택해 왔다. 그러나 근래 범세계적으로 금융산업의 경쟁이 심화되는 가운데 각국은 업무영역 간 진입 제한의 울타리를 낮추는 방향으로 규제완화를 추진해 왔다.

2.2.3 단일점포 및 복수점포 제도

단일점포제도(unit banking system)란 국가 또는 일정한 지역을 대상으로 한 개의 은행만을 허용하거나 또는 모든 서비스를 제공하는 점포를 하나만 설립하도록 허용하는 제도이다. 미국의 경우 1927년 **맥파덴**(McFadden)**법**을 제정하여 은행이 여러 주에 걸쳐 지점을 운영하는 것을 금지하였는데, 이러한 취지를 계승하여 미국 중서부 및 중남부 지역의 주들은 주 내에서 단일점포제도를 시행하였다. 이 제도의 장점은 다수의 독립적인 은행들이 많이 생성될 수 있다는 것과 은행이 일정한 지역 내 고객들을 잘 알게 되어 지역밀착 경영을 할 수 있다는 점이다. 그 후 1994년에 **리겔-닐 주 간 금융 및 지점설치 효율화**(Riegel-Neal Interstate Banking and Branching Efficiency)**법**이 제정되어 1997년 6월 이후에는 주 간 지점설치 규제가 폐지되었다. 이로 인해 단일점포제도를 포기하는 주들이 늘고 있으며, 특히 근래 들어서는 인터넷뱅킹이 활성화되면서 동 제도의 취지가 퇴색하고 있다.

한편 우리나라를 위시하여 일본과 캐나다, 그리고 대부분의 서구 국가들은 은행이 전국에 걸쳐 지점을 운영하는 **복수점포제도**(branch banking system)를 택하고 있다.

3. 금융산업

3.1 정의와 분류

3.1.1 정의

금융산업은 금융상품과 서비스를 취급하는 산업으로, 금융상품과 서비스의 수요자인 금융소비자와 공급자인 금융기관으로 구성된다. 금융이 본래 서비스업임에도 불구하고 그간 자원이 빈곤했던 우리나라에서는 고객에 대한 서비스 제공이라는 측면보다 오히려 일종의 특혜 제공으로 인식되는 가운데 금융서비스산업 대신 금융산업이라는 용어가 고착화된 것이다. 이러한 배경을 돌이켜 보면, 그간 우리나라 금융기관들이 고객의 다양한 금융수요를 충족시키는 데 소홀했으며, 이것이 우리나라 금융산업의 경쟁력 강화에 장애요인으로 작용했음을 알 수 있다.

금융을 특혜로 여기는 사회적 배경은 과거 우리나라에서 정부가 금융을 정책목표 달성을 위한 수단으로 사용했던 것과 무관치 않다. 최근 경제성장과 더불어 이러한 분위기가 바뀌고 있으며, 향후 우리나라 경제의 지속성장을 위해서는 금융을 하나의 독립된 산업으로 인정하고 선진화시켜 나가야 한다는 주장이 설득력을 얻고 있다. 금융이 독립된 산업으로 발전해 나가기 위해서는 무엇보다 경제 · 사회적으로 부가가치를 창출하고 그 대가로 충분한 이윤을 벌 수 있어야 한다. 그렇지 못한 산업은 언젠가는 도태될 것인데, 금융산업의 지속성장 · 발전을 가능케 하는 것이 바로 금융중개기능이다.

금융산업은 금융기관들이 제공하는 금융상품과 서비스가 한편으로는 금융수요자인 개인의 부의 증대 또는 기업활동 지원에 긍정적으로 기여하고 또 한편으로는 공급자인 금융회사에게 일정한 수익을 허용하여 결과적으로 국부 증대에 기여함으로써 산업으로 발전해 나갈 수 있다. 그런데 개별 금융기관이 가치 있는 금융상품과 서비스를 제공하기 위해서는 근본적으로 경제 내에서 일정한 금융중개기능을 수행해야 한다. 만약 금융기관이 의미 있는 금융중개기능을 수행하지 못한다면 장기적으로 금융산업에서 생존하기 어려워 도태될 수밖에 없다. 금융기관이 수행하는 금융중개기능에 대해서는 제2편에서 보다 상세히 설명할 예정이지만, 구체적인 형태를 불문하고 금융기관의 정보분석능력, 위험관리능력, 컴퓨터와 통신 기술, 재무 · 금융이론에 대한 이해 등이 금융중개기능 제공을 위해 금융기관들이 갖추어야 할 요인으로 이해된다.

3.1.2 분류

우리나라 금융산업은 전업주의 원칙에 따라 업무영역을 은행, 증권, 보험의 세 분야로 구분해 왔는데, 이렇게 금융기관의 업무를 세 가지로 구분하는 경우를 **3분법**이라 부른다. 한편 근래 은행, 증권, 보험 외에 여신전문업 등을 추가하여 **4분법**을 사용하기도 한다.

오랫동안 우리나라는 금융산업의 업무영역에 관해서 3분법을 기조로 유지하면서 대체로 엄격한 분리체제를 유지해 왔다. 일정한 금융기관이 해당 업무영역에서 수행하는 업무는 **고유업무**, **부수업무** 및 **겸영업무**로 구분된다. 우선 고유업무는 해당 업무영역에 고유한 것이다. 은행의 경우 **예 · 적금 수입**, 유가증권 또는 채무증서의 발행 등으로 조달한 자금을 **대출**하는 업무와 **내외국환업무**가 이에 해당된다. 증권사의 경우는 **자기매매**, **위탁매매** 및 **유가증권 인수업무** 등이 해당된다. 그리고 보험사의 경우는 **위험의 인수**가 고유업무이다. 한편 부수업무는 고유업무 수행에 수반되는 업무로 감독기관의 별도 인허가를 필요로 하지 않는 업무이다. 은행의 **유가증권 투자 및 국채인수 업무** 등이 이에 해당되고, 증권사의 경우는 **기업 인수 · 합병의 중개** 등이 이에 해당된다. 마지막으로 겸영업무는 고유업무와는 다른 업무로서 감독기관의 별도 인허가를 받아야만 영위할 수 있다. 은행의 **신탁업무**와 **신용카드업무**, 그리고 증권사의 경우는 **회사채 지급보증업무** 등이 이에

해당된다.[3]

금융권 업무영역은 3분법을 기본으로 유지하면서 금융시장 발전에 따라 4분법 등으로 진화하고 있다. 예로, 우리나라는 1997년 8월 **여신전문금융업법**을 제정함으로써 은행, 증권, 보험에 여신전문금융업을 추가하여 4분법 제도를 사용하기 시작하였다. 여신전문업이란 **할부금융**, **신용카드**, **리스**, **신기술사업금융** 등 수신기능 없이 여신업무만을 전문적으로 취급하는 금융기관을 말한다. 과거의 칸막이 방식과 달리 1998년부터 여신전문금융회사는 이들 중 한 가지 또는 유사한 업무를 종합적으로 수행할 수 있게 되었다.[4]

3.2 겸업화 추세

근래 범세계적으로 금융기관의 대형화가 진행되고 정보통신기술의 발달로 금융의 정보화가 진전되면서 그간 세분화되었던 금융의 기능들이 통합되는 소위 겸업화 추세를 보이고 있다. 이러한 겸업화 추세는 1999년 미국에서 일명 **금융서비스현대화법**(Financial Services Modernization Act)이라 불리는 **그램-리치-블라일리**(Gramm-Leach-Bliley)**법**이 통과되면서 크게 활성화되었다. 이 법은 1933년 제정된 후 미국 금융제도가 전업주의를 택하는 데 결정적인 역할을 해온 **글라스-스티걸**(Glass-Steagall)**법**이 추구해 온 상업은행업과 투자은행업 간 분리규제를 완화시켰다. 그러나 이러한 규제완화는 2007년부터 발생한 **서브프라임 모기지**(subprime mortgage) 금융위기의 주요 원인을 제공한 것으로 지목되면서, 범세계적으로 금융의 겸업화에 대한 재고가 진행되고 있다.

한편 우리나라는 금융지주회사법을 제정하여 금융지주회사 내에서 겸업을 허용하는 방식으로 겸업화 추세에 대응해 왔다. 그리고 전술한 전업주의하에서 단일기관 내에서의 이종 업무 겸영은 허용하지 않는 것이 원칙인데, 은행에 대해 방카슈랑스를 허용한 것은 이 원칙에 대한 예외로 풀이된다.[5] 또 다른 예외로 2007년 8월 공포되고 2009년 2월 시

3 금융권 업무영역에 대한 보다 자세한 설명은 한국은행(2011. 12)이 발간한 『한국의 금융제도』를 참조할 수 있다.

4 **여신전문금융회사**는 수신기능이 없고 회사채를 발행하여 자금을 조달하므로 건전성 확보를 위한 진입규제 필요성이 크지 않다. 그래서 금융위원회에 등록함으로써 설립이 가능하다. 다만 지급결제기능을 가진 신용카드업의 경우는 신용질서 유지와 소비자 보호를 위해서 금융위원회의 허가를 받아야 한다.

5 **방카슈랑스**(bancassurance)란 은행(banque)과 보험(assurance)의 합성어로 좁은 의미로는 은행에서 보험상품

행된 자본시장과 금융투자업에 관한 법률, 일명 자본시장법을 들 수 있다. 이 법은 금융투자회사 내부에서 투자매매업, 투자중개업, 집합투자업, 투자자문업, 투자일임업 및 신탁업 등 금융투자업 상호 간에 겸업을 허용하였다. 이는 금융투자회사의 겸업화 · 대형화 추진을 통해 선도적 투자은행의 출현을 가능케 하겠다는 정부의 정책 의지를 담고 있다.

3.3 금융산업과 실물경제

우리가 금융산업의 발전에 관심을 갖는 이유는 이것이 실물경제의 성장 · 발전과 연관성을 지니는 것으로 믿기 때문이다. 여기서는 양자 간의 관계를 간략히 살펴보기로 한다.

우선 재무이론에서 유명한 MM가설은 금융과 실물 간의 무관론을 주장한다. 여기서 MM이란 노벨경제학상 수상에 빛나는 Modigliani 교수와 Miller 교수를 지칭하는데, 이들은 1958년 발표한 논문에서 금융이 실물과 무관하다는 이론을 제시하여 주목받았다. 이들의 주장은, 금융이란 것이 기본적으로 실물활동을 통해 창출한 것을 배분하는 데 불과하여 불완전성이 존재하지 않는 완전자본시장(perfect capital market)에서는 금융의 역할이 없다는 것이다.[6] 이 이론은 현실성이 없어 보이지만, 금융의 역할에 대한 생각의 출발점을 제공한다는 점에서 중요한 의미를 갖는다.

다음으로 금융 또는 금융의 발전이 실물경제의 성장과 발전에 긍정적으로 기여한다는 주장이 있다. 금융은 기본적으로 기업활동에 필요한 자금을 직접 지원하거나, 기업 관련 정보를 시장에 제공하여 기업의 자금조달을 도와주거나, 모니터링을 통해 기업활동이 좀 더 효율적으로 이루어지도록 도와준다는 것이다. 더 나아가 금융은 기업활동에 수반되는

을 판매하는 것을 의미하고, 넓은 의미로는 은행과 보험회사 간 광범위한 업무제휴를 통해 은행에서 다양한 보험서비스를 제공하는 것을 말한다. 그간 우리나라에서는 2003년 8월 은행 · 증권사 · 상호저축은행 · 카드회사 등이 보험사의 대리점 자격으로 보험모집업무를 영위할 수 있도록 하는 제1단계 방카슈랑스가 도입된 후, 제2단계(2005년 4월)와 제3단계(2006년 10월)의 영역 확장을 거쳐, 제3보험(상해 · 질병 · 간병)까지 취급하는 단계에 이르렀다. 그러나 제4단계 추진을 앞두고 보험업계의 반대로 2008년 3월 시행이 유보되었다.

6 당신과 친구 둘이서 주문한 피자가 도착했다고 하자. 이 피자를 나누는 방법에 불구하고(예 : 5 대 5 또는 6 대 4 구분 등) 피자 전체의 크기는 변하지 않을 것이다. 이와 마찬가지로 기업의 현금흐름으로 결정되는 자산의 가치는 현금흐름의 분배를 의미하는 부채와 자기자본 간 구성비율, 즉 자본구조에 의해 달라지지 않는다는 이론이다.

위험관리를 담당함으로써 실물의 약진을 가능케 하는 발판을 제공하기도 한다. 그러나 금융이 실물경제의 성장과 발전에 장애요인이 되는 경우도 있다. 2008년 미국의 **서브프라임 모기지 시장**에서 발원한 **글로벌 금융위기**가 비근한 예인데, 증권화와 **부채담보부증권**(collateralized debt obligation : CDO) 등으로 금융이 실물과 괴리되어 무분별하게 팽창하였다가 거품이 붕괴되면서 경제에 큰 충격을 초래하였다.[7]

3.4 금융중개기능 수행과 부가가치 창출

금융기관은 중개기능을 수행함으로써 금융시장에 존재한다. 다시 말해서 금융기관은 고유한 중개기능을 수행함으로써 그에 합당하는 이윤을 창출할 수 있고, 그 결과 금융시장에서 생존이 가능하며, 그런 과정을 통해 국부 증대에 기여하게 된다. 만약 어떤 금융기관이 제공하는 서비스에 대한 수요가 충분하지 않아서 이윤 창출에 실패한다면 그러한 금융기관은 시장에서 더 이상 존재할 수 없다. 결국 금융이 산업으로 성장 · 발전한다는 것은 일국의 경제가 필요로 하는 서비스를 제공한다는 뜻이고, 이런 경우 산업으로서 금융의 존재가 정당화되는 것이다.

4. 금융시장

4.1 정의

금융시장은 금융자산의 수요자와 공급자가 만나 거래하는 장소 내지 메커니즘

7 영국 금융감독청(FSA)의 Turner 의장 외(2010)는 *The Future of Finance*라는 보고서에서 금융이 실물경제에 경제적 가치를 추가하는 대신 오히려 렌트(rent)를 추출해 갈 수 있다고 지적하였다.

(mechanism)을 말한다. 과거에는 수요자와 공급자가 모여서 거래하는 물리적인 장소가 시장이었으나, 컴퓨터와 통신의 발달로 이들이 직접 만나지 않고서도 거래의 성사가 가능하게 되었다. 따라서 앞에서 설명한 바와 같이, 중요한 것은 더이상 만남의 장소가 아니며 거래자들을 연결해 주는 **접속시스템**(matching system)이라 할 수 있다. 비근한 예가 **한국거래소**(KRX)이다. 과거에는 전 세계적으로 증권거래소의 플로어에서 거래가 이루어졌지만, 요즘은 플로어에서 직접 거래하는 모습을 더이상 찾아보기 어렵게 되었다. 대부분의 거래가 전자통신시스템을 통해 이루어지기 때문이다. 한국거래소와 같이 거래소에서 거래가 이루어지는 경우를(거래소의 플로어에서든 전자시스템상에서든) **장내시장**이라 부른다. 그리고 거래소 밖에서 거래가 이루어지는 경우를 **장외시장**이라 부른다. 특히 증권사 창구 너머로 거래가 이루어지는 경우를 **점두시장**(over-the-counter market : OTC market)이라 부르는데, 대표적인 장외시장이다. 이 밖에 **대체거래시스템**(alternative trading system : ATS)[8] 또는 **프리보드**(Free Board) 등은 장내시장과 장외시장의 중간형태라 할 수 있다.

4.2 분류

4.2.1 직접금융시장과 간접금융시장

[그림 1-1]에서 자금의 공급자와 수요자가 직접 거래하는 시장을 **직접금융시장**(direct financial market)이라 부르고, 양자 간에 금융기관이 개입하여 각각이 금융기관과 거래하는 시장을 **간접금융시장**(indirect financial market)이라 부른다.

직접금융시장을 글자 그대로 해석하면 금융의 수요자와 공급자가 시장에서 직접 만나서 거래한다는 것인데, 이는 다분히 상징적인 의미이며 현대의 금융시장에서는 대부분의 경우 양자 간에 금융기관이 개입한다. 즉, 당신이 주식을 사고자 하는 경우 당신과 주식

---

8 자체적 규제와 상장기능 없이, 기존 거래소 상장 주식 등을 대상으로 매매체결만 할 수 있도록 특화한 거래시스템을 말한다. 수수료가 저렴하고 거래 체결속도가 빨라 투자자들이 선호함으로써 최근 빠르게 성장하고 있다. 주문수량, 가격 등 거래 전 정보를 공개하는 공개주문시장인 사설 전자증권거래시스템(electronic communication network : ECN)과 익명거래시장인 다크풀(dark pool)로 구분된다.

을 파는 사람 사이에 증권회사가 개입하여 주식거래를 도와주는 것이다. 이 경우 얼핏 보면 마치 당신이 증권회사로부터 주식을 사는 듯 보이나 이는 사실이 아니며, 증권회사는 구매자와 판매자 사이에서 매매를 성사시켜 주는 일을 하는 데 불과하다. 즉, 당신은 증권회사가 보유하고 있던 주식을 사는 것이 아니라 제3자인 판매자의 주식을 증권회사를 통해서 사게 되는 것이다. 그러나 만약 당신이 은행으로부터 대출을 받고자 하는 경우에는, 당신은 실제로 은행의 돈을 빌리게 된다. 물론 이는 애당초 제3자가 은행에 돈을 예금하였기 때문에 가능한 것이기는 하지만, 중요한 것은 당신이 실제로 은행의 돈을 빌린다는 점이다.

위의 주식거래에서처럼 거래당사자 간에 직접 거래하는 시장을 직접금융시장이라 부르고, 은행 대출에서처럼 자금의 수요자와 공급자 사이에 중개기관인 은행이 끼어 고객이 은행과 거래하는 시장을 간접금융시장이라 부른다. 여기서 증권회사와 은행 간의 중요한 차이는, 전자는 금융기관 스스로가 위험부담을 하지 않지만 후자는 위험부담을 한다는 점이다. 이에 대해 아래 5.2에서 추가 설명한다.

4.2.2 단기금융시장, 자본시장, 외환시장 및 파생금융상품시장

금융시장은 거래상품의 만기를 기준으로 **단기금융시장**(money market)과 **자본시장**(capital market)으로 구분된다. 단기금융시장은 거래상품의 만기가 1년 이내인 경우이며, **콜**(call)**시장**, **RP**(repurchase agreement)**시장**, **CP**(commercial paper)**시장**, **CD**(certificate of deposit)**시장**, **통화안정증권**(monetary stabilization bond : MSB)**시장** 등이 이에 해당된다. 자본시장은 거래상품의 만기가 1년 이상인 경우이며, **주식시장**과 **채권시장**으로 구성된다. 한편 **파생금융상품**(financial derivative products)**시장**은 기초자산들로부터 파생된 파생금융상품이 거래되는 시장이며, 구체적으로 **선도**(forward), **선물**(futures), **옵션**(option), 그리고 **스왑**(swap) 등이 거래되는 시장을 통칭한다. 이하에서 이들 각각에 대해 간략히 살펴보기로 한다.[9]

---

9 우리나라 금융시장에 대한 포괄적이고도 상세한 설명은 한국은행(2012. 12)이 발간한 『한국의 금융시장』을 참조할 수 있다.

단기금융시장

단기금융시장이란 만기 1년 미만의 단기금융자산이 거래되는 시장으로 흔히 자금시장이라고 불린다. 이 시장은 후술하는 자본시장에 비해 유동성이 높고 신용위험(credit risk)이 작아 금융거래의 효율성 제고에 기여하고, 더 나아가 효율적인 통화신용정책의 터전을 제공한다.

우선 콜시장은 금융기관 간 단기자금을 거래하는 시장으로 통상 만기가 1일~1주일이며 2주일을 넘어가는 경우가 드물다. 다음으로 **RP시장**은 환매조건부채권(repurchase agreement : RP)이 거래되는 시장인데, **RP**란 채권매매 당사자 간에 일정기간 후 채권매매 당시의 가격에 소정의 이자를 더한 가격으로 다시 사거나 팔 것을 약정하고 채권을 거래하는 것을 말하며, 그래서 환매조건부라는 표현이 붙었다. 환매를 조건으로 통상 단기간에 걸쳐 채권의 매매가 이루어짐으로써 자금의 단기융통에 기여한다. 우리나라의 RP시장은 공개시장조작의 일환으로 한국은행이 실시하는 RP시장, 금융기관 간 주로 단기자금을 거래하는 RP시장 및 금융기관들의 대고객 RP시장으로 구분된다.

다음으로 **어음시장**은 융통어음시장과 상업어음시장으로 구분되는데, 전자는 기업이 단기자금을 조달할 목적으로 상거래와 관계없이 자기신용으로 발행한 융통어음이 할인 거래되는 시장을 말한다. 통상 **기업어음(CP)시장**이라 불리며, 우량 대기업의 주요 단기조달 목적으로 이용되었으나, 2013년 1월 전자단기사채가 도입되면서 기업어음시장을 빠르게 대체하고 있다. 한편 상업어음시장은 기업의 상거래에 수반되어 발행되는 상업어음을 은행이 할인 보유하고 있다가 일반에게 매출하는 시장이다. 여기서 **상업어음**은 상거래를 담보로 한다는 이유로 **진성어음**이라고 불리기도 한다. 이 밖에 은행이 발행하는 양도성정기예금증서(CD)가 거래되는 **CD시장**도 중요한 단기금융시장이다. **CD**는 통상 3개월 내지 6개월 만기이며, 만기 전 상환이 어렵다는 정기예금의 단점을 극복하기 위해 시장에서 매각할 수 있도록 만든 일종의 정기예금 상품이다. 그러나 통상 거래단위가 커서 금융기관과 기관투자자들이 주로 이용한다.

자본시장

자본시장은 기업의 시설자금이나 장기운전자금 조달을 목적으로 발행되는 주식과 채권이 거래되는 시장이다. 자본시장의 성장과 발전은 일국의 금융발전에서 중요한 비중을 차지하는 것으로 알려지고 있다.

대표적인 **자본시장**으로 우선 주식시장을 꼽을 수 있다. 주식시장은 기업의 주식이 발행되는 **발행시장**과 이들이 유통되는 **유통시장**으로 구분된다. 주식의 발행은 주식회사가 설립자본금을 조달하거나 자본금을 증액할 때 이루어지는데, 자본금 증액을 위한 주식 발행에는 금전의 출자를 받아 자본금을 증가시키는 **유상증자**가 있고, 그 밖에 금전의 출자가 없는 **무상증자**, 주식배당 및 전환사채의 주식전환 등이 있다. 한편 유통시장은 일단 발행된 주식이 투자자들 간에 매매 · 유통되는 시장이다.

또 다른 중요한 자본시장인 **채권시장** 역시 **발행시장**과 **유통시장**으로 구분된다. 우선 발행시장은 기업은 물론이고 국가, 공공단체 및 금융기관 등이 경영상의 이유 또는 정책수행을 목적으로 장기로 채권을 발행하는 시장이다. 여기서 발행된 채권이 투자자들 사이에서 매매 · 유통되는 시장이 채권의 **유통시장**이다.

외환시장

외환시장(foreign exchange market : FX market)은 글자 그대로 외환이 거래되는 시장으로, 외환의 수요자와 공급자가 만나서 거래하는 시장을 말한다. 여기서 외환이란 미 달러와 엔화 등 외국의 화폐를 의미한다. 통상 외환시장은 광의와 협의로 구분되는데, 광의의 외환시장은 은행 간 거래와 대고객 거래가 이루어지는 시장을 포함하는 개념이고, 협의의 외환시장은 은행 간 거래가 이루어지는 시장을 가리킨다.

외환시장의 주요 참가자로는 수출업과 수입업을 영위하는 기업, 해외 소비와 송금 등을 필요로 하는 개인 및 외국환업무를 영위할 수 있도록 법으로 인가를 받은 외국환은행들이 있다. **외국환업무**란 대외지급수단의 매매, 발행, 우리나라와 외국 간 송금 및 추심, 그리고 이에 부수하는 업무를 말한다.

파생금융상품시장

근래 들어 단기금융시장이나 자본시장의 범주에 포함되지 않는 연계형 내지 복합형 금융상품시장이 등장하여 빠른 속도로 성장하고 있는데, 파생금융상품시장이 바로 그것이다. 여기서 파생금융상품이란 일정한 상품으로부터 파생된 금융상품이라는 뜻이며, 비근한 예가 주식옵션이다. 주식옵션이란, 예컨대 **콜옵션**(call option)의 경우, 미래시점에서 주가가 미리 정해진 금액(행사가격)을 초과하는 경우 주가와 행사가격의 차액을 받는 계약을 말한다. 즉, 콜옵션은 주식을 일정한 금액으로 살 수 있는 권리이다.[10] 여기서 주가가 행사가격을 하회하는 경우에는 옵션을 행사하지 않을 것이므로 계약이 종료된다. 결국 옵션은 선택할 수 있는 권리, 즉 선택권이다. 여기서 한 가지 주목할 점은 주식은 단지 옵션계약을 성립시키는 도구로만 이용되며 통상 주식 자체가 거래되는 것은 아니라는 점이다. 주식옵션이 주식이라는 금융상품으로부터 파생되었기 때문에 파생금융상품으로 분류된다.

옵션 외에 대표적인 파생금융상품으로 **선도**, **선물** 및 **스왑** 등이 있다. 선도계약은 예컨대, 3개월 후에 일정한 금융상품(예 : 외환 또는 국채)을 일정한 가격으로 사거나 또는 파는 계약을 말한다. 상품의 거래시점이 계약체결 시점보다 미래에 있어서 **선도**(forward)라는 이름이 사용된다. **선물**(futures)은 선도계약과 유사한 내용의 계약을 체결한 후, 그 다음 날에 가서 거래당사자 간에 계약가치의 변화를 정산하는 계약을 말한다. 그런데 선도계약이 금융기관과 개인 또는 기업 간에 장외에서 이루어지는 데 반해, 선물은 거래소 주관으로 장내에서 거래가 이루어진다는 점에서 차이가 있다. 한편 **스왑**(swap)은, 예컨대 미래 일정기간을 대상으로 변동금리와 고정금리 지급을 서로 교환하는 것 등을 말하는데, 이는 매 시점을 대상으로 체결한 선도계약의 시리즈로 이해할 수도 있다.

이들 중 선물은 거래소의 파생금융상품시장, 즉 장내시장에서 거래되지만, 선도와 스왑 등은 금융기관들 간 또는 금융기관과 고객 간에 금융기관의 창구, 즉 장외시장에서 거래된다. 옵션은 장내거래와 장외거래가 모두 가능하다. 이렇듯 파생금융상품은 계약 내용에 따라 다양한 종류가 가능한데, 주목할 점은 단기상품과 장기상품을 연결하는 기능을 수행함으로써 위험관리를 위한 **헤지**(hedge) 수단으로 사용할 수 있다는 점이다.

4.3 효율적 시장 가설

효율적 시장이란 일정한 시장에서 형성되는 가격이 그 시장참가자들이 사용가능한 모

10 **풋옵션**(put option)은 일정한 금액에 팔 수 있는 권리인데, 미래시점에서 주가가 미리 정해진 금액(행사가격)보다 낮은 경우 풋옵션을 행사함으로써 행사가격과 주가의 차액을 받게 된다.

든 정보를 즉시에 충실하게 반영하는 시장을 말한다. 그리고 **효율적 시장 가설**이란 '금융시장이 효율적이다' 라는 가설이다.

효율적 시장의 개념을 좀 더 이해하기 위해서 시카고대학의 파마(Fama) 교수가 제시한 세 가지 유형을 살펴보자. 파마 교수는 효율적 시장 가설에 대한 검증작업을 위해서 효율성 개념을 **약형 효율성**(weak form efficiency), **준강형 효율성**(semistrong form efficiency) 및 **강형 효율성**(strong form efficiency)의 세 가지로 구분하였다. 이는 효율성의 대상이 되는 정보의 속성에 따른 구분이다.

우선 약형 효율성은 금융자산의 현재가격이 과거의 가격자료에 담겨진 모든 정보를 즉시에 충실히 반영한다는 개념이다. 과거의 가격자료란 가장 구하기 쉬운 정보이므로 대부분의 투자자들이 이를 쉽게 구하여 사용할 수 있고, 따라서 가장 쉽게 가격에 반영될 것이므로 효율성의 수준이 가장 약하다는 것이다. 준강형 효율성은 현재의 가격이 과거의 가격자료뿐만 아니라 모든 공개된 정보, 즉 **공적 정보**(public information)까지를 즉시에 충실히 반영한다는 것으로 약형보다 다소 강한 형태의 효율성 개념이다. 마지막으로, 강형 효율성은 현재가격이 과거의 가격자료와 모든 공개된 정보는 물론 기업의 내부자들이 지니고 있는 **사적 정보**(private information)까지를 모두 반영한다는 매우 강한 수준의 효율성이다. 실증분석 결과는 위의 세 가지 효율성 개념 중 약형과 준강형 효율성은 지지되지만 강형 효율성은 지지되지 않는 것으로 드러나고 있다.

정보의 원활한 유통은 거래 활성화에 기여하고, 더 나아가 자원배분의 효율성 제고에도 기여할 것으로 기대된다. 이런 점에서 효율적 시장이란 경제의 매우 바람직한 상태를 나타낸다. 금융은 정보와 밀접한 관계를 지니는데, 정보의 효율적인 창출과 원활한 흐름은 자금의 흐름을 촉진하여 금융의 성장 · 발전에 기여하고, 이것은 다시 정보수요를 창출함으로써 시장이 더욱 효율적이 되는 선순환 구조가 기대된다. 따라서 금융기관이 정보창출에 기여하는 만큼 시장을 효율적으로 만드는 데 기여하게 되고, 궁극적으로 시장참가자들의 효용과 가치창출에 기여하게 되는 것이다. 이런 점에서 금융기관의 정보 관련 기능은 중요한 중개기능의 하나로 꼽힌다.[11]

11 금융기관의 정보 관련 기능에 대해서는 제5장에서 좀 더 자세히 설명된다.

5. 금융기관

5.1 정의

금융기관(financial institutions)은 금융자산을 주요 자산으로 보유함으로써 경제주체들에게 금융 관련 상품과 서비스를 제공하는 기관 또는 핵심 업무가 금융인 기관을 말한다. 금융기관과 실물기업 간의 차이는 실물기업의 경우 대부분 자산이 실물자산인 반면, 금융기관의 경우는 대부분 자신이 금융자산이라는 점이다. 이러한 차이는 금융기관의 성격을 이해하는 데 있어 매우 중요하다. 예컨대 금융기관의 경우 자산이 금융자산이므로 유동성이 높고 위험도 낮은 편이고, 이로 인해 부채의존도가 높아지는 경향이 있다. 한편 금융기관은 자금의 공급자와 수요자 사이에서 금융자산과 부채를 보유함으로써 이들이 필요로 하는 금융중개서비스를 제공하는 것을 본업으로 수행한다.

과거의 금융기관은 제한된 자원을 수요자들에게 배분하는 과정에서 합리적이고 체계적인 방법보다 고압적인 자세를 취하는 경우가 많았다. 이 때문에 금융기관이라는 관료주의 냄새가 나는 이름이 붙여진 것이 아닐까 싶다. 그러나 최근 들어 금융환경이 빠른 속도로 변화하면서 가용 금융자원이 풍부해지고 이를 최적의 수요자에게 배분하는 수단과 방법 또한 합리적이고 체계적인 방향으로 개선됨으로써 관료주의적이거나 고압적인 방법은 더이상 적합하지 않게 되었다. 따라서 요즈음은 금융기관도 하나의 회사에 불과하다는 점을 강조하여 **금융회사**(financial firms)라는 호칭으로 부르는 경우가 늘어나고 있다.

5.2 기능과 종류

5.2.1 광의와 협의

[그림 1-2]에서 **광의의 금융기관**(또는 금융중개기관)은 중앙은행[12]과 금융의 수요자 사

12 금융기관을 금융중개기관과 중앙은행을 합한 개념으로 사용하기도 하는데, 본 서에서는 중앙은행을 제외하

이에서 한편으로는 **중앙은행**의 **통화신용정책**의 집행경로가 되고, 또 한편으로는 금융수요자에게 다양한 금융상품과 서비스를 제공한다.

광의의 금융기관은 금융기관이 수행하는 업무 내용에 따라 **브로커 · 딜러**(broker-dealer)와 **자산변환기관**(asset transformer)으로 구분한다. 이러한 구분은 금융기관이 단지 제3자가 발행한 금융상품을 중개 또는 매매하는가 아니면 새로운 금융상품을 창출하는가에 따른 것이다. 예로, 브로커는 어떤 기업이 발행한 주식을 투자자가 구입할 수 있도록 중개하는 역할을 담당한다. 그리고 딜러는 기업 또는 제3자로부터 주식을 구입하여 보관해 두었다가 매수 희망자가 나타나면 그에게 매도한다. 양자 모두 기업이 발행한 금융상품을 취급하는데, 브로커의 경우는 위험부담이 없지만 딜러의 경우는 재고를 보유하게 되어 위험부담이 뒤따른다. 한편 자산변환기관은, 예컨대 은행처럼 예금을 받고 대출을 하는 등 스스로가 거래당사자가 됨으로써 자산의 성격 변환을 초래하며 이 과정에서 위험부담이 늘어난다. 은행과 보험사가 대표적인 자산변환기관들인데, 이들을 협의의 금융(중개)기관이라 부른다.

그림 1-2 | 금융기관의 종류

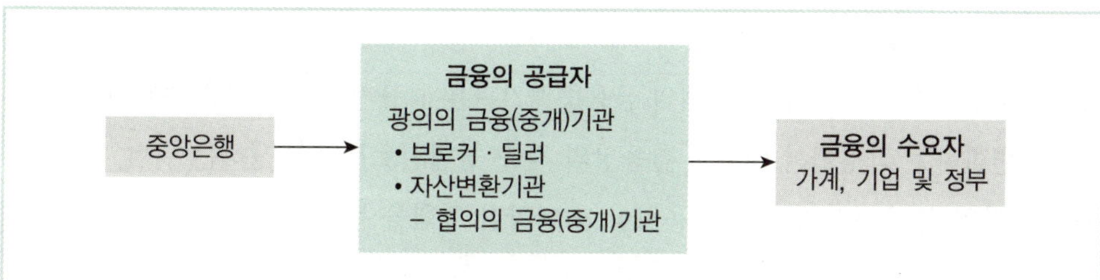

5.2.2 브로커 · 딜러와 자산변환기관

우선 브로커 · 딜러란 유의미한 위험부담 없이 거래비용 절감 등을 토대로 고객들에게 단순 중개서비스를 제공하는 금융기관을 지칭한다. 우선 브로커는 유가증권의 소유 없이 고객들의 사자수요와 팔자수요를 연결시켜주는 역할, 즉 브로커기능을 담당한다. 이 경우 자연히 위험부담은 없거나 미미하다. 증권회사의 주식 위탁매매와 뮤추얼펀드 판매는

고 금융기관과 금융중개기관을 동일한 개념으로 취급하였다.

브로커기능의 대표적인 예이며, 투자자문과 채권의 신용등급평가 등도 브로커기능으로 이해된다(Greenbaum and Thakor, 2007; p.50 참조). 다음 딜러란 고객들을 대상으로 자신의 명의로 유가증권을 사고파는 역할, 즉 딜러기능을 수행한다. 이를 위해 스스로가 재고를 유지하게 되므로 가격의 상승 · 하락에 따른 위험부담이 불가피하다.

이렇듯 역할에 따라 딜러와 브로커를 구분하는데, 실제로는 브로커와 딜러가 분리된 경우도 있고 또 동일인이 두 기능을 모두 수행하는 경우도 있다. 따라서 브로커 · 딜러라는 표현을 사용하였다. 이들은 모두 시장의 개장과 거래활성화에 기여하는데, 특히 딜러의 경우 재고보유를 통해 투자자들의 주문에 즉각 응하는 소위 즉시성 서비스를 제공함으로써 시장을 조성한다고 하여 **시장조성자**(market maker)라고도 부른다.[13]

자산변환기관이란 **자산변환기능**을 수행하는 금융기관을 말하는데, 여기서 자산변환기능이란 금융자산의 속성을 변환시키는 기능이다. 즉, 자산변환기관은 상품의 만기, 유동성, 가격, 규모 등에서 금융자산의 제반 속성을 변환시키고 이로 인해 창출되는 위험을 부담한다. 예컨대 은행의 경우 가계로부터 만기가 짧고 유동성이 높은 요구불예금을 수령하고 이를 토대로 만기가 길고 유동성이 낮은 대출을 기업에게 공여하는데, 이런 경우 만기 또는 유동성변환이 일어난다고 한다. 이러한 자산변환의 결과 은행은 금리위험과 유동성위험에 노출된다.

이밖에도 은행과 보험사 등 협의의 금융중개기관은 금융자산의 속성을 수요자 니즈에 맞추어 변환하는 과정에서 여수신 활동상의 각종 불일치로부터 발생하는 위험, 즉 조달위험, 금리위험, 유동성위험 및 신용위험 등 다양한 위험을 부담한다.[14]

5.2.3 자산변환기능과 브로커기능에 따른 금융기관의 분류

자산변환기능 수행은 통상 금융기관의 위험부담을 초래한다. 앞에서 설명한 바와 같이, 만기 변환은 **금리위험**을 수반하고 유동성 변환은 **유동성위험**을 수반한다. 따라서 자

13 한국거래소에 존재하는 유동성공급자(liquidity provider : LP)는 시장조성자의 한 예이다.

14 여기서 딜러 또는 시장조성자가 부담하는 위험이 큰가 아니면 은행이나 보험사 등 협의의 금융(중개)기관이 부담하는 위험이 큰가는 일률적으로 말하기 어렵다. 왜냐하면 일정한 금융기관이 부담하는 위험의 크기는 시장에 존재하는 위험의 원천 속에서 금융기관이 얼마나 큰 위험을 부담코자 선택하는가에 달려 있기 때문이다. 다만, 업무 자체는 일반적으로 후자의 위험이 크다고 할 수 있다.

산변환기능을 본연의 기능으로 수행해야 하는 금융기관은 위험을 회피하기보다 오히려 적극적인 자세로 관리할 필요가 있고, 더 나아가 이를 경쟁력의 원천으로 활용하는 자세도 필요하다.

자산변환기능을 수행하는 대표적인 금융기관으로는 은행을 꼽을 수 있지만, **보험회사**도 부채 만기가 길고 자산의 만기가 짧은 상황에서 또 하나의 중요한 자산변환기관으로 인식된다. 다만 그 방향이 다를 뿐이다. 물론 **투자은행**의 경우도 취급업무에 따라 상당한 수준의 위험부담이 뒤따를 수 있지만 자산의 속성 자체를 변환하는 것은 아니므로 이들과 구분된다.

브로커 · 딜러기능은 업무 자체가 대체로 위험부담이 없거나 또는 있다 하더라도 자산의 속성을 바꾸는 정도는 아니다. 브로커기능에서 중요한 점은 오히려 거래비용의 절감이다. 브로커기능을 수행하는 대표적인 기관으로는 **위탁매매 증권사**, **자산운용사** 등을 꼽을 수 있다. 이들은 고객의 요청에 따라 거래를 대행하고 자금운용과 거래의 효율성 제고에 기여하지만 스스로 위험을 부담하지는 않는다. 딜러기능은 경우에 따라 큰 위험부담을 수반한다. 비근한 예로, 2008년 9월 도산하여 글로벌 금융위기를 촉발시킨 미국의 투자은행인 리먼브라더스(Lehman Brothers)를 꼽을 수 있다. 이 경우는 위험부담이 지나쳐 중개기관으로서 경제에 긍정적으로 기여하지 못하고 오히려 큰 피해를 끼친 사례이다.

오늘날 대부분의 금융기관들은 한편으로는 자산변환기능을, 그리고 또 한편으로는 브로커 · 딜러기능을 수행하는 것이 일반적이다. 다시 말해서 어떤 금융기관이 100% 자산변환기관이거나 또는 100% 브로커 · 딜러인 경우는 흔하지 않다. 이는 자본시장이 발달하면서 금융기관의 내용이 점차 복잡해지고 구분 또한 불명확해지기 때문이다.

| 표 1-2 | 자산변환기능과 브로커 · 딜러기능

구분	자산변환기능	브로커 · 딜러기능
변환 대상	유동성, 만기	규모, 장소
변환의 특성	정보창출, 위임감독	거래비용의 절감
위험부담 정도	상당한 위험부담	브로커는 사소한 위험, 딜러는 경우에 따라 큰 위험
금융기관	은행, 보험사, 종금	위탁매매 증권사, 자산운용사, 투자은행

6. 요약

제1장에서는 금융시스템, 금융산업, 금융시장 및 금융기관 각각을 간략히 살펴보고 이들 간의 상호관계를 개관하였다. 우선 금융이란 무엇인가, 금융과 실물은 어떤 연관성을 지니는가, 그리고 금융의 발전은 실물경제 발전에 기여하는가 등에 대해 살펴보았다. 다음으로 금융시스템이란 무엇이고 또 어떻게 분류되는가를 논의하였다. 이와 더불어 금융산업의 의미를 살펴보았으며, 이것이 기본적으로 금융기관의 중개기능과 연관된다는 점을 지적하였다. 금융산업이란 금융서비스산업을 말하는데, 과거 우리나라 경제개발 초기의 금융환경에서는 자원 제약으로 말미암아 금융이 서비스라기보다 일종의 혜택으로 인식되는 패러다임이 자리잡았다. 그러나 경제가 성장 · 발전하면서 이러한 패러다임으로는 경제발전에 도움이 되기 어려울 수 있음을 지적하였다. 이어서 금융시장을 정의하고, 이를 자본시장, 단기금융시장, 그리고 파생금융상품시장으로 구분하여 살펴보았다.

마지막으로 금융기관을 광의와 협의로 구분하여 살펴보았다. 우선 광의의 금융기관을 브로커 · 딜러와 자산변환기관으로 구분하였다. 여기서 브로커 · 딜러는 금융투자회사를 말하는데, 브로커는 위험부담이 없거나 적은 단순중개업무를 수행하고 딜러는 재고를 유지하면서 위험이 수반되는 매매업무를 수행한다. 한편 자산변환기관은 대차대조표 자산 측과 부채 측의 속성을 변환시킴으로써 위험을 부담하는 은행과 보험사 등 협의의 금융기관을 말한다.

금융기관의 중개기능에 대한 논의는 금융기관론 공부에서 매우 중요한데, 이는 금융기관이 경제에 존재하는 이유가 바로 이러한 중개기능을 수행하여 수요자들에게 가치 있는 금융서비스를 제공하는 데 있기 때문이다. 금융기관의 경쟁력 또한 이러한 중개기능을 얼마나 효율적으로 수행할 수 있는가에 달려 있으며, 특히 위험을 얼마나 효과적으로 관리할 수 있는가가 경쟁력의 원천이 될 것이다.

연 | 습 | 문 | 제

01. 금융이란 무엇을 말하는지 간단히 설명하시오.

02. 금융과 실물은 어떤 관계를 지니는지 설명하시오. 금융의 발전은 실물경제의 성장과 발전에 긍정적인 영향을 끼치는가? 아니면 부정적 영향을 끼치는 경우도 있는가?

03. 은행중심 금융시스템과 시장중심 금융시스템을 비교 · 설명하시오. 양자 중 어느 것이 우월한 제도라고 할 수 있는가? 현재 우리나라는 어느 쪽인가?

04. 겸업주의와 전업주의를 비교 · 설명하시오. 우리나라는 어느 쪽을 택하고 있는가?

05. 효율적 시장 가설에 대해 설명하시오. 그리고 약형 효율성, 준강형 효율성 및 강형 효율성이란 각각 무엇을 말하는지 설명하시오.

06. 우리나라 단기금융시장의 예를 들고 간단히 설명하시오.

07. 간접금융시장과 직접금융시장을 비교 · 설명하시오.

08. 일정한 경제 내에 금융기관이 존재하는 이유는 무엇인지 설명하시오.

09. 자산변환기능을 설명하고, 이러한 기능을 수행하는 대표적인 금융기관의 예를 제시하시오.

10. 브로커기능을 설명하고, 이러한 기능을 수행하는 대표적인 금융기관의 예를 제시하시오.

CHAPTER 02

우리나라 금융산업의 변화와 발전

본 장에서는 우리나라 금융산업이 어떤 과정을 거치면서 발전해 왔는지, 또 전 세계적으로 금융산업이 어떠한 방향으로 발전해 가고 있는지를 공부한다. 우리나라 금융산업은 1960년대 개발경제시대에 정부의 계획에 따라 성장전략 산업에 자금을 지원하는 역할을 주로 수행하다가 1980~1990년대에 이르러 금리자유화와 금융자율화를 거치면서 비로소 상업적 모습을 보이기 시작하였다. 이후 1990년대 말에 외환 · 금융위기, 2000년대 초에 신용카드위기, 그리고 2000년대 말 글로벌 금융위기 등을 겪으며 구조조정을 통해 체질개선을 이루어 왔다. 한편 최근 글로벌 금융산업은 증권화, 대형화, 겸업화, 정보화 등의 모습을 보이면서 발전해 왔으며, 2007~2009년 글로벌 금융위기 이후에는 전 세계적으로 규제가 강화되고 있는 실정이다. 본 장에서는 이러한 내용에 대해 공부한다. ■

1. 외환위기 이전 우리나라 금융산업의 변화 : 1960~1990년대 중반

1.1 개발경제시대의 우리나라 금융산업 : 1960~1970년대

우리나라는 1960년대 들어 정부주도하에 적극적인 경제개발전략을 추진하기 시작하였다. 어느 나라나 경험하는 것이지만 경제개발 초기단계에 가장 어려운 점은 자국 내에 축적된 자본이 부족하다는 것이다. 이에 따라 우리 정부는 부족한 자본을 마련하고 또 이를 경제성장을 위해 필요하다고 판단되는 핵심 전략산업에 집중적으로 배분하기 위해 금융산업을 적극적으로 활용하였다. 즉, 금융산업을 실물경제 성장을 지원하기 위한 핵심적인 정책수단으로 활용한 것이다. 구체적으로 우리 정부는 정책금융, 선별금융 및 창구지도 등을 통해 경제개발을 위한 전략산업에 대해서는 자금의 가용성(availability)을 높여주고 금리 및 대출기간 등에서 우대를 해주는 등 직접적으로 금융산업과 금융시장을 통제하는 한편, 각종 금융제도 및 금융규제를 정비하였다.

당시에는 단기금융시장 및 자본시장이 잘 발달되지 않아 이를 통한 자금조달이 쉽지 않았기 때문에 정부는 특히 은행을 경제개발 전략 추구를 위한 주요 수단으로 사용하였다. 이를 위해 1961년에 「부정축재처리법」 제정으로 당시 재벌이 보유하고 있던 시중은행 주식을 대부분 정부에 귀속시키면서 시중은행을 공기업화하였다. 그리고 1962년에는 「은행법」을 개편하여 은행의 인사, 내부경영 및 자산운용에 대한 정부의 통제권을 강화하였다.

한편 은행만으로는 정책목표를 충분히 달성하기 어려운 분야도 있었으며, 정부는 이에 대응하기 위해 특정 목적을 가진 금융기관들을 신설 또는 확충하였다. 1961년에는 중소기업에 대한 자금지원을 원활하게 하기 위해 중소기업은행을 설립하였고, 1962년에는 서민금융을 지원하기 위해 국민은행을 설립하였다. 또한 산업은행과 농업협동조합을 개편하였고, 1962년에 수산업협동조합, 1967년에 한국외환은행, 1969년에는 한국주택은행 등 특정 부문에 대한 금융지원을 담당하는 특수 금융기관들을 설립하였다. 그리고

1967년에서 1971년 사이에는 지역금융의 활성화를 위해 10개의 지방은행[1]을 신설하였다.[2] 특히 정부는 국내에서의 자본 및 외환부족분을 충당하기 위해 「외국차관지급보증법」(1962) 및 「외자도입법」(1966) 등을 제정하였으며, 1967년에는 미국의 체이스맨해튼은행(Chase Manhattan Bank)을 시초로 외국은행의 국내지점 설치를 허용하였다. 또 1976년에는 수출입은행을 설립하여 우리 기업의 수출을 지원하기도 하였다. 이와 함께 1976년에는 주거래은행제도를 도입하여 대기업에 대한 여신관리를 은행이 직접 담당하도록 하였다.

| 표 2-1 | 개발경제시대의 우리나라 금융산업

- 정부가 금융산업을 실물지원을 위한 도구로 활용
- 특히 은행을 주요 수단으로 활용
  - 1961년 : 재벌의 은행주식 정부 귀속
  - 1962년 : 은행법 개편으로 은행에 대한 정부통제권 강화
  - 1960~1970년대 : 중소기업은행, 국민은행, 산업은행, 농 · 수협, 외환은행, 주택은행, 지방은행, 수출입은행 등 특정 목적 은행 설립
  - 1976년 : 주거래은행제도 도입으로 은행이 대기업에 대한 여신관리를 직접 담당

1.2 금리자유화 및 금융자율화 : 1980~1990년대

1.2.1 금리자유화

금리자유화 정책이 나오기 전까지 우리나라에서는 이자율이 정부에 의해 규제되었다. 이처럼 정부가 이자율을 규제한 것은 저금리로 조달된 자금을 경제발전을 위해 필요한 산업에 배분하기 위한 것이었다. 그러나 정부의 이자율규제는 여러 가지 문제를 야기하였다. 먼저 값싼 금융기관 대출을 받기 위해 자금시장에서는 언제나 자금의 초과수요 상태였고, 이에 따라 금융기관 대출을 받기 위한 여러 가지 부조리가 나타나게 되었다. 또

1 1959년 지방은행으로 설립된 서울은행은 1962년 시중은행으로 전환되었다.

2 그 밖에도 「보험업법」(1962) 및 「증권거래법」(1962)의 제정 등으로 비은행 금융산업의 기반도 확충하고자 하였다. 그러나 보험의 경우는 국민의 인식부족과 낮은 소득수준 등으로 크게 활성화되지 못하였으며, 증권시장의 경우도 그 기반이 취약하여 증권파동으로 큰 혼란이 발생하기도 하였다.

자금의 시장가격인 금리가 시장기능에 의해 결정되지 않아 효율적 자금배분이 이루어지기 어려웠고, 금융기관 간 경쟁도 원활하게 이루어지지 않아 금융기관의 경영효율성도 떨어지게 되었다.

이러한 부작용이 나타나자 1980년대 들어 우리 정부는 점진적으로 금리자유화를 단행하기 시작하였다. 1981년에 CP제도를 도입하면서 CP금리를 자유화하였고, 1984년에는 콜금리 및 무보증회사채 발행금리를 자유화하였으며, 은행 대출금리에도 밴드(band)제를 도입하여 금리가 일정한 범위 내에서 자유로이 움직일 수 있도록 하였다. 1985년에는 전환사채 및 담보부채권의 발행금리를, 1986년에는 보증부 회사채 및 금융채 발행금리를 자유화하였다. 그리고 1988년 12월부터는 물가안정과 국제수지 흑자 기조를 바탕으로 본격적인 금리자유화가 단행되었다. 이에 따라 정책금융을 제외한 모든 여신금리와 만기 2년 이상의 장기 수신금리에 대한 최고 이자율 규제가 철폐되는 등 금리자유화가 폭넓게 이루어졌다.

1991년 8월에는 금융시장 개방화 추세에 대응하여 금융산업 경쟁력 강화를 목적으로 정부와 한국은행이 4단계 금리자유화 추진계획을 수립 · 발표하였다. 이 계획에 따라 여신금리는 단기금리부터, 수신금리는 장기금리 및 단기시장성 금리부터 자유화하게 되었다. 1단계 조치가 실행된 1991년 11월부터 3단계가 시행된 1995년 11월까지 4년간 대부분의 금리가 자유화되었으며 1997년 7월에는 3개월 미만 저축성예금 금리도 자유화되었다. 2004년 2월에는 은행의 당좌예금을 제외한 요구불예금과 7일 미만 저축성예금 금리가 자유화되었으며, 이에 따라 당좌예금 및 재정지원 대상 자금의 여신금리를 제외한 은행의 모든 여 · 수신금리가 자유화되기에 이르렀다.

| 표 2-2 | 1980~1990년대 금리자유화 주요 내용

- 금리규제의 부작용 : 자금의 초과수요 만연, 자금의 가격기능 상실로 효율적 자금배분 저해, 금융기관 경쟁저해로 금융기관 경영효율성 저하
- 금리자유화 추진
  - 1981~1986년 : CP · 콜 · 무보증회사채 금리, 전환사채 · 담보부채권 · 보증부회사채 · 금융채 발행 금리자유화
  - 1991년 8월 : 4단계 금리자유화 추진계획 발표에 따라 1991년 11월부터 1995년 11월까지 대부분의 금리자유화
  - 1997년 7월 : 3개월 미만 저축성예금 금리자유화
  - 2004년 2월 : 은행 당좌예금을 제외한 요구불예금과 7일 미만 저축성예금 금리자유화

1.2.2 금융자율화

금융산업은 정보 비대칭성에 의한 시장실패가능성이 높아 어느 나라에서나 많은 규제를 하고 있다. 특히 은행은 외국환 관련 업무와 지급결제업무를 하는데다 기본적인 자원배분을 담당하는 금융산업의 근간으로, 은행이 부실화되면 한 나라의 금융시스템이 무너지게 되기 때문에 다른 금융기관에 비해 더 강력한 규제를 받는 것이 일반적이다. 이에 따라 대부분의 나라에서는 은행의 설립, 합병, 지점신설 등과 더불어 업무영역, 자산운용 등 거의 모든 영업활동에 대해 정부가 규제를 하고 은행의 건전성에 대한 감독을 실시하고 있다.

그러나 우리나라에서는 정부가 이러한 금융시스템 유지를 위한 규제의 범위를 벗어나 과도하게 은행을 규제해 온 측면이 있었다. 즉, 과거 우리 정부는 은행대출을 경제정책 목적 달성을 위해 배분하였을 뿐만 아니라 은행 최고경영자에 대한 인사권 행사 및 지시금융 등을 통해 은행경영에 깊이 개입해 왔다. 이러한 정부의 과도한 규제로 인해 은행산업에서 자원의 효율적 배분이 이루어지지 못했고, 은행의 대출심사기능이 발달하지 못했으며, 은행경영의 비효율성도 높아져 은행산업의 경쟁력이 전반적으로 낙후되었다. 이에 따라 금융규제와 통제에 의존한 성장위주 정책의 한계를 극복하고 금융 본연의 원리에 입각한 자생적 발전을 도모해야 할 필요성이 대두되었다.

정부는 은행의 경영자율성 증진을 위해 은행 민영화 및 진입규제 완화를 우선 실시하였다. 먼저 1972년 5월에 대주주의 주식보유 비율이 상대적으로 낮고 경영성과가 양호한 상업은행을 민영화하였으며, 이후 한일은행(1981년 7월), 서울신탁은행(1982년 9월), 제일은행(1982년 9월), 조흥은행(1983년 3월) 등을 차례로 민영화하였다. 1990년대 들어서는 외환은행(1989년 12월), 국민은행(1995년 1월) 및 주택은행(1997년 8월) 등 특수은행을 민영화하였다. 한편 이 시기에 금융산업의 경쟁 촉진을 통한 효율성 제고를 위해 은행산업에 대한 진입규제가 크게 완화되면서 1982년 신한은행을 비롯하여 1992년까지 8개의 시중은행이 신설되었다. 이 밖에도 금융산업 전반에 걸쳐 진입규제를 완화하였는데, 1995년 12월에 개정된 「증권투자신탁업법」에 따라 증권회사와 투자신탁회사 간 자회사 방식을 통한 상호 진출을 가능케 하였고, 1999년 4월에는 「증권거래법」을 개정하여 증권업 진입제한을 완화하였으며, 보험업의 경우도 진입제한을 완화하였다.

1.2.3 금융시장 개방

1980년대 중반 이후 우리 경제는 대외교역량이 급증하고 국가 간 자본거래가 크게 늘어나면서 무역자유화 및 금융시장 개방을 요구하는 선진국의 압력이 가중되었다. 정부는 1981년 '자본시장 국제화 장기계획'을 발표하였으나 국내 여건 미비로 금융시장 개방이 잘 이루어지지 않다가 선진국의 시장개방 압력이 거세진 1990년대에 들어서면서 시장개방이 본격적으로 이루어지기 시작하였다.

먼저 1988년 12월 정부가 발표한 '자본시장의 국제화 단계적 확대 추진계획'에 따라 1992년부터 외국인의 국내 상장주식에 대한 직접투자가 허용되었고 채권투자도 제한적으로 자유화되었다. 1990년대 초에는 자유무역을 촉진하는 국제협약이 체결되면서 금융시장 개방에 대한 선진국들의 압력이 거세지게 되었다. 1993년에 우루과이라운드(Uruguay Round)가 타결되었고, 1995년에는 세계무역기구(WTO) 출범으로 세계적으로 자유무역 시대가 도래하면서 금융시장 개방압력이 더욱 거세지게 되었다.

특히 우리나라는 1996년의 OECD 가입을 전후하여 외환자유화를 본격적으로 추진하였는데, 1993년에 「외국환관리규정」을 개정하였고, 1995년 2월에 외국환등록 의무제도를 폐지하였으며, 12월에는 전반적인 개방 일정을 앞당김으로써 외환시장 개방을 가속화하였다. 주식시장의 대외개방도 전반적인 금융시장 개방 추세에 맞추어 이 시기에 추진되었다. 먼저 1992년에 외국증권사의 국내지점 설치가 허용되었고, 1996년에는 외국인 주식투자 한도가 확대되었으며, 그 해 4월에는 국내 일반투자자에 대한 해외 증권투자한도가 폐지되고 투자대상의 범위도 확대되었다. 이런 일련의 정책들로 인해 1990년대 초에 우리나라 금융시장의 대외개방이 가속화되었고, 이에 따라 우리나라 금융시장도 세계 금융시장의 변동에 직접 노출되는 패러다임(paradigm)의 변화를 겪게 되었다.

2. 금융위기의 극복과 금융제도의 성숙 : 1990년대 중반 이후

2.1 외환위기와 금융구조조정

1997년 가을 우리 경제는 그간 정부주도의 경제개발 과정에서 누적되어 온 재벌의 과다차입 경영관행이 외부충격으로 심각한 위기를 맞으면서 경제 전반이 위기상황에 직면하게 되었다. 즉, 금융자율화 및 개방화로 경쟁압력이 높아지자 금융기관들이 무리하게 단기자금을 조달하여 대출을 늘렸는데, 이것이 부채위주 경영을 하던 재벌들의 부실경영과 맞물려 부실화됨으로써 위기의 요인으로 작용한 것이다. 또한 금융시장 개방화로 인한 단기 외국자본의 급격한 유출입도 위기발생에 한몫을 담당하였다.

1997년 1월 23일 한보, 3월 19일 삼미 등 대기업이 연쇄적으로 부도를 맞으면서 은행권의 부실채권 규모가 1996년 12월의 15조 2천억원대에서 1997년 6월에 21조 8천억원대로 크게 증가하였다. 또 1997년 10월에는 기아자동차의 법정관리 신청으로 국내경제 상황이 더욱 악화되고 대외신인도가 급락하여 미국의 신용평가사인 스탠더드앤드푸어스(S&P)사가 우리나라의 국가 신용등급을 AA에서 A+로, 무디스(Moody's)사가 A1에서 A2로 하향조정하는 등 경제 전반이 위기상황에 직면하게 되었다. 이처럼 우리나라의 대외신인도가 하락하자 은행 등 금융회사들의 외채에 대한 만기연장이 되지 않으면서 우리나라는 초유의 외환위기 상황을 맞게 되었다. 이에 따라 우리 정부는 11월 21일 IMF에 **구제금융** 지원을 요청하기에 이르렀다.

우리 정부는 이러한 경제위기 극복을 위한 종합적인 금융구조개혁 프로그램을 마련하였고, 이 프로그램에 따라 **공적자금**을 조성하여 대규모 **금융구조조정**을 추진하게 되었다. 외환위기 이후 1999년 말까지 제1차 공적자금 64조원이 정부가 보증하는 채권 발행을 통해 조성되었다. 즉, 1997년 말까지 시급한 자금소요에 대응하여 예금보험기금 12조원, 부실채권정리기금 19조원 등 31조원의 공적자금 조성에 대해 국회 동의를 받았으며, 1998년 5월 금융구조조정 추진을 위해 제1차 공적자금 64조원 조성을 결정하고 같은 해

9월 공적자금 잔여분 33조원에 대해 국회 보증을 받음으로써 64조원의 공적자금 조성이 완료되었다. 한편 1999년 하반기 대우계열사의 부도 및 2000년 말 신자산건전성분류기준(forward looking criteria : FLC)의 본격 도입에 따른 잠재부실 증가 우려로 공적자금 추가조성 필요성이 대두됨에 따라 제2차 공적자금 40조원을 추가로 조성하였다. 이에 따라 1997년 말 발생한 우리나라의 외환위기 극복을 위해 조성된 공적자금은 총 104조원에 이르게 되었다.

| 표 2-3 | 외환위기 극복을 위한 공적자금 조성 현황

1997년 말 31조원 + 1998년 9월 33조원 + 2000년 말 40조원 = 총 104조원

이렇게 조성된 공적자금으로 우리 정부는 1997년 이후 금융산업의 구조조정을 단행하였는데, 1997년 말부터 2015년 3월 말까지 채권 발행, 공공자금 및 회수자금 재사용 등으로 지원한 공적자금 총액은 168.7조원에 달한다.[3] 이 중 51.5%인 86.9조원이 은행권 구조조정을 위해 투입되었다. 이후 투입된 공적자금에 대한 회수 노력이 이어졌는데, 2015년 3월 말 현재 총 회수금액은 110.2조원으로 회수율이 65.3%에 이르고 있다.

이러한 공적자금의 투입을 배경으로 우리나라 금융산업은 대대적인 구조조정을 경험하였다. 이 과정에서 부실 금융기관들이 퇴출되었는데 그간 망하지 않는 것으로 알려져 왔던 은행들도 예외가 아니었다. 은행권에 대한 구조조정은 단기적으로 금융중개기능 정상화와 대외신인도 회복, 장기적으로는 금융산업의 안정성 및 효율성 제고를 통한 국제 경쟁력 제고 등을 목표로 추진되었다. 외환위기 발생과 더불어 1단계 구조조정이 추진되었고 2000년 들어 경제여건이 다시 악화됨에 따라 2단계 구조조정이 추진되었다.

1단계 은행 구조조정의 진행내역은 다음과 같다. 정부는 1997년 말 기준으로 일반은행들을 자본잠식은행, BIS비율 8% 미만인 은행, BIS비율 8% 이상인 은행 등 3개의 그룹으로 나누어 구조조정을 시행하였다. 먼저 자본잠식 상태인 제일은행과 서울은행에 대해서는 경영정상화 후 해외매각을 추진하였는데, 이 중 제일은행은 미국계 사모펀드인 뉴브리지캐피탈(New Bridge Capital)에 매각하는 데 성공하였으나 서울은행은 홍콩상하

3 공적자금 조성금액(104조원)과 지원금액이 차이가 나는 것은 공공차관이나 국유재산 등 공공자금도 투입된 데다 회수금액이 재투입되었기 때문이다.

이은행(HSBC)과의 매각협상이 결렬되어 매각에 실패하였다. BIS기준 자기자본비율이 8% 미만인 12개 은행에 대해서는 경영정상화를 요구하는 적기시정조치를 부과하여 이를 충족시키지 못한 5개 은행(동남 · 대동 · 동화 · 경기 · 충청은행)은 자산과 부채를 우량은행에 이전하는 방식으로 정리하고, 나머지 7개 은행(상업 · 한일 · 조흥 · 충북 · 강원 · 외환 · 평화은행)은 합병 등 자구노력 이행을 조건으로 공적자금을 투입하였다. 이에 따라 동화은행은 신한은행에, 동남은행은 주택은행에, 대동은행은 국민은행에, 경기은행은 한미은행에, 충청은행은 하나은행에 합병되었다. 또한 상업은행과 한일은행이 합병하여 한빛은행으로 새롭게 탄생하였고, 충북은행과 강원은행은 조흥은행에 합병되었으며, 외환은행은 자체 정상화하기로 결정되었고, 평화은행에는 공적자금이 투입되었다.

한편 2000년 하반기에 정부는 대우그룹 워크아웃 추진과 신자산건전성 분류기준(FLC) 도입 등으로 금융시장 불안이 가중됨에 따라 2단계 은행 구조조정을 실시하였다. 그 결과 한빛 · 평화 · 경남 · 광주은행이 우리금융지주회사 산하에, 그리고 제주은행이 신한금융지주회사 산하에 각각 자회사로 편입되었다. 한편 국민은행과 주택은행은 합병을 통해 국내 최대 규모의 은행으로 부상하였다.

이렇듯 외환위기 이후 은행 구조조정 및 공적자금 투입으로 많은 은행들이 국유화됨에 따라 위기 이후 이들을 다시 민영화시키는 것이 정부의 중요한 금융정책의 하나로 대두되었다. 정부는 2002년에 '정부 보유 은행주식 매각 추진방향'을 공적자금관리위원회 의결(2002년 2월 8일)을 거쳐 확정하였다. 이에 따라 제주은행 매각(2002년 4월), 우리금융지주의 공모 · 상장(2002년 6월), 서울은행 매각(2002년 9월), 조흥은행 매각(2003년 7월) 등이 순차적으로 추진되었다. 특히, 조흥은행은 지분 전체를 약 3조 3천억원에 신한금융지주에 매각함으로써 투입된 공적자금(2.7조원) 이상을 회수할 수 있게 되었다. 이러한 정부 소유주식 매각작업을 통해 대부분의 공적자금 투입은행들이 민영화되었으나 아직도 예금보험공사는 우리은행의 지분을 51.06%(2016년 5월 말 현재) 보유한 최대주주 지위를 가지고 있어 우리은행 민영화가 최근 중요한 경제 · 사회적 이슈로 부각되고 있다.

은행 이외의 금융기관들도 대규모의 구조조정을 겪으면서 1997년 말 기준으로 2천개가 넘던 금융기관 중 52%가 퇴출되었으며, 그동안 신설된 금융기관들을 포함하여 2015년 말 현재 1,222개의 금융기관이 영업 중에 있다.

| 표 2-4 | 외환위기 이후 우리나라 금융권의 금융구조조정 추진 현황

(2015년 12월 말 현재, 단위 : 개, %)

금융권별	1997년말 총기관수 (A)	구조조정현황					신설 등	현재 기관수
		인가취소	합병	해산 · 파산, 영업이전 등	계 (B)	비중 (B/A)		
은행	33	5	12	–	17	51.5	1	17
비은행	2,062	201	275	599	1,075	52.1	218	1,205
종금	30	22	8	–	30	100.0	1	1
증권	36	6	11	5	22	61.1	32	46
보험	50	11	7	7	25	50.0	31	56
자산운용	24	7	11	1	19	79.2	82	87
저축은행	231	144	38	1	183	79.2	31	79
신협	1,666	3	187	585	775	46.5	19	910
리스	25	8	13	–	21	84.0	22	26
합계	2,095	206	287	599	1,092	52.1	219	1,222

자료 : 공적자금관리위원회

한편 정부는 2003년 이후 본격적으로 만기 도래하는 공적자금 관련 채권의 상환과 관련한 불확실성을 해소하기 위해 '**공적자금 상환대책**'을 마련하여 2003년 1월 1일부터 시행하고 있다. 공적자금 상환대책상의 상환구조를 보면 2002년 말 현재 상환부담이 있는 공적자금 부채 97조원 중 28조원은 회수자금으로 상환하고, 20조원은 금융기관으로부터 특별기여금(예금평잔의 0.1%)을 징수하여 충당하며, 나머지 49조원은 정부 일반회계에서 매년 2조원(현재가치 기준)씩 25년간 출연하여 상환하도록 하였다.

우리나라는 이러한 외환위기 이후의 금융구조조정을 위해 천문학적인 공적자금을 투입하였고, 그 과정에서 실업이 크게 늘고 경기가 침체되는 등 값비싼 비용을 치렀다. 그러나 이러한 금융구조조정을 통해 우리나라 금융산업은 자율성이 높아지고 국제적인 기준에 부합하는 경영체계를 갖추는 등 긍정적인 모습으로 변모하게 되었다. 사실상 1997년 이전까지 우리나라의 금융자율화 및 개방화는 국제적인 기준으로 평가할 때 상당히 미흡한 수준이었다. 그러나 1997년의 외환위기 이후 IMF와 미국 등 선진국의 요구를 수용하는 과정에서 우리 금융산업은 대폭 변화하였다. 즉, 우리 금융산업은 외환위기를 겪으면서 정부의 제도적 개입이 축소되고 금융기관의 자율성이 확대되었으며, 주식 및 채권 등 자본시장의 완전개방이 이루어지는 한편 환율도 자유변동환율체제로 이행되면서 전반적으로 큰 폭의 자율화를 실현하였다.

2.2 신용카드 위기와 극복

1990년대 말 외환위기를 잘 극복했던 우리나라는 2000년대 초반 신용카드발 위기에 직면한다. 정부가 내수진작 및 자영업자 소득 투명화 등을 위해 신용카드 이용을 장려하는 정책을 폈고, 이로 인해 1999년부터 2002년까지 우리나라 신용카드 이용액은 연평균 90%씩 급증하게 되었다. 이 과정에서 신용카드사들이 대출고객에 대한 신용심사를 소홀히 한 채 대출서비스를 경쟁적으로 확대한 결과 그 부작용으로 2002년부터 신용카드사 자산 부실이 확대되기 시작하였다. 2001년에 2%대를 기록하던 신용카드사 연체율은 2003년 말 14.1%까지 급증하였고, 이후 연체율이 조금씩 낮아지기는 하였으나 2008년에 들어서야 2002년 초반의 2%대 연체율로 돌아감으로써 신용카드 위기의 여파가 매우 길게 이어졌음을 알 수 있다.

한편 연체율이 적기시정조치 대상 기준으로 적용되기 시작한 2003년 이후 신용카드사들은 **대환대출**[4]을 통해 표면적인 연체율을 낮추었다. 그러나 대환대출은 연체시기를 이연시켜 수치상 연체율을 낮추기 위한 것이므로 실질 연체율은 이를 포함하여 산정할 필요가 있는데, [표 2-5]에서 보듯이 연체금액에 대환대출까지 포함한 실질 연체율이 2003년 말 40%까지 급증하여 신용카드업이 큰 위기를 겪었음을 알 수 있다.

| 표 2-5 | 우리나라 신용카드사 연체율[1] 추이

(단위 : %)

	2001년	2002년	2003년	2004년	2005년	2006년	2007년	2008년
연체율	2.6	6.6	14.1	9.0	5.9	4.0	3.2	2.9
실질 연체율[2]	–	13.6	40.0	18.3	10.1	5.5	3.8	3.4

주 : 1) 연말 기준

2) 대환대출을 고려한 연체율

자료 : 금융감독원

4 연체금을 갚을 용도로 해주는 대출

특히 2003년 들어 신용카드사가 경영상 어려움을 겪는 가운데 SK글로벌 분식회계 사건[5]이 발생하면서 채권시장에서 신용카드사 발행 채권의 부실화에 대한 우려가 증가하고, 카드채가 편입된 투신권의 수익증권에 대한 환매가 집중되면서 신용카드사들이 자금조달에 어려움을 겪게 되어 자산 부실과 함께 신용카드사들이 더욱 큰 곤경에 빠지게 되었다.

이처럼 신용카드 시장에서 위험이 확대되자 외환위기 이후 신용카드 사용을 장려해 오던 정부가 2001년부터는 건전성 감독을 강화하는 쪽으로 정책방향을 전환하기 시작하였다. 금융당국은 2001년 5월 부대업무 취급비율 상한 부과, 가두모집 등 무질서한 회원유치행위 시정 등을 주 내용으로 한 '신용카드업의 문제점 및 개선방안'을 마련했으며, 7월에는 조정자기자본비율, 자산건전성 분류 및 충당금 적립기준, 카드발급대상 등에 관한 여신전문금융기관 건전성 감독 강화방안을 마련하였다. 또 10월에는 신용카드 수수료 인하 유도 및 영업질서 확립방안을 마련하였다.

정부의 건전성 감독은 카드사 부실이 드러나기 시작한 2002년부터 더욱 강화되었는데, 2002년 3월 LG, 삼성, 외환 등 3개 카드사에 대해 불법 · 부당 영업행위를 이유로 신규회원모집을 3개월간 정지시키고 국민카드사에 대해서는 과징금을 부과하기도 하였다. 특히 2003년 3월 SK글로벌의 분식회계 사태 이후 그동안 내재되었던 카드채에 대한 부실우려가 확산되면서 금융시장이 불안해지자 '금융시장 안정을 위한 신용카드사 종합대책'(3월 17일)과 '금융시장 안정대책'(4월 3일)을 연이어 발표하는 등 시장안정화 노력을 강화하였다. 이러한 과정에서 카드사들의 부실자산 처리를 위한 자구노력과 금융권의 지원이 강화되어 기업계 전업카드사들의 경우 대규모 증자와 출자전환이 이루어졌으며, 은행계 카드사들은 모은행과의 합병을 통해 부실자산 처리를 도모하기도 하였다. 이러한 정부의 다양한 정책과 지원에 힘입어 시장이 점차 안정되면서 우리나라 신용카드산업은 위기를 극복해 나가게 되었다.

5 2003년 3월 11일 SK글로벌 분식회계 발표 이후 부실화가 우려되는 카드채를 편입한 수익증권에 대한 환매가 집중되고 카드채 거래가 사실상 중단되는 등 금융시장의 불안심리가 고조되었다.

2.3 「자본시장과 금융투자업에 관한 법률」 제정

2006년 12월 국무회의를 통과하여 국회에 제출된 후 2009년 2월부터 시행된 「**자본시장과 금융투자업에 관한 법률**」(이하 **자본시장법**)은 지금까지 우리나라 금융 관련 법의 규율체계였던 **열거주의**(positive system) **규율**과 **기관별 규율**(institutional regulation)체계를 **포괄주의**(negative system) **규율** 및 **기능별 규율**(functional regulation)체계로 변경함으로써 금융 관련 법의 규율체계를 근본적으로 변경한 혁신적인 법률이다. 이에 따라 자본시장법은 우리나라 금융 관련 법과 제도의 선진화에 기여하였으며, 앞으로 우리나라 금융 관련 법의 방향을 제시하는 중요한 법률이라고 할 수 있다.

자본시장법 제정의 기본방향은 포괄주의 규율체계로의 전환, 기능별 규율체계 도입, 업무범위의 확대 및 투자자보호제도 선진화 등으로 요약된다. 먼저 자본시장법 제정 이전에 우리나라의 자본시장 관련 금융법들은 금융투자상품의 범위를 법에 사전적으로 열거하여 규율하는 열거주의 규율체계를 택하고 있었다. 이에 따라 금융투자상품으로 열거되어 있는 상품에 대해서만 금융기관의 취급이 허용되고 투자자보호 규율이 적용되었기 때문에 금융회사가 법률의 테두리 내에서 새로운 금융상품을 만들 수 있는지 여부를 사전적으로 알기 어려워 금융혁신이 제한될 수밖에 없었다. 또 새로운 금융상품이 나왔을 경우 이에 대한 법령을 만들어 규율하기 전까지는 투자자보호가 제대로 이루어지지 않아 투자자보호가 미흡한 문제도 있었다. 반면에, 새로 제정된 자본시장법에서는 '투자성', 즉 '**원본손실가능성**'이 있는 모든 금융상품을 포괄적으로 '**금융투자상품**'으로 정의하고, 이 정의에 해당하는 모든 금융투자상품을 법의 규율대상으로 정하는 포괄주의 규제방식을 도입하였다. 금융투자상품에 대한 규율체계가 기존의 '열거주의'에서 '포괄주의'로 변경된 것이다. 이에 따라 금융혁신과 투자자보호에서 진일보한 법체계를 갖추게 되었다.

또한 이번 자본시장법 제정 이전의 자본시장 관련 법령체계는 '금융회사'를 중심으로 규율하는 기관별 규율체계를 가지고 있었다. 즉, 증권회사 · 선물회사 · 자산운용회사 · 부동산투자회사 · 선박운용회사 등 금융회사별로 각각 법률이 존재하여 각 금융회사가 영위할 수 있는 금융업무를 열거하는 방식의 규율체계였다. 이러한 체계하에서는 각 법률이 담당 금융업에 대해 진입 · 건전성 · 영업행위 등의 규제를 독자적으로 두고 있어 금융회사별로 상이한 규율이 적용됨으로써 **규제차익**(regulatory arbitrage)과 투자자 보호의 공백이 발생할 가능성이 높다. 새로 제정된 자본시장법에서는 기존의 기관별 규율체계를 '경제적 실질이 동일한 금융기능'은 동일하게 규율하는 기능별 규율체계로 전환하였다. 즉, 금융기능을 금융투자상품(증권 · 파생금융상품), 금융투자업(투자매매업, 투자중개업, 집합투자업 등), 고객(전문, 일반투자자)을 기준으로 분류한[6] 후, 각 금융기능에 대하여 진입 규제, 건전성 규제, 영업행위 규제 등을 적용하였다. 이에 따라 금융업의 영위주체, 즉 금융회사가 누구냐에 관계없이 금융기능이 동일하면 동일한 규제를 하게 된 것이다. 이와 같은 기능별 규율의 적용으로 인해 규제 차익이 사라지고 투자자보호가 강화될 뿐만 아니라 금융업 간 형평성도 제고될 것으로 기대된다.

한편 새로 제정된 자본시장법하에서는 기능별로 분류된 6개 금융투자업(투자매매, 투자중개, 집합투자, 투자자문, 투자일임, 신탁업)에 대해서 상호 간 겸영을 허용하고 원칙적으로 모든 부수업무의 취급을 허용하되 예외적으로 제한하는 규제체계가 도입됨으로써 금융회사들의 업무범위가 확대되었다.

자본시장법은 은행법, 보험업법 등을 제외하고 자본시장을 규율하는 15개의 모든 법률 중 6개의 법률[7]을 통합하고 나머지 9개 법률[8]은 관련 규정을 일괄 정비하였으며, 현재 규율법규가 없는 영역인 비정형 간접투자[9]와 파생금융상품도 규율 대상으로 함으로써 규제의 공백을 없애려고 노력하였다. 자본시장법에 대한 좀 더 자세한 논의는 제13장을 참고하기 바란다.

2.4 글로벌 금융위기의 발발과 극복

2007년 상반기 들어 미국의 **서브프라임 모기지 부실**이 빠르게 확대되면서 서브프라임

6 예를 들어 '일반투자자'를 대상으로 하는 '증권'의 '중개업' 등이다.
7 증권거래법, 선물거래법, 자산운용업법, 신탁업법, 종합금융회사에관한법률 및 증권선물거래소법
8 여신전문금융업법, 부동산투자회사법, 선박투자회사법, 산업발전법, 벤처기업육성에관한특별조치법, 중소기업창업지원법, 사회기반시설에대한민간투자법, 부품소재전문기업등의육성에관한특별조치법 및 문화산업진흥기본법
9 상법상 익명조합, 민법상 조합, 유한회사 등 현행 간접투자 관련 법률에서 허용되지 않는 방법을 이용한 간접투자를 의미한다.

을 직접적으로 취급한 금융기관들의 부실이 급격히 증대하기 시작하였다. 특히 2007년 8월 비앤피 파리바(BNP Paribas) 산하 헤지펀드가 환매요청을 거부하면서 국제금융시장에서 신용경색 현상이 크게 촉발되었다. 이러한 금융시장의 경색에 대응하여 각국 정부는 완화적인 통화정책으로 시장에 대규모 유동성을 공급함으로써 금융시장을 안정시키고자 노력하였다. 그러나 이러한 각국 정부의 노력에도 불구하고 금융기관들의 부실이 계속 확대되는 가운데 부실규모를 예측할 수 없는 상황으로까지 시장상황이 악화되면서 금융시장에서 신용 및 유동성 경색 현상이 지속적으로 심화되었다. 그러던 중 2008년 9월 15일 자금조달에 어려움을 겪던 투자은행인 **리먼브라더스**(Lehman Brothers)가 파산하는 등 글로벌 5대 투자은행들이 파산, 매각, 또는 상업은행으로 전환되며 시장에 큰 충격을 주었다. 이러한 글로벌 금융위기가 실물경제 침체로 이어지면서 2009년 1/4분기 세계 경제성장률이 전년 동기 대비 −3.4%를 기록하는 등 세계경제가 대공황 이후 최악으로 평가되는 경제위기를 겪게 되었다. 이에 따라 각국 정부는 공적자금 투입을 통해 금융시장을 안정시키고 각종 경기부양책을 통해 경기침체 억제에 대응하는 등 위기극복을 위해 노력하였으며, 그 결과 2009년 3월 이후 금융시장의 안정세가 유지되고 경기급락세도 멈추면서 점차 위기극복 국면으로 진입하게 되었다.

미국에서 시작된 글로벌 금융위기의 원인은 여러 가지가 있겠으나 근본적으로 위기 이전 상당 기간 이어져 내려온 선진국의 저금리 기조가 중요한 원인을 제공한 것으로 지적된다. 선진국에서 저금리가 지속되자 주택 관련 대출이 증가하면서 **서브프라임 모기지**가 확대되었고, 또 저금리로 수익성이 낮아진 금융회사들이 수익증대를 위해 여러 가지 새로운 금융상품을 개발하는 과정에서 고수익을 위한 **유동화 신용파생금융상품**(credit derivatives)[10]들이 나타나게 되었는데, 이것이 급증한 서브프라임 모기지와 결합되면서 서브프라임 부실이 금융시장 전반으로 확산된 것이다.[11] 또한 이 과정에서 신용평가사가 구조화 파생금융상품에 대해 최상위 등급을 부여하는 등 파생금융상품의 위험을 과소평가한 것도 금융위기 원인 중 하나로 지적되고 있으며, 미국 연방준비위원회(FRB) 등 금

---

10 신용파생금융상품이란 기초자산이 내포한 신용위험의 일부 혹은 전부를 여타의 위험과 분리하여 두 거래당사자 간에 이전하는 쌍무적 재무거래이다. 예컨대 동 상품의 매입자는 대출 및 채권 등의 신용위험을 동 상품의 판매자에게 넘겨주는 대가로 일정 수수료를 지불한다.

11 자산유동화 시장의 발달이 서브프라임 모기지 사태에 끼친 영향에 대해서는 제11장에서 좀 더 자세히 논의한다.

융감독당국이 서브프라임 모기지와 관련된 방만한 대출관행에 적절히 대처하지 못하는 등 금융감독을 제대로 하지 못한 것도 일부 원인으로 작용했던 것으로 보인다.

우리나라 경제도 글로벌 금융위기의 영향권에서 벗어나지 못하였다. 2008년 9월 리먼 사태 이후 우리나라 금융시장에서도 유동성 경색 및 신용경색 현상이 나타났다. 원화가치와 주가가 폭락하였으며, 2008년 4/4분기 실질 GDP성장률이 −3.3%를 기록하는 등 실물경제도 침체국면에 들어서게 되었다.

세계 각국은 리먼 브라더스 파산 이후 금융위기의 극복을 위해 여러 가지 정책대응을 적극적으로 추진하였다. 먼저 각국 정부는 신용경색 완화를 위해 유동성 공급을 늘렸으며 공적자금을 지원해 금융회사의 부실자산을 매입하고 자본을 확충하였다. 이 과정에서 부실 금융회사가 실질적으로 국유화되기도 하였다. 또한 각국 정부는 급격히 악화되고 있는 실물경기에 대응하기 위해 재정을 동원하여 가계소득 지원, 공공투자 확대, 중소기업 및 건설업계 지원 등의 경기부양책을 시행하기도 하였다. 우리나라 정부도 위기극복을 위해 유동성 공급과 재정지출 확대를 병행하였다. 먼저 원화유동성 경색에 대응하여 기준금리(5.25% → 2.50%) 및 총액한도대출금리(3.50% → 1.50%) 등 정책금리를 큰 폭으로 인하하는 한편, RP 매입, 국고채 매입, 통안증권 중도환매 등을 통해 대규모 유동성을 공급하였다. 또한 정부와 한국은행은 외환시장 및 외화자금시장 안정을 위하여 미 · 중 · 일 중앙은행과 **통화스왑** 계약을 체결하고 은행 등을 대상으로 외화유동성을 공급하였으며, 은행의 외화대출 용도제한을 완화하였다. 이러한 유동성 공급으로 시중금리가 하락하고 은행채 및 회사채 스프레드 등이 크게 하락하면서 금융시장이 빠르게 안정을 찾았다. 한편 정부는 2008년 중 약 51.3조원, 2009년 중 17.7조원 규모의 감세 및 재정지출을 하는 경기부양책을 확정 · 시행함으로써 내수를 진작하여 실물경제 침체에 대응하기도 하였다.

2.5 글로벌 금융위기 이후 금융규제 개혁

글로벌 금융위기 이후 국제적으로 위기의 재발 방지를 위해서 금융규제체계의 근본적인 개혁이 필요하다는 주장이 지속적으로 제기되어 왔다. 또한 금융위기가 세계적으로 확산되는 것을 막기 위해서는 국제적인 공조가 필요한데, 이것이 기존의 G7[12] 체제로는 미흡하다는 데 공감대가 형성되면서 BRIC[13]과 우리나라 등이 포함된 G20[14]이 국제금융질서 개편논의의 주체로 등장하였다.

G20은 2008년 11월 워싱턴에서 첫 정상회의를 개최하였으며, 2009년 4월 런던회의에서는 글로벌 금융규제 개혁의 주체로서 기존의 **금융안정포럼**(Financial Stability Forum : FSF)을 **금융안정위원회**(Financial Stability Board : FSB)로 확대 개편하고 금융규제 개혁을 총괄·조정하는 임무를 부여하였다. 2009년 9월 피츠버그 정상회의에서는 FSB의 보상체계 이행기준을 최종 승인하는 한편, **시스템적으로 중요한 금융기관**(systemically important financial institution : SIFI) 규제 등 핵심 과제를 논의하고, 구체적 추진 일정에 합의하였다. 그간 G20 정상회담의 금융규제체계 개혁에 관한 논의내용은 ① 거시경제정책 공조, ② 금융규제 개혁, ③ 국제금융기구 개편 등으로 요약될 수 있다.

먼저 거시경제정책 공조와 관련하여 G20은 글로벌 금융위기 발발 이후 세계경제가 제2의 대공황에 빠지는 것을 방지하기 위해서 전례 없는 정책공조를 실시하였다. 특히 피츠버그 정상회의 이후 단순한 위기대응을 넘어 전 세계 경제의 중장기 성장기반 마련을 위해 재정·금융정책과 환율정책, 출구전략 등에 대한 정책공조를 추진하였다.

다음으로 금융규제 개혁과 관련해서는 글로벌 금융위기가 금융기관의 부실로부터 시작됨에 따라 이의 재발을 방지하기 위해 금융산업 전 부문에 걸친 금융규제 개혁이 FSB를 중심으로 추진되고 있다. 이는 ① 은행의 자본 및 유동성규제 강화, ② 시스템적으로 중요한 금융기관(SIFI)에 대한 규제, ③ 금융권 분담 강화, ④ 금융규제 범위의 확대, ⑤ 보상체계 개선, ⑥ 회계제도 개선 등 6개 항목으로 구성되어 있다. 은행의 자본 및 유동성규제 강화는 은행이 보유해야 하는 최소자본비율 및 유동성비율을 현행보다 크게 강화하는 내용이다.[15] 시스템적으로 중요한 금융기관(SIFI)에 대한 규제는 소위 '**대마불사**(大馬不死, too big to fail)' 문제를 해결하기 위해 SIFI에 대해 글로벌 금융시스템에 미치는

12 'Group of 7'의 줄임 말로 미국, 독일, 일본, 영국, 프랑스, 이탈리아, 캐나다 등 서방 선진 7개국을 지칭한다.

13 2000년대를 전후해 빠른 경제성장을 거듭하고 있는 브라질(Brazil)·러시아(Russia)·인도(India)·중국(China) 등 신흥경제 4국을 일컫는 말이다.

14 한국, 남아프리카공화국, 독일, 러시아, 멕시코, 미국, 브라질, 사우디아라비아, 아르헨티나, 영국, 유럽연합의장국, 이탈리아, 인도, 인도네시아, 일본, 중국, 캐나다, 터키, 프랑스, 호주 등 20개국

15 글로벌 금융위기 이후 은행의 자본 및 유동성 규제 강화방안은 제23장에서 다시 설명된다.

영향을 반영하여 보다 높은 손실흡수 능력을 갖추도록 하는 규제로 규제수준과 관련해서는 현재 논의가 진행 중이다. 금융권 분담이란 금융위기 처리과정에서 발생하는 손실을 금융권이 분담하도록 하는 방안으로 소위 '금융회사부담금(은행세)' 이라는 이름으로 국제적인 논의가 진행되고 있다. 우리나라의 경우 2011년 8월부터 금융회사 비예금외화부채 잔액에 대해 거시건전성 부담금을 부과하겠다는 정부 발표가 있었다. 금융규제 범위의 확대는 장외파생금융상품 감독 강화, 신용평가사에 대한 의존도 경감, 헤지펀드 감독 강화 등과 관련된 내용이다. 그 밖에 금융회사 경영진에 대한 보상체계 개선과 회계제도 개선 등에 대해서도 국제적인 논의가 진행 중이다.

마지막으로 국제금융기구 개혁과 관련해서는 2010년 4월 25일 세계은행(World Bank)이 G20 합의대로 투표권 개혁 및 자본증액 방안을 승인하였다. 이에 따라 세계은행은 특별자본증액(278억달러)을 통해 개도국 및 전환국의 투표권을 현재의 44.06%에서 47.19%로 3.13%p 증가시켰고, 일반자본증액(584억달러)을 통해 총자본금 규모를 862억달러(일반 : 584억달러, 특별 : 278억달러)로 증액하였다. 또한 이번 금융위기를 겪으면서 IMF가 위기 예방 및 대응에 취약했고 신흥국의 경제력에 상응하는 대우가 필요하다는 주장이 나오면서 국제통화기금(IMF) 쿼터 및 지배구조 개혁 논의가 진행 중이다.

3. 금융산업의 최근 추세

3.1 증권화[16]

금융의 증권화란 금융시장에서 증권을 이용한 자금조달 및 운용이 확대되는 현상을 일컫는다. 증권화는 광의의 증권화와 협의의 증권화로 구분할 수 있다.

우선 광의의 증권화는 금융시장의 자금중개방식이 직접금융화되는 것을 일컫는다. 직

16 우리나라에서는 자산유동화라고도 한다. 제11장에서 자산유동화에 관해 상세히 다룬다.

접금융에 의한 자금중개란 자금의 수요자가 중개기관을 거치지 않고 직접 자금의 공급자로부터 자금을 조달하는 방식으로 주로 주식시장이나 채권시장 등을 통한 자금조달을 의미한다. 반면에 간접금융이란 자금의 수요자가 중개기관을 통해서 자금의 공급자와 연결되어 자금을 조달하는 방식으로 주로 은행 등 협의의 금융중개기관을 통한 자금조달을 의미한다. 따라서 광의의 증권화가 이루어지면 간접금융시장보다 직접금융시장의 비중이 상승한다. 한편 협의의 증권화는 금융기관 및 기업이 보유한 비유동적인 자산을 매매가 용이한 증권의 형태로 전환시키는 것으로, 비유동적인 자산을 기초로 증권을 발행하고 이를 만기 이전에 자본시장에서 유동화시킴으로써 자금을 조달하는 방식을 지칭한다.

금융의 증권화는 다양한 금융상품의 개발을 촉진하고 탈중개화(disintermediation)에 의해 주식 및 채권시장 등 증권시장의 저변을 확대함에 따라 증권시장의 성장과 발전에 기여하게 된다. 또한 기업 및 금융회사가 보유한 비유동적 자산을 유동화함으로써 기업 및 금융회사의 유동성을 강화하고 금융회사의 유가증권 투자비중 확대를 유도하여 증권시장에서 기관투자자의 역할을 제고하는 데도 일조한다.

자금의 조달과 운용수단으로써 증권이 이용되는 추세는 적어도 2007년 미국 서브프라임 모기지 사태가 촉발되기 전까지 광범위하게 진행되었다. 즉, 기업의 경우 단기차입 비중이 축소되고 CP, 회사채, 주식인수권부채권의 발행 비중이 확대되었으며, 금융회사의 경우 예금과 대출 비중이 하락하고 CD 및 채권발행을 통한 자금조달과 포트폴리오 관리를 위한 유가증권 투자가 확대되면서 금융자산 중 증권의 비중이 계속 상승해 왔다.

그러나 이러한 증권화 추세가 2007~2009년 글로벌 금융위기의 주범 중 하나로 지목되면서 향후 추세 완화가 예상된다.

3.2 대형화

1980년대 및 1990년대에 선진 금융기관들은 합병을 통한 대형화를 적극 추진하였다. 특히 미국의 경우 은행 간 합병은 1980년대 후반 금융자율화와 주간(州間)업무영역 확대, 부실금융기관의 정리 등 구조조정 과정을 거치면서 크게 증가하였다. 1990년대 들어서는 대형은행 간 합병이 크게 증가함에 따라 합병은행의 평균 자산규모도 크게 증가하였다. 한편 일본은 보수적 기업경영 문화로 인해 기업 간 합병이 활발하지 못하였는데, 이는 금융산업에서도 마찬가지였다. 그러나 1968년 금융기관의 경영합리화를 통한 기업의 자금조달 원활화 및 조달비용 절감을 위해 「금융기관의 합병 및 전환에 관한 법률」이 시행된 이후 금융기관 간 합병이 활성화되었다. 한편 유럽에서는 1992년 유럽 통합을 전후로 유럽 단일금융시장 출현에 대처하기 위해서 자국 및 타국 금융기관 간 인수 · 합병이 활성화되었다.

우리나라 은행산업에서는 외환위기를 거치며 부실은행을 우량은행에 인수시키면서 은행 대형화가 시작되었다. 또 은행들이 시장에서의 선도적 위치를 선점하여 국내에 진출하는 외국 대형 은행들과의 경쟁에 대비하고 비용절감을 추구하기 위해 합병 또는 지주회사 형태로의 전환을 통한 은행 대형화가 이루어졌다. 2001년 상반기에는 한빛은행이 평화 · 광주 · 경남은행과 함께 우리금융지주회사를 설립하였고, 신한은행도 제주은행 등과 더불어 신한금융지주회사를 설립하였다. 또한 2001년 하반기에는 국민은행과 주택은행이 합병하여 자산규모가 200조원대에 이르는 대형은행이 탄생하였다. 한편 이에 위협을 느낀 다른 은행들도 합병을 모색하게 되었는데, 2002년에 하나은행과 서울은행이 합병하였고, 2003년에는 조흥은행이 신한금융지주에 편입된 후 2006년에 신한은행과 합

| 표 2-6 | 외환위기 이후 우리나라 은행합병 및 금융지주회사 설립 추이[1), 2)]

1998년	1999년	2001년	2002년	2003년	2004년	2005년	2006년	2012년	2015년
신한+동화=신한 하나+충청=하나 국민+대동=국민 주택+동남=주택 한미+경기=한미	상업+한일=한빛 조흥+충북=조흥 하나+보람=하나 국민+장기신용=국민 조흥+강원=조흥	한빛+평화(+)광주(+)경남=우리금융지주 신한(+)제주=신한지주 국민+주택=국민	하나+서울=하나	신한(+)조흥=신한	한미+씨티서울지점=한국씨티	제일+스탠다드차타드 서울지점=SC제일	신한+조흥=신한	하나(+)외환=하나	하나+외환=KEB하나

주 : 1) +는 합병, (+)는 금융지주회사로 편입을 의미
2) 2005년에는 하나금융지주, 2008년에는 KB금융지주, 2009년에는 SC금융지주, 2010년에는 한국씨티금융지주, 2011년에는 BS금융지주, DGB금융지주가 설립되었으나 지주회사 내에 은행을 신규 편입하지 않아 표에서는 제외하였음.

병이 이루어지기도 하였다. 한편 2012년에는 외환은행이 하나금융지주에 편입된 후 2015년에 하나은행과 합병되었다.

이에 따라 우리나라 은행의 평균 자산규모도 지속적으로 증가하였는데, 시중은행 평균 자산규모가 1995년 말 23.1조원에서 2014년 말 187.4조원으로 약 8.1배 정도 증가하였다. 같은 기간 중 시중은행 총자산이 3.8배 정도 증가한 것과 비교해 보면 우리나라 은행들의 대형화가 크게 진전되었음을 알 수 있다.

Box 2-1 | 우리나라 은행의 분류

금융감독원에 의한 우리나라 은행의 분류를 보면 전국을 대상으로 영업하는 상업은행을 '시중은행', 특정 지역을 대상으로 영업하는 상업은행을 '지방은행'이라 하고, 이 둘을 합쳐 '일반은행'이라고 한다. 한편 정부계 은행인 산업은행, 중소기업은행, 수출입은행, 농·수협중앙회의 신용사업부문을 '특수은행'이라 칭하고, 일반은행과 특수은행을 합하여 '국내은행'이라고 부른다.

| 표 2-7 | 우리나라 시중은행의 자산규모 추이[1)]

(단위 : 조원)

	1995년	1997년	1999년	2000년	2005년	2008년	2009년	2010년	2012년	2013년	2014년
평균자산[2)]	23.1	33.7	46.9	48.7	98.1	171.1	162.3	165.3	175.3	177.8	187.4
총자산	345.9	539.2	515.8	535.3	785.0	1,197.7	1,136.2	1,157.2	1,226.8	1,244.7	1,312.0

주 : 1) 총자산은 말잔기준이며, 은행계정 + 신탁계정 + 종금계정 − 은행·신탁·종금계정 간 상호거래
2) 평균자산은 총자산/은행수

자료 : 금융감독원, 은행경영통계, 각호

은행산업에서 합병 등을 통한 대형화가 추진되는 이유는 규모의 경제(economies of scale)가 존재한다고 여겨지기 때문이다. 규모의 경제란 산출량이 증가할수록 산출량 한 단위당 비용이 감소하는 것을 말한다. 즉, 규모가 커질수록 비용효율성이 높아져 수익성이 좋아진다는 것이다. 은행의 경우 자금중개업무, 정보화투자, 신상품개발 등에 규모의 경제가 있는 것으로 알려져 있다.

3.3 겸업화

금융겸업화는 한 업종에 속하는 금융기관이 다른 업종의 고유업무 또는 부수업무를 동시에 영위하는 것을 의미한다. 여기서 업종 간 겸업은 타 업종의 전체 업무를 수행하는 것보다는 사업시너지가 높은 일부 업무를 선택적으로 영위하는 것이 일반적이다. 특히 금융산업의 겸업화는 금융업무의 위험도 및 고객니즈 등을 감안하여 은행이 주식 인수업무를 수행한다든지 하는 업종 수준의 겸업보다는 여타 금융권의 상품을 파는 등 부수업무 관련 겸업이 확대되는 추세이다. 금융겸업화는 국가별, 금융회사별로 차이가 있는데 직접 경영에서 자회사 또는 지주회사 방식, 그리고 단순 업무제휴에 이르기까지 다양한 형태로 나타난다.

직접경영은 은행이 신용카드 업무를 수행하는 것처럼 동일 법인체가 복수의 업종을 직접 영위하는 형태를 의미한다. **자회사방식**은 은행이 서로 다른 업종의 금융기관을 자회사로 보유하여 겸업하는 형태를 말한다. **지주회사방식**은 금융지주회사가 서로 다른 업종의 금융기관을 자회사로 보유하여 겸업하는 형태를 말한다. **제휴겸업**은 독립된 금융기관들이 상호 보완적 성격의 상품, 판매망, 기술 등을 업무제휴를 통해 공유하는 형태의 겸업으로 가장 단순한 수준이다.

1980년대 이후 전 세계적으로 추진되어 온 금융자유화, 규제완화, 글로벌화 등의 영향으로 금융업종 간 제휴, 인수 · 합병 등을 통한 겸업화가 급속히 확산되고 있다. 이처럼 금융산업에 겸업화가 확산되는 것은 여러 가지 서로 다른 금융업종을 영위함에 따라 위험의 분산과 시너지효과를 거둘 수 있는 **범위의 경제**(economies of scope)를 추구하려 하기 때문이다. 또한 소비자의 종합금융서비스에 대한 수요증대, 정보통신산업의 발달, 금융권 간 경쟁심화 등도 겸업화를 가속시키는 요인들로 작용하고 있다.

이에 따라 기존에 전업주의를 고수하던 국가들도 급변하는 금융환경에 부응하기 위해 판매제휴, 지주회사 등의 형태를 통한 금융겸업화를 허용하는 추세에 있다. 유럽, 미국, 일본 등 대부분의 OECD국가들에서는 세제혜택, 규제 정도 등에 따른 차이는 있지만 금융산업의 효율성 및 수익성 제고를 위해 겸업화가 이미 보편적인 추세로 자리잡기 시작하였다. 유럽은 1980년대 이후, 미국 및 일본은 1990년대 말 이후 본격적으로 은행의 보험 및 증권업에 대한 겸영이 확산되었다. 우리나라의 경우도 세계적 겸업화 추세 및 소비자의 금융수요 다양화 등으로 금융권별 핵심업무를 최소화하고 부수업무에 대하여 포괄주의 규제체계(negative system)로 전환하는 등 겸업화가 진전되고 있는 상황이다. 세계적인 겸업화 추세의 일환으로 우리나라도 대부분의 선진국에서 시행하고 있는 방카슈랑스를 2003년 9월부터 시행하였고, 현재는 개인보장성 보험과 자동차보험을 제외한 모든 보험상품에 있어서 방카슈랑스가 허용되어 있다.

한편 앞에서 언급된 바와 같이 2009년 2월부터 시행된 자본시장법이 기능별로 분류된 6개 금융투자업(투자매매, 투자중개, 집합투자, 투자자문, 투자일임, 신탁업)에 대해 상호간 겸영을 허용함으로써 우리나라에도 제도적으로는 금융겸업화가 도입되기 시작하였다.

3.4 정보화와 전자금융

금융산업은 기본적으로 정보를 다루는 산업이다. 기업대출을 예로 들면 은행 등 금융기관은 대출을 해주기 전 기업의 재무정보 및 현재 수행하고 있는 사업과 관련된 정보, 기업가의 과거 신용실적 등을 수집 · 분석하여 신용을 평가함으로써 대출 여부를 결정한다. 그리고 대출 이후에는 기업의 성공적 사업수행 여부, 사업환경의 변화 등에 관한 정보를 지속적으로 수집 · 분석하여 대출자금의 성공적 회수가능성을 모니터링한다. 또한 은행은 예금자, 보험은 보험가입자 등의 정보를 끊임없이 수집 · 분석하여 고객에 대한 금융서비스 개선 및 영업 강화 등에 사용한다. 한편 금융기관의 위험관리를 위해서도 자산과 부채에 관한 정보는 필수적이다.

이처럼 금융기관은 수많은 예금자 · 대출자 등 금융소비자의 정보를 관리하고 이들에게 금융서비스라는 일종의 정보서비스를 제공하며, 자산과 부채에 대한 정보를 통해 위험관리를 한다. 이러한 점에서 금융산업은 정보산업이라고 할 수 있다. 따라서 금융산업은 고유업무를 추진함에 따른 막대한 양의 정보를 효율적으로 관리하기 위해 모든 업무를 전산화하는 등 정보화가 필수적으로 요구된다.

은행 등 금융기관의 정보화는 업무영역 전체에 걸쳐 가속화되고 있다. 먼저 업무시간과 관계없이 고객에게 금융서비스를 제공하기 위해 현금지급기(automated teller machine : ATM), 폰뱅킹 등이 도입되었으며, 최근에는 인터넷뱅킹(internet banking)이 도입되어 이미 오프라인 지점을 능가하는 영업력을 발휘하고 있다. 한국은행에 따르면 2015년 3월 말 현재 17개 국내은행과 우체국 등에 등록된 인터넷뱅킹(모바일뱅킹 포함) 고객수가 1억 861만 명에 이르고, 이들이 인터넷뱅킹으로 조회, 자금이체 및 대출서비스를 이용한 건수는 일평균 7,694만 건에 이르고 있다. 이에 따라 인터넷뱅킹에 의한 입출금 및 자금이체 업무처리 비중이 36.3%를 차지해 오프라인의 창구텔러를 통한 업무처리 비중인 11.4%를 훨씬 초과하고 있다. 그 밖에 CD/ATM기를 이용한 업무처리 비중이 40.1%, 텔레뱅킹을 이용하는 비중이 12.2%에 달하고 있다. 결국 2015년 3월 말 현재 CD/ATM기, 텔레뱅킹, 인터넷뱅킹 등 비대면 거래에 의한 금융업무 처리 비중이 총 88.6%에 달해 오프라인인 창구텔러를 통한 업무처리 비중을 압도하고 있다. 은행업무에서 정보화가 얼마나 중요한지를 알려주는 수치들이다.

이처럼 인터넷뱅킹의 이용이 확산되고 기술의 발달에 따라 그 업무영역도 점차 넓어지자 오프라인 지점이 없이 인터넷, 텔레뱅킹, CD/ATM 등 전자적 채널만을 이용하여 영업을 하는 **인터넷전문은행**이 출현하기 시작하였으며[17] 우리나라에서도 2015년 6월 금융위원회가 인터넷전문은행 도입방안을 발표하였다. 동 방안에서 금융위원회는 현재 은행법상의 은산분리 규제[18] · 최저자본금기준[19] 등 진입장벽을 완화하고, 업무범위 · 건전성 · 영업행위 등에 대한 사전규제를 최소화하며, 외부평가위원회 중심으로 투명하고 엄정한 인가절차를 진행하는 것을 기본 방향으로 하여 인터넷전문은행 도입을 추진하고 있다.

여타 금융권을 보면 이미 증권업의 경우 오프라인 지점이 존재하지 않고 인터넷으로만 서비스를 제공하는 온라인 증권사가 존재하고 있으며, 보험업의 경우에도 전화와 인터넷만으로 영업을 하는 온라인 전문 자동차보험회사가 급속히 성장하면서 인터넷전문 금융회사가 점차 입지를 넓혀가고 있다. 이들은 수수료를 대폭 삭감하면서 기존의 시장에 침투하였고, 각 산업 내에서 경쟁을 활성화시키고 있다. 이러한 인터넷전문 금융서비스의

---

17 미국, 일본, 영국, 프랑스, 스페인, 스웨덴 등 선진 각국에서는 이러한 인터넷전문은행이 영업 중에 있다. 세계 최초의 인터넷전문은행인 미국의 Security First Network Bank 및 Netbank, 영국의 Eggbank, 일본의 Japan Net Bank, IY Bank, Sony Bank, e-Bank, 스페인의 Activo Bank, Evolvebank, 스웨덴의 SkandiaBanken 등이 그 예이다.

18 2015년 현재 우리나라는 은행법상 비금융주력자(산업자본)가 은행지분을 4% 초과(지방은행의 경우 15%)하여 보유할 수 없는(은행법 제16조의2) 은산분리의 틀을 가지고 있다. 금융위원회는 이러한 제도의 큰 틀은 유지하되 인터넷전문은행에 한해서만 은산분리 규제를 일부 완화하는 방안을 제안하였다.

19 인터넷전문은행의 최저자본금 수준을 시중은행 대비 절반수준인 500억원으로 완화하였다.

가장 큰 문제는 무엇보다 보안문제라고 할 수 있다. 순간적인 시스템장애나 컴퓨터해킹 등이 발생할 경우 금융시장 전체를 혼란에 빠지게 할 우려가 있어 보안문제의 해결이 시급한 실정이다. 또한 이처럼 인터넷 기반의 금융서비스가 발전함에 따라 이러한 기술발전을 따라가는 철저한 금융감독도 절실히 요구된다고 하겠다.

한편 이와 같은 온라인을 통한 업무처리의 개념을 넘어서서 금융에 IT기술을 본격적으로 접목함으로써 새로운 금융서비스를 창출하는 **핀테크**(fintech)가 최근 들어 각광받고 있다. 핀테크란 금융(finance)과 기술(technology)의 합성어로 IT가 금융회사의 업무를 지원하는 역할을 넘어서서 금융과 결합함으로써 지급결제서비스, 크라우드펀딩 등 기존의 서비스를 대체하는 새로운 금융서비스를 제공하는 것을 의미한다고 할 수 있다. 앞서 논의한 인터넷전문은행도 핀테크의 한 예라고 할 수 있다. 전 세계적으로 많은 기업이 활동하는 핀테크 분야는 혁신적인 IT기업이 제공하는 지급서비스업이라고 할 수 있다. 애플 · 구글 · 페이팔 등 글로벌 IT사업자가 이 분야에 진출하고 있으며 최근에는 전자상거래 기업인 중국의 알리바바가 뉴욕증시에 상장하기도 하였다.

국내에서는 ICT(information and communications technologies)기업이 금융기관과 제휴하여 출시하는 전자지갑서비스 위주로 지급서비스가 제공되어 왔다. 2014년 하반기에는 카카오, 네이버 등이 금융회사와 제휴를 통해 간편결제 등 지급 및 송금서비스를 시작하기도 하였다. 향후 핀테크는 IT기술 발달과 함께 세계적으로 시장규모가 크게 확대될 것으로 예상되고 있어 국내 ICT기업 및 금융회사들의 관심이 필요한 상황이다.

3.5 금융규제 강화

앞서 살펴본 바와 같이 미국에서 시작된 서브프라임 모기지 사태의 영향으로 2008년 9월 리먼 브라더스가 파산하면서 정점으로 치달았던 글로벌 금융위기가 어느 정도 마무리되자, 위기극복과 재발방지를 위해서는 새로운 금융규제체계가 필요하다는 공감대가 국제적으로 형성되기 시작하였다. 이번 글로벌 금융위기가 발발하기 이전 세계 금융시장은 시장참여자의 자율성을 확대하는 방향으로 발전해 온 것이 사실이다. 미국 등 금융선진국들은 자유주의 시장경제원리에 기초한 금융시장 발전을 위해 규제완화를 지속적으로 추진해 왔으며, 신흥시장국 등 금융후발국들도 이러한 국제규범에 따라 규제완화를 추진해 왔다. 그 결과 다양한 금융상품이 출현하는 등 금융시장과 금융산업이 급속한 발전을 이루었다. 그러나 기존의 금융규제체계는 금융회사의 레버리지 증가, 파생금융상품의 위험증대, 금융과 실물의 괴리 등을 적절히 제어하지 못함으로써 금융위기를 초래하였다는 지적을 받게 되었다. 이에 따라 국제사회는 금융위기를 근본적으로 방지하기 위해서는 새로운 금융규제체계가 필요하다는 공감대를 형성하게 된 것이다. 글로벌 금융위기 이후 이러한 공감대를 토대로 선진국 및 국제협력기구 등을 중심으로 금융시스템 안정을 위한 금융감독체계 개편 작업이 추진되고 있다.

이러한 작업은 대체로 다음과 같은 체계하에서 진행되고 있다. 먼저 금융규제 개혁의 최상위 협의체인 **G20 정상회의**가 규제개혁의 기본 방향 및 과제를 제시하면 글로벌 금융시스템 개혁작업을 주도하는 임무를 부여받은 **금융안정위원회**(Financial Stability Board : FSB)가 **바젤은행감독위원회**(Basel Committee on Banking Supervision : BCBS) 등 국제기준 제정기구들과 협의하여 세부 개선방안을 마련한다. 이후 FSB가 이들 개선방안의 추진 경과와 각국의 이행상황 등을 점검한 뒤 이를 G20 회의에 보고한다. 현재 이러한 과정을 통해 논의가 진행 중인 금융규제 개혁과제들로는 앞에서 설명된 자본적정성 기준강화 · 레버리지비율 규제도입 · 유동성 규제도입 등 미시건전성 강화 방안들이 있고, 시스템적으로 중요한 금융기관에 대한 규제가 있으며, 경기순응성 완화 등 거시건전성 강화 방안들을 도입함으로써 기존의 금융기관 규제체계인 바젤 Ⅱ를 대체하는 새로운 규제체계, 즉 바젤 Ⅲ를 구축하는 것도 중요한 과제이다. 그 밖에 회계기준 강화, 신용평가제도 개선, 장외파생금융상품시장 개선, 금융기관 보상체계 개선 및 헤지펀드 규제방안 등도 중요한 과제로 논의되고 있다.

4. 요약

우리나라 금융산업은 1960년대 개발경제시대에는 실물산업을 지원하는 중요한 수단으로 활용되었다. 특히 은행이 그 역할을 충실히 수행하였으며, 이를 위해 정부의 은행에 대한 통제권이 강화되었고 특수목적 은행들도 탄생하였다. 1980~1990년대에 들어서 그간의 금융규제로 인해 여러 가지 부작용이 나타남에 따라 이를 극복하기 위해 금리자유화 및 금융자율화가 이루어졌다. 그러나 금융 및 외환자율화가 너무 빨리 진행된 데다 동남아시아 외환위기라는 외부충격에 재벌의 과다차입 문제가 겹쳐 우리나라는 1997년 말에 사상 초유의 외환위기를 맞게 되었다. 우리 정부는 외환위기 극복을 위해 104조원의 공적자금을 조성하였고 회수자금 재사용까지 포함하여 총 168.7조원의 공적자금을 투입하기에 이르렀다.

이러한 공적자금 투입을 배경으로 추진된 금융구조조정으로 금융시장이 다시 안정을 되찾고 위기를 극복하였다. 한편 1990년대 말 외환위기를 잘 극복했던 우리 경제는 2000년대 초 신용카드사들이 신용심사를 소홀히 한 채 대출서비스를 확대하는 과정에서 부실이 쌓여 급기야 신용카드 위기를 겪게 되었다. 위기 당시 신용카드사들의 실질 연체율이 40%까지 치솟기도 하였는데, 이 위기는 정부의 시장안정화 노력과 카드사들의 자구 노력 및 금융권의 지원 등으로 극복할 수 있었다.

한편 2009년 2월부터 시행된 「자본시장법」은 지금까지 우리나라 금융 관련 법의 규율체계였던 열거주의 규율과 기관별 규율체계를 포괄주의 규율 및 기능별 규율체계로 변경함으로써 금융 관련 법의 규제체계를 근본적으로 변경한 혁신적인 법률이었다. 우리나라가 자본시장법 제정을 통해 자본시장의 발전을 도모하던 시기인 2007~2009년 미국 서브프라임 모기지 시장의 부실에서 촉발되어 대공황 이후 최악으로 평가되는 글로벌 금융위기가 발발하였다. 이 위기극복을 위해 세계 각국 및 우리나라는 완화적 통화정책과 재정정책을 사용하였다. 그리고 글로벌 금융위기 이후 전 세계는 위기재발 방지를 위해 금융규제체계의 근본적인 개혁이 필요하다는 데 공감대를 형성하게 되었으며, 이의 실천을 위해 FSB가 중심이 되어 금융규제체계 개혁작업이 진행되고 있다.

이번의 글로벌 금융위기 이전에 글로벌 금융산업은 증권화, 대형화, 겸업화, 정보화 추세를 걷고 있었으며, 이러한 과정에서 금융위기를 겪게 됨으로써 향후 금융규제의 강화와 더불어 이들 추세의 일부 수정 내지 변화가 불가피해 보인다.

연 | 습 | 문 | 제

01. 금리규제의 장점과 부작용에 대해 설명하시오.

02. 정부에 의한 은행규제의 정당성에 대해 논의하시오.

03. 외환 · 금융위기가 우리 금융산업에 미친 긍정적 효과에 대해 논의하시오.

04. 2000년대 초반 신용카드위기의 주요 요인은 무엇인지 설명하시오.

05. 신용카드위기의 교훈은 무엇인지 설명하시오.

06. 자본시장법이 기존의 금융 관련 법과 근본적으로 다른 점은 무엇인지 설명하시오.

07. 2008년 시작된 글로벌 금융위기의 원인은 무엇인지 설명하시오.

08. 2008년 시작된 글로벌 금융위기 이후 위기재발을 막기 위한 금융규제개혁 논의가 이어지고 있는데 그 중요한 내용은 무엇인지 설명하시오.

09. 금융증권화의 정의는 무엇인지 설명하시오.

10. 은행산업에서 대형화가 추진되는 이유는 무엇인지 설명하시오.

CHAPTER 03

우리나라의 금융기관 현황

본 장에서는 우리나라 금융기관의 현황을 개괄적으로 훑어본다. 우선 개발연대와 1997년의 외환위기를 거치면서 우리나라 금융기관의 경영 패러다임이 어떻게 변해 왔는지를 본다. 그 다음 우리나라에서 현재 영업 중인 금융기관들에는 어떤 종류가 있는지, 그리고 그 금융기관들은 기본적으로 어떤 업무를 하는지 살펴본다. 금융산업은 전통적으로 은행, 증권, 보험의 3대 축을 중심으로 발전해 왔다. 그러나 이들 3대 금융산업이 충족시키지 못하는 수요가 항상 존재했고, 경제가 발전하고 복잡·다양해지면서 새로운 금융수요도 생겨나게 되었다. 다양한 금융산업군이 이러한 환경변화 속에서 경우에 따라서는 새로운 영역을 구축하기도 하고 또 위축되기도 하면서 금융산업 전체의 변화·발전에 기여하고 있다. 본 장에서는 전통적인 금융산업인 은행, 증권, 보험뿐 아니라 그 이외의 영역에서 활동하고 있는 금융기관들도 소개한다.

1. 우리나라 금융기관 경영 패러다임의 변화

1.1 개발연대의 금융기관 경영

최근에는 금융기관을 보는 시각이 많이 바뀌었지만, 과거 개발연대에는 금융기관을 독립된 기업으로 보기보다는 산업투자와 경제개발에 필요한 자금을 동원하는 산업지원 창구 정도로 인식하였다. 당시 금융기관은 국내에 분산 · 축적된 자금을 집적 · 조달하거나 해외자금을 수입하여 정부가 명시적 또는 묵시적으로 지원하는 산업체에 시장금리보다 낮은 이자율로 공급하는 산업지원기관으로서의 역할을 하였다. 금융시장에서는 시장의 가장 기본적인 기능인 가격(즉, 이자율)결정마저도 정부가 대신 행해 왔으며, 1990년대에 들어서야 예금과 대출금리가 단계적으로 자유화되기 시작하였다.[1] 이와 같이 과거에는 정부가 금융을 경제개발과 수출 등을 위한 산업정책 수단으로 사용하면서 금융의 공공성을 강조하고 이를 과다하게 규제 · 보호하였다. 산업화과정에서 탄생한 우리나라의 재벌들도 경쟁적으로 금융기관을 설립 또는 인수하였는데, 그 주목적도 계열금융기관을 수익창출보다는 자금동원의 수단으로 이용하기 위해서였다.

이런 상황이 지속되는 가운데 금융기관들은 경영의 일차적 목표를 수익성 제고를 통한 주식가치 극대화보다는 수신고 제고 등 규모 확대에 두게 되었다. 산업체의 자금수요가 공급을 초과하는 만성적인 자금의 초과수요 상태에서 금리를 정부가 정하고 대출도 정부가 선정한 산업체에 해주는 상황이어서 수익성을 올리는 방법은 오로지 수신고 제고밖에 없었고, 달리 위험관리의 필요성도 느낄 수 없었기 때문이었다. 그러나 1990년대 금융자율화 · 개방화의 진전으로 금융산업 내 경쟁이 심화되면서 규모 위주 경영은 금융기관의 위험을 수익보다 빠르게 확대시켰고, 이것이 1997년 말 발생한 외환위기의 한 원인으로 작용하였다. IMF 구제금융체제를 거치면서 수많은 금융기관이 도산하게 되자 금융산업에도 수익성 위주 경영의 중요성이 인식되게 되었다. 이에 따라 금융기관의 이익, 위험

---

1 정부는 1991년에 '4단계 금리자유화 정책'을 시작하였다. 자세한 단계별 추진내용은 앞의 제2장 1절을 참조하기 바란다.

및 자본의 종합적 관리를 위한 방법론에 대해 관심이 쏠리게 되었다.

1.2 최근의 변화된 금융기관 경영 패러다임

외환위기와 대규모 금융기관 도산사태를 경험하면서 금융기관도 하나의 기업이고, 따라서 그 경영도 기업경영의 원칙에서 벗어나서는 안 된다는 인식이 널리 퍼지게 되었다. 아울러 금융중개기능과 위험관리의 중요성에 대한 이해도 많이 변화하였다. 과거에는 경제성장이라는 국가경제적 목적에 맞추어 정부가 정한 가이드라인에 따라 시중 자금을 특정 산업 또는 특정 기업군에 단순히 전달하는 것 이상의 역할을 할 것을 금융기관에게 요구하지 않았으나, 이제는 달라졌다. 금융기관들은 기업과 가계 등 대출받는 사람들을 스스로 평가 · 선택해야 하며, 대출을 한 후에도 사후관리를 해야 한다는 것을 인식하기 시작하였다. 위험관리에 실패하면 금융기관들이 도산할 수 있다는 것도 경험하였다. 금융기관들이 위험을 감수하는 만큼 그 위험에 합당한 이자를 요구하게 됨으로써, 금융중개기능도 금융시장의 자금을 위험에 상응하여 가격을 결정하고 배분하는 것이라고 이해하게 되었다.

가격결정과 배분이라는 이러한 간단한 시장원리가 금융시장에서도 실행되어야 우리 경제의 효율성이 높아진다는 경제학의 가장 기본적인 원리가 우리나라 금융산업에서 인식되기 시작한 것은 이와 같이 실로 최근의 일이었다. 금융시장에 대한 이해가 변함에 따라 금융기관도 정부에 예속된 공공기관쯤으로 인식되던 과거와 달리 시장에서 위험을 감수하고 경쟁하는, 그리고 가격을 결정하고 자금을 배분하는 독립적 경제주체로서의 시장 참여자로 이해되기 시작했다. 시장참여자로서의 금융기관은 정부의 보호 · 관리 아래 독점적 지위를 가지고 단순히 이자율 차이를 취하는 지대추구형 특권층이 아니라 위험을 감수하고 관리하면서 부가가치를 창출하는 기업으로 다시 태어나게 된 것이다. 그리고 금융기관을 부가가치를 창출하는 기업으로 보게 됨에 따라 금융기관의 경영목표도 금융기관의 주인인 주주에게 귀속되는 가치, 즉 주식가치를 극대화하는 데 있다고 보게끔 금융기관의 경영 패러다임이 변화하였다.

1.2.1 금융기관의 가치창출 프로세스

기업으로서의 금융기관이 경영효율성을 제고하여 수익성을 높이고 주식가치를 상승시키기 위해서는 부가가치를 창출해야 한다. 금융기관은 영업활동의 결과로서 부가가치를 창출하는데, [그림 3-1]은 그 과정을 개념적으로 정리하여 보여주고 있다. 여기서 보는 바와 같이 **금융기관의 부가가치 창출**과정은 **이익관리**와 **위험관리**로 크게 나뉜다. **이익관리는** 주주에게 귀속되는 가치를 극대화하기 위해 금융기관이 수익성을 어떻게 창출하고 유지해 나가야 할 것인가를 관리하는 과정을 말하며, **위험관리**는 금융기관이 수익성을 추구하는 영업활동과정에서 내부 및 외부의 요인에 의해 야기되는 각종 위험을 통제하고 관리하는 과정을 말한다. 이익관리와 위험관리는 금융기관의 성패에 있어서 가장 핵심적

그림 3-1 | 금융기관의 가치창출 프로세스

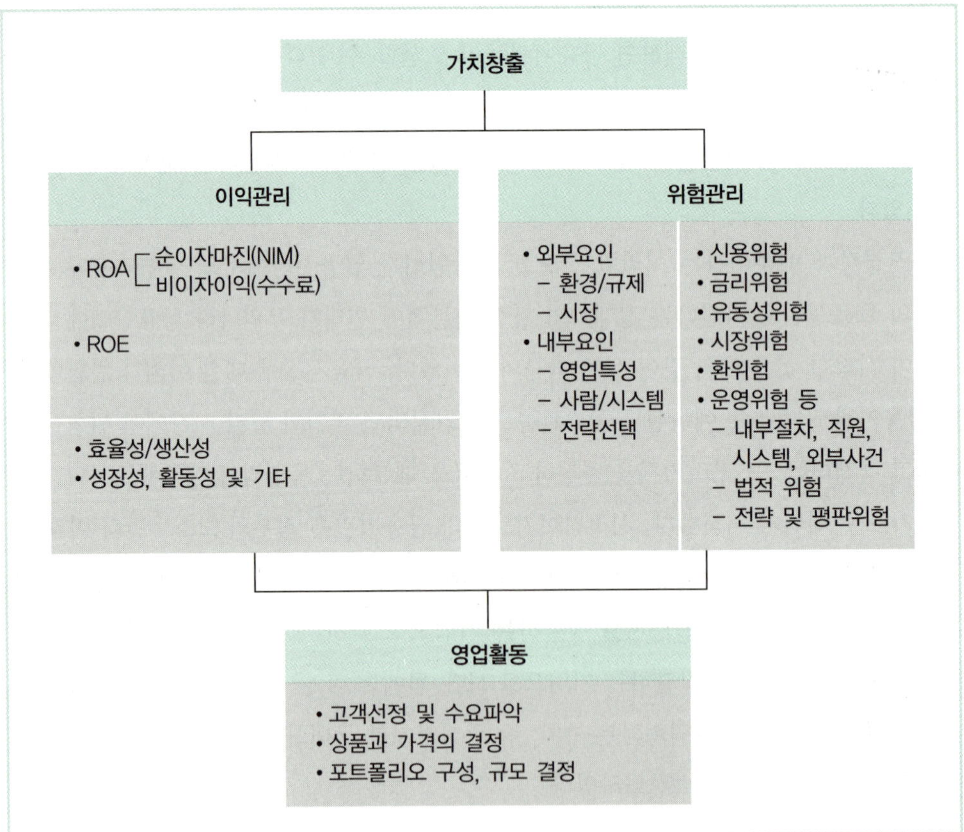

인 요소이며, 이에 대해서는 이 책의 제3편과 제5편에서 자세히 설명하고 있다.

여기서 한 가지 꼭 유의해야 할 것은 '이익은 위험에 비례한다' 는 재무론의 기본원칙이다.[2] 즉, 높은 이익에는 반드시 그에 비례하는 많은 위험이 따르게 되며, 반대로 높은 위험부담은 그에 상응하는 이익이 확보될 경우에만 타당성을 지닌다는 사실이다. 이로부터 우리가 금융기관의 경영을 공부할 때 잊지 말아야 할 두 가지 중요한 진리가 도출된다. 첫째는 금융기관의 이익관리와 위험관리는 동전의 양면과 같이 떼려야 뗄 수 없는 불가분의 관계에 있다는 사실이고, 둘째는 금융기관의 방만한 규모 확대는 그에 수반되는 위험을 감당할 만큼의 수익을 창출하지 못할 가능성이 있으며, 수익성 면에서 정당화되지 않는 규모의 확대는 부가가치를 파괴하고 궁극적으로는 금융기관을 부실화시킬 수도 있다는 사실이다.

1.2.2 금융중개와 위험관리

앞에서 설명한 바와 같이 금융기관의 경영에 있어서 위험관리가 특별히 중요한 위치를 차지하는 이유는 금융기관이 금융서비스를 제공하는 과정에서 위험이 따르지 않는 것이 없기 때문이다. 금융기관이 위험을 관리하는 방법에는 본질적으로 세 가지 접근방식이 있는데, 첫째는 위험을 배제 또는 회피하는 것이고, 둘째는 위험을 이전하는 것이며, 셋째는 위험을 적극적으로 관리하는 것이다. 사안에 따라서는 위험을 회피하거나 이전하는 것이 바람직하지만, 모든 영업활동에 위험이 동반하는 금융에서 위험을 회피하거나 이전하기만 하면 금융기관의 영업활동은 극히 제한되므로 수익창출이 어려울 수밖에 없다. 따라서 금융기관 경영의 핵심은 어떤 위험을 회피하고, 어떤 위험을 이전하며, 어떤 위험을 적극적으로 중개하면서 관리할 것인지를 잘 선택하는 것이라고 할 수 있다.

첫째, 금융기관이 제공하는 금융서비스의 성격상 핵심이 아닌 위험, 또는 위험의 잠재

---

2 이는 포트폴리오 p의 기대이익 $E(r_p)$와 이익의 표준편차 σ_p의 관계를 나타내는 자본시장선(capital market line) $E(r_p) = r_f + \lambda \cdot \sigma_p$에 의해 설명된다. 여기서

$$\lambda = \frac{E(r_m) - r_f}{\sigma_m}$$

$E(r_m)$과 σ_m은 시장포트폴리오의 기대이익률과 이익의 표준편차,
r_f는 무위험자산이익률

이다. 자세한 내용은 시중의 재무론 교과서를 참고하기 바란다.

적 크기가 너무 커서 인수부담이 너무 과다하거나 또는 인수가 불가능한 위험은 원천적으로 부담하지 않아야 하기 때문에 위험배제 또는 회피가 바람직하다. 둘째, 특정 위험관리에 있어서 비교우위를 가진 제3자가 있는 경우에는 위험의 이전이 바람직하다. 이 경우 금융기관이 금융서비스 제공과 관련하여 일단 위험을 부담한 후 이를 제3자에게 매각 또는 기타의 방법으로 이전하는 것이다. 그 예로는 증권화 또는 대출채권 매각, 파생금융상품을 통한 헤지 등이 있다. 셋째, 위험부담이 영업의 핵심이거나 또는 적절한 가격으로 매각하기 어려운 경우 금융기관은 그 위험을 적극적으로 관리하여 수익을 창출하는 것이 바람직하다. 그 예로는 포트폴리오 차원의 위험분산, 모니터링과 정보창출, 자기자본관리 등이 있다. 금융중개의 핵심은 이와 같이 위험을 인수하여 관리하는 것이라고 할 수 있다. 금융기관을 흔히 위험을 '확인, 측정 및 관리' 하는 기관이라고 정의하는 것도 바로 이 때문이다. 은행의 특수성에 대해서는 제3편에서 자세히 배우겠지만, 금융기관 중에서도 특히 은행은 위험을 많이 인수하지 않을 수 없으므로 위험을 적극적으로 관리할 필요가 있는 금융기관이라고 할 수 있다.

2. 우리나라 금융기관 개관

우리나라의 금융산업은 은행, 증권, 보험을 3대 축으로 하여 형성되어 있다. 소수의 대형 금융기관이 은행, 증권, 보험에 집중되어 있고, 그 외에 수적으로는 대다수를 차지하지만 대부분 중소규모인 비은행 예금취급기관들이 난립해 있는 실정이다.

[표 3-1]에서 보듯이 우리나라에는 2015년 말 현재 총 3,991개의 금융기관이 영업을 하고 있으며, 이 숫자는 6,650개에 달했던 1997년 말과 비교하면 약 40%나 감소한 것이다. 이는 1997년 말 외환위기 이후 구조조정으로 많은 금융기관들이 정리 · 합병된 결과이다. 현재 영업 중인 금융기관의 대부분은 신협, 새마을금고, 단위농협 · 수협 등과 같은 중소규모 비은행 예금취급기관들이며, 금융업의 기간이라 할 수 있는 은행, 증권회사 및

| 표 3-1 | 우리나라의 금융기관

(단위 : 개)

			1997년	2015년
은행	일반은행	시중은행	16	6
		지방은행	10	6
	특수은행		7	5
	계		33	17
비은행 예금취급기관	종합금융회사		30	1
	상호저축은행		231	79
	상호금융	신용협동조합	1,666	910
		새마을금고	2,743	1,335
		농협단위조합	1,539	1,133
		수협단위조합	86	90
		산림조합	143	137
		소계	6,177	3,605
보험회사	생명보험회사		31	25
	손해보험회사		14	31
증권 관련 기관	투자매매 · 중개업자[1)]		36	62
	집합투자업자[2)]		30	93
여신전문금융기관[3)]			68	78
합계			6,650	3,991

주 : 1) 증권회사 및 선물회사
2) 자산운용회사
3) 신용카드사, 리스사, 할부금융사, 신기술사업금융사

자료 : 1) 1997년 통계 : 한국은행, 우리나라의 금융제도, 2005. 12.
2) 2015년 통계 : 금융감독원 금융통계정보시스템
새마을금고중앙회(www.kfcc.co.kr)

선물회사(투자매매 · 중개업자), 보험사는 모두 합해봐야 135개로 수적으로는 전체의 3.4% 정도에 불과한 실정이다. 하지만 [표 3-2]가 보여주듯이 2014년 말 현재 우리나라 금융기관의 총자산 4,253.2조원 중에서 은행, 증권회사 및 선물회사, 보험사가 차지하는 액수가 3,519.3조원으로 전체의 80%를 넘고 있어 이들 3개 권역에 우리나라 금융산업의 영업이 집중되어 있음을 어렵지 않게 짐작할 수 있다.

| 표 3-2 | 우리나라의 금융기관의 총자산 규모

(단위 : 조원, %)

	1997년		2014년	
	금액	구성비	금액	구성비
은행	606.6	56.4	2,288.3	53.8
종합금융회사	77.9	7.2	1.0	0.02
상호저축은행	36.1	3.4	37.9	0.9
신용협동조합	19.3	1.8	60.5	1.4
새마을금고	29.7	2.8	119.7	2.8
농 · 수협, 산림조합	87.4	8.1	322.8	7.6
우체국예금	8.8	0.8	6.7	0.2
보험회사	117.9	11.0	910.1	21.4
생명보험사	92.4	8.6	662.1	15.6
손해보험사	19.5	1.8	200.3	4.7
우체국보험	6.0	0.6	47.7	1.1
투자매매 · 중개업자[1)]	23.9	2.2	316.1	7.4
집합투자업자[2)]	0	0	4.8	0.1
여신전문금융기관[3)]	68.3	6.3	185.5	4.4
합계	1,075.9	100.0	4,253.2	100.0

주 : 1) 증권회사 및 선물회사
2) 자산운용회사
3) 신용카드사, 리스사, 할부금융사, 신기술사업금융사

자료 : 금융감독원, 금융통계월보, 각호
새마을금고중앙회(www.kfcc.co.kr)
우정사업본부(www.koreapost.go.kr)

우리나라의 금융산업에는 이 외에도 신용평가사, 채권평가사, 펀드평가사 등 각종 신용평가기관, 신용조회와 채권추심 등을 하는 신용정보사, 그리고 기타 여신업무를 하는 캐피탈사, 파이낸스사 등이 있다.

3. 은행

은행은 불특정 다수의 일반 국민으로부터 예금을 받아 기업, 가계 등에 대출을 해주는 대표적인 **간접금융기관**이다. 즉, 은행은 자금의 사용기간, 규모, 위험 등이 상이한 예금자와 대출자 사이에서 이들을 연결시키는 중간매개자 역할을 한다. 은행은 이 외에도 지급결제업무, 외국환관련 업무, 신용카드업무 등을 한다. 은행이 수행하는 가장 중요한 기능은 **자산변환기능**(asset transformation function)과 **지급결제서비스기능**이다. 은행은 이러한 기능들을 수행하면서 부가가치를 창출하고 수익도 얻게 되지만, 그와 동시에 위험을 떠안게 된다.

우선 은행의 주 업무인 예금과 대출을 보면, 이는 결국 성격이 전혀 다른 자금의 공급자와 수요자의 가운데 은행이 있으면서 예금자산을 대출자산으로 변환시켜 이들을 간접적으로 연결시키는 것이다. 은행은 그 대가로 예대금리차 형태의 수입을 얻게 되지만, 그 반대급부로 자금이용자의 채무변제불능위험, 즉 신용위험을 자금의 궁극적 공급자인 예금자에게 직접 전달하지 않고 이를 중간에서 흡수 · 관리해야 한다. 뿐만 아니라 대출은 특별한 사정이 없는 한 중도에 회수할 수 없는 반면 예금은 수시로 입출이 가능하기 때문에 은행은 자금의 기간불일치위험, 즉 유동성위험을 항상 안고 있게 된다. 즉, 은행은 이러한 자산변환기능을 수행하는 과정에서 이에 수반되는 **신용위험**과 **유동성위험**을 불가피하게 떠안을 수밖에 없으며, 그 과정에서 부가가치를 창출하는 것이다. 그러므로 은행은 금융기관 중에서도 특히 위험을 적극적으로 관리할 필요가 있는 금융기관이다.

은행이 외국에서 차입을 하거나 채권을 발행하는 등 해외자금을 조달하여 국내에 공급하는 경우도 많이 있다. 국제금융시장에서 금리가 싸거나 아니면 국내시장에 자금이 풍부하지 않아 자금조달이 여의치 않거나 또는 외환관리 차원에서 그렇게 하는 등 다양한 이유가 있겠지만, 이 경우에는 통상적인 신용위험이나 유동성위험 이외에도 **외환유동성위험**과 **환위험**이 따르게 된다. 외환유동성위험은 특정 외화의 과부족에 의해서 생기는 위험을 말하며, 환위험은 외화자금의 수입시점과 지급시점에 환율이 달라짐에 따라 발생하는 손실위험을 말한다.

은행의 또 다른 주요 기능인 **지급결제서비스기능**과 관련해서도 유동성위험과 환위험 등이 야기된다. 독자 여러분들도 심심찮게 은행을 통해 다른 사람에게 대금을 지급하거나 송금을 받기도 할 것이다. 일반 국민과 기업들의 경제활동 과정에서 은행을 통해 이루어지는 이와 같은 결제건수는 하루에도 수천만 건에 달한다.[3] 은행들은 매일 두 차례씩 모여 은행 간에 차액결제를 함으로써 수천만 건의 거래를 완결시키고 그 대가로 수수료 수입을 얻지만, 정산 결과 다른 은행에 지급해야 할 돈이 받을 돈보다 훨씬 많아 은행이 갖고 있는 현금이 부족하면 유동성 부족에 빠지게 된다. 물론 일시적 유동성 부족은 은행 간의 콜론, 콜머니를 통해서 넘기기도 하고, 또는 한국은행의 단기자금 대출 등 중앙은행의 최종대부자기능을 이용해서 넘길 수 있지만, 이에는 적지 않은 추가적인 비용이 수반된다. 뿐만 아니라 이러한 일이 빈번해지게 되면 은행의 신용도가 떨어져 전반적인 조달금리가 상승하게 되어 수익성을 악화시키고, 심한 경우에는 유동성 악화로 은행의 존립에까지 영향을 미칠 수도 있다. 또한 은행은 무역거래대금 지급결제, 유학생 생활비송금이나 해외여행비 지출, 해외차입 및 상환 등 국제 간의 자금거래와 지급결제서비스도 하기 때문에 환전수수료나 송금수수료 등의 수입을 얻기도 하지만, 동시에 외화유동성 문제에 직면할 수도 있고 외화가치의 변동으로 인한 환위험도 안게 된다.

비은행 예금취급기관들의 경우 국제업무를 할 수 없기 때문에 환위험이나 외화유동성 위험은 없지만 예대업무, 지급결제서비스업무를 취급하기 때문에 이에 수반하는 신용위험이나 유동성위험 등을 부담해야 한다는 점에서는 은행과 같다. 앞의 [표 3-1]은 1997년 이후 은행과 비은행 예금취급기관 수가 급감했음을 보여주고 있다. 이는 1997년 경제위기를 맞아 다수의 은행과 비은행 예금취급기관들이 파산하여 정리되거나 또는 다른 금융기관에 인수 · 합병되어 사라졌기 때문이다. 신용위험관리에 실패한 결과이다.

이와 같이 은행의 위험관리기능은 은행의 수익성과 더 나아가서는 존립에까지 영향을 미치는 중요한 요소이다. 위험이 없으면 수익이 없는 반면, 위험관리에 실패하면 막대한 손실을 볼 수 있다. 다시 말하면, 은행의 위험관리 능력이 은행을 이용하는 예금자와 대출자에 비해 뛰어나지 못하면 결국 은행이 감수하는 위험만큼 부가가치와 수익을 창출하

---

3 한은 공동망과 은행 공동망 등 지급결제시스템에서 결제되는 규모는 연간 합계 8경 5,631조원, 일평균 323.1조원이며, 어음수표, 계좌이체, 카드 등 지급수단별 거래내역을 모두 합친 규모는 연간 합계 9경 2,000조원, 일평균 347.8조원에 달한다(2015년 기준).

지 못하게 되어 손실을 보게 되는 것이다.

최근 규제완화 · 개방화 등으로 비은행금융기관이 유사 예금 · 대출업무를 취급하고 외국 금융기관이 국내시장에 많이 진출하는 등 국내시장에서 은행업의 경쟁이 심화되고 있다. 따라서 은행의 수익감소와 위험증대가 초래되면서 전통적 은행기능의 수행이 점차 어려워지고 있다. 다른 한편, 정보 · 통신기술 및 재무이론 등의 발전은 정보능력 및 위험관리능력의 획기적 개선을 가능케 하면서 금융기관 간에 실력차이를 확대하고 있어 위험관리의 성공 여부가 특히 은행의 경우 경쟁력 제고의 관건이 되고 있으며, 더 나아가서는 생존문제로 부각되고 있다.

우리나라의 은행에는 민간 상업은행인 **일반은행**과 공적 목적을 가진 **특수은행**이 있다. 일반은행은 다시 영업지역에 따라 전국을 대상으로 영업을 하는 **시중은행**과 주로 특정 지역에서만 영업을 하는 **지방은행**으로 나뉜다.

시중은행은 1960년에 조흥은행, 한국상업은행, 제일은행, 한일은행 등 4개가 전부였으며, 이후 1960년대 들어 지방은행이었던 서울은행이 시중은행으로 전환되고 신탁은행이 신설되면서 6개로 늘어나게 되었다. 1970년대에는 은행 신설이 없었던 반면 1976년에 신탁은행이 서울은행과 합병하여 서울신탁은행이 되면서 시중은행 수가 5개로 줄었다. 1980년대 들어서면서 진행된 금융자율화 과정에서 신한은행(1982년), 한미은행(1983년), 동화은행(1989년), 동남은행(1989년), 대동은행(1989년) 등 5개 은행이 신설되고 외환은행이 시중은행으로 전환되어 총 11개 시중은행이 영업을 하게 되었다. 1990년대 들어서는 금융기관 업종전환과 진입규제 완화정책의 영향으로 하나은행(1991년), 보람은행(1991년), 평화은행(1992년)이 설립되고 국민은행(1995년)과 주택은행(1997년)이 특수은행에서 일반은행으로 전환되면서 1997년 외환위기 직전까지 총 16개의 시중은행이 영업을 하게 되었다.

지방은행은 지역경제의 균형발전을 목적으로 '1도(道) 1행(行)' 원칙에 따라 1967~1971년 사이에 대구(1967년), 부산(1967년), 충청(1968년), 광주(1968년), 제주(1969년), 경기(1969년), 전북(1969년) 강원(1970년), 경남(1970년), 충북(1971년)은행 등 총 10개가 설립되었으며 1997년 외환위기 직전까지 이 체제가 유지되었다. 따라서 1997년 외환위기 이전까지 16개의 시중은행과 10개의 지방은행 등 26개의 일반은행이 영업을 하였다.

그러나 1997년 외환위기 이후 부실은행을 처리하는 과정에서 부실은행을 우량은행에 합병시키는 방식의 구조조정을 거치면서 2000년 말에는 시중은행 11개, 지방은행 6개 등 일반은행수가 17개로 줄어들었다.[4] 이후 세계적인 은행 대형화 추세 등으로 경쟁력 강화를 위한 은행 대형화의 일환으로 은행 간 합병이 일어나면서 일반은행의 수는 더 줄어들게 되었다. 2001년에는 주택은행이 국민은행에, 평화은행이 한빛은행(2002년에 우리은행으로 명칭 변경)에 합병되었다. 2002년에는 서울은행이 하나은행에, 2006년에는 조흥은행이 신한은행에 합병되었다. 2015년에는 외환은행이 하나은행에 합병되어 KEB하나은행이 되었다. 이에 따라 2015년 말 현재 일반은행은 시중은행 6개, 지방은행 6개 등 총 12개가 영업하고 있다.[5] 일반은행의 변천 추이는 [표 3-3]을 참고하기 바란다.

| 표 3-3 | 일반은행의 변천 추이[1)]

	1960년	1970년	1980년	1990년	1997년	2000년	2015년 9월
시중은행	조흥 상업 제일 한일 (4)	조흥 상업 제일 한일 서울 신탁 (6)	조흥 상업 제일 한일 서울신탁 (5)	조흥, 동남 상업, 대동 제일, 외환 한일 서울신탁 신한 한미 동화 (11)	조흥, 동남 상업, 대동 제일, 외환 한일, 하나 서울, 보람 신한, 평화 한미, 국민 동화, 주택 (16)	조흥, 평화 한빛, 국민 제일, 주택 서울 신한 한미 외환 하나 (11)	국민 우리 신한 KEB하나 한국씨티 SC제일 (6)
지방은행	서울 (1)	대구, 경기 부산, 전북 충청, 강원 광주, 경남 제주 (9)	대구, 경기 부산, 전북 충청, 강원 광주, 경남 제주, 충북 (10)	좌동	좌동	대구, 제주 부산, 전북 광주, 경남 (6)	좌동

주 : ( ) 내는 은행수
자료 : 한국은행, 한국의 금융제도, 2011 및 금융감독원

4 부실은행 합병의 구체적인 내용은 다음과 같다. 동남 → 주택, 대동 → 국민, 동화 → 신한, 경기 → 한미, 충청 → 하나, 장기신용 → 국민, 강원 → 조흥, 충북 → 조흥, 한일 + 상업 → 한빛, 하나 + 보람 → 하나

5 일반은행 중 전북은행과 광주은행은 JB금융지주, 부산은행과 경남은행은 BNK금융지주, 신한은행과 제주은행은 신한금융지주 소속이다.

우리나라 일반은행의 점포수는 1990년 2,390개에서 외환위기가 나던 해인 1997년에 5,987개까지 크게 증가하였으나 외환위기에 따른 구조조정으로 은행 합병 등이 일어나며 2001년에는 4,696개까지 줄어들었다. 이후 경제가 정상화되면서 은행산업도 발전을 거듭하고 은행자산도 늘어나면서 글로벌 금융위기가 발발한 2008년까지 5,623개로 증가하였으나 이후 다시 줄어들면서 2015년 말 현재 5,276개에 이르고 있다. 일반은행의 직원수도 점포수의 변천과 비슷한 추이를 보이고 있는데 1990년 8만 2천 명 정도에서 1997년 11만 4천 명까지 증가하였으나 외환위기 이후 혹독한 구조조정을 겪으며 2002년에는 6만 7천 명으로 크게 줄어들었다. 이후 점차 증가하고 있으나 2015년 말 현재 8만 4천 명으로 1997년 수준에 비해 크게 줄어든 수준을 보이고 있다.

| 표 3-4 | 일반은행 국내 점포 · 직원수 추이

(단위 : 개, 천 명)

	1990년	1997년	2000년	2001년	2002년	2006년	2008년	2010년	2013년	2015년
은행수	21	26	17	15	14	13	13	13	13	12
점포수	2,390	5,987	4,709	4,696	4,936	5,322	5,623	5,533	5,570	5,276
직원수	82	114	71	68	67	67	75	83	88	84

자료 : 금융감독원, 은행경영통계, 각호(2015년은 금융통계정보시스템)

일반은행 총자산은 외환위기가 발발한 1997년 말 606.6조원에서 외환위기 이후 다소 감소하다가 구조조정이 마무리된 2000년대 초반부터 지속적으로 증가하여 글로벌 금융위기가 발발한 2008년에는 1,300조원을 돌파하였다. 이후 다소 주춤하였으나 2011년에 다시 1,300조원을 돌파하였으며 2015년 말 현재 1,577.3조원을 기록하여 우리나라 명목 GDP(2015년 말 현재 1,558.6조원)와 비슷한 수준을 보이고 있다.

| 표 3-5 | 일반은행 총자산 추이

(단위 : 조원)

1997년	2000년	2005년	2006년	2007년	2008년	2009년	2010년	2011년	2012년	2013년	2015년
606.6	581.0	859.6	979.1	1,096.4	1,306.2	1,249.7	1,279.9	1,354.7	1,373.9	1,405.7	1,577.3

주 : 총자산은 말잔 기준이며, 은행계정 + 신탁계정 + 종금계정 − 은행 · 신탁 · 종금계정 간 상호거래임.
자료 : 금융감독원, 은행경영통계, 각호(2015년은 금융통계월보)

은행별로 보면 2014년 말 현재 국민은행의 총자산이 302조원으로 가장 크며 그 뒤로 우리은행(284.4조원), 신한은행(271.4조원), 하나은행(186.1조원) 등의 순으로 자산규모가 크다. 그러나 2015년에 하나은행과 외환은행(2014년 말 기준 총자산 136.4조원)이 합병하여 KEB하나은행이 탄생함에 따라 2015년 말에는 KEB하나은행이 가장 규모가 큰 은행이 되었다. 지방은행의 경우 부산은행(51.3조원), 대구은행(45조원), 경남은행(37.2조원) 등의 순으로 자산규모가 크다. 은행의 자본적정성을 나타내는 BIS 자기자본비율은 2014년 말 현재 시중은행이 평균 15.12%, 지방은행이 평균 13.37%로 양호한 수준이다. 그러나 은행 수익성지표인 ROA의 경우 시중은행 평균이 0.38%, 지방은행 평균이 0.44%로 0.5%에도 미치지 못해 수익성은 좋지 않은 상황이다.

| 표 3-6 | 일반은행 현황(2014년 말 기준)

(단위 : 개, 명, 조원, %)

은행지주	은행명	점포수	직원수	총자산	ROA	BIS 자기자본비율
KB금융	국민	1,156	21,283	302.0	0.33	15.97
–	우리	993	15,094	284.4	0.19	14.25
신한금융	신한	901	14,058	271.4	0.60	15.43
하나금융	하나	607	8,988	186.1	0.53	14.72
하나금융	외환	345	7,261	136.4	0.46	14.40
–	한국씨티	134	3,478	69.4	0.22	16.90
한국스탠다드차타드금융	SC제일	283	5,119	62.3	0.08	14.68
시중은행		**4,419**	**75,281**	**1,312.0**	**0.38**	**15.12**
BNK금융	부산	271	3,126	51.3	0.75	13.30
DGB금융	대구	257	2,991	45.0	0.59	13.21
BNK금융	경남	161	2,324	37.2	0.11	12.74
JB금융	광주	145	1,731	19.5	0.11	14.74
JB금융	전북	99	1,012	13.6	0.19	13.71
신한금융	제주	37	416	3.5	0.38	14.33[1)]
지방은행		**970**	**11,600**	**170.1**	**0.44**	**13.37**
일반은행		**5,389**	**86,881**	**1,482.1**	**0.39**	**14.88**

주 : 1) 신용리스크 기준 자기자본비율이 기재됨.
자료 : 금융감독원, 은행경영통계, 각호

특수은행은 정부가 특정 정책목적을 위해 설립하여 운영하는 은행으로 산업은행, 수출입은행, 기업은행,[6] 농협은행과 수협은행 등이 이에 해당한다. 이들 특수은행은 개별 특수은행법에 의해 설립되었다.

산업은행은 1953년 12월 한국산업은행법이 제정되면서 산업의 부흥과 국민경제 발전 촉진을 위한 중요 산업자금 공급을 목적으로 1954년 4월 정부출자로 설립되었다. 설립 이후 산업은행은 정책금융과 기업대출 등을 담당하는 국책은행의 역할을 수행하였으며, 정부의 경제개발 정책에 따라 사회간접자본이나 중화학공업 개발에 필요한 자금을 대출하는 것이 주요 업무였다. 1961년에는 법개정을 통해 1970년대까지 재정자금 및 해외차입금으로 기간산업, 수출산업 및 중화학공업을 중점적으로 지원하였고, 1980년대에는 전략산업에 대한 정책금융을 다소 줄이는 대신 구조조정, 기술개발 및 첨단 소재 · 부품 산업에 대한 지원을 늘렸다. 1997년 외환위기 발생 이후에는 외환위기 극복을 위한 정책금융을 수행하였다. 2008년 민영화가 추진되면서 2009년 산은금융지주주식회사와 한국정책금융공사로 분할되었다. 산업은행은 민간 금융그룹인 산은금융그룹의 자회사로 편입되었고, 정책금융업무는 한국정책금융공사로 이관되었다. 그러나 민영화 추진이 여의치 않아 정부는 2014년 5월 한국산업은행법을 개정하여 분할되었던 산업은행과 정책금융공사를 산업은행으로 통합함으로써 산업은행은 민영화되는 대신 예전처럼 정책금융 업무를 지속적으로 추진하게 되었다.

수출입은행은 수출입, 해외투자 및 해외자원개발 등 대외 경제협력에 필요한 금융의 제공을 업무의 주된 목적으로 한다. 수출입은행은 1969년 한국수출입은행법이 제정되어 그 제도적 기반이 마련되었으며 1976년 7월에 설립되었다. 수출입은행은 공적수출신용기관(ECA)으로서 국가수출 촉진을 지원하기 위해 해외건설, 플랜트, 선박 등 주요 수출산업 및 창조경제부문에 대한 금융지원, 해외투자 · 해외자원개발산업에 대한 전략적 지원 그리고 국민경제에 긴요한 주요자원 및 필수원자재 등의 수입지원기능을 수행하고 있다. 또 대외경제협력기금(EDCF)을 통한 대 개도국 경제협력 증진사업도 하고 있으며 남북협력기금(IKCF)을 통한 통일기반 조성에도 기여하고 있다.

중소기업은행은 흩어져 있는 중소기업 자금지원체계를 정비하고 중소기업 금융지원체

---

6 법적인 정식 명칭은 「중소기업은행법」에 의한 '중소기업은행' 이며, 대외적으로 '기업은행' 이라는 상호를 사용하고 있다.

계 효율화를 위해 1961년 중소기업은행법에 의해 설립되었다. 중소기업은행은 중소기업자에 대한 효율적인 신용제도 확립을 통한 원활한 경제활동 지원 및 경제적 지위 향상을 목적으로 하고 있다. 현재 2015년 1월 정부가 51.5%의 지분을 가지고 있다.

농업협동조합은 1961년 제정된 농업협동조합법에 의거하여 농업은행과 (구)농업협동조합을 통합하여 설립된 농민 및 축산업자의 자주적인 협동조직이다. 1980년에 축산 부문을 분리했다가 2000년 7월에 다시 통합하였다. 농업협동조합 중앙회의 신용사업부문은 은행법이 적용되어 은행으로 분류되며 지역조합의 신용사업은 신용협동조합법에 의한 상호금융으로 분류된다. 한편 농업협동조합의 경제사업 충실화를 위해 중앙회의 신용사업부문과 경제사업 부문을 분리하는 방안이 추진되었으며 이에 따라 2011년 3월 개정된 농업협동조합법에 따라 농협경제지주회사와 농협금융지주회사가 분리되어 신설되었으며 농협은행이 농협금융지주회사의 자회사로 설립되었다. 농협은행은 일반은행과 거의 동일한 업무를 취급하고 있으나 자금조달에서 정부차입금 등 재정자금 비중이 높아 특수은행으로 분류된다.

수산업협동조합은 1962년 수산업협동조합법에 의거 설립되었다. 농협과 마찬가지로 수협 중앙회의 신용사업부문도 은행법이 적용되어 은행으로 간주된다. 수협도 농협과 마찬가지로 중앙회의 신용사업부문 분리가 추진되었으며 2016년 5월 이러한 내용을 골자로 하는 「수산업협동조합법」이 국회 본회의를 통과함에 따라 2016년말까지 수협 중앙회에서 분리된 수협은행이 주식회사 형태로 출범하게 된다.

4. 비은행금융기관

4.1 정의

은행은 전통적으로 예금을 수취하여 대출을 하는 금융기관이다. 우리나라 은행법도 은행업을 "예금을 받거나 유가증권 또는 그 밖의 채무증서를 발행하여 불특정 다수인으로부터 채무를 부담함으로써 조달한 자금을 대출하는 것을 업으로 하는 것"으로 정의하고 있다(은행법 제2조). 따라서 예금을 수취하지 않거나 또는 대출을 하지 않으면 은행이 아닌 것으로 정의된다. **비은행 은행**(non-bank bank)이란 은행과 유사한 업무를 하면서도 은행의 전통적 정의에는 정확히 부합하지 않는 금융기관을 말하며, 일반적으로는 비은행이라고 줄여서 부르기도 한다. 그런데 비은행 은행이라는 원래의 의미에 충실하려면 비은행보다 **준(準)은행**(quasi-bank) 또는 **비은행 예금수취기관**(non-bank depository institution)이라고 부르는 것이 보다 정확할 뿐만 아니라 오해의 소지도 적다. 그러나 우리나라에서는 통상적으로 비은행이라는 용어를 쓰고 있으며, 공식적으로는 비은행 예금수취기관이라는 용어를 주로 쓴다. 이는 법적으로 은행은 아니지만 예금 및 대출업무를 주로 영위하는 소규모 금융기관들을 말하는 것아다.

물론 이들 비은행 예금취급기관들은 예 · 대업무와 지급결제업무만을 제한적으로 취급하고 그 외 은행이 하는 업무, 즉 외국환관련 업무와 신용카드업무 등은 취급하지 않기 때문에 은행과는 구별된다. 비은행 예금취급기관들은 과거 은행의 문턱이 높았던 시절에 서민과 영세자영업자, 농어민들이 소액의 가계생활자금이나 영업자금, 영농자금 등을 쉽게 대출받을 수 있도록 하기 위해 정책적으로 육성한 신용협동기구 또는 상호금융 형태의 지역서민 금융기관이다. 주로 도시지역에서 볼 수 있는 상호저축은행, 신용협동조합, 새마을금고와 농어촌지역에서 볼 수 있는 단위농협 · 수협, 산림조합 등이 이에 해당한다.

금융기관 중에는 엄격한 의미의 예금 또는 대출이 아니더라도 실질적으로 예금 또는 대출과 비슷한 상품을 취급하는 경우가 많아 은행과 비은행을 구별하는 것이 말처럼 그렇게 쉬운 것이 아니다. 그런데 금융감독당국의 입장에서 보면 스스로 자신을 지킬 수 없는 소액예금자를 보호하는 것이 중요한 임무 중의 하나이고, 그런 만큼 금융기관이 자금조달을 주로 불특정 다수의 소액예금자로부터 받은 예수금에 의존하는지 여부는 금융기관을 구분하는 중요한 기준이 된다. 따라서 영국과 미국 등에서는 대출보다 예금 측면에 초점을 맞추어 비은행 은행 또는 준은행을 **예금수취기관**(depository institution)으로 분류한다. 예금수취기관들 중에서 가장 중요한 것은 은행이지만 여러 종류의 비은행들을 모두 포함하여 예금수취기관이라 부르고 있다.

예금수취기관들은 기본적 업무속성이 비슷하기 때문에 건전성규제 등 유사한 규제 ·

감독을 받는다. 그러나 비은행 중에는 예금을 수취하더라도 요구불예금을 취급하지 않거나 또는 자금조달액에서 요구불예금이 차지하는 비중이 크지 않아 신용창조기능이나 지급결제기능이 극히 제한적인 경우도 있다. 이런 경우에는 비록 실질적으로 은행에 준하는 업무를 수행하더라도 은행에 준하는 규제와 감독을 할 실익이 없을 뿐만 아니라 은행에 준하는 규제와 감독을 할 경우 오히려 과도한 부담이 되어 발전을 가로막을 우려도 있다. 따라서 일반적으로 비은행에 대해서는 은행감독과 비슷하지만 보다 완화된 감독기준이 적용된다.

4.2 비은행금융기관의 종류

우리나라의 비은행금융기관들로는 특정 지역의 서민과 영세 상공인들이 금융서비스의 혜택을 받을 수 있도록 하기 위해 정부에서 정책적으로 키운 지역서민금융기관들이 있다. 주식회사 형태의 상호저축은행, 조합 형태의 상호금융기관, 그리고 우체국금융 등이 이들이다.

4.2.1 상호저축은행

상호저축은행은 상호저축은행법에 명시되어 있듯이 “서민과 중소기업의 편의를 도모”하기 위한 목적으로 설립 · 운영되고 있는 서민금융기관이다. 역사적으로 보면, 과거 근대적 금융제도가 도입되기 전부터 우리나라에 보편화되어 있던 사금융을 제도권 금융으로 흡수 · 발전시키기 위해 1972년에 제정된 「상호신용금고법」에 의해 상호신용금고로 출발하였고, 그 후 2001년에 「상호신용금고법」이 「상호저축은행법」으로 바뀌면서 상호저축은행으로 전환되었다.

상호저축은행은 우리나라의 전통적인 계를 제도화한 신용계업무, 신용부금업무(적금), 부금예수금업무(일반 예금)로 시작하였고, 그 후 몇 차례 업무가 확대되다가 2001년 상호저축은행법이 제정되면서 정식으로 예금과 대출업무가 인정되고 지점 설치도 제한적으로 인정된 후에는 은행과 거의 유사해졌다.

상호저축은행중앙회(구 상호신용금고연합회)는 상호저축은행들을 회원으로 하는 연합회지만 단순한 연합회의 기능을 넘어서 대내적으로는 회원사들을 대상으로 일종의 중앙금고 역할을 하고, 대외적으로는 금융기관으로서의 기능을 수행한다. 즉, 동 중앙회는 중앙금고로서 회원사들로부터 지급준비예탁금과 기타 일반 예탁금을 받아 이를 관리 · 운용하는 등의 기능을 수행한다. 그리고 회원사에 대출을 해주고, 회원사가 보유하고 있거나 또는 매출하는 어음을 매입하여 자금을 공급하기도 하며, 회원사에 대해 지급보증을 해주기도 한다. 또한 동 중앙회는 스스로 유가증권을 모집 · 인수 · 매출하고, 국가기관 · 지자체 및 기타 공공단체가 위탁하는 업무를 수행하기도 한다. 한편 동 중앙회는 지급준비예탁금 수입 및 운용업무와 관련하여 감독당국이 설정한 자산건전성, 대손충당금적립 등의 기준에 따라 감독을 받는다.

상호저축은행은 1996년 말 236개에 달했으나 금융위기 이후 부실저축은행이 통 · 폐합되는 등 구조조정을 겪으면서 급속히 감소하여 2000년 말 147개로 줄어들었다. 또 2011년에 부실저축은행에 대한 영업정지 조치가 내려지는 등 저축은행 사태가 불거지며 저축은행의 수가 크게 줄어들어 2015년 말 현재 79개가 영업하고 있다. 총자산규모, 총수신규모, 총여신규모도 1996년 말 각각 36.3조원, 28.6조원, 28.1조원에 달했으나, 외환위기 이후 부실 저축은행의 퇴출 등으로 꾸준히 감소하여 2000년 말 각각 21.4조원, 18.8조원, 15.7조원까지 감소하였다. 그 후 다시 꾸준한 증가세를 보여 2009년 말 각각 83.6조원, 73.3조원, 64.3조원에 이르러 외환위기 전에 비해 두 배 이상으로 성장하였으나 2011년 저축은행 사태를 겪으며 크게 감소하여 2015년 말 현재 각각 43.9조원, 37.6

| 표 3-7 | 상호저축은행 자산규모 및 거래자수

(단위 : 조원, 천 명, 개)

	총자산	거래액		거래자수		점포수		
		수신	여신	수신	여신	본점	지점[1]	합계
1996년	36.3	28.6	28.1	2,375	375	236	100	336
2000년	21.4	18.8	15.7	1,562	458	147	118	265
2009년	83.6	73.3	64.3	4,064	851	105	256	361
2015년	43.9	37.6	35.6	3,220	1,522	79	247	326

주 : 1) 출장소 포함
자료 : 금융감독원, 금융통계월보, 각호
상호저축은행중앙회(www.fsb.or.kr)

조원, 35.6조원의 수준에 머무르고 있다. 이와 같이 구조조정 과정을 거치면서 상호저축은행의 수는 크게 줄었지만 살아남은 저축은행들의 적극적인 영업의 결과 점포수는 외환위기 전보다 오히려 늘어났고, 거래고객수도 크게 증가하였으며, 1사당 평균자산규모는 1996년에 1,538억원에서 2015년 말 5,557억원으로 3배가 훨씬 넘게 커져 전반적으로 대형화되었다.

4.2.2 상호금융기관

상호금융기관은 지역 또는 직장 단위로 설립된 조합 형태의 금융기관으로서 조합구성원 간의 상호부조를 목적으로 설립되었다. 조합원 간 상호부조의 하나로 상호금융업무를 취급하고 있으나 제한적으로 비조합원의 이용도 허용되고 있다. 우리나라에서 활동 중인 상호금융기관은 2015년 말 현재 3,605개로 총자산규모는 533.5조원, 총조합원수는 2,700만여 명에 달할 정도로 우리나라 서민들의 생활과 밀접한 관계를 맺고 있다. 기관별 현황은 [표 3-8]에 정리되어 있다.

| 표 3-8 | 상호금융기관 현황[1]

(단위 : 개, 조원, 천 명)

	1997년		2015년		
	기관수	총자산규모	기관수	총자산규모	조합원수
신협	1,666	19.3	910	65.8	5,752
농협	1,539	81.8	1,133	313.5	2,292
수협	86	4.9	90	22.1	159
산림조합	132	0.7	137	5.4	373
새마을금고	2,743	29.7	1,335	126.7	18,578
합계	6,166	136.4	3,605	533.5	27,154

주 : 1) 중앙회 소속의 금융기관 점포는 포함되지 않음.
자료 : 금융감독원, 금융통계월보, 각호
새마을금고중앙회(www.kfcc.co.kr)

신용협동조합

신용협동조합(약칭, 신협)은 "구성원의 경제적 · 사회적 지위를 향상시키고, 지역주민에 대한 경제적 편의를 제공"함을 목적으로 하며, 지역조합, 직장조합, 단체조합이 있다.

신협은 조합원으로부터 출자금, 예탁금, 적금으로 자금을 조달하여 조합원에게 융자한다. 비조합원에 대해서도 당해 사업연도에 새로이 취급하는 대출 등의 1/3 이내에서 제한적으로 대출할 수 있으며, 1990년대 후반부터는 지로(GIRO), 자금이체, 어음할인, 비조합원을 대상으로 하는 예탁금 및 적금 등으로 취급업무가 대폭 확대되었다. 신협은 이러한 신용업무 이외에도 조합원을 위한 복지사업, 공제사업, 공동구매 및 판매사업, 지역사회개발사업 등 비신용사업을 영위할 수 있다. 한편 신협은 여유자금을 신용협동조합중앙회 또는 금융기관에 예치하거나, 국채 · 공채 또는 일정한도 범위 안에서 우량유가증권에 투자할 수 있으며, 조합원의 출자금에 대해서는 확정이자가 아닌 배당금을 주고, 탈퇴 시 출자금을 환급해 준다.

신용협동조합중앙회도 상호저축은행중앙회와 마찬가지로 회원 조합들을 대상으로 일종의 중앙은행 역할을 하고, 대외적으로는 금융기관으로서도 기능한다. 중앙회는 회원조합에 대한 지도, 검사 및 감독, 조합 사업에 대한 지원, 조합 및 조합원을 위한 공제사업과 함께 신용사업을 한다. 중앙회의 신용사업으로는 조합으로부터의 예 · 적금 및 상환준비금 등의 수납 · 운용, 조합에 대한 자금의 대출, 조합 및 조합원을 위한 내국환 및 외국환업무, 조합에 대한 지급보증 및 어음할인, 유가증권의 인수 · 매출 등이 있다. 금융감독당국은 조합과 중앙회의 업무를 감독하고 감독상 필요한 명령을 할 수 있다.

농업 · 수산업 · 산림협동조합

농어민의 상호부조를 목적으로 지역단위로 설립된 조합으로 조합원 지도 및 공동이익사업(판매, 유통 등 경제사업), 조합원을 위한 신용협동사업, 공제사업, 복지후생사업 등을 수행하고 있다. 상호금융업무는 조합원으로부터 출자금, 예탁금, 적금 등으로 조달된 자금과 국가에서 지원하는 정책자금을 조합원에게 대출하는 조합원 간의 신용협동사업을 말한다. 이러한 지역단위 조합은 2015년 말 현재 지역농협 1,133개,[7] 지역수협 90개, 지역산림조합 137개가 있다. 이들 지역조합은 중앙회와 대비하여 단위조합이라고도 부르는데, 총자산규모는 2015년 말 현재 341조원(지역농협 313.5조원, 지역수협 22.1조원, 지역산림조합 5.4조원)에 달한다.

---

7 축협은 2000년 농협에 흡수통합되었다.

새마을금고

도시의 동 또는 농촌의 리 등 행정구역상의 최소단위와 직장단위로 조직된 상호금융기관이다. 회원의 예탁금, 적금 등으로 조달한 자금을 회원에게 대출해 주고 있다. 그 외에 국가, 공공단체, 금융기관의 업무대리, 회원을 위한 공제사업, 교육사업, 지역개발사업 등을 수행한다.

새마을금고연합회는 단위 새마을금고를 상대로 한 예탁금의 수입과 지출업무를 할 뿐만 아니라 단위 금고에 대한 지도와 감독 · 검사업무를 담당하고 있다. 또한 새마을금고연합회에 안전기금을 설치 · 운영하여 예금보험기능도 수행한다.

4.2.3 우체국금융

우체국금융은 우정사업본부 산하의 우체국에서 취급하는 우편환, 우편대체, 우체국예금, 우체국보험 등 금융업무를 통칭한다. 우체국금융을 도입한 취지는 전국 각지에 분포된 우체국을 활용함으로써 서민들에게 금융거래의 편의를 제공하고 영세 저축의 기회를 확대하는 데 있다. 또한 우정사업의 재정자립 기반을 확립한다는 목적도 있다. 1905년 우편환 및 우편저금업무를 취급하면서 시작하였고, 1977년 농협으로 이관되면서 폐지되었다가 1983년 재도입되었다.

우체국예금은 금융소외지역의 영세서민들을 대상으로 편리하고 안전한 저축상품을 제공하여 소액 저축을 유도하는 것이 원래의 주목적이었으므로 대출업무를 취급하지 않고 있다. 따라서 예금으로 조달된 자금은 공공자금관리기금에 예탁되거나, 중소기업지원, 정보통신업체지원, 건설 및 주택경기 활성화지원 등에 이용되고, 기타 여유자금은 금융기관에 예탁된다. **우체국보험**은 민영보험의 혜택에서 소외된 농어촌 지역주민과 도시서민에게 저렴한 보험서비스를 제공한다는 취지로 「우체국예금 · 보험에 관한 법률」에 의해 시작된 유사보험으로서, 우체국보험의 자산운용은 「우체국보험특별회계법」에 의해 관리되며 국 · 공채매입, 금융기관예탁으로 한정되어 있다. 2014년 말 현재 우체국예금의 수신고는 60.1조원, 우체국보험의 총자산은 40.7조원에 달했으며, 정부소유 금융기관으로서의 안전성과 신뢰성을 바탕으로 빠른 증가세를 보이고 있다.

우체국금융을 설립한 원래 취지는 최근 들어 많이 퇴색하였다. 전국적으로 도로망과

정보통신망이 확충되기 전에는 달리 금융기관을 이용하기 어려운 오지의 농어민들에게 농촌 각지에 펴져 있는 우체국망을 통해 금융서비스를 제공한다는 취지가 유효하였다. 그러나 전국이 반일 생활권이 되고 전국 어디에나 지역서민금융기관들이 영업을 할 뿐만 아니라, 유 · 무선 통신망과 IT기술이 발전하면서 인터넷금융이 기존의 점포를 통한 대면금융을 급속히 대체해 나가는 지금에 와서는 금융소외지역의 주민에게 금융서비스의 기회를 제공한다는 우체국금융의 원래 설립취지가 의미를 상실하고 있다.

반면에 우체국금융은 오히려 많은 부작용을 야기하고 있는데 그 내용을 살펴보면 다음과 같다. 첫째, 민간금융기관과의 불공정경쟁 문제를 야기함으로써 지역 중소금융기관의 건전한 발전을 저해한다. 우체국금융은 국가가 운영하는 금융기관으로 정부가 지급을 보장하기 때문에 정부로부터 묵시적 보조금을 받고 있는 셈이며, 예금보험료를 납부하지 않아 민간금융기관 대비 가격경쟁력에 있어서 유리하다. 둘째, 국가의 지급보장은 도덕적 해이를 조장하고 금융시장의 효율성을 저해한다. 예금자 입장에서는 예금의 안전성이 보장되기 때문에 거래 금융기관의 위험성을 신경 쓸 필요 없이 고금리만을 추구할 수 있기 때문이다. 셋째, 우체국금융은 미래창조과학부의 관리 · 감독하에 있어 금융정책 및 금융감독의 실효성을 저해한다. 통일된 금융정책 및 감독을 집행할 수 없기 때문이다. 넷째, 자금의 흐름을 왜곡하고 지역경제의 발전에 역행한다. 전국 각지의 우체국에서 지역 중소금융기관과 경쟁하여 조달한 자금이 그 지역에 재투자되지 않고 특정 산업에 집중 지원되기 때문이다. 이와 같은 문제들로 인해서 우체국금융의 민영화 이슈가 계속 거론되고 있다. 우체국금융은 우리나라만의 문제는 아니고 다른 나라에서도 겪은 바 있으며, 대부분의 선진국에서는 이미 민영화를 완료한 상태이다.

4.3 비은행금융기관의 위험관리 및 감독

비은행금융기관의 업무는 규모와 범위, 그리고 거래고객의 특성에서 차이가 있을 뿐 기본적으로 은행의 업무와 유사하기 때문에 은행에 준하는 위험관리와 감독을 하는 것이 원칙이다. 다만 이들은 특정 지역에 기반을 둔 소형 금융기관들이기 때문에 위험관리에 있어서 몇 가지에 특별히 유의할 필요가 있다. 첫째, 거래고객이 대부분 지역의 서민과 영세상공인들이고, 대형 금융기관이 선호하지 않는 비우량고객들이 주로 소형 금융기관을 찾는다는 점에서 위험고객군과의 거래비중이 매우 높다. 둘째, 이들 소형 금융기관들의 영업은 특정 지역에 집중되어 있기 때문에 지역적 위험분산이 쉽지 않다. 셋째, 농어민, 재래시장상인, 영세제조업자 등 특정 업종이 지역적으로 집중되는 경향이 있어 자연스럽게 특정 업종의 고객군과 주로 거래하게 되며, 따라서 업종별 위험분산에도 한계가 있다. 따라서 이들은 지역밀착형 영업의 특성을 살려 고객에 대한 모니터링을 강화하고 위험분산에 특별히 관심을 기울여야 할 것이며, 부담하는 위험에 상응하는 적정수준의 위험프리미엄이 적용되도록 해야 할 것이다.

한편 비은행금융기관에 대한 감독도 이러한 특성을 감안하여 이루어져야 한다. 비은행금융기관은 업무가 은행과 유사하기 때문에 이들에 대한 감독도 기본적으로 은행에 준하여 실시하는 것이 적절할 것이다. 실제로 이들은 자기자본비율, 자산건전성, 유동성 등 건전성규제를 받고 있으며, 정기적으로 감독당국이 검사와 경영실태평가를 실시하고 감독기준에 못 미칠 경우 적기시정조치를 명한다. 다만, 비은행은 업무가 은행에 비해 매우 단순하고, 규모가 작아 파급영향이 작기 때문에 은행보다 훨씬 완화된 기준이 적용된다. 그러나 개별 기관으로는 규모가 작아 파급영향이 미미한 수준이라 하더라도 많은 금융기관이 동시에 경영위험에 처할 경우 경제에 미치는 파급영향이 크기 때문에 이 점에 유의할 필요가 있다. 특정 금융업종에 속하는 금융기관들은 영업의 속성이 비슷하여 집단적으로 동일한 위험에 처해 있고, 또한 같은 업종에 속한 금융기관들은 군집행동을 하는 경향이 있어 다수의 금융기관이 동시다발적으로 경영위기를 맞는 경우가 종종 있다.

이들 비은행금융기관 감독상의 문제점으로는 두 가지를 지적할 수 있다. 첫째, 감독권한이 여러 부처에 분산되어 있어 통일된 감독기준의 적용이 불가능하다는 점이다. 둘째, 상호저축은행을 제외하면 나머지 소형 비은행금융기관들은 모두 비신용사업을 함께 하고 있어 이로부터의 위험이 신용사업으로 전가될 수 있다. 즉, 신용사업과 비신용사업 간에 철저한 칸막이가 유지되지 않을 경우 목적과 성과가 불분명한 사업에 엄정한 평가와 검증 없이 자금이 지원되어 부실화하거나, 비신용사업의 적자가 신용사업마저 위태롭게 할 우려가 있다. 물론 반대방향의 위험도 존재한다.

5. 금융투자회사

증권회사는 자본시장에서 주식, 채권 등 기업이 발행한 증권을 매개로 하여 투자자의 자금을 기업에게 연결시켜 주는 것을 업으로 하는 대표적인 직접금융기관이다. 증권회사의 고유업무는 크게 자기매매, 위탁매매, 인수주선 등이 있다. 자기매매는 증권회사의 자기명의와 자기계산으로 유가증권을 매매하는 업무이고, 위탁매매는 고객의 매매주문을 성사시키고 수수료를 받는 업무이다. 인수주선업무는 신규 발행된 유가증권을 증권회사가 매출할 목적으로 취득하는 업무(인수업무), 증권회사가 자기명의로 일반투자자에게 이미 발행된 유가증권의 매매의 청약을 권유하는 업무(매출업무), 증권회사가 제3자의 위탁에 의해 모집 · 매출을 주선하는 업무(모집 · 매출 주선)를 말한다. 증권회사는 이 외에도 증권저축, 신용공여 등을 겸영업무로 영위하고 있다.

우리나라 증권회사의 수는 외환위기 직후인 2000년에 외국증권회사 국내지점까지 합해 54개에서 2000년대 중반 62개로 증가하였으며 이후 다소 감소하여 2015년 현재 56개에 이르고 있다.

| 표 3-9 | 증권회사수 추이(기말 기준)

(단위 : 개)

	1985년	1990년	1995년	2000년	2005년	2010년	2011년	2012년	2013년	2014년	2015년
국내증권회사	25	25	33	32	39	50	51	50	51	47	46
외국증권회사 지점	–	–	14	22	15	12	11	12	11	11	10
합계	25	25	47	54	54	62	62	62	62	58	56

자료 : 금융감독원, 금융통계월보, 각호

자산운용회사는 투자신탁 또는 투자회사의 방식으로 구성되는 간접투자기구의 재산을 운용하는 것을 주된 업무로 하는 회사이다. 간접투자기구의 재산으로 운용할 수 있는 자산은 투자증권, 장내파생금융상품, 장외파생금융상품, 부동산, 실물자산 등이다.

증권회사의 위험 및 이익구조는 어떤 업무를 하느냐에 따라 크게 달라진다. 증권회사가 자기명의와 자기계산으로 스스로를 위해 하는 행위냐, 아니면 고객의 요구와 주문을 단순히 대행하는 업무냐에 따라 달라진다. 전자(즉, 투자매매업)의 경우는 이익과 위험이 모두 회사에 귀착되기 때문에 이익이 크게 날 수 있지만, 반면 손실의 위험도 매우 크다. 증권회사가 자신의 고유자산으로 유가증권을 매매하는 자기매매업무와 신규 발행된 유가증권을 증권회사가 매출할 목적으로 취득하는 인수업무 등이 그 예이다. 매입한 유가증권의 가격이 등락함에 따라 발생하는 손익 발생의 위험을 고스란히 증권회사가 부담해야 하기 때문이다. 이제는 금지되었지만 한때 증권회사에게 막대한 수익을 안겨주었던 회사채 보증업무[8]도 그 예에 속한다. 1997년 외환위기를 맞으면서 기업들이 연쇄부도에 몰리자 증권회사들이 지급보증으로 인한 엄청난 손실을 떠맡으면서 도산했던 적이 있었다. 반면, 증권회사가 단순히 고객의 요구와 주문의 대행업무(즉, 투자중개업)만을 하는 경우에는 증권회사가 부담하는 위험이 매우 적다. 그러나 이 경우에는 수수료수입에만 의존하기 때문에 많은 이익을 내기가 쉽지 않을 뿐더러 그마저도 주식시장의 거래규모에 좌우된다는 단점이 있다. 우리나라 증권회사들은 수수료수입 의존도가 매우 높아 위험성은 낮은 반면 이익구조가 단순하여 발전성이 작다는 한계를 보이고 있다.

선물회사도 증권회사와 유사하게 자기명의로 하는 거래에서는 매매차익과 위험이 크지만, 수수료수입을 목적으로 하는 위탁매매는 위험이 크지 않다. 자산운용사는 수탁자산을 운용하고 그 대가로 운용보수를 받는 회사이고, 투자자문사는 단순히 투자자문을 주업으로 하고 그 대가로 자문료를 받는 회사이기 때문에 자신들이 직접 부담해야 하는 위험은 크지 않다.

증권거래법 등 기존의 자본시장 관련 6개 법[9]을 통합하여 2009년 2월부터 시행된 「자본시장과 금융투자업에 관한 법률」(약칭, 자본시장법)은 자본시장 관련 회사의 법적 명칭을 금융투자업자로 정의하고, 금융투자업자를 6개 부문으로 나누어 투자매매업자, 투자중개업자, 집합투자업자, 투자자문업자, 투자일임업자, 신탁업자로 구분하고 있다. 자본시장법에서 정의된 법적 명칭에 의하면 증권회사와 선물회사가 자기매매를 하는 경우에는 투자매매업자로 구분되고, 위탁매매를 하는 경우에는 투자중개업자로 구분된다. 그

---

8 아직 우리나라에는 도입되지 않았지만 미국의 상위 투자은행들이 적극적으로 거래하였던 신용디폴트스왑(credit default swap : CDS)이 파생금융상품의 형태를 띤 지급보증이며, 특히 비우량주택저당채권과 관련된 CDS의 과도한 거래가 미국 투자은행의 도산과 2008년의 글로벌 금융위기의 한 원인이 되었다.

9 증권거래법, 선물거래법, 간접투자자산운용법, 신탁업법, 종합금융회사에 관한 법률, 한국증권선물거래소법

리고 자산운용회사는 집합투자업자로 구분된다.[10]

6. 보험회사와 공제기관

보험회사는 보험계약자들로부터 일정한 보험료를 수취하였다가 예기치 못한 사고로 재산 또는 신체에 손해를 입은 계약자에게 일정한 보험금을 보상하는 것을 업으로 하는 회사를 말한다. 보험회사는 **생명보험회사**와 **손해보험회사**로 나뉘어져 있다.[11] 생명보험은 사망, 질병 등에 대비한 보험의 인수 · 운영이 주된 업무로 장기저축기능과 상호보장기능이 혼합되어 있다. 손해보험은 화재, 자동차사고, 해상사고 등에 대비한 보험의 인수 · 운영이 주된 업무로 각종 사고 발생에 따른 재산상의 손실위험에 공동대처하기 위한 상호보장적 성격을 갖고 있다.

우리나라 생명보험회사의 수는 외환위기 이전인 1995년에 33개에 달했으나 이후 다소 감소하여 2015년 현재 25개에 이른다.

| 표 3-10 | 생명보험회사수 추이(기말 기준)

(단위 : 개)

1990년	1995년	2000년	2005년	2010년	2011년	2014년	2015년
31	33	29	22	23	24	25	25

자료 : 금융감독원, 금융통계월보, 각호

한편 우리나라 손해보험회사의 수는 2000년까지는 17개 정도였으나 2000년대 중반 크게 증가하여 2015년 현재 31개 이르고 있다.

10 이러한 법적 명칭에도 불구하고 아직 시장에서는 증권회사, 선물회사, 자산운용회사 등의 명칭이 일반적으로 통용되고 있다.

11 우리나라의 보험업법은 보험업을 생명보험업, 손해보험업, 제3보험업(상해보험, 질병보험, 간병보험 등)의 세 가지로 구분하여 생명보험업은 생명보험회사만이, 손해보험업은 손해보험회사만이 영위할 수 있도록 생명보험과 손해보험을 분리하고 있으며, 제3보험업은 생명보험회사와 손해보험회사 모두 영위할 수 있도록 허용하고 있다.

| 표 3-11 | 손해보험회사수 추이(기말 기준)

(단위 : 개)

1990년	1995년	2000년	2005년	2010년	2011년	2014년	2015년
16	17	17	28	30	31	31	31

자료 : 금융감독원, 금융통계월보, 각호

이 외에도 보험업을 영위하는 회사로는 **재보험사**, **보증보험사**가 있다. 재보험은 보험에 보험을 듦으로써 보험회사의 위험을 분산 · 공유하는 것을 말하며, 보증보험은 공사입찰, 신원 등을 보증해주는 업무를 말한다. 그리고 엄격한 의미에서 보험회사는 아니지만 간이보험서비스를 제공하는 **유사보험**이 있는데, 여기에는 **우체국보험**과 **공제기관**이 있다. 공제는 특정 직종 또는 특정 조직에 소속된 구성원들 사이에서 상호부조를 목적으로 운영되는 간이보험서비스를 말한다. 교원공제회, 건설공제조합, 택시공제 등이 이에 해당한다. 신협공제, 새마을금고공제 등 상호금융기관들이 하는 공제사업도 여기에 포함된다.

보험회사는 보험계약자들로부터 보험료를 받아 사망, 질병, 화재 등 일정한 사고가 발생하면 약정된 보험금을 지급하기 때문에 기본적으로는 보험료수입액과 보험금지급액의 차액을 수익으로 한다. 보험사가 보험료를 산정할 때는 예상사고율을 감안한 보험금지급 기대치에 예상경비 등을 더하여 비용총액을 계산하고 이를 충분히 충당할 수 있는 수준에서 보험료를 결정할 것이다. 그러나 사고확률을 잘못 계산했다거나 또는 예상치 못한 상황으로 인해 사고확률이 변동하면 보험금의 실제 지급액이 예상액을 넘어설 수 있고, 이 경우 그 초과액은 고스란히 보험사가 손실로 부담해야 한다. 보험계약은 일반적으로 그 기간이 길어서 계약기간 중에 예상치 못한 상황이 발생할 가능성이 크기 때문에 그만큼 위험부담이 크다.

저축성보험의 경우에는 이 외에도 자산운용과 관련된 위험이 있다. 저축성보험은 저축의 기능과 보험의 기능이 혼합된 것으로, 계약자는 일정액의 보험료를 일시에 또는 일정기간 동안 정기적으로 납부하고, 보험회사는 이 자산을 운용하여 그 수익의 일부는 만기에 원금과 함께 보험계약자에게 돌려주고 수익의 나머지 부분을 가지고 보험금지급과 경비 등 보험업무의 비용으로 사용한다. 따라서 보험회사가 예상운용수익률을 너무 높게 잡아 실제운용수익이 예상수익에 못 미치게 되면 그만큼 손실이 발생하게 된다. 일반적으로 이자율이 높은 시기에는 보험회사들이 미래의 예상운용수익도 낙관적으로 보는 경향이 있다. 그러나 거시경제환경이 변해 저금리시대가 되면 고금리시대에 맺은 보험계약은 예상수익률을 맞출 수 없게 되는 경우가 흔히 발생한다. 이를 통상적으로 역마진이라고 부른다. 이 외에도 보험회사는 자산운용과 직접 관련된 위험도 안게 된다. 보험회사의 자산운용은 주로 대출과 유가증권투자로 이루어지기 때문에, 보험회사는 대출을 받은 사람이나 유가증권을 발행한 기업이 채무를 변제하지 못하는 위험, 즉 신용위험을 부담해야 하고, 또한 유가증권의 가격등락으로 인한 가격변동위험도 안게 된다.

7. 여신전문금융기관

7.1 정의

7.1.1 일반적 정의

일반적으로 **여신전문금융기관**은 차입, 회사채, CP 등 예금 이외의 방법으로 자금을 조달하여 여신업무를 수행하는 금융기관을 통칭한다. 즉, 수신을 하는 비은행금융기관을 비은행 은행 또는 준은행이라고 하는 데 반해, 수신을 하지 않는 금융기관을 여신전문금융기관이라고 부르는 것이다. 이러한 정의는 매우 폭넓은 것으로 은행, 증권, 보험과 앞에서 설명한 비은행을 제외한 모든 금융기관을 말한다고 생각해도 무방하다. 그러나 우리나라에서는 다음에 설명하는 바와 같이 특정한 금융업종을 여신전문금융업으로 정의하고 있고, 다른 여신기관들과 달리 특별한 감독을 하고 있다.

7.1.2 법적 정의

정부는 1997년 여신전문금융업법을 제정하여 **신용카드업**, **시설대여업**, **할부금융업**, **신기술사업금융업**의 4개 업종을 **여신전문금융업**으로 정의하였다. 따라서 우리나라에서는 이들 4개 업종만이 법적으로 여신전문금융업에 해당된다. 이 중에서 신용카드업은 반드시 금융감독당국의 허가를 받아야 영업을 할 수 있고, 금융감독당국의 검사와 감독도 받아야 한다. 그러나 시설대여업, 할부금융업, 신기술사업금융업은 여신전문금융업법의 적용을 받고자 하는 회사가 업별로 법에서 정한 소정의 요건을 갖추어 금융감독당국에 등록하도록 되어 있다.[12] 금융감독당국에 등록을 하면 금융감독당국의 검사와 감독을 받아야 함은 물론이고, 소정의 감독규정을 준수하지 못할 경우 감독당국의 시정명령과 제재조치에 따라야 한다.

그러면 이들은 무슨 이점이 있기에 여신전문금융업법의 적용을 받는 금융기관이 되려는 것일까? 그것은 일반 기업에게는 주어지지 않는 특혜가 있기 때문이다. 여신전문금융기관에게 주어지는 특혜는 크게 두 가지인데, 하나는 회사채 발행의 특례를 인정해 주는 것이고, 다른 하나는 업무상의 특혜를 인정해 주는 것이다. 우선 회사채 발행의 특례를 보면, 일반 기업의 회사채 발행한도는 상법에 의해 자기자본의 4배까지만 허용되는 데 반해 여신전문금융기관은 자기자본의 10배까지 허용된다. 그리고 업무상의 특혜를 보면, 여신전문금융기관은 상법상의 여신사와는 달리 허가업무 이외에 일정한도 내의 대출, 매출채권의 양수 · 관리 · 회수업무, 그리고 신용조사 등 기타 부수업무를 할 수 있다. 이와 같이 여신전문금융업법상의 여신전문금융기관은 금융감독을 받는 반대급부로 상법상의 여신사보다 자금조달이나 업무영역에서 훨씬 폭넓은 영업을 할 수 있다.

| 표 3-12 | 여신전문금융기관 현황(2015년 말 현재)

(단위 : 개, 조원)

	회사수	총자산 규모
신용카드사	8	97.0
할부금융사	20	57.2
시설대여사(리스사)	26	41.5
신기술금융사	24	7.6
합계	78	203.3

자료 : 금융감독원, 금융통계월보, 각호

12 여신전문금융업법의 적용을 '받고자 하지 않는' 할부금융업자, 시설대여업자, 신기술사업금융업자는 금융감독당국에 등록을 하지 않고 영업을 할 수 있다. 그러면 이들은 금융업법상의 금융회사가 아니고 일반 상법상의 회사가 된다. 예를 들면, 렌트카 회사와 기타 사무기기 대여회사는 일반 상법상의 시설대여업자이다.

[표 3-12]는 현재 금융감독당국에 등록을 하고 영업 중인 여신전문금융기관의 현황을 보여주고 있다.

7.2 여신전문금융기관별 현황

7.2.1 신용카드사

신용카드사는 신용카드의 발행과 관리, 신용카드의 이용과 관련된 대금의 결제, 신용카드가맹점의 모집과 관리업무를 업으로 행하는 회사를 말한다. 신용카드이용자(즉, 카드회원)에게서 구매대금을 수취하여 판매자(즉, 가맹점)에게 대금을 지급하는 결제서비스가 핵심업무이다. 결제서비스를 제공하는 대가로 가맹점으로부터 판매대금의 일정비율을 수수료로 수취하며, 결제서비스 과정에서 신용카드이용자에게 신용을 제공(즉, 신용판매)하고 이용자 대신 가맹점에 대금을 지급하기도 한다. 이 외에 부수업무로 신용카드회원에 대한 자금의 융통, 선불 · 직불카드의 발행 및 대금의 결제업무를 한다.

신용카드사는 신용판매, 현금서비스와 대출 등에 필요한 자금을 주로 다른 금융기관으로부터의 차입금과 회사채(일명, 카드채) 발행으로 조달하고 있으며, 최근에는 신용판매대금과 현금서비스, 대출 등의 원리금을 담보로 자산담보부증권(asset backed securities : ABS)을 발행하여 자금을 조달하고 있다.

2015년 말 현재 8개의 **전업카드사**(즉, 신용카드업만을 전문으로 하는 회사)가 영업 중이며, 은행들이 신용카드업을 겸영하고 있다. 한때 전업카드사는 9개에 달했으나 2003년부터 시작된 소위 신용카드 대란으로 카드사의 부실이 심각해지면서 은행계 자회사들이 모은행에 합병되었다. 전업카드사의 총자산규모도 2002년 말에는 68.1조원에 달했으나 이후 일부 부실카드사가 합병 내지 소멸되고 생존한 카드사들도 영업내실화를 위해 자산규모를 축소하면서 2004년 말에는 29.3조원으로 감소하였다. 그 후 카드사 구조조정이 마무리되고 영업이 정상화하면서 2015년 말 현재 97조원으로 다시 증가하였다.

우리나라 신용카드업의 문제점은 신용카드사들이 본업인 신용카드 이용과 관련된 수입(즉, 수수료수입과 신용판매로부터 얻는 이자수입)보다 부수업무인 대출서비스 이자수입에 주로 의존하고 있다는 점이다. 신용카드 대란 직후인 2004년도 기준으로 신용카드 이용실적을 보면 결제서비스가 229.9조원이고, 이 중 신용판매서비스(즉, 할부서비스)가 41.9조원인 데 비해 대출서비스 총액은 138.1조원에 달했다. 이것은 신용카드업의 왜곡된 업무구조를 단적으로 드러내는 수치라고 할 수 있다. 이렇듯 본말이 전도된 업무구조와 그로 인한 불안정한 수익구조, 부실한 위험관리는 2003년 신용카드 대란의 원인이 되었다. 이러한 왜곡된 영업구조는 이후 크게 개선되어 2015년의 결제서비스 총액은 630.7조원, 신용판매서비스(할부)는 99.3조원으로 증가했음에도 불구하고 대출서비스(현금대출) 총액은 94.6조원으로 감소하였다. 그러나 아직 우리나라 신용카드사들의 대출서비스 의존비율은 상당히 높은 편이어서 신용카드업의 건전한 발전에도 걸림돌이 될 뿐만 아니라 경영안전성을 해치는 위험요인이 되고 있다.

7.2.2 할부금융사

할부금융사는 재화 또는 서비스의 매매계약에 있어서 매도인과 매수인 사이에서 이들과 각각 약정을 체결하여 계약상 매수인에게 융자해 준 구매자금을 매도인에게 직접 지급하고, 매수인으로부터 그 원리금을 일정기간 분할하여 상환받는 방식의 금융업을 하는 회사를 말한다. 즉, 과거에 판매자가 직접 하던 할부판매에서 할부서비스만을 전문적으로 대신해 주는 금융사를 말한다. 2015년 말 현재 20개 할부금융사가 영업 중이며, 이들의 총자산은 57.2조원에 달한다.

7.2.3 시설대여사

시설대여사는 시설대여와 연불판매를 주업으로 하는 회사를 말한다. 시설대여는 시설 · 설비 · 기계 및 기구, 건설기계 · 차량 · 선박 및 항공기 등을 직접 구입하거나 다른 사람으로부터 대여받아 거래상대방에게 일정기간 이상 사용하게 하고, 그 기간에 걸쳐 일정대가를 정기적으로 분할해 지급받는 방식의 금융을 말한다. 그 기간이 종료한 후에 물건의 처분에 대하여는 당사자 간의 약정으로 정한다. 연불판매는 특정 물건을 새로이 취득하여 거래상대방에게 인도하고, 그 물건의 대금 · 이자 등을 대통령령이 정하는 일정기간(1년) 이상에 걸쳐 정기적으로 분할하여 지급받으며, 그 물건의 소유권 이전시기 기타 조건에 대하여는 당사자 간의 약정으로 정하는 방식의 금융을 말하는데, 장기할부판매라고도 한다. 연불판매는 소유권의 이전을 수반한다는 점에서 시설대여와 구분되는데, 소유권 이전을 물품 인도 시에 하지 않고 당사자 간의 약정으로 늦추는 이유는 대상물품을 대금지급의 담보로 삼기 위함이다.

시설대여사는 일반적으로 **리스사**라고 부른다. 1997년 외환위기 전에 25개의 리스사가 매우 활발한 영업을 하고 있었는데 대부분은 은행의 자회사였다. 당시 리스사는 주로 대기업을 상대로 영업을 하였으나 금융위기를 맞으면서 대부분 도산하였다. 은행들이 리스 자회사를 통해서 우회하여 은행의 동일인 여신한도를 초과하는 편중여신을 제공한 결과였다. 이후 새로운 리스사들이 설립되었으며, 2015년 말 현재 영업 중인 리스사는 26개이고, 총자산규모는 41.5조원이다. 금융위기가 발생했던 1997년 말 총자산규모가 45조원에 달했던 것에 비교하면 리스사의 영업규모가 많이 위축되어 있음을 알 수 있다.

7.2.4 신기술사업금융사

신기술사업금융사는 신기술사업자에 대한 투자, 융자, 경영 및 기술의 지도, 그리고 신기술사업투자조합의 설립, 자금의 관리 · 운용 등을 종합적으로 영위하는 회사를 말한다. 여기서 신기술사업자는 기술을 개발하거나 이를 응용하여 사업화하는 중소기업과 산업기술연구조합으로 기술신용보증기금법에서 정의하고 있으며, 신기술사업투자조합은 신기술사업자에 투자하기 위하여 설립된 조합으로 신기술사업금융사가 출자하여 설립하고 조합자금을 관리 · 운용하는 조합을 말한다.

이와 같이 신기술사업금융사는 엄밀한 의미에서 볼 때 여신전문금융기관이라기보다는 벤처기업에 대한 창업투자 및 금융지원을 촉진하기 위해 정부가 정책적으로 설립을 유도한 **벤처캐피탈**[13] 성격의 특수한 금융회사이다. 이러한 정책적 목적달성을 위해 신기술사업금융사에는 앞서 설명한 바와 같이 일반 창업투자회사에는 부여되지 않는 여신전문금

---

13 벤처캐피탈은 원래 다른 기업보다 상대적으로 사업의 위험성은 높지만 성공하면 높은 수익을 얻을 수 있는 창업 초기의 기업(즉, 벤처기업)에 대해 투자하는 창업투자자금 또는 모험자본을 말하는 일반적인 명칭이다. 그런데 우리나라에서 좁은 의미로는 「벤처기업 육성에 관한 특별조치법」에서 정하는 기준을 만족하는 기업(벤처기업)에 투자하는 중소기업창업투자회사, 중소기업창업투자조합, 신기술사업금융사, 신기술사업투자조합, 한국벤처투자조합, 개인투자조합 등을 말하며, 이들에게는 소득세 · 법인세 · 취득세 · 재산세 및 등록면허세 등의 감면 혜택이 부여된다.

융사에 대한 특혜, 즉 회사채 발행 특례와 업무상 특혜가 주어지고 있으며, 그 외에도 다른 여신전문금융기관에게는 주어지지 않는 특혜가 주어진다. 신기술사업금융사는 여신전문금융기관에게 일반적으로 허용되는 자금조달방법 이외에 정부 또는 「벤처기업 육성에 관한 특별조치법」에서 지정한 기금으로부터 신기술사업자에 대한 투 · 융자에 필요한 자금을 차입할 수 있다. 그리고 신기술사업금융사뿐만 아니라 신기술사업금융사에 투자한 자, 신기술사업투자조합 및 그 조합원에 대해서도 세제상 혜택이 주어지고 있다. 2015년 말 현재 영업 중인 신기술사업금융사는 24개, 총자산규모는 7.6조원에 불과하여 아직 크게 활성화되지 않고 있는 실정이다.

7.3 여신전문금융기관의 위험관리 및 감독

여신전문금융기관은 비록 기관별로 여신 형태에 차이가 있지만 여신만을 전문으로 제공하는 금융회사이므로 여신금융기관의 위험관리는 여신관리(즉, 신용위험관리)가 전부라고 해도 과언이 아니다. 여신전문금융기관의 여신관리는 기본적으로 구매자의 신용위험에 대한 평가 · 관리 · 모니터링이며, 이는 은행의 여신관리와 본질적으로 같다. 앞에서 잠시 언급했지만 과거 리스사들이 무분별하게 대기업에 편중여신을 한 결과 1997년 외환위기가 발생하면서 대거 도산한 사례라든지, 또는 그 후 신용카드사들이 카드회원들의 신용을 무시하고 무분별하게 카드를 발급한 결과 2003년에 발생했던 카드사태 등은 여신전문금융기관 경영에서 신용위험관리의 중요성을 잘 말해 주고 있다. 은행과 달리 한 가지 특히 유의할 점은 신용카드업의 경우 신용의 회전속도가 빠르기 때문에 유동성위기와 부실화가 빠른 속도로 나타날 위험이 있다는 점이다.

금융감독당국은 여신전문금융기관의 자본적정성, 자산건전성, 유동성 측면에서 은행과 유사한 기준을 설정하고 정기적으로 감독을 실시하고 있으며, 기준에 미달할 경우 시정조치를 명한다. 이 중에서도 신용카드사를 감독할 때 특히 유의해야 할 점이 있다. 할부금융사, 시설대여사, 신기술사업금융사는 비교적 제한된 수의 기업들을 상대하기 때문에 평가와 관리가 상대적으로 용이하지만, 신용카드사는 많게는 수백만의 일반인을 상대로 소액의 판매신용이나 신용대출을 취급하기 때문에 신용위험의 인식이 어렵고 담보도 없어서 위험관리가 자칫 소홀해질 우려가 있다. 따라서 감독당국은 신용카드사의 사전적 위험평가와 사후적 위험관리의 체계가 잘 유지 · 작동되는지를 주의해서 살펴보아야 할 것이다.

8. 기타금융기관

8.1 유사보험

법률적으로는 보험업법의 적용을 받는 보험회사만이 보험(민영보험)을 판매할 수 있다. 따라서 이와 본질적으로 동일한 기능을 수행하지만 민영보험회사가 아닌 단체나 기관이 제공하는 것을 유사보험이라고 한다. 즉, **유사보험**은 법률적으로 보험업법의 적용을 받는 보험이 아니면서 실질적으로 보험인 것을 말하며, 이에는 우체국보험과 공제가 있다.

우체국보험은 민영보험의 혜택에서 소외된 농어촌 지역주민과 도시서민에게 저렴한 보험서비스를 제공한다는 취지로 「우체국예금 · 보험에 관한 법률」에 의해 시작되었으며, 우정사업본부가 운영하고 있다. **공제**는 특정 직종 또는 특정 조직에 소속된 구성원들이 공통적으로 노출된 위험에 대비하기 위하여 구성원들 사이에 힘을 합쳐 서로 돕는다는 목적으로 운영되는 상호부조 형식의 간이보험서비스이다. 민영보험사가 물적 · 재산적 기반을 근거로 하여 수익을 목적으로 불특정 다수를 상대로 보험서비스를 제공하는 데 반해, 공제는 특정 소수집단을 대상으로 인적 공동유대를 기반으로 하여 간이보험서비스를 제공한다는 점에서 차이가 있다.

공제기관이 취급하는 종목으로 **생명공제**와 **손해공제**가 있는데 대한교원공제회와 같이 생명공제만을 취급하는 공제기관이 있고, 건설공제조합, 택시공제 등과 같이 손해공제만을 취급하는 공제기관이 있는가 하면, 두 개를 모두 취급하는 공제기관도 있다. 공제기관은 앞에서 설명한 바와 같이 원래 특정 회원만을 대상으로 공제서비스를 제공하지만, 신협공제, 새마을금고공제와 우체국보험은 일반인을 대상으로 생명보험(공제) 사업을 운영하고 있다.[14]

이들 유사보험은 보험업법의 규제를 받지 않아 건전성감독 등이 소홀해질 우려가 있다. 특히 우체국보험 등 일반인을 상대로 하는 유사보험은 실제 민영보험사와 똑같은 업무를 하면서도 보험감독을 받지 않아 보험가입자의 보호가 취약한 면이 있다. 아울러 다른 민영보험사에 비해 규제가 적어 영업상 유리한 위치에 있어 불공정경쟁의 소지를 안고 있다.

8.2 캐피탈과 파이낸스회사

우리는 ABC 캐피탈 또는 가나다 파이낸스라는 명칭을 쓰는 회사를 주위에서 흔히 본다. 이들 **캐피탈** 또는 **파이낸스회사**는 상법상 회사로 설립하여 여신을 하는 회사이다. 이 회사들은 금융업법에 의거하여 설립인가를 받은 회사가 아니기 때문에 엄격히 말하면 금융기관이 아니다. 금융감독은 불특정 다수의 일반 금융이용자 보호에 초점이 맞춰져 있기 때문에 불특정 다수로부터 자금을 조달하는 회사의 경우에는 관련 금융업법으로 설립 등을 엄격히 규제하고 있으며, 특히 은행, 증권, 보험 등 주요 금융기관의 경우에는 소비자보호를 위해 해당 금융업법의 인가를 받지 않은 회사는 상호에 이러한 명칭을 사용하지 못하도록 금지하고 있다.

그러나 불특정 다수로부터 자금을 조달하지 않는 회사에 대해서는 그 거래상대방이 자신의 자유로운 의사로 거래를 하되, 동시에 자신의 책임으로 거래를 하기 때문에 금융감독의 보호도 받지 못하는 것이다. 다만, 할부금융사와 리스사들이 ○○캐피탈 또는 ○○파이낸스라는 상호를 쓰고 있어 혼동이 되는 경우가 많은데, 이들은 여신전문금융업법에 의해 금융감독당국에 소정의 요건을 갖추어 등록을 한 여신전문금융기관이지만 '캐피탈' 또는 '파이낸스' 라는 명칭의 사용에 법적 제한이 없기 때문에 일반 고객에 친숙한 명

---

14 농협공제는 유사보험이었으나 2012년 3월 농협법 개정에 의한 농협신경분리에 따라 과거 농협중앙회의 공제부문이 NH농협생명보험회사와 NH농협손해보험회사가 되어 정식 보험회사로 출범하였다.

칭을 자신들이 선택한 것뿐이지, 여기서 말하는 상법상의 캐피탈사나 파이낸스사와는 구분된다.

캐피탈과 파이낸스사는 수신행위 또는 유사수신행위가 법적으로 금지되어 있다. 그러나 일부 캐피탈과 파이낸스사가 자금조달을 위해 고수익을 보장하는 출자 또는 투자 형식으로 유사수신행위를 하여 피해자가 발생하는 사례가 있고, 더욱이 캐피탈, 파이낸스사 또는 금융의 냄새를 풍기는 유사한 간판을 걸고 금융사기 행위를 하는 경우도 있다. 또한 힘없고 급전이 필요한 영세서민을 상대로 고리대금을 일삼는 경우도 있다. 이들 영세서민을 보호하기 위해 2002년 대부업법을 제정하면서 캐피탈과 파이낸스사도 대부업자로 등록하도록 의무화하고, 이자율 등에 일정한 규제를 가하고 있다.

8.3 대부업

사채업을 양성화함으로써 고금리, 불법채권추심 등으로부터 사채를 이용하는 영세서민을 보호하려는 목적으로 정부는 2002년 7월에 약칭 대부업법으로 불리는 「대부업의 등록 및 금융이용자 보호에 관한 법률」을 제정하였다. 대부업 또는 대부중개업을 하려는 자는 관할 지방자치단체장에게 등록하도록 의무화되었고,[15] 위에서 설명한 캐피탈과 파이낸스사 등 기업형 대부업자들도 다른 법령에 따라 인가 또는 허가를 받아 대부업을 하는 금융기관이 아닌 한 이 법에 의해 반드시 대부업자로 등록하여야 한다.

대부업자가 등록을 하지 않을 경우 처벌을 받게 되어 있으며, 대부이자도 일정수준 이상 받을 수 없도록 **이자율상한제**를 시행하고 있다.[16] 이자율상한을 어길 경우 처벌을 받으며, 이를 초과하는 부분에 대한 이자계약은 무효이다. 그리고 대부업자의 불법채권추심행위는 금지되어 있다. 2015년 6월 말 현재 등록된 대부업체의 수는 8,762개에 달한다.

---

15 대부업법 제정 당시에는 월평균 대부금액 잔액이 5,000만원을 초과하거나, 거래상대방이 20인을 초과하는 대부업자만이 이 법에 의해 반드시 관할 지방자치단체장에게 등록해야 하는 것으로 규정되었으나, 2009년 개정 시 모든 대부업자에게 등록을 의무화하였다.

16 등록 대부업자에게는 대부업법상의 이자상한이 적용되고(연 34.9%), 미등록 대부업자에 대해서는 이자제한법상의 이자상한이 적용된다(연 25%).

8.4 기타금융기관의 위험관리 및 감독

유사보험은 기본적으로 보험과 대동소이하기 때문에 유사보험에 대한 위험관리와 감독은 보험에 준해서 하면 된다. 각 기관마다 설립근거가 되는 법이 있고, 그 법에 의해 각 관할 부처가 감독을 하도록 되어 있다. 예를 들면, 우체국보험은 미래창조과학부가, 건설공제조합이나 택시공제는 국토해양부가 감독을 한다. 그러나 이들 유사보험기관에 대한 감독권을 갖고 있는 부처는 보험에 대한 전문지식이 부족하고 또한 전문적인 회계감사조차 실시하지 않고 있는 경우도 많아 조합원의 피해가 우려된다. 순수하게 조합원 간의 상호부조를 목적으로 조합원 사이에서만 배타적으로 운영되는 공제의 경우에는 비록 부실화되어 조합원의 피해가 발생하더라도 피해의 범위가 넓지 않고 조합원 스스로 감독책임을 부담해야 한다는 자기책임의 원칙에 따라 공제조합의 부실화로 인한 피해를 조합원들이 부담할 수밖에 없을 것이다. 그러나 우체국보험이나 수협 · 신협공제, 새마을금고공제 등 불특정 다수의 일반인을 대상로 하는 경우에는 이것이 본래 의미의 공제를 완전히 벗어나 보험영업이 되었기 때문에 이야기가 달라진다. 물론 우체국보험의 경우 정부에서 암묵적으로 보장을 해주기 때문에 비록 우체국보험이 부실화되더라도 보험가입자는 피해를 면할 수 있을지 모르지만, 이는 결국 국민의 세금으로 지원되는 것이므로 국민에게 피해가 전가되는 셈이다.

대부업자에 대해서는 관할 지방자치단체장에게 감독 · 검사권이 있으나, 전문적인 검사가 필요할 경우에 금융감독원장에게 요청하여 행할 수 있다. 대부업법의 정식명칭인 「대부업의 등록 및 금융이용자보호에 관한 법률」에도 나타나 있듯이 이 법의 목적은 대부업의 등록을 의무화하여 금융이용자를 보호하려는 데 있다. 따라서 감독의 초점도 법상 한도를 편법적으로 초과한 과도한 대출이자의 요구나 불법채권추심행위 여부에 대한 검사 등 금융이용자의 보호에 맞춰져 있다. 뿐만 아니라 상호 중에 금융업으로 인식할 수 있는 명칭, 예를 들면 ○○파이낸스, ○○신용, ○○크레디트, ○○인베스트먼트 등의 명칭을 이용하여 유사수신행위를 해서 예금자에게 피해를 주는 경우가 있어 2000년 1월 「유사수신행위의 규제에 관한 법률」을 제정하여 엄격히 금지하고 있다. 이 법에서는 출자금, 사채발행, 유가증권의 매출, 회비 등 어떠한 명칭을 사용하더라도 원금과 이자를 보전할 것을 약정할 경우 이를 유사수신행위로 간주하여 금지하고 있다.

9. 신용정보기관과 신용보증기관

9.1 신용정보기관

신용정보기관이란 개인이나 법인의 신용정보를 수집, 정리 또는 가공하여 이용자에게 제공하고 그 대가로 수수료를 받는 것을 주 업무로 취급하는 회사를 말한다. 신용정보는 금융기관이나 기업이 거래상대방의 신용위험을 평가하기 위해 반드시 필요한 정보이기 때문에 신용정보기관은 금융산업의 중요한 기반 서비스를 제공하고 있다. 그러나 신용정보가 오·남용될 경우 개인의 사생활이 심각하게 침해될 위험이 있어서 신용정보의 관리와 이용, 특히 목적 외 이용은 「신용정보의 이용 및 보호에 관한 법률」로 엄격히 통제되고 있다.

신용정보업무는 **신용조회업무**, **신용조사업무**, **채권추심업무**, **신용평가업무**의 4개 업무로 구분되며, 업무별로 금융감독당국의 허가를 받아야 한다. 이 중에서 신용조회, 신용조사 및 채권추심업무는 금융기관이 50% 이상 출자한 법인만이 허가를 받을 수 있다. 그러나 신용보증기관과 무역보험공사도 이들 3개 업무의 허가를 받을 수 있는데, 기관의 성격상 이들 3개 업무의 필요성이 인정되기 때문이다.

9.1.1 신용정보회사와 크레딧뷰로

신용정보회사란 엄밀하게 말하면 「신용정보의 이용 및 보호에 관한 법률」에서 정의하는 4개 신용정보업무, 즉 신용조회, 신용조사, 채권추심, 신용평가 중 금융감독당국의 허가를 받아 한 개 이상의 업무를 영위하는 회사를 말한다. 그러나 신용평가업무를 전문으로 하는 회사를 신용평가회사라고 따로 부르고, 그 외의 3개 업무 중 하나 이상을 영위하는 회사를 신용정보회사라고 부르는 것이 일반적인 관례이다.

신용조회업무는 금융거래 등 상거래에서 발생한 개인이나 법인의 신용정보를 조사·수집 및 처리하여 두었다가 의뢰인의 조회에 따라 신용정보를 제공하는 서비스를 말한다. **신용조사**업무는 의뢰인의 요청을 바탕으로 조사대상자에 대한 신용정보를 조사하여 그 결과를 의뢰인에게 제공하는 서비스를 말한다. **채권추심**업무는 상거래에서 발생한 금전채권으로서 정당한 사유 없이 약정기일 내에 변제되지 아니한 채권을 채권자로부터 위임 받아 채권행사를 대행하는 서비스를 말한다. 여기서 신용조회와 신용조사는 일반적인 어휘의 의미로는 비슷한 뜻이기 때문에 쉽게 구별되지 않는다. 그러나 법적인 정의에 따르면, 신용조사는 의뢰인의 요청을 바탕으로 특정 개인에 대해 조사한 자료를 단순히 수집하여 제공하는 업무로서 흥신소 업무와 유사한 반면, 신용조회는 평소의 금융거래 자료 등을 수집하여 개인별 신용도를 통계적으로 분석 · 평가하고 있다가 금융기관 등의 요청이 있을 때 그 신용도의 분석 · 평가결과를 제공하는 업무로써 신용평가회사 업무와 유사점을 지닌다. 다만 신용조회회사는 신용평가회사와 달리 유가증권을 평가할 수 없다는 차이가 있다. 그리고 신용조사에 있어서 의뢰인은 해당 개인과의 상거래와 관련하여 일정한 목적을 가진 자로 한정되는데, 이는 무분별한 신용조사로 인해 개인의 사생활이 침해되는 것을 방지하기 위한 것이다.

2016년 1월 현재 국내에는 27개 신용정보회사와 4개 신용평가회사 등 총 31개 전업사가 영업 중에 있고, 이 외에도 신용보증기금, 한국무역보험공사, 한국자산관리공사, 농협자산관리 등 4개사가 채권추심업무 등에 대한 허가를 받아 내부겸영하고 있다. 전업사의 경우 거의 모든 업체가 2개 이상의 업무를 허가받고 있으나 실제로는 채권추심전문업체가 대부분이다. 이는 1997년 외환위기와 2003년 신용카드사태 등으로 부실채권이 늘어난 결과이며, 채권추심업체들은 부실채권의 회수 및 정리 과정에서 중요한 역할을 하고 있다. 그리고 2005년 금융기관들의 공동출자로 신용조회만을 전문으로 하는 업체가 두 개 설립되었다. 한 개는 중소기업을 대상으로 하는 신용조회 전문업체이고, 다른 한 개는 개인을 대상으로 하는 신용조회 전문업체이다. 이들 신용조회 전문업체는 분석 · 평가기능이 없는 다른 신용정보회사와 구분하기 위해 **크레딧뷰로**(credit bureau : CB)라고 부르기도 한다. 이러한 CB가 정착되면서 그동안 신용정보분석의 사각지대에 있던 개인과 소규모 중소기업의 신용평가가 활성화되고 있다.

9.1.2 신용평가회사와 채권평가회사

신용평가회사

신용평가회사 하면 독자 여러분은 금방 무디스(Moody's), 스탠더드앤드푸어스(Standard & Poors : S&P), 피치(Fitch IBCA)를 떠올릴 것이다. 지난 1997년 말 우리나라가 외환위기를 맞은 후부터 국내언론을 통해 이들 3대 국제신용평가사의 이름을 귀가 닳도록 들었고, 이들의 일거수일투족에 국가의 차입 여부와 차입금리가 달려 있는 만큼 국제금융시장에서 그 영향력이 막강하다는 것을 알고 있다. 그 밖에 금융을 공부하는 학생들이 꼭 알아야 할 신용평가회사로 톰슨뱅크왓치(Thomson BankWatch)가 있는데, 이 회사는 은행의 신용평가만을 전문으로 하는 미국의 신용평가회사이다. 우리나라에서는 한국기업평가, 한국신용평가, 나이스신용평가, 서울신용평가정보 등 4개사가 2016년 1월 현재 영업 중에 있다.

우리나라의 「자본시장과 금융투자업에 관한 법률」에서는 **신용평가업무**를 "금융투자상품 및 기업 · 집합투자기구 등에 대한 신용상태를 평가(신용평가)하여 그 결과에 대하여 기호, 숫자 등을 사용하여 표시한 등급(신용등급)을 부여하고 그 신용등급을 발행인, 인수인, 투자자, 그 밖의 이해관계자에게 제공하거나 열람하게 하는 행위를 영업으로 하는 것"으로 정의하고 있다. 구미의 경우에는 국가뿐만 아니라 지방자치단체에 대한 신용평가도 보편화되어 있다.

신용등급 체계는 신용평가회사에 따라 다르지만, 일반적으로 AAA, AA, A, BBB, BB, B, CCC 등으로 표시되는데, 각 등급마다 + 또는 −가 주어지기도 하고 여기에 안정적(stable), 긍정적(positive), 부정적(negative) 등 향후 등급전망이 추가된다. 예를 들면, 현재 신용등급이 AA− 부정적(negative)이라면 현재 신용등급은 AA−이지만 A+ 또는 그 이하로 하향조정될 가능성이 있음을 말한다.

신용평가회사가 매기는 신용등급은 기업이나 금융기관의 자금조달비용에 상당한 영향을 미친다. 신용등급이 낮아질수록 채무상환능력이 낮아진다는 것을 의미하고, 그에 비례하여 위험프리미엄이 커져 자금조달비용이 늘어나기 때문이다. 우리가 흔히 **정크본드**(junk bond)라고 부르는 것은 다름 아니라 신용평가회사들이 투자부적격등급(즉, 신용등급 BBB− 미만인 등급)으로 평가한 채권이며, 일단 정크본드 판정을 받으면 엄청난 프리미엄을 지불하지 않고는 투자자들에게 판매할 수가 없다.

채권평가회사

신용평가회사와 기능적으로 유사한 업무를 하면서도 차별화되는 평가회사로 **채권평가회사**가 있다. 채권평가회사는 채권가격만을 전문적으로 평가하는 회사다. 채권의 가격은 이자율의 변동 또는 변동가능성에 따라서 변할 뿐만 아니라 채권을 발행한 회사의 신용위험에 따라서도 변화한다. 금융기관과 펀드가 보유하고 있는 채권 등의 자산상태를 정확하고 투명하게 투자자들에게 보여주기 위해서는 이와 같이 수시로 변화하는 채권가격이 매일 반영되어야 한다. 이를 **시가평가**(mark to market)라고 한다. 우리나라는 지난 2000년 시가평가제도를 도입하면서 채권가격의 객관적 평가를 위해 채권평가회사의 설립을 인가하였다. 상장채권은 시장에서 형성된 가격을 사용하고, 비상장채권은 이를 보유한 금융기관이나 펀드가 아닌 제3자가 객관적으로 평가한 가격을 사용하도록 하였다.

우리나라에는 2015년 현재 KIS채권평가, 한국자산평가, 나이스피앤아이, 에프앤자산평가 등 4개 사가 영업 중에 있다.

9.2 신용보증기관

신용보증이란 신용이 낮고 담보력도 부족하여 스스로 자금을 차입하기 어려운 개인 또는 기업에 대하여 채무의 이행을 보증하여 줌으로써 자금의 차입을 용이하게 해주는 제도를 말한다. 피보증인의 신용위험을 보증인이 떠맡음으로써 자금대여자는 보증인의 신용을 믿고 피보증인에게 자금을 안전하게 대여할 수 있다. 원칙적으로 개인이나 법인 모두가 피보증인과 보증인이 될 수 있는데 보증인이 개인일 경우에 이를 인적 담보라 부른다. 이는 우리가 흔히 알고 있는 담보, 즉 물적 담보에 대비되는 개념이다.

신용보증기관은 신용보증서비스를 전문으로 제공하는 기관이다. 우리나라의 신용보증기관으로는 신용보증기금, 기술신용보증기금, 지역신용보증재단, 서울보증보험 등이 있다. **신용보증기금**은 1975년 3월 특수법인으로 설립된 신용보증 통합관리기관으로서, 각 금융기관에 산재되어 운영되던 보증기금을 통합하기 위해 1974년 말 제정된 「신용보증기금법」에 근거하고 있다. 신용보증기금의 업무는 대출보증, 사채보증, 납세보증, 어음보증, 시설대여보증, 이행보증, 상거래담보보증 등 광범위하지만 대출보증이 거의 대부분을 이룬다. 보증재원은 정부와 금융기관의 출연금으로 충당하고 있다.

기술신용보증기금은 중소기업의 기술개발을 지원하기 위해 1986년에 제정한 「신기술사업 금융지원에 관한 법률」을 2001년 「기술신용보증기금법」으로 개정하면서 중소기업의 기술개발을 체계적으로 지원하기 위한 목적으로 설립되었다. 기술신용보증기금은 신용보증기금이 취급하는 일반 신용보증 이외에 신기술사업화자금에 대한 보증업무와 이에 대한 기술평가, 기술지도, 기술중개업무 등 부수업무를 중점 취급하도록 규정되어 있으며, 법적으로 이들 업무를 전체의 3/4 이상 취급하여야 한다. 보증재원은 정부, 금융기관, 신기술사업금융회사의 출연금으로 충당하고 있다. **지역신용보증재단**은 1999년 지역소재 중소기업에 대한 신용보증을 위해 지역신용보증재단법을 제정하면서 광역자치단체별로 16개가 설립되었다.

한편, 이들 공적 신용보증기관과 달리 **서울보증보험**은 완전히 상업적 베이스에서 운영되는 민간신용보증사다. 원래 2개의 민간 보증보험사가 있었으나 1997년 외환위기 직후 도산하면서 공적 자금을 투입하여 통합 설립한 회사가 서울보증보험이며, 현재 예금보험공사가 지분을 94% 소유하고 있다.

[표 3-13]은 공적 신용보증기관의 운영실적을 정리하여 보여주고 있다. 공적 신용보증기관들은 매년 50조원 내외의 보증잔액을 유지하고 있었으나, 글로벌 금융위기 이후 중소기업의 자금조달이 어려워지면서 신규 보증을 많이 늘려 보증잔액이 2009년 말 70.6조원, 2013년 말 78조원으로 급증하였다. 그러나 보증사고(즉, 피보증 중소기업의 부도)가 많아 이들 신용보증기관들의 손실이 막대한 수준에 이르고 있으며, 주기적으로 거액의 재정자금지원이 요구된다는 문제점을 안고 있다.

앞에서 살펴본 공적 신용보증기관은 주로 중소기업에 대한 대출보증업무를 하는 데 반해, 민영회사인 서울보증보험은 주로 기업과 개인이 일상 경제생활을 할 때 필요한 각종 보증업무를 취급한다. 서울보증보험이 취급하는 업무를 보면, 우선 개인과 관련된 업무로는 신원, 소액대출, 전세금보장, 생활안정자금, 개인주택자금 등에 대한 보증업무 등이 있고, 기업의 경제활동과 관련된 업무로는 이행, 공사이행, 할부판매, 사업자주택, 성능, 납세, 분양, 설계, 감리, 리스, 상품권 등에 대한 보증업무가 있다. 그리고 민형사상 사건

| 표 3-13 | 신용보증현황

(단위 : 조원, %)

	2004년			2009년			2013년		
	보증잔액	대위 변제액	당기 순이익	보증잔액	대위 변제액	당기 순이익	보증잔액	대위 변제액	당기 순이익
신용보증기금	33.6	1.7	−1.1	42.3	1.3	−0.6	44.0	1.8	0.07
기술신용보증기금	13.5	1.6	−1.1	17.1	0.9	−0.2	19.7	0.8	−0.24
지역신용보증재단	2.6	0.2	0.0	11.2	0.2	0.0	14.3	0.3	−0.41
합계	49.7	3.5	−2.3	70.6	2.4	−0.9	78.0	2.9	−0.58

주 : ( ) 안은 보증잔액 대비 비율
자료 : 금융위원회(보증기관별 보증잔액자료)
신용보증기금(www.kodit.co.kr)
기술신용보증기금(www.kibo.or.kr)
신용보증재단중앙회(www.koreg.or.kr)

과 관련하여 공탁, 보석, 경매 등에 대한 보증과 기타 전자상거래의 쇼핑몰, 결제수단 등에 대한 보증업무도 수행한다.

9.3 신용정보기관과 신용보증기관에 대한 감독

신용정보기관은 금융산업의 중요한 인프라이기는 하지만 금융행위를 하는 기관이 아니기 때문에 금융기관이 하는 통상적인 위험관리나 감독은 필요하지 않다. 다만, 신용정보는 개인의 사생활에 관한 정보이기 때문에 이의 오·남용을 방지하기 위한 감독이 필요하다. 즉, 감독의 초점은 개인신용정보가 적절히 관리되고 합법적인 범위 내에서 이용되고 있는지, 그리고 불법채권추심이 행해지고 있지는 않은지 등이 될 것이다. 다만, CB나 신용평가회사의 경우에는 평가결과가 일반투자자와 금융시장에 상당한 영향을 미치기 때문에 평가의 신뢰성을 제고하기 위한 감독당국의 적절한 조치가 요구된다. 예를 들면, 평가회사들의 데이터 수집·정리·분석체계가 이론적·경험적으로 신뢰할 수 있는 수준인지를 감독당국이 평가하여야 하며, 또한 평가의 사전적 예측치와 사후적 실제 결과를 공시하도록 함으로써 평가회사들의 평가능력이 시장에서 검증되도록 할 필요도 있다.

신용보증기관은 피보증인의 신용위험을 대신 떠맡는 역할을 한다. 특히 신용보증기관이 부담해 주는 신용위험은 일반 금융기관들이 기피하는 높은 수준의 신용위험이 대부분이다. 따라서 신용보증기관에게는 일반 금융기관을 훨씬 능가하는 신용위험의 평가, 관리능력이 요구된다. 그렇지 못할 경우 막대한 보증손실을 피할 수 없기 때문이다. 따라서 신용보증기관은 신용위험관리를 철저히 해야 할 뿐만 아니라, 신용위험수준에 상응하여 보증수수료를 부과하는 것도 필요할 것이다. 그러나 영세기업, 창업중소기업 등 특히 위험성이 큰 기업에 대한 신용보증은 민간금융기관 차원에서는 불가능한 것이 현실이다. 따라서 이들에 대해서는 정책적 차원에서 재정지원을 통한 신용보증이 불가피한 면이 있다.

10. 요약

이 장에서는 먼저 우리나라 금융기관의 전반적인 경영현황을 간략히 살펴보았다. 우선 1997년의 외환위기를 계기로 우리나라 금융기관의 경영 패러다임이 변했음을 보았고, 새로운 경영 패러다임하에서 금융기관은 금융자금을 효율적으로 배분하고 가치를 창출하는 기관으로 새롭게 인식되고 있으며, 금융기관의 가치창출 경영은 이익관리와 위험관리로 구성된다는 것을 보았다.

다음으로는 우리나라 금융기관의 종류와 주요 업무를 간략히 살펴보았다. 금융기관의 종류에는 은행, 비은행금융기관, 금융투자업자, 보험회사, 그리고 기타 여신전문회사 등이 있다. 은행은 예금을 받아 대출을 해주는 대표적인 간접금융기관이다. 비은행금융기관은 은행과 유사한 영업을 하면서도 은행으로 분류되지 않아 일반적으로 비은행 은행 또는 간략히 비은행이라 부르는데, 상호신용금고로부터 발전한 상호저축은행, 조합 형태의 신용협동기구인 상호금융기관(신협, 농업 · 수산업 · 산림협동조합, 새마을금고 등), 우체국금융이 여기에 속한다. 지역밀착형 중소서민금융기관으로서 주로 지역의 서민과 영세 상공인, 농어민을 위한 금융기관이다. 증권회사는 자본시장에서 주식, 채권 등을 매개로 투자자의 자금을 기업에게 연결해 주는 대표적인 직접금융기관이다. 기타 투자관련 회사로는 이 외에도 자산운용회사, 선물회사, 신탁회사 등이 있으며, 자본시장법은 이를 통틀어 금융투자업자라고 부른다. 보험회사는 보험계약자로부터 일정한 보험료를 수취하였다가 예기치 못한 사고로 재산 또는 신체에 손해를 입은 계약자에게 일정한 보험금을 보상하는 것을 업으로 하는 회사이다. 보험회사에는 생명보험회사와 손해보험회사가 있고, 그 외에 재보험사, 보증보험사, 기타 공제기관 등이 있다.

여신전문금융기관은 원칙적으로는 차입, 회사채, CP 등 예금 이외의 방법으로 자금을 조달하여 여신업무를 수행하는 금융기관을 칭하는데, 우리나라에서는 여신전문금융업법에 의해 신용카드사, 할부금융사, 시설대여사, 신기술사업금융사만을 말한다.

유사보험은 보험업법에 의한 보험회사가 제공하는 보험(민영보험)이 아니면서 본질적으로 이와 동일한 기능을 수행하는 우체국보험과 공제를 말한다. 공제는 특정 직종 또는 특정 조직에 소속된 구성원들이 공통적으로 노출된 위험에 대비하기 위하여 구성원들 사이에 힘을 합쳐 서로 돕는다는 목적으로 운영되는 상호부조 형식의 간이보험서비스이다. 캐피탈, 파이낸스 등은 상법상 회사로 설립하여 여신을 하는 회사를 말하며, 대부업은 법으로 등록을 의무화하여 사채업을 양성화한 것을 말한다.

신용정보회사는 신용조회, 신용조사, 채권추심, 신용평가 등 신용정보업무를 영위하는 회사를 말하는데, 이 중에서 개인이나 법인의 신용정보를 조사, 수집, 가공 · 처리한 정보를 제공하는 신용조회서비스만을 전문으로 하는 회사를 크레딧뷰로(CB)라 하고, 유가증권의 원리금 상환가능성 또는 기업의 채무변제능력 평가를 전문으로 하는 회사를 신용평가회사라 한다. 채권평가회사는 이자율변동 또는 채권발행회사의 신용위험을 반영하여 채권의 가격을 전문적으로 평가하는 회사이다.

신용보증기관은 신용이 낮고 담보력이 부족하여 스스로 자금을 차입하기 어려운 개인 또는 기업에 대하여 채무의 이행을 보증하여 줌으로써 자금의 차입을 용이하게 해주는 기관이다. 공적 신용보증기관으로 신용보증기금과 기술신용보증기금, 지역신용보증재단이 있고 민간신용보증회사로 서울보증보험이 있다.

연 | 습 | 문 | 제

01. 1997년의 외환위기를 계기로 우리나라 금융기관의 경영 패러다임이 어떻게 변했는지, 그렇게 변하게 된 이유는 무엇인지 설명하시오.

02. 금융기관의 가치창출 프로세스를 설명하시오.

03. 우리나라 금융기관의 종류와 업무를 간단히 설명하시오.

04. 은행의 주요 업무와 이익, 위험을 설명하시오.

05. 증권회사와 기타 투자 관련 회사의 주요 업무, 이익, 위험을 간단히 설명하시오.

06. 보험회사의 주요 업무, 이익, 위험을 간단히 설명하시오.

07. 상호금융기관의 개념을 설명하고, 현재 우리나라에서 활동 중인 상호금융기관의 유형 및 기관별 현황을 정리하여 보시오. 그리고 관련 기관의 웹사이트를 방문하여 주요 업무, 대차대조표, 손익계산서 등을 조사하여 기관별 업무특성을 설명하고 비교 · 분석하시오.

08. 우체국금융의 민영화 문제가 계속 논쟁의 초점이 되고 있다. 우체국금융 민영화의 찬 · 반 논지를 정리하여 보시오.

09. 여신전문금융업법상의 여신전문기관과 상법상 여신전문기관의 차이를 설명하시오.

10. 유사보험의 개념을 설명하시오.

11. 신용정보업의 개념을 정리하고, 크레딧뷰로(CB), 신용평가회사, 채권평가회사의 차이를 설명하시오.

12. 신용보증의 의의를 설명하고, 관련 웹사이트를 방문하여 공적 신용보증기관과 민영 신용보증회사의 업무상 차이점을 조사하시오.

PART 02

FINANCIAL INSTITUTIONS MANAGEMENT

금융중개기능

CHAPTER 04

화폐의 발달과 신용창출

본 장에서는 화폐금융론의 전통을 이어 받아 거시적 관점에서 금융중개기능을 공부한다. 우선 화폐의 정의와 기능, 발달과정, 그리고 현대적 은행제도의 핵심인 부분지급준비제도와 중앙은행제도를 알아본다. 그리고 거시적이고 수동적인 금융중개기능의 핵심이라 할 수 있는 예금확장 및 신용창출 프로세스를 논의하고, 그 연장선상에서 고정계수모형과 통화승수모형 등을 살펴본다. 이러한 거시적 금융중개기능 논의는 다음 장에서 금융기관의 미시적 중개기능을 논의하기 위한 밑바탕을 제공한다. ■

1. 화폐의 발달

1.1 화폐의 정의

화폐란 재화와 서비스의 구매 또는 채무의 변제를 위해 일반적으로 통용되는 수단(generally accepted means)을 말한다. 여기서 '일반적으로 통용된다'는 것은 어느 한 사회에서 어느 누구(갑순이)라도 화폐라고 불리는 '그것'을 가지고 있으면 물건이나 서비스를 팔려고 하는 어느 누구(을돌이)에게라도 '그것'을 주고 물건이나 서비스를 구입할 수 있다는 뜻이다. 그리고 을돌이는 갑순이에게서 받은 '그것'을 가지고 다시 자신이 필요로 하는 물건을 다른 어느 누구(병구)로부터도 살 수 있다는 것을 말한다. 만약 을돌이가 자신의 물건을 갑순이에게 팔고 받은 '그것'을 가지고 자신이 필요로 하는 물건을 병구로부터 살 수 없다면, 애초에 을돌이는 갑순이가 갖고 있는 '그것' 자체를 필요로 하지 않는 한 '그것'을 받고 자신의 물건을 주려고 하지 않을 것이다. 이와 같이 화폐는 일반적으로 통용되기 때문에 사람들의 손을 돌고 돌며, 순수한 우리말로 돈이라고 불려지고 있다. 돌고 도는 화폐는 자연스럽게 다음과 같은 기능을 갖게 되었다.

1.2 화폐의 기능

첫째, 화폐는 **교환의 매개수단**(medium of exchange)이다. 화폐가 통용되기 이전의 물물교환 사회에서는 서로 교환하고자 하는 물건을 가진 두 사람이 만나야 하고, 또 그 두 사람이 서로 교환하고자 하는 비율이 맞아야, 다시 말하면 욕구의 이중합치(double coincidence of wants)가 이루어져야 매매가 성사된다. 이러한 경제를 바터경제(barter economy) 또는 물물교환경제라고 부른다. 그러나 화폐가 일반적으로 통용되는 소위 화폐경제에서는 항상 화폐를 매개수단으로 해서 쉽게 물건이나 서비스의 매매가 이루어질 수 있기 때문에 욕구의 이중합치를 찾는 데 쓰는 시간과 노력을 절약할 수 있다. 따라서 화폐경제에서는 바터경제보다 거래비용(transaction cost)이 낮아지고 경제적 효율은 높아진다. 교환을 위한 이중합치를 찾는 데 사용하던 시간과 노력을 생산에 더 쓸 수 있고, 또 교환을 전제로 전문화와 분업화가 촉진되기 때문이다.

둘째, 화폐는 **회계의 단위**(unit of account)이다. 어떤 물건이 교환의 매개수단으로 일반적으로 통용되기 위해서는 쉽게 표준화되고 일정한 작은 단위로 나누어질 수 있어야 한다. 그 단위를 기준으로 모든 물건의 가치가 표시되면서 모든 물건의 가치를 다른 모든 물건과의 교환비율로 일일이 나타내야만 하는 물물교환경제의 번거로움이 덜어진다. 뿐만 아니라 물물교환경제에서는 여러 개의 물건의 집합에 대해서는 그 가치를 하나의 척도로 표시할 수 없고, 따라서 다른 물건의 집합과 그 상대가치를 비교할 수도 없다. 반면에 화폐경제에서는 이를 화폐의 단위로 간단히 표시할 수 있고 서로 비교할 수도 있다. 예컨대 물물교환경제에서는 한 칸짜리 집, 한 마지기 논, 한 마리의 소를 가진 갑순이의 재산가치를 한 개의 척도로 나타낼 수 없어 일일이 열거해야 하고 두 칸짜리 집, 두 마지기 밭, 세 마리의 돼지를 가진 을돌이의 재산가치와 비교할 방법이 적절치 않다. 그러나 화폐경제에서는 각 재화의 화폐가치의 합이라는 한 개의 척도로 나타낼 수 있어 갑순이와 을돌이의 재산가치의 크기를 비교하는 것이 용이하다. 우리가 백만장자, 억만장자라고 표현할 수 있는 것도 화폐를 회계의 단위로 사용하기 때문에 가능한 것이다. 과거에는 부자를 천석꾼 또는 만석꾼이라고 말했는데, 이는 1년에 쌀 천 석 또는 만 석의 추수를 거두는 부자를 말하는 것이었고, 이 경우에는 쌀이 회계의 단위가 된 셈이다. 쌀이라는 것은 모든 사람이 꼭 필요로 하는 재화이기 때문에 다른 물건과의 교환의 대가로 받아들여지기 쉽고, 또 다른 물건들보다는 비교적 품질의 차이가 크지 않아 표준화되기도 쉬울 뿐 아니라 작은 단위로 나누기도 좋다. 즉, 앞에서 설명한 것처럼 교환의 매개수단으로서의 자격을 갖춘 재화이다. 따라서 천석꾼, 만석꾼 하는 표현은 우리 사회에서 화폐가 보편적으로 통용되기 전에 쌀이 교환의 매개수단, 그리고 회계의 단위로 쓰였음을 보여준다. 경제가 발전하고 복잡해지면서 상거래상의 복잡한 계산과 비교가 필요하게 되는데, 이는 화폐를 회계의 단위로 씀으로써 비로소 가능해지는 것이다.

셋째, 화폐는 **가치의 저장수단**(store of value)이다. 화폐를 교환의 대가로 받은 사람은 일반적으로 그 화폐를 즉시 써버리기보다는 일정 기간 그 화폐를 가지고 있다가 어떤 다른 물건을 필요로 할 때 사용하게 된다. 따라서 화폐는 그 일정 기간 동안 구매력을 저장하는 수단이다. 만약 화폐가 구매력을 저장할 수 없다면 화폐는 교환의 매개수단으로서의 기능을 상실하게 된다. 왜냐하면, 화폐 자체를 소비할 목적이 아닌 다음에야 어느 누구도 자신의 물건과 화폐를 교환하지 않을 것이기 때문이다. 교환의 매개수단이 되기 위한 또 다른 조건은 그 가치가 급격히 상실되지 않아야 한다는 것이다. 따라서 급히 부패하는 물건이나 변형되는 물건은 교환의 매개수단이 될 수 없다. 과거 독일 또는 남미 등에서 경험했던 초인플레이션(hyperinflation) 시대에는 화폐의 가치가 급속히 감소하여 가치의 저장수단이 될 수 없었다. 따라서 화폐는 교환의 매개수단으로서의 기능도 상실하게 되었다. 결국 화폐가 가치의 저장수단이라는 것은 교환의 매개수단의 이면에 불과한 것이다. 가치의 저장수단으로만 보면 금 · 은 등의 귀금속이나 부동산과 금융자산 등 다른 재화가 더 바람직한 경우가 많다. 그러나 화폐는 유동성을 지닌 가치의 저장수단이라는 점에서 다른 가치저장 수단들과 차별화되며, 이는 화폐가 다른 가치저장 수단보다 더 선호되는 이유가 된다.

1.3 화폐의 발달

1.3.1 상품화폐에서 전자지급결제까지

오늘날 우리가 아무런 의심 없이 사용하고 있는 현대적 형태의 화폐는 인류 역사에서 보면 극히 최근의 일에 불과하다. 현대적 형태의 화폐가 인류의 경제생활에 획기적인 기여를 한 발명품임에는 틀림이 없지만, 그렇다고 어느 천재가 어느 날 갑자기 화폐를 발명한 것은 결코 아니다. 화폐는 인류의 경제생활이 발전함에 따라서 그 필요에 따라 점진적으로 발달했으며, 앞으로도 무한히 발전하고 변화할 것으로 예상된다.

원시사회를 벗어나면서 물물교환의 불편함 때문에 조개나 동물의 뼈 등을 교환의 매개수단으로 사용했다는 흔적이 남아 있고, 그 이후 문명이 발전하면서 금 · 은 등 귀금속이 사용되었던 것은 이미 잘 알려진 사실이다. 그러나 귀금속의 경우 공급이 한정되어 있는데다가 단위가 너무 커서 일반인들이 사용하는 데 불편하여 나중에는 이를 보조하는 수단으로 구리로 만든 규격화된 동전이 함께 사용되기 시작하였다. 이들을 통틀어 **상품화**

폐(commodity money)라고 부른다. 그러나 상품화폐로는 금 · 은 · 구리 등만 사용된 것은 아니다. 물론 정확히 상품화폐라고 할 수 있는지는 모르지만 상품화폐로서 기능하는 물건이 일반적으로 함께 사용되었는데, 이는 어느 사회에서나 볼 수 있는 공통점이다. 나이 어린 독자들은 들어본 적이 없겠지만, 필자가 어릴 때만 하더라도 시골에서는 무슨 물건을 사러 시장에 갈 때 '쌀 팔러 간다' 고 하였다. 그런데 실제 쌀을 들고 나가는 것은 아니어서 필자를 매우 헷갈리게 했던 기억이 난다. 관습상 비교적 최근까지 이렇게 '쌀 팔러 간다' 는 표현을 썼던 것은 아마도 우리의 주식인 쌀이 상품화폐로서 기능했었던 데 기인하는 것이 아닌가 추측해 본다.

상품화폐의 가장 큰 단점은 도난당할 위험이 있고 또 가지고 다니기 힘들다는 점이다. 그렇다 보니 유럽 국가에서는 금 · 은 등 귀금속을 보관하는 보관업자가 생겼다. 초기에는 금 · 은을 많이 다루는 금세공업자(goldsmith)들이 자연스럽게 금 · 은의 보관업을 겸하게 되었다. 상인들은 보관업자에게 금을 맡겼다가 거래가 있을 때마다 금 · 은을 찾아서 결제를 하였는데, 이 또한 매우 번거로운 일이었다. 물건을 사는 사람이 보관업자에게서 금 · 은을 가져다 결제를 하면 물건을 판 사람은 그 금 · 은을 받아서 다시 보관업자에게 갖다 맡기게 되는데, 한 지역에 이러한 보관업자가 여럿 있을 리 없었으니 결국 한 보관업자에게서 금 · 은을 찾아 다시 그 보관업자에게 맡기는 셈이 되었다. 이러한 일이 반복되면서 사람들은 결제 목적으로 금 · 은을 직접 사용하는 것보다는 보관업자가 발행한 보관증을 교환의 수단으로 사용하는 것이 여러 가지 면에서 편리하다는 점을 깨닫게 되었다. 보관업자의 보관증은 오늘날 지폐(paper currency)의 기원이라 할 수 있다. 금 · 은은 창고에 보관되어 있고 보관증이 유통되면서 창고에 보관된 금 · 은의 소유자만 바뀌는 것인데, 여기서 보관증이 일반적으로 통용되기 위해 반드시 필요한 것은 창고에 있는 금 · 은이 자기 것이라는 사실보다는 언제라도 보관증을 가지고 가면 금 · 은을 찾을 수 있다는 믿음이었다. 그러한 믿음만 있다면 자기 소유의 금 · 은이 창고에 있다는 것을 일일이 확인할 필요도 없이 보관증 자체가 금 · 은과 똑같은 가치를 가지고 통용될 수 있는 것이다. 이와 유사한 사례로 조선시대 사극을 보면 상인이 관리에게 뇌물을 준다거나 할 때 금 100냥 또는 은 500냥 등이 적힌 어음을 건네주는 장면을 볼 수 있는데, 이는 상인의 신용을 바탕으로 어음이 일종의 보관증 또는 지폐로 쓰였음을 말해 준다.

지폐가 통용되기 시작한 초기에는 금 · 은으로 언제라도 바꿀 수 있다는 믿음이 있었지만 지폐의 사용이 늘어나면서 정직하지 않은 보관업자도 나타났을 것이고, 때에 따라 보관증을 남발하는 것 아닌가라는 의심도 들면서 지폐에 대한 믿음이 흔들리게 되었다. 또한 지역을 넘어서 국가 단위로 경제가 커지면서 여러 종류의 지폐가 유통되는 것은 불편과 혼란을 야기하게 된다. 예를 들면, 미국에 연방준비제도(Federal Reserve System)가 도입되기 전의 시대를 소위 **자유은행시대**(free banking age)라고 하는데, 이때는 미국에서 은행의 설립이 자유로웠을 뿐만 아니라 은행마다 제 마음대로 지폐, 즉 은행권을 발행하였다. 은행의 설립이 자유롭다 보니 망하는 은행도 많았고, 은행마다 신용이 다르다 보니 같은 1달러라도 은행권마다 가치가 달랐다.

또 멀리 떨어진 다른 주의 은행권은 통용되지도 않아 바꾸어야 하는 일이 생겨 은행권 간에 다양한 교환비율(즉, 환율)이 수도 없이 생기는 불편과 혼란이 생기게 되었다. 이것이 **법정통화**(fiat money)가 등장한 배경이다. 중앙정부가 화폐발행의 독점권을 갖고 법정통화를 발행함으로써 한 국가경제 내에서 법정통화만 유통되도록 하여 화폐의 통일성과 신뢰성을 확립하였다. 이와 함께 현대적 은행제도가 발전, 정착하면서 은행이 발행하는 수표(check)가 화폐의 보조수단으로 널리 통용되어 편의성이 더해졌다. 그리고 최근에는 정보통신기술이 급속히 발전함에 따라 상거래에서 실제 화폐가 오가는 대신 거래 쌍방의 계좌를 통해 거래대금이 수수되는 전자지급결제시스템(electronic fund transfer system)이 보편화되고 있다.

1.3.2 화폐의 발달과 정부 · 금융기관의 과제

화폐는 이와 같이 상품화폐로부터 시작하여 지폐, 법정통화, 그리고 수표와 전자지급결제까지 발전해 왔다. 이렇게 한두 줄로 간단히 끝낼 수도 있는데 이 책이 화폐 발달사를 공부하는 책도 아니면서 왜 이렇게 장황하게 화폐의 변천과정을 설명했는지 의아해하는 독자도 있을 것이다. 그 이유는 화폐라는 것이 고정불변의 것이 아니고 그 시대의 경제생활의 필요에 따라, 그리고 자연발생적으로 나타나는 대체수단으로부터 도전을 받으면서 부단히 진화하고 발전하면서, 우리의 주된 관심사인 금융에 중요한 영향을 준다는 점을 독자들에게 설명하고 싶었기 때문이다. 앞으로도 화폐는 계속 변화하고 발전해 나갈 것이다.

화폐의 진화와 발전은 정부와 금융기관 모두에게 기회와 도전이 된다. 새로운 형태의 화폐 또는 대체수단은 경제활동의 필요에 따라 출현함으로써 경제의 효율성을 높이는 반면, 통제되지 않은 상태에서 남발될 경우에는 많은 부작용을 낳기도 한다. 따라서 정부로서는 자연스런 화폐의 진화와 발전을 억누르지 않으면서도 그로 인한 부작용을 최소화하기 위해 이를 여하히 통제할 것인가에 관심을 가질 필요가 있다. 금융기관의 입장에서도 마찬가지이다. 비금융기관의 주도로 새로운 형태의 화폐나 화폐대체수단이 출현할 경우 이는 새로운 경쟁자의 출현을 의미하는 것이므로 금융기관 사업영역이 침식당하는 측면이 있지만, 동시에 새로운 사업영역 또는 사업기회가 생기는 것으로도 볼 수 있다. 양면성이 존재하는 것이다.

독자들의 이해를 돕기 위해 현실적인 사례를 들어보자. 대부분의 학생 독자들은 인터넷세계와 현실세계를 동시에 함께 살고 있기 때문에 소위 '도토리'라고 부르는 것을 모두 알고 있을 것이다. 이것은 인터넷콘텐츠를 사고팔기 편하게 하기 위해 인터넷회사가 고안한 것으로 실제의 화폐, 즉 법정통화인 한국은행권을 주고 사는 **사이버 화폐**(cyber money)이다. 우리는 앞에서 금 · 은을 보관하는 보관업자가 보관증을 발행하고 그 보관증이 유통되면서 지폐로 발전하는 과정을 살펴보았는데, 이 인터넷회사를 한국은행권을 보관하는 보관업자로, 그리고 사이버 화폐를 이 회사가 발행한 보관증에 비유해 보라. 상상력이 풍부한 독자들은 이것이 발전하면 사이버 법정통화(cyber fiat money)가 생기고 또 사이버 은행(cyber bank)도 출현할 수 있음을 상상해 볼 수 있을 것이다. 그렇다면 정부와 금융기관은 이러한 현상의 발생에 어떻게 대처해야 할 것인가? 이러한 현상이 발전하는 것을 촉진해야 할 것인가 또는 억제해야 할 것인가? 사이버 은행은 과연 신뢰할 만한 것인가? 선의의 피해자는 없겠는가? 어떻게 보호할 것인가? 독자 여러분들도 함께 생각해 보기 바란다.

Box 4-1 | 지급수단의 변화

김보라 여사는 마트에서 장을 볼 때 지갑이 필요 없다. 물건을 카트에 싣고 카운터로 들고와 체크한 후 스마트폰을 꺼내 마트에 설치된 단말기에 갖다 대면 계산이 끝난다. 현금 없이 물건을 쉽게 구입할 수 있다. 저녁식사 후에 거실에서 TV를 보다가 홈쇼핑 채널에서 마음에 드는 여행가방 광고를 보면 전화를 걸고 휴대폰이나 신용카드로 결제를 하면 된다. 물론 최근에는 정부가 체크카드 활성화를 위해 세제혜택을 그쪽으로 걸어놓았으므로 아무래도 체크카드 사용이 늘어나고 있다.

요즘 시내버스를 타거나 지하철을 탈 때 돈을 내는 손님을 찾아보기가 쉽지 않다. 모두가 스마트폰이나 카드를 인식기에 대고 찍는 것으로 지급이 끝난다. 버스기사도 '틱' 소리를 듣고 지급이 되었음을 인정한다. 택시를 타도 현금 내는 고객은 많지 않다. 실제로 신용카드 결제가 안 되는 택시를 찾기도 어려운 그런 시대가 도래하였다.

한국은행에 따르면, 국내 소비자들은 구매금액이 50만원 이상이면 주로 계좌이체로 결제하고, 1만원 미만은 현금을 사용하며, 그 사이금액인 경우에는 신용카드를 많이 사용하는 것으로 조사되었다. 다만 최근에는 소액결제에서 체크카드 이용이 늘어나고 있다. 이용금액 기준으로 살펴보면, 신용카드 비중이 50.6%로 가장 높고, 체크 및 직불카드가 19.6%, 현금이 17%, 계좌이체가 12.4%의 순서로 나타났다.

| 표 4-1 | 지급수단별 이용비중(건수기준) 국제비교

(단위 : %)

	호주	오스트리아	캐나다	프랑스	독일	네덜란드	미국	한국
현금	65	82	53	56	82	52	46	38
직불카드	22	14	25	31	13	41	26	18
신용카드	9	2	19	1	2	1	19	34
소계	96	98	97	88	97	94	91	90
기타	–	–	–	9	–	–		10[1)]
합계	96	98	97	97	97	94	91	100

주 : 1) 계좌이체, 선불카드, 전자화폐

자료 : 김규수 · 이슬기, 2014년 지급수단 이용행태 조사결과 및 시사점, 한국은행 지급결제조사자료, 2015. 1.

지급수단에서 현금이 줄어드는 것은 세계적인 흐름이다. 국내 소비자들의 지급수단 이용행태를 외국과 비교하면 어떨까? [표 4-1]은 지급수단별 이용비중을 건수기준으로 비교하고 있는데, 한국은 현금이용 비중이 비교국가 중 가장 낮은 반면, 신용카드이용 비중은 가장 높은 것으로 드러나고 있다. 프랑스, 네덜란드, 오스트리아, 독일 등 유럽국가들은 신용카드 이용비중이 매우 낮은데 그 중에서 프랑스와 네덜란드는 직불카드 비중이 높은 특징을 드러내고 있다. 한편 표에는 드러나지 않고 있지만(기타의 경우로 추정) 미국의 경우는 개인수표가 지급수단으로 중요한 비중을 차지하고 있으며 한국의 경우는 계좌이체가 매우 중요한 비중을 차지하고 있다.

향후 핀테크 발달과 더불어 이러한 지급수단 역시 새로운 모습으로 진화해 나갈 것인데, 개인신용정보 보호의 문제 그리고 보안기술의 발달 등이 중요한 영향을 미칠 것으로 전망된다.

2. 보관업자와 은행의 진화

금세공업자(goldsmith) 또는 보관업자가 발행한 금 · 은 등 귀금속의 보관증이 유통되면서 이것이 발전하여 지폐가 출현하게 되었음은 앞에서 이미 설명하였다. 보관증이 금 · 은의 가치를 가지고 유통되는 것은 언제라도 그 보관증에 표시된 만큼의 금 · 은을 찾을 수 있다는 보관업자에 대한 믿음이 있었기 때문이다. 다시 말하면, 보관업자가 전액지급준비를 하고 있었고, 그리고 그에 대한 믿음이 있었던 것이다.

그러나 보관증이 결제수단으로 유통하게 되면서 보관업자는 실제 금 · 은을 인출해 가는 사람이 소수에 불과하다는 것을 경험하게 되었다. 따라서 100% 지급준비가 필요하지는 않다는 것을 알게 된 것이다. 영민한 보관업자는 당연히 여유분의 금 · 은을 활용할 생각을 했고, 자금이 필요한 상인에게 금 · 은의 보관증(이 경우에는 교환증이라고 하는 것이 정확한 표현일 것이다)을 만들어 주었다. 이것은 보관업자가 상인에게 일시적으로 결제용 금 · 은으로 교환해서 사용할 수 있도록 빌려주는 것이며, 그러한 편의의 대가로 사용료 또는 이자를 받았다.

보관업자가 여분의 보관증을 발행함으로써 부분지급준비제도가 탄생하게 되었는데, 이러한 과정을 거치면서 전액지급준비 보관업자가 근대적인 부분지급준비 은행으로 진화하게 된다. **전액지급준비체제**에서 **부분지급준비제도**로의 전환은 단순히 보관업자가 변신한다는 사실을 넘어서 현대적 은행업의 여러 개념들이 형성되기 시작했음을 의미한다. 이제부터 이 책에서 자세히 공부하겠지만, 고객으로부터 수탁한 자산 중에서 항상 보관하고 있을 필요가 없는 여유분을 활용한다는 자산운용의 개념, 자금의 여유가 있는 사람과 자금을 필요로 하는 사람을 연결하는 자금중개, 예금자산이 대출자산으로 변환하는 자산변환 및 유동성 공급 등 현대적 은행업의 여러 개념들이 형성되면서 현대적 의미의 은행업이 진화 · 발전하기 시작하였다.

3. 부분지급준비제도와 현대의 중앙은행제도

3.1 부분지급준비제도의 불안정성

부분지급준비제도(partial reserve system)는 현대 은행제도 존립의 전제조건이 되는 가장 중요한 특징 중의 하나이다. 만약 은행이 예금 전액에 대해서 항상 현금을 보유하고 지급준비를 해야 한다면, 은행은 대출을 전혀 할 수 없게 되고, 따라서 단순히 현금보관소 이상의 역할을 할 수가 없다. 대출을 못 하면 이자수입이 없을 것이므로 예금에 대해 현금보관료를 받아야 하는데, 그러면 은행에 예금을 하려는 사람이 없을 텐데 어떻게 은행업이 성립할 수 있겠는가?

부분지급준비제도가 가능한 이유는 모든 예금자들이 일시에 전액을 인출하지 않기 때문이다. 은행에는 매일매일 출금되는 돈뿐만 아니라 입금되는 돈도 있으므로 은행은 순출금액에 대해 지급준비를 하면 족하다. 통상 은행은 예금의 아주 작은 비율만을 현금으로 보유하여 지급준비하고 있으면 아무 문제가 생기지 않는다. 은행은 이렇게 생긴 여윳돈을 자금이 필요한 기업과 가계에 대출해 주고 이자를 받아 예금자에게 이자를 지급하고, 직원들 월급도 주고, 그리고 수익도 낸다.

그러나 부분지급준비제도에는 근본적인 불안정성이 내재되어 있다. 은행은 비유동적인 대출자산을 가지고 유동적인 예금채무를 만족시켜야 하기 때문이다. 다시 말하면, 한 번 대출이 일어나면 일정 기간 회수할 수 없지만 예금은 언제라도 지급을 요청해 올 수 있기 때문에 은행은 항상 지급준비 부족상태에 빠질 위험에 노출되어 있다. 은행이 예금자들의 지급요청에 응하지 못하면 지급불능상태에 빠지게 되고 이는 곧 은행의 도산을 의미한다. 물론 은행에 근본적인 문제가 없는 상태에서 일시적으로 현금자산이 부족한 경우에는 은행 간의 단기자금차입 등으로 큰 문제없이 넘어갈 수 있다. 실제 은행 사이에서는 거액의 1일물 콜론과 콜머니(overnight call loan and call money)가 매일매일 거래되는데, 이는 불필요한 현금보유를 최대한 줄여 수익성을 높이면서도 일시적인 유동성 과부족을 해결하기 위한 것이다.

은행들이 통상적으로는 단기 여유자금을 서로 빌려주고 빌려오면서 유동성 과부족을 해결한다 하더라도 은행의 지급준비 부족을 은행 간의 단기자금 차입만으로 해결하는 데에는 명백한 한계가 있다. 은행들이 보유하는 여유자금은 그 규모가 한정되어 있기 때문이다. 어떤 이유에 의해서, 예를 들면 경기가 갑자기 위축되어 현금수입이 줄면서 기업들이 은행에 예치한 여유자금을 예상보다 많이 인출해 간다거나 또는 주식시장 또는 부동산시장이 갑자기 활황세로 바뀌면서 은행에 예치된 자금들이 그쪽으로 이동하는 상황이 발생하면 은행권 전체에 유동성이 부족해질 수 있다. 뿐만 아니라 은행권 전체로는 유동성이 부족하지 않지만 특정 은행이 고질적인 유동성 부족으로 다른 은행에 계속 자금을 의존해야 하는 경우 다른 은행들이 그 은행에 대해 자금공급을 꺼릴 수도 있다. 이러한 이유들로 한두 개 은행이 유동성이 부족하여 지급결제에 응하지 못하게 되면 은행권 전체의 지급결제시스템이 혼란에 빠지게 되고, 이를 토대로 하는 상거래가 혼란에 빠지면서 경제는 심각한 상황에 직면하게 된다. 더욱이 은행시스템과 지급결제시스템에 대한 신뢰의 붕괴는 대규모 예금인출사태(bank run)를 촉발할 수도 있다.

현대 은행제도를 안정적으로 유지하기 위해서는 부분지급제도에 따른 이러한 불안정성 문제를 근본적으로 해소해야 한다. 이것이 현대의 중앙은행제도가 출현한 배경이다. 중앙은행은 유동성의 무한공급 능력을 보유하고 은행들에 대해 **최종대부자**(lender of last resort)로서의 역할을 하는 기관, 즉 은행의 은행이다.

3.2 정부의 신용과 법정통화

앞서 화폐의 발달과정에서 살펴본 바와 같이 상품화폐에서 지폐로 넘어가면서 화폐의 가치에 대한 신뢰문제가 중요해졌다. 이에 국가는 화폐 발행의 독점권을 갖고 법정통화를 발행함으로써 화폐가치의 신뢰성 확립을 기하게 되었다. 그러나 국가가 지폐를 발행했다는 단순한 사실만으로 법정화폐의 가치에 대한 신뢰성이 확립되는 것은 아니다. 국가는 법정화폐에 대해 금과의 일정한 교환비율을 정하고, 누구든 법정화폐를 소지한 사람이 요구하면 그 비율로 금을 지급한다는 소위 금태환의무를 국민에게 약속함으로써 법정화폐가 비로소 신뢰를 얻을 수 있게 되었다. 이것이 소위 **금본위제도**이다. 금본위제도하에서는 국가라 하여도 화폐를 무제한 발행할 수 있는 것이 아니고 국가가 보유한 금을 근거로 그 일정 비율만큼 화폐를 발행할 수 있는 것이다. 따라서 통화량은 국가의 금 보유량에 따라 증감한다.

금본위제도는 국제통화질서를 유지하는 데에도 중요한 역할을 하였다. 각국의 통화가치가 금과의 교환비율로 결정되면 무역결제를 위한 각국 통화 간의 환율도 그에 따라 결정된다. 그리고 무역수지도 결국은 각국 정부가 보유한 금으로 결제되기 때문에 금을 중심으로 무역거래의 안정성이 보장된다. 그러나 19세기에 걸쳐 유지되어 오던 각국의 금본위제도는 세계대전으로 붕괴하고 전후 미국의 주도로 IMF가 창설되면서 새로운 국제통화질서로 브레튼우즈(Bretton Woods) 시스템이 채택되었다. **브레튼우즈 시스템**은 ① 미국의 달러화를 국제통화로 사용하고, ② 각국 통화 간의 환율은 고정환율제로 하며, ③ 달러화의 가치는 금과의 일정한 교환비율로 정하고, ④ 미국은 달러화의 금태환의무를 약정하였다. 따라서 브레튼우즈 시스템은 19세기의 금본위제도를 미국의 신용을 근거로 한 간접적 금본위제도로 대체한 것으로 이해된다.

브레튼우즈 시스템이 도입되면서 전후 국제경제는 빠르게 안정되었는데, 그 영향으로 무역거래가 급증하고 세계경제는 빠른 회복세를 보였다. 그러나 1960년대에 들어 미국의 무역적자가 누적되면서 미국 정부가 보유한 금의 유출이 가속화되었다. 미국은 금의 유출을 막기 위해 다각도의 정책을 폈으나 실효성이 없었으며, 이에 미국은 1971년 달러화의 금태환을 정지하고 이후 자유변동환율제로 점차 전환하기 시작했다. 1976년 1월 자메이카의 수도 킹스턴에서 개최된 IMF 잠정위원회에서 변동환율제를 공식적으로 인정하고 통화로서의 금의 역할 축소와 궁극적인 금의 폐화를 합의함으로써 법정통화와 금과의 관계는 전 세계 모든 나라에서 완전히 단절되었다.

금본위제도와 금태환의무가 이 세상에서 사라진 지금 세계 각국의 공식 화폐는 정부의 신용에만 의존하는 명실상부한 법정통화다. 법정통화(fiat money)를 불환지폐(inconvertible paper money) 또는 신용화폐(fiduciary money)라고 부르는 것도 바로 이러한 이유 때문이다.

3.3 중앙은행제도와 금융규제

3.3.1 중앙은행의 발권력

부분지급준비제도에 필수적으로 수반되는 예금인출 위험에 대비하기 위해서 최종대부자 기능을 하는 은행의 은행, 즉 중앙은행이 필요함은 앞서 이미 설명하였다. 그런데 중앙은행이 최종대부자 기능을 효과적으로 수행하기 위해서는 비상시 은행에 대해 유동성을 무제한 공급할 수 있는 능력을 보유해야 한다. 물론 실제로는 중앙은행이 은행에 유동성을 무제한 공급할 필요도 없을 것이고 또 그렇게 하지도 않겠지만, 그러한 무제한 공급능력이 있다는 사실은 비상시에 국민들에게 신뢰를 줄 수 있다는 점에서 매우 중요하다. 그러한 신뢰가 확보된다면 실제로 유동성을 무제한 공급할 필요는 발생하지 않을 것이기 때문이다.

이러한 무제한 유동성 공급능력은 발권력에서 나온다. 발권력이란 법정화폐를 발행할 수 있는 권력을 말하며, 정부를 대표하여 중앙은행은 독점적 · 무제한적 발권력을 가진다. 중앙은행이 발권력을 독점하는 이유는 소위 말하는 주조차익 때문이다. 원래 주조차익(seigniorage)이란 정부가 금 · 은화를 주조하여 발행하던 시절에 금 · 은의 중량을 줄이거나 순도를 낮추어 금 · 은화의 실제가치가 명목가치보다 작도록 함으로써 생기는 차익을 말한다. 다시 말해서 화폐에 내재된 상품가치와 화폐에 표시된 가치와의 차이이다. 금 · 은화를 주조하지 않는 지금에는 이를 주조차익이라고 하기보다는 화폐발행차익이라고 하는 것이 정확한 표현일 것이다. 지금 우리가 매일 쓰고 있는 만원짜리 지폐를 보면 그것이 화폐가 아니라면 종이 쪼가리에 지나지 않는다. 따라서 내재된 상품가치는 0원이고 화폐로서 표시된 명목가치는 만원이니 만원짜리 지폐 한 장을 발행할 때마다 만원의 차익이 생기는 셈이다. 이 차익은 어떤 특정인에게는 주어질 수 없는 특혜이므로 결국 정부에 귀속될 수밖에 없다. 물론 이것은 결국 정부가 정부의 신용으로 국민에게 지는 빚에 불과하다.

3.3.2 법정지급준비제도

중앙은행이 최종대부자로서 은행들의 뒷배를 봐준다는 안도감은 지급결제시스템 및 더 나아가서 은행제도의 안정성에는 도움을 주지만, 다른 한편 지나친 안도감은 일반은행들에게 중앙은행을 믿고 방만한 대출을 하도록 하는 인센티브를 제공하기도 한다. 은행들로서는 지급준비를 위해 갖고 있는 여유자금을 단 1원이라도 더 대출하면 그만큼 더 이익을 볼 수 있기 때문이다. 중앙은행으로부터 긴급 유동성을 쉽게 대출받을 수 있다면 은행들은 여유자금을 최대한 줄이려고 할 것이다. 이를 억제하기 위해 중앙은행은 은행들에게 법정지급준비를 요구한다.

법정지급준비제도(reserve requirement system)는 흔히 법정지준으로 불리며, 은행들에게 예금의 일정 비율을 현금 또는 현금의 등가물로 보유하여 지급준비를 하도록 하는 법적 강제제도이다. 법정지준은 은행의 자산운용, 특히 대출규모를 실질적으로 제한하게 되므로 과거에는 가장 기본적인 은행건전성 규제로 인식되었다. 그러나 최근 들어 유동성비율 규제 등 더욱 합리적인 건전성 규제방법들이 많이 도입되어 법정지준의 건전성 규제로서의 의미가 퇴색하고 있다. 한편 법정지급준비율의 조정은 은행의 대출규모를 변동시키기 때문에 은행의 신용창출과 통화량을 조절하는 강력한 수단이 된다. 이에 대해서는 이 장의 제4절에서 신용창출과 통화승수를 공부하면서 자세히 설명하기로 한다.

법정지급준비율은 평균예치기간이 짧은 예금일수록 높게 책정된다. 입출금이 자유로울수록 은행은 지급준비를 위해 더 많은 현금을 보유하고 있어야 하기 때문이다. 현재 우리나라의 법정지급준비율은 근로자재산형성저축, 근로자장기저축, 장기주택마련저축, 근로자우대저축 등 세제상 혜택이 주어지는 초장기 예금에 대해서는 0%, 정기예금 · 정기적금 · CD 등 약정된 일정 기간 동안 예치하는 저축예금에 대해서는 2%, 요구불예금 · 저축예금 · 기업자유예금 등 수시입출금이 가능한 예금에 대해서는 7%로 설정되어 있다.

| 표 4-2 | 예금종류별 법정지급준비율[1)]

예금종류	지급준비율
근로자재산형성저축, 근로자장기저축, 장기주택마련저축, 근로자주택마련저축, 가계장기저축, 근로자우대저축	0.0%
정기예금, 정기적금, 상호부금, 주택부금, 대고객CD	2.0%
요구불예금, 저축예금, 기업자유예금	7.0%

주 : 1) 법정지급준비율은 2006년 12월 23일 마지막으로 조정되었다.

3.3.3 은행산업의 규제감독

금융산업 중에서도 은행산업은 지급결제시스템의 핵심 축으로 가장 먼저 진화 · 발전하면서 원활한 경제활동의 윤활유 역할을 한다. 지급결제를 담당하는 기간산업인 만큼 업무에 내재된 불안정성으로 인해 은행산업이 흔들리면 경제에 미치는 파급영향도 지대하다. 따라서 은행산업은 다른 어느 산업보다도 더 많은 규제를 받고 있다.

가장 먼저 도입된 은행규제로는 앞서 설명한 법정지급준비제도가 있는데, 이는 은행의 지급준비 상태를 규율하는 가장 원초적인 규제라고 할 수 있다. 그 외에도 은행의 지급준비에 대한 규제로서 보다 근대적인 형태인 유동성비율규제가 실시되고 있다. 유동성비율규제는 원화 유동성비율규제와 외화 유동성비율규제로 나누어 실시되는데, 각각의 화폐를 기준으로 잔존 만기 x일 또는 y개월 미만의 예금 등 부채에 대해서는 잔존 만기가 그에 상응하는 자산으로 100% 이상 또는 90% 이상을 보유하도록 하는 규제이다. 즉, 지급이 임박한 예금채무 등에 대비하기 위해서 그에 상응하여 현금 또는 즉시 현금화할 수 있는 자산을 보유하도록 의무화한 것이다.[1] 이 밖에도 은행에 대해서는 자산건전성규제, 편중여신규제, 자기자본규제, 내부통제 관련 규제 등 다양한 규제가 부과되는데, 제3편과 제6편에서 자세히 설명한다.

3.3.4 예금보험제도

은행산업의 건전성을 유지하기 위한 각종 규제 · 감독에도 불구하고 때때로 일부 은행의 경영실패를 피할 수는 없다. 은행의 실패는 예금자들이 자신의 예금을 못 찾을지도 모른다는 두려움을 촉발하고, 이러한 두려움이 확산되면서 일반 예금자들의 군집행동을 유발하여 대규모 **예금인출사태**(bank run)로까지 발전할 위험이 있다. **예금보험**(deposit insurance)**제도**는 이와 같은 예금인출사태를 방지하고 소액예금자를 보호하기 위해 도입되었다.

예금보험제도는 1920년대 말 대공황을 겪은 미국이 대공황의 경험을 바탕으로 은행제

---

1 글로벌 금융위기 이후 도입된 바젤Ⅲ는 은행들에게 2019년 4월부터 단기 지표인 유동성커버리지비율(liquidity coverage ratio : LCR)과 중장기 지표인 순안정자금조달비율(net stable funding ratio : NSFR) 등 두 가지 유동성비율 규제 준수를 요구키로 했다. 자세한 내용은 제23장을 참조하기 바란다.

도의 안정성을 위해 처음 도입하였다. 대공황 당시 미국에서는 수많은 기업이 도산하면서 함께 도산하는 은행이 속출하자 자신의 예금에 대해 불안을 느낀 수많은 예금자들이 무차별적으로 예금을 인출하였고, 이로 인해 도산가능성이 별로 없던 건전한 은행마저 줄도산하는 사태가 발생하였다. 일시에 워낙 많은 예금이 은행에서 인출되다 보니 중앙은행으로서도 무조건 유동성을 공급할 수도 없고 또 그렇게 하는 것이 바람직하지도 않았으므로 이를 통제하기 위한 긴급조치로 미국 정부는 은행 휴일(bank holiday)을 선포하기도 했다. 이러한 경험을 배경으로 미국은 예금의 일정액까지를 보장해 줄 필요성을 인식하게 되었고, 1933년 예금보험제도가 탄생하였다. 이와 같이 미국에서 시작된 예금보험제도는 한동안 다른 나라의 관심을 끌지 못했으나 1990년대부터 세계 각국에 퍼지기 시작하여 이제는 거의 대부분의 주요 국가에서 실시되고 있다. 우리나라는 1997년 1월에 예금보험제도가 도입되었다.

그러나 예금보험제도에도 문제점이 있는데, 가장 큰 문제점은 시장규율을 저해한다는 것이다. 예금이 보장됨에 따라 예금자들이 우량한 은행을 선택하여 거래하려는 노력을 하지 않고 불량하더라도 예금금리를 많이 주는 은행과 거래하려는 소위 도덕적 해이(moral hazard)가 발생하여 시장에서 은행의 옥석이 가려지지 않는다는 점이다. 이와 같이 예금자들의 선택에 의한 시장규율기능이 저해되면 은행을 감시하는 기능은 전적으로 금융감독당국 손에 달리게 되는 문제점이 발생한다. 이를 해결하기 위해 차등보험료율제도 등 여러 가지 보완방안이 다각도로 모색되고 있다. 예금보험제도에 대한 자세한 설명은 제24장에 제시하였다.

4. 신용창출과 통화승수

이 절에서는 개별 금융기관의 미시적 중개기능이 경제 전체의 거시적 중개기능과 연결되는 핵심적 고리로서 은행의 예금 · 대출업무가 신용창출을 통해 통화량을 증가시키는 과정을 살펴본다.

4.1 신용창출과정

4.1.1 예금확장과정

여기서는 은행의 신용창출과정을 살펴보기 위해서 우선 예금확장과정(deposit expansion process)을 공부한다. 간명한 설명을 위해 은행자산은 지급준비예치금(R)과 대출(L)로 구성되고, 부채는 예금(D)으로 구성된다고 가정한다([Box 4-2]에 제시된 은행 대차대조표[2] 참조). 그리고 이 은행의 자기자본비율(e) = 0, 법정지급준비율(r) = 20%라고 가정하자. 이제 중앙은행이 시장에서 채권 1,000원어치를 구입하고 수표를 지급한다고 하자.

이제 [그림 4-1]을 보면서 예금확장과정을 단계적으로 살펴보자. ① 중앙은행에 채권

그림 4-1 | 예금확장과정

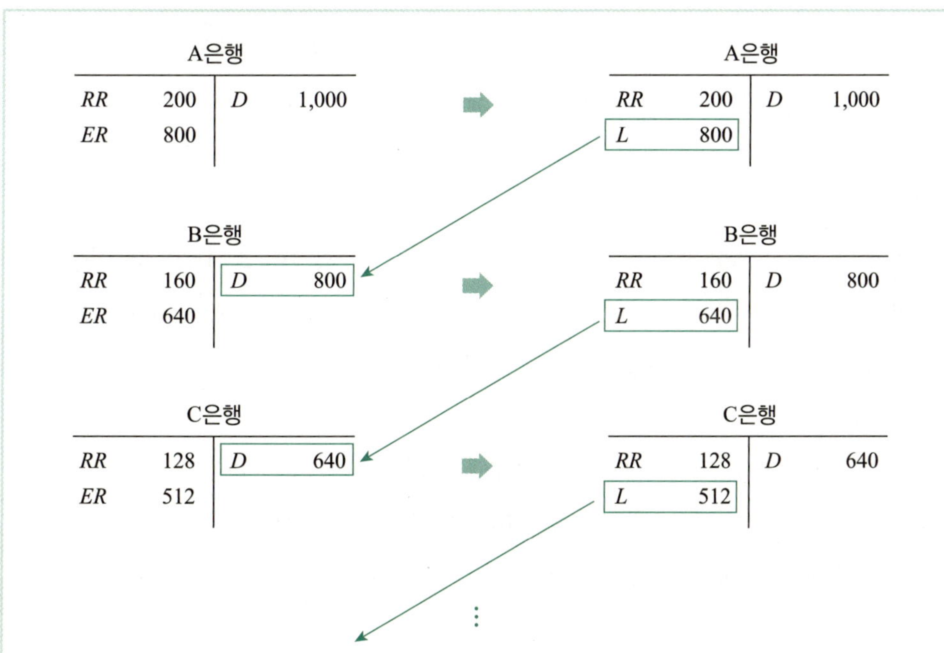

2 2009년부터 한국채택국제회계기준(K-IFRS)의 순차적 도입으로 기존의 대차대조표는 재무상태표로, 손익계산서는 포괄손익계산서로 명칭이 변경되었는바, 본 서에서는 각각에 대해 신 · 구 용어를 혼용한다.

을 판 민간인은 대금을 수표로 받아 이 수표를 거래은행인 A은행에 예치한다. 이에 따라 A은행의 자산은 중앙은행에 대한 채권 1,000원이 증가하고 부채(즉, 민간에 대한 예금채무) 또한 1,000원이 증가한다. 그런데 법정지급준비율이 20%이므로 A은행은 예금 1,000원 중에서 200원은 법정지급준비금(required reserve : RR)으로 보유해야 한다. 나머지 800원은 초과지급준비금(excess reserve : ER)이 된다. A은행이 이 초과지급준비금을 모두 대출한다면, A은행의 자산은 RR = 200원, ER = 800원에서 RR = 200원, L = 800원으로 변화한다.

② A은행으로부터 대출 800원을 받은 어떤 기업은 이 돈을 자신의 거래상대방에게 지급할 것이고, 그 사람은 이 돈을 다시 자신의 거래은행인 B은행에 예치할 것이다. 결국 B은행의 자산은 800원이 증가하고 부채(즉, 예금채무)도 800원이 증가하는데, 자산 800원 중에서 RR = 160원(= 800원의 20%) 그리고 ER = 640원(= 800 − 160)이 된다. 만약 B은행이 이 ER = 640원을 모두 대출한다면 B은행의 자산은 RR = 160원, ER= 640원에서 RR = 160원, L = 640원으로 변화한다.

③ B은행의 대출금 640원은 동일한 과정을 다시 밟아 C은행의 예금 640원을 창출하고, 이 중 법정지급준비금을 제외한 나머지 512원(= 640원 − 640원의 20%)은 대출되어 다시 D은행의 예금 512원이 되는 과정을 거치면서 예금이 확장되는 과정이 무한히 계속될 것이다.

이와 같은 예금확장과정을 무한히 밟게 되면 결국 예금확장이 소진되어 더 이상 일어나지 않는 균형점에 수렴하게 되는데, 이 균형점에서 은행 전체의 예금합계 D^{TOTAL}, 법정지급준비금합계 RR^{TOTAL} 및 대출금합계 L^{TOTAL}은 각각 다음과 같다.

$$D^{TOTAL} = 1{,}000 + 1{,}000(1 - 0.2) + 1{,}000(1 - 0.2)^2 + \cdots = 5{,}000\text{원}$$
$$RR^{TOTAL} = 1{,}000(0.2) + 1{,}000(1 - 0.2)(0.2) + 1{,}000(1 - 0.2)^2(0.2) + \cdots = 1{,}000\text{원}$$
$$L^{TOTAL} = 1{,}000(1 - 0.2) + 1{,}000(1 - 0.2)^2 + 1{,}000(1 - 0.2)^3 + \cdots = 4{,}000\text{원}$$

[표 4-3]은 이것을 정리한 것이고, [표 4-4]는 이를 일반화하여 법정지급준비율 = r, 최초의 예금증가액 = D^*일 때를 기준으로 공식으로 만든 것이다. 학생들은 무한급수식을 이용하여 이들을 직접 확인해 보기 바란다.

| 표 4-3 | 예금확장과정 : 구체적 예시

		A은행	B은행	C은행	…	합계
부채	D	1,000	800 = 1,000(1 − 0.2)	640 = 1,000(1 − 0.2)^2	…	5,000
자산	RR	200 = 1,000(0.2)	160 = 1,000(1 − 0.2)(0.2)	128 = 1,000(1 − 0.2)^2(0.2)	…	1,000
	$ER = L$	800 = 1,000(1 − 0.2)	640 = 1,000(1 − 0.2)^2	512 = 1,000(1 − 0.2)^3	…	4,000

| 표 4-4 | 예금확장과정 : 일반 공식

		A은행	B은행	C은행	…	합계
부채	D	D^*	$(1-r)D^*$	$(1-r)^2D^*$	…	$\frac{1}{r}D^*$
자산	RR	rD^*	$r(1-r)D^*$	$r(1-r)^2D^*$	…	D^*
	$ER = L$	$(1-r)D^*$	$(1-r)^2D^*$	$(1-r)^3D^*$	…	$\left(\frac{1-r}{r}\right)D^*$

여기서 명석한 학생들은 RR^{TOTAL}이 최초 예금증가액 D^* = 1,000원과 같다는 것에 주목할 것인데, 이것은 결코 우연이 아니다. 은행들은 일시적으로 발생하는 초과지급준비금을 그냥 놀리지 않고 대출여력이 있는 한 대출을 계속할 것이고, 따라서 예금확장과정은 이러한 대출여력이 법정지급준비금으로 모두 소진될 때 비로소 끝나게 된다. 이러한 최종단계에서 최초의 예금증가액 1,000원은 모두 법정지급준비금이 되고 이에 상응하는 예금총액은 5,000원(= 1,000 ÷ 0.2), 그리고 대출총액은 4,000원(= 5,000 − 1,000)이 된다. 즉, 은행의 대차대조표에서 자산측은 RR =1,000원, L = 4,000원이 되고, 부채측은 D = 5,000원이 된다.

4.1.2 고정계수모형

이제 [Box 4-2]의 고정계수모형(fixed coefficient model)을 가지고 은행의 유동성 창출을 살펴보기로 하자. 고정계수모형은 은행의 행태를 설명하는 계수를 모두 고정계수로 가정한 단순화된 모형이다. 이 모형에서는 은행의 행태가 고정되어 있기 때문에 은행은

Box 4-2 | 고정계수모형

■ 은행의 대차대조표(B/S)

은행의 B/S	
R	D
L	E

R : 지급준비금(중앙은행 예치금 또는 현금)
L : 대출(수익창출 자산)
D : 예금(요구불 및 저축성예금)
E : 자본

■ B/S 항등식

① $R + L = D + E$

■ 고정계수 관계식

② $R = rD$ — r : 지급준비율(법정지급준비율 + 초과 또는 자발적 지급준비율)

③ $E = eL$ — e : 자본비율(의무자본비율 + 초과 또는 자발적 자본비율)

④ $D = sL + D^*$ — s : 대출의 재예금비율(re-deposit ratio)

D^* : 최초 예금증가액(autonomous deposits)

통화신용정책 집행경로상에서 수동적인 역할만 할 뿐이고, 시간 개념과 위험 개념도 없는 것으로 가정된다.

은행의 대차대조표에 4개의 변수가 있는데, 차변의 R과 L은 자산 항목이고 대변의 D와 E는 부채 및 자본 항목이다. 대차대조표의 좌변의 합과 우변의 합은 반드시 같아야 하므로 식 ①은 항등식이다. 나머지 세 개의 식은 은행의 행태를 고정계수로 나타내는 관계식들이다. 식 ②는 지급준비금과 예금액과의 관계를 나타낸다. 즉, 지급준비금은 법정지급준비금(RR)과 초과지급준비금(또는 자발적 지급준비금, ER)으로 구성되며(즉, $R = RR + ER$), 은행은 이를 중앙은행 예치금 또는 현금 형태로 보유한다. 여기서 초과지급준비금이란 앞에서 설명한 법정지급준비율을 초과하는 지급준비금을 의미하며, 은행이 스스로의 위험을 감안하여 자발적으로 쌓아두는 준비금이다. 즉, 앞에서 예금확장과정을 설명하면서 말한 초과지급준비금은 일시적으로 발생하는 대출여력을 말하는 데 반해, 여기서의 초과지급준비금은 의도적이며 지속적인 성격을 띤 자발적 초과지급준비금이다. 한편 식 ③은 대출과 자본금의 관계를 나타낸다. 대출이 부실화되어 손실이 발생할 때 자본금은 이를 흡수하는 완충역할을 하므로 은행은 항상 어느 정도의 자본금을 유지하여야 한다. 자본금에는 의무자본금뿐만 아니라 이를 초과하여 보유하는 자발적 자본금도 포함된다. 은행은 도산위험이 높다고 판단하는 경우 규제감독당국이 요구하는 것 이상의 자본금을 스스로 보유함으로써 위험에 대비하는 것이다. 마지막으로, 식 ④는 대출이 은행에 예금으로 재예치되어 들어오는 것을 보여주는 관계식이다. 즉, 최초 예금증가액 D^*와 그 자금을 대출해 준 것이 재예금된 **재예금액** sL의 합이 은행의 예금총액이 되는 것을 보여준다. 재예금비율 s는 은행산업구조를 반영하여 결정되는데, 완전경쟁 은행체제에서 개별 은행의 경우에는 청산소 누출현상(clearing house drain)으로 $s = 0$이 된다. 즉, 개별 은행은 자신이 대출한 자금이 자신에게 재예치된다고 생각하지 않는다. 그러나 독점은행의 경우 또는 은행산업 전체로 볼 때는 대출된 자금이 다시 돌아올 것이므로 $s = 1$이 된다.

이 고정계수모형에는 4개의 방정식과 8개의 변수가 있다. 8개의 변수 중에서 3개의 변수 r, e, s는 고정계수이고, D^*는 외생변수이며, 나머지 4개의 변수 L, D, R, E는 내생변수이다. 따라서 4개의 방정식을 4개의 내생변수에 대해서 풀 수 있으며, 그 값은 다음과 같다. 여기서 $0 \le r, e, s \le 1$임에 유의하기 바란다.

$$L = \frac{1-r}{1-e-s(1-r)}D^* \text{ : 대출승수(또는 신용승수)}$$

$$D = \frac{1-e}{1-e-s(1-r)}D^* \text{ : 예금승수}$$

$$R = \frac{r(1-e)}{1-e-s(1-r)}D^* \text{ : 지급준비금승수}$$

$$E = \frac{e(1-r)}{1-e-s(1-r)}D^* \text{ : 자본승수}$$

여기서 $r > e$ 또는 보다 일반적으로 $1 - e - s(1 - r) > 0$를 가정할 필요가 있다. 그렇지 않으면 음의 값이 나오기 때문이다. 이 가정의 의미를 음미해 보면, 이 가정이 은행업의 존립을 염두에 둔 것임을 알 수 있다.

위의 값들의 의미를 살펴보기 위해서 $e = 0$, $s = 1$, $r = 0.2$, 그리고 $D^* = 1{,}000$을 대입해 보자. 그러면 $L = 4{,}000$, $D = 5{,}000$, $R = 1{,}000$이 됨을 알 수 있다. 이것은 우리가 바로 앞의 예금확장과정에서 설명한 결과와 같은 것이다. 이를 일반화하면 [표 4-5]와 같이 정리할 수 있다. [표 4-5]의 맨 아랫줄은 [표 4-4]의 맨 오른쪽 합계와 같음에 유의하기 바란다. 이 표에서 우리는 지렁이의 시야(worm's eye view)와 새의 시야(bird's eye view)의 차이를 볼 수 있다. 경쟁은행의 경우 대출해 준 돈이 순간적으로 은행을 떠남으로써 대출이 예금창출 수단임을 알지 못한다. 전자가 이에 해당된다. 그러나 독점은행 또는 은행산업 전체의 관점에서 보면 창출된 예금이 은행으로 되돌아옴으로써 대출이 예금창출의 수단임을 인식할 수 있다. 후자가 이에 해당된다. 말을 바꾸어, 전자를 열린 체계(open system), 후자를 닫힌 체계(closed system)라고 부르기도 한다.

| 표 4-5 | 고정계수모형의 승수

	가정		L	D	R	E
경쟁은행체제	$s = 0$	$e = 0$	$(1-r)\,D^*$	D^*	rD^*	0
독점은행체제 또는 은행산업 전체	$s = 1$	$e = 0$	$\frac{1-r}{r}D^*$	$\frac{1}{r}D^*$	D^*	0

이제 고정계수가 중앙은행의 정책변화 등 어떤 외생적 이유에 의해서 변화할 때 은행의 신용창출에 미치는 영향을 살펴보자. L을 r, e, s에 대해 각각 편미분한 결과는, 분모 $= (1-e) - s(1-r) = A$라고 놓고 $D^* = 1$로 가정할 때

$$\frac{\partial L}{\partial r} = \frac{-(1-e)}{A^2} < 0$$

$$\frac{\partial L}{\partial e} = \frac{-(1-r)}{A^2} > 0$$

$$\frac{\partial L}{\partial e} = \frac{-(1-r)^2}{A^2} > 0$$

이 된다. 우선 r이 증가하면 은행의 신용창출이 감소함을 알 수 있다. 중앙은행이 은행의 법정지급준비율을 인상하거나 또는 은행들이 자발적으로 초과지급준비금을 많이 보유할 때 r이 증가하는데, 이 경우 은행이 대출할 수 있는 여유자금이 줄어들기 때문에 신용창출이 감소하는 것이다. 한편 e가 증가하면 은행의 신용창출은 증가한다. 감독당국이 은행의 자기자본요구비율을 높이면 은행들은 대출할 때마다 자본금을 추가로 투입해야 하

므로 경제시스템에 보다 많은 자금이 유입되고 아울러 대출액도 늘어나게 된다.[3] 그리고 s가 증가하면 은행의 신용창출도 증가한다. 대출액이 은행에 다시 예치되는 비율이 커질수록 예금확장과정을 통해 증가하는 신용액이 증가하기 때문이다.

고정계수모형은 은행의 신용창출과정과 효과를 잘 보여준다는 장점이 있다. 그러나 은행들의 적극적인 행태와 최적화행위(optimizing behavior)를 무시함으로써 은행을 통화신용정책 집행상의 단순경로로만 취급한다는 단점이 있다. 다음 소절에서 통화승수를 공부하면서 이와 유사하지만 보다 정교한 모형을 소개한다.

4.2 통화승수

4.2.1 통화신용정책의 개요

통화신용정책은 거시경제정책의 한 축으로 그 목적은 경제성장과 물가안정에 있다. 통화신용정책의 파급경로(transmission mechanism)로는 일반적으로 환율경로, 신용경로, 자산가격경로, 금리경로의 네 가지를 든다. 통화량의 변화는 이들 네 가지 경로를 통해 경제성장률과 물가상승률에 영향을 미치기 때문에, 통화신용정책은 경제성장률과 물가상승률을 조정할 목적으로 통화량을 조절하는 정책이라 정의할 수 있다. 따라서 중앙은행의 통화정책수단은 결국 통화량을 조절하는 정책수단을 말한다. 이에는 공개시장조작정책, 대출정책(과거 재할인정책), 지급준비정책이 있다.

공개시장조작(open market operation)정책은 중앙은행이 자본시장에서 직접 유가증권을 팔고 삼으로써 통화량을 변동시키는 정책이다. 우리나라의 한국은행은 통화안정증권의 발행 및 환수, 환매채(RP)의 매도 및 매입을 통해 공개시장조작정책을 수행한다. 중앙은행의 대출정책은 대출금리 또는 대출규모를 조절하여 금융기관의 자금조달 규모나 비용에 영향을 줘 신용공여 규모를 간접적으로 조절한다. 과거 재할인제도나 총액한도대출제도가 변화한 금융중개지원대출이나 한국은행 특별융자가 이에 해당된다. 지급준비정

3 여기서 앞에서 $r > e$을 가정한 이유를 알 수 있다. r은 은행 신용창출의 감소를 나타내고 e는 그 증가를 나타내므로 만약 $r \leq e$가 성립하면, 은행 신용창출의 크기가 무한대가 되는 것이다.

책(reserve requirement policy)은 은행의 법정지급준비율을 변경함으로써 은행의 신용창출을 통해 생성되는 2차적 통화의 양을 변동시키는 정책을 말한다.[4]

4.2.2 통화지표의 여러 가지 정의

이 장을 시작하면서 우리는 화폐의 정의에 대해 공부하였다. 그러나 구체적으로 화폐의 그 범위를 어디까지로 정할 것이냐 하는 것은 그리 간단한 문제가 아니다. 왜냐하면, 앞서 언급한대로 중앙은행의 통화신용정책은 경제성장률과 물가상승률을 조정할 목적으로 통화량을 조절하는 정책인데, 그 정책의 효과는 통화량을 어느 기준으로 정의했느냐에 따라 크게 달라질 수 있기 때문이다. 즉, 통화신용정책의 측면에서 보면 목표변수와

| 표 4-6 | 우리나라 통화지표의 정의

통화지표	포괄범위
*M*1 (협의통화)	현금통화 + 요구불예금(당좌예금, 보통예금, 별단예금 등) + 수시입출식 저축성예금(은행의 저축예금, MMDA, 투신사 MMF 등)
*M*2 (광의통화)	*M*1 + 정기 예 · 적금 및 부금* + 시장형 금융상품(CD, RP, 표지어음 등) + 실적배당형 상품*(금전신탁, 수익증권, CMA 등) + 금융채* + 종합금융회사 발행어음 등 * 단, 장기(계약 만기 2년 이상) 금융상품 제외
Lf (금융기관유동성)	*M*2 + *M*2 포함 금융상품 중 만기 2년 이상 정기 예 · 적금 및 금융채 등 + 한국증권금융의 예수금 + 생명보험회사의 보험계약준비금 등
L (광의유동성)	*Lf* + 정부 및 기업 등이 발행한 유동성 시장금융상품 (증권회사 RP, 여신전문기관의 채권, 예금보험공사채, 자산관리공사채, 자산유동화전문회사의 자산유동화증권, 국채, 지방채, 기업어음, 회사채 등)

자료 : 한국은행, 우리나라의 통화지표 해설, 2008. 8

4 통화신용정책에 대한 자세한 내용은 화폐금융론 교과서 또는 「한국의 금융제도」(한국은행, 2011. 12)를 참고하기 바란다.

가장 밀접한 상관관계를 갖고 있는 통화지표를 찾는 것이 중요한 과제인데, 이것이 쉽지 않다.

문제를 더욱 어렵게 만드는 것은 근래 통화지표의 유용성이 저하되고 있다는 점이다. 은행과 비은행금융기관의 차이가 점차 모호해지고 전자금융이 발전하면서 종래의 통화지표의 설명력이 저하되고 있기 때문이다. 현재 한국은행이 사용하는 지표는 [표 4-6]과 같다. *M*1과 *M*2는 각각 협의의 통화, 광의의 통화라고 부르기도 하고, 또는 단순히 통화, 총통화라고 구분하여 부르기도 한다. *Lf*는 금융기관 유동성을 말하고, *L*은 광의의 유동성을 말한다. 한때는 *MCT*라는 통화지표를 사용하기도 했는데, $MCT = M2 + CD +$ 금전신탁으로 정의된다. 통화지표별 구성내역은 [표 4-7]에 정리하였다.

| 표 4-7 | 우리나라 통화지표별 구성내역

*M*1(협의통화)	*M*2(광의통화)	*Lf*(금융기관유동성)	*L*(광의유동성)
			정부, 기업 발행 유동성 상품 등
		예금은행 및 비은행금융기관 기타예수금 등	(좌동)
	정기예금 등 2년 미만 금융상품	(좌동)	(좌동)
결제성예금	(좌동)	(좌동)	(좌동)
현금통화	(좌동)	(좌동)	(좌동)

자료 : 한국은행, 우리나라의 통화지표 해설, 2008. 8

4.2.3 통화승수모형

이제 이 장에서 공부한 것을 총정리하는 기분으로 통화승수모형을 살펴보자. 통화승수모형의 정의와 관계식은 [Box 4-3]에 정리하였다. 이 정도의 모형이면 통화승수모형의 핵심 골자는 충분히 설명할 수 있을 것으로 생각하지만, 물론 보다 복잡한 통화승수모형을 가지고 현실을 설명할 수도 있다. 이 모형에서 통화 *M*은 *M*1을 의미하며, *t*는 상수로 가정(즉, *DD*와 *TD*는 항상 일정 비율을 유지하는 것으로 가정)되어 있다. 그런데 만약 *DD*와 *TD*가 독립적으로 변하는 변수로 가정하여 *TD*의 행태방정식을 하나 추가하고 $M =$

Box 4-3 | 통화승수모형의 정의와 관계식

■ 관계식

$M = C + DD$

$B = H = R + C$

$D = DD + TD = DD(1 + t)$

$R = RR + ER = DD\{r_d + r_t t + r_e(1 + t)\}$

$RR = DD \times r_d + TD \times r_t$

$ER = DD \times r_e + TD \times r_e$

■ 계수의 정의

r_d, r_t = 법정지급준비율, $r_d > r_t$

r_e = 초과지급준비율

$t = TD/DD$

■ 변수의 정의

M = 통화

C = 현금통화

B = 본원통화(monetary base)

DD = 요구불예금(demand deposit)

TD = 저축성예금(time deposit)

R = 지급준비금(reserve)

RR = 법정지급준비금(required reserve)

ER = 초과지급준비금(excess reserve)

$C + DD + TD$로 정의하면, $M2$를 기준으로 하는 통화승수모형을 도출할 수 있다.

이제부터 이 모형을 풀어보자. 내생변수 M, D, C는 외생변수인 본원통화 B[5]의 함수로 표현됨을 알 수 있다. 즉, 균형값에서 $M = mB$, $D = dB$, $C = cB$의 관계가 성립하며, 여기서 m, d, c를 각각 통화승수(money multiplier), 요구불예금승수, 현금승수라고 부른다. 이 승수들은 중앙은행이 B를 1단위 증가시킬 때 M, D, C가 각각 몇 단위 증가하는지를 보여준다. B를 본원통화라고 부르는 이유도 이와 같이 B가 통화 M을 창출하는 근원적 통화이기 때문이다.[6] 이 모형에 따라 m, d, c를 구하면 다음과 같다.

$$\text{통화승수} : m = \frac{M}{B} = \frac{C+DD}{R+C} = \frac{k+1}{k+r};\ \frac{\partial m}{\partial r} < 0,\ \frac{\partial m}{\partial k} < 0,\ \frac{\partial m}{\partial t} < 0$$

$$\text{요구불예금승수} : d = \frac{DD}{B} = \frac{DD}{R+C} = \frac{1}{k+r};\ \frac{\partial d}{\partial r} < 0,\ \frac{\partial d}{\partial k} < 0$$

$$\text{현금승수} : c = \frac{C}{B} = \frac{C}{R+C} = \frac{k}{k+r};\ \frac{\partial c}{\partial k} > 0$$

---

5 본원통화(monetary base 또는 reserve base)는 한국은행의 화폐발행액과 예금은행의 한국은행 예치금으로 구성된다.

6 같은 이유로 본원통화 B를 고성능화폐(high-powered money : H)라고 부르기도 한다.

여기서 $k = C/DD$(즉, 현금통화보유비율)이고, $r = r_d + r_t t + r_e(1 + t)$(즉, 평균지급준비율)이다. 통화는 현금과 요구불예금의 합으로 정의하였으므로, 위 식에서 통화승수는 요구불예금승수와 현금승수의 합과 같게 된다는 것을 확인할 수 있다.

이제 이 모형에 대한 이해를 높이기 위해서 몇 가지 예시와 분석을 제시한다. 우선 $r_e = 0$ 및 $t = 0$을 가정하자. 이는 은행들이 법정지급준비금만 보유하고(즉, 초과지급준비금 = 0), 저축성예금이 없다고(즉, $TD = 0$) 가정하는 것이다. 이제 이 모형은 현금통화가 있다는 것만을 제외하면 앞서 설명한 고정계수모형과 같아진다. [그림 4-2]는 중앙은행이 1원어치의 *RP*를 매입하여 본원통화를 1원 증가시킬 때 예금이 확장되는 과정을 보여주고 있다.

그림 4-2 | 승수의 창출과정

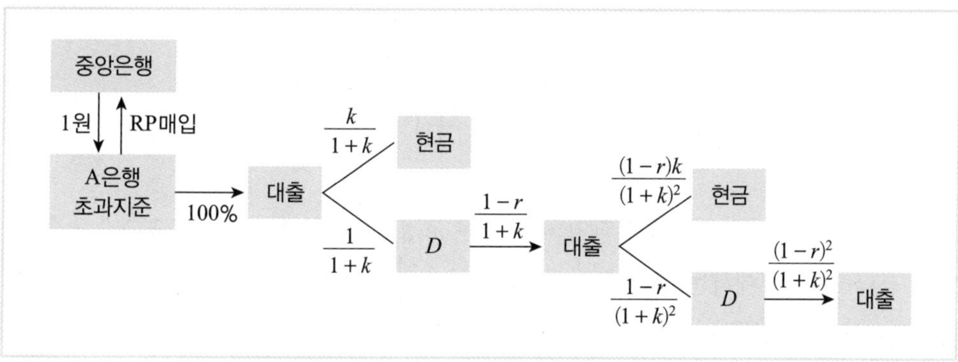

중앙은행이 A은행으로부터 *RP*를 매입하고 1원을 지급하면, A은행은 1원의 초과지급준비금이 생긴다. A은행이 이 돈을 대출하면 이 돈의 일부는 현금(C_1)으로 유통되고 일부는 예금(D_1)으로 다시 은행에 되돌아온다. 즉, 첫 번째 회전에서 $C_1 + D_1 = 1$이 되는데, 현금보유비율 $k = \frac{C_1}{D_1}$이므로 $C_1 = \frac{k}{1+k}$, $D_1 = \frac{1}{1+k}$이 된다. 다시 말하면 첫 번째 회전에서 예금이 $\frac{1}{1+k}$만큼 새로 창출된 것이다. 은행은 새로운 예금 $\frac{1}{1+k}$에 대한 법정지급준비금 $\frac{r}{1+k}$을 제외한 나머지 금액 $\frac{1-r}{1+k}$을 대출하면서 두 번째 회전이 시작되는데, 이 돈 역시 일부는 현금(C_2)으로 남아 유통되고 일부는 예금(D_2)으로 은행에 되돌아오므로 $C_2 + D_2 = \frac{1-r}{1+k}$이 된다. 그리고 그 비율은 앞에서와 마찬가지로 $k = \frac{C_2}{D_2}$이므로

$$C_2 = \left(\frac{1-r}{1+k}\right)\left(\frac{k}{1+k}\right) = \frac{(1-r)\,k}{(1+k)^2}$$

$$D_2 = \left(\frac{1-r}{1+k}\right)\left(\frac{1}{1+k}\right) = \frac{(1-r)}{(1+k)^2}$$

이 된다. 이제 또다시 세 번째 회전에서 D_2에 대한 초과지급준비금 $\frac{(1-r)^2}{(1+k)^2}$이 대출되면 앞에서와 같은 과정을 거쳐 세 번째 회전의 예금은 $D_3 = \frac{(1-r)^2}{(1+k)^3}$이 된다. 이와 같은 과정을 무한히 되풀이하면서 예금이 확장되면, 총예금 증가액은 무한급수의 공식을 적용하여 다음과 같이 구해진다.

$$\begin{aligned} D^{TOTAL} &= D_1 + D_2 + D_3 + \cdots \\ &= \frac{1}{1+k} + \frac{1-r}{(1+k)^2} + \frac{(1-r)^2}{(1+k)^3} + \cdots \\ &= \left(\frac{1}{1+k}\right)\left\{1 + \left(\frac{1-r}{1+k}\right) + \left(\frac{1-r}{1+k}\right)^2 + \cdots\right\} = \left(\frac{1}{1+k}\right)\left(\frac{1+k}{k+r}\right) = \frac{1}{k+r} \end{aligned}$$

이 결과와 고정계수모형의 결과와의 차이는 고정계수모형에서는 예금승수가 $\frac{1}{r}$인 데 반해 통화승수모형에서는 분모에 k가 포함되어 $\frac{1}{(k+r)}$로 줄어들었다는 점이다. 은행이 지급준비금을 보유하면 그만큼 대출이 적어지고 따라서 예금확장과정에서 누출이 발생하는 것과 마찬가지로 일반인들의 현금통화 보유가 늘면 그만큼 은행에 환류되지 않고 예금확장과정에서 누출되기 때문이다. 즉, 고정계수모형의 예금창출과정에서 r이 하던 역할을 이 모형에서는 $(k + r)$이 하고 있는 것이다. $\frac{1}{(k+r)} < \frac{1}{r}$인 것도 결국은 통화승수모형에서 누출액이 고정계수모형에서보다 더 커서 은행산업의 예금창출이 그만큼 적어진다는 것을 의미한다. $k = 0$이면 두 모형의 예금창출액이 같아지게 됨을 알 수 있다. 참고로 $r_e = 0$ 및 $t = 0$을 가정하는 대신에 $r_e = 0$ 및 $r_d = r_t$를 가정해도 같은 결과가 나오는데, 독자 여러분들이 연습 삼아 계산해 보고 그 의미를 음미해 보기 바란다.

이제 계수의 변화가 통화승수에 미치는 영향을 살펴보자. 통화승수 m을 r, k, t에 대해 각각 편미분한 결과는 다음과 같다.

$$\frac{\partial m}{\partial r} = \frac{-(k+1)}{(k+r)^2} < 0$$

$$\frac{\partial m}{\partial k} = \frac{r-1}{(k+r)^2} < 0$$

$$\frac{\partial m}{\partial t} = \frac{-(1+k)(r_t + r_e)}{(k+r)^2} < 0$$

즉, m은 r, k, t가 증가하면 감소한다. r과 k가 증가할 때 m이 감소하는 것은 앞서 설명한 바와 같이 예금창출과정에서 누출되는 비율이 커지기 때문이다. 그리고 t가 증가하면 m이 감소하는데, 그 이유는 통화의 정의와 관련이 있다. 즉, 여기서 M은 정의상 TD를 포함하지 않는다. 따라서 사람들의 저축성향이 높아지면 예금확장과정을 거치면서 창출되는 저축성예금 비중이(요구불예금 대비) 상대적으로 커지는데, 이것이 통화의 정의에 포함되지 않으므로 m이 작아진다. k와 t는 일반 사람들의 행태(현금보유 행태 및 저축 행태)를 나타내는 계수로서 중앙은행이 통제할 수 있는 것이 아니다. 게다가 k와 t가 커질수록 m이 작아진다는 것은 금융시장의 환경이 변하여 중앙은행의 통화정책효과가 저하됨을 의미한다. 반면 r의 경우는 법정지급준비율 r_d, r_t와 초과지급준비율 r_e로 나누어볼 때, 전자는 중앙은행의 통제변수(즉, 정책변수)이고 후자는 은행의 최적화행위 변수(즉, 행태변수)이다. 따라서 법정지급준비율의 변동이 m에 영향을 미친다는 것은 중앙은행이 통화정책수단으로 법정지급준비율을 사용할 수 있음을 의미한다. 그리고 초과지급준비율의 변화가 m에 영향을 미친다는 것은 최적화행위를 통해 은행이 능동적으로 통화량에 영향을 미칠 수 있음을 의미한다. 여기서 은행의 최적화행위란 기업이 효율적 재고관리를 하는 것처럼 은행도 여유자금을 효율적으로 관리한다는 것을 의미하며, 그 과정에서 초과지급준비상태가 변동할 수 있음을 말해 준다.

마지막으로 법정지급준비율의 효과를 다시 한번 살펴보자. 앞서와 같이 $r_e = 0$, $t = 0$을 가정하면 우리의 모형에서 $r = r_d$가 된다. 만일 $r_d = 1$(즉, 100% 지급준비)이면 $m = 1$이고, 만일 $r_d = 0$(즉, 0% 지급준비)이면, $m = 1 + \frac{1}{k}$이 된다. 즉, 통화승수효과는 전자의 경우에 최소가 되고, 후자의 경우에 최대가 된다. 전자의 경우 $m = 1$이란 것은 본원통화 1원의 공급이 1원의 통화공급 증가에 그칠 뿐 은행의 신용창출을 통한 2차, 3차 통화증가가 없다는 것이다. 후자의 경우 k가 감소하면 m이 증가하는데, 특히 k가 0에 수렴하면 m은 무한대에 수렴한다. 이것은 지급준비와 현금보유로 인한 누출이 없을 경우 1원의 본원통화 증가로 은행을 통한 거의 무한대의 신용창출이 가능하고 따라서 통화량이 무한대로 커질 수 있음을 말해 준다.

5. 요약

화폐는 일반적으로 통용되는 교환의 매개수단이며, 회계의 단위이고, 가치의 저장수단이다. 화폐는 상품화폐로부터 금 · 은 등 귀금속의 보관증, 그리고 법정통화로 발전해 왔다. 현대 은행제도의 가장 중요한 특징 중의 하나는 부분지급준비제도라고 할 수 있는데, 이 제도는 모든 예금자가 동시에 모든 예금을 인출하지 않는다는 사실에 착안하여 자연발생적으로 형성되었고 현대적 은행제도가 정착하면서 법정지급준비제도로 발전하였다. 부분지급준비제도에는 예금인출사태 등으로 인한 불안정성이 내재해 있으며, 이를 해소하기 위해 발권력을 가지고 은행들에 대한 최종대부자로서의 역할을 하는 현대적 중앙은행제도가 출현했다. 부분지급준비제도로 인해 은행의 예금 · 대출과정에서 예금이 확장되고 신용이 창출된다. 은행을 통한 2차적 통화의 생성으로 통화승수가 결정되고, 중앙은행은 법정지급준비율 변경 등을 통해 통화량을 조절할 수 있다.

연 | 습 | 문 | 제

01. 화폐의 정의와 기능을 설명하시오.

02. 현대 은행제도의 특징인 부분지급준비제도와 이 제도에 내재된 불안정성을 설명하시오.

03. 고정계수모형에서 승수의 값이 음이 되지 않기 위해서는 $1 - e - s(1 - r) > 0$을 가정해야 한다. 이 가정의 의미를 설명하시오.

04. 통화승수모형에서 본원통화 1원이 증가할 때 총예금증가액은 $D^{TOTAL} = \frac{1}{k+r}$이 됨을 증명하시오.

05. 통화승수모형에서 초과지급준비율과 법정지급준비율의 효과와 그 의미를 설명하시오.

CHAPTER 05

금융중개기능과 관계금융

제4장에서는 예금확장과 신용창출 등 금융의 거시적 중개기능을 살펴보았다. 본 장에서는 금융의 미시적 중개기능에 대해서 살펴본다. 금융기관이 시장에 존재하는 이유는 경제주체들이 필요로 하는 금융서비스를 제공하기 때문이며, 보다 나은 금융서비스를 제공하려는 금융기관의 노력을 통해 효율성 제고가 가능해진다. 금융기관의 서비스 제공, 즉 중개기능 수행은 신용위험, 금리위험 및 환위험 등을 다루는 자산변환기능과 거래비용 감소 및 시장조성 등을 다루는 브로커 · 딜러기능으로 구분되는데, 이러한 중개기능 제공을 가능케 하는 요인으로 규모 및 범위의 경제, 위험관리, 정보의 창출과 전달, 그리고 위임감시 등을 살펴본다. 아울러 금융기관과 기업고객 간 중개기능 제공의 통로 역할을 하는 관계금융을 살펴보고 그 편익과 비용을 논의한다. ■

1. 금융의 역할과 효율성

금융의 기본적 역할은 자금이 공급자로부터 수요자에게로 효율적으로 흘러가도록 하는 것이다. 국가경제의 지속성장을 위해서는 금융이 잘 작동하는 것, 즉 자금공급자의 저축이 자금수요자의 실물투자로 효율적으로 연결되는 것이 필수적이다.

금융의 효율성은 일반적으로 **분배효율성**(allocational efficiency)과 **운영효율성**(operational efficiency)으로 구분된다. 분배효율성은 주어진 저축자원이 여러 투자안 중 생산성이 가장 높을 것으로 기대되는 투자안에 우선적으로 배분됨으로써 달성된다. 다른 조건이 일정하다면, 분배효율성이 높은 금융산업일수록 성공적인 투자가 많을 것이고 결과물의 규모가 커질 것이다. 한편 운영효율성은 저축자원이 실물투자로 연결되는 전 과정에 소요되는 비용이 최소화되는 것을 말한다. 금융서비스 제공은 저축의 동원과 투자대상에 대한 정보분석, 투자, 투자 후 감시 등 수많은 중간과정에서 발생하는 비용을 줄일수록 운영효율성이 높아진다고 할 수 있다. 이들 두 가지 효율성이 달성될 때 주어진 저축자원은 생산성이 가장 높은 부문에 최저의 비용으로 배분됨으로써 투자의 순생산성이 극대화될 것이다.

2. 금융의 구조 : 직접금융과 간접금융

금융시장은 제1장에서 살펴본 바와 같이 다양한 분류가 가능하지만, 금융의 기본 역할인 자금수요자와 자금공급자의 연결이라는 기준에서 직접금융시장과 간접금융시장으로 구분할 수 있다. 이러한 구분은 금융거래가 공급자와 수요자 간에 직접 연결되는지 또는 간접 연결되는지에 따른 것이다. 아래에서 이들 두 가지 연결방법을 약식 대차대조표를 통해 살펴보기로 한다.

첫 번째는 **직접금융방법**이다. 기업이 100만원의 회사채를 발행하여 개인에게 판매하는 경우(개인이 현금으로 회사채를 구입하는 경우)의 거래는 다음과 같이 계리된다.

기업				개인			
차변		대변		차변		대변	
현금	100만원	회사채	100만원	회사채	100만원	순자산	100만원

여기서 자금의 수요자인 기업과 공급자인 개인은 회사채라는 **유가증권**[1]을 통해 법적인 권한과 의무가 서로 연결된다. 기업이 약속한 원금과 이자는 개인에게 직접 전달되고, 기업이 약속을 지키지 못할 때는 개인이 손해를 본다. 물론 이 예는 현실을 단순화한 것이며, 실제의 거래에서는 기업과 개인 사이에 금융투자회사(또는 증권사)가 개입한다. 즉, 증권사는 기업이 회사채를 발행하여 자금을 조달할 때, 기업에 대해서는 증권의 발행과 판매업무를 보좌 또는 대행하고 개인에게는 정보제공과 거래 및 계좌관리 등의 서비스를 제공한다. 그러나 이는 어디까지나 **대리인**으로서의 역할에 그치는 것이며, 기업이 회사채에 약속한 사항들에 대해 책임을 지지는 않는다. 경우에 따라서는 기업과 개인 사이에 다수의 증권사들이 중개자로 개입하지만 거래에 따른 권한과 의무는 기업과 개인 사이에 형성되며, 이들은 단지 브로커기능을 나누어 수행하는 데 불과하다.

두 번째로 **간접금융방법**은 개인에서 기업으로 자금이 이전하는 것은 동일하지만, 법률적인 권한과 의무의 주체가 달라진다. 예를 들면, 개인이 은행에 예금(은행이 개인으로부터 차입)을 하고 기업이 은행으로부터 자금을 차입(은행이 기업에게 대출)하는 경우가 이에 해당된다.

기업				은행				개인			
차변		대변		차변		대변		차변		대변	
현금	100만원	차입	100만원	대출	100만원	예금	100만원	예금	100만원	순자산	100만원

1 제3자 간의 금융거래는 유가증권(financial securities)을 매개로 이루어진다. 유가증권은 자금의 수요자가 공급자에게 향후에 계약조건에 따라 경제적 혜택을 주겠다고 약속한 증서로 정의된다. 자금수요자는 유가증권을 발행하고 자금공급자는 유가증권을 매입하게 된다.

이 경우 개인의 현금 100만원이 기업으로 전달되지만 그 사이에 은행이 개입되었다. 은행은 위에서 살펴본 증권사와는 달리 개인으로부터 자금을 수취하고 자신의 이름으로 예금이라는 부채증서를 발행하여 교부한다. 대출의 경우에도 기업에게 자신의 이름으로 자금을 대출한다. 이 경우 개인과 기업 간에는 법률적인 채권 · 채무관계가 존재하지 않으며, 그 대신 각각 은행을 대상으로 대출과 예금을 매개로 채권 · 채무관계를 갖게 되는 것이다.

간접금융방법에서의 **금융중개기관**(financial intermediaries)은 제1장에서 언급된 바와 같이 **자산변환기능**을 수행한다. 예를 들어, 은행이 개인으로부터 예금(예금자의 자산, 금융기관의 부채)을 단기로 받아 기업들에게 보다 장기로 대출(금융기관의 자산, 기업의 부채)했다고 하자. 이 경우 은행은 한편으로는 안정성과 유동성을 선호하는 예금자의 니즈(needs)를 충족시키고, 또 한편으로는 대출의 만기를 늘려줌으로써 기업이 필요로 하는 자금을 장기로 제공한다. 이 과정에서 은행은 예금을 대출로 바꾸는 자산변환기능을 수행한다.

이러한 자산변환기능이 존재하는 이유는 금융시장에 상이한 금융수요가 존재하기 때문이며, 금융기관은 이러한 금융수요를 충족시키는 과정에서 고객들에게 부가가치를 창출해 주고 이에 대해 일정한 보상을 받는다. 은행과 보험은 자산변환기능을 수행하는 대표적인 금융기관이며, 증권사의 위탁매매업무는 자산의 속성을 변환시키는 것이 아니라 자산의 발행자와 수요자 사이에서 양자를 단순히 연결시켜주는 브로커기능을 수행하는 것으로 이해된다. 자산변환기능과 브로커기능의 중요한 차이는 **위험부담**의 유무이다.

3. 금융기관의 역할

금융기관은 자금의 수요자와 공급자들의 다양한 금융니즈를 충족시키기 위해 존재한다. 만약 이용자들이 스스로 자신들의 욕구를 충족시킬 수 있다면 금융기관은 존재할 이

유가 없다. 결국 금융기관이 존재하는 이유는 현실에서 그러한 욕구 충족이 용이하지 않거나 또는 비효율적이기 때문이라고 할 수 있다.

만약 우리가 처한 환경이 **정보 비대칭성**(information asymmetry)이나 **거래비용**(transaction cost) 등이 없는 **완전시장**(perfect market)이라면, 금융기관은 존재이유가 없어진다. 예를 들면, 자금공급자와 자금수요자가 서로 자신에 적합한 조건으로 차입하고 대여하려는 거래상대방에 관해 완벽한 정보를 가지고 있고, 또한 서로 만나 각자가 원하는 계약을 성사시키는 데 비용이 전혀 소요되지 않는다면, 금융기관은 역할을 찾기 힘들 것이다. 결국 금융기관은 시장이 불완전하기 때문에 존재하는데, **시장의 불완전성**이 다양한 만큼 이들을 해결하기 위해 금융기관들의 다양한 역할이 요구되는 것이다.

이제 금융기관의 정보비대칭성 해결 및 비용절감기능 수행을 직접금융과 간접금융 형태로 구분해서 살펴보자. 우선 직접금융에서 금융기관은 자금공급자에게 자금수요자 및 그가 발행한 증권의 특성에 대한 정보를 제공하고, 자금수요자에게는 시장에서 어떤 형태의 증권이 선호되는지, 발행시기는 언제가 적절한지 등에 관해 조언한다. 더 나아가 발행된 증권을 판매망을 통해 매각하는 기능도 수행하고, 그 후에는 계좌관리서비스 등도 제공한다. 이러한 과정에서 금융기관의 도움으로 인해 자금의 수요자나 공급자가 금융거래를 직접 수행할 때보다 저렴한 비용으로 금융니즈를 충족시킬 수 있다면, 시장참가자들의 거래비용 절감 및 거래규모 확대에 기여하게 되는 것이다.

다음 간접금융에서는 자금의 수요자와 공급자 간의 연결이 양자 사이에 존재하는 금융중개기관이 만들어낸 금융상품에 의해 간접적으로 이루어진다. 예를 들면, 은행예금자는 안전하고 언제나 찾을 수 있는 예금 형태로 은행에 자금을 예치한다. 한편 기업은 만기가 상대적으로 긴 대출금 형태로 은행으로부터 자금을 빌리는 것이다. 만약 기업과 예금자가 직접 거래를 시도한다면 정보비대칭성과 거래비용 문제로 거래가 일어나기 어렵겠지만, 은행이 중간에 개입하여 양자의 요구를 충족시킴으로써 거래가 성사되는 것이다.

이제 간접금융을 담당하는 금융중개기관들이 제공하는 중개기능과 그에 따른 경영위험을 살펴보기로 한다.

3.1 신용위험 중개기능

자금의 수요자와 공급자 간에는 자금수요자의 신용에 대한 정보의 비대칭성이 존재한다. 이 경우 양자가 직접거래방식을 택하면 **시장실패**([Box 5-1] 참조)가 발생하여 자금거래가 일어나지 못할 수 있는데, 이 경우 실제로 건전한 차입자일지라도 거래가 어려워지거나 또는 최소한 과도한 이자를 지급해야 하는 등의 비효율이 발생한다.

이러한 문제는 양자의 중간에서 자신의 책임하에 빌리고 빌려주는, 믿을 만한 제3의 중개자가 있으면 해결될 수 있다. 즉, 자금공급자는 은행을 믿고 돈을 빌려주고, 은행은 빌린 자금을 차입자에게 신용도에 따라 차등금리를 받고 다시 빌려주는 것이다. 특히 자금공급자는 안전한 투자대상에 투자하고 싶을 것이므로 부도위험이 조금이라도 있다고 생각되면 대출을 꺼리겠지만, 만약 금융기관이 중간에 끼게 되면 금융기관의 신용을 보고 거래를 하게 되므로 자금중개가 가능해질 수 있다. 이렇듯 금융중개기관의 존재는 자금의 수요자와 공급자 사이에서 불가능했던 거래를 성사시킬 수 있는데, 이런 기능을 **신용위험 중개기능**이라고 부른다.

Box 5-1 | 정보의 비대칭성과 시장실패

시장에서 거래되는 물건에 대해 매입자와 매도자 간에 상이한 정보를 보유하고 있는 경우 그 시장은 실패한다[2]는 것이 정설이다. 제1장에서 일정한 상품에 관한 가용정보가 가격에 적절히 반영되는 시장을 효율적 시장으로 지칭했다. 한편 정보비대칭성 문제가 존재하면 시장에서 가격이 효율적으로 형성되기 어렵고, 따라서 거래가 일어나지 못하게 되어 **시장실패**(market failure)가 발생한다.

중고차시장의 예를 들어보자. 중고차의 매도자는 오랫동안 차를 사용해 왔으므로 그 품질을 알고 있지만 매입 희망자는 그 차를 사용해 본 적이 없으므로 품질을 판단하기 어렵다. 비록 매입 희망자가 매도자에게 품질에 대해 질문하더라도 품질이 나쁘다는 이야기를 듣기는 어려울 것이다. 매도자는 높은 가격을 받는 것이 목적이므로 비록 품질이 나쁘더라도 진실을 고백할 이유가 없다. 좋다고 거짓말을 해도 그에 따른 징벌이 없기 때문이다. 따라서 매입 희망자는 매도자의 말을 그대로 믿기 어려운 상황에 처하게 된다.

이런 경우 어떤 결과가 초래되는가를 살펴보기 위해 과거의 경험에 의해 중고차시장의 품질 분포가 다음과 같이 알려져 있다고 가정하자.

2 Akerlof(1970) 참조

품질	확률	가치
우량	0.5	1,000만원
불량	0.5	200만원

이 경우 우선 매입 희망자가 평균가치 600만원(= 1,000원 × 0.5 + 200원 × 0.5)을 가격으로 제시했다고 해보자. 이 가격은 일견 타당한 것처럼 보인다. 그러나 우량품질의 차를 갖고 있는 매도자는 자기 차의 가치에 비해 가격이 너무 낮아 매각을 포기할 것이다. 그리고 불량품질의 매도자만 매각을 계속 추진할 것이다. 따라서 매입 희망자가 합리적이라면 이 가격으로는 불량품질의 차밖에는 살 수 없음을 깨닫게 될 것이고, 따라서 200만원을 가격으로 제시하게 될 것이다. 결국 우량품질의 중고차는 시장에서 사라지고 불량품질의 중고차만이 거래되는 **역선택**(adverse selection)이 발생하고, 중고차시장은 **레몬시장**(lemon market)이 된다.

이러한 시장실패는 내구재시장에서 흔히 찾아볼 수 있다. 그리고 이러한 시장실패를 보정하기 위한 여러 가지 제도를 관찰할 수도 있다. 중고차의 **품질인증제**는 중고차 품질을 제3자가 인증케 함으로써 우량 중고차의 정보전달을 촉진시킨다. 약사, 의사, 변호사, 건축사 등의 자격증제도, 신입사원 채용에서의 다양한 선별장치, 기업의 브랜드 이미지에 대한 지속적 투자 등도 유사한 예가 된다.

정보의 비대칭성이 아주 강한 시장 중의 하나가 금융시장이다. 돈을 빌리는 사람은 자기가 우량고객이라고 주장하겠지만 그 주장이 옳은지는 시간이 지나가야 비로소 확인된다. 주식의 **상장제도**, 채권의 **신용등급제도**, **정보공시제도** 등은 모두 금융시장의 레몬시장화를 방지하기 위한 수단으로 이해할 수 있다.

결국 금융기관들은 금융시장에서 상품의 품질을 선별할 수 있는 전문능력을 갖춤으로써 정보비대칭성으로 인한 시장실패를 방지하고 거래가 원활하게 이루어지도록 하는 역할을 수행한다.

물론 이런 기능을 아무나 제공할 수 있는 것은 아니다. 우선 자금공급자가 자금을 믿고 맡길 수 있는 경제주체라야 하고, 조달된 자금을 위험한 곳에 투자하는 경우 투자대상에 대한 정보비대칭성 문제를 해결할 수 있어야 한다.[3] 이러한 정보능력은 투자대상에 대한 정보를 취득하고 분석할 수 있는 능력으로 현실에서는 심사분석능력이라고 부른다. 이 밖에도 금융기관은 대출과 투자의 미래성과를 사전에 예측하여 이를 의사결정에 반영하거나 분산투자를 통해 위험을 감축하고, 투자 후에도 감시기능을 지속적으로 수행할 수 있어야 한다. 금융중개기관의 투자 후 감시자 역할을 **위임감시자**(delegated monitor)

3 Leland and Pyle(1977)은 금융기관 주주들의 지분투자가 금융기관 보유자산의 질적 수준을 신호함으로써 정보비대칭성 문제 해결에 기여한다는 모형을 제시하였다. 이 부분은 본 장 4.2.1에서 다시 설명된다.

역할[4]이라고 부른다.

금융기관이 이러한 중개기능 수행을 통해 추구하는 것은 이익이며, 고도로 훈련된 전문가를 보유함으로써 이러한 능력을 강화하고자 노력한다. 금융중개기관이 다루는 자산과 부채의 평균 신용위험의 차이가 커질수록 기대수익은 확대되겠지만, 그에 따른 위험 또한 커질 것이다. 결국 기대수익과 위험 간의 조합은 개별 금융기관의 전략적 선택이 되는 것이다.

3.2 만기중개기능

자금의 수요자와 공급자가 원하는 만기가 서로 일치하지 않을 경우 거래는 성립하지 않는다. 예를 들면, 장기 시설투자자금이 필요한 기업과 언제든지 찾을 수 있는 조건으로 돈을 빌려주고자 하는 개인 간에는 거래가 일어나지 않는다. 그러나 금융중개기관이 중간에서 고객이 원하는 만기의 상품을 제공함으로써 거래의 상대방이 되어 주면 자금거래가 일어날 수 있다. 이러한 서비스를 **만기중개서비스**라고 부르는데, 금융기관이 다수의 고객을 다루다 보면 고객들이 원하는 만기가 서로 일치할 수도 있다. 그러나 만기불일치가 존속되는 경우에는 스스로가 시장에서 거래를 통해 수정할 수 있고, 나머지 위험은 파생금융상품 거래를 통해서 헤지할 수 있다.

비근한 예가 **주택담보대출**(모기지론 : mortgage loan)이다. 과거 모기지론은 소득에 비해 대출규모가 큼에도 불구하고 만기를 3년 또는 5년 정도로 한정함으로써 주택구입 의사가 있지만 자금이 부족한 잠재대출자들을 대출대상에서 제외시키는 경우가 흔하였다. 그러나 요즘의 모기지론은 20년 또는 그 이상의 장기대출을 기본으로 함으로써 저축된 자금이 충분치 않은 사람들도 '자금축적 후 구입'이 아닌 '구입 후 장기간 상환' 방식으로 주택구입이 가능하게 되었다.

한편 단기자금으로 장기대출을 하거나, 장기자금으로 단기대출을 하는 만기중개기능으로 인해 금융중개기관은 금리위험과 유동성위험을 부담하게 된다. 금융기관은 시장금

---

4 Diamond(1984) 참조

리의 불확실성과 예금자들의 불확실한 자금인출 수요로 인해 발생하는 위험을 대출의 증권화, 파생금융상품 등을 활용하여 관리할 수 있는데, 이를 얼마나 잘 관리하는가가 금융기관의 경쟁력을 좌우하고 더 나아가 생존에도 영향을 끼치게 된다.

3.3 금리위험, 환위험 및 액면조정기능 중개기능

자금 수요자와 공급자의 거래조건이 여러 면에서 일치해도 원하는 이자지급 방법이 상이할 때에는 거래의 성사가 어려울 수 있다. 이런 경우 금융기관이 중간에서 변동금리 또는 고정금리의 설정을 원하는 형태로 맞추어 줄 수 있다. 자금거래자가 선호하는 금리결정 방법의 차이는 금리가 어느 한 방향으로 움직일 때 특히 중요해진다. 이러한 금리위험 중개서비스 제공의 결과 금융기관은 금리위험을 부담하게 된다.

자금거래 양 당사자가 원하는 통화가 다른 경우에도 금융기관이 문제를 해결해줄 수 있다. 그 결과 금융기관의 자산과 부채가 서로 다른 통화로 표시되면 환위험에 노출되며, 따라서 이에 대한 효율적 관리방안이 필요하다.

금융기관은 자금의 수요자와 공급자가 원하는 규모 차이에 따른 문제도 해결한다. 일반적으로 소액을 모아 거액의 대출 또는 투자로 연결하는 역할을 하는 것이다. 각종 펀드상품의 경우, 소액투자자들의 투자금액을 모아 큰 규모의 펀드를 만들고 따라서 단위당 거래규모가 큰 상품에의 투자 내지 분산투자를 가능케 한다.

3.4 거래비용의 감소

금융기관은 이용자들의 거래비용을 낮춘다. 간단한 예로, 부산에 계신 어머님이 서울에 유학 중인 아들에게 생활비를 보내는 경우를 고려해 보자. 어머님이 직접 전달해 주고자 할 때의 시간과 금전적 비용을 고려하면 은행의 송금수수료 1,000원은 무시할 정도로 낮다. 이와 같이 금융시장 참가자들이 금융거래를 각자 수행하는 것보다 금융기관을 이용할 때 비용이 최소화될 수 있다. 또 다른 예로 주식투자를 위한 의사결정 시 자신이 직접 정보를 수집 · 분석하고 분산투자하고 모니터링을 하는 시간과 비용을 고려하면 일정한 수수료를 부담하더라도 전문가에게 위임하는 것이 유리할 수 있다.

금융기관이 거래자들의 거래비용을 낮추어 줄 수 있는 것은 **정보 수집 및 분석**, 거래비용 등에서 **규모의 경제**(economies of scale)와 **범위의 경제**(economies of scope)가 존재하기 때문이다. 규모의 경제는 특정 서비스를 제공할 때 고정비용이 존재하므로 생산량이 많아질수록 단위당 원가가 감소하는 현상을 의미한다. 범위의 경제는 기존의 시설로 서로 연관된 상품을 추가로 생산할 때 단위당 비용이 낮아지는 현상을 의미한다.

고객의 금융거래비용을 낮추어 주는 것이 금융기관의 한 가지 존재이유[5]가 되겠지만, 고객을 만족시키기 위해서는 금융기관의 비용 증가가 초래된다. 고객의 편익 증대에 따른 수입 증가가 그에 소요되는 비용 증가보다 적다면 고객은 이득이라도 금융기관은 손해를 보게 되어 지속가능하지 않다.

4. 금융중개기능 수행능력

본 절에서는 금융기관들이 중개기능을 수행할 수 있는 배경에 대해 논의한다. 즉, 금융기관이 중개기능을 수행함으로써 시장에 존재한다고 할 때, 무엇이 금융기관으로 하여금 중개기능을 수행할 수 있도록 하는가를 살펴본다. 금융기관이 앞에서 설명한 중개기능을 수행하는 것은 이들이 시장의 다른 경제주체들보다 중개기능 수행상 비교우위가 있기 때문일 것이다. 그렇다면 이러한 비교우위가 가능한 이유는 무엇인가? 아래에서 이를 위험관리, 정보의 창출과 전달, 위임감시기능 등으로 구분하여 살펴본다.

5 금융기관의 거래비용 감소 역할은 Benston and Smith(1976) 참조

4.1 금융기관의 위험관리

4.1.1 위험부담 수준의 결정

금융기관의 수익성 추구는 금융기관이 영속기업으로 고객의 욕구를 충족시키면서 존립해 가는 데 없어서는 안 되는 것이나 위험이 수반된다는 문제가 있다. 안전성을 약속하고 조달한 자금으로 부실가능성이 있는 대출을 공여하는 것은 대출고객에게는 유용한 서비스가 될지라도 스스로가 부실위험을 부담해야 하는 것이다. 게다가 금융기관은 단기로 자금을 조달하여 장기로 대출함으로써 대출고객이 자금을 오랫동안 안정적으로 사용할 수 있게 해주지만, 이에 따른 자산과 부채 간 만기불일치로 말미암아 금리위험과 유동성 위험에 노출된다. 따라서 금융기관 입장에서는 이렇게 부담한 위험을 잘 관리하는 것이 매우 중요하다는 점은 앞에서 설명한 바와 같다.

금융기관의 위험관리가 중요한 과제이나, 위험을 완전히 제거하는 것만이 능사는 아니다. **금융기관의 존재이유**는 자금의 수요자와 공급자 사이에서 이들이 피하고자 하는 위험을 대신 부담하는 데 있으며, 금융기관은 그 대가로 수익을 얻게 된다. 위험부담을 영(0)으로 하는 것은 고객에게 서비스를 하지 않음을 의미하는데, 이는 수익의 원천을 제거하는 것이므로 이러한 전략이 장기화될 경우 금융기관의 존재이유가 상실될 수 있다.

금융기관의 최적 위험부담 수준의 결정은 스스로가 감당할 수 있는 자본금 수준 및 고객 서비스의 내용 등과 연관된다. 일정한 금융서비스를 제공함에 있어서 금융기관은 자본금 수준과 전문성 등을 고려하여 자신이 부담할 수 있는 위험 수준을 정하고 이를 토대로 고객에 대한 서비스 내용을 결정해 나가는 것이 올바른 접근방법이 될 것이다. 한편 금융기관의 최적 위험부담과 고객이 요구하는 위험부담이 상충될 때는 고객의 욕구 충족에 필요한 서비스를 적절한 가격을 책정하여 우선 제공한 후에, 그로 인해 발생하는 과도한 위험은 금융시장에서 파생금융상품 거래 등을 통해 해소해 나가는 것이 바람직한 방법이다.

4.1.2 위험의 분산효과 추구

현대 포트폴리오 이론의 공헌을 꼽는다면 무엇보다 포트폴리오 분산을 통해 위험을 낮출 수 있음을 깨우쳐 준 것이라 할 수 있다. 금융기관은 다수의 고객에게 대출하는 과정에서 자연스럽게 **분산효과**(diversification effect)를 누리게 되는데, 이러한 위험분산은 금융기관 위험관리의 중요한 기반을 제공한다.

예를 들어 설명해 보자. 당신이 1,000만원을 투자하는데, 〈방법 A〉 전액을 모두 한 개의 자산에 투자하는 방법과 〈방법 B〉 10만원씩 100개의 자산에 나누어 투자하는 방법 중에 어느 것을 선택할지 고민이다. 개별 자산의 성공확률은 90%이고 실패확률은 10%이며, 성공하면 120%를 회수하지만 실패하면 한 푼도 회수하지 못한다고 하자. 그리고 자산들 간의 성공과 실패는 상호 독립적으로 결정된다고 하자. 여기서 〈방법 A〉와 〈방법 B〉 모두 기대수익률은 0.9 × 120% − 1 = 8%가 된다. 그러나 위험은 한 개의 자산에 투자하는 〈방법 A〉의 경우가 훨씬 크다. 한 개의 자산에 투자하는 경우, 운이 좋으면 1,200만원을 벌지만(순이익 200만원) 운이 없으면 한 푼도 회수하지 못하게 되어(순손실 1,000만원) 투자위험이 매우 크다. 한편 100개의 자산에 10만원씩을 나누어 투자하는 〈방법 B〉의 경우에는 거의 확실하게 1,080만원을 회수하게 된다(순이익 80만원). 상관계수가 영(0)인 상황에서 개별 자산들 간 성공과 실패가 혼재되어 대체로 평균값을 회수하게 되기 때문이다. 이 경우 투자위험은 크게 낮아진다. 이 예에서와 같이 일정한 투자포트폴리오(여기서는 1,000만원)에 포함된 자산의 수가 늘어나면서 투자위험이 줄어드는 것을 **위험의 분산효과**라고 부른다.

마찬가지로 은행이 일정한 금액을 여러 고객들에게 조금씩 나누어 대출하는 경우에도 위험의 분산효과가 발생한다. **소매금융**(retail banking)을 취급하는 은행에서 이런 현상을 찾아볼 수 있으며, 대규모 대출 프로젝트에 참여하는 은행들이 **신디케이트**(syndicate)를 구성하는 중요한 이유도 위험분산효과를 추구하기 위한 것이다.

한편 대출포트폴리오의 분산은 거래비용의 증가를 초래한다. 다시 말해서 일정한 대출금 총액을 보다 많은 수의 대출고객에게 공여하는 경우, 개별 대출고객의 신용조사에서부터 대출금 처리과정 및 사후관리에 이르기까지 다양한 거래비용이 대출고객의 수가 늘어나면서 증가하게 된다. 물론 이러한 거래비용의 증가는 분산효과를 상쇄하는 효과를 지닐 것이므로 양자의 비교를 통한 선택이 요구된다.

Box 5-2 | 위험분산효과와 시스템리스크[6]

앞의 위험의 분산효과는 대출자산(또는 투자자산)수가 늘어나면서 발생한다. 그런데 여기서 한 가지 중요한 사실은 총대출금액(또는 투자금액)이 일정한 것이다. 비록 대출자산의 수는 늘어나지만 총대출금액은(예에서 1,000만원으로) 일정한 것이다. 다시 말해서 위험분산효과란 것이 기본적으로 대출자산 수가 늘어나면서 총대출금액을 유지하기 위해 개별 대출규모가 반비례해서 작아지는 경우에 발생한다. 이러한 사실은 두 가지를 시사한다. 첫째, 개별 대출의 규모가 작아지는 상황에서 개별 기업의 자금수요 규모가 변하지 않았다면 경제 내에 그만큼 다른 대출자들이 존재해야 한다. 다시 말해서 우리가 통상적으로 생각하는 대출의 분산효과가 가능하기 위해서는 일정한 대출을 많은 은행들이 작은 규모로 나누어 대출할 수 있어야 하는데, 이때 함께 대출에 참여하는 은행들이 꼭 필요하다는 것이다. 둘째, 금융회사의 한 기업에 대한 대출규모가 일정하게 유지되는 상황에서 대출자산의 수가 늘어나면 금융회사의 총위험은 늘어나게 된다. 이는 마치 경제가 성장하면서 자산 수가 늘어나면 경제 전체의 위험 또한 늘어나는 것과 같다. 우리는 이러한 경제 전체의 위험을 시스템리스크(systemic risk)라고 부른다. 여기서 간단한 예를 사용하여 이러한 점들을 살펴보자.

우선 경제 전체의 총대출금액이 200원으로 일정하다고 하자. 경제 내에 두 개의 금융회사가 있는데, 금융회사 1과 2는 각각 100원씩을 대출하고, 회사 A와 B는 각각 100원씩을 수요한다. 회사 A와 B의 수익률 간 상관계수는 0이고, 수익률의 위험(표준편차)은 $\sigma_A = \sigma_B = 100\%$이다. 금융회사 자기자본 요구비율은 위험가중자산(= 대출금 × 위험)의 10%이다. 아래에서 ① 두 금융회사 각각이 기업 한 개씩을 맡아 지원하는 자산집중의 경우와 ② 각각의 금융회사가 두 개의 기업 모두에게 반씩 나누어 대출하는 분산대출의 경우를 비교한다.

① 자산집중

기관＼자산	회사 A	회사 B	위험(σ)	자기자본요구(RWA의 10%)
금융회사 1	100원		1	10원
금융회사 2		100원	1	10원

② 분산대출

기관＼자산	회사 A	회사 B	위험(σ)	자기자본요구(RWA의 10%)
금융회사 1	50원	50원	$\sqrt{0.5}$	7.07원
금융회사 2	50원	50원	$\sqrt{0.5}$	7.07원

6 이 BOX는 2016년 3월 『금융연구』에 게재된 윤석헌 · 박래수의 논문 "금융기관 통합의 도산확률 및 시스템리스크 확대 효과"를 참조하였다.

②에서 회사 A와 B의 자산수익률 간 상관계수가 영(0)이므로, 금융회사 1과 2는 각각 분산대출로 위험을 줄일 수 있다. 따라서 자기자본요구액이 감소하고 대출여력이 확대되었다.

여기서 개별 금융회사의 총대출금액이 일정한 상황에서 타 금융회사와의 중복지원이 위험분산효과 창출의 필요조건임을 알 수 있다. 관련하여 두 가지에 주목할 필요가 있다. 첫째, 금융권 전체의 위험, 즉 시스템리스크(systemic risk)는 금융회사들의 분산투자 여부에 관계없이 동일하다. 즉 ①과 ②의 경우에 금융권 전체의 위험이 같은 것이다. 위험이 원천적으로 자산 측으로부터 발생하는데 이 점에서 두 시나리오 간 차이가 없기 때문이다. 둘째, 불완전 상관성으로 인한 위험분산효과가 ①의 경우에는 금융회사들 사이, 즉 외부에서 발생하고 ②의 경우에는 금융회사의 내부에서 발생한다.

이제 금융회사 1과 2가 통합하여 새로운 금융회사 3이 되는 경우를 살펴보자. 금융회사 3은 대형화되어 시스템적으로 중요한 금융회사(SIFI)로 지정됨으로써 자기자본 추가요구가 적용될 수 있다. 이를 반영하여 두 가지 경우를 고려한다. 우선, SIFI가 아닌 ③에서는 통합금융회사인 금융회사 3에 대한 자기자본요구는 위험가중자산(RWA) $\times 0.1 = 200$원 $\times \sqrt{0.5} \times 0.1 = 14.14$원으로 ②에서 두 기관에 대한 자기자본요구의 합과 같다. 그런데 만약 통합금융회사가 SIFI로 간주되어 예로, 1%의 자기자본을 추가로 요구받는 경우에는 ④에서처럼 자기자본요구가 RWA $\times 0.11 = 200$원 $\times \sqrt{0.5} \times 0.11 = 15.56$원으로 증가한다.

③ 기관통합 : SIFI가 아닌 경우

기관＼자산	회사 A	회사 B	자기자본요구(RWA의 10%)
금융회사 3	100원	100원	14.14원

④ 기관통합 : SIFI인 경우

기관＼자산	회사 A	회사 B	자기자본요구(RWA의 11%)
금융회사 3(=SIFI)	100원	100원	15.56원

4.1.3 공동보험과 위험의 인수

공동보험(co-insurance)은 참가자들이 글자 그대로 서로의 위험을 보호해 주는 방법이며, 가장 기초적인 보험의 형태이다. 공동보험의 가장 간단한 형태로 다음과 같은 예를 고려해 볼 수 있다.

어느 동네에 1,000가구가 살고 있다. 주민들은 자신들의 가옥이 화재위험에 노출되어 있음을 우려하여 상호보험의 방법으로 서로를 보호하기로 하였다. 그래서 과거 경험을 살펴본 바, 지난 100년간 매년 1건 정도의 화재가 발생한 것을 알게 되었다. 일단 화재가 발생하면 가옥이 전소하는데, 그 손실은 대략 1억원에 달한다. 따라서 매년 가구당 지불해야 하는 보험료는 다음과 같이 가구당 10만원으로 계산된다.

화재발생 1가구 × 1억원 ÷ 1,000가구의 분담 = 10만원/가구

따라서 이 동네 주민들은 매년 가구당 10만원씩을 화재보험료로 지불하고, 이 돈을 모아 화재가 발생하는 가구에게 지급해 줌으로써 평균적으로 화재위험으로부터 보호될 수 있다.

그러나 이것은 어디까지나 평균의 개념이며, 만약 어떤 해에 평균보다 많은 화재가 집중적으로 발생한다면 어떻게 할 것인가? 이러한 일은 가뭄이 심한 해라면 충분히 가능할 것이다. 예로, 어떤 해에 3가옥에 화재가 발생한다면 어떻게 할 것인가? 또 10가구가 화재로 가옥을 잃는다면 어찌 하겠는가? 이러한 손실은 주민들이 10만원씩 내는 것만으로는 대응할 수 없고 대규모 자금력을 지니고 다기간 보험업을 영위하는 화재보험회사의 위험부담 역할이 요구되는 것이다. 여기서 화재위험의 부담 또는 **인수**(underwriting) 기능이 보험의 핵심 기능으로 부각되는데, 이는 공동보험만으로 대응하기 어려운 추가적인 기능이다. 화재보험회사는 화재가 발생하지 않는 해에 모아놓은 보험료를 확률은 낮지만 대형 화재가 발생하는 해의 보험금지급 수요에 갈음하게 된다.

공동보험은 동네 주민들이 공동으로 화재발생으로 인한 **예상손실**(expected loss)을 커버하는 것이다. 따라서 만약 이 동네의 화재발생 건수가 연평균 1가구에서 1.2가구로 늘어난다면, 개별 가구들이 부담하는 보험료 인상으로 대처할 수 있다. 그러나 이러한 공동보험 방식은 화재발생으로 인한 **예상 밖의 손실**(unexpected loss)을 다루는 데는 한계가 있으며, 특히 화재발생률이 높아지면서 화재의 예상 밖의 손실을 커버하기 위해서 대형 보험사가 필요하게 된다.

이상에서 논의한 분산효과나 상호보험효과를 현실에서 실현시키기 위해서 금융기관은 위험관리능력 외에도 규모가 중요하다. 은행의 대출포트폴리오를 다양한 자산에 분산하기 위해서는 상당한 규모의 자금이 있어야 하며, 화재손실의 기대값을 벗어나는 예상 밖의 손실을 커버하기 위해서도 대규모 자금이 요구된다. 이런 점에서 금융기관의 위험관

리능력에 일정 부분 규모의 경제가 존재한다고 말할 수 있다.

4.2 정보의 생산과 전달

4.2.1 정보의 공공재적 성격

당신 친구 영미는 중고차 한 대를 구입하고자 하는데, 중고차시장이 레몬시장([Box 5-1] 참조)이라는 말을 듣고는 중고차에 대해 공부하기 위해서 새나라 정보회사가 발간한 책『중고차 길라잡이』한 권을 만원에 사서 탐독하기 시작하였다. 그러더니 곧 중고차 박사가 되어 저렴하지만 성능이 우수한 중고차를 싼 값에 구입하는 데 성공하였다. 이 소식을 듣고 당신은 영미에게『중고차 길라잡이』책을 좀 빌려달라고 하여 공부하기 시작하였고 역시 싼 가격에 성능이 우수한 중고차 한 대를 골라 살 수 있게 되었다. 그래서 당신과 영미는『중고차 길라잡이』책이 갖고 있는 좋은 정보에 대해 칭찬을 아끼지 않았다. 결국 당신은 영미 덕분에 괜찮은 중고차를 구입하였을 뿐만 아니라 안내책자 구입비용까지 절약한 것이다.

위의 이야기는 정보가 **공공재**(public goods)적인 성격을 지닌다는 점을 잘 드러내고 있다. 중고차 정보를 담은『중고차 길라잡이』를 구입한 영미는 책의 정보가치를 충분히 활용한 연후에 이를 당신에게 무상으로 공여하여 결과적으로 당신은 책값을 지불하지 않고서도 정보를 이용할 수 있게 된 것이다. 여기서 주목할 점은 영미가 책을 먼저 사용한 것이 책의 정보가치를 손상하지 않는다는 점, 그리고 당신이 책의 정보를 사용하는 것이 거꾸로 영미에게 부정적인 영향을 미치지 않는다는 점이다.

이런 상황에서 정보의 생산기관은 마치『중고차 길라잡이』를 발간한 출판사처럼, 매출이 늘지 않고 결국 시간과 노력을 들여 창출한 정보로부터 충분한 대가를 얻기가 어려워진다. 공원이나 도로 건설 등 공공재의 공급이 일반적으로 이러한 속성을 지니는데, 이들은 누구나가 필요로 하는 재화이나 막상 이들을 건설하려면 소위 무임승차(free riding) 유인이 발생한다. 즉, 스스로가 공원이나 도로의 건설에 필요한 비용을 부담하지 않고 남들이 비용을 부담하여 건설하면 이용만 하려는 유인이 발생하는 것이다. 사람들이 생산된 정보를 무료로 얻으려는 무임승차 유인이 팽배한 상황에서는 정보를 생산하더라도 보상을 받기 어렵게 되므로 정보의 생산은 제약될 수밖에 없다.

그렇다면 이러한 문제를 어떻게 해결할 것인가? 이러한 문제의 해결을 위해서는 정보를 사유물화하여 판매할 수 있도록 하거나 또는 정보생산을 제도적으로 보상하는 방안을 고려해 볼 수 있다. 예컨대, 은행이 기업고객들을 분석한 정보를 책으로 만들어 판매하는 대신 정보를 토대로 대출포트폴리오를 구성하고 은행의 지분을 판매한다면 정보유출이라는 무임승차를 예방할 수 있다.

그러나 여기서 '은행이 생산한 정보를 과연 믿을 수 있는가?' 또는 '정보창출기관은 스스로가 생산한 정보에 어떻게 신뢰성을 부여할 것인가?' 라는 문제가 대두된다. 은행 스스로 '우리가 생산한 정보는 매우 큰 가치가 있다' 라고 주장한다 해도 말만으로 이를 믿어줄 사람은 아무도 없을 것이다. 그러나 만약 이것이 거짓으로 드러날 경우 은행이 큰 비용을 지불하게 될 뿐 아니라 시장이 이를 깨닫게 된다면, 시장은 은행의 말을 귀담아 듣게 될 것이다. 따라서 은행은 시장으로 하여금 자신의 말 또는 신호(signal)를 믿을 수 있게끔 무언가를 보여주거나 제공해야 한다.

이런 상황에서 만일 은행이 스스로가 생산한 정보를 토대로 대출포트폴리오를 구성하고 이에 대한 지분을 판매함으로써 정보를 사유물화하되, 스스로가 일정량의 지분을 보유한다면, 무임승차의 문제를 극복할 수 있고 아울러 외부투자자들에게 **정보의 신뢰성**을 부여할 수 있게 된다.[7]

이 과정을 다시 한 번 순차적으로 살펴보기로 하자. 첫째, 금융기관은 자신이 생산한 정보를 판매하는 대신 이를 대출포트폴리오 구성에 활용함으로써 시장에서 무임승차가 일어나지 못하도록 한다. 둘째, 금융기관의 소유경영자가 지분을 스스로 보유함으로써 생산한 정보가 우량한 정보라는 것을 시장에 적극 알린다. 결과적으로 시장은, 만약 정보가 우량하지 않았다면 금융기관은 그런 대출을 하지 않았을 것임을 깨닫게 되고 따라서 소유경영자의 지분보유를 우량정보의 신호로 받아들이게 되는 것이다. 즉, 시장은 금융기관이 생산한 정보가 우량한 것으로 드러났기에 대출을 제공했다는 것을 믿게 되는 것이다. 결국 은행은 정보를 생산하고 이것을 설득력 있게 시장에 제공할 수 있게 된다.

---

7 Leland and Pyle(1977) 참조

4.2.2 은행의 정보서비스 우위

은행은 금융시장 내의 다른 자금공급자들에 비해 정보생산 면에서 우위를 차지하는 것으로 알려지고 있는데, 그 이유는 다음과 같다. 첫째, 은행은 대출업무를 본업으로 수행하는 과정에서 고객의 신용정보에 접근해 있으며, 이러한 정보가 집중됨에 따라 정보의 수집 · 분석과 관련된 규모의 경제와 범위의 경제를 향유하게 된다. 둘째, 은행은 고객의 영업과 관련하여 습득한 정보를 시장에 노출시키지 않는 관행 내지 특성, 즉 **정보의 비밀**(confidentiality)**을 보장**한다는 명성을 지니고 있는데, 이것이 정보습득을 용이하게 만든다. 기업이 자금을 직접금융시장에서 조달하는 경우에는 그 과정에서 전략 관련 정보의 노출이 불가피할 것이고 따라서 경쟁사로의 정보유출 가능성이 우려되지만, 은행은 비밀을 보장해 줌으로써 전략 관련 정보의 유출을 우려하지 않아도 되는 것이다. 셋째, 은행은 전문적인 정보생산능력을 지니고 있으므로 고객 입장에서 자신의 정보를 전문가인 은행에게 전달하는 것이 전문성이 결여된 다수의 대중에게 전달하는 것보다 용이할 것이다. 특히 우량정보를 지니고 있는 고객일수록 더욱 그렇게 생각할 것이다. 마지막으로, 은행은 고객과 거래관계를 지속해 나가는데, 그 과정에서 자연스럽게 정보생산 면의 우위를 유지할 수 있다. 은행은 고객들이 은행에 설치하고 있는 지급결제계좌(요구불예금) 내역으로부터 기업의 현금 보유 및 지출 행태 등을 손쉽게 파악할 수 있고, **보상예금**(compensating balance)이나 당좌거래 또는 **대출약정계약**(line)을 유지하는 경우에도 관련 정보를 용이하게 취득할 수 있다.

4.3 위임감시기능 : 감시비용의 절감

[그림 5-1]에서 어떤 금융시장에 3인의 자금공급자와 3인의 자금수요자가 있다고 하자. 그리고 1인의 자금공급자가 1인의 자금수요자를 감시하는 비용을 k라고 하자. 좌측의 직접금융시장에서는 3인의 자금공급자가 3인의 자금수요자 각각을 모니터해야 하므로 총 $9k$의 **감시비용**이 소요된다. 그리고 이 총비용을 3인으로 나누면 자금공급자 1인당 비용은 $3k$가 된다. 여기서 자금공급자 개인은 다른 자금공급자도 동시에 모니터링을 하

그림 5-1 | 금융기관의 감시비용 절감

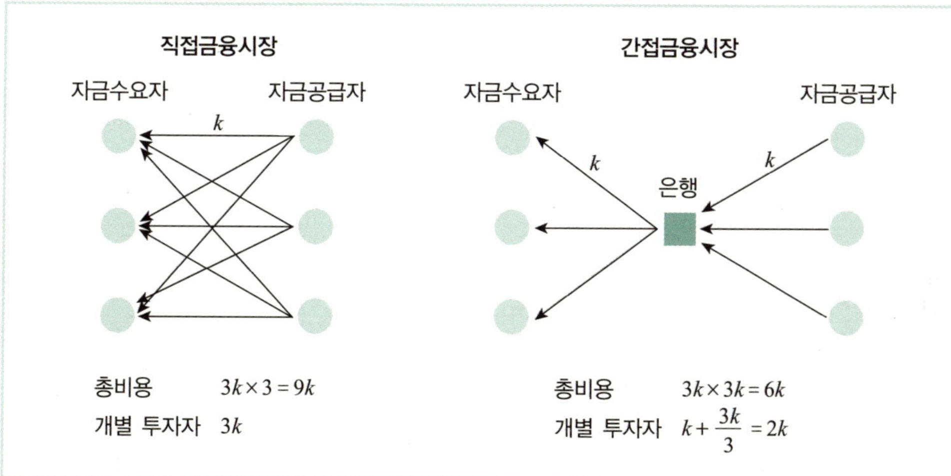

고 있다는 사실을 알지 못하거나 설혹 안다고 하더라도 그를 믿지 못하여 모니터링을 직접 하는 것으로 가정하였다.

한편 우측의 간접금융시장에서는 은행이 중간에서 자금수요자들을 감시한다. 따라서 비용은 $3k$가 발생한다. 그러나 금융기관이 맡은 일을 제대로 하는지를 자금공급자들이 다시 감시해야 하므로 $3k$가 추가로 발생하여 경제 전체적으로 감시비용은 $6k$가 된다. 여기서 금융기관이 감시를 대행하는 우측에서 자금공급자 1인의 부담은 $2k(= 6k/3)$로 감소함을 알 수 있다. 결론적으로 왼쪽과 오른쪽 그림을 비교할 때, 금융기관은 자금의 공급자와 수요자 사이에 위치함으로써 감시비용의 절감에 기여함을 알 수 있다.

감시기능은 일종의 공공재로 만일 누군가가 감시기능을 수행하면 다른 모든 투자자들도 이득을 보게 된다. 한편 감시는 개인투자자 입장에서는 비용이 과다하여 직접 수행하기 어렵다는 문제가 있다. 따라서 소액주주들이 실제로 기업을 감시할 유인은 작고 오히려 무임승차 유인이 클 수밖에 없다. 이런 상황에서 자금수요자에 대한 모니터링은 그 성과로부터 큰 영향을 받는 자(large stakeholder)가 담당하는 것이 타당성을 지닌다. 예컨대 은행은 대출이 주 수익원이므로 대출기업의 성패에 관심을 갖게 되고 따라서 대출기업을 감시할 유인이 클 수밖에 없다. 게다가 앞에서 언급한 바와 같이, 은행의 정보능력과 전문성은 대출기업에 대한 감시를 효율적으로 수행하는 데 도움이 된다.[8]

결국 가계는 은행에 예금을 하면서 기업에 대한 감시를 은행에게 위임하고, 은행은 대출의 성패가 생존을 좌우하는 까닭에 **위임감시기능**(delegated monitoring function)을 효과적으로 수행하게 되는 것이다.

5. 관계금융

관계금융(relationship banking)이란 은행과 고객이 거래관계를 장기간 유지하는 가운데 서로 간에 사적 정보의 흐름이 촉진되고 신뢰가 형성되어 은행이 기업고객에게 시장의 제3자와는 차별되는 조건으로 금융서비스를 제공하는 것을 말한다. 이러한 관계금융은 대체로 은행에 의한 기업정보의 독점과 당사자 간 암묵적 장기약정이라는 성격을 지니며, 이들을 토대로 은행과 기업 간 계약의 유연성 확보, 담보요건 완화, **금리평활화**,[9] 정보의 재사용을 통한 거래비용 절감 등 긍정적인 효과가 초래된다. 결국 관계금융은 오랜 기간 금융기관과 고객 간 이해가 서로 맞아 떨어짐으로써 서로에게 가치를 지니게 될 뿐만 아니라 경제 전체적으로도 효율성 증진을 통해 가치창출에 기여하는 것으로 이해된다.

5.1 관계금융의 증거

그렇다면 이러한 관계금융의 존재를 확인할 수 있는가? 파마(Fama, 1985)는 "은행은

8 금융중개기관의 정보능력과 전문성으로 인한 분석 및 감시능력에 규모 및 범위의 경제가 존재한다는 점을 감안하면, 상기 예에서 자금공급자 1인당 부담해야 하는 감시비용은 $3k$보다 작을 것이다.

9 여기서 금리평활화(interest rate smoothing)란 은행이 일정 기업고객에게 적용하는 대출금리가 시장금리 변동분을 즉시에 전액 반영하지 않고 장기간에 걸쳐 고르게 반영하는 현상을 말한다. 즉, 시장금리 상승 시에는 대출금리 인상폭을 작게 하고 시장금리 하락 시에는 대출금리 인하폭을 작게 하여 고객의 금리비용을 보다 안정적인 모습으로 유지하는 관행을 일컫는다.

무엇이 다른가?"라는 논문에서 관계금융이 기업가치 제고에 긍정적인 효과를 지닌다는 점을 다음과 같이 설명하였다.

파마는 은행의 대표적 조달수단 중 하나인 3개월 만기 **양도성정기예금증서**(CD) **금리**와 동일 만기인 **기업어음 금리**를 비교한 결과, 양자 간에 유의한 차이가 없음을 발견하였다. 그런데 은행은 CD 조달 시 2~3%의 지급준비금을 부담해야 하므로 CD의 실질적 조달비용은 CD 금리 자체보다 높을 수밖에 없다. 따라서 완전경쟁적 시장에서 영업하는 은행이 손해를 보지 않으려면 이러한 규제비용을 제3자에게 이전시켜야 하는데, 그 대상이 바로 은행의 또 다른 고객인 기업이라는 것이다. 그렇다면 기업이 단기자금시장에서 상대적으로 저렴한 CP 발행을 마다하고 높은 금리를 지불하면서 은행으로부터 대출을 받으려는 이유는 무엇일까? 파마는 그 이유가 은행대출이 차별화되기 때문이라고 설명했다.

은행대출이 차별화되는 까닭은 바로 은행이 제공하는 관계금융서비스 때문이다. 예컨대, 은행은 기업에게 대출을 제공하는 과정에서 신용인증이라는 부수적인 편익을 제공하게 된다. 즉, 시장은 은행이 기업에 대출하는 것을 보고 은행이 기업의 여신 신청을 심사한 결과 적격으로 판단하였기 때문에 대출을 제공한다고 추론한다는 것이다. 이런 방식으로 은행은 기업고객의 신용을 간접적으로 확인해 주는 서비스를 제공하는 것이다. 이밖에도 은행은 기업에게 일단 유사시에 긴급 유동성을 제공하거나 또는 기업경영에 관해 조언함으로써 기업을 도와주기도 하고, 더 나아가 대출의 전 과정에 걸쳐 기업을 모니터링함으로써 투자자들의 신뢰를 높이기도 한다는 것이다. 따라서 기업은 일반 자본시장에서의 차입에 비해 다소 높은 프리미엄을 지불하더라도 은행대출을 사용할 유인을 갖게 되는 것이다. 파마의 논문 이후 이를 실증적으로 보이려는 노력이 이어졌는데, 그 중에서 대표적인 것이 제임스(James, 1987)다.[10]

---

10 James(1987)는 대출계약 체결에 대한 주가 반응을 사건연구(event study) 방식으로 조사하였다. 그 결과 은행과 대출계약 체결을 발표한 직후 기업의 주가가 유의적으로 약 2% 정도 상승하는 것으로 보고하였다. James 이후 유사한 연구들이 뒤따랐는데, 기업이 은행대출의 갱신을 발표했을 때는 매우 유의적인 양(+)의 주가 반응이 나타났지만, 기업이 은행대출을 받아 감자한 경우에는 매우 유의적인 음(−)의 결과가 나타났고, 보험회사로부터의 차입은 은행 차입과는 달리 긍정적인 효과가 두드러지지 않는 등 기업과 은행 간 관계금융의 존재를 지지하는 많은 결과들이 제시되었다.

5.2 관계금융의 편익과 비용

관계금융은 은행과 기업 간 쌍방투자의 성격을 갖는다. 따라서 각각의 입장에서 편익과 비용을 고려할 수 있는데, 여기서는 기업의 입장에서 편익과 비용을 살펴보기로 한다.

5.2.1 관계금융의 편익

은행은 고객관계를 맺고 있는 기업에게 **유동성서비스**와 **특수관계서비스**라는 두 가지 서비스를 제공함으로써 기업고객의 부가가치 제고에 기여하는 것으로 이해된다.[11] 우선, 유동성서비스는 은행의 전통적 서비스다. 기업은 은행과 대출약정계약을 맺음으로써 상시적인 경영활동에 소요되는 운전자본을 조달하고 위기 시에는 긴급자금을 지원받을 수 있다. 특히 은행은 고객관계가 밀접하거나 오래된 기업일수록 유동성을 충분히 그리고 안정적으로 공급할 가능성이 높은 것으로 알려지고 있다.[12]

한편 특수관계서비스는 정보와 모니터링 등 은행이 기업고객들에게 제공하는 유동성 이외의 금융중개서비스를 의미한다. 앞에서 언급했지만, 은행의 대출 자체가 차입기업에 대한 은행의 긍정적인 평가정보를 시장에 제공한다거나 또는 은행의 감시가 대출의 부실위험을 낮추는 것 등은 모두 특수관계서비스의 예가 된다. 이 경우에도 역시 고객관계가 밀접할수록 은행의 사적 정보 획득 및 감시기능 수행이 더욱 효율적으로 이루어져 기업에게 제공되는 서비스가 확대 내지 강화될 것이다.

5.2.2 관계금융의 비용

기업의 입장에서 단일 은행과의 거래관계 지속은 비용을 수반한다. 그리고 이러한 비용은 유동성서비스보다 특수관계서비스와 관련성이 높은 것으로 드러난다. 관계금융의 심화가 초래하는 비용으로는, 우선 Rajan(1992)이 주장한 **협상력 약화 문제**(holdup problem) 관련 비용을 꼽을 수 있다. 고객관계가 진전되어 은행이 기업의 사적 정보를 독

11 박래수 · 윤석헌(2002) 참조

12 Petersen and Rajan(1994)은 실증연구를 통해 고객관계가 오래될수록 대출의 가용성, 대출금액 및 한도(line) 등이 유의적으로 증가함을 보였다. 한편 박래수 · 윤석헌(2000)은 외환위기 직후, 제일은행 관련 사건연구를 통해 우리나라에서도 고객관계가 유동성서비스의 주요 요인이었다는 증거를 제시하였다.

점하게 되면, 기업은 은행에 얽매여 의존도가 높아지면서 사후협상력에서 열위에 처할 가능성이 커진다. 이 때문에 고객관계가 길어지고 깊어지는 것이 오히려 기업가치 하락 요인으로 작용할 수 있는 것이다. 두 번째로는 **연성예산제약**(soft budget constraint) 관련 비용을 들 수 있다. 거액을 대출한 은행은 기업에 문제가 발생하더라도 그 기업을 계속 지원하여 살려내려는 유인을 보유하게 된다. 따라서 만약 기업이 이러한 은행의 취약점을 사전에 예상한다면 사후에 부채계약을 쉽게 재협상할 수 있을 것으로 기대하여 고위험 · 고수익 프로젝트에 투자하거나 또는 경영자 스스로가 나태해지는 등 도덕적 해이에 노출되는 **대리인비용**이 발생하게 된다(Bolton and Scharfstein, 1996). 세 번째로는 **교체비용**(switching costs)을 들 수 있다. 한 은행과의 관계 지속은 기업이 거래은행을 바꾸는 데 소요되는 **탐색비용**과 관리비용 등을 증가시켜 기업을 은행에 더욱 종속시키는 결과를 초래한다.

6. 요약

자금의 수요자와 공급자 사이에서 중개를 담당하는 금융은 그 효율성이 높을수록 한정된 자원을 순생산성이 높은 실물투자로 연결함으로써 경제성장에 좀 더 기여하게 된다. 금융의 자금중개는 직접금융 또는 간접금융의 두 가지 형태를 지닐 수 있는데, 이러한 구분은 자금의 수요자와 공급자 사이에서 자금중개 관련 권한과 의무 관계의 직접적인 연결 여부에 따른 것이다.

만약 자금의 수요자와 공급자 사이에 정보의 비대칭성이 없고 금융거래를 수행하는 데 비용이 발생하지 않는다면, 우리가 현실에서 보는 대부분의 금융기관은 존재하지 않았을 것이다. 실제로 현실의 금융중개기관은 자금의 수요자와 공급자 사이에서 신용위험중개, 만기중개, 이자지급방법중개, 통화중개, 액면조정 등 다양한 중개기능을 수행하면서 이용자의 순거래비용을 경감하여 자금중개가 활발히 일어나도록 도와준다.

금융중개기관은 이러한 서비스 제공의 대가로 수익을 추구하는 과정에서 경영위험 발생이 불가피하므로 효과적인 위험관리 방안이 필요하다. 금융중개기관의 존재이유가 고객에 대한 서비스 제공이라는 점을 감안할 때, 위험관리는 업무 자체에서 위험을 없애는 것보다 고객서비스를 우선적으로 제공하고 그에 따른 위험을 별도의 수단으로 관리하는 것을 목표로 삼아야 할 것이다.

금융기관이 중개기능을 수행할 수 있는 이유로는 상호보험 필요성, 분산효과, 포트폴리오 구성의 전문성에 근거한 위험관리능력, 공공재 성격을 갖는 정보의 생산과 전달에서의 우위성, 그리고 규모 및 범위의 경제가 존재하는 감시비용의 절감 등을 지적할 수 있다.

금융기관과 고객 간의 장기적 관계인 관계금융은 고객에게 유동성서비스와 특수관계서비스라는 편익을 제공하는 반면, 고객의 협상력 약화, 연성예산제약 및 기업의 도덕적 해이 관련 비용 및 교체비용 등을 발생시킨다.

연 | 습 | 문 | 제

01. 금융효율성의 의미는 무엇인지 설명하시오.

02. 금융효율성이 필요한 이유는 무엇인지 설명하시오.

03. 금융의 분배효율성과 운영효율성의 의미와 각각의 제고조건에 대해 설명하시오.

04. 금융시장에서 정보 비대칭성으로 인한 시장실패 또는 그와 유사한 상황을 제시하고, 이들의 발생을 방지하기 위한 제도를 설명하시오.

05. 금융중개기관의 존재이유가 무엇인지 설명하시오.

06. 금융중개기관의 수익성 추구와 위험관리는 분리하기 어렵다고 하는데, 그 이유가 무엇인가? 그리고 이들을 절충하는 방안으로는 어떤 것이 있는지 설명하시오.

07. 금융시장에서 자체적으로 정보의 생산이 일어나기 어려운 이유를 설명하시오. 그리고 금융기관이 이러한 상황을 어떻게 극복하고 정보생산을 할 수 있는지를 설명하시오.

08. 은행의 위임감시기능에 대해 설명하시오.

09. 관계금융이란 무엇인가 설명하시오. 실증논문들은 관계금융에 대해 어떤 증거를 제시하고 있는지 설명하시오.

10. 관계금융의 편익과 비용을 설명하시오.

PART 03

FINANCIAL INSTITUTIONS MANAGEMENT

은행의 경영활동

CHAPTER 06

은행업 개관 및 은행경영의 평가

제5장에서 은행이 자금수요자와 자금공급자 간의 연결을 용이하게 해줌으로써 거래비용을 낮추고 모니터링 비용을 절감하는 등 금융시장의 효율성 제고에 기여한다는 것을 공부했다. 이제부터는 그러한 역할을 하는 은행의 구체적인 경영활동에 대해 공부한다. 우선 본 장에서는 은행의 경영활동을 공부하기 위한 기초를 닦기 위해 은행의 재무상태표 및 손익계산서 등 재무제표를 살펴보면서 은행업을 개관한다. 그리고 다양한 은행경영 평가방법을 논의한다. ■

1. 은행의 재무제표

기업 **재무제표**는 기업의 실체에 관한 정보를 제공하기 위해 일정한 서식을 갖추어 만드는 보고수단이다. 기본적인 재무제표에는 재무상태표, 손익계산서, 이익잉여금(또는 결손금)처분계산서, 현금흐름표가 있다. **재무상태표**는 특정 시점(회계연도 말일)에 기업이 소유하고 있는 경제적 자원(자산), 그리고 그 경제적 자원의 궁극적 귀속 주체로서 기업 외부자에 대한 의무(부채)와 주주 지분(자본)에 관한 정보 등 재무상태를 보여준다. **손익계산서**는 일정 기간(회계연도 기간) 동안의 경영활동의 성과를 보여주고, **이익잉여금**(또는 **결손금**)**처분계산서**는 영업활동의 결실을 배당, 잉여금 적립 등으로 처분한 결과를 보여준다. **현금흐름표**는 회계연도 중 영업활동, 투자활동, 재무활동에 따른 재무상태의 변동원인과 자금의 증감내역을 보여준다.

은행도 기업이기 때문에 은행의 재무상태와 경영활동의 성과를 보여준다는 점에서 재무제표의 기본적 성격과 목적은 기업의 경우와 같다. 그러나 은행의 영업활동 행태와 자산 및 부채의 특성이 일반 기업과 달라 계정과목에 차이가 있는데, 이는 단순히 형식적인 계정과목의 차이만은 아니다.

일반적인 기업 재무제표의 경우에는 공장 부지 및 건물과 기계 · 설비 등 실물 · 유형자산이 주요 자산 항목으로, 투자와 운영을 위해 조달한 차입금 등 금융부채가 주요 부채 항목으로 재무상태표에 기재된다. 따라서 기업 재무상태표의 자산 · 부채는 원료 구입, 생산, 판매 등 영업활동 그 자체를 보여주는 것이 아니라 그러한 영업활동의 도구적 기반을 보여주는 데 불과하고, 손익계산서는 그러한 도구적 기반을 이용하여 실행된 영업활동의 결과만을 보여줄 뿐이다. 반면 은행의 경우에는 예금으로 조달한 자금을 원료로 하여 대출이라는 상품을 판매하는 영업활동이 각각 부채와 자산으로 재무상태표에 기재되고, 예금에 지급한 이자를 원가로 하고 대출로부터 얻는 수입이자를 판매가로 하는 영업활동의 지출 · 수입내역이 각각 이자비용 및 이자수익 등으로 손익계산서에 기재된다.

이와 같이 은행의 재무상태표와 손익계산서의 계정과목은 은행의 주요 영업활동 내역을 보여주기 때문에 은행업을 알기 위해서는 은행의 재무제표를 이해하는 것이 필수적이다. 전통적 은행업무는 예금으로 조달한 자금을 대출로 운용하는 업무이며, 일반적으로 부채 = 자금조달, 그리고 자산 = 자금운용으로 설명하는 것도 바로 이러한 이유 때문이다.

1.1 재무상태표

재무상태표는 다음과 같이 항등식으로 표시된다.

$$A \equiv L + K$$

여기서 A = 자산, L = 부채, K = 자본이다. 자산은 재무상태표의 좌변에, 부채와 자본은 재무상태표의 우변에 기재된다. 재무상태표의 좌변과 우변은 항상 같아져 항등식으로 표시되는데, 그 이유는 $K \equiv A - L$로 정의되기 때문이다. 즉, 자본은 자산에서 부채를 차

| 표 6-1 | 국내은행 요약 재무상태표(은행계정)

(단위 : 조원, %)

자산	2005년		2014년		부채 및 자본	2005년		2014년	
현금 및 예치금	46.1	(4.1)	101.0	(5.0)	예수금	656.7	(58.7)	1,220.7	(60.2)
현금	17.8	(1.6)	16.1	(0.8)	차입부채	304.2	(27.2)	497.2	(24.5)
예치금	28.3	(2.5)	84.6	(4.2)	기타부채	80.7	(7.2)	140.2	(6.9)
유가증권	247.3	(22.1)	315.8	(15.6)	부채총계	1,041.6	(93.2)	1,858.1	(91.7)
대출채권	756.7	(67.7)	1,494.9	(73.8)					
대출금	666.4	(59.6)	1,386.1	(68.4)	자본금	33.4	(3.0)	52.1	(2.6)
콜론	13.8	(1.2)	24.4	(1.2)	잉여금 등	43.1	(3.9)	116.6	(5.8)
기타	76.5	(6.9)	84.5	(4.2)	자본총계	76.5	(6.9)	168.8	(8.3)
유형자산	14.1	(1.3)	19.7	(1.0)					
기타자산	53.8	(4.8)	95.3	(4.7)					
자산총계	1,118.1	(100.0)	2,026.8	(100.0)	부채와 자본총계	1,118.1	(100.0)	2,026.8	(100.0)

주 : ( ) 안은 구성비

자료 : 금융감독원, 은행경영통계, 각호

감한 순재산으로 주주가 은행에 대해 청구할 수 있는 또는 소유권을 주장할 수 있는 잔여 재산이다.

[표 6-1]은 2014년 말 기준 국내 18개 은행의 통합 재무상태표를 보여주고 있다. 우리나라 은행은 신탁업무를 겸영하고 있어 회계상 은행계정과 신탁계정을 구분계리하고 있는데, [표 6-1]은 신탁계정을 제외한 수치이다.

1.1.1 부채 : 자금조달

은행의 부채는 **자금조달의 원천**(sources of funds)을 나타낸다. [표 6-1]의 요약 재무상태표를 보면 은행은 예수금과 차입부채로 대부분의 자금을 조달하고 있음을 알 수 있다. **예수금**은 불특정 다수의 고객으로부터 일정한 이자지급 조건으로 자금을 수납하여 관리 · 운용하는 계정을 말하고, **차입부채**는 원리금의 반환을 약정하고 자금을 차입한 금액을 처리하는 계정을 말한다. 예수금은 1,221조원, 차입부채는 497조원에 달하며, 은행 전체 자산 대비 비율은 예수금이 60.2%, 차입부채가 24.5%로서 이 두 항목의 합이 전체 85%를 점하고 있다(2014년 말 기준, 이하 동일).

[표 6-2]는 은행부채의 주요 구성항목을 보여주고 있는데, 예수금과 차입부채가 은행부채총액의 93%로 은행부채의 거의 대부분을 차지하고 있다. 예수금은 원화예수금, 외화예수금 및 양도성예금증서(CD)로 구성되어 있고, 원화예수금은 요구불예금, 저축성예금, 수입부금[1]으로 구성되어 있다. 저축성예금이 995조원으로 가장 많고, 요구불예금이 127조원으로 그 다음으로 많다. 차입부채는 사채와 차입금, 콜머니 등으로 구성되어 있다. 사채[2]는 채권을 발행하여 조달한 자금을 말하며, 차입금은 다른 기관으로부터 직접 차입한 자금을 말한다. 원화와 외화를 합하여 사채발행액은 346조원, 차입금은 130조원으로 전체 자금조달에서 차지하는 비중이 매우 크다는 것을 알 수 있다. 콜머니는 은행이 자금운용과정에서 나타나는 단기유동성 부족을 메우기 위해 다른 금융기관으로부터 초단기로 차입한 자금이다. 차입부채에 속하는 항목으로는 이 외에도 환매조건부채권 매

---

1 만기 수취를 목적으로 하거나 또는 대출을 받을 목적으로 일정 금액을 일정 기간 동안 정기적으로 불입하는 예금상품이다.

2 회사채(corporate bond)를 말한다. 일반 기업이 발행하는 회사채와 구별하기 위해 은행이 발행하는 회사채를 통상적으로 은행채(권) 또는 금융채(권)라고도 부른다.

| 표 6-2 | 국내은행 부채의 주요 구성항목(2014년)

(단위 : 조원, %)

계정과목	금액	구성비
예수금	1,220.7	65.7
원화 예수금	1,137.7	61.2
요구불예금	127.4	6.9
저축성예금	994.5	53.5
수입부금	14.9	0.8
주택부금	1.0	0.1
외화 예수금	58.3	3.1
양도성예금증서	24.2	1.3
차입부채	497.2	26.8
차입금	129.8	7.0
원화차입금	62.8	3.4
외화차입금	66.9	3.6
사채	346.3	18.6
원화사채	253.6	13.7
외화사채	92.6	5.0
콜머니	12.8	0.7
기타	8.4	0.5
기타부채	140.2	7.5
부채총계	1,858.1	100.0

자료 : 금융감독원, 은행경영통계, 각호

도,[3] 매출어음,[4] 신용카드채권 매출 등이 있는데, 이것들은 모두 채권의 매출형태를 띤 자금차입이다.

예수금과 차입부채에 속하지 않는 기타부채는 140조원으로 부채총액 대비 7.5% 정도 되는데, 여기에는 각종 충당금(지급보증충당금, 퇴직급여충당금, 미사용약정충당금 등), 각종 미지급채무(미지급외국환채무, 미지급금, 미지급비용, 팩토링채권 미지급금[5]), 선수수익, 수입보증금[6] 등이 있다. 각종 충당금은 사용 용도가 이미 확정되어 있는 자금을 은

3 **환매조건부채권 매도**는 일정 기간 후에 되사는 조건으로(환매조건부) 유가증권을 매도하는 형식으로 자금을 차입하는 것을 말한다.

4 **매출어음**은 금융기관이 매입하여 보유하고 있는 상업어음 등을 근거로 하여 금융기관이 불특정 다수의 일반인에게 매출하는 어음을 말한다.

5 **팩토링(factoring)채권**은 금융기관들이 기업으로부터 상업어음·외상매출증서 등 매출채권을 매입하는 형태로 자금을 빌려주는 것을 말하며, 팩토링채권 미지급금은 외상매출채권 매입 시 고객에 대한 선지급액과 채권액면금액과의 차액을 처리하는 계정을 말한다.

6 **수입보증금**은 지급보증, 무역어음 등과 관련한 각종 수입보증금이다.

행이 보유하고 있는 것이고, 미지급금은 지불해야 할 돈을 은행이 아직 지급하지 않은 것이므로 은행의 입장에서는 부채에 해당한다. 선수수익은 미리 받았지만 아직 수익으로 계상되기 전의 돈이고, 보증금은 되돌려주어야 할 돈이므로 부채에 해당된다.

예수금은 비교적 금리변동에 덜 민감하게 반응하는 안정성을 보이고 있고 또한 이자비용이 상대적으로 적게 드는 장점이 있어 은행의 안정적 경영을 유지하기 위한 핵심 영업기반이 되고 있다. 특히 요구불예금은 전체 부채의 6~7%에 불과하지만 이자를 거의 지급하지 않는 무원가성 예금으로서 은행의 수익성에 대한 기여도가 매우 높은 자금조달원이다. 반면에 예수금은 은행이 자금을 필요로 할 때 단기간 내에 쉽게 증가시키기 어려운 단점이 있다. 이와 반대로 자금시장에서 직접 금융채권을 발행하여 조달하는 차입부채는 이자비용이 상대적으로 많이 들고 이자율에 민감하기 때문에 불안정한 단점이 있는 반면, 자금이 필요할 때 시장에서 단기간에 쉽게 이용할 수 있는 장점이 있다. 따라서 은행의 입장에서는 자금조달의 안정성, 이자비용 등에서 유리한 예수금을 증대시켜 핵심 영업기반을 키우는 것이 일차적으로 중요하지만, 이와 동시에 자금이 필요할 때 언제라도 쉽게 이용할 수 있는 차입자금조달을 적절히 활용할 필요가 있다. 즉, 은행은 상대적 장 · 단점을 달리 하고 상호보완적 성격이 있는 예수금과 차입부채를 적절한 비율로 관리함으로써 은행의 수익성과 자금조달관리의 신축성을 유지하는 것이 바람직하다.

은행의 예금과 기타 부채에 대한 자세한 내용은 제7장에서 공부하기로 하자.

1.1.2 자산 : 자금운용

은행의 자산은 **자금운용**(uses of funds)을 나타낸다. 은행의 자산은 크게 이자수익자산과 비이자수익자산, 그리고 비수익자산으로 대별된다. [표 6-1]의 은행 재무상태표에서 대출, 콜론은 이자수익자산에 해당하고 현금, 예치금, 고정자산은 비수익자산에 해당하며, 유가증권은 대부분 이자수익자산에 해당하지만 매매차익 또는 배당을 목적으로 하는 경우에는 비이자수익자산에 해당한다.

은행의 자산을 항목별로 좀 더 설명하면 다음과 같다. **현금과 예치금**은 예금에 대한 법정지불준비금과 은행 고객의 예금인출 요구와 지급결제 등에 응하기 위해 필요한 자금으로 중앙은행에 예치한 자금과 은행이 시재금으로 보유한 자금을 말한다. **유가증권**은 은행이 채권, 주식 등에 투자한 자금을 말하며, 대부분은 이자수익을 목적으로 하는 채권투자지만 일부 시세차익을 위한 주식투자와 자회사에 대한 투자 등 비이자수익을 목적으로 하는 것도 있다. 은행회계상으로는 단기매매증권, 매도가능증권, 만기보유증권, 지분법적용투자주식으로 구분한다.

대출채권은 대출금이 주종을 이루는데, 대출금(원화 및 외화)은 기업대출과 가계대출로 구성되어 있다. **콜론**은 여유자금의 활용을 위해 초단기로 다른 금융기관에 대출해 준 자금을 말한다. 기타 대출채권 항목 중에서 중요한 것 몇 개만 보면 매입어음(은행발행표지어음 매입, CP 매입, 기타 매입어음), 매입외환(원화수출환어음 매입 등), 지급보증대지급금, 팩토링채권, 신용카드채권, 환매조건부채권 매수,[7] 내국수입유산스,[8] 사모사채[9] 등이 있다. 환매조건부채권 매수, 은행발행 표지어음 매입, CP 매입 및 기타 매입어음은 채권의 매입형태를 띤 자금대여이다. **지급보증대지급금**은 대신 지급한 돈이기 때문에 이론적으로는 나중에 돌려받을 수 있는 것으로 간주되어 장부상 자산으로 기재되지만 실제로는 추후 대부분 손실로 상각처리되는 자산이다.

유형자산은 은행이 영업을 위해 매입한 건물, 전산시설 등이다. 기타자산에는 보증금, 미수금, 미수수익, 선급비용, 무형고정자산 등이 있다.

은행의 재무상태표에서 보면 은행의 전체 자산 중에 대출금이 차지하는 비중은 약 70% 내외, 유가증권이 차지하는 비중은 약 16%에 달함을 알 수 있다. 이는 은행이 자산의 대부분을 이자수익자산으로 운용하고 있음을 말한다. 그러나 은행자산 중 일부는 비이자수익을 목적으로 하고 있음은 앞에서 이미 언급하였다. 예를 들면, 일부 유가증권의 경우 시세차익과 배당을 목적으로 하고 있으며, [표 6-1]에서 보여준 약식 재무상태표에는 나타나지 않지만 수수료 수입을 목적으로 하여 보유하고 있는 자산도 일부 있다.[10] 그러나 대부분의 비이자수익은 자산의 운용과는 무관하기 때문에 재무상태표에서는 파악할 수 없다. 비이자수익에 대해서는 은행의 손익계산서를 설명할 때 구체적으로 언급하

7 **환매조건부채권 매수**는 일정 기간 후 되파는 조건으로(환매도조건부) 유가증권을 매수하는 형식으로 자금을 대여하는 것을 말한다.

8 **내국수입유산스**는 금융기관이 수입환어음을 해외 수출업자에게 결제하고 어음만기일에 국내 수입업자로부터 수입대금을 상환받는 형식의 외화여신을 말한다.

9 **사모사채**는 증권거래법에서 정한 유가증권의 모집방법(공모사채)에 의하지 않고 특정 소수인에게 발행된 회사채를 처리하는 것을 말한다.

10 외국통화, 파생금융상품자산 등을 예로 들 수 있다.

기로 하자. 그리고 대출에 대해서는 제8장에서, 그리고 유가증권투자에 대해서는 제10장에서 각각 설명하겠다.

현금, 예치금, 고정자산은 은행이 고객서비스를 위해 필요한 영업용 자산이기는 하지만 그 자체로는 수익을 제공하지 않기 때문에 '다른 조건이 동일하다면' 자산운용의 효율성을 높이기 위해서는 이러한 비수익자산의 비율을 최소화할 필요가 있다. 은행자산 중에서 비수익자산의 비율이 높아질수록 이자비용을 충당하기 위한 대출마진이 높아지기 때문에 은행의 수익성이 낮아지거나 또는 대출고객에 더 많은 이자를 부담시키게 된다. 예를 들면, 비수익자산의 비율이 5%인 경우에 은행은 100원의 예금을 받아 95원을 대출하는 셈이다. 예금이자율을 4%라고 하면 이자비용 4원을 벌기 위해서 대출이자율은 약 4.21%(= 4/95)가 되어야 한다. 한편 비수익자산 비율이 7%인 경우에는 100원의 예금을 받아 93원을 대출하기 때문에 예금이자비용 4원을 벌기 위해 대출이자율은 약 4.3%(= 4/93)가 되어야 한다. 즉, 이 경우 운용할 수 있는 자산의 비율이 떨어짐에 따라 순수하게 예금이자비용을 충당하기 위해 요구되는 대출이자마진은 0.09%가 상승하게 된다. 그만큼 은행의 수익이 줄거나 대출이자율이 올라가야 하는데 대출이자율을 올릴 경우에도 대출시장에서의 경쟁력이 떨어지기 때문에 은행의 수익성은 나빠지게 된다.[11] 이와 같이 대출이자의 원가계산을 할 때 비수익자산의 비율이 감안되는데, 이에 대해서는 제8장에서 다시 공부할 기회가 있다.

은행의 자산운용을 분석할 때 꼭 보아야 할 지표로 예대율이 있다. **예대율**은 예수금 대비 대출금의 비율을 말한다. 기준을 원화예수금과 원화대출금의 비율로 할지 또는 외화예수금과 외화대출금을 포함하여 볼지에 따라서 비율이 다소 달라질 수는 있지만, 일반적으로 예대율은 은행의 전통적 영업기반이 얼마나 튼튼한지를 보여주는 지표로 활용된다. 예금은 다른 자금조달원보다 상대적으로 이자비용이 낮고 대출은 다른 자산운용보다 상대적으로 이자수익이 크기 때문에 일반적으로 다른 조건이 동일하다면 예대율이 높을수록 은행의 영업이익은 커진다.[12] 국내외를 막론하고 대체적으로 도시은행보다 지방은

11 반면에, 만약 어떤 은행이 지점을 많이 만들어서, 또는 전산투자를 확대해서 비수익 고정자산 비중은 높지만, 이를 통해 고객에 대한 대면접촉 및 분석능력을 높이게 되어 수수료 수입이 크게 느는 경우도 생각해 볼 수 있다. 이때에는 이 은행의 비수익자산 비중이 다른 은행에 비해 높지만 대신에 수익성이 더 좋을 수도 있다.

12 반면에 대출은 중도에 회수하기가 쉽지 않은 비유동적 자산이므로 예대율이 너무 높을 경우에는 은행이 유동성위기에 빠질 위험도 있어 예대율의 적절한 관리가 필요하다.

행의 예대율이 낮은데, 그 이유는 지방의 경제활동이 도시보다 활발하지 않아 지방은행들이 도시은행보다는 마땅한 대출처를 찾기 어렵기 때문이다. 지방은행은 대출하지 못한 자금을 주로 대도시 은행에 예치하거나 유가증권에 투자하는 방식으로 여유자금을 운용하고 있어 지방은행은 지방의 여유자금을 모아서 경제활동이 활발한 대도시나 산업지역에 공급하는 역할을 한다. [표 6-1]의 재무상태표를 보면 2014년 말 기준 국내은행의 평균 예대율은 122%에 달하고 있는데, 이는 통상 정상적인 수준이라고 인정되는 90~95%를 훨씬 넘어서는 수치로서 은행의 유동성 문제가 야기될 소지가 있음을 암시한다.[13] 한편, 지방은행의 예대율은 약 80%에 머물고 있는 실정이다. 예대율은 경기가 좋아지면 상승하고 경기가 나빠지면 하락하는 경기순응적 경향을 보이는데, 이는 은행이 적절한 대출처를 찾기가 쉽냐 또는 어렵냐 하는 것이 경기가 변동함에 따라 달라지기 때문이다.

1.1.3 자본

앞에서 **자본**은 자산에서 부채를 차감한 순재산($K \equiv A - L$)으로서 부채와 함께 재무상태표의 우변에 기재됨을 보았다. 자본은 주주가 납입한 자본금과 은행의 이윤 중에 배당하고 남은 내부유보액으로 구성되어 있다. **내부유보액**은 잉여금으로 은행 내부에 적립되는데, 일부는 상법상 자본충실의무[14]를 위해 규정된 법정준비금으로 적립된 잉여금이고, 일부는 은행의 경영적 판단에 따라 이를 초과하여 자발적으로 적립한 잉여금이다. 앞의 [표 6-1]의 재무상태표를 보면 2014년 말 기준 국내은행의 자본총계는 168.8조원이며, 그 중 납입자본금은 52.1조원, 잉여금 적립액은 116.6조원임을 알 수 있다. 잉여금 적립액의 대부분은 법정준비금을 초과하는 자발적 적립금이다.

---

13 이와 같이 국내은행의 예대율이 과다하게 높아진 이유는 국내은행들이 이자가 싸고 자금이 풍부한 국제자금시장에서 외화를 차입하여 국내에서 대출을 늘렸기 때문이었다. 글로벌 금융위기가 발발하면서 기존 외화차입금이 연장되지 않거나 회수되는 반면 신규 외화차입은 어려워지자 국내은행들은 외환 유동성 문제를 겪게 되었다.

14 상법상의 자본충실의무(또는 자본충실원칙)는 ① 자본액에 상당하는 출자재산을 확보하기 위한 제도와 ② 자본액에 상당하는 출자재산이 확보된 것을 계속하여 유지하는 제도를 말한다. 전자에 해당하는 상법상 규정은 현물출자 등의 조사(제290조 및 제310조), 액면 미달 발행의 제한(제330조), 주식납입에 있어서의 상계금지(제334조), 발기인의 인수납입담보책임(제331조) 등이 있다. 후자에 해당하는 상법상 규정은 자기주식취득제한(제341조), 자회사에 의한 모회사주식의 취득금지(제342조의2), 이익준비금(제458조) 및 자본준비금(제459조), 이익배당의 제한(제462조), 중간배당의 제한(제462조의3) 등이 있다. 상법상 규정된 이익준비금과 자본준비금을 법정준비금이라 한다.

은행에 있어서 자본의 역할은 일반 기업의 경우보다 훨씬 더 큰 의미를 갖고 있다. [표 6-1]의 재무상태표에서 보면 국내은행의 평균부채비율(= 부채/자본)은 약 1,100%(≒ 1,858.1조원/168.8조원)에 달함을 알 수 있다. 같은 의미지만 이를 다른 각도에서 보면 국내은행의 평균자기자본비율(= 자본/총자산)은 약 8.3%(≒ 168.8조원/2,026.8조원)에 불과하다.[15] 이는 일반 기업의 자기자본비율을 훨씬 밑도는 수치로서 은행이 운용 · 관리하는 자산의 대부분이 자기자본보다는 부채로 조달되는 은행영업의 특성을 반영하고 있다. 자기자본비율이 낮을수록 일정비율의 은행자산이 부실화되어 손실을 볼 경우 그 손실을 자본으로 흡수할 수 있는 능력은 감소한다. 다음의 두 그림을 가지고 예를 들어 설명하자.

[그림 6-1A]는 자기자본비율이 7%인 경우(甲은행)이고, [그림 6-1B]는 자기자본비율이 4%인 경우(乙은행)를 가정하고 있다. 은행자산의 5%가 부실화되어 회수가 불가능하다고 가정할 경우 은행의 자산은 A = 100에서 A' = 95로 감소한다(즉, ΔA = 5). 이때 甲은행은 자산이 감소했음에도 불구하고 여전히 부채보다 크므로(즉, A' = 95 > L = 93) 채무를 변제할 능력이 있다. 즉, 자본은 K = 7에서 K' = 2로 감소하였지만 손실 5를 흡수

그림 6-1A | 자산 부실화와 은행의 채무변제능력 : 자기자본비율 7%인 경우

자산	100	부채	93	→	자산	95	부채	93
		자본	7				자본	2

그림 6-1B | 자산 부실화와 은행의 채무변제능력 : 자기자본비율 4%인 경우

자산	100	부채	96	→	자산	95	부채	96
		자본	4				자본	−1

15 여기서 말하는 자기자본비율은 순수한 자기자본을 기준으로 한 '단순 자기자본비율' 을 말한다. 이와 대비되는 개념으로는 '**BIS 자기자본비율**' 이 있는데, 여기에는 자기자본에 후순위채 발행액과 대손충당금의 일부가 포함된다. BIS 자기자본비율은 은행의 자본건전성 기준으로 사용되며, 감독규정에 의해 8% 이상으로 유지해야 한다. 자세한 내용은 제12장과 제23장을 참조하기 바란다.

하고도 여전히 양(+)의 상태를 유지하고 있다. 반면 乙은행은 자산이 부채보다 작아(즉, $A' = 95 < L = 96$) 채무를 변제할 능력이 부족해진다. 즉, 원래의 자본 $K = 4$는 손실을 흡수하기에 부족하여(즉, $K = 4 <$ 손실 $= 5 \Rightarrow K' = -1 < 0$) 도산하게 된다.

이와 같이 은행의 자본은 미래에 발생할 수 있는 예상하지 못한 손실을 흡수함으로써 은행의 도산을 막는 충격흡수 재원으로서의 역할을 한다. 은행의 도산은 일반 기업과는 달리 특별한 의미를 갖기 때문에 충격흡수 재원으로서 자본의 역할은 은행에게 더욱 큰 의미를 가지게 된다. [표 6-1]의 재무상태표에서 이미 보았듯이 은행은 총자산의 60% 가량을 예수금으로 조달하고 있는데, 이 예수금 중에는 일부 기업예금이 있기는 하지만 거의 대부분은 일반 국민이 은행에 예치한 예금이다. 따라서 은행이 도산하면 대다수의 국민이 손실을 보게 되기 때문에 국민경제적 파장이 심각해진다. 뿐만 아니라 대부분의 일반 소액예금자들은 은행의 건전성, 즉 예금반환능력을 판별할 수 없기 때문에 한 은행의 도산가능성에 대한 우려가 야기될 경우 손실을 우려한 예금자들이 다른 은행에서도 무차별적으로 예금을 인출하게 되고, 이러한 **예금인출사태**(bank run)는 건전한 은행마저도 연쇄적으로 도산하게 만들어 이른바 금융시스템 위기를 촉발할 우려가 항상 있는 것이다. 우리는 이러한 위험을 미국의 대공황 때, 그리고 최근에는 2008년의 글로벌 금융위기를 겪으면서 경험하였다. 따라서 충격흡수 재원으로서의 자본의 역할은 개별 은행의 예금자와 채권자를 보호한다는 데에 그치지 않고, 더 나아가서는 금융시스템의 위기를 방지하기 위해서도 중요한 의미를 갖고 있다.

예금보험제도는 예금자를 보호함으로써 예금인출사태와 그로 인한 금융시스템 위기를 막기 위해 미국에서 대공황 직후 처음으로 도입되었고, 우리나라에서는 1996년부터 실시하기 시작했다. 예금보험제도에 관한 내용은 제24장에서 자세히 다루고 있다.

은행의 자본충실도를 일정 수준 이상 유지하도록 하기 위한 제도로 **BIS 자기자본비율제도**가 실시되고 있다. 이 제도는 1990년대 초반부터 선진국을 중심으로 도입되기 시작하였고, 우리나라에는 1997년 외환위기 직후 도입되었다. 이에 대한 자세한 설명은 제12장과 제23장에서 하겠지만, 골자만을 설명하면 은행자산에 위험도를 적용하여 위험가중자산을 산정하고 이 위험가중자산 대비 일정 비율 이상으로 자본을 유지하도록 의무화한 감독규정이다. 이 제도의 취지는 우선 은행의 건전경영을 유도하여 사전적으로는 도산확률을 낮출 뿐 아니라 사후적으로도 은행의 자산이 부실화되어 도산의 징후가 나타나는 초기에 금융감독당국이 일찍 개입함으로써 은행이 도산에 이르기 전에 원활히 부실을 처리하여 예금자를 보호하고 금융시스템의 안정성을 유지하기 위함이다.

은행 간 경쟁이 심해지면 일부 은행은 무리한 고금리예금 유치와 공격적 자산운용을 하는 경향이 있다. 특히 예금보험제도하에서는 은행이 도산하여 예금을 모두 변제하지 못할 경우 예금보험공사가 대신 지급해 주기 때문에, 은행이나 예금자 모두 잘되면 고수익을 얻고 잘못되면 손실은 예금보험공사가 부담하는 전형적인 도덕적 해이(moral hazard)에 빠질 우려가 있다. 은행에 대한 자기자본비율 규제는 이와 같은 도덕적 해이로 인해 공적 부담이 늘어나는 것을 미연에 방지하기 위한 목적도 있다. 뿐만 아니라 잠재적 공적 부담에 의존하여 불건전한 공격적 경영을 하는 은행과 건전한 경영을 하는 은행 간에는 경쟁력 격차가 발생할 수 있는데, 모든 은행에 획일적으로 동일한 자기자본비율 규제를 적용하는 것은 이러한 불건전한 경쟁력 격차를 해소한다는 취지도 있다. 사실 선진국에서 BIS 규제를 국제적으로 도입한 이유 중의 하나는 국제금융시장에서 자국의 은행과 다른 나라 은행 간의 이러한 경쟁력 불균형을 줄이기 위한 것이었다.

경제가 성장함에 따라 은행도 자산규모를 늘리고 영업을 확대해야 하는데, 그러기 위해서는 자본도 늘어나야 한다. 자산은 늘어나는데 자본이 이에 비례하여 늘어나지 않으면 자기자본비율이 낮아져 BIS 자기자본비율 규제수준 이하로 떨어질 수 있기 때문이다. 뿐만 아니라 은행의 자본충실도가 높을수록 시장에서의 신뢰도가 높아져 낮은 금리로 쉽게 자금을 조달할 수 있고, 그만큼 은행의 대출금리 경쟁력과 수익성이 제고된다. 은행이 꾸준히 자본을 확충해 나가야 하는 이유이다.

1.2 손익계산서

손익계산서는 다음과 같이 표시된다.

$$\pi = R - C$$

여기서 π = 순이익 또는 이윤, R = 수익,[16] C = 비용이다. [표 6-3]은 국내 18개 은행의

2014 회계연도 손익계산서를 통합한 표이다. 재무상태표에서와 마찬가지로 신탁계정의 손익을 제외한 수치이다. 이 표를 보면 은행의 손익계산서는 은행영업의 특성을 보여줄 수 있도록 이자수익과 이자비용, 비이자손익(비이자수익과 비이자비용), 기타 비용 등으로 구분하여 작성되어 있음을 알 수 있다.

| 표 6-3 | 국내은행 요약손익계산서(은행계정)

(단위 : 조원)

계정과목	2005년	2014년
Ⅰ. 이자수익	56.1	68.4
1. 예치금이자	0.3	0.6
2. 당기손익인식증권이자(단기매매증권이자)	0.4	0.3
3. 매도가능, 만기보유증권이자	8.4	7.0
4. 대출채권이자	46.6	60.0
5. 기타이자수익	0.4	0.4
Ⅱ. 이자비용	28.1	33.5
1. 예수금이자	16.8	22.2
2. 차입금이자	4.1	2.2
3. 사채이자	6.8	8.5
4. 기타이자비용	0.5	0.5
Ⅲ. 이자손익(Ⅰ－Ⅱ)	28.0	34.9
Ⅳ. 비이자손익	4.2	3.5
1. 수수료순수익	3.4	4.6
2. 신탁관련손익	0.7	0.7
3. 유가증권손익	0.4	1.0
4. 외환 · 파생관련손익	1.3	2.1
5. 종금계정손익	0.1	0.1
6. 기타손익	−1.7	−4.9
Ⅴ. 총이익(Ⅲ + Ⅳ)	32.2	38.4
Ⅵ. 판매비와 관리비	14.6	21.0
Ⅶ. 충당금전입(순)	5.1	8.4
Ⅷ. 영업손익(Ⅴ－Ⅵ－Ⅶ)	12.4	9.0
Ⅸ. 영업외손익	3.4	−0.3
Ⅹ. 세전이익(Ⅷ + Ⅸ)	15.8	8.7
Ⅺ. 법인세비용	2.2	1.8
Ⅻ. 당기순이익(Ⅹ－Ⅺ)	13.6	6.8

자료 : 금융감독원, 은행경영통계, 각호

16 수입(revenue)의 개념이고, 일반 기업의 매출액에 해당한다.

1.2.1 이자수익과 비용

은행의 손익계산서를 보면 2014 회계연도의 이자수익은 68.4조원이며, 그 중 거의 대부분인 67.0조원이 대출이자와 채권이자(만기보유증권이자)인 것을 알 수 있다. 그 외에 약간의 예치금이자수익과 단기매매증권이자수익이 있다. 이는 재무상태표에서 보았듯이 은행의 자산이 대출과 이자지급부 유가증권(즉, 국 · 공채, 회사채 등 채권) 위주로 운용되고 있음을 반영하고 있다. 은행의 유가증권투자는 대략 크게 보면 이자수입을 목적으로 만기까지 보유하는 채권투자, 단기매매차익을 목적으로 하는 채권투자, 배당 또는 매매차익을 목적으로 하는 주식투자로 나눌 수 있다.

여기서 첫 번째 것은 만기보유증권이자 항목으로 이자수익에 포함시키고, 세 번째 것은 비이자손익으로 분류한다. 하지만 두 번째 것은 단기매매를 위한 것이기는 하지만 보유하는 기간 중에 생긴 이자수입은 이자수익으로 분류하고, 단기매매의 결과로 생긴 차익은 비이자손익으로 분류한다.

이자비용은 2014 회계연도 중 33.5조원으로 그 중 예수금이자가 22.2조원, 사채이자가 8.5조원, 차입금이자가 2.2조원이다. 이는 [표 6-1] 및 [표 6-2] 재무상태표상의 부채항목인 예수금 1,220.7조원, 사채발행액 346.3조원, 차입금 129.8조원 등 자금조달의 원천별로 각각 분류된 이자비용이다.

이자수익에서 이자비용을 빼면 은행 이자수익업무의 과실인 이자순수익이 계산된다. [표 6-3]의 손익계산서를 보면 18개 국내은행의 2014 회계연도 이자순수익 합계는 34.9조원임을 알 수 있다.

국내은행의 이자수익 추이를 보면 [그림 6-2]에서 보듯이 2008년까지 꾸준한 증가세를 보여 93.4조원까지 증가했으나 글로벌 금융위기 이후 감소세로 돌아섰다. 반면 이자순수익은 이자비용의 절감으로 그 이후에도 완만한 증가세를 보였으나 2011년 39.1조원을 정점으로 감소세로 돌아서 최근까지도 감소세를 보이고 있다.

은행의 이자수익업무를 분석할 때 반드시 보는 지표로 **예대금리차**(interest spread)[17]와 **순이자마진**(net interest margin : NIM)[18]이 있다. 예대금리차는 기본적으로 은행의 평균

---

17 원화대출채권 평균이자율과 원화예수금 평균이자율의 차이를 말하는데, 우리나라의 은행경영통계에서는 외화자금 및 유가증권을 제외하고 계산한다. 예대마진(interest margin)이라고도 한다.

18 순이자마진(NIM)은 은행의 모든 금리부 자산의 운용결과로 발생한 은행의 운용자금 한 단위당 이자순수익

그림 6-2 국내은행 이자손익 및 비이자손익 추이

(단위 : 조원)

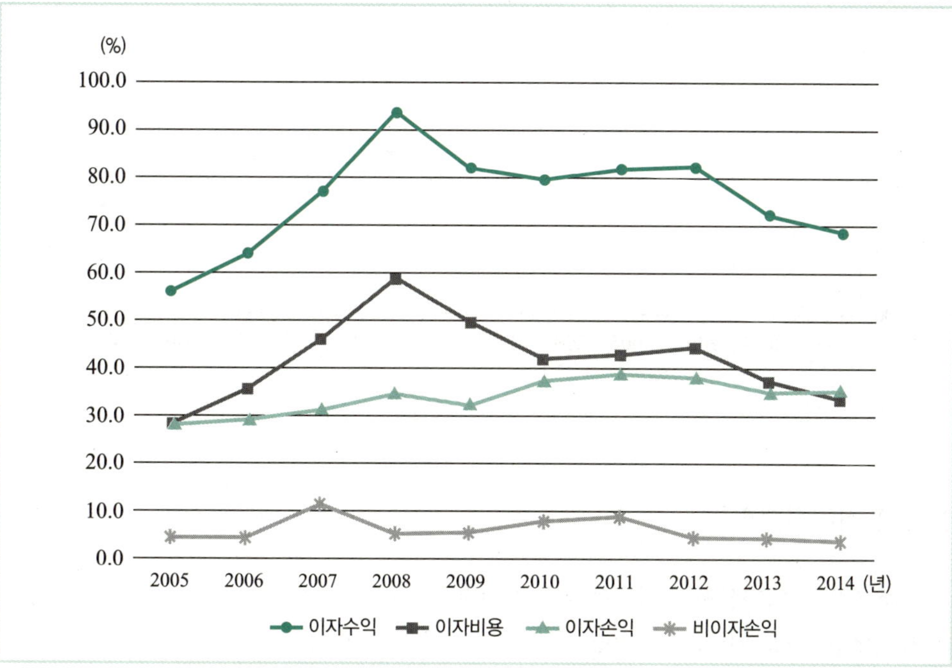

자료 : 금융감독원, 은행경영통계, 각호

대출금리와 평균수신금리의 차이를 보여주는 지표로서 수익성 측면에서 은행의 영업환경을 보여주고, NIM은 은행의 이자부 자산 1원당 이자순수익이 얼마나 되는지를 나타내주는 지표로서 은행 이자수익업무의 수익성을 보여준다. 일반적으로 시중에 자금이 풍부할 때는 NIM이 작아지고, 자금이 부족할 때는 NIM이 커진다. 국내은행의 2014 회계연도 NIM은 1.79%이다.[19]

[그림 6-3]은 국내은행의 순이자마진(NIM) 추이를 보여주고 있다. 일시적인 등락은 있지만 2000년대 들어 계속 감소하고 있음을 알 수 있다. 국내은행의 영업환경이 점점 더 어려워지고 있음을 단적으로 보여주고 있다.

(운용이익률)을 나타내는 개념으로, 이자순수익(이자수익 − 이자비용)을 이자수익자산의 평잔(회계연도 중 평균잔액)으로 나누어 계산한다. 예대금리차는 외화자금과 유가증권을 제외하기 때문에 범위가 제한적이라는 단점이 있는데, 순이자마진은 이를 보완하여 은행의 이자부문 수익성을 보다 정확히 나타낸다.

19 NIM을 계산할 때 카드부문이 은행 본체에서 겸영되는 경우와 자회사로 분리되어 있는 경우 큰 차이가 있다. 국내은행 간 또는 국제 간 NIM을 비교할 때 주의를 요한다.

그림 6-3 국내은행 순이자마진(NIM) 추이

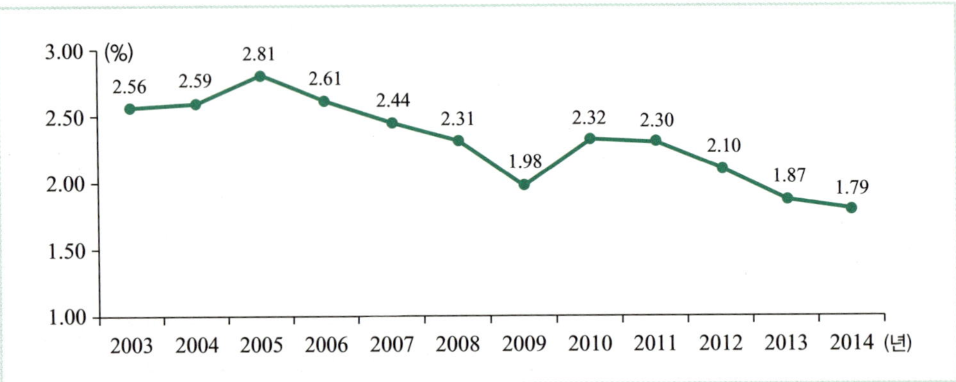

자료 : 금융감독원, 은행경영통계, 각호

1.2.2 비이자손익

[표 6-3]의 손익계산서는 국내은행의 비이자순수익이 2014 회계연도에 3.5조원이었음을 보여주고 있다. 배당 및 매매차익을 목적으로 하는 유가증권투자의 이익과 손실이 비이자손익에 포함되며, 이것을 제외하면 대부분의 비이자손익은 재무상태표상의 자산과 직접 관련성이 없다. 비이자손익은 대부분 수수료 수입업무, 부외거래업무,[20] 외환 · 파생금융상품 딜링업무와 관련된 손익이기 때문이다. 재무상태표상의 유가증권은 처분을 한 경우의 처분손익만이 아니라 처분하지 않은 경우에도 회계연도 말 기준시가로 평가하여[21] 평가이익 또는 손실을 비이자손익으로 손익계산서에 반영한다. 은행이 보유한 자산가치를 정확히 반영하기 위해서이다.

국내은행의 비이자손익 규모는 이자손익에 비해서 아직 매우 작은 규모이다. 그러나 수익 다각화를 위해 은행들이 수수료 수입업무, 부외거래업무를 확대하면서 2000년 후반 증가세를 보였으나, 최근 경기침체로 다시 감소세로 돌아섰다([그림 6-2] 참조). 은행 · 증권 · 보험 간의 업무영역 장벽이 낮아지고 있고 금융의 증권화 · 시장화 등으로 금융기관업무의 성격이 변하고 있어 앞으로 은행의 비이자수익 비중이 빠르게 증가할 것으로 예상된다. 이에 대해서는 제9장과 제10장에서 다시 자세히 설명하겠다.

---

20 이에 대해서는 제9장에서 공부한다.

21 이를 시가평가(mark to market)라 한다.

1.2.3 당기순이익

이자순수익에 비이자손익을 더하면 은행의 총이익이 되고, 여기에서 판매비와 관리비, 충당금전입액, 영업외손익, 법인세를 가감하면 은행경영의 최종성과로서 당기순이익이 남게 된다. 당기순이익의 일부는 배당금으로 주주에게 지급되고, 나머지는 잉여금으로 내부에 유보된다. 앞에서 이미 설명하였듯이 은행이 지속적으로 영업을 확대하기 위해서는 자기자본비율을 일정 비율 이상으로 유지해야 하고, 그러기 위해서는 꾸준히 자본을 확대해야 하기 때문에 일정 수준 이상의 잉여금이 내부에 축적되어야 한다. 뿐만 아니라 주주에게도 가급적 시장평균 배당률 이상의 배당이 지급되어야 한다. 따라서 은행 경영진은 이 두 가지를 모두 충족시킬 수 있는 만큼의 충분한 당기순이익을 내야 하는 부담을 안게 된다.

여기서 은행의 당기순이익에 결정적인 영향을 미치는 **충당금전입액**에 대해 잠시 언급할 필요가 있다. 은행의 대출이 부실화되어 회수가 불가능해지면 은행은 회수가 안 된 금액을 손실처리하여 손익계산서에 반영하고 동시에 재무상태표의 자산에서 해당 항목을 상각하면 부실대출의 장부상 처리가 완결된다. 다시 말하면, 은행의 재무상태표는 은행 자산의 진정한 가치를 제대로 보여준다고 할 수 있다. 그러나 회수불능이라는 판정이 나기 전이라도 대출이 부실화되어 가는 정도에 따라 일부 회수 불가능할 수 있다는 확률상의 예견을 할 수 있는데, 이 경우 은행의 장부에 대출 전액을 자산으로 계상하면 은행의 자산가치를 과대평가하게 된다. 자산가치를 과대평가하면 은행의 실제 도산가능성을 과소평가하게 되는데, 이를 방지하기 위해서는 은행의 자산가치를 가급적 실제가치에 근접하게 평가하여 장부에 반영하여야 한다. 따라서 은행의 대출을 회수가능성의 정도에 따라 정상, 요주의, 고정, 회수의문, 추정손실의 5등급으로 분류하고, 각 등급에 따라 일정 비율의 손실을 미리 반영토록 하고 있다. 이와 같이 각 등급별 손실에 대비하여 적립한 금액을 대손충당금이라 하고 손익계산서에 충당금전입액으로 표시한다. 반면 대손충당금을 적립한 부실대출의 회수율이 예상보다 높아 실제 손실액이 대손충당금 전입액보다 작으면 그 차액은 다시 충당금환입액으로 이익 처리한다. 따라서 손익계산서에는 이와 같이 전입액에서 환입액을 차감한 순충당금전입액이 손실로 계상된다. 이에 대해서는 제23장에서 은행의 건전성 감독을 공부할 때 다시 자세히 보기로 하자.

그림 6-4 국내은행의 당기순이익 추이

(단위 : 조원)

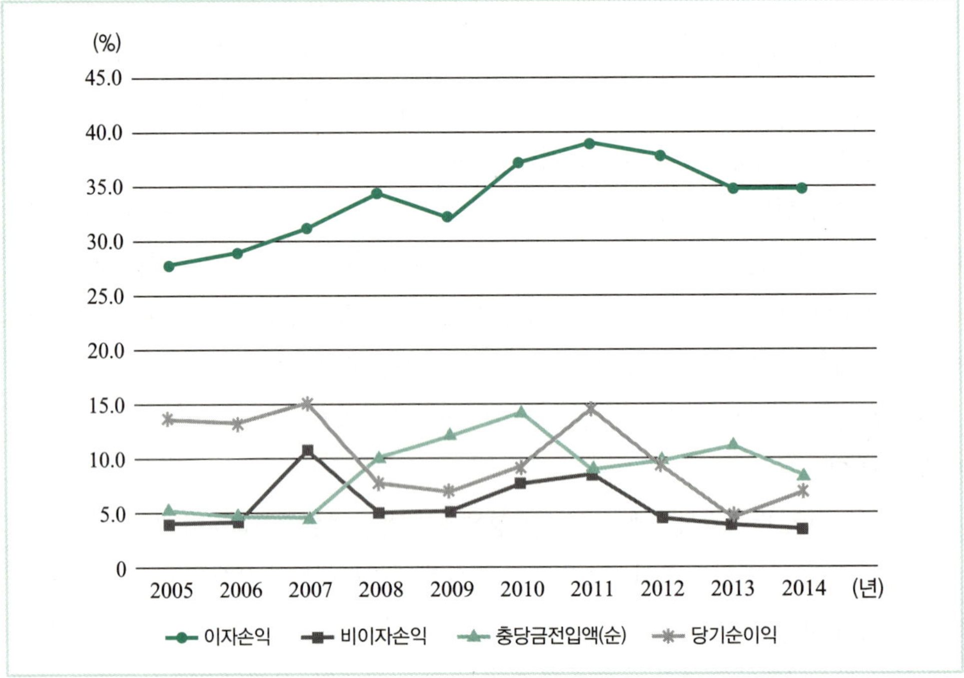

자료 : 금융감독원, 은행경영통계, 각호

국내은행의 당기순이익 추이는 2008년 글로벌 금융위기 이후 급감하였다가 일시적으로 회복되었으나 경기침체와 함께 다시 감소하기 시작하여 최근까지 감소세가 계속되고 있다. [그림 6-4]를 보면 당기순이익은 이자손익에도 많이 좌우되지만 충당금전입액이 결정적인 영향을 미침을 알 수 있다. 2010년대 들어 경기침체로 인해 부실대출이 증가하면서 대손충당금 전입액이 늘어난 것이 당기순이익 감소의 원인이 되었다.

1.3 재무상태표와 손익계산서의 관계

은행은 회계연도가 시작하는 시점의 자산과 부채를 주어진 조건으로 하여 회계연도 기간 중에 영업활동을 하고, 그 성과로서 나타난 당기순이익은 이익잉여금 처분결정에 따라 은행 밖으로 유출되거나(**배당**) 또는 내부에 유보된다(**잉여금**). 한편 회계연도 중의 영

그림 6-5 | 재무제표의 상호관계

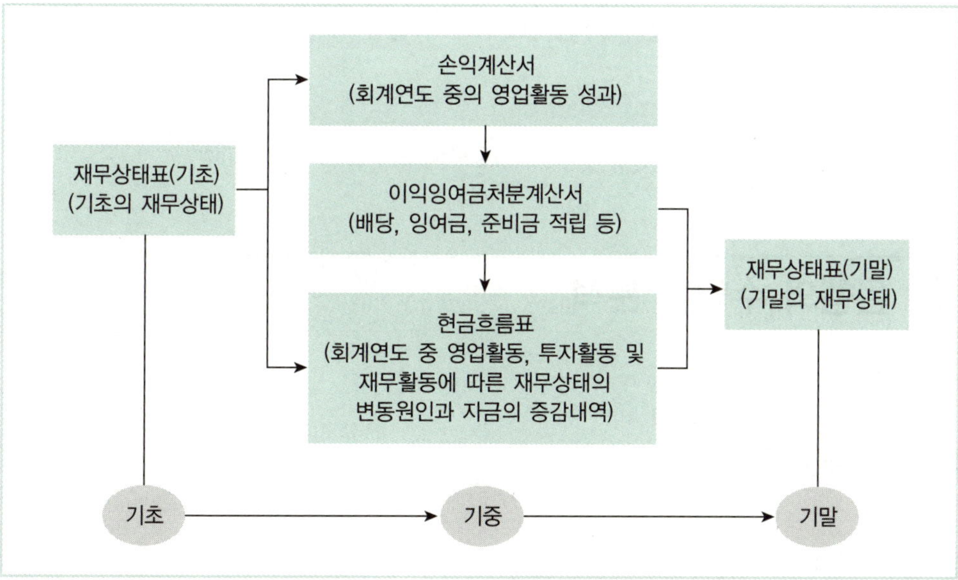

업 및 투자활동 과정에서 차입 · 변제 등 재무상태가 변동하게 되는데, 이때 필요한 자금의 일부로는 은행에 내부유보된 잉여금도 활용된다. 현금흐름표는 이러한 재무상태의 변동 원인과 자금의 증감내역을 보여준다. 이와 같이 기초의 자산 · 부채를 주어진 조건으로 시작하여 회계연도 중의 손익 및 잉여금 처분 결과와 현금흐름의 결과가 반영되어 기말의 자산 · 부채 상태가 재무상태표로 정리된다. [그림 6-5]는 이러한 재무제표 상호 간의 관계를 개략적으로 보여주고 있다.

재무상태표 자산 · 부채 항목과 손익계산서 항목 간의 관계는 이미 앞에서 설명하였다. 그러나 앞에서 설명할 때 편의상 2014년 말의 재무상태표와 2014 회계연도의 손익계산서를 이용하였는데 [그림 6-5]를 보면 이는 정확한 설명이 아니다. 그렇다고 2013년 말 재무상태표와 2014 회계연도 손익계산서 간의 항목을 비교하는 것도 정확하지 않다. 왜냐하면, 예를 들어 2014 회계연도 중의 예수금 이자에 가장 적절히 대응하는 예수금 잔액은 2013년 말의 예수금 잔액이나 2014년 말의 예수금 잔액이 아니라 2014 회계연도 중의 평균 예수금 잔액이기 때문이다. 따라서 은행의 경우에는 회계연도 말 잔액을 기준으로 만든 재무상태표와 회계연도 중의 평균잔액을 기준으로 만든 재무상태표 등 두 가지 재무상태표를 쓰고 있다. 전자는 **말잔 재무상태표**라 하여 특정 시점의 자산 · 부채 상태를 나타내며, 후자는 **평잔 재무상태표**라 하여 일정 기간 중의 평균적인 자산 · 부채 상태를 나타낸다.

2. 은행의 수익성 분석

2.1 수익성 분석

2.2.1 ROA

은행의 전반적 경영성과를 보여주는 대표적인 지표로는 **총자산순이익률**, 즉 ROA(return on assets)가 주로 이용된다. *ROA*는 다음과 같이 정의된다.

$$ROA = \frac{\pi}{A} \times 100\%$$

즉, 당기순이익을 총자산으로 나눈 값으로, 자산 1원당 수익성을 보여준다. 2014년 국내 은행의 *ROA*는 0.32%이다.

일반 기업의 경우에도 *ROA* 지표를 이용하는데, 일반 기업인 경우에는 자산의 대부분이 공장설비 등 실물자산이기 때문에 일반 기업의 *ROA*는 실물자산이 얼마나 생산적으로 수익성 있게 활용되는가를 보여주는 지표가 된다. 따라서 기업의 *ROA*를 결정하는 요인은 실물자산 자체가 아니라 가격, 매출액, 인건비, 원재료비 등 기업의 생산 및 판매활동과 관련된 변수들이다.

반면 은행의 경우에는 대부분의 자산이 직접 운용되는 금융자산이기 때문에 은행의 *ROA*는 금융자산의 운용실적을 직접 보여준다는 차이가 있다. 따라서 은행의 경우에는 영업활동과 관련된 변수들, 예를 들면 지급이자 및 수입이자(즉, NIM), 인건비 등의 변수뿐만 아니라 자산의 건전성 자체도 *ROA*를 결정하는 중요한 요인이 된다. 즉, 운용되는 금융자산이 부실화되어 원금의 회수가 불가능해지면 그 자산 자체가 손실이 되어 수익성에 크게 영향을 미치기 때문이다.

은행의 *ROA*는 이 외에도 은행이 자산을 직접 운용하지 않고 얻는 수입의 크기가 얼마나 되는가에 영향을 받는다. 예를 들어, 다른 조건이 동일하다면 수수료 수입을 목적으로 하는 부외거래와 기타 비이자수익업무의 양이 커질수록 은행의 *ROA*는 커질 것이다.

은행이 운용하는 자산은 정상적인 경우에도 항상 일정 비율 이상은 부실화된다는 점을 감안하면, 은행의 *ROA*는 단순히 자산의 수익성지표로서만이 아니라 예견하지 못한 운용자산의 잠재적 위험성을 얼마나 잘 흡수할 만큼 수익을 내고 있는가를 보여주는 안전성지표로서도 이용될 수 있다. 예를 들어 설명하면, *ROA*가 0.8%인 은행 A와 1%인 은행 B의 차이는 0.2%p의 수익성 차이만을 설명하는 것이 아니라, 예견하지 못한 부실이 발생하더라도 은행 B가 은행 A보다 총자산 대비 0.2%p 만큼의 부실을 운용수익으로 더 잘 흡수할 수 있다는 것을 말해 준다.

보는 사람의 관점에 따라 달라질 수 있겠지만 일반적으로 은행의 경우에는 자기자본순이익률 *ROE*보다 *ROA*가 더 중시된다. 그 이유는 앞에서 설명한 바와 같이 은행의 경우 *ROA*가 은행자산의 운용실적을 직접 보여주는 지표이고, 또한 미래의 예견하지 못한 충격의 흡수능력을 나타내주기 때문이다.

[그림 6-6]은 1997~2009년 기간 중 국내은행과 외국은행의 *ROA* 추이를 보여주고 있다. 1997~2000년 기간 동안 우리나라 은행의 *ROA*가 마이너스를 기록했던 이유는 독자 여러분들도 모두 알다시피 1997년 말 외환위기 때 발생한 엄청난 부실채권을 정리하면서 막대한 손실이 생겼기 때문이다. 2001년부터는 경영이 정상화되었으나 2003년 다시 맞은 신용카드 사태로 국내은행의 수익성이 다시 한 번 더 크게 악화되었었다. 반면 선진국 은행 *ROA*의 평균적 추이(즉, OECD 국가의 평균 추이)를 보면 국내은행의 *ROA*보다 전반적인 수준이 높을 뿐만 아니라 변동성이 상대적으로 작아 더 안정적이라는 것을 알 수 있다. 특히 독일과 프랑스의 은행들보다는 영국과 미국의 은행들에게서 그러한 특징이 두드러지는 것을 볼 수 있는데, 그 이유는 영 · 미의 은행들의 경우 이자수익 대비 비이자수익의 비중이 높아 전반적인 수익성이 높을 뿐만 아니라 수익원이 비교적 다양화되어 있고, 또한 위험관리를 철저히 하여 수익의 변동성이 낮기 때문이다.

그림 6-6 주요국 은행의 *ROA* 추이

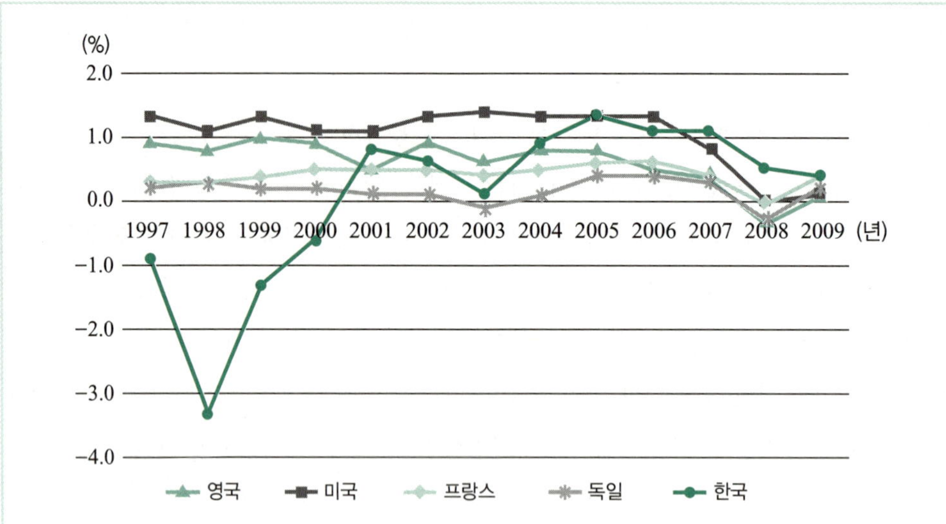

자료 : IMF, Global Financial Stability Report

그림 6-7 미국 은행의 수익성(*ROA*, *ROE*) 추이

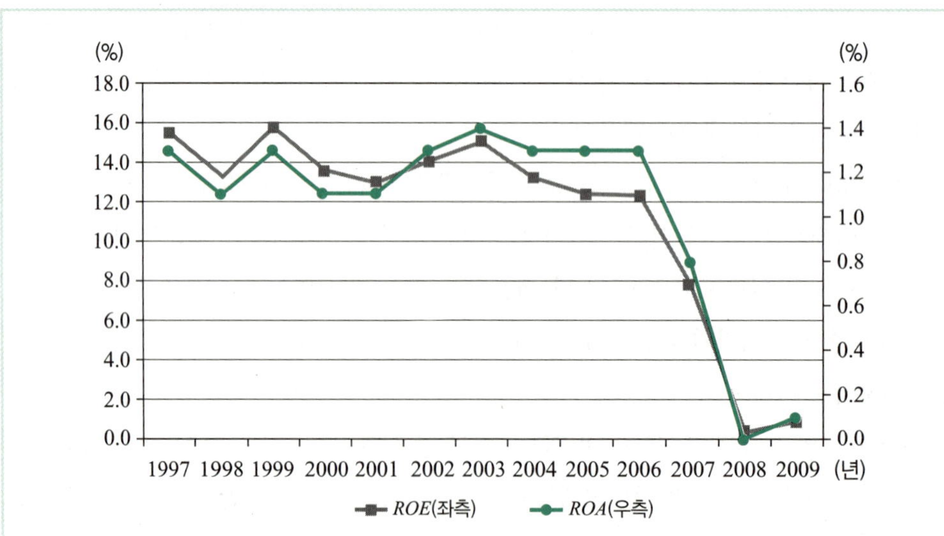

자료 : IMF, Global Financial Stability Report

그러나 영 · 미의 선진 은행들이라고 하여 항상 수익성을 높은 수준에서 안정적으로 유지해 온 것은 아니다. 과도한 서브프라임 모기지(subprime mortgage)가 부실화되면서 촉발된 글로벌 금융위기로 선진국의 많은 은행들이 수익성이 악화되고 경영상의 어려움을 겪었는데, 그 결과 [그림 6-7]에서 보듯이 미국 은행의 *ROA*와 *ROE*가 2007년부터 급격히 하락한 것을 볼 수 있다. 이는 단기적인 경영실적에 눈이 어두워져 위험을 무시하고 무리하게 비적격자에게 대출을 늘린 결과로서, 최근의 이러한 사태는 선진 은행이라 하여도 위험관리를 무시하면 언제라도 경영부실이 발생할 수 있다는 것을 잘 가르쳐 주고 있다.

2.1.2 *ROE*

자기자본순이익률, 즉 *ROE*(return on equity)는 은행의 수익성을 주주의 입장에서 본 지표로서 다음과 같이 정의된다.

$$ROE = \frac{\pi}{K} \times 100\%$$

즉, 당기순이익을 자본총액으로 나눈 값이며, 자기자본 1원당의 수익성을 보여준다. 2014년 국내은행의 *ROE*는 4.19%이다.

일반적으로 *ROE*는 다른 조건이 동일하다면 *ROA*에 비례하고, 자기자본비율에 반비례한다. *ROE*의 정의에서

$$ROE = \frac{\pi}{A} \times \frac{A}{K} = ROA \;/\; \frac{K}{A} = ROA \;/\; \text{자기자본비율}$$

의 관계가 성립한다. 따라서 *ROE*는 자기자본비율이 동일하다면 *ROA*가 커질수록 커지고, *ROA*가 동일하다면 자기자본비율이 작아질수록 커진다. 주주의 입장에서는 *ROE*가 커질수록 좋겠지만 자기자본비율이 낮아 *ROE*가 높은 경우에는 그만큼 위험도 크다는 것을 의미하기 때문에 은행의 *ROE*를 평가할 때는 ROA와 자기자본비율을 같이 보고 평가하는 것이 바람직하다.

그림 6-8 | 주요국 은행의 *ROE* 추이

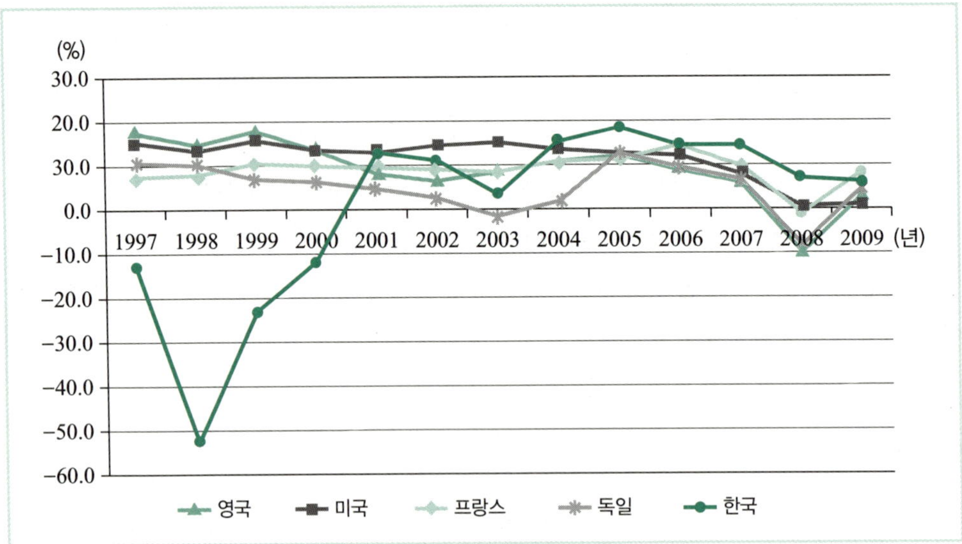

자료 : IMF, Global Financial Stability Report

[그림 6-8]은 1997~2009년 기간 중 국내은행과 외국은행의 *ROE* 추이를 보여주고 있다. 1997~2000년, 그리고 2003년에 우리나라 은행의 *ROE*가 매우 낮았던 이유는 [그림 6-6]의 *ROA* 설명에서와 같다. 그리고 같은 이유로 선진국 은행, 특히 영 · 미 은행의 *ROE*가 일반적으로 국내은행의 *ROE*보다 전반적인 수준이 높을 뿐만 아니라 변동성이 상대적으로 작아 더 안정적이다.

반면 [그림 6-6]에서 본 바와 같이 우리나라 은행의 *ROA*가 선진국 은행의 수준에 못 미침에도 불구하고 몇 개 연도에서는 우리나라 은행의 *ROE*가 선진국 은행들보다 오히려 높은 것으로 나타났는데, 그 이유는 우리나라 은행의 자기자본비율이 낮았기 때문이다. 즉, 레버리지효과 때문이다. 다시 말하면, 총자산의 수익성은 선진국 은행에 비해 낮지만, 그 수익이 돌아가는 자기자본이 작아 자기자본수익률은 오히려 더 크게 나타났기 때문이다. 따라서 *ROE*가 높다고 하더라도 그 이유가 같은 규모의 자본 대비 수익성이 높기 때문이 아니라 은행 전체의 수익성에 비해 자기자본이 작기 때문이라면 그만큼 위험도 크기 때문에 반드시 바람직하지는 않다는 점을 유의해야 한다.[22] 그리고 마지막으

22 보완자본을 제외한 순수한 자기자본만을 기준으로 할 때 1990년대 후반~2000년대 중반의 기간 중 미국 은행들의 평균 자기자본비율은 10% 내외인 데 반해 우리나라 은행 자기자본비율은 평균 5% 내외에 불과해 우

그림 6-9 | 국내은행 *ROA* 및 *ROE* 추이

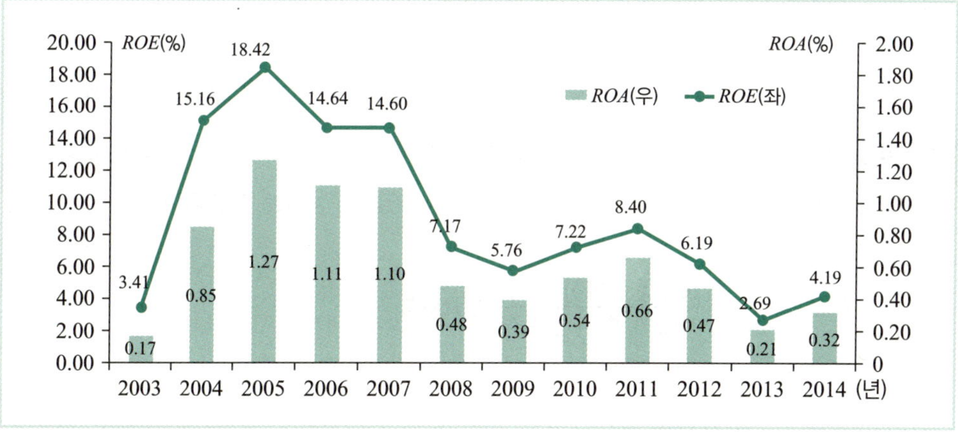

자료 : 금융감독원, 은행경영통계, 각호

로, [그림 6-7]에서 이미 설명하였듯이 2007년부터 미국 은행들의 *ROE*가 급격히 하락하였고, 이는 위험관리를 등한시한 결과라는 점을 이미 지적하였다.

[그림 6-9]는 국내은행의 *ROA*와 *ROE* 추이를 보여주고 있다. *ROA*와 *ROE* 모두 2005년까지 증가하다가 그 이후 감소하기 시작하여 2008년 글로벌 금융위기 때는 급락하였다. 그 이후 약간 회복세를 보였으나 최근 경기침체와 함께 다시 감소세로 돌아서 최근까지 매우 낮은 수준에 머물러 있음을 알 수 있다.

2.2 기타 유용한 경영분석지표

BIS기준 자기자본비율, 부실채권비율, 대손충당금적립률 등 은행의 건전성 관련 지표는 은행의 경영성과와도 직결되지만 금융감독당국이 특히 중시하는 분석지표이다. 따라서 이러한 지표들은 뒤에서 설명하기로 하고, 여기서는 그 외에 유용한 지표를 몇 가지 설명한다.

유동성을 보여주는 지표로는 원화 및 외화 각각에 대하여

리나라 은행의 레버리지 비율이 미국 은행의 두 배가량 된다.

$$\frac{\text{잔존 만기 3개월 이내 원화 유동성 자산}}{\text{잔존 만기 3개월 이내 원화 유동성 부채}}$$

비율을 사용했으나, 최근의 바젤 Ⅲ에서는 새로 제안된 유동성비율로 단기지표인 '**유동성충당비율**(liquidity coverage ratio : LCR)'과 중장기지표인 '**안정적 순자금조달비율**(net stable funding ratio : NSFR)'의 시행을 제안하였다. 정의는 다음과 같다.

$$LCR = \frac{\text{고유동성자산}}{\text{30일 이내의 순현금유출}} \geq 100\%$$

$$NSFR = \frac{\text{안정자금 인정금액}}{\text{안정자금 필요금액}} > 100\%$$

그리고,

$$\text{단기대출비율} = \frac{\text{순단기대출}}{\text{원화대출금}} \times 100\%$$

도 유용한 유동성 지표가 된다. 순단기대출은 콜론, RP 및 CD 거래를 통한 은행 간 순단기대출액에서 한은 차입금을 차감한 액수이다. 유동성비율이 낮으면 심한 경우에는 부도위험에 직면할 수도 있으나, 일반적으로는 급전을 조달해야 하기 때문에 은행의 비용이 증가한다.

수익성과 관련하여 흔히 쓰는 지표로는 다음과 같은 것들이 있다.

$$\text{총자산경비율} = \frac{\text{총경비}}{\text{실질총자산}} \times 100\%$$

$$\text{경비보상률} = \frac{\text{제경비}}{\text{영업수익} - \text{영업비용} + \text{제경비}} \times 100\%$$

$$\text{업무용 고정자산비율} = \frac{\text{업무용 고정자산}}{\text{자기자본}} \times 100\%$$

여기서 실질총자산은 은행계정 총자산과 약정배당 신탁 관련 자산의 합계액을 말한다.[23] 일반적으로 은행의 비용효율성이 높아질수록 위의 비율들은 낮아진다.

3. 주주의 은행경영 평가

3.1 은행경영의 목적

은행경영의 목적은 이윤과 은행가치의 극대화에 있다. 은행이 금융시장과 경제에서 차지하는 비중이 크고 은행의 역할과 기능에 공공성이 많이 있다 하더라도 이는 어디까지나 상업성을 전제로 한 것이다. 상업성이 경시되면 은행업이 제대로 발전할 수 없어 장기적으로 은행의 기능도 위축될 뿐만 아니라 자본주의 시장경제의 효율성도 저해될 것이기 때문이다.

은행경영의 성과는 궁극적으로 주주에게 귀속된다. 주주가 받는 보상에는 은행이 주주에게 직접 지급하는 배당뿐 아니라 주식가치 상승으로 인한 자본이득도 있다. 따라서 주주의 총수익률은 $\frac{(P_t - P_{t-1} + D_t)}{P_{t-1}}$로 정의된다. 여기서 P_{t-1} = 기초의 주가, P_t = 기말의 주가, D_t = t기의 1주당 배당액이다.

은행의 경영진은 배당과 주가상승을 통해 주주에게 최대한의 보상이 돌아가도록 노력해야 한다. 주주에게 돌아가는 가치를 극대화한다는 의미에서 이를 일반적으로 주주가치 극대화라 표현한다.

23 원래 **신탁자산**은 은행이 신탁자의 위탁을 받아 단순히 관리 · 운용만 하고 수수료를 받는 자산이기 때문에 별도로 계산하는 것이 원칙이지만, **약정배당 신탁자산**의 경우에는 수수료를 받는 대신 신탁자에게는 약정배당만 하고 나머지가 은행의 수익이 되기 때문에 은행예금과 유사하다.

3.2 주주가치 극대화

은행의 가치는 시장에서 부단히 평가된다. 시장은 은행경영 성과의 현재 실적을 평가하고 미래의 가능성을 예측하여 가치를 부여하는 것이다. 따라서 주식가격은 은행의 경영성과에 대한 중요한 정보를 제공한다. 주식가격과 관련하여 흔히 쓰는 지표로는 EPS와 PER이 있다. EPS(earnings per share)는 당기순이익을 총주식수로 나눈 값으로 주당순이익을 의미하고, PER(price earnings ratio)은 주당순이익 대비 주식가격의 비율(즉, 주가/EPS) 또는 당기순이익 대비 시가총액의 비율을 말한다. 전자는 현재의 순이익 실적치로서 미래의 수익성 예측에 대한 기준이 되고, 후자는 그 기준을 가지고 시장이 은행의 미래 수익성에 대해 어떻게 평가하고 있느냐를 보여주는 지표가 된다. 따라서 다른 조건이 동일하다면 EPS가 클수록 주가가 높아지고, PER이 클수록 시장이 은행의 미래 수익성을 밝게 보고 있다는 것을 의미한다.

은행가치에 대한 시장평가지표로 흔히 사용되는 또 하나의 지표로 P/B비율(price/book value ratio : PBR)이 있는데, 다음과 같이 정의된다.

$$P/B\text{비율} = \frac{\text{시가총액}}{\text{장부상 순자산액}}$$

여기서 분자는 시장이 평가한 은행의 경제적 가치를 의미하고, 분모는 장부상 자기자본액이므로 장부상 은행의 가치를 말한다. 따라서 P/B비율은 장부상 가치 대비 경제적 가치의 비율이 된다. 따라서 P/B비율이 1보다 크면 경제적 가치가 장부상 가치보다 크고, P/B비율이 커질수록 그만큼 경제적 가치가 커진다는 것을 의미한다.

일반적으로 P/B비율은 1보다 큰 것이 정상인데, 그 이유는 일반적인 경우 은행의 경제적 가치가 회계장부상 가치보다 커야 하기 때문이다. 즉, 회계장부상의 자산가치 이상으로 경제적 가치를 창출하여야 한다는 것을 의미한다. 장부상 가치는 일종의 청산가치이고 경제적 가치는 존속가치이기 때문에 P/B비율이 1보다 크다는 것은 존속가치가 청산가치보다 크다는 것을 의미한다. 존속가치가 청산가치보다 크지 않을 경우 그 은행은 경제적 부가가치를 창출하지 못하여 은행의 가치를 잠식하고 있는 것이기 때문에 그 은행은 존속할 이유가 없다. 은행의 순자산액이 단순히 재화의 물리적인 덩어리라면 몰라도, 그것이 그동안의 영업활동과 경험, 평판이 체화된 은행업의 기반을 나타내는 것이라면 그 경제적 가치는 물리적 가치보다 커야 한다.

이것은 비단 은행뿐만 아니라 비은행금융기관이나 일반 기업의 경우에도 해당되는 것이다. 그러나 은행의 경우에는 경제적 가치가 장부상 가치보다 커야 하는 다른 특이한 이유가 있는데, 이를 좀 더 구체적으로 설명하면 다음과 같다. 첫째, 제9장과 제10장에서 자세히 설명하겠지만 최근 은행들은 부외거래업무와 비이자수익업무를 적극 확대하고 있어 이 업무로부터 얻는 수익의 비중이 점차 커지고 있는 추세이다. 따라서 은행이 창출하는 부가가치가 커짐에 따라 은행의 시장가치도 아울러 커지게 된다. 둘째, 은행의 경우에는 **영업권가치**(charter value)가 있다. 은행업은 금융감독당국의 인가를 받아야만 할 수 있고, 인가는 엄격한 절차와 심사를 거쳐야만 하기 때문에 이미 인가를 받아 영업을 하고 있는 은행들은 일종의 진입규제의 보호를 받는 것이다. 이러한 기득권의 가치 역시 은행의 시장가치에 포함된다. 셋째, 은행의 가치에는 공적 보증의 가치도 포함되어 있다. 제24장에서 소액예금자 보호를 위한 예금보험제도를 공부하게 되는데, 이러한 공적 보증은 은행에 대한 신뢰를 높이기 때문에 은행의 시장가치를 높여준다. 그러나 영업인가에 의한 잠재적 경쟁으로부터의 보호나 공적 보증이 은행에게 일방적으로 가치만 창출해 주는 것이 아니라는 점도 유의할 필요가 있다. 이에 대한 반대급부로 금융감독당국이 은행의 건전성 유지를 위해 영업에 많은 규제를 가하고 있기 때문이다.

이와 같이 은행은 많은 장부 외 무형자산을 보유하고 있다. 따라서 $A \equiv L + K$라는 회계상의 재무상태표는 은행의 실체를 정확히 나타내주지 못한다고 할 수 있다. 은행의 실체를 보다 정확히 보여주는 것은 경제적 재무상태표로서, 이는

$$A + IA \equiv L + K'$$

로 표현될 수 있다. 여기서 IA = 무형자산(intangible assets)을 말한다. 위의 관계식에서 $K' = IA + K$이므로 은행의 가치는 IA만큼 커진다는 것을 알 수 있다. IA에는 앞에서 설명한 영업권, 공적 보증, 기타 은행이 축적한 무형의 수익원뿐만 아니라 지배구조, 성과중심의 문화 등까지 포함하는 포괄적 개념이다.

4. 감독자의 은행경영 평가

4.1 경영평가의 주안점

은행 감독의 주목적은 은행의 안전성과 건전성을 유지함으로써 예금자를 보호하고 금융시스템 위기를 방지하는 데 있다. 따라서 금융감독당국이 실시하는 **은행경영 평가**의 핵심은 은행의 도산가능성이다. 현재 또는 미래의 도산가능성을 최대한 일찍 판단하여 조기에 신속하게 시정조치를 내림으로써 은행의 도산을 방지하는 것이 예금자를 보호하고 금융시스템 위기를 막아 사회·경제적 비용을 최소화하는 최선의 방책이다. 이를 위해 금융감독당국은 은행의 경영상태를 면밀히 모니터링하고 주기적으로 평가하고 있다.

금융감독당국은 은행의 경영상태를 종합적으로 평가하기 위해 은행을 다각도로 분석하고 있다. 그러나 금융감독당국이 무엇보다도 중요하게 생각하면서 주안점을 두어야 할 평가요소는 자본충실도와 자산건전성, 그리고 위험관리의 적정성이다. 특히 자본충실도와 자산건전성은 은행의 안전성과 건전성을 가장 직접 근접해서 나타내주는 변수일 뿐만 아니라 계량화가 가능한 지표이기 때문에 감독당국이 가장 중요하게 활용하는 요소이다. 따라서 감독당국은 이 지표들의 정확도를 확보하기 위해 노력해야 한다. 예컨대 자산건전성 분류와 부실채권의 손실예상치 등 관련 기초변수들의 산정이 정확해야 자본충실도와 자산건전성 지표들을 신뢰할 수 있기 때문이다.

이 외에도 금융감독당국은 스트레스테스트나 부도예측모형 등 다양한 방법을 이용하여 은행의 위험을 상시적으로 평가하여야 한다. 조기에 은행의 위험을 파악함으로써 위험이 현실화되기 전에 개선시켜야 하기 때문이다. **스트레스테스트**(stress test)는 은행경영에 특별히 큰 영향을 미치는 변수를 선정하여 그 변수가 일정 수준 변동할 경우 은행에 미치는 영향을 계량적으로 예측해 보는 방법이다. 특정 변수가 은행에 미치는 위험이 일정 수준을 넘어설 경우 감독당국은 조기에 개입하여 이를 개선시켜야 한다. 예를 들어, 은행이 이자율위험에 과다하게 노출된 것으로 나타나면 감독당국은 은행으로 하여금 이자율위험 헤지 등을 통해 위험을 낮추도록 지시할 수 있다. **부도예측모형**에는 다양한 방법이 개발되어 있는데, 기본적인 개념은 과거 통계치로부터 은행의 수익성에 대한 기대값과 변동성을 구하고 이로부터 은행의 부도확률을 예측하는 것이다. 은행의 부도확률이 일정 수준을 넘어서면 감독당국이 조기에 개입하여 경영개선을 시킴으로써 부도를 사전에 방지할 수 있다.

4.2 한국 금융감독당국의 은행경영 평가

우리나라 금융감독당국은 CAMELS라 부르는 은행평가방법을 채택하고 있다. CAMELS는 은행경영실태 평가부문을 6개로 나누고 그 6개 부문의 머리글자를 딴 약어로서, 자본적정성(capital adequacy), 자산건전성(asset quality), 경영관리의 적정성(management), 수익성(earnings), 유동성(liquidity), 시장위험에 대한 민감도(sensitivity to market risk)가 이에 해당된다. CAMELS는 1979년 미국의 연방은행 감독기관인 FRB, FDIC, OCC가 은행경영 상태에 대한 통일된 검사 및 평가를 위해 도입한 것으로서 1979년 도입 당시에는 앞의 5개 항목만을 대상으로 한 CAMEL로 시작하였다가 시장위험의 중요성이 대두되면서 1997년 S가 추가된 것이다. 처음에는 낙타 한 마리(CAMEL)로 충분했지만 이제는 낙타 여러 마리(CAMELS)가 필요하게 되었다고 말할 정도로 시장이 은행경영에 미치는 영향이 복잡 · 중요해졌음을 반영하고 있다. 미국에서의 정식 명칭은 **금융기관 통일평가제도**(uniform financial institution rating system : UFIRS)이며, 우리나라에서는 이를 기본골격으로 사용하고 있다.

CAMELS의 각 부문에는 계량지표와 함께 비계량평가 항목도 포함되어 있으며, 이를 합산하여 부문별 등급을 1등급에서 5등급으로 나누어 매기고, 6개 부문의 평가결과를 종합한 종합평가등급도 1등급에서 5등급으로 분류하고 있다. 대체적으로 보면 금융감독당국이 주의를 기울이기 시작해야 하는 수준을 3등급으로 하여 그 위와 아래 등급을 구분하는 방식이다. 우리나라 금융감독당국이 현재 사용하고 있는 종합평가등급의 정의를 보면 다음과 같다. 1등급(우수)은 은행 전반에 걸쳐 경영이 건전하여 정상적인 감독상 주의만이 요구되는 상태를 말하며, 2등급(양호)은 약간의 취약점을 내포하고 있으나 필요 시 제한된 범위 내의 감독조치로 충분한 상태를 말한다. 3등급(보통)은 아직 도산가능성은 희박한 수준이지만 경기변동에 대한 대응력이 다소 부족하여 외부여건에 영향을 많이 받는 등 재무상태, 경영관리 면에서 다양한 취약점들이 노출되고 있어 이를 시정하기 위해 통상적인 수준 이상의 감독상 주의가 요구되는 상태로 정의된다. 4등급(취약)은 재무상태가 크게 취약하고 노출된 경영상의 여러 문제들이 매우 심각한 상태에 있으며, 아직 외부에 나타나지 않고 있으나 도산가능성이 잠재하고 있어 감독당국의 면밀한 주의 및 문제점을 시정하기 위한 조치가 필요한 수준으로 정의된다. 5등급(위험)은 재무상태가 크게 악화되어 도산이 임박하였거나 그 가능성이 매우 높으며, 현재 직면하고 있는 문제점들은 은행 경영자가 감당할 수 없는 상태여서 감독당국의 즉각적이고 단호한 시정조치가 없는 경우 청산, 예금대지급 등의 조치가 요구되는 상태를 말한다.

CAMELS 가운데에서 가장 중시되는 부분은 역시 자본적정성 C와 자산건전성 A이다. 은행의 건강상태를 가장 직접적으로 나타내주는 변수이기 때문이다. 자본적정성을 판정하는 지표로는 BIS기준 자기자본비율, BIS기준 기본자본비율, 단순자기자본비율 등이 이용되고, 자산건전성을 판정하는 지표로는 부실채권비율, 손실위험도가중 여신비율, 무수익여신비율, 연체대출채권비율, 대손충당금 적립률 등이 이용되고 있다. 이 중에서 가장 중시되는 **BIS기준 자기자본비율**에 대해서만 간략히 설명하겠다.

BIS기준에 의해 은행의 자본은 **기본자본**(tier 1 capital)과 **보완자본**(tier 2 capital)으로 나뉘는데, 기본자본은 앞에서 설명한 재무상태표상의 자본과 대체로 일치하고, 보완자본은 만기 5년 이상의 후순위채권 및 후순위차입금, 상환기간 5년 이상의 상환우선주, 자산건전성 분류에서 정상 및 요주의로 분류된 자산에 대하여 적립된 대손충당금 등으로 되어 있다. 즉, 기본자본은 말 그대로 은행의 진정한 자본이고, 보완자본은 상당 기간 갚지 않아도 되는 상환우선순위가 가장 낮은 채무와 사용할 확률이 거의 없는 대손충당금 등 정확히 자본은 아니지만 채무변제에 있어서 자본에 준하여 사용할 수 있는 재원을 의미한다. **BIS기준 자기자본비율**은 위험가중자산총액 대비 BIS기준 자기자본(기본자본 + 보완자본)의 비율을 말한다. 다만, BIS기준에 의하면 보완자본은 자기자본을 초과하여 인정되지 않는다.

경영평가 결과가 일정수준 이하로 떨어지면 금융감독당국은 은행에 구체적인 시정사항을 명시하여 개선명령을 내린다. 시정명령의 단계로는 경영개선 권고, 경영개선 요구, 경영개선 명령이 있다. 경영개선 권고는 BIS기준 자기자본비율이 8% 미만인 경우, 또는 경영실태 종합평가등급이 1~3등급으로서 자산건전성 또는 자본적정성 부문의 등급이 4 또는 5등급인 경우에, 경영개선 요구는 BIS기준 자기자본비율이 6% 미만인 경우, 또는 경영실태 종합평가등급이 4 또는 5등급인 경우에, 경영개선 명령은 BIS기준 자기자본비율이 2% 미만인 경우에 자동적으로 발동된다.[24] 이를 **조기시정조치**(prompt corrective action : PCA)라고 하는데, 은행의 경영상태가 나빠지기 시작하면 조기에 신속하게 시정조치를 내림으로써 경영개선을 용이하게 하여 도산으로 인한 예금대지급 및 파급영향을 방지하기 위함이다. 우리나라에서는 이를 **'적기시정조치'** 라고 부르지만, 정책적 함의는 원어의 뜻대로 조기시정조치이다.

5. 새로운 경영평가기법

앞에서 설명한 재무 · 손익분석, 즉 전통적 경영평가기법은 **일반적으로 인정된 회계원칙**(generally accepted accounting principles : GAAP)에 따른 것으로 가장 보편적으로 이용되기는 하지만 많은 한계와 문제점도 갖고 있다. 전통적 평가기법은 금융감독당국에게 은행의 위험에 대한 정보를 충분히 제공하지 못하기 때문에 감독당국은 감독상의 특수한 목적을 위해 나름대로의 평가기법을 사용하고 있음을 앞 절에서 보았다. 뿐만 아니라 전통적 평가기법은 은행의 CEO에게 영업부문별 기여, 내재된 위험의 크기 등 주주가치 극대화를 위해 필요한 충분한 세부정보를 전달하지 못한다. 이 절에서는 전통적 평가기법의 단점을 보완하는 새로운 경영평가기법을 간략히 소개한다.

24 보다 자세한 내용은 제23장에서 공부한다.

5.1 *RAROC/RORAC* 분석

*RAROC*과 *RORAC*은 가장 보편적으로 이용되고 있는 평가기법으로서 기본적으로는 *ROE*를 보완하는 개념이다. 우선 정의를 보면, *RAROC*(risk-adjusted return on capital)은 자본의 위험조정순이익률을, *RORAC*(return on risk-adjusted capital)은 위험조정자본의 순이익률을 의미하며, 다음의 수식으로 표시될 수 있다.

$$RAROC = \frac{\pi^a}{K},\ RORAC = \frac{\pi}{K^a}$$

여기서 π^a = (π − 예상손실)로서 위험조정순이익(risk-adjusted return)이고, K^a = 위험조정할당자본(risk-adjusted capital)이다. 이 정의식에서 볼 수 있듯이 *RAROC*과 *RORAC*은 모두 $ROE = \pi/K$가 잠재적 위험을 감안하지 않은 문제점을 보완한 것으로서 기본적으로 동일한 개념이다. 다만, *RAROC*은 *ROE*의 분자를 조정하는 데 반해 *RORAC*은 분모를 조정한다는 차이가 있다.

여기서 한 걸음 더 나아가 *RAROC*과 *RORAC*의 개념을 영업부문별로 적용하면 위험요소를 감안한 부문별 수익 기여도에 대해서 보다 자세한 정보를 얻을 수 있다. 또한 이 개념을 *ROA*에 적용하면 총자산의 위험조정순이익률을 의미하는 *RAROA*(risk-adjusted return on assets)나, 또는 위험조정자산의 순이익률을 의미하는 *RORAA*(return on risk-adjusted assets)와 같은 지표도 구할 수 있다.

5.2 내부자금이전금리

각 영업부서가 수익에 기여하는 정도를 파악하고 또한 각각 관리해야 할 위험을 구체적으로 구분하기 위해서는 영업부문별로 자본, 자산 및 부채와 함께 수익과 비용도 구분하여 계산할 필요가 있다. 이때 쓰는 방법 중의 하나가 **내부자금이전금리**(internal fund transfer pricing) 기법이다. 여기서는 예를 들어 간략히 설명한다.

은행 수신부에서 3개월 만기 연리 2% 저축예금으로 조달한 자금을 여신부에서 3년 만기 연리 6% 고정금리로 AA급 회사에 대출을 한 경우를 보자. 이 경우 예대마진은 4%인데, 이 예대마진에는 신용위험과 함께 기간불일치로 인한 이자율위험이 포함되어 있다. 그리고 오늘 시장에서 3개월 CD의 금리는 3.51%이고, 3년 만기 AA급 회사채의 금리는 4.44%이다. 이 은행 자금부는 시장에서 이 금리로 자금을 조달 · 운용할 수 있다고 가정한다. 은행 CEO의 입장에서는 4%의 이자마진이 어느 부서의 성과이며 또한 각각의 위험을 어느 부서가 관리해야 하는지를 결정할 필요가 있다.

이제 다음 [Box 6-1]의 예를 들어 이 은행의 내부자금이전금리를 설명하기로 하자. 첫째, 수신부는 3개월 만기 저축예금으로 조달한 자금을 자금부에 이전하고 3개월 CD금리인 3.51%를 이자로 받는다. 수신부의 이자마진은 1.51%가 되다. 그리고 3개월 만기 저축예금으로 조달한 자금을 3개월 CD에 투자한 셈이기 때문에(matched-maturity fund transfer : 만기일치 자금이전) 기간의 불일치로 인한 이자율위험은 수신부에서 자금부로 전가된다. 둘째, 여신부는 자금부로부터 3년 만기 회사채 금리인 4.44%를 지급하고 자금을 받아 6%에 3년 만기 대출을 한다. 이때 대출이 조기상환될 가능성이 있는데 그로 인해 수반되는 부담도 자금부로 이전될 것이기 때문에 그 비용으로 여신부는 0.2%의 추가비용을 자금부에 지급한다고 가정하자. 그러면 기간불일치로 인한 위험은 여신부에서 자금부로 전부 전가되기 때문에 여신부에는 신용위험만 남게 된다. 그리고 여신부의 이

Box 6-1 | 내부자금이전금리 계산 예시

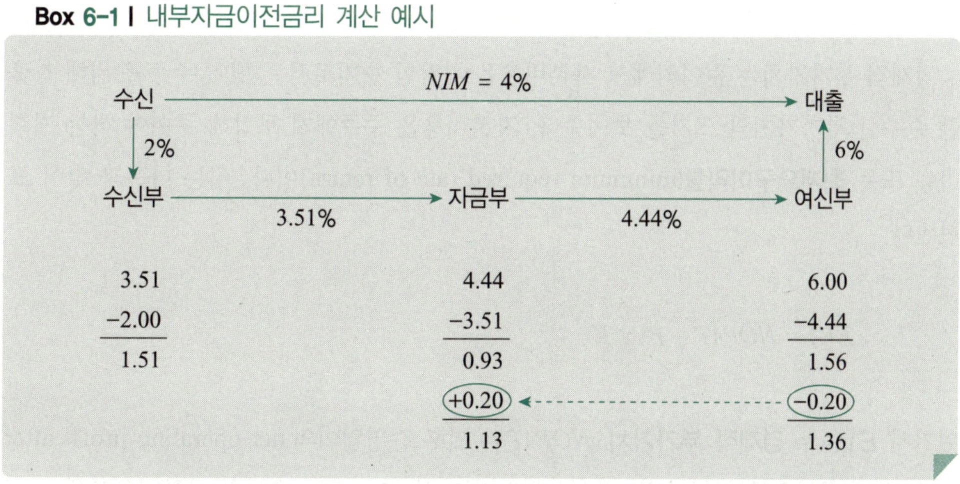

자마진은 6 − 4.44 − 0.2 = 1.36%가 된다. 마지막으로 자금부는 수신부에서 3.51%로 자금을 받아 여신부에 4.44%로 넘기고 여신부로부터 0.2%의 조기상환 부담비용도 받기 때문에 자금부의 이자마진은 4.44 − 3.51 + 0.2 = 1.13%가 된다. 그러면 수신과 여신의 이자마진 총액 4%는 수신부 1.51%, 자금부 1.13%, 여신부 1.36%로 나누어지고, 여신부는 신용위험만을 관리하고 이자율위험은 모두 자금부로 집중되어 관리된다.

이와 같이 내부자금이전금리 방법을 이용하여 각 부서가 이자마진에 기여한 정도를 계산할 수 있을 뿐만 아니라, 각 부서가 관리해야 할 위험도 확실히 할 수 있다.

5.3 위험조정순이익과 경제적 부가가치

재무제표상의 당기순이익은 주주에게 돌아가는 가치를 정확히 나타내주지 못한다는 한계를 갖고 있다. **위험조정순이익**(risk-adjusted profit)과 **경제적 부가가치**(economic value added : EVA)는 모두 이러한 단점을 보완하기 위해 고안된 개념이다.

위험조정순이익은 은행의 당기순이익에서 예상손실액을 차감한 수치로서 앞에서 *RAROC*을 계산할 때 분자로 쓴 수치임을 독자들은 기억할 것이다. 예상손실액을 감안하지 않을 경우 은행의 당기순이익이 그만큼 과대평가되는 것을 보완하기 위한 개념이다. *RAROC*이 자본비용을 상회하는지 여부에 따라 주주가치가 창출되고 있는지 아니면 파괴되고 있는지 판단할 수 있다.

경제적 부가가치는 순이익에서 자본비용을 차감한 수치로서 은행이 주주를 위해 창출한 순수한 부가가치의 크기를 보여준다. 자본비용은 주주에게 보상해 주어야 하는 기회비용 또는 **최저요구이익률**(minimum required rate of return)이다. 이는 다음과 같이 표현된다.

$$EVA = NOPAT - r^m \times K$$

여기서 **EVA = 경제적 부가가치**, $NOPAT$ = 세후 순영업이익(net operating profit after tax), r^m = 최저요구이익률, K = 자본이다. 따라서 $r^m \times K$는 은행의 자본비용총액이 된

다. 일반적으로 당기순이익 대신 *NOPAT*의 개념을 쓰는 경우가 많은데, 그 이유는 일반적으로 인정된 회계원칙(GAAP)에 따른 재무제표상의 당기순이익이 은행의 진정한 이익을 과대평가하는 경향이 있다는 데 기인한다. 따라서 *NOPAT*은 회계상의 특정 수치가 아니라 대손충당금 손실, 유가증권 평가손익 등의 처리를 실제가치에 맞게 하여 얻는 은행의 진정한 당기순이익을 의미한다. 즉, *EVA*를 계산할 때 은행 당기순이익의 실제 규모를 정확히 파악해야 한다는 점을 강조하는 것이다. *EVA* 대신 **경제적 순이익**(economic profit)이라고 부르기도 한다.

이와 같은 개념들을 어떻게 현장에서 이용할 수 있는지를 보여주기 위해 간단한 예를 하나 들어보자. 은행이 3년 만기 고정금리 7.5%로 100억원을 대출했는데, 대출재원은 차입금 90억원과 자본금 10억원이다. 자본금을 투입한 이유는 위험자산의 일정비율을 자기자본으로 투입해야 하는 감독규정 때문이다. 90억원의 차입금은 3년 만기 고정금리로 계약되어 있어 이 은행에 기간불일치로 인한 위험은 없다. 차입비용은 차입이자 5.5%에 기타 관리비용 등으로 1%를 합해 연 6.5%라고 가정한다.

[Box 6-2]는 이 계약으로부터 생성되는 현금흐름을 요약하고 있다. 우선 $t = 0$에 순현금흐름이 −10으로 되어 있는 것은 은행의 자기자본이 투입된 것을 표시한다. 이자수입은 매년 7.5억원이고, 이자비용 등은 매년 90억원 × 6.5% = 5.85억원이다. 따라서 순현금흐름 유입액은 1.65억원이다. 만기에는 대출금을 회수하여(+100) 차입금을 상환하고 (−90) 자본을 회수하기 때문에 만기($t = 3$)의 순현금흐름 유입액은 10 + 1.65 = 11.65억원이 된다. 순현금흐름을 얼핏 보기에는 분명히 양의 수익흐름을 창출하고 있기 때문에 부가가치를 창출하고 있는 것으로 보이는데, 과연 이 은행은 경제적 부가가치를 창출하고 있는가. [Box 6-2]는 할인율이 10%일 때, 15%일 때, 그리고 20%일 때 현금흐름의 순현가(net present value : NPV)를 보여준다. 여기서 보는 바와 같이 할인율이 10%, 15%일 때는 경제적 부가가치가 양이고, 할인율이 20%일 때는 경제적 부가가치가 음이 됨을 알 수 있다. 즉, 할인율이 10%, 15%일 때는 은행이 주주가치를 창조하고 있지만 할인율이 20%일 때는 주주가치를 파괴하고 있음을 알 수 있다.

경제적 부가가치를 계산할 때 어떤 할인율을 사용할 것인가는 주주들이 기대하는 최저요구이익률과 사업의 위험성에 따라 달라진다. 주주들의 기대치가 클수록, 그리고 사업의 위험이 클수록 할인율이 커진다. 따라서 이 예에서 할인율이 20%라면 이 은행은 주주

Box 6-2 | 경제적 부가가치 계산 예시

	$t = 0$	$t = 1$	$t = 2$	$t = 3$
차입금	+90			−90
대출	−100			+100
이자수입		7.5	7.5	7.5
이자비용 등		−5.85	−5.85	−5.85
순현금흐름	−10	1.65	1.65	11.65

$$NPV(10\%) = -10 + \frac{1.65}{1.1} + \frac{1.65}{(1.1)^2} + \frac{11.65}{(1.1)^3} = 1.62$$

$$NPV(15\%) = -10 + \frac{1.65}{1.15} + \frac{1.65}{(1.15)^2} + \frac{11.65}{(1.15)^3} = 0.34$$

$$NPV(20\%) = -10 + \frac{1.65}{1.2} + \frac{1.65}{(1.2)^2} + \frac{11.65}{(1.2)^3} = -0.74$$

의 기대나 위험성의 정도에 비추어 충분히 가치를 창출하지 못한다는 것을 의미한다.

은행의 영업부문별 경제적 부가가치를 파악하기 위해서도 이를 활용할 수 있다. 위험성을 제외한 다른 조건이 모두 동일한 대출건 A와 B를 비교할 때 경제적 부가가치를 제대로 계산하지 못하면 은행은 잘못된 결정을 내리게 된다. 예를 들어 대출건 A는 우량기업에 대한 대출이고 대출건 B는 불량기업에 대한 대출이며, 두 대출건의 위험성 차이로 인해 A에는 10%의 할인율을, B에는 20%의 할인율을 적용한다고 가정하자. 그러면 [Box 6-2]에서 A는 경제적 부가가치를 창출하고 B는 경제적 부가가치를 파괴하고 있음을 쉽게 알 수 있다. 따라서 A에 대해서는 대출을 늘리는 반면, B에 대해서는 대출을 취소하거나 또는 경제적 부가가치가 양이 되는 수준까지 대출이자율을 대폭 올려야 한다는 합리적인 결정을 할 수가 있다. 그러나 이를 무시하고 동일한 할인율을 적용하면 이 은행은 불합리하게 부실대출을 늘리는 방향으로 자산운용을 하게 되는 결과를 낳게 된다.

5.4 위험할당자본

은행은 영업부문별로 위험에 대비하여 필요한 자본의 양이 얼마나 되는지를 파악할 필요가 있다. 그 이유는, 첫째 은행 전체 위험에 대비하기 위하여 필요한 은행 전체의 자본 양이 얼마나 되는지를 가급적 정확히 측정하기 위해서는 영업부문별 분석이 필요하고, 둘째 영업부문별로 자본수익성 기여를 파악함으로써 은행 전체의 자본수익성, 즉 주주가치를 제고할 수 있기 때문이다. 독자 여러분은 앞에서 *RAROC*과 *RORAC*을 설명할 때 이 두 개가 모두 기본적으로 $ROE = \frac{\pi}{K}$의 문제점을 보완한 같은 개념이지만, 다만 유일한 차이점은 *RAROC*이 분자인 π를 조정한 데 반해 *RORAC*은 분모인 K를 조정한 것이라고 설명한 것을 기억할 것이다. *RORAC*의 분모에 사용한 것이 위험할당자본이다.

위험할당자본(allocated risk capital)은 현재 이루어지고 있는 거래와 노출된 신용위험을 지탱할 수 있는 필요자본량을 말한다. 위험할당자본은 은행 전체로 계산할 수도 있고 영업부문별로 계산할 수도 있다. 위험할당자본을 계산하는 한 방법은 수익의 변동성을 보충할 수 있는 필요자본량을 계산하는 것이다. 구체적으로 보면, 수입과 지출의 통계치로부터 수익의 표준편차를 계산하고, 특정의 수익변동성, 예컨대 1 표준편차에 해당하는 수익의 감소를 보충하기 위해 필요한 자본량을 계산한다. 즉, 수익의 표준편차를 4.5조원, 무위험이자율을 3.2%라 가정하면, 1 표준편차의 수익 감소를 보충하기 위해 무위험자산에 투자해서 얻을 수 있는 수익이 4.5조원이 되기 위해서는 140.8조원(≒ 4.5조원 / 0.032)의 자본이 필요하다는 것을 의미한다. 이 140.8조원이 위험할당자본이 된다. 은행의 경영을 보수적으로 한다면 위험할당자본을 계산할 때 수익 표준편차의 배수를 늘려야 하고, 이에 따라 필요자본량이 증가하게 된다. 여기서 은행의 경영진이 표준편차 배수를 사전에 결정하면 그 표준편차의 배수에 해당하는 만큼의 수익의 감소, 즉 **위험수익**(earnings at risk : EaR)이 계산된다. 따라서 위험할당자본은 위험수익을 보충할 수 있는 필요자본량이라고 정의할 수 있다.

영업부문별로 위험할당자본을 계산하면 영업부문별 *RORAC*을 계산할 수 있다. 영업부문별 *RORAC*은 은행의 수익성에 어떤 영업부문이 더 기여하는가를 비교해서 보여주고, 따라서 경영진이 은행의 한정된 자원을 어느 영업부문에 더 투입해야 하는가를 보여주는 중요한 자료로 이용될 수 있다.

6. 금융환경의 변화와 은행의 주요 경영이슈

앞에서 증권화 · 탈은행화, 대형화 및 겸업화, 정보화와 전자금융의 발전, 글로벌 금융시장의 통합화 등 최근 국내외 금융시장에 나타난 새로운 변화의 추세를 보았다. 그러나 변화는 여기에서 그치지 않는다. 앞으로 은행산업에 지대한 영향을 미칠 것으로 예상되는 새로운 변화가 일어나고 있다. 인구감소와 고령화의 지속, 저성장 · 저금리 추세의 지속, 가계부채 위기와 부동산시장의 침체, 정보기술(IT)과 금융의 융합화, 금융의 글로벌화와 우리 금융기관의 해외 확장 등은 우리 은행, 나아가서는 우리 금융산업 전체의 명운을 가를 수도 있는 큰 변혁을 예고하고 있다. 은행들은 한층 강화된 경쟁환경과 척박해진 경영여건 아래에서 살아남기 위해 국내외 은행들, 그리고 이종 금융기관들과 경쟁해야 하며, 더 나아가서는 IT기업 등 비금융기관과도 경쟁 또는 협력해야 하는 상황에 처해지고 있다. 이러한 환경변화에 얼마나 잘 대처하느냐가 앞으로 금융기관 경영의 성패를 좌우할 것이다. 이제부터 이러한 금융환경 변화와 이로 인해 야기되는 주요 경영상의 이슈를 간단히 살펴보도록 하자.

6.1 인구감소, 고령화 및 저성장

우리나라 인구는 최근 십수년간 증가세가 꾸준히 둔화되어 왔으며 조만간 감소세에 들어설 것으로 추정되고 있다. 통계청 인구추계에 따르면 우리나라 인구는 2030년 5,216만 명을 정점으로 그 이후 계속 감소하여 2060년에는 4,396만 명으로 줄어들 것으로 추정되고 있다. 생산가능인구(15～64세 인구)는 감소추세가 그보다 훨씬 더 빨라서 2016년이면 3,704만 명(인구의 73%)으로 정점에 달하고 그 이후 급격히 감소하여 2060년에는 2,187만 명(인구의 50%)까지 감소할 것으로 예상된다. 2060년이 되면 우리나라 인구는 최고점 대비 약 16%가량 감소하고, 생산가능인구는 최고점 대비 40% 이상 감소한다는 추정이다. 특히 인구 대비 생산가능인구의 비율을 보면 지금은 70%를 웃돌고 있지만

2060년에는 약 절반 밖에 되지 않을 정도로 우리 경제 전체의 생산력은 불과 30여년 사이에 급격히 줄어들 전망이다.[25]

저출산으로 인해 인구가 감소함과 동시에 기존 인구의 기대수명이 빠르게 증가하면서 우리나라의 인구구조는 전 세계에서 유래를 찾아볼 수 없을 정도로 고령화가 빨리 진행되고 있다. 즉, 유소년의 숫자는 급격히 줄어드는 반면 노령인구는 급격히 늘어나고 있다. 우리나라는 지난 2000년 이미 **고령화사회**(65세 이상 인구비율 7% 이상)에 도달하였으며, 2018년에는 고령사회(동 비율 14% 이상), 그리고 2026년에는 초고령사회(동 비율 20% 이상)에 이를 것으로 전망된다.[26]

이러한 인구감소와 인구구조의 고령화는 앞으로 우리 사회와 경제에 지대한 영향을 미칠 것으로 예상되며, 우리 금융산업도 심각한 충격과 근본적인 변화를 피할 수 없을 것이다.

인구감소와 고령화시대에 닥칠 가장 큰 변화는 우리 경제가 앞으로 중장기적인 저성장 · 저금리 국면에 머물게 될 것이라는 점이다. 우선 인구가 감소하면 내수시장이 축소될 것은 자명한 일이다. 그리고 현재 생존해 있는 사람들도 기대수명이 증가하면서 길어진 은퇴 후 삶을 대비해 저축을 더 늘리고 소비를 줄이지 않을 수 없다. 최근 10여년간 우리나라 평균 가구의 소비성향이 지속적으로 낮아지는 경향을 보이고 있는 것도 상당부분 이에 기인한다. 이로 인해 경기회복이 지연되고 경제성장이 지체되고 있다. 다른 한편으로는 생산가능 인력자원의 부족과 노동인구의 고령화 등으로 노동생산성이 저하함에 따라 획기적인 기술진보가 없는 한 우리 경제의 생산력 저하는 피하기 어려울 것이다. 이와 같이 수요 · 공급 양측면에서 경제는 위축되지 않을 수 없다. 더욱이 중국도 고성장 단계를 벗어나 이제 성장률이 하향 안정화할 것이라는 분석이고, 글로벌 경제도 점차 저성장시대로 전환되고 있다는 점이 지적되고 있다. 대외 의존도가 높은 우리 경제는 중국과 글로벌 경제의 성장률이 저하함에 따라 함께 성장률이 낮아지지 않을 수 없다. 이와 같은 대내외적인 복합요인으로 인해 우리 경제는 지속적으로 성장률이 낮아지면서 중장기적인 저성장시대 진입은 피할 수 없을 것이다.

25 통계청, 「장래인구추계 : 2010년~2060년」, 2011. 12. 7의 중위추정치 기준

26 이 추세대로 간다면 65세 이상의 인구비율은 2031년에 25%, 2037년에 30%, 2060년에는 40%에 달하게 될 것으로 추정된다. 즉, 앞으로 약 40~50년 뒤면 우리나라는 인구의 약 절반이 65세 이상 노인인 노인국가가 되는 것이다.

저성장시대에 진입하면 활발한 사업과 투자기회가 희소해진다. 따라서 은행의 자금운용이 어려워지고 수익성이 낮아지는 것은 피할 수 없는 현상이다. 사업 · 투자기회가 축소되면 자금에 대한 수요가 감소하기 때문이다. 또한 고령인구 비중이 높아지면 자금을 이용하는 사람보다 자금을 위탁하는 사람이 더 많아지게 되고, 저축에 대한 수요가 대출에 대한 수요보다 상대적으로 더 많아지므로 금리는 낮아지게 된다. 이러한 저금리 추세는 상당기간 지속될 것으로 예상된다. 국민연금, 퇴직연금 등 각종 연기금 적립액이 빠르게 증가하고 있고, 은행에 예금은 많이 들어오는데 대출할 데가 없는 자금의 초과공급 현상이 발생하고 있으며, 많은 시중자금이 투자할 곳을 찾지 못해 단기성 예금 등으로 떠도는 대규모 단기부동자금화 현상 등이 지속되고 있는 것은 우리 경제가 이미 저성장 · 저금리 국면에 진입했음을 보여주는 징후라 할 수 있다. 이와 같은 자금의 상대적 초과공급으로 인한 저금리시대에는 은행의 예대마진이 압착될 수밖에 없으므로 은행의 수익성은 장기적 하락추세를 면하기 어려울 것으로 보인다.

자본시장이 발달하면서 신용이 높은 대기업들은 은행대출보다는 직접금융시장에서 자금을 조달하는 **탈중개화**(disintermediation) 현상, 즉 탈은행화 현상이 나타난다. 우리나라에는 1997년 금융 · 외환위기 이후 대기업들의 대규모 탈은행화 현상이 나타났는데, 은행들은 이로 인해 빈 공간을 중소기업대출과 가계자금대출로 대체하며 성장했다. 그 결과 지난 십수년간 은행의 중소기업대출과 가계자금대출이 빠른 속도로 증가했는데 최근에는 이것마저도 포화상태에 이르렀고, 특히 우리 경제가 저성장 국면에 들어감에 따라 앞으로도 기업대출과 가계대출의 증가는 기대하기 어려워질 것이므로 은행의 대출 증대나 자금운용은 더욱 힘들어질 것으로 예상된다.

더욱이 가계자금대출은 포화상태를 넘어서 부실화 징후를 보이며 새로운 금융위기 요인으로 지적될 정도이다. 장기간 지속된 불경기와 소득 양극화로 저소득층의 생계비 대출이 늘었고 더욱이 정부가 무리한 부동산 부양책을 씀으로써 주택담보대출이 급격히 늘어났기 때문이다. 이는 은행의 수익성을 압박할 것이며, 경우에 따라서는 대규모 손실이 발생할 가능성도 배제할 수 없다. 따라서 이제 가계대출은 은행들이 수익을 확대할 수 있는 자산운용처라기보다는 오히려 대규모 손실을 가져다 줄 수 있는 위험관리의 대상이 될 우려가 크다.

저성장 · 저금리 · 고령화시대에 접어든 이제 우리 은행들은 생존을 위해서라도 새로운 대출수요처를 개발하고 대체수익원을 찾는데 모든 경영역량을 집중해야 할 것이다. 고갈된 대출처를 대체할 안전하고 수익성이 높은 새로운 대출수요처가 필요할 뿐만 아니라 우리 은행의 고질병인 대출이자 위주의 편중된 수익구조를 개선하기 위해서라도 다양한 대체수익원을 개발해야 한다. 우리나라 은행의 경우에는 총수익 중 이자수익이 차지하는 비중이 80%를 상회하여 50% 내외에 불과한 선진국의 주요 은행들에 비해 매우 높은 편이며, 비이자수익도 선진국 은행과 달리 대부분 수수료수익이다. 수익구조의 다양화가 시급하다. 특히 우리 은행산업이 소수의 대형 은행지주그룹으로 과점화됨에 따라 국내 은행시장에서 은행 간 경쟁이 격렬해질 가능성이 크고, 나아가서는 다른 비은행 금융기관과의 경쟁도 심화될 가능성이 높아 새로운 수익처를 찾지 못할 경우 수익성이 급격히 낮아질 우려가 있다.

가장 시급한 것 중의 하나는 고령화시대의 새로운 기회를 적극 개발하는 것이다. 일반적으로 실버금융이라고 부르는 고연령층의 금융니즈, 예를 들면 주택연금 관련 대출 등을 적극 개발하고, 고연령층을 주고객으로 하는 실버산업에의 대출도 적극 개발 · 활성화해야 할 것이다. 아울러 대형은행들의 경우에는 외국 진출을 통한 해외 대출수요, 또는 국제금융시장에서의 글로벌 기업이나 개도국을 대상으로 하는 신디케이트론 등도 점차 확대할 필요가 있다. 그리고 중소기업금융도 다시 한번 더 적극 개발할 필요가 있다. 대기업에 비해 위험은 크지만 상대적으로 성장성이 높은 중소기업이 금융기관으로부터 원활한 자금지원을 받아 빠른 성장세를 보일 경우 국가적으로는 고용창출효과가 클 뿐 아니라 경제성장도 빨라지는 등의 거시경제적 효과와 함께 금융산업의 파이가 커지는 효과가 있다. 개별 금융기관의 입장에서 보더라도 고객기업이 성장하면서 대출수요가 더 늘어나게 된다.

그러나 다른 한편 새로운 위험요인에 대한 대비도 게을리 해서는 안될 것이다. 다음 절에서 설명하는 부동산시장 침체와 가계부채 부실화는 앞으로 은행경영에 심각한 위험을 초래할 우려가 있다. 또한 수익원이 고갈되고 수익성이 악화되는 추세에서 은행들이 초조한 마음에 무리하게 공격적 경영을 펼칠 경우 위험을 경시하게 되고 그 결과 막대한 손실을 입을 가능성이 있기 때문이다.

6.2 가계부채 위기와 부동산시장의 침체

우리나라의 **가계부채** 잔액은 2002년 말 464조원 정도이던 것이 2014년 말 1,089조원으로 증가했고, 2015년 말에는 1,200조원을 넘어설 정도로 빠르게 증가했다. 13년 만에 가계부채가 약 2.6배로 증가한 셈이다. 가계부채의 연평균 증가율이 7.6%에 달해 경제성장속도보다 빨랐고, 그 결과 국내총생산 대비 가계부채의 비율은 2002년 말 60%이던 것이 2015년 말 77%로 증가하였다. 채무변제능력의 지표인 처분가능소득 대비 가계부채비율로 보면 가계부채 문제가 더욱 심각해졌음을 알 수 있다. 동 비율은 글로벌 금융위기가 발생했던 2008년 말에 이미 120%에 달했는데 그 이후 개선되기는커녕 계속 증가하여 2014년 6월 말 현재 135%까지 상승하였다.[27]

글로벌 금융위기를 맞은 이후 대부분의 선진국에서 가계부채가 개선되었던 것과 비교된다. 우리나라는 가계부채가 소득 대비 기준으로 볼 때 위험수위까지 증가하여 앞으로 정상적인 가계채무 변제가 가능할지 의심이 갈 정도가 되었다. 급속한 가계부채 증가로 인해 최근 부실화 징후가 나타나고 있으며, 이것이 다음번 금융위기의 뇌관이 되는 것 아니냐는 우려가 제기되고 있다.

이렇게 가계부채가 급증한 것은 중산 · 서민층소득의 장기정체로 인한 생계비대출 증가, 조기은퇴한 베이비부머층의 자영업 창업대출 증가, 정부의 무리한 부동산경기부양책으로 인한 부동산담보대출 증가와 전월세대출 등에 기인한다. 서민층, 특히 저소득층의 경우 장기간 지속된 양극화와 경기침체로 적자가구 비율이 높아 채무상환능력이 매우 낮은 실정이며, 자영업자의 경우 과잉경쟁으로 인해 수익이 매우 작고 폐업률이 높아 앞으로 창업 베이비부머들의 집단 부실화가 우려되는 실정이다. 일례로, 50세 이상 금융채무불이행자의 비율은 2003년 9.1%였으나 그 이후 계속 증가하여 2013년에는 31.1%에 달했는데,[28] 이는 소득창출능력이 떨어지는 고연령층 자영업자의 부실이 급격히 증가하고 있음을 보여주는 증거라 하겠다.

가계부채의 약 절반을 차지하는 주택담보대출의 경우 담보물건이 있어 상대적으로 안전하다고 생각할 수도 있으나 주택가격이 하락할 경우 부실화 속도가 매우 빨라 잠재적

27 한국은행, 금융안정보고서, 2014. 10

28 신용회복위원회

위험은 오히려 더 심각하다. 우리나라 50~60대 이상 고령층 및 준고령층은 평균적으로 자산의 80% 이상을 부동산으로 보유하고 있는데 인구가 감소하고 고령화하는 추세에서 청장년층의 주택 수요는 감소하는 반면 고령층·준고령층이 생계비 조달을 위해 보유주택 판매가 증가하면 부동산 가격 하락은 불가피하다. 경우에 따라서는 부동산 가격이 폭락하는 자산붕괴 현상이 발생할 우려도 있다. 부동산담보대출이 지난 십수년간 은행의 새로운 수익원으로 톡톡히 기여했지만, 부동산시장의 장기침체가 예견되는 고령화시대에 부동산담보대출은 오히려 새로운 위험요인이 되고 있다.

그리고 2008년 글로벌 금융위기 이후 계속된 선진국의 저금리정책이 종료되면서 미국의 연방준비은행이 기준금리를 올릴 경우 국내 대출금리도 동반상승하고 그로 인해 우리나라 가계부채가 급속히 부실화할 우려가 제기되고 있다. 선진국 금리가 상승하면 우리나라 금융시장에서 외국자본이 유출하고 동시에 국내금융시장에서 금리가 상승할 것이므로 가계부채의 이자부담이 증가하고 부동산 가격 등 자산가치가 폭락하면서 가계부채의 부실화가 심화되고, 이는 다시 금리인상과 자산가치 폭락을 부르는 악순환의 사이클을 만들 가능성이 있다.

금융권별로 볼 때 은행은 저축은행, 신협, 농협 등 비은행 예금수취기관에 비해 상대적으로 안전한 편이다. 은행의 경우 거래고객들이 대부분 신용등급이 높은 우량고객인 반면 비은행은 신용등급이 낮은 비우량고객이 많다. 그리고 최근 은행보다는 비은행권의 가계대출이 폭증하여 가계부채 부실화 위험은 은행에 비해 비은행이 매우 높은 수준이다. 그렇다고 은행이 결코 안전한 것은 아니다. 가계부실이 확산되어 비은행권에 연쇄도산이 발생하면 금융시장이 경색되고 가계부실이 경제 전영역으로 파급될 것이고, 그러면 은행에도 위기가 올 가능성이 크기 때문이다. 정부는 가계부채 정책을 시의적절하게 잘 집행하여 가계부채를 연착륙시키고 자산붕괴를 방지해야 한다. 하지만 은행들도 가계부채 문제를 정부에게만 맡기고 있어서는 안 되고, 은행 스스로 적극적인 가계부채 위험관리를 해나가야 할 시점이다.

6.3 정보기술(IT)과 금융의 융합화

정보기술(IT)은 금융산업에서 이미 오래전부터 광범위하게 활용되었지만, 통신기술이 획기적으로 발전하고 인터넷이 보편화되면서 그 활용도가 최근 들어 더욱 커졌다. 통신기술과 전자금융의 발달로 정보처리가 수월해지고 금융 · 정보 네트워크가 전산업적 · 전사회적 차원으로 확대되면서 은행들은 광범위한 지역에 산재한 고객들과 언제라도 쉽게 접촉할 수 있게 되었고, 지리적 제약의 한계를 벗어나 고객이 어디에 있든 많은 편리한 금융서비스를 저렴한 가격에 신속하게 제공할 수 있게 되었다. 고객이 은행을 찾아가야만 하던 시대는 이제 지났고, 언제 어디서나 고객과 은행이 접할 수 있는 시대가 되었다. 금융업무는 기존의 점포중심에서 고객중심으로 전환되기 시작했으며, 공급자 중심의 금융에서 수요자 중심의 금융으로 시장이 변했다. 은행들은 고객 위주의 영업을 한층 강화하지 않을 수 없고, 고객의 니즈에 맞는 복합금융상품의 개발이 은행의 경쟁력을 좌우하게 되었다. 은행에 새로운 기회가 생김과 동시에 그만큼 은행산업에서의 경쟁이 치열해졌다.

더욱이 최근 모바일기술이 발전하면서 스마트폰이 보편화되었고, 정보처리기술이 발달하고 속도가 빨라지면서 빅데이터의 활용이 가능해짐에 따라 IT와 금융의 융합이 본격화되기 시작하고 있다. 인터넷의 보급으로 전자금융과 전자상거래가 확산되면서 온라인 금융업무가 증가했다면, 모바일기술과 스마트폰의 확산으로 모바일금융과 모바일 상거래가 확산되면서 비교적 단순했던 온라인 금융업무는 고급 소프트웨어에 기반한 디지털 금융으로 더욱 발전하는 계기가 마련되었다. 모바일 디지털금융은 은행이 고객들과 지리적 · 시간적 · 환경적 제약을 전혀 받지 않고 언제 · 어디서나 · 어떤 조건 아래에서도 접촉할 수 있게 되었다는 차원을 넘어서 새로운 차원의 서비스를 고객에게 제공할 수 있게 되었다는 점에서 중요성을 갖게 되었다. 온라인을 통한 금융거래가 쉽고 편리하지만 단순한 금융서비스에 국한되었던 것이었다면 모바일 디지털 금융거래는 금융과 IT의 융합을 통해 개개인의 니즈에 맞춘 새로운 금융서비스를 제공할 수 있다는 점에서 차이가 있다.

금융(Finance)과 IT의 결합은 **핀테크**(FinTech)라는 새로운 사업영역을 낳았으며, 이는 전체 금융산업의 영업 및 경쟁환경을 크게 변화시키는 촉매로 작용할 것이다. 핀테크는 정보처리 및 분석, 자산관리, 자금거래 및 투자중개, 지급결제서비스 등 다양한 금융영역에서 활성화되고 있으며, 각각의 영역에 특화한 새로운 금융기업들이 창업되고 있다. 핀테크가 확산됨에 따라 기존 금융기관들도 핀테크를 적극 활용하겠지만 새로운 핀테크 회사들과의 경쟁이 심화될 것이다. 그리고 금융업무 영역 간 장벽도 많이 낮아져 다른 업종의 업무를 예전보다 더 자유롭게 취급할 수 있게 됨에 따라 금융권역 간 경쟁, 즉 은행과 비은행, 증권사, 보험사와의 경쟁이 활발해지고 이종금융상품이 융복합화하면서 금융사들의 영업활동, 금융상품 및 서비스가 고객을 중심으로 재편되는 현상이 더욱 촉진될 것이다.

또한 정부는 새로운 **인터넷전문은행**의 인가, **계좌이동제** 실시, **개인종합자산관리계좌** 도입 등을 추진하고 있어 앞으로 은행 간 경쟁, 은행과 비은행과의 경쟁은 더욱 심화될 것으로 예상된다. 은행이 경쟁력을 유지하기 위해서는 고객중심경영을 더욱 강화해야 할 것이다.

이와 같이 정보기술(IT)과 금융의 융합은 은행에 새로운 기회를 제공할 뿐만 아니라 새로운 위험요소를 제공한다. 은행은 **빅데이터**를 통해 고객에 대한 더 정확한 정보를 더 많이 수집할 수 있으므로 고객의 니즈에 맞은 맞춤 금융상품을 제공하고 새로운 사업영역을 넓힐 수 있을 뿐만 아니라 비용을 절감할 수도 있을 것이다. 아울러 더 정교하고 정확한 위험관리가 가능해짐에 따라 손실 가능성도 줄일 수 있다. 반면, 핀테크와 빅테이터는 은행에 새로운 사업기회를 제공함과 동시에 다른 금융기업, 심지어는 IT기업과의 경쟁을 피할 수 없게 만들고 있다. 따라서 경쟁심화로 인해 은행의 수익이 감소할 위험이 증가한다는 점도 간과해서는 안 된다.

뿐만 아니라 빅데이터로 더 많은 개인정보가 쌓이고 활용될수록 개인정보관리의 중요성이 더욱 중요해진다. 우리 금융권에서 발생한 대규모 개인정보 유출사건에서 보았듯이 수백만 명의 사적 정보가 유출되면 그 피해는 막심하다. 이러한 개인정보 유출은 비단 금융기관들만의 문제가 아니다. 개인정보를 많이 수집할 수 있는 통신사, 인터넷포털사, 유통기업, 심지어는 국세청 등 정부기관도 개인정보관리를 더욱 강화해야 하지만, 개인정보의 축적과 활용이 경쟁력의 기반인 은행의 경우 개인정보의 보호에 한층 더 주의해야 할 것이다.

6.4 금융의 글로벌화와 해외진출

금융시장 개방과 정보통신기술 및 전자금융의 발전은 금융시장에서 국경의 의미를 점차 퇴색시키고 있으며, 따라서 앞으로 금융의 국제화와 글로벌 금융시장의 통합은 더욱 빨라질 것으로 예상된다. 여기에 덧붙여 미국, EU, 중국, 일본 등으로 자유무역협정(Free Trade Agreement)이 점차 확대되면서 서비스 교역도 자유화되면 멀지 않아 신금융상품의 국경 간 거래(cross-border sale)마저 허용될 것이고, 그렇게 되면 국내외에서 우리나라 금융기관들과 선진 금융기관들과의 경쟁은 한층 더 심화될 것은 자명한 일이다.

이렇게 무한경쟁시대에 들어서면 우리나라의 금융기관들은 자산관리 및 운용, 신금융상품 개발, 위험관리 등 여러 면에서 아직 선진금융기관에 비해 부족하기 때문에 국내시장에서마저 외국금융사와의 경쟁에서 패해 도태되거나 아니면 외국금융상품의 판매대리점으로 전락할 가능성도 배제할 수 없다. 우리 금융산업이 외국 선진금융회사들에게 안방을 내주고 위축되지 않으려면 하루빨리 경쟁력을 제고해야 할 것이다.

반면, 우리 **은행의 해외진출**도 불가피한 실정이다. 앞에서 간략히 언급한 바와 같이 국내금융시장은 인구감소와 고령화로 저성장 국면에 진입하면서 지속적으로 수익률이 낮아지는 등 정체 국면에 빠질 우려가 있다. 우리 은행들이 지속적으로 성장하기 위해서는 점차 포화되고 있는 국내금융시장을 벗어나 활동범위를 외국으로 넓혀 나가야 할 것이다. 해외시장에서 새로운 사업기회와 새로운 수익원을 찾아야 한다.

뿐만 아니라 점차 쌓여만 가는 우리 금융자산을 적절히 운용해서 적정 수익을 올리기 위해서도 해외투자 확대가 불가피한 실정이고, 이를 위해 국내 금융기관들이 해외자산운용에 좀 더 적극적으로 나서야 할 필요가 있다. 앞에서 언급한 바 있듯이 인구가 고령화되면서 국민연금, 퇴직연금 등 각종 연기금은 빠른 속도로 쌓이고 있는데 국내금융시장이 포화되면서 국내에서는 제대로 수익을 내기 어려울 것이므로 수익률을 올리기 위해서는 해외에서 자산운용이 불가피하기 때문이다.

그러나 잘못하면 무리하고 성급한 해외진출로 막대한 손실을 입고 존립마저 위협받을 수 있고, 무모한 해외 자산운용은 막대한 손실을 초래할 수도 있다. 하지만 이제는 우리 금융기관들도 선두그룹을 중심으로 체계적 · 단계적 계획을 세워 차근차근 해외로 입지를 넓혀 나가야 할 시점이 되었다. 우리 은행들은 앞으로 금융기술을 더욱 발전시키고 국제경쟁력을 더욱 높여야 하는 것은 당연한 일이지만, 현재의 우리 수준에서 비교우위를 잘 파악하여 진출지역과 업무를 전략적으로 잘 선택하는 준비와 노력이 필요하다.

그러나 무엇보다도 위험관리에 철저할 필요가 있다. 해외진출 · 해외투자의 전략적 리스크가 큰 것은 말할 필요도 없고, 환리스크 관리도 쉽지 않으며, 현지상황에 대한 정보가 불충분하고 현지상황을 통제하기는 더더욱 어려운 실정이다. 우리 금융기관들은 글로벌 경영의 경험이 없고, 내부통제가 취약한데다가 글로벌 조직의 내부통제는 더욱 미흡한 상황이라 특별한 주의가 요구된다. 특별한 비교우위가 없어 경쟁력이 낮은 상태에서 우리 금융기관들이 저수익성 비즈니스모델에 치중할 우려도 있어 주의할 필요가 있다.

국내은행의 해외점포는 2001년 24개국에 105개였던 것이 2014년 36개국에 162개로 증가하였다.[29] 국내은행의 해외점포 자산규모는 2001년 226억달러였던 것이 2014년 873억달러로 많이 증가하였지만 아직 국내 총자산 대비 4.7%에 불과한 실정이다. 해외진출지역은 아시아권이 107개로서 전체의 2/3가 아시아에 집중되어 있으며, 그 중에서도 중국, 홍콩, 베트남, 일본 등 몇 나라에 집중되어 있다. 초기 진출시 특정 지역에 특화하는 것이 나쁠 것은 없으나, 이것이 전략적 선택이 아니라 단지 익숙한 지역이기 때문이라는 안이한 선택의 결과였다면 문제다. 많은 은행들이 동일 지역이 집중되는 현상은 바람직하지 않으므로 전략적 지역선택이 필요하며, 또한 진출지역에서의 현지화가 필요하다. 최근 은행들의 해외진출은 정부의 독려에 의한 바 크다. 정부가 조바심 때문에 은행들이 준비 안 된 상태에서 과도하게 등 떠밀기하여 해외진출을 강요할 경우 큰 위험이 닥칠 수도 있다. 정부와 은행은 길게 보고 차근차근히 해외진출을 준비해 나가야 할 것이다.

7. 요약

은행의 재무상태표에서 부채는 자금조달의 원천을 보여주고, 자산은 자금운용의 내역

29 특수은행을 포함한 숫자임. 일반은행만 보면 2001년 81개이던 것이 2014년 103개로 늘어 크게 증가하지 않았음을 알 수 있다. 이 기간 중에 증가한 해외점포 59개 중 35개가 특수은행 해외점포였다.

을 보여준다. 예수금과 대출금은 각각 은행 부채와 자산의 약 60% 내외를 차지하고 있어, 예금을 받아 대출을 하는 은행업의 내용을 재무상태표가 잘 보여주고 있다. 자본은 자산과 부채의 차액이며, 예상치 못한 손실을 흡수함으로써 은행의 도산을 막아주는 충격흡수재원의 역할을 한다. 은행의 손익계산서에서 이자수익과 이자비용은 자금조달과 운용에서 생기는 수지를 보여주고, 비이자손익은 수수료 수입을 목적으로 하는 업무의 수지를 보여준다. 여기서 판매비와 관리비, 충당금전입액, 기타 비용 등을 차감하면 은행의 당기순이익이 된다. 우리나라 은행은 아직 이자수익 위주의 업무를 영위하고 있어 비이자수익의 비중이 매우 낮은 수준이다. 수익성 다각화 등을 위해 비이자수익의 비중을 점차 높여야 한다.

은행의 수익성 분석 지표로는 *ROA*, *ROE* 등이 주로 사용되며, 원화 유동성비율, 외화 유동성비율, 단기대출비율 등이 기타 유용한 경영분석지표로 활용되고 있다. 은행의 비용효율성을 보여주는 지표로는 총자산경비율, 경비보상률, 업무용고정자산비율 등이 주로 이용된다.

은행의 역할과 기능에 공공성이 많이 있지만, 이는 어디까지나 상업성을 전제로 한 것이므로 은행경영의 목적은 주주가치 극대화에 있다. 은행의 가치는 시장에서 부단히 평가되는데 *PER*, *P*/*B*비율 등의 지표들이 주로 이용된다. 은행감독자의 은행경영 평가의 핵심은 은행의 도산방지에 있으며, 우리나라의 금융감독당국은 CAMELS라 부르는 은행평가방법을 채택하고 있다. CAMELS는 자본적정성(C), 자산건전성(A), 경영관리의 적정성(M), 수익성(E), 유동성(L), 시장위험에 대한 민감도(S) 등 6개 부문으로 나누어 경영실태를 평가한다.

새로운 은행경영 평가기법으로는 *RAROC* 및 *RORAC*, 내부자금이전금리, 위험조정순이익과 경제적 부가가치, 위험할당자본 등이 있다.

고령화, 저성장 · 저금리 추세의 지속, 가계부채 위기와 부동산시장의 침체, 정보기술과 금융의 융합화 등은 앞으로 은행산업에 지대한 영향을 미칠 것으로 예상된다.

연 | 습 | 문 | 제

01. 예대금리차(interest spread)와 순이자마진(net interest margin)을 설명하시오.

02. P/B비율의 개념을 설명하고, 은행의 경우 P/B비율이 일반적으로 1보다 커야 하는 이유를 설명하시오

03. 금융감독당국의 은행 평가방법인 CAMELS를 설명하시오.

04. RAROC과 RORAC의 개념을 설명하고, 이 지표들이 필요한 이유를 설명하시오.

05. 은행 수신부서에서 3개월 만기 연리 3% 저축예금으로 조달한 자금을 여신부서에서 3년 만기 연리 8.5% 고정금리로 AA급 회사에 대출하였다. 오늘 시장에서 3개월 CD금리는 4.3%, 3년 만기 AA급 회사채의 금리는 6.7%이고, 자금부는 이 금리로 자금을 조달·운용할 수 있다. 여신부는 대출의 조기상환 위험에 대한 추가비용으로 자금부에 0.3%를 지급한다고 가정하자. 이때 예대마진은 3개 부서 간에 어떻게 나누어지는지 계산하고, 기간불일치위험과 신용위험은 어느 부서가 부담하고 관리하는지 설명하시오.

06. 은행이 3년 만기 고정금리 8%로 100억원을 대출했는데, 대출재원은 차입금 92억원과 자본금 8억원이다. 차입비용은 차입이자 5%에 기타 관리비용 1.8%를 합해 연 6.8%이다. 할인율이 15%, 20%, 25%일 때 각각의 경제적 부가가치를 계산하시오. 그리고 여기서 할인율과 경제적 부가가치의 의미를 설명하시오.

CHAPTER 07

예금과 기타 은행의 부채

본 장에서는 은행의 자금조달과 부채관리에 대해서 공부한다. 우선 은행의 자금조달 수단인 예금부채와 차입부채의 세부항목별로 구체적인 내용 및 특성을 살펴본다. 그리고 이에 근거하여 은행들이 부채관리를 하는 의의 및 목적을 살펴보고, 부채관리 기법을 어떻게 유동성 위험관리와 ALM에 활용하는지도 살펴본다. 마지막으로 은행 부채구조의 선택에 영향을 미치는 제반요인에 대해 공부하고, 은행 부채구조의 변화 추이와 그 원인에 대해 알아본다. ■

1. 개관

은행의 부채는 은행자금의 원천(sources of funds)으로서, 은행이 대출 등 영업활동에 필요한 재원을 어디서, 얼마나, 어떤 조건으로 조달하는지를 보여준다. 따라서 은행에게 있어서 **부채관리**는 위험관리인 동시에 이익관리라고 할 수 있다. 왜냐하면 부채관리는 필요한 자금을 여하히 안정적으로 그러나 가급적 낮은 조달비용으로 확보하느냐 하는 자금조달관리이기 때문이다. 예를 들면, 필요한 자금을 필요한 때 적절히 조달할 수 있다면 은행은 유동성 부족으로 인한 경영위험에 빠지지 않을 수 있고, 또 필요한 투자를 시의적절하게 할 수 있으므로 이익기회를 보다 쉽게 확보할 수 있다. 그리고 안정적인 자금조달이 뒷받침되면 자산운용도 안정적으로 할 수 있어 은행 수익의 안정성도 높아진다. 또한 자금조달관리를 잘해서 조달비용이 낮아질수록 은행의 이익이 늘어나고, 아니면 대출이자율을 그만큼 낮출 수 있는 여력이 생기므로 은행의 경쟁력이 제고된다. 이와 같이 부채관리는 은행의 경쟁력, 안정성 및 수익성에 직결되는 문제로서 대출관리와 함께 은행경영에 있어서 가장 중요한 핵심요소이다.

은행에게 있어서 부채관리는 금융이 발전하고 자금시장의 규모가 커질수록 더욱 중요해지고 있다. 자금시장이 상대적으로 덜 발달했던 과거에는 자금여유가 있는 가계와 기업 저축자들에게 예금 외에 달리 투자할 데가 마땅치 않았으므로 은행에 예금이 안정적으로 유입되었고, 은행들도 자금의 대부분을 예금에 의존했었기 때문에 은행 입장에서는 부채관리에 특별히 신경을 쓰지 않아도 되었었다. 그러나 금융이 발전하면서 예금의 대체금융상품이 개발되고 또 예금 이외에도 다양한 투자수단이 시장에 공급됨에 따라 은행의 독점적 지위는 무너졌고 은행과 비은행 간의 경쟁, 직접금융시장과 간접금융시장 간의 경쟁이 심해졌다. 가계와 기업 등 저축자들에게는 은행예금 이외에도 훌륭한 투자처가 많이 생겼으므로 자금시장에서 은행예금의 비중이 낮아졌을 뿐만 아니라, 은행의 입장에서도 예금자 이외에 자금을 조달할 수 있는 대체조달원이 생겼다. 즉, 은행의 예금의존도가 낮아지면서 자금조달의 안정성, 조달비용의 감소 등을 위한 자금조달관리의 필요성은 그만큼 더 커졌다. 뿐만 아니라 금융의 글로벌화가 진전되면서 은행의 외화자금조달관리도 중요한 이슈가 되고 있다.

이와 같은 금융시장의 환경변화로 인해 부채관리는 은행경영에 있어서 핵심적인 위치를 점하게 되었다.

2. 은행 부채의 종류 및 특성

2.1 개관

[표 7-1]은 18개 국내은행[1]의 통합 대차대조표의 대변, 즉 부채를 요약한 표로서 은행 자금조달의 원천을 보여준다.[2] 이 표를 보면 은행은 예수부채(즉, 예수금)와 차입부채로 대부분의 자금을 조달하고 있음을 알 수 있는데, 그 구체적인 내용을 보면 은행들이 어디서, 얼마나, 어떤 조건으로 자금을 조달하는지 알 수 있다.

예수금은 불특정 다수의 고객으로부터 일정한 이자지급 조건으로 자금을 차입하는 계정을 말하고, **차입부채**는 원리금의 반환을 약정하고 자금을 차입한 금액을 처리하는 계정을 말한다. 예금과 차입부채의 가장 큰 차이는 예금의 경우 정기예금과 같이 일정기간의 만기가 있더라도 해약에 의한 조기인출이 항상 가능한 반면,[3] 차입부채의 경우에는 만기까지 상환할 의무가 없다는 점이다. 2014년 말 국내은행의 총자금조달자금 규모는 2,131.7조원이며, 이 중 예수금은 1,270.7조원으로 은행 전체자산 대비 59.6%에 달하고, 차입부채는 534.1조원으로 전체자산 대비 25.1%에 달한다. 이 두 항목의 합이 대략 85%를 점하고 있다. 기타부채는 대부분 은행의 영업과정에서 생기는 일시적 부채들이다.

---

1 일반은행 13개(시중은행 7개, 지방은행 6개)와 특수은행 5개

2 우리나라는 은행을 포함한 금융기관의 업무범위를 나열하는 열거주의(positive system)를 채택하고 있으며, 은행법은 은행의 업무를 핵심업무, 겸영업무, 부수업무로 구분하면서 은행의 자금조달수단을 열거하고 있다.

3 조기인출이 허용되지 않는 특수한 형태의 저축성예금으로 양도성예금증서(CD)가 있다. CD는 다른 사람에게 증서를 양도하는 방법으로 원리금을 조기에 회수할 수 있다. 그런 면에서 CD는 차입부채의 성격이 강하다.

| 표 7-1 | 국내은행 부채의 주요 구성항목

(단위 : 조원, %)

	2005년 말		2010년 말		2014년 말	
	금액	구성비	금액	구성비	금액	구성비
예수부채	690.0	59.5	1,030.2	60.0	1,270.7	59.6
원화예수금	601.3	51.8	935.9	54.5	1,159.7	54.4
(은행계정)	574.8	49.5	921.7	53.7	1,140.5	53.5
(신탁계정)	22.0	1.9	12.8	0.7	12.1	0.6
외화예수금	25.3	2.2	50.8	3.0	85.4	4.0
양도성예수금	63.2	5.5	43.3	2.5	25.1	1.2
차입부채	309.3	26.7	431.4	25.1	534.1	25.1
기타부채	81.9	7.1	136.0	8.1	151.5	7.1
부채총계	1,081.2	93.2	1,597.7	93.1	1,958.4	91.9
자본총계	78.9	6.8	119.0	6.9	173.3	8.1
부채 및 자본총계	1,160.1	100.00	1,716.7	100.00	2,131.7	100.00

자료 : 금융감독원, 금융통계정보시스템

2.2 예금부채와 차입부채

2.2.1 예금부채

일반은행이 취급하고 있는 예금은 요구불예금, 저축성예금, 양도성예금으로 구분된다. **요구불예금**은 예금주의 지급청구가 있으면 언제든지 조건 없이 지급해야 하는 통화성예금을 통칭하는데, 지급결제 편의 및 일시적 보관을 목적으로 한다. **저축성예금**은 예금납입, 인출방법에 대해 특정 조건이 있는 기한부예금으로, 저축 및 이자수입을 주목적으로 하는 예금을 말한다.

양도성예금은 정기예금에 양도성을 부여한 특수한 형태의 저축성예금으로, **양도성예금증서**(certificate of deposit : CD)의 발행 형식을 취한다. 은행이 일반고객을 대상으로 발행하는 경우는 한국은행법상 예금채무에 해당되어 지급준비금 예치의무가 부과되지만 은행을 상대로 하는 경우는 그 의무가 면제되며, 다른 예금부채와 달리 CD는 예금보호 대상이 아니다.

양도성예금증서는 최장만기 제한이 없는 대신 최단만기가 30일 이상이다. 최저액면금액에 대한 제한은 없으나 은행들은 내규 등을 통해 5백만원 또는 1천만원으로 설정하여 운영하고 있다. 발행형식은 할인식 양도가능증서의 형식을 취하고 있으며, 중도환매는 허용되지 않는다. 그러나 예금주는 양도의 형식으로 조기 회수할 수 있으면서도 높은 정기예금금리를 받을 수 있어 거액의 부동자금을 일시적으로 보관하면서 이자수입을 얻을 수 있는 거액예금수단이다.

현재 우리나라 일반은행이 취급하고 있는 요구불예금에는 당좌예금, 가계당좌예금, 보통예금, 별단예금, 공공예금 등이 있고, 저축성예금으로는 정기예금, 정기적금, 저축예금, 기업자유예금, 근로자우대저축, 장기주택마련저축, 상호부금 등이 있다. 예금종류별 정의, 규모와 비중은 [표 7-2]를 참조하기 바란다. 원래 요구불예금과 저축성예금은 거치기간의 설정 여부를 기준으로 구분하였지만, 최근 저축 및 결제기능이 혼합된 새로운 예금상품이 도입되면서 이러한 기준이 불분명해지고 있다. 예를 들면, 저축예금의 일종인 '**시장금리부 수시입출금식 예금**(money market deposit account : MMDA)' 등이 이에 해당한다.

[표 7-1]에서 국내은행 원화예수금의 일부로 표시된 신탁계정은 은행의 겸영업무로 은행계정과 분리되어 처리하고 있다. 신탁이란 신탁설정자(위탁자)와 신탁을 인수하는 자(수탁자, 즉 은행)와의 특별한 신임관계에 기초하여 위탁자가 특정의 재산권을 수탁자에게 이전하고 수탁자로 하여금 일정한 자(수익자)의 이익을 위하여 또는 특정의 목적을 위하여 그 재산권을 관리 · 처분하게 하는 관계를 말한다. 은행신탁의 수탁업무는 인수재산에 따라 크게 금전신탁과 재산신탁으로 구분하는데, 우리나라 은행은 지금까지 업무의 편의성 및 안정적 자금원 확보 등을 이유로 주로 금전신탁만을 취급하여 왔으며, 외환금융위기 이후 시중자금이 고수익을 좇아 자본시장으로 급격히 이동함에 따라 금전신탁의 증가세가 사라졌고, 은행의 자금조달에서의 비중도 2014년 기준 0.6%로 미미한 상태이어서 자세한 설명은 생략한다.

우리나라 일반은행의 외화예금은 2014년 말 현재 그 규모는 85.4조원, 국내은행 부채 및 자본총계의 4.0%에 달한다. 외화예금은 외국환거래법의 규제를 받으며, 당좌예금, 보통예금, 통지예금, 정기예금, 정기적금의 5종류가 있다.[4]

---

4 외화예금은 예금주체에 따라 비거주자, 개인인 외국인거주자 등이 개설하는 대외계정, 외국기업의 국내 지점 및 현지법인 등이 개설하는 거주자계정, 해외이주자 또는 재외동포가 개설하는 해외이주자계정이 있다.

| 표 7-2 | 예금종류별 정의 및 규모

(연말잔, 단위 : 조원, %)

종류		정의	규모(비중)	
			2005년	2014년
요구불예금	당좌예금 가계당좌예금	은행과 당좌거래계약을 체결한 거래처가 발행한 당좌수표 및 약속어음 또는 당좌계약자가 인수한 환어음의 지급을 은행에 위임하고자 개설하는 예금	4.1 (0.7)	4.1 (0.4)
	보통예금	거래대상, 예치금액, 예치기간, 입출금횟수 등에 아무런 제한 없이 자유롭게 거래할 수 있는 예금	38.5 (6.9)	86.5 (8.0)
	별단예금	은행의 업무수행상 발생하는 미결제, 미정리자금 또는 타예금 계정으로 취급할 수 없는 자금 등 일시적 보관금에 붙이는 편의적 계정명칭으로, 후일 다른 계정으로 대체되거나 지급될 예금	23.9 (4.3)	24.0 (2.2)
	기타	공공예금 : 지방자치단체와의 금고사무취급계약에 의해 재지방세와 수도료 등의 공공요금 수납대행 업무를 취급하는 예금과 그 외 국고예금, 여신관리예금 등	4.4 (0.8)	8.1 (0.7)
	요구불예금 합계		70.9 (12.6)	122.8 (11.4)
저축성예금	정기예금	예금자가 이자수취를 목적으로 예치기간을 사전에 약정하고 일정금액을 예입하는 기한부예금	261.0 (46.5)	578.0 (53.5)
	정기적금	계약금액과 계약기간을 정하고 예금주가 일정금액을 정기적으로 납입하면 은행이 만기일에 계약금액을 지급하는 적립식 예금	17.6 (3.1)	38.4 (3.6)
	저축예금	가계우대저축으로 수시입출금이 가능한 결제성예금이면서도 이자가 지급되는 시장금리부 수시입출금식예금(MMDA) 등	100.0 (17.8)	176.7 (16.4)
	기업자유예금	개인기업, 법인 등이 일시여유자금을 운용하는 시장금리부 수시입출금식예금(MMDA) 등	73.5 (13.1)	139.5 (12.9)
	기타	상호부금(일정기한을 정하고 부금을 납입하면 중도 또는 만기에 일정한 금액을 급부할 것을 약정하는 예금으로, 중도급부금의 지급이 당초부터 약정되어 있다는 점이 정기적금과 차이)과 주택부금, 목돈마련저축, 자유저축예금, 근로자장기저축, 장기주택마련저축, 근로자우대저축, 가계장기저축 등	38.7 (6.9)	25.0 (2.3)
	저축성예금 합계		491.0 (87.4)	957.7 (88.6)
예금 합계			561.9 (100.0)	1,080.5 (100.0)

자료 : 한국은행, 경제통계시스템

은행예금을 예금주체별로 보면 2014년의 총예금 1,080.5조원 중 가계의 저축성예금이 482.2조원(은행예금 총액의 44.6%)으로 가장 많고, 기업의 저축성예금이 275.3조원(은행예금 총액의 25.5%)으로 그 다음을 차지하고 있다. 가계예금의 비중이 지난 10년간 감소하고 있느나, 기업 저축성예금의 절반 이상은 기업이 단기운영자금의 여유분을 일시적으로 예치한 수시입출식 예금인 기업자유예금(109조원)이어서, 가계가 은행의 장기자금 공급원으로서 절대적 비중을 차지하고 있음을 알 수 있다.

| 표 7-3 | 예금주체별 예금구성

(단위 : 조원, %)

	2005년		2010년		2014년	
	금액	구성비	금액	구성비	금액	구성비
가계	318.0	56.6	414.5	47.4	530.5	49.1
요구불예금	30.9	5.5	39.6	4.5	48.2	4.5
저축성예금	287.1	51.1	374.9	42.9	482.3	44.6
기업	150.1	26.7	267.1	30.6	321.3	29.7
요구불예금	27.2	4.8	39.1	3.8	46.0	4.3
저축성예금	122.9	21.9	256.2	26.8	275.3	25.5
기타	93.9	16.7	192.3	22.0	228.7	21.2
예금 합계	561.9	100.0	873.9	100.0	1,080.5	100.0

자료 : 한국은행, 경제통계시스템

2.2.2 차입부채와 기타부채

차입부채는 차입금과 사채로 구성되어 있다. 예수금은 예금자들의 예금의지에 의존하는 수동적인 자금조달수단인 반면에 은행이 적극적으로 자금조달을 하기 위해서 차입금과 사채를 활용하고 있다.

차입금은 다른 기관과 개인으로부터 직접 차입한 자금을 말하며, 국내에서 차입한 원화차입금과 해외에서 차입한 외화차입금, 그리고 환매조건부채권매도, 콜머니가 주된 수단으로 구성되어 있다.

원화차입금 중에는 한은차입금이 큰 비중을 차지한다. **한은차입금**은 한국은행이 금융기관에 대하여 재할인 또는 담보대출의 형태로 자금을 대출하는 것을 말한다. 원화 및 외화차입금 합계는 2014년 말 144.8조원으로 은행의 전체 자금조달에서 차지하는 비중은 6.8%에 달한다.

| 표 7-4 | 국내은행의 차입부채

(단위 : 조원, %)

	2005년 말		2010년 말		2014년 말	
	금액	구성비	금액	구성비	금액	구성비
차입부채	309.3	26.7	431.4	25.1	534.1	25.1
차입금	150.2	12.9	157.9	9.2	179.4	8.4
원화차입금	53.5	4.6	55.2	3.2	77.1	3.6
외화차입금	41.7	3.6	66.2	3.9	67.7	3.2
환매조건부채권매도	36.8	3.2	17.0	1.0	18.1	0.9
콜머니	14.7	1.3	17.2	1.0	14.8	0.7
기타	3.4	0.3	2.3	0.1	2.3	0.1
사채	159.0	13.7	273.5	15.9	354.7	16.6
원화사채	126.2	10.9	199.9	11.6	262.7	12.3
외화사채	33.2	2.9	74.1	4.3	92.7	4.3
기타부채	81.9	7.1	136.0	7.9	151.5	7.1
부채와 자본총계	1,081.2	100.0	1,716.7	100.0	2,131.7	100.0

자료 : 금융감독원, 금융통계정보시스템

환매조건부채권(RP 또는 Repo : repurchase agreements)매도는 일정기간 후에 매도가격보다 미리 정해진 더 높은 가격으로 되사는 조건으로(환매조건부) 유가증권을 매도하는 형식으로 자금을 차입하는 것을 말한다. 이때 되사는 조건으로 제공되는 유가증권은 담보가 되므로 RP매도는 실제적으로는 유가증권을 담보로 제공한 자금차입으로 볼 수 있으며, 은행이 투자목적으로 보유한 유가증권을 활용하여 주로 단기자금을 조달하는 방법이다.

콜머니(Call Money)는 은행이 자금운용과정에서 나타나는 단기유동성 부족을 메우기 위해 다른 금융기관으로부터 초단기로 차입한 자금이다. 금융기관들은 상호 간에 일시적인 자금과부족을 조절하기 위하여 초단기로 자금을 차입하거나(콜머니) 대여하는데(콜론), 금융기관들이 단기자금거래를 하는 이 시장을 콜시장이라고 한다. 현재 콜거래의 최

장만기는 90일이며, 대출일 다음날 결제되는 익일물이 대종을 이루고 있다.[5]

2014년 말 RP매도는 18.1조원, 콜머니는 14.8조원으로 은행 전체 자금조달에서 차지하는 비중은 각각 0.9%와 0.7%에 달하며, 이 두 개는 은행에게 있어서 가장 중요한 단기자금조달수단이다. 이외에도 은행이 매입하여 보유하고 있는 상업어음 등을 근거로 하여 은행이 불특정다수의 일반인에게 매출하는 어음(매출어음)과 신용카드채권매출 등이 있는데, 이것들은 모두 채권의 매출형태를 띤 자금차입이다.

사채는 은행이 채권을 발행하여 조달한 자금을 말하며, 일반기업이 발행하는 회사채와 구별하기 위해 은행이 발행하는 회사채를 통상적으로 은행채(권), 금융채(권) 또는 후순위채(권)이라고도 부르며, 이들 사채발행자금은 은행의 자본금과 더불어 주요한 장기자금조달수단이 된다.

원화와 외화를 합하여 2014년 사채발행액은 354.7조원, 전체 자금조달에서 차지하는 비중은 16.6%에 달하고 있으며, 과거 10여년 동안 차입금의 중요도는 감소했으나 사채의 자금조달원의 비중은 지속적으로 증가해 왔다. 은행채권 발행이 증가한 이유는 저금리시대의 능동적인 자금조달수단 등의 이유도 있지만 은행에 대한 자본건전성 규제가 강화되어 온 것에 기인하는 면이 크다. BIS의 자본규제상 장기채권의 경우 일정부분을 자본으로 인정해주는 제도를 유지하고 있기 때문이다. 더구나 2016년부터 시행되는 BIS의 바젤Ⅲ에서는 후순위채권이 자본으로 인정되는 비율이 점차 줄어들고 요구자본비율도 높아짐으로써 수익성이 개선되지 않고 있는 은행으로서는 더 많은 채권을 발행할 조건이 형성되어 있다. 최근에는 신종 조건부자본증권인 **코코본드**(contingent convertible bond)가 활성화되고 있다. 코코본드는 평소에는 채권이지만 자본비율이 일정수준 이하로 하락하거나 은행이 부실화되면 주식으로 전환되거나 상각되는 채권으로 자금조달과 자본비율 충족에 유용하게 활용할 수 있는 것이 활성화의 이유이다.

기타부채는 예수금과 차입부채에 속하지 않는 부채를 말한다. 예수금과 차입부채는 은행이 자금조달을 목적으로 부채를 진 것인 반면, 기타부채는 영업과정에서 발생한 부채들이 대부분이다. 여기에는 각종 충당금(지급보증충당금, 퇴직급여충당금, 미사용약정충

---

5 이외에도 결제방식에 따라 대출일은 거치되고 그 후로는 언제든지 1일 전의 통지로 결제되는 무조건물, 대출일로부터 1주일 거치 후 1일 전의 통지로 언제든지 회수가능한 보통물, 대출된 그 달은 거치되고 다음 달에 가서 1일 전의 통지로 회수가능한 익월물 등이 있다.

은행들 자본확충비상 '코코본드' 발행러시
저금리시대 주목받는 '코코본드' 은행권,
올 3.3조 발행 작년보다 5천억↑
연 3~4% 투자수익 … 원금손실 볼 수도

코코본드 발행 잔액 증가(단위 : 원)
자료 : 국제금융센터

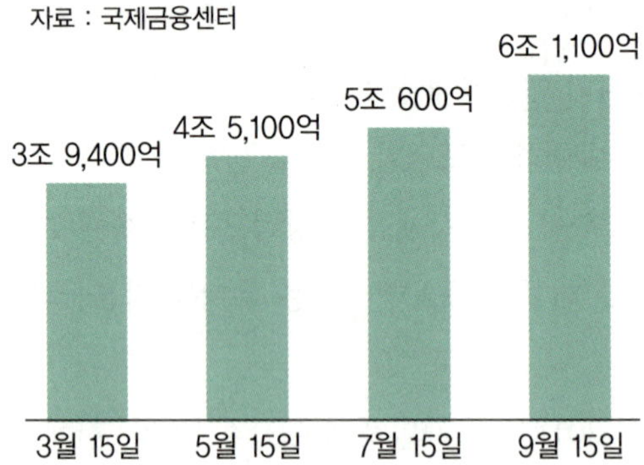

자료 : 매일경제(2015. 4. 27)

당금 등), 각종 미지급채무(미지급외국환채무, 미지급금, 미지급비용, 팩토링채권 미지급금[6]), 선수수익, 수입보증금[7] 등이 있다. 각종 충당금은 사용용도가 이미 확정되어 있는 자금을 은행이 보유하고 있는 것이고, 미지급금은 은행이 지급해야 할 돈을 아직 지급하지 않은 것이므로 은행의 입장에서는 부채에 해당한다. 선수수익은 미리 받았지만 아직 수익으로 계상되기 전의 돈이고, 보증금은 되돌려주어야 할 돈이므로 부채에 해당된다. 국내은행의 기타부채는 2014년 151.5조원으로 은행 전체 자금조달에 차지하는 비중은 7.1% 정도이다.

---

6 팩토링(factoring)채권은 금융기관들이 기업으로부터 상업어음 · 외상매출증서 등 매출채권을 매입하는 형태로 자금을 빌려주는 것을 말하며, 팩토링채권 미지급금은 외상매출채권 매입 시 고객에 대한 선지급액과 채권 액면금액과의 차액을 처리하는 계정이다.

7 수입보증금은 지급보증, 무역어음 등과 관련한 각종 수입보증금이다.

2.3 핵심예금과 시장성부채

은행의 부채는 핵심예금과 시장성부채로 나눌 수도 있다. 통일된 정의가 있는 것은 아니지만 일반적으로 **핵심예금**(core deposits)은 안정적이면서도 상대적으로 조달금리가 낮은 자금을 의미하고, **시장성부채**[8]는 변동성이 높고 금리에 민감한 자금, 즉 은행조달자금 중의 핫머니를 말한다. 일반적으로 핵심예금에는 보통예금, 당좌예금 등 일시 보관 및 지급결제성 요구불예금과 정기예금 · 적금 및 MMDA 등 소액 저축성예금, 그리고 소액 CD 등이 포함되며, 시장성부채에는 자금시장에서 조달되는 차입부채(차입금, 콜머니, RP매도, 사채발행 등)와 거액 저축성예금 및 거액 CD,[9] 그리고 국제금융시장에서 조달한 외화자금 및 해외지점의 예금 등이 포함된다.[10]

핵심예금은 요구불예금 등 이자를 지불하지 않는 무원가성 예금이 포함되고[11] 이자를 지불하는 경우에도 일반적으로 시장성부채에 비해 금리가 낮을 뿐만 아니라 시장성부채와 달리 평상시에는 금리의 변동에도 민감하게 반응하지 않는 경향이 있다. 따라서 핵심예금은 은행의 안정적인 영업기반이 되며, 핵심예금을 얼마나 많이 확보하고 있는가 하는 것이 은행경영의 안정성을 평가하는 한 척도가 되기도 한다. 반면에 시장성부채는 금리변동에 민감하게 반응하여 핵심예금에 비해 조달비용이 많이 들고 변동성이 큰 반면 필요할 때 언제라도 시장에서 쉽게 조달할 수 있는 등 조달의 용이성 · 신축성이 크다는 장점이 있다. 따라서 시장성부채의 규모는 은행이 추가적인 자금원으로 자금시장을 얼마나 많이 활용하고 있는가 또 필요시 쉽게 활용할 수 있는가 하는 자금조달능력의 척도가 되고, 그리고 자금조달구조를 얼마나 효율적으로 조절할 수 있는가 하는 자금관리능력의

---

8 서구에서는 시장에서 조달된 자금이란 의미로 구입자금(purchased funds) 또는 적극적으로 관리되는 자금이라는 의미로 관리부채(managed liabilities)라고 부르고 있으며, 또는 변동성이 매우 높다고 하여 변동성자금(volatile fund)이라고 부르기도 한다.

9 통상 소액 CD는 소매 CD(retail CD), 거액 CD는 도매 CD(wholesale CD)라고 부르기도 하는데, 소액 CD는 일반 가계저축자들이 주로 매입하고 거액 CD는 기업들이 일시적인 여유 운영자금을 활용하기 위하여 매입한다. 그러므로 소액 CD와 달리 거액 CD는 시장금리에 민감한 편이다.

10 우리나라의 금융감독원은 핵심예금 대신에 예수부채라는 개념을 사용하여, 은행의 부채를 예수부채와 시장성부채로 구분한다. 예수부채는 예수금에서 CD를 차감한 수치를, 시장성부채는 차입부채에 CD를 더한 수치를 말한다.

11 요구불예금은 은행 전체 자금조달액의 5~6%에 불과하지만 이자를 거의 지급하지 않아 은행의 수익에 대한 기여도가 매우 높다.

척도가 된다. 반면 시장성부채는 핵심예금에 비해 변동성이 높기 때문에 은행경영의 잠재적인 불안요인이 되기도 한다. 그러므로 은행들은 상대적 장 · 단점을 달리 하고 상호보완적인 특성을 갖고 있는 핵심예금과 시장성부채를 적절한 비율로 관리함으로써 은행수익의 안정성과 자금조달의 신축성을 조화시키는 것이 바람직하며, 이를 위해서는 자금관리능력과 위험관리능력도 함께 갖추고 있어야 한다.

[그림 7-1]은 1986~2009년 기간 중 미국 은행의 핵심예금 비중과 시장성부채 비중의 변화 추이를 보여주고 있는데, 여기서 우리는 몇 가지 중요한 특징을 찾아볼 수 있다.

첫째, 은행 규모가 커질수록 핵심예금의 비중이 작아지고 반대로 시장성부채의 비중이 커진다는 점이다. 그 이유는 은행이 시장에서 자금조달을 할 수 있으려면 자금시장에 대한 접근성, 시장에서의 인지도 및 신용도가 높아야 하기 때문이다. 일반적으로 은행의 규모가 커질수록 이러한 조건을 충족하기 쉽고 따라서 시장성부채의 비중은 커진다. 특히, 국제적인 초대형은행이나 다국적은행들은 국내외 자금시장의 메이저 플레이어로서 시장성부채를 쉽게 조달할 수 있는 위치에 있다. 반면 자금시장의 접근이 쉽지 않은 중소형 은행 특히 지방은행들은 자금조달을 주로 예금에 의존한다.

둘째, 이 기간 중 전반적으로 모든 규모의 은행에서 핵심예금의 비중은 하락세를 보인

그림 7-1 | 미국의 은행규모별 핵심예금 및 시장성부채의 비중

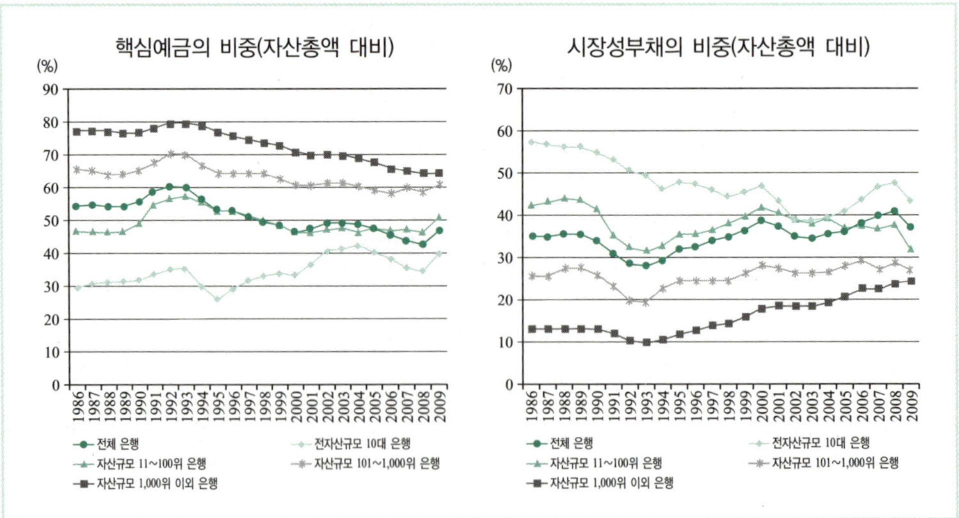

자료 : Board of Governors of the Federal Reserve System, *Federal Reserve Bulletin*.

반면 시장성부채의 비중은 증가세를 보였고, 셋째 은행 규모의 차이에 따른 핵심예금과 시장성부채 비중의 차이는 시간이 지남에 따라 점차 작아졌다는 점이다. 그 이유는 자금시장이 발전하면서 전반적인 시장 접근성이 높아졌기 때문이다. 지난 20여 년 동안 많은 새로운 금융기법과 금융상품이 개발되고 증권화(securitization)와 금융의 탈중개화(disintermediation)가 진전되면서 자금시장이 발달하고 그 규모가 급속히 커졌고, 그 결과 예전과 달리 중소형 은행들의 자금시장 접근성도 높아졌다. 중소형 은행들도 보다 쉽게 자금시장을 이용할 수 있게 되면서 은행들의 시장자금 의존도가 전반적인 증가세를 보였고, 그리고 은행 간의 규모 차이로 인한 자금조달구조의 차이도 예전보다는 많이 작아지게 되었다.

국내은행의 경우 지방은행은 일반 시중은행과 달리 외화차입이 어려워 그 부분만큼 시장성부채 의존율이 작지만, 그 점을 제외하면 미국 등 선진국과 달리 은행의 수도 많지 않고 영업구조의 차이도 크지 않는 등 동질성이 커 은행규모의 차이에 따른 자금조달구조의 차이가 크지 않다.

2.4 은행부채의 일반적 특성 : 조달위험과 조달비용

은행부채는 그 종류별로 특성을 달리 하지만, 일반적으로는 **조달위험**(funding risk)과 **조달비용**(funding cost)이 반비례관계를 보이고 있다. [그림 7-2]에서 보듯이 일반적으로 예금의 계약기간이 짧을수록 예금금리가 낮아지지만, 예금이 인출될 위험이 커지고 그에 비례하여 은행의 조달위험도 커진다.[12] 일반적으로 대출 등으로 자산을 운용하는 기간보다 예금 등으로 자금을 조달해서 사용하는 기간이 짧은 경우가 많은데, 이 경우 대출기간 중에 예금이 인출되면 인출된 자금만큼 다른 방법으로 다시 자금을 조달해서 보충해야 한다. 이와 같이 다시 자금을 조달할 때 발생하는 직 · 간접의 위험을 조달위험[13]이라고 한다.

---

12 정기예금도 만기 전에 중도 해약을 하면 이자를 거의 받지 못하는 등 불이익이 있기는 하지만 예금주가 이러한 불이익을 감수한다면 언제라도 조기인출이 가능하기 때문에 조달위험이 잠재해 있다.

13 다시 자금을 조달할 때 발생하는 위험이라 하여 재(再)조달위험이라고도 한다. 이에 대한 자세한 내용은 제16장에서 공부하자.

그러므로 은행들은 자금조달의 안정성을 위해서는(즉, 조달위험을 줄이기 위해서는) 더 많은 조달비용의 지불을 감수해야 한다. 따라서 은행의 입장에서는 자금의 안정성만을 추구할 수도 없고 비용절감만을 추구할 수도 없다. 이 두 개를 여하히 잘 조화시키느냐 하는 것이 은행부채를 관리하는 목적이 될 것이다.

그림 7-2 | 조달위험과 조달비용

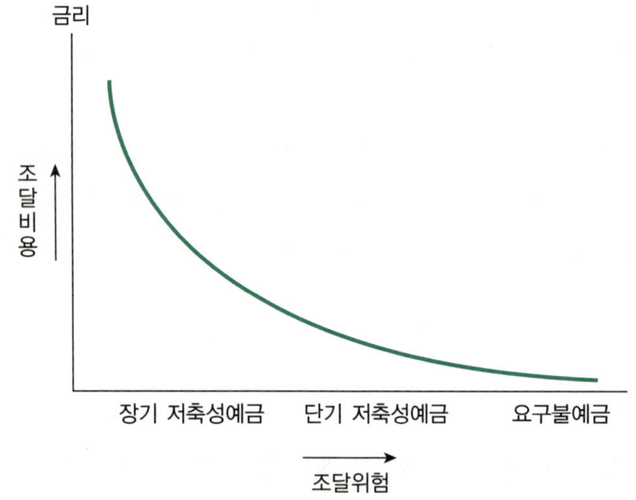

3. 부채관리

3.1 부채관리의 의의 및 목적

우리나라의 은행법 제2조에 은행업은 예금의 수입, 유가증권, 기타 채무증서를 발행하여 조달한 자금으로 대출하는 것을 업으로 한다고 규정하여 금융회사로서의 은행업무의 특징을 보여주고 있다. 그러나 예금을 대출로 매개하는 과정에서 대출수요의 변동성(또는 자산운용의 변동성)과 예금의 변동성(자금조달원의 변동성)으로 인해 은행은 유동성 위험과 금리위험 등을 겪게 되므로,[14] 어떻게 자금수요와 공급의 변동성을 잘 관리하느냐가 은행경영 성공의 핵심적 관건이 된다.

자금수요와 공급의 변동성을 관리하기 위해서는 운용자산의 유동성을 높이거나 또는 자금조달 측면에서 유동성을 높이는 방법이 있는데, 부채관리는 이 중에서 후자를 의미한다. 즉, **부채관리**(liability management)란 은행의 유동성 니즈를 충족시키고 대출 및 기타 자산운용에 필요한 자금을 공급하기 위한 자금조달관리를 말하는데, 부채관리를 좁게 보면 자금시장에서 쉽게 거래할 수 있는 시장성부채를 활용함으로써 자금시장에서 차입을 통해 유동성을 확보하는 방법을 말하고, 넓게 보면 예금부채도 포함하여 유동성을 확보하는 방법을 말한다.

은행이 부채관리를 하는 목적은 다음 세 가지로 요약할 수 있다. 첫째, 조달비용을 최소화하는 것이다. 조달비용의 감축은 은행의 대출 경쟁력과 이익에 직결된다. 둘째, 안정적 자금조달원을 확보하는 것이다. 고객관계를 유지하기 위해서는 고객의 니즈에 맞추어 장기, 안정적으로 고객이 필요로 하는 자금을 공급할 수 있어야 하며, 이를 위해서는 장기 · 안정적인 자금조달원이 확보되어야 한다. 셋째, 규제를 회피하는 것이다. 은행예금에는 법정지급준비의무와 예금보험료 등 직 · 간접의 규제비용이 부과되는데, 규제가 부과된 조달수단을 피하고 대신 규제가 없는 조달수단을 선택하면 이러한 규제비용을 회피하여 자금조달비용을 낮출 수 있다. 부채관리는 이와 같이 은행의 위험과 이익을 관리하는 핵심적인 수단이다.

3.2 유동성위험과 부채관리

은행은 업무의 성격상 현금의 입출이 잦기 때문에 항상 현금의 과부족이 생길 수 있다. 예를 들면, 고객의 예금인출과 예금유입이 항상 일정한 수준을 유지해주는 것이 아니고 또 항상 일치하는 것도 아니기 때문에 평상시보다 현금이 부족할 때도 있고 반대로 현

14 유동성위험과 금리위험관리에 관한 자세한 내용은 제16장을 참조하기 바란다.

금에 여유가 생길 때도 있다. 뿐만 아니라, 대출수요와 대출회수도 항상 일정한 수준을 유지하거나 또 일치하는 것도 아니다. 따라서 은행은 정상적 영업에 지장을 초래하지 않을 정도로 충분한 현금을 항상 확보하고 있어야 한다. 그러나 필요 이상으로 현금을 많이 보유하고 있으면 그만큼 이익을 얻을 기회를 상실하기 때문에 무작정 현금을 많이만 보유한다고 좋은 것도 아니다.

유동성위험이란 이와 같이 예금 유출입의 변동이나 대출수급의 변동 등으로 인한 자금흐름의 예상치 못한 증감으로 은행이 자금부족 상태에 빠지는 것을 말한다. 이때 은행은 많은 손실을 입거나 심한 경우 채무변제 불능상태에 빠질 위험이 있다. 은행이 유동성이 부족하여 급히 자금을 조달해야 하면 보통 때보다 훨씬 높은 금리를 지불해야 하는 경우도 있고, 혹은 그나마도 자금조달이 어려워 보유 유가증권을 급히 싼 값에 팔아야 하는 경우도 발생하기 때문이다. 한편, 일반은행들은 한국은행으로부터 일시적으로 유동성을 공급받을 수도 있다.[15] 그러나 이러한 일들이 반복될 경우 은행은 시장에서의 신뢰를 상실하게 되는데, 이 경우 직간접으로 큰 비용을 치르게 된다. 예를 들면, 은행의 신용저하로 전반적인 조달금리가 상승한다든지 차입기간이 단기화되어 자금조달이 불안정해진다든지 또는 주가가 하락하는 등의 문제가 발생할 수 있다.

유동성위험은 앞에서 설명한 바와 같이 일차적으로는 예금 유출입이나 대출 수급의 변동으로 인한 단기적인 자금부족 상태를 의미하지만, 보다 본질적으로는 은행 자산과 부채의 만기구조 불일치(maturity mismatch)로 인한 장기적인 자금흐름의 불안정성을 의미한다. 대출은 예금에 비해 일반적으로 장기로 운용되고 또 대출만기가 되었다 해도 고객관계를 유지하기 위해 대출고객의 신용상태가 크게 나빠지지 않는 한 모두 회수할 수 없고 만기를 연장하거나 다시 대출하는 것이 일반적이고, 경우에 따라서는 고객의 필요에 맞추어 대출을 늘려주어야 하는 경우도 있다. 반면에 예금은 기간도 상대적으로 더 짧을 뿐만 아니라 언제라도 예금고객의 일방적인 해약과 예금인출이 가능하다. 따라서 이러한 자금흐름의 본질적인 불안정성으로 인해 은행은 항상 자금부족 상태에 빠질 위험, 즉 장기적인 유동성위험을 안고 있다.

---

15 은행지급결제시스템망의 안정과 원활한 작동 및 금융시장 안정을 위해 중앙은행은 은행의 은행으로서 최종대부자 기능을 한다. 현재 한국은행이 일반은행에게 유동성을 공급하기 위해 실행하고 있는 대출제도로는 일중당좌대출(당일 한도), 일시부족자금대출(1영업일 한도), 유동성조절대출(1개월 이내) 등이 있다.

따라서 은행은 이러한 유동성위험에 빠지지 않기 위해서 항상 충분한 유동성을 확보해 놓아야 하며, 이를 위해서는 자산 측면에서의 유동자산(liquid asset) 관리와 부채 측면에서의 유동성 조달이 상호보완적으로 이루어져야 한다. 유동성 확보는 일차적으로 자산 측면에서 유동자산관리를 통해 이루어지는데, 이는 자산에 적절한 수준의 유동성을 저장하는 것을 말한다. 즉, 현금 및 중앙은행 예치금과 실제 쉽게 현금화할 수 있는 투자유가증권 등 유동성이 높은 자산을 적절히 보유함으로써 유동성 필요에 맞추는 것이다. 그러나 유동자산은 현금 및 중앙은행 예치금과 같이 비수익자산이거나 또 수익자산이라 하더라도 비유동자산에 비해 상대적으로 수익성이 낮기 때문에[16] 은행의 입장에서는 유동자산을 무작정 많이 보유할 수만은 없다. 특히, 은행 간에 경영실적 경쟁이 심해질수록 은행들은 수익성이 낮은 유동자산의 보유량을 가급적 최소한으로 유지하고자 하는 경향을 보인다. 따라서 은행이 필요한 유동성을 충분히 확보하면서도 수익성을 최대화하기 위해서는 유동자산 관리능력만이 아니라 부채 측면에서의 유동성 조달능력도 갖추고 있어야 한다.

그러나 필요할 때 언제라도 유동성이 충분히 조달될 수 있어야 한다고 하여 반드시 장기자금을 많이만 조달한다고 좋은 것은 아니다. 왜냐하면, 앞에서도 설명하였듯이 자금의 조달기간이 길어질수록 조달위험이 감소하여 자금조달의 안정성과 유동성의 확보에는 도움이 되지만 조달비용이 커지기 때문이다. 따라서 자금공급의 안정성과 유동성을 충분히 확보하면서도 조달비용을 최소화하기 위해서는 종합적인 부채관리가 필요하다. 즉, 자금의 안정성과 신축성, 조달비용 등에서 서로 상이한 특성을 갖고 있는 예금부채(즉, 핵심예금)와 차입부채(즉, 시장성부채)를 상호보완적으로 적절히 배합함으로써 최저비용으로 필요한 때, 필요한 만큼 자금을 조달하는 것이 부채관리이며, 그것이 효율적인 유동성위험관리의 핵심이라고 할 수 있다.

---

16 비유동자산은 유동자산에 비해 상대적으로 위험이 높기 때문에 '다른 조건이 동일하다면' 비유동자산의 수익률이 유동자산의 수익률보다 높은 것이 정상이다.

3.3 ALM(Asset-Liability Management)에서의 부채관리

ALM(자산부채종합관리)은 금리 및 유동성에 대한 다양한 가능성에 대비하여 은행의 대차대조표(자산 및 부채)를 통합적으로 관리하는 것을 말하며, 자산과 부채 구성의 최적화를 통해 수익성과 안정성의 조화를 도모하는 것을 목표로 한다. 즉, 적절한 위험수준을 설정하고 그 위험수준을 넘지 않는 범위에서 이익을 극대화하거나, 또는 적절한 이익목표를 설정하고 그 목표를 달성하는 방법 중에 위험을 극소화하는 자산 · 부채의 관리방법을 모색하는 것을 말한다.

ALM에서의 위험관리방식[17]은, 첫째 대차대조표상의 자산과 부채의 만기 또는 듀레이션을 일치시키는 방법(maturity matching, or duration matching), 둘째 파생상품 등 부외거래(off-balance sheet activities)[18]를 활용하는 방법, 셋째 증권화(securitization)[19] 등이 있다. 부채관리는 이 중에서 첫 번째 방법의 한 축이 된다. 예를 들면, 지급준비 등 단기 유동성의 변동에 대비하기 위해 콜머니, 또는 환매조건부채권매도(RP)를 증감하여 단기자금 조달규모를 조정한다거나, 고객의 장기대출수요에 맞추기 위해서 장기예금(정기예금 또는 장기 CD)이나 장기사채를 발행하여 자금을 조달하는 등의 방법으로 거래고객의 다양한 수요를 충족하면서 금리위험이나 유동성위험을 감소시킬 수 있다.

이와 같이 은행의 부채관리는 단순히 자금을 조달한다는 차원에 그치는 것이 아니라 다양한 특성의 부채를 다양한 만기와 다양한 규모로 합리적으로 배합함으로써 조달구조의 적정화, 조달비용의 최소화, 그리고 위험관리의 효율화를 이루는 과정이라고 말할 수 있다.

---

17 자세한 내용은 제16장을 참조하기 바란다.
18 자세한 내용은 제9장을 참조하기 바란다.
19 자세한 내용은 제11장을 참조하기 바란다.

4. 은행 부채구조의 변화

4.1 부채구조의 선택

은행들은 안정적 자금조달원을 확보하면서 조달비용을 가급적 최소화하기 위한 목적에 맞추어 **부채구조**(즉, 자금조달구조)를 선택하고자 한다. 그러나 앞에서 이미 설명하였듯이 다른 조건이 동일하다면 자금조달의 안정성을 높이기 위해서는(즉, 조달위험을 감소시키기 위해서는) 일반적으로 조달비용이 더 들게 되고, 반대로 조달비용을 낮추기 위해서는 자금조달의 안정성을 희생해야만 하므로 자금의 안정성과 비용최소화를 동시에 모두 만족시킬 수는 없다. 따라서 은행들이 선택해야 하는 부채구조는 결국 은행이 처한 시장환경에서 은행이 경영목표를 선택하고 이에 부합하도록 적절한 수준의 자금안정성과 적절한 수준의 조달비용을 조화시키는 자금조달구조를 선택하는 문제로 귀착된다.

좀 더 구체적으로 설명하면, 각 자금조달원별로 자금의 안정성, 조달의 용이성이나 신축성, 관리의 편의성 등의 성질이 서로 다르기 때문에, 은행의 경영목표에 부합하는 합리적 부채구조를 선택하는 문제는 은행의 니즈에 맞는 각 자금조달원별로 상이한 특성을 활용하는 것이라고 할 수 있다. 예를 들면, 핵심예금의 경우 시장성부채에 비해 상대적으로 안정적이기는 하지만 필요시 쉽게 늘리거나 줄이기 어렵다는 단점이 있는 반면, 시장성부채의 경우는 시장상황에 민감하게 반응하는 경향이 있어 예금보다 상대적으로 덜 안정적이지만 반대로 필요할 때는 금리를 조정하거나 시장의 자금거래에 직접 참여하는 등의 방법으로 쉽게 필요한 자금을 조달할 수 있고, 여러 가지 시장성부채 중에서도 필요에 따라 기간, 규모, 수단별로 신축적으로 선택하기 쉽다는 장점이 있다. 예금 중에서는 요구불예금보다는 저축성예금이, 그리고 저축성예금 중에서도 단기저축성예금보다는 장기저축성예금이 인출위험이 적어 안정적이지만 조달비용이 많이 들고, 반면에 요구불예금보다는 저축성예금이 금리에 반응하는 정도가 크기 때문에 은행이 필요시 신축적으로 관리할 수 있다는 장점이 있다.

그러므로 은행이 자금조달의 안정성을 보다 중시한다면 시장성부채보다는 핵심예금의 비중을 늘리려고 노력해야 하고, 예금 중에서는 저축성예금을, 그 중에서도 특히 장기 저축성예금의 비중을 늘려야 하고, 또 시장성부채 중에서도 단기자금보다는 사채나 후순위채 발행 등을 통한 장기자금의 비중을 늘리도록 해야 한다. 그러나 그러기 위해서 다른 조건이 동일하다면 은행은 더 많은 조달비용을 지불해야 한다.

자금시장 발전 정도나 상황도 은행의 부채구조 선택에 영향을 미친다. 우선, 자금시장이 발전하여 규모가 커지고 거래가 활발해지면 은행이 시장자금을 조달하기 쉽고 비용도 감소하기 때문에 은행의 부채구조에서 시장성부채의 비중이 커진다. 또한 파생상품과 자산유동화 등 금융기법이 발달하면 예금을 통하지 않고서도 자금을 조달할 수 있는 수단이 다양화되고 그 비용도 낮아지며 따라서 은행이 자금조달을 예금에 의존하는 비율도 감소한다.

다음으로 자금시장의 상황을 보면, 예를 들어 자금시장이 안정적일 때에는 은행이 필요한 때 부족한 자금을 쉽게 조달할 수 있으므로 핵심예금이나 장기자금의 비중을 낮추어 자금의 안정성을 다소 줄이더라도 은행이 부담해야 하는 위험이 크게 늘어나지 않는 반면 자금조달비용을 낮출 수 있다. 반대로 자금시장이 불안해지면 은행이 필요한 때 쉽게 시장자금을 조달할 수 없을 수도 있을 뿐 아니라 시장성부채가 만기시 연장이 되지 않거나 심한 경우 회수되는 수도 있어 이 경우에는 은행이 자금의 안정적 확보를 위해 시장성부채를 가급적 줄이는 대신 핵심예금의 비중을 늘리고 조달기간도 장기를 선호할 것이다. 따라서 일반적으로 금융시장이 안정적인 때에는 은행의 시장성부채비율이 높아지고(즉, 핵심예금비율이 낮아지고), 반대로 금융시장이 불안해지면 은행의 핵심예금비율이 높아지는(즉, 시장성부채비율이 낮아지는) 경향이 있다.

자금 간의 상대가격도 은행의 부채구조 선택에 큰 영향을 미친다. 다른 조건이 동일하다면 상대적으로 금리가 비싼 자금을 줄이고 금리가 싼 자금을 늘려야 자금조달비용을 최소화할 수 있기 때문이다. 은행들은 명시적인 금리만이 아니라 직 · 간접으로 추가되는 암묵적 비용도 포함하여 고려함은 물론이다. 명시적인 금리가 싸더라도 추가적인 비용이 들면 은행 입장에서는 상대적으로 낮은 조달금리의 매력이 그만큼 상쇄될 것이기 때문이다. 구체적인 예를 들어 설명하면, 예금에는 **예금보험료**와 **예금보험기금채권 상환특별기여금**[20]이 부과되고, 덧붙여 지급준비의 부담도 부가되는데, 이로 인한 추가적 비용은 예

20 1997년 금융위기가 발생하면서 투입한 공적자금의 손실을 일부 보전하기 위해 통상의 예금보험료와는 별도

금의 상대비용을 증가시킨다. 은행의 경우 현행 예금보험료율은 매년 예금평균잔고의 0.08%이고, 예금보험기금채권 상환특별기여금은 매년 예금평균잔고의 0.1%이다.[21] 예금에 부가되는 **법정지급준비금**[22]도 은행에게는 그만큼의 추가적 비용부담이 된다. 예를 들어, 정기예금에 대한 현행 법정지급준비율이 2%이므로 정기예금 100원 가운데 98원만 대출 등으로 운용할 수 있고 2원은 지급준비를 위해 현금(비운용자산, 즉 무수익자산)으로 보유해야 한다. 정기예금금리를 연리 3.5%라고 할 때 운용하지 못하는 2원에 대해서도 예금주에게는 3.5%의 이자를 지급해야 하고, 뿐만 아니라 예금보험료 0.08%, 예금보험기금채권 상환특별기여금 0.1%도 지급해야 한다. 이 비용을 운용자산액 98원으로 나누면 운용자산 1원당 지급준비부담액이 된다. 즉,

법정지급준비 추가비용비율

= 예금액 중 지급준비를 위한 현금보유액 ×

(예금금리 + 예금보험료율 + 예보채권 상환특별기여금)

÷ 예금액 중 운용액

= 2 × (3.5% + 0.08% + 0.1%) ÷ 98 = 0.075%

이 된다. 법정지급준비율이 높아질수록 법정지급준비로 인한 추가비용도 증가함을 알 수 있다. 그리고

추가비용 합계 = 예금보험료 + 예금보험기금채권 상환특별기여금

+ 법정지준부담

= 0.08% + 0.1% + 0.075% = 0.255%

로 금융기관에 부과하는 특별부담금이다.

21 예금보험료율과 예금보험기금채권 상환특별기여금은 금융권별로 상이하며, 저축은행의 경우 예금보험료율은 예금평균잔고의 0.35%로 은행보다 높고, 예금보험기금채권 상환특별기여금은 예금평균잔고의 0.1%로 은행과 같은 수준이다.

22 우리나라 은행예금에 적용되는 현행 법정지급준비율은 ① 장기주택마련저축, 근로자재산형성저축 등 조기해약 시 많은 페널티가 따르는 초장기 저축성예금은 0%, ② 정기예금, 정기적금, 상호부금, 주택부금, 대고객CD 등 기간이 정해진 일반 저축성예금은 2%, ③ 요구불예금, 저축예금(MMDA 등 수시입출식), 기업자유예금 등 기간이 정해지지 않은 단기성예금은 7%이다(2011년 현재).

가 되고,

$$\text{정기예금의 실질조달비용} = \text{예금금리} + \text{추가비용} = 3.5\% + 0.255\% = 3.755\%$$

가 된다.[23] 이 같은 추가비용은 시장자금을 조달할 때는 부담하지 않는 비용이고, 이에 더하여 예금의 경우 시장자금을 조달할 때보다 훨씬 많은 인건비 등 관리비가 드는 것을 감안하면 예금으로 자금을 조달할 때 최소한 명목금리의 1/10 이상은 추가적으로 더 든다고 할 수 있다. 그만큼 시장자금 대비 예금의 상대비용이 비싸지므로 은행의 입장에서는 시장자금을 쓸 유인이 더 있는 것이다. 실례로 다음 [그림 7-4]에서 나타났듯이 2000년대 들어 2007년까지 국내은행의 시장성부채 비율이 꾸준히 증가한 것도 바로 이러한 이유 때문이었다.

은행예금 중에서도 법정지급준비율의 차이가 상대비용을 변동시키므로 예금 간 조달구조에 영향을 미칠 수 있다. 예를 들면, 요구불예금의 법정지급준비율은 7%이고 저축성예금의 법정지급준비율은 2%인데, 법정지급준비율이 높을수록 추가적인 비용부담이 늘어나므로, 같은 논리로 이 5%포인트 지급준비율 차이는 정기예금 대비 요구불예금의 조달비용을 그만큼 상승시키기 때문이다. 이 경우 예금보험료와 예금보험기금채권 상환특별기여금은 동일하므로 이로 인한 비용차이는 발생하지 않는다.

이외에도 어떠한 규제든 규제로 인해 상대적 부담의 차이가 발생하면 부채구조도 변동한다. 규제로 인해 자금운용에 제한이 가해진다든지 또는 규제준수를 위해 명시적으로 비용이 수반하는 등의 경우에는 규제준수비용(compliance costs)이 발생하기 때문이다. 예를 들면, 정부는 최근 금융기관의 비예금 외화부채에 거시건전성 부담금을 부과하겠다고 발표했는데(2011년 하반기 시행예정 목표), 그러면 은행의 외화부채 비중이 감소하고 더불어 시장성부채의 비중도 감소할 것이다. 글로벌 금융위기에 대한 반성으로 파생상품

23 다음과 같이 계산할 수도 있다. 총조달액이 100이고 지급이자가 3.5%, 예금보험료가 0.08%, 상환특별기여금이 0.1%이므로 총비용은 100 × (0.035 + 0.0008 + 0.001) = 3.68이 된다. 이것을 가용자금 98로 나누면 가용자금의 원가는 3.68 ÷ 98 = 0.03755, 즉 3.755%가 된다. 예금금리가 3.5%이므로 추가비용은 3.755% − 3.5% = 0.255%가 되고, 추가비용 중에서 예금보험료 0.08%와 상환특별기여금 0.1%를 뺀 나머지 0.075%가 법정지급준비로 인한 추가부담이 된다.

이나 자산유동화 등에 대한 규제 강화가 추진되고 있는데, 이것도 자금시장의 거래를 제한하므로 은행의 시장자금 조달에 영향을 미치게 된다.

4.2 부채구조의 변화 추이와 특징

[그림 7-3]과 [그림 7-4]는 미국 은행(1986~2009년)과 국내 은행(2000~2009년)의 핵심예금 및 시장성부채 비중의 변화추세를 보여주고 있다. 미국 은행의 경우 평균적으로 국내 은행보다 예금의존도는 낮고 시장자금의존도가 높다는 점에 차이가 있으나, 양국에서 보이는 공통점은, 첫째 전반적으로는 예금의존도가 감소하고 시장자금의존도가 증가하는 추세를 보이고 있다는 것과, 둘째 글로벌 금융위기로 2008년 이후 금융시장이 불안

그림 7-3 | 미국 은행의 핵심예금 및 시장성부채 비중의 변화

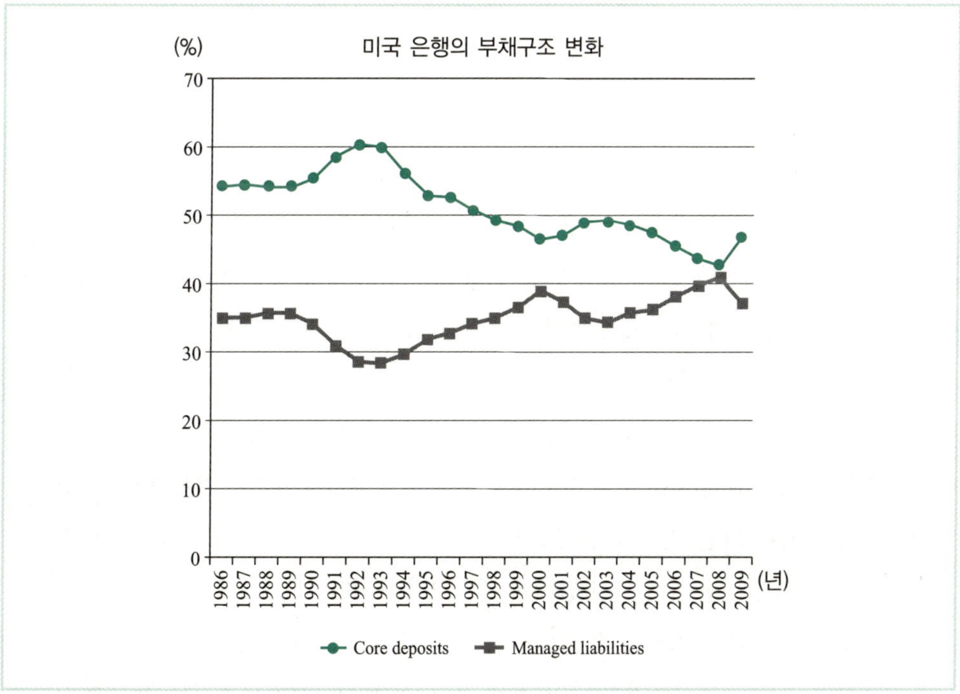

자료 : Board of Governors of the Federal Reserve System, *Federal Reserve Bulletin*.

그림 7-4 | 국내 은행의 핵심예금 및 시장성부채 비중의 변화

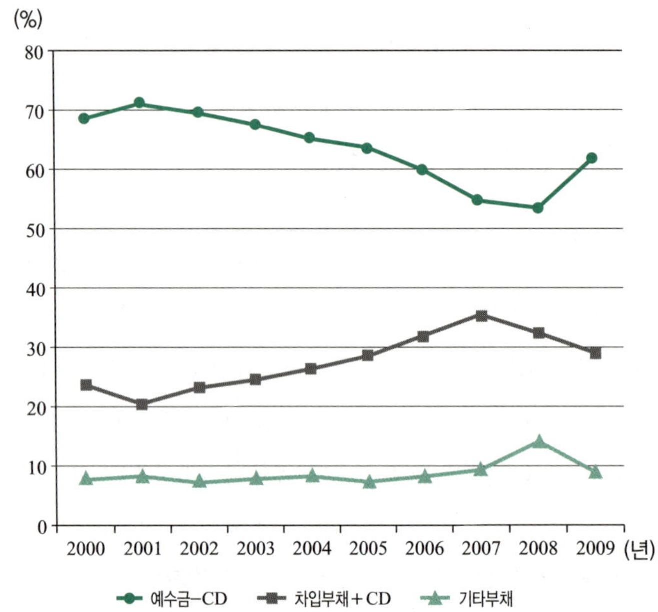

자료 : 금융감독원, 금융통계정보시스템

해지면서 그 추세가 반전되는 현상을 보였다는 것이다.

은행의 자금조달에서 시장자금의존도가 높아진 것은 전 세계적으로 나타난 공통적인 추세이다. 1970~80년대 들어 영 · 미 등 금융선진국을 중심으로 새로운 금융기법과 파생금융상품의 개발, 위험관리기법의 발전, 규제완화 등이 시작되면서 금융의 탈중개화와 시장화가 급속히 진전되었기 때문이다. 금융권역별 특성이 많이 희석되고 규제완화로 권역 간의 칸막이가 허물어지면서 과거와 같이 은행을 통하지 않고도 자금의 대차가 용이해짐에 따라 금융산업에서 은행의 비중이 감소하고 직접금융시장이 매우 빠르게 성장하였다. [그림 7-5]를 보면 미국 금융산업에서 은행의 비중이 1980년 50%를 상회했으나 2000년에는 20% 남짓한 수준까지 급속히 감소했음을 알 수 있다. 직접금융시장의 규모가 커지면서 은행도 자금조달을 점점 더 시장에 의존하지 않을 수 없다.

우리나라의 경우 금융시장의 발달이 미국 · 영국에 비해 많이 뒤늦기는 하지만 전반적인 추세는 비슷한 패턴을 보이고 있다. [표 7-5]는 주요국의 가계금융자산 구성을 비교해

그림 7-5 미국 금융산업의 구조변화

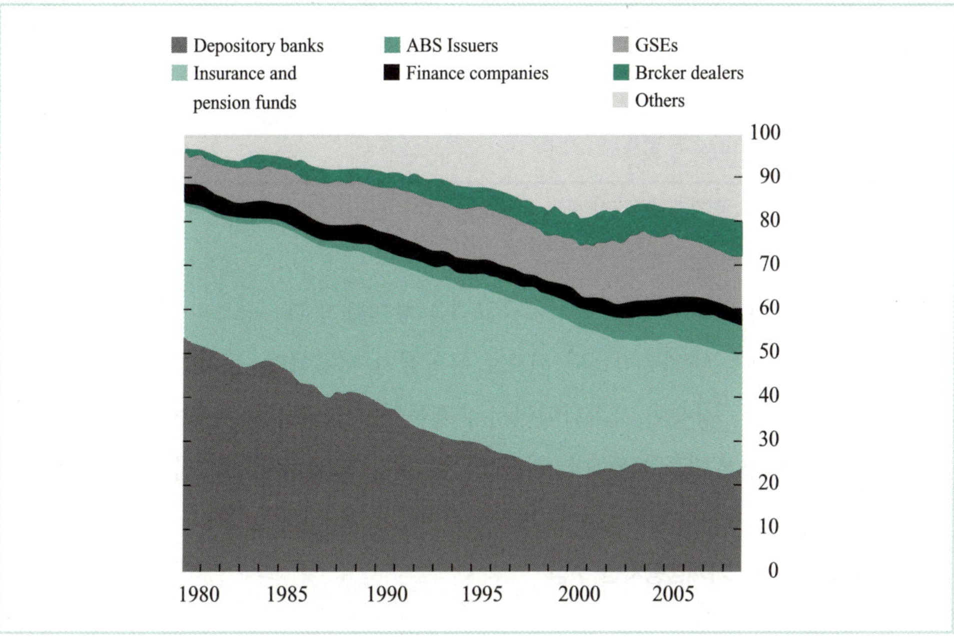

자료 : IMF, Global Financial Stability Report : Financial Stress and Deleveraging, Oct. 2008.

서 보여주고 있는데, 우리나라 가계는 미국이나 영국에 비해 현금 및 예금의 비중이 월등히 높은 반면, 금융투자상품과 보험 · 연금의 비중은 아직 낮은 수준임을 알 수 있다. 그러나 [그림 7-6]에서 보듯이 2000년대 들어 현금 및 예금의 비중은 빠른 속도로 감소하고 반대로 금융투자상품의 비중은 빠른 속도로 증가하고 있다. 자본시장 규모도 빠른 속도로 증가하여 이제는 은행을 능가할 정도까지 성장하였다([그림 7-7] 참조). 금융권 전체 수신에서 은행 수신이 차지하는 비중도 감소하였다. 즉, 금융산업에서 은행이 차지하는 비중이 점차 감소하고 시장이 차지하는 비중이 커지고 있는 것이다. 따라서 국내은행도 과거에 비해 시장에서 자금을 조달하기 쉬워졌을 뿐만 아니라 상대적으로 위축되는 은행 예금에만 의존할 수도 없는 상황이 되었다. 은행의 부채구조가 예금중심형 구조에서 탈피하여 점점 시장자금 의존도가 증가하게 된 이유다.

이와 같이 은행의 부채구조가 변한 데에는 2000년대 들어 국내은행들이 추진한 수수료수입 강화와 부동산담보대출 확대도 한몫 하였다. 우선 수수료수입 강화전략을 보면, 은행들은 수익 제고와 다변화를 위해 방카슈랑스와 펀드 판매를 강화였는데, 이것이 핵

| 표 7-5 | 주요국 가계금융자산 구성 비교(2009년)

(단위 : %)

	한국	미국	영국	일본
현금 · 예금	45.5	14.6	28.5	55.3
금융투자상품	29.4	52.1	13.9	13.2
보험 · 연금	24.3	29.8	53.9	27.0

자료 : 금융투자협회, 주요국 가계금융자산 비교, 2010. 9

심예금의 이탈을 야기했다. 창구에서 예금고객을 상대로 방카슈랑스와 펀드를 판매함으로써 결국 예금고객을 방카슈랑스와 펀드로 유인했기 때문이다. 동시에 이 시기에 은행간의 부동산담보대출 경쟁이 가속화되면서 은행들의 자금소요는 더 많아졌는데 핵심예금이 이탈함에 따라 은행들은 필요한 자금조달을 시장에 더욱 더 의존하지 않을 수 없었

그림 7-6 | 한국의 가계금융자산 구성

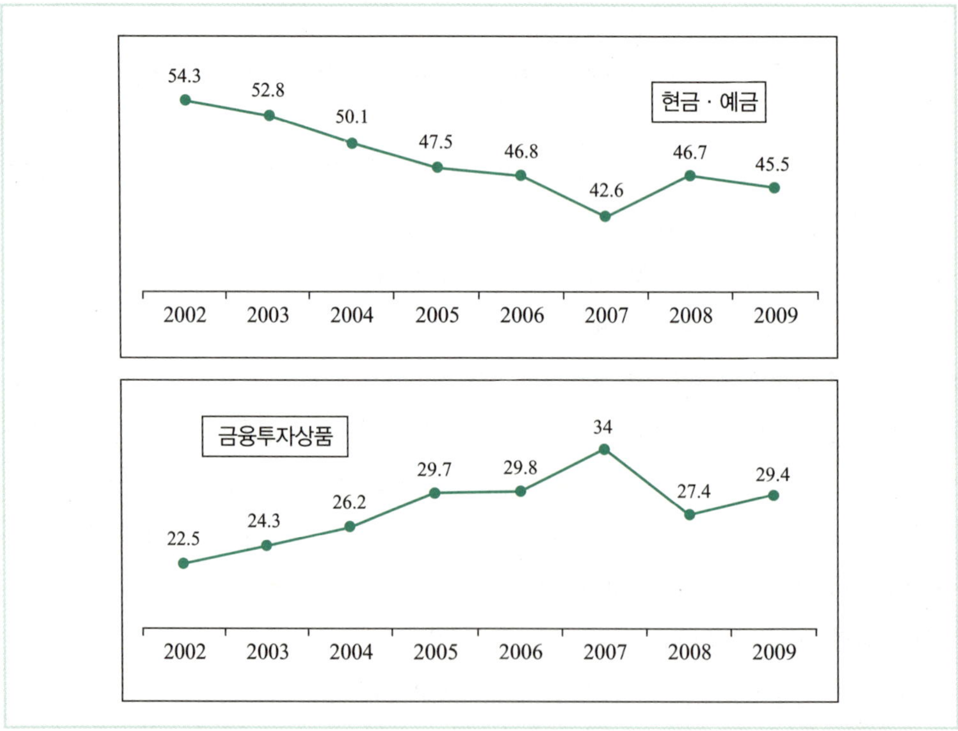

자료 : 금융투자협회, 주요국 가계금융자산 비교, 2010. 9

다. 즉, 부동산담보대출 확대를 통한 은행 간의 몸집불리기와 실적경쟁이 심해지면서 은행들이 국내시장에서 뿐만 아니라 해외시장에서도 자금을 차입하여 부동산대출을 무리하게 확대했는데, 그로 말미암아 은행의 예대율이 130%까지 상승하였고 은행의 자금조달구조가 왜곡되면서 원화뿐 아니라 외화에서도 유동성문제를 겪었다.

그러나 2008년 글로벌 금융위기 이후 이러한 추세가 반전되어 예금의 비중이 다시 증가하는 등 안정화되기 시작했다. 그 이유는 앞에서 설명한 바와 같이 금융시장이 불안해지면서 은행들이 안정성이 높은 예금을 보다 더 선호했기 때문이다. 시장자금의 조달이 예전보다 어려워진 것도 이유였다. 시장자금은 은행의 신용도와 자금시장 상황에 민감하게 반응하므로 금융시장이 불안정해지면 시장성부채의 비중이 큰 은행은 차환조달이 어려워져 유동성 부족 문제를 겪을 위험이 커진다.

그림 7-7 | 국내은행 총자산 대비 자본시장 규모

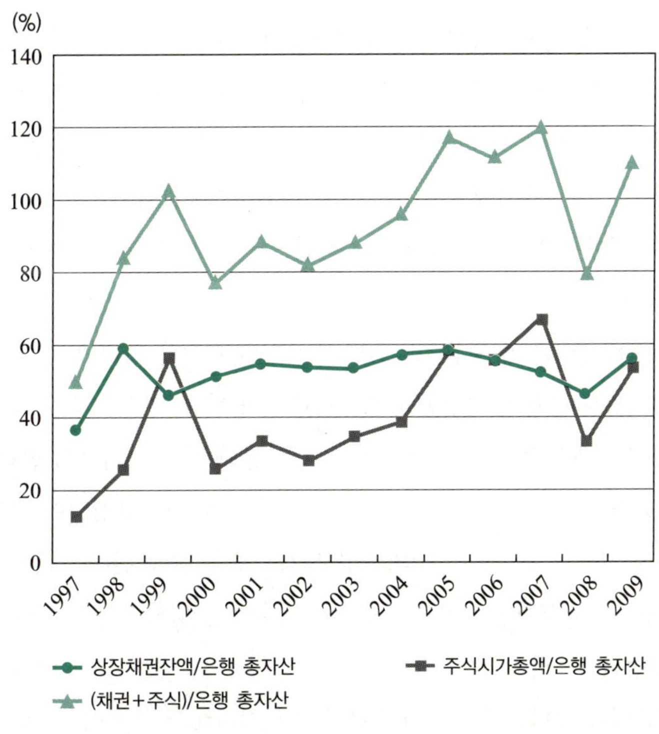

자료 : 금융감독원, 금융통계정보시스템

5. 요약

은행의 부채는 은행자금조달의 원천을 보여준다. 은행의 부채는 예금부채와 차입부채로 구분되는데, 예금부채에는 요구불예금, 저축성예금, 양도성예금(CD)이 있고, 차입부채에는 차입금, 사채, 환매조건부 채권매도, 콜머니 등이 있다. 은행부채는 핵심예금과 시장성부채로 구분하기도 하는데, 핵심예금은 안정적이면서도 상대적으로 조달금리가 낮은 자금을 말하고, 시장성부채는 변동성이 높고 시장금리에 민감한 자금을 말한다. 은행은 상호보완적 특성을 갖고 있는 핵심예금과 시장성부채를 적절한 비율로 관리함으로써 자금조달의 안정성과 신축성을 조화시키는 것이 바람직하다.

부채관리는 은행의 유동성 니즈를 충족시키고 대출 및 기타 자산운용에 필요한 자금을 공급하기 위한 자금조달관리를 말한다. 은행부채관리의 목적은 조달비용의 최소화, 안정적 자금조달원의 확보, 규제회피를 통한 규제비용의 감축에 있다.

은행은 업무의 성격상 현금의 입출이 잦기 때문에 항상 유동성위험에 빠지기 쉽다. 따라서 은행은 항상 충분한 유동성을 확보해 놓아야 하는데, 이를 위해서는 자산 측면에서의 유동자산관리와 부채 측면에서의 유동성조달이 상호보완적으로 이루어져야 한다. 따라서 부채관리는 유동성관리의 핵심요소일 뿐만 아니라 ALM에서의 위험관리에 있어서도 한 축을 이룬다.

은행의 부채구조 선택은 각 자금조달원별로 상이한 특성을 은행의 니즈에 맞게 선택하여 배합하는 것이므로 은행의 경영목표에 부합하여야 한다. 그러나 일반적으로 자금시장이 발전하고 규모가 커질수록, 파생상품 및 자산유동화 등 금융기법이 발전할수록, 금융기관의 자산규모가 커지고 신용도가 높을수록, 그리고 시장이 안정되어 있을수록 자금시장의 접근성이 커지므로 은행은 시장의존형 부채구조를 갖게 된다. 자금 간의 상대가격도 은행의 부채구조에 영향을 미친다. 예금의 경우에는 명시적인 지급금리뿐만 아니라 예금보험료, 법정지급준비 등 추가적 비용도 조달비용에 포함되므로 이러한 추가비용이 많아질수록 예금의 상대비용이 비싸지고 은행이 시장자금을 쓸 유인이 더 커진다.

전 세계적으로 은행의 자금조달구조에서 나타난 공통적인 추세는 예금의존도가 줄고 시장자금의존도가 꾸준히 높아졌다는 것이다. 파생금융상품의 개발, 위험관리기법의 발전, 규제완화 등으로 금융의 탈중개화와 시장화가 급속히 진전되면서 금융산업에서 은행의 비중이 감소하고 직접금융시장의 규모가 커지면서 나타난 현상이다. 우리나라의 경우도 선진국에 비해 다소 뒤늦기는 하지만 비슷한 패턴을 따라가고 있다. 가계금융자산에서 현금 및 예금의 비중이 감소하는 반면 금융투자상품 및 보험과 연금의 비중이 꾸준히 증가하고 있고 은행 총자산 대비 자본시장의 규모도 빠르게 증가하고 있다.

연 | 습 | 문 | 제

01. 예금부채의 특성과 종류를 설명하시오.

02. 차입부채의 특성과 종류를 설명하시오.

03. 핵심예금이란 무엇이며 어떤 특성을 갖고 있는지 설명하시오.

04. 시장성부채라 무엇이며 어떤 특성을 갖고 있는지 설명하시오.

05. 미국의 경우 은행규모가 커질수록 핵심예금의 비중이 작아지고 시장성부채의 비중이 커지는 것을 알 수 있다. 그 이유를 설명하시오.

06. 부채관리의 세 가지 목적을 말하시오.

07. 유동성위험관리를 위해서는 유동자산관리와 함께 유동성조달관리도 같이 상호보완적으로 이루어져야 한다. 그 이유를 설명하시오.

08. 은행의 부채구조 선택에 영향을 미치는 요인을 설명하시오.

09. 예금금리가 4%, 예금보험관련 제 비용이 0.2%이다.

(1) 법정지급준비율이 2%일 때 법정지급준비로 인한 추가비용은 얼마인가?

(2) 법정지급준비율이 3%일 때 법정지급준비로 인한 추가비용은 얼마인가?

(3) 법정지급준비율이 상승하면 그로 인한 추가비용은 상승하는가, 하락하는가? 그 이유를 설명하시오.

10. 최근 은행부채구조의 변화를 설명하시오.

CHAPTER 08

대출 및 기타 여신업무

본 장에서는 은행의 또 다른 핵심업무인 대출 및 기타 여신업무에 대해 공부한다. 우선 여신업무의 기본개념을 살펴보고, 여신운용의 기본원칙과 여신업무 취급절차 등을 공부한다. 이어서 대출금리가 결정되는 이론적 구조와 여신금리체계를 살펴본다. 그리고 여신업무의 필수요소인 신용평가와 여신감리, 문제여신관리 등을 살펴보고 감독당국의 신용위험 규제 · 감독에 대해서도 논의한다.

1. 개관

1.1 대출과 여신의 개념

대출과 여신은 신용의 공여라는 공통점을 지니나 다소 차이가 있다. [그림 8-1]에서 **대출**은 은행이 직접적으로 자금을 부담하는 거래를 말하며, **여신**은 대출뿐만 아니라 자금부담가능성이 있는 기타 거래까지 포함하는 개념이다. 따라서 대출은 좁은 의미의 여신으로 일반자금대출, 당좌대출, 할인어음 등과 같이 금전의 형태로 취급하는 거래를 말하는 반면, 여신은 지금 당장 금전의 형태를 띠지는 않더라도 앞으로 자금부담의 가능성이 있는 지급보증, 유가증권대여, 사모사채인수 등의 기타 거래를 포함한다.[1]

그림 8-1 | 대출 및 여신의 정의

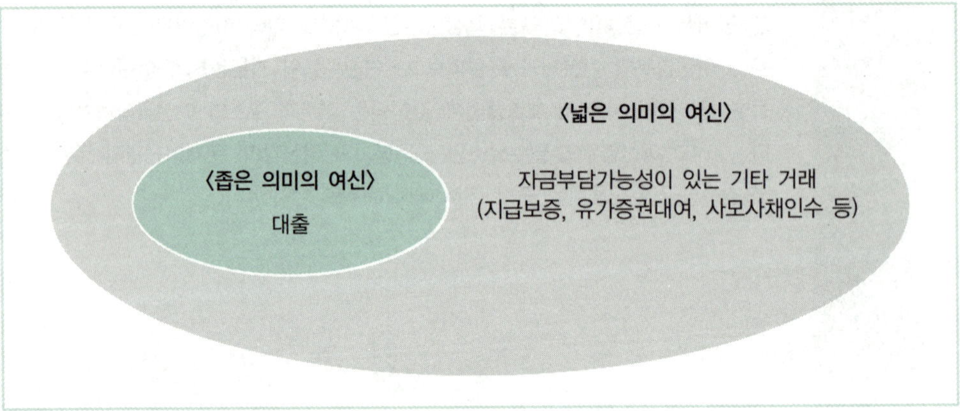

1 대출, 여신과 함께 '**신용공여**' 라는 용어도 같이 쓰이는데, '신용공여' 는 대출, 지급보증 및 유가증권의 매입, 기타 금융거래상 신용위험을 수반하는 금융기관의 모든 직 · 간접적 거래를 말한다. 이는 여신과 비슷한 개념이지만, 은행의 건전성 감독을 위해 은행법에서 정의한 포괄적 개념으로 거래상대방의 지급불능 시 이로 인하여 금융기관에 손실을 초래할 수 있는 모든 거래를 포함한다.

1.2 여신업무의 개념

여신업무는 개별 은행이 여신 관련 제반 규정의 범위 내에서 그 은행의 특성에 부합하도록 여신정책(loan policy)을 설정하고, 그 방침에 따라 자금이 필요한 고객에게 적정 여신을 공여함과 아울러 관련 여신에 대한 건전성을 정확하게 분류하고, 만기에 관련 여신을 안정적으로 회수할 수 있도록 적절히 관리하는 것이다. 여신 관련 규제로는 은행법에 의한 여신제한, 신탁 관련법에 의한 여신제한, 금융기관 여신운용규제 등이 있다.

은행의 여신정책은 그 은행의 경영목표를 위해 여신업무가 수행되도록 은행 내에 설정된 경영정책을 말한다. 예를 들면, 은행의 장기적 성장을 목표로 직업, 산업 또는 지역 등을 기준으로 특정 고객군을 타깃으로 정하고 그 고객군에 대한 여신비율을 일정수준 이상으로 유지한다거나, 위험관리 강화를 목표로 본부 위험관리부서의 권한을 강화하고 본부의 결재를 받도록 하는 기준을 부과한다거나, 또는 지역영업을 강화하기 위해 지점장 전결권한을 강화한다거나 하는 업무행위들을 포함한다.

1.3 여신운용의 기본원칙

은행이 여신을 운용함에 있어 준수해야 할 몇 가지 원칙이 있는데, 안전성의 원칙, 수익성의 원칙, 성장성의 원칙, 공공성의 원칙 등이 그것이다.

1.3.1 안전성의 원칙

안전성의 원칙이란 여신을 채권 보전에 문제가 없이 안전하게 회수되도록 운용하여야 함을 말한다. 은행이 여신을 안전하게 회수하지 못할 경우에는 수익감소와 함께 운용자산을 감소시키고, 대외 공신력 유지에도 막대한 영향을 주게 된다. 이 원칙하에서 고려해야 할 사항은 기업의 안정성, 자금수요의 타당성, 상환자원의 확실성, 대출의 집중화 여부 등이다.

1.3.2 수익성의 원칙

수익성의 원칙이란 은행의 수익이 효율적으로 증대되도록 여신을 운용하여야 함을 말한다. 이 원칙에 의하면 우선 여신금리 수준이 적정해야 한다. 그리고 여신 공여와 함께 앞으로 기대되는 부수업무 또는 관련 거래가 많은 고객을 지원해야 한다. 예를 들면, 성장성 있는 수출기업에 대해 신용공여를 함으로써 수출입 관련 업무와 환전업무 등을 확대한다든지, 또는 기업과의 여신거래를 통해 기업의 일시적 여유자금이나 직원들의 급여통장을 유치한다든지 하는 것이다. 은행도 하나의 사기업이므로 수익성을 중시하여야 하며, 이렇게 하는 것이 금융자산의 안전성을 높이고 예금주를 보호하는 데에도 도움이 된다.

1.3.3 성장성의 원칙

성장성의 원칙이란 여신을 성장성이 큰 고객에게 지원하여 고객이 발전함에 따라 은행도 함께 발전할 수 있도록 운용해야 함을 말한다. 즉, 오늘의 수익만이 목적이 아니라 내일의 수익을 늘리기 위해 파이를 키워야 한다는 것을 말한다. 따라서 대출기업의 영업환경, 업계 내의 경쟁력, 경영자 능력, 기술수준 및 시설 · 설비 내용뿐만 아니라 그 기업과의 거래처도 고려되어야 할 사항이다.

1.3.4 공공성의 원칙

은행은 경제의 혈액이라고 할 수 있는 자금의 유통을 담당한다. 공공성의 원칙은 이러한 공적 기능에 부합하도록 은행이 여신을 생산력 증대와 국민경제의 건전한 발전에 기여도가 높은 방향으로 운용해야 함을 말한다. 이는 경제의 파이를 키움으로써 은행의 성장에 도움이 되는 것은 물론이려니와 사회적 기여 등으로 인해 은행의 평판이 좋아져 영업에도 도움이 된다.

2. 여신업무

2.1 여신취급의 절차

표준적인 여신취급의 절차는 [그림 8-2]에서 보는 바와 같이 여신상담, 신용조사/감정, 여신심사 및 승인, 거래약정/채권보전, 여신실행, 사후관리, 여신회수의 순서로 구성되어 있다. 은행들은 은행이 설정한 경영목표와 여신정책이 여신절차의 각 단계에 적절히 반영되도록 구체적인 처리기준과 방법을 정하여 여신취급 직원이 따르도록 한다. 각 단계의 구체적인 내용을 보면 다음과 같다.

그림 8-2 | 여신취급의 절차

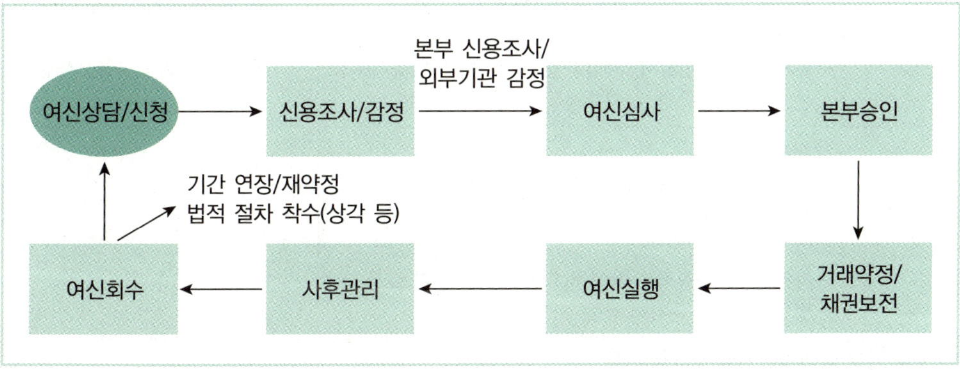

2.1.1 여신상담 및 신청서접수

여신상담은 고객과의 면담(필요 시 직접 방문), 서신, 전화 등의 방법을 통해서 하는데, 이로써 여신절차가 개시된다. 여신상담 내용은, 첫째 여신의 종류, 여신금액, 여신기간, 여신조건(금리 또는 보증료율 등) 등 고객이 원하는 여신의 확인, 둘째 채무자 및 채무관계인의 행위능력자 여부, 신용정보 불량(단기 연체정보 포함) 여부 등 고객의 거래능력 확인, 셋째 자금용도의 적합성 여부, 넷째 채무자의 상환능력 유무 및 상환자원의 적합 여부, 담보물건 및 기타 채권보전방법의 적합 여부의 확인 등이다.

여신상담 과정에서, 예를 들면 취급과 상환이 빈번하여 투기자금화 우려가 있는 등 자금용도가 적합하지 않다고 판단되는 경우에는 여신접수를 거절하여 이 단계에서 절차를 종료하여야 한다. 상담결과 여신승인신청 진행 여부를 고객에게 통지하고 고객이 여신을 신청하는 경우 신청서작성 및 대출취급과 관련한 필요서류 제출 등의 절차를 거치게 된다. 여신신청 시에는 일반적으로 [표 8-1]에서 설명하는 서류를 제출받는다. 제출서류는 크게 보아 여신을 받는 차주에 관한 서류, 보증인에 관한 서류, 기타 담보에 필요한 서류로 나누어진다.

| 표 8-1 | 여신신청 접수 시 제출서류

구분	기본서류	필요 시 받는 서류
차주	• 가계여신 – 융자상담 및 신청서, 실명확인증표, 부채현황표, 소득증빙서류(근로소득원천징수영수증 등) 등 • 기업여신 – 융자상담 및 신청서, 사업자등록증명원, 법인등기부등본, 법인 인감증명서, 재무제표, 부채현황표 등	• 가계여신 – 주민등록등본, 인감증명서, 재직증명서 등 • 기업여신 – 자금용도 확인서류, 사업계획서 등
보증인	• 가계여신 – 연대보증/담보제공(제3자)신청서, 실명확인증표, 소득증빙 서류 등 • 기업여신 – 자연인 : 보증능력 파악에 필요한 소득증명 자료 등 – 법인 : 차주에 준하여 받음	
담보물 감정 및 신용조사에 필요한 서류		

2.1.2 신용조사/감정

필요한 서류가 다 제출되면 다음 단계로 **신용조사**와 **감정**을 실시한다. 신용조사란 조사대상에 대한 과거, 현재, 미래에 걸친 인적 · 물적 사항과 재무상태 등의 내용을 조사 · 분석하는 것을 말한다. 여신 자산의 건전한 운용과 거래기업의 경영개선 유도 등에 효과적으로 활용하기 위해 신용조사가 필요하다. 신용조사사항은 업체개요, 업체현황(경영진 및 주주현황, 주요 시설, 제품의 품질 및 기술개발 상태 등), 영업현황(생산능력 및 실적,

판매상황, 판매 및 구매처 등), 기업분석, 산업연관분석 등이다. 신용조사 대상은 여신거래자 및 여신거래 예정자, 보증인, 기타 업무상 필요한 대상이며, 신청여신과 관련하여 신규 담보를 제공하거나 추가 근저당권 설정이 있는 경우 자체평가 또는 외부기관에 감정 및 사정을 의뢰한다. 신용조사는 여신금액에 따라 영업점 또는 본부에서 실시한다.

2.1.3 여신심사 및 승인

여신신청인의 자격, 신용상태 및 상환능력 등 여신 취급의 타당성을 심사하는 절차로 신청인의 사업개요, 생산능력, 자금용도, 상환능력 및 상환의지 등을 파악한다. 여신의 승인 여부가 결정된 때에는 이를 신청인에게 통지한다. **기업여신심사** 시 점검사항은 [표 8-2]에 정리하였다.

| 표 8-2 | 기업여신심사 시 점검사항

1. 포트폴리오 적합성 : 상품별로 허용한 차주 자격의 적격 여부
2. 상환능력
   - 가. 운전 및 시설자금 대출한도 초과 여부
   - 나. 자금용도
     - (1) 법령 및 상위규정 금지여신 여부 : 정치자금 대출, 자기은행 주식매입자금 대출, 상품 및 유가증권의 투기적 매입자금 대출 여부 등 검토
     - (2) 타 금융기관 상환자금 여신 여부
     - (3) 자금신청 사유와 여신상품의 적합 여부 : 자금용도 유용 여부 등 검토
3. 상환기간
   - 가. 운전자금대출 : 한도 및 건별 허용기간 적합 여부
   - 나. 시설자금대출 : 허용기간 적합 여부
4. 담보
   - 가. 담보평가 및 사정부서의 적정성 여부
   - 나. 기취급대출의 승인조건 이행 여부
   - 다. 공장담보 중 기계, 기구 등에 보증인 입보 여부
5. 신용등급
   - 가. 여신등급(Facility Risk Rating : FRR) 평가 여부
   - 나. 차주신용등급(Borrower Risk Rating : BRR) 평가 여부
6. 약정조건
   - 가. 표준화된 약정서 사용 여부
   - 나. 특별약정 체결대상 여부
   - 다. 상환청구권 제한(후순위대출, 할인어음 소구권 포기 등) 여부

7. 기타
   가. 은행 거래실적 및 거래전망
   나. 필요 시 차주 사업장 및 담보물 현장을 답사하여 제출서류와 상이 여부 점검 및 실제현황 조사
   다. 적용금리의 적정성 여부(예상손실(EL), 자본비용(UL), 업무원가, 부대비용, 조달금리 등)
   라. 제3자 요청(정부, 경영진, 사외이사 등)에 의한 불건전여신 여부
8. 전결권한
   가. 점검항목별 제한사항 해당 시 전결권한 확인
   나. 담보취득 제한 여부
   다. 보증 제한 여부

2.1.4 거래약정/채권보전

여신이 승인되면 여신약정을 체결한다. 여신약정 체결 시에는 여신종류에 따른 거래관계약정서, 보증 및 담보관계약정서, 기타 필요한 서류를 받는다. 약정서 작성 시 채무관계인에게 은행여신거래 기본약관 및 약정내용에 대하여 충분히 설명해야 한다. 여신실행 전에 담보설정 등 채권보전 절차를 완료한다.

2.1.5 여신실행, 사후관리 및 여신회수

여신심사 완료 후 당해 여신과 관련하여 채권서류의 적정성을 검토하고 여신실행과 관련한 회계처리를 수행한다. 여신실행 후에는 차주사의 현황 및 재무상태, 생산 및 판매능력, 담보물건의 권리관계 변동 여부, 여신의 용도 외 유용 여부 등을 정기적으로 점검함으로써 여신을 안전하고 용이하게 회수토록 사후관리한다. 대출금 만기가 돌아오면 고객의 요청에 따라 여신을 상환받거나 또는 기간을 연장하고, 차주 신용상태가 악화된 경우 필요 시 여신을 회수하거나 상각 등의 법적 절차를 취하여 채권보전 조치를 취한다.

2.2 여신의 분류

2.2.1 차주에 따른 분류

은행의 대출은 차주에 따라 기업자금대출, 가계자금대출, 공공 및 기타자금대출로 구

분된다. **기업자금대출**은 영리를 목적으로 하는 법인과 개인기업에 대한 대출이고, **가계자금대출**은 개인에 대한 주택자금 및 기타 소비자금융을 위한 대출이며, **공공 및 기타자금대출**은 지방자치단체, 국가기관 등 비영리목적의 법인 · 단체 등에 대한 대출이다.

은행의 전체 대출에서 기업자금대출과 가계자금대출이 차지하는 비중을 보면 2003년까지는 기업자금대출 비중이 가계자금대출 비중에 비해 크게 높았으나 2004년~2006년 기간 중 부동산 붐 등의 영향으로 가계대출이 크게 늘어나면서 두 비중이 비슷해졌다가, 2007년부터 가계대출이 포화상태에 이르면서 은행들이 중소기업대출을 중심으로 기업대출을 다시 늘리면서 기업자금대출 비중이 더 높아지게 되었다.

| 표 8-3 | 차주별 대출금 현황

(단위 : 조원, %)

구분	기업자금대출		가계자금대출		공공 및 기타자금대출		합계	
	금액	비율	금액	비율	금액	비율	금액	비율
2000년	191.1	63.0	98.1	32.4	13.9	4.6	303.1	100.0
2001년	190.4	56.3	141.1	41.7	6.6	1.9	338.1	100.0
2002년	243.2	51.9	217.2	46.4	7.7	1.7	468.1	100.0
2003년	278.5	52.2	247.7	46.4	7.2	1.4	533.4	100.0
2004년	283.0	50.2	272.0	48.3	8.4	1.5	563.3	100.0
2005년	299.5	49.1	300.5	49.3	10.1	1.7	610.1	100.0
2006년	341.4	49.1	340.8	49.0	13.2	1.9	695.4	100.0
2007년	424.7	53.1	358.4	44.8	17.5	2.2	800.5	100.0
2008년	511.0	55.8	382.9	41.8	21.7	2.4	915.6	100.0
2009년	530.9	55.4	404.5	42.2	22.1	2.3	957.4	100.0
2010년	540.7	54.6	426.6	43.1	22.5	2.3	989.8	100.0
2013년	654.1	56.3	478.2	41.2	28.8	2.5	1,161.1	100.0
2015년	755.7	55.9	562.1	41.6	34.1	2.5	1,351.9	100.0

주 : 국내은행(일반은행 + 특수은행) 원화대출금 연말 기준(은행 간 대여금 제외)
자료 : 금융감독원, 금융통계정보시스템

2.2.2 담보 유무에 따른 분류

은행의 대출은 담보 유무에 따라 담보대출, 보증대출, 신용대출로 구분된다. **담보대출**

은 담보물건별 유효담보가액 범위 내에서 취급하며, **보증대출**은 은행의 지급보증서, 종합금융회사의 지급보증서, 신용보증기금의 신용보증서, 기술신용보증기금의 기술신용보증서, 한국무역보험공사의 수출신용보증서 등을 담보로 취득하고 취급한다. **신용대출**은 담보와 보증 없이 신용으로 취급하는 대출이다.

은행대출의 경우 담보대출이 2002년부터 꾸준히 50% 정도를 유지하다가 2012년부터 53%대로 증가한 반면, 신용대출은 2002년부터 40% 정도를 유지하다가 2012년부터는 30%대 후반으로 줄어든 모습을 보여주고 있다.

| 표 8-4 | 담보별 대출금 현황

(단위 : 조원, %)

구분	담보		보증		신용		합계	
	금액	비율	금액	비율	금액	비율	금액	비율
2000년	125.0	40.8	36.0	11.8	145.6	47.5	306.7	100.0
2001년	123.3	44.4	34.4	12.4	119.8	43.2	277.5	100.0
2002년	234.3	49.8	51.0	10.8	185.7	39.4	471.0	100.0
2003년	270.8	50.5	54.5	10.2	210.9	39.3	536.3	100.0
2004년	282.0	49.8	53.9	9.5	230.5	40.7	566.4	100.0
2005년	315.0	51.3	48.1	7.8	250.6	40.8	613.7	100.0
2006년	362.6	51.9	46.6	6.7	289.8	41.5	699.0	100.0
2007년	410.8	51.0	46.5	5.8	347.8	43.2	805.0	100.0
2008년	449.1	48.8	51.4	5.6	419.7	45.6	920.2	100.0
2010년	491.5	49.4	74.0	7.4	428.6	43.1	994.1	100.0
2012년	588.6	53.1	90.7	8.2	430.1	38.8	1,109.3	100.0
2013년	618.5	53.1	105.7	9.1	440.8	37.8	1,165.0	100.0
2015년	729.5	53.2	149.3	10.9	491.6	35.9	1,370.4	100.0

주 : 국내은행(일반은행 + 특수은행) 원화대출금 연말 기준(은행 간 대여금 포함)
자료 : 금융감독원, 금융통계정보시스템

2.2.3 기타 분류

거래방식에 따른 분류

건별 거래와 한도거래로 구분된다. **건별 거래**는 계약액 범위 내에서 일괄 또는 분할하여 취급하며, 회수된 금액을 재취급할 수 없는 거래이다. **한도거래**는 계약액 범위 내에서 증감하여 사용할 수 있으며, 거래기간 만료일에 한도를 회수하는 거래이다.

취급방식에 따른 분류

신규, 기간연장, 재약정, 증대로 구분된다. 신규는 고객과의 새로운 거래를 취급하는 경우이며, 기간연장은 거래기간(상환기간)을 연장하는 경우(금리도 변경), 재약정은 기존 차주에 대해 동일 과목 · 금액으로 재취급하는 경우이고, 증대는 기취급여신의 잔액에 더하여 취급하거나 기취급여신의 한도에 더하여 취급하는 경우를 말한다.

자금용도에 따른 분류

기업자금대출의 경우 자금용도에 따라 운전자금대출과 시설자금대출로 구분한다. **운전자금대출**은 기업의 생산 · 판매활동 등에 소요되는 자금을 지원하는 대출로 대체로 1년 이내 단기간으로 취급하며, **시설자금대출**은 기업이 설비를 신설 · 증설하거나 기술개발 등에 충당하기 위한 대출로 일반적으로 1년 이상의 장기로 취급되는 대출이다.

3. 여신금리

3.1 여신금리체계

여신금리는 크게 고정금리와 변동금리로 구분된다. **고정금리대출**은 대출약정기간 동안 약정된 여신금리가 계속 적용되는 대출을 말하고, **변동금리대출**은 기준금리에 가산금리를 더해서 여신금리를 정하고 대출약정기간 중 기준금리가 변하면 일정기간별로 기준금리에 연동하여 여신금리도 변동시키는 대출을 말한다. 변동금리대출은 기준금리를 무엇으로 하느냐에 따라 세분되며, 프라임레이트연동대출, 시장금리연동대출, 조달금리연동대출이 있다. 조달금리연동대출 가운데 예금 · 신탁 등 은행 수신을 담보로 하는 수신담보대출의 경우에는 당해 수신금리와 고객기여도 등을 감안하여 역마진이 발생하지 않도록 가산금리를 정한다. 이 외에도 관계규정이나 별도 지침에 의해 결정되는 기타금리대출이 있다. 은행들이 실무에서 사용하는 여신금리체계의 자세한 내용은 [표 8-5]에 제시하였다.

| 표 8-5 | 여신금리체계

구분	금리적용방식
프라임레이트연동대출 (P연동대출)	• 가계 : P+신용평점시스템(Credit Scoring System ; CSS)의 프라이싱시스템(Pricing System)에 의한 신용가산금리 • 기업 : P+신용가산금리
시장금리연동대출	• 당좌대출 : 당좌대출 기준금리 + 신용가산금리 • 단기대출 : 단기대출 기준금리 + 신용가산금리 • 총액한도대상대출 : 기준금리 + 신용가산금리 • 변동금리부대출 : 기준금리 + 신용가산금리 • CD연동대출 : 기준금리 + 신용가산금리 + 자금조달비용 • 시장실세 기준금리
조달금리연동대출	• 수신담보대출 : 수신(수탁)금리 + 가산금리 • 금융채권담보대출 : 세전실효수익률 + 가산금리
고정금리대출	• 기간별 기준금리 + 신용가산금리
기타금리대출	• 관계규정 및 별도 지침에 의해 결정

고정금리든 변동금리든 채무자의 신용위험에 따른 위험프리미엄이 여신금리에 적절히 반영되어야 한다. 고정금리대출의 경우 은행이 미래의 금리변동위험을 감수해야 하는 반면, 변동금리대출의 경우는 채무자가 금리변동위험을 감수한다. 한편 여신금리가 어떻게 결정되든 법령이 정하는 최고율과 기타 제한 내에서 정해져야 한다.

Box 8-1 | 금리 관련 실무용어

1. 프라임레이트(약칭 P레이트) : 프라임레이트 연동대출에 적용되는 기준금리
2. 신용가산금리
   가. 가계신용가산금리 : 가계여신 신용평점시스템의 프라이싱시스템에 의해 산출된 금리

나. 기업신용가산금리 : 프라이싱시스템에 의해 산출된 스프레드에 목표이익률을 더한 금리
* 프라이싱시스템(pricing system) : 일반적으로 차주의 위험부분을 계량화하여 위험비용으로 반영하고, 여신형태별 업무원가, 여신부대비용(교육세 및 신용보증기금출연료), 목표이익 등을 감안하여 적정 금리를 산출하는 시스템

3. 변동금리 : 대출약정 기간 내에 기준금리가 변경될 경우 당해 대출금리가 변경되는 금리
4. 조달금리 : 은행 수신(수탁) 등과 관련하여 취급된 수신금리연동대출에 적용되는 기준금리
가. 수신금리 : 은행의 예금금리 및 수수료 지침에서 정한 약정이율
나. 수탁금리 : 실적배당신탁의 경우 '해당 기간의 평균 실적배당률', 확정배당신탁의 경우 은행에서 정한 '약정이율'
5. 고정금리 : 대출취급 당시의 금리가 대출약정기간 동안 계속 적용되는 금리
6. 기타금리 : 별도의 협약, 계약 등에 따라 적용되는 금리 및 연체대출금리

3.2 대출이자율의 결정

여기서는 대출이자가 어떻게 결정되는지 그 이론적 결정구조를 살펴본다. 적정 대출이자율은 은행이 부담하는 자금의 조달비용뿐만 아니라 인건비 등 비금융비용, 그리고 부도로 인해 회수되지 못하는 손실액까지 충당할 수 있는 수준이 되어야 한다. 그렇지 않다면 은행은 손실을 보게 되고 그러한 일이 계속되면 은행은 존속할 수가 없기 때문이다. 그러면 단순화된 1기 모형을 이용하여 대출이자율이 어떻게 결정되는지 살펴보기로 하자.

r^l = 대출이자율

r^f = 무위험이자율(risk-free interest rate)

d = 부도율

c = 대출 1원당 비용(직원급여, 판매 및 관리비, 기타 비이자비용 등)

이라고 하고, 은행이 K명의 고객에게 1원씩 대출했다고 가정하자. 대출이자율이 r^l이므로 기말에 은행이 회수하는 원리금 총액은 $(1 + r^l)(1 - d)K$원이 된다. 왜냐하면 부도율이 d이므로 dK명의 고객은 원리금을 갚지 못하는 반면, $(1 - d)K$명의 고객이 $(1 + r^l)$원

씩의 원리금을 갚을 것이기 때문이다. 즉, 은행은 K원을 대출하고 $(1 + r^l)(1 - d)K$원을 회수하게 된다.[2] 따라서 은행이 대출 1원당 얻는 수익률은 $(1 + r^l)(1 - d) - 1$이 되고, 균형점에서 다음과 같은 관계식이 성립한다.

$$(1 + r^l)(1 - d) = 1 + r^f + c \tag{8.1}$$

여기서 c는 1원을 대출할 때 소요되는 경비를 의미하고, r^f는 1원을 대출할 때의 기회비용이다. 따라서 $r^f + c$는 은행이 1원을 대출할 때 드는 총비용이고, 균형점에서 수익 = 비용, 즉 $(1 + r^l)(1 - d) - 1 = r^f + c$가 되므로 식 (8.1)이 성립한다.[3] 이윤은 0이라고 가정하고 있다.[4]

식 (8.1)이 의미하는 바는 은행이 1원을 대출하고 회수하는 총원리금은 대출에 소요되는 경비뿐만 아니라 기회비용까지도 충당할 만큼 충분해야 한다는 것을 말한다. 만약 $(1 + r^l)(1 - d) < 1 + r^f + c$라면 대출로부터의 수익이 기회비용을 회수할 수 있을 만큼 충분하지 않은데, 그러면 이 경우 은행은 대출을 하기보다는 무위험채권에 투자하는 것이 유리하게 되어 대출이 발생하지 않게 된다. 반면에 $(1 + r^l)(1 - d) > 1 + r^f + c$라면 대출로부터 얻는 수익이 기회비용을 초과하게 되고, 이러한 초과수익이 있는 한 은행은 대출을 늘려나갈 것이다. 그러면 대출이자율이 $(1 + r^l)(1 - d) = 1 + r^f + c$를 만족하는 균형점으로 하락할 때까지 시장에서 대출의 공급이 증가할 것이다.

식 (8.1)을 정리하면

$$r^l = \frac{1 + r^f + c}{1 - d} - 1 = \frac{r^f + c + d}{1 - d} \tag{8.2}$$

가 된다. 여기서 부도율 d는 대출 1원당 부도비용이다. 따라서 이 식의 분자가 $r^f + c + d$

---

2 여기서는 논의의 편의를 위해 대출이 부도가 나면 회수하는 원리금을 영(0)이라고 가정하였다. 따라서 부도율 d는 대출의 부도손실률을 의미한다. 그러나 실제로는 부도가 나더라도 일반적으로 대출금의 일부를 회수할 수 있기 때문에 대출의 손실률은 부도율이 아니라 (부도확률) × (부도 시의 손실률)이 된다. 따라서 d = 대출손실률 = (부도확률) × (부도 시의 손실률)이라고 보는 것이 정확한 해석이다.

3 여기서는 부도율 d의 변동성, 즉 불확실성의 문제는 없는 것으로 가정하였다.

4 또는 경쟁시장의 균형에서 적정이윤이 c에 포함되어 있거나 또는 초과이윤이 영(0)이라고 해석할 수도 있다.

인 것은 적정 대출이자율을 계산할 때 기회비용과 소요경비 $r^f + c$뿐만 아니라 부도비용 d도 포함되어야 한다는 것을 말해주고 있고, 이 식의 분모가 $1 - d$인 것은 회수된 대출에 그 비용을 나누어 분담시켜야 부도로 회수하지 못한 비용까지 충당할 수 있다는 것을 말해 준다. 이 식에서 우리는 부도율 d가 커질수록 적정 대출이자율 r^l이 증가하는 것을 알 수 있다. 즉, 적정 대출이자율은 대출의 위험도를 반영하고 있다.

3.2.1 대출이자율의 결정 : 비수익자산이 있는 경우

앞에서 설명한 식 (8.1)과 식 (8.2)는 은행이 예금 등으로 조달한 자금을 전부 대출한다고 가정하고 있다. 그러나 실제로 은행은 예금 인출에 대비해서 예금의 일정비율을 항상 현금으로 보유해야 하고, 또 영업을 하기 위해서는 건물이나 전산설비 등에도 투자해야 한다. 즉, 은행은 조달한 자금을 전부 대출하지 못하고 일부를 이자수익을 내지 않는 자산, 즉 비수익자산의 형태로 보유하고 있는 것이다. 그러므로 은행은 조달한 자금의 일부만을 대출하고 그로부터 얻는 이자수익으로 조달자금 전체의 비용을 지불해야 한다. 이제 앞에서 본 예를 변형하여 비수익자산의 비용이 있는 경우 적정 대출이자율이 어떻게 결정되는지 살펴보자.

우선,

$$N = \text{비수익자산비율}$$

이라고 정의하자. 이것은 은행이 1원의 예금을 받으면 N원은 비수익자산으로 보유하고, $(1 - N)$원을 대출한다는 것을 의미한다. 그러면 앞의 식 (8.1)은 다음과 같이 바뀐다.

$$(1 - N)(1 + r^l)(1 - d) = 1 + r^f + c \tag{8.1$'$}$$

그 이유를 설명하면 다음과 같다. 앞에서 본 것처럼 은행이 K원을 대출하면 원리금으로 $(1 + r^l)(1 - d)K$원을 회수하는데, K원을 예금으로 조달하면 $(1 - N)K$원을 대출할 것이기 때문에 결국 K원을 조달하면 $(1 - N)(1 + r^l)(1 - d)K$원의 원리금이 회수되어 예금

1원당 얻는 수익률은 $(1-N)(1+r^l)(1-d)-1$이 된다. 이 수익률은 균형점에서 r^f+c와 같아져야 하기 때문에 식 (8.1)′가 얻어진다. 여기서 c는 앞에서와 달리 대출 1원당 비용이 아니라 자산 1원당 비용으로 해석하면 된다.

식 (8.1)′를 정리하면

$$r^l = \frac{1+r^f+c}{(1-N)(1-d)} - 1 = \frac{r^f+c+d+N-Nd}{(1-N)(1-d)} \qquad (8.2)'$$

가 된다. 여기서 부도율 d는 부도비용이 되고, 비수익자산비율 N은 자산으로 놀리는 이자손실비용으로 해석할 수 있다. 따라서 식 (8.2)′의 분자가 의미하는 것은 적정 대출이자율에는 조달비용(또는 기회비용)과 소요경비뿐만 아니라 부도비용과 비수익자산으로 놀리는 이자손실비용까지 포함되어야 한다는 것을 말해 준다. 여기서 $-Nd$는 비수익자산으로 놀리는 만큼은 부도비용이 들지 않기 때문에 그만큼 비용이 절감된다는 것을 의미한다. 이 식의 분모는 대출된 자산 $(1-N)$ 중에서 부도가 나지 않고 회수된 대출$(1-d)$에 그 비용을 모두 나누어 분담시켜야 부도로 회수하지 못한 비용과 자산을 놀린 비용까지 충당할 수 있다는 것을 말해 준다.

$N=0$이 되면 식 (8.1)′는 식 (8.1)과 같아지고, 식 (8.2)′는 식 (8.2)와 각각 같아진다는 것을 알 수 있다.

3.3 부도위험 프리미엄

그러면 **부도위험 프리미엄**은 어떻게 결정되며 얼마나 되는지 알아보자. $r^l(d>0)$을 부도율 $d>0$인 대출의 이자율, $r^l(d=0)$을 부도율 $d=0$인 대출의 이자율로 정의하면 부도위험 프리미엄은 다음과 같이 정의할 수 있다.

$$\text{부도위험 프리미엄} = r^l(d>0) - r^l(d=0)$$

즉, 부도위험 프리미엄은 무위험대출 이자율을 기준으로 위험대출에 대해 이자를 얼마나

더 지불하느냐로 측정할 수 있다. 식 (8.2)를 다시 정리하면

$$r^l = r^f + c + (1 + r^l)d \quad (8.3)$$

가 되고, $d = 0$일 경우 $r^l = r^f + c$이므로[5]

$$\text{부도위험 프리미엄} = r^l - (r^f + c) = (1 + r^l)d \quad (8.4)$$

가 된다. 즉, 부도위험 프리미엄은 회수하지 못하는 부도대출의 원리금 $(1 + r^l)d$를 대출비용을 초과하는 대출이자율 $r^l - (r^f + c)$로 보상받는 것을 의미한다.[6]

다음 [표 8- 6a]와 [표 8-6b]는 r^f와 c가 주어졌을 때 부도확률에 따라 대출이자율과 부도위험 프리미엄이 어떻게 계산되는지를 보여주고 있다. 예를 들어 [표 8-6b]에서 r^f = 5%, c = 1%이고, 부도확률이 2%일 때 대출이자율은 8.16%가 된다. 즉,

$$r^l = \frac{1 + r^f + c}{1 - d} - 1 = \frac{1 + 0.05 + 0.01}{1 - 0.02} - 1 = \frac{0.06}{0.98} - 1 = 0.0816$$

이다. 그리고 부도위험 프리미엄은 2.16%가 된다. 즉,

$$r^l - (r^f + c) = 0.0816 - (0.05 + 0.01) = 0.0216$$

또는

$$(1 + r^l)d = (1 + 0.0816) \times 0.02 = 0.0216$$

5 부도위험이 거의 없는 초우량기업은 시장에서 지불하는 자금조달금리가 r^f에 근접하기 때문에 $r^f + c$의 대출이자율을 지불하고 은행에서 자금을 조달할 이유가 없다. 따라서 초우량기업의 경우는 단기운용자금을 제외하면 일반적으로 은행대출보다 시장에서 회사채를 발행해서 자금을 조달한다.

6 식 (8.2)′를 정리하면 $r^l = \frac{1 + r^f + c}{(1 - N)} - 1 + (1 + r^l)d$가 되고, $d = 0$일 때 $r^l = \frac{1 + r^f + c}{(1 - N)} - 1$이 되므로 $N \neq 0$인 경우에도 부도 프리미엄은 식 (8.4)가 된다. 즉, 부도 프리미엄은 $N = 0$ 또는 $N \neq 0$에도 불구하고 같아지는데, 그 이유는 부도 프리미엄이 대출 1원당으로 계산되기 때문이다.

| 표 8-6a | 부도위험 프리미엄 계산예 (r^f = 5%, c = 0일 경우)

부도확률 d	대출이자율 $r^l = \frac{1+r^f+c}{1-d} - 1$	부도위험 프리미엄 $r^l - r^f - c = (1 + r^l)d$
1%	6.06%	1.06%
2%	7.14%	2.14%
3%	8.25%	3.25%
4%	9.38%	4.38%
⋮	⋮	⋮

| 표 8-6b | 부도위험 프리미엄 계산예 (r^f = 5%, c = 1%일 경우)

부도확률 d	대출이자율 $r^l = \frac{1+r^f+c}{1-d} - 1$	부도위험 프리미엄 $r^l - r^f - c = (1 + r^l)d$
1%	7.07%	1.07%
2%	8.16%	2.16%
3%	9.28%	3.28%
4%	10.42%	4.42%
⋮	⋮	⋮

과 같이 구해진다. 반대로 r^f와 c가 주어지고, 대출이자율 또는 부도위험 프리미엄을 알고 있을 경우에는 대출에 내재된 암묵적인 부도확률을 계산할 수도 있다.

3.4 지급보증과 부도위험 프리미엄

마지막으로 식 (8.3)에서 $r^f + c$ = 무위험대출 이자율, $(1 + r^l)d$ = 부도위험 프리미엄이므로 식 (8.3)은 다음과 같이 해석할 수 있다.

위험대출 이자율 = 무위험대출 이자율 + 부도위험 프리미엄

그런데 지급보증이 있는 경우 위험대출은 무위험대출로 전환되기 때문에 지급하는 이자율은 당연히 무위험대출 이자율로 낮아질 것이다. 따라서 지급보증은 지급보증으로 인해 낮아지는 이자율 부담만큼 가치가 있다고 해석할 수 있다. 즉,

지급보증의 가치 = 위험대출 이자율 − 무위험대출 이자율

로 표시할 수 있다. 그러면 결국

지급보증의 가치 = 부도위험 프리미엄

이 된다. 다시 말하면, 지급보증은 부도위험을 제거해 주는 역할을 하므로 지급보증의 가치는 제거된 위험의 가치, 즉 부도위험 프리미엄과 같아지게 된다.

경쟁시장에서의 지급보증서비스 가격은 지급보증의 가치와 같아질 것이다. 따라서 대출을 받는 사람의 입장에서는 지급보증 가격을 지불하고 무위험대출을 받으나 지급보증 없이 은행으로부터 부도위험 프리미엄이 포함된 위험대출을 받으나 같은 비용을 지불하게 된다. 그러므로 이것을 은행 입장에서 보면 은행이 위험대출을 하는 것은 무위험대출과 함께 지급보증서비스를 판매한다고 해석할 수도 있다. 따라서 은행대출의 위험프리미엄이란 결국 은행이 창출해서 금융시장에 공급하는 지급보증서비스에 대한 대가이며, 경제에서 창출하는 부가가치인 것이다.

3.5 시중은행 금리결정시스템 사례

이상에서 대출금리가 어떻게 결정되는지를 이론적으로 살펴보았는데, 실제로 은행들이 다양한 형태의 대출상품에 대해 금리를 결정할 때에는 위험프리미엄 이외에도 여러 가지 다른 요소들을 반영하고 있다. 즉, 은행들의 대출금리 구성요소는 조달금리나 업무원가 등 대출비용을 보전하는 원가부분, 신용스프레드 · 기간스프레드 등 예상손실을 보전하는 일종의 충당금부분, 정책마진 · 준비금 성격의 변동성 프리미엄 · 예상마진 등 이

익창출부분으로 구성된다.

3.5.1 대출비용의 보전

이 중에서 조달금리는 금융시장에서 조달이 가능한 자금의 기회비용으로 은행 내의 본점 각 부서 및 본점과 영업점 간의 내부이전가격으로 통용된다. 업무원가는 대출업무 취급에 수반되는 인건비, 물건비 등 제반 경비로 **활동기준원가**(activity based costing : ABC) 배분방식으로 산출된 계좌별 원가이다. 업무원가는 대출과 관련된 업무원가총액을 총대출 평균잔액으로 나누어 산출한다.

3.5.2 예상손실의 보전

신용스프레드는 기업여신의 경우 기업신용등급, 가계여신의 경우 개인신용등급에 해당하는 차입자의 신용등급별 평균 예상손실률을 보전하기 위한 스프레드이다. 외환위기 이후 많은 은행들이 **여신종합관리시스템**(credit management system)을 도입하였는데, 시행 초기에는 은행들이 예상부도율과 그 변동성을 Moody's 등 신용평가사들의 채무불이행 확률추이 자료를 기준으로 산출하였다. 그러나 이후 자체 경험률이 축적되면서 독자적인 부도율 데이터베이스에 의거하여 **예상부도율**을 산정하고 있다. 또한 예상회수율은 대출에서 부동산담보 등을 처분하여 회수가 가능한 예상비율 등을 감안하여 산출한다. **기간스프레드**는 동일한 신용등급 내에서 차입자별 대출 만기의 차이에 따른 기간별 예상누적부도율을 보전하기 위한 스프레드이다.

3.5.3 기타 이익창출

정책마진은 본부에서 대출시장의 경쟁여건과 적정이윤의 정도를 감안하여 제시하는 일종의 정책적 지표로서 다음 산식으로 결정하고 있다.

$$\text{정책마진} = (\text{위험가중자산}/\text{총자산}) \times \text{목표 BIS 자기자본비율} \times (\text{목표 } ROE - \text{내부이전가격})$$

변동성 프리미엄은 차입자의 신용등급별 부실률 변동성을 보전하기 위한 부분으로 등급별 부실률 변동성과 최저 위험조정자본수익률(hurdle RAROC)[7] 및 순신용 위험노출률을 곱하여 산출한다. 그리고 예상마진은 본점이 제시하는 기준에 따라 각 영업점에서 경쟁여건 등을 감안하여 자율적으로 결정한다.

4. 기타 여신업무

4.1 신용평가

4.1.1 신용평가의 개념

신용평가란 금융상품이나 신용공여 등에 대하여 그 원리금이 상환될 가능성을 평가하거나 기업이나 가계 등 차주의 신용도를 평가하는 행위를 말한다. 신용평가는 고객에 대한 신용등급을 평가하여 대출이자율 결정 시에 신용가산금리 수준을 정하는 데 활용될 뿐만 아니라, 대손충당금 설정, 여신마케팅, 적정 신용공여한도, 담보확보 여부의 결정, 여신감리주기의 설정, 성과측정 등에 광범위하게 활용된다. 신용등급평가 활용에 대한 예는 [그림 8-3]에 정리하였다.

7 RAROC모형에 대해서는 제6장의 소절 5.1과 제19장의 소절 4.1을 참고하기 바란다.

그림 8-3 신용등급평가 활용

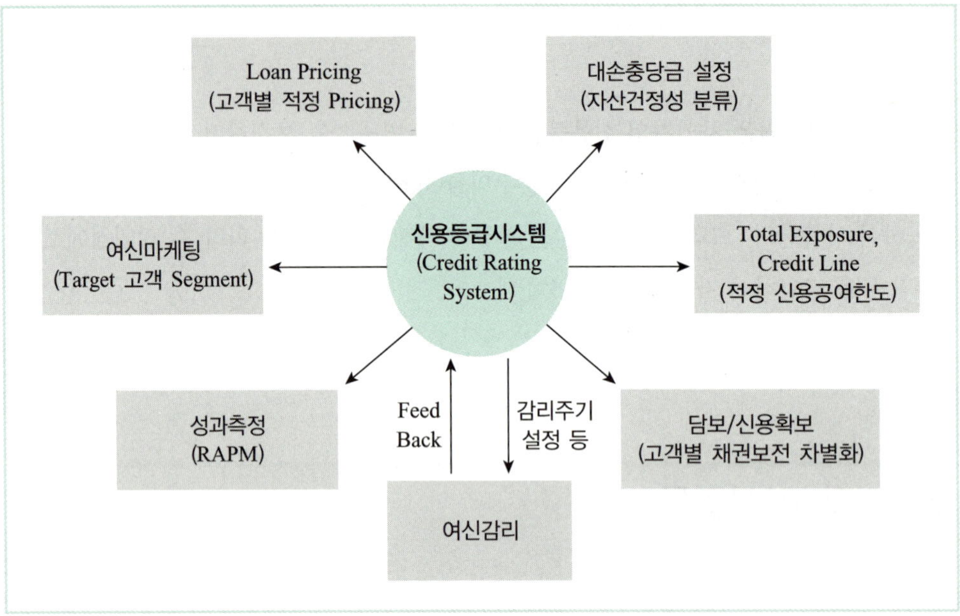

4.1.2 가계여신 신용평가

외환위기 이후 가계여신의 비중이 확대됨에 따라 종래 담보와 연대보증에 크게 의존했던 소기업과 가계부문에 대한 신용평가 역량을 제고할 필요성이 대두되었다. 이러한 필요성에 따라 대부분의 은행들이 가계부문 신용평가모형을 확충하고 위험관리를 강화하고 있다. 가계여신의 신용위험은 **개인신용평가시스템**에 의해 측정된다. 이 시스템은 일반적으로 신청평점시스템과 행동평점시스템으로 구성된다. 신청평점시스템은 신규고객의 신용상태를 신청시점에서 파악하는 것으로 직종, 연령, 타금융기관과의 기존 거래실적, 신용정보 등과 같은 신규고객의 신청시점 정보를 종합하여 부실률을 예측하는 시스템이다. 행동평점시스템은 신용관리시스템에서 축적된 거래내역을 바탕으로 기존 거래고객의 신용상태를 모니터링하고 미래 신용상태를 예측하여 대출연장, 재약정 등에 활용하는 시스템이다.

4.1.3 기업여신 신용평가

기업여신 신용평가는 통계모형에 따른 정량적 **평점평가**(scoring) 결과와 신용분석 담당자의 정성적 평가결과를 합산하여 최종 **차주신용등급**(Borrower Risk Rating : BRR)을 결정하는 방식으로 이루어진다.

차주신용등급체계는 신용평가기관, 은행별로 다소 차이가 있으나 기본적으로 9~10등급, 세부(+, −)등급 포함 시 18~20등급체계로 구성된다. [표 8-7]의 국내 A은행의 등급체계에서 보듯 1등급에서 10등급까지 10단계로 구분되는데, 1등급에서 6등급은 정상여신, 7등급은 요주의, 8등급에서 10등급은 문제여신 등급이다.

| 표 8-7 | 신용등급체계 : 해외 신용평가사와 국내 A은행의 등급체계

해외 신용평가사의 장기 신용등급체계(상환기간 1년 이상)

Moody's	S&P	비고
Aaa	AAA	원리금 지급의 안정성이 제일 높음
Aa1, Aa2, Aa3	AA+, AA, AA−	Aaa(AAA)보다는 낮으나 높은 등급으로 평가됨
A1, A2, A3	A+, A, A−	현재 안정성은 적당하나, 향후 악화될 가능성 있음
Baa1, Baa2, Baa3	BBB+, BBB, BBB−	현재 원리금 지급은 가능하나 향후 안정성은 부족함
Ba1, Ba2, Ba3	BB+, BB, BB−	원리금 지급 안정성은 중간이며, 투기적 요소가 있음
B1, B2, B3	B+, B, B−	원리금 지급 안정성이 낮음
Caa	CCC	지급불능의 가능성이 있음
Ca	CC	지급불능의 가능성이 큼
C	C	최저 등급

A은행 등급체계

신용등급(BRR)	
1	최우수
2	우량
3	우수
4	양호
5	보통
6	미흡
7	요주의
8	고정
9	회수의문
10	추정손실

주 : S&P사 회사채 신용등급에 대한 좀 더 자세한 설명은 [표 19-1] 참조

4.2 여신감리

여신감리는 은행의 여신과정과 신용관리 절차의 투명성 및 효율성을 제고하기 위한 목적으로 운영된다. 여신감리부서는 여신을 취급하는 부서와는 별도로 신용평가등급 부여

에 관한 최종적인 판정 권한을 보유하고, 영업부서의 여신취급실태를 검토하고 여신취급 지침의 부합성 등을 확인한다. 여신감리는 각 은행상황에 따라 다르지만 대체로 연간 계획에 의한 정기감리, 일정금액 이상 여신거래처에 대한 스크리닝 업무, 본부 승인 및 영업점장 전결여신 취급 직후 실시되는 데스크 리뷰, 그리고 경영진의 요청 등이 있는 경우 실시되는 비정기 리뷰로 구분된다. 리뷰 결과는 경영진 및 관련 부서에 통보되어 적시에 적절한 조치가 취해지도록 한다. 여신감리는 여신과정의 객관성뿐만 아니라 연체여신에 대한 분석, 위험관리 강화방향 및 여신정책 개선안을 제시하기도 한다. [그림 8-4]는 국내 A은행의 여신감리업무 개요를 보여준다.

그림 8-4 | 국내 A은행 여신감리 개요

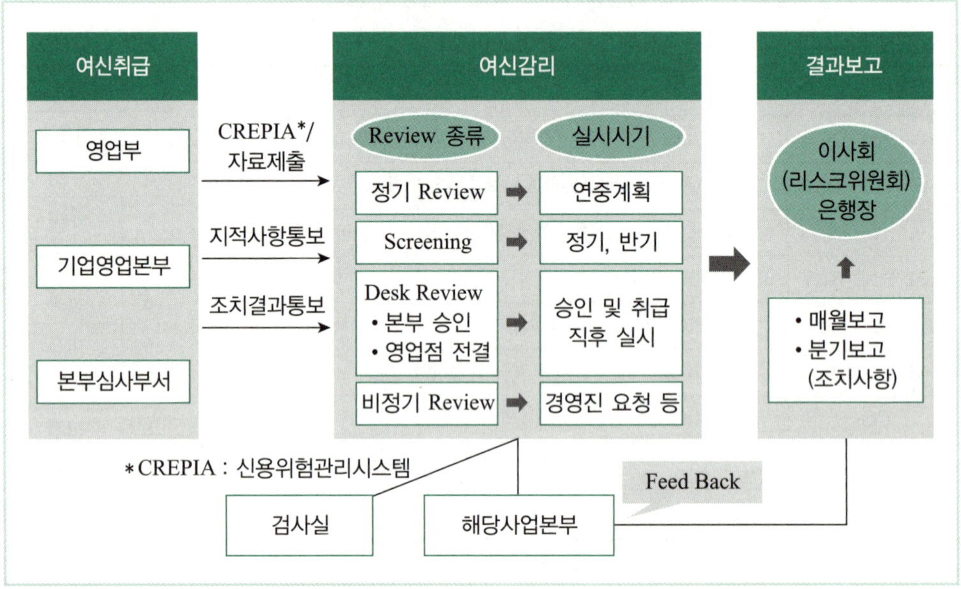

4.3 자산건전성 분류 및 문제여신 관리

은행은 보유자산에 대한 신용위험분석 및 평가를 통하여 **자산건전성**을 **분류**함으로써 부실자산의 발생을 사전에 예방하고 기존 부실자산의 조기정상화를 촉진하여 자산운용의 건전화를 도모한다. 보유자산이 부실화될 경우 충당금 적립에 따른 이익감소와 운용자금의 고정화에 따른 유동성위험에 직면할 가능성이 있다. 금융기관의 입장에서 볼 때 보유자산의 건전성 유지는 수익능력을 최대화하고 자기자본의 충실화를 도모하여 계속기업으로 성장 · 발전하는 데 필수적인 요소이다. 은행은 보유자산의 건전성을 채무상환능력에 따른 채권회수위험을 기준으로 5단계(정상, 요주의, 고정, 회수의문, 추정손실)로 분류하고 적정수준의 대손충당금을 적립 · 유지하고 있다. 자산건전성 분류의 정의와 각 단계별 대손충당금 적립비율에 대해서는 제23장의 4절을 참조하기 바란다.

문제여신은 5단계 건전성 분류 중에서 고정 이하로 분류된 여신과 일정규모 이상의 거액여신 중 부실징후업체 및 부실업체에 대한 여신, 비업무용부동산(유입물건), 특수채권 등을 말한다. 문제여신은 대부분 무수익여신으로 은행의 손익에 미치는 영향이 매우 크다. 따라서 은행들은 문제여신을 가급적 조속히 정리함으로써 자산건전성을 제고토록 하고 있다.

5. 신용위험 규제 · 감독

5.1 개요

신용위험관리는 은행의 건전성과 금융시스템의 안전성을 유지하는 데 있어서 핵심적인 요소이다. 은행도 스스로 신용위험관리에 최선을 다하고 있지만, 금융감독당국도 은행이 수행하는 여신업무를 직 · 간접으로 규제하는 각종 정책수단이나 감독행위를 통해 은행자산의 건전성을 제고토록 하고 있다. 신용위험관리에 대한 자세한 설명은 제19장에서 하기로 하고, 여기서는 신용위험관리의 주요 규제 · 감독수단으로서 신용공여의 편중억제, 내부자거래 제한, 부실여신 예방 및 조기건전화 유도 등에 대해 간략히 보기로 하자.

5.2 신용공여의 편중억제

신용공여 편중을 규제하는 목적은 금융회사의 거액 신용에 따른 위험을 분산하고, 특정 기업 또는 특정 계열의 부실화에 따라 금융기관의 존립 자체가 위협받는 위험을 제도적으로 방지할 뿐만 아니라, 금융자금이 골고루 효율적으로 배분되도록 유도하기 위해서이다. 은행법은 신용공여 편중억제를 위해 동일인 신용공여한도, 동일차주 신용공여한도, 거액 신용공여한도를 규정하고 있다(은행법 제35조).

| 표 8-8 | 은행에 대한 신용공여 편중억제제도

구분	동일인 신용공여한도	동일차주 신용공여한도	거액 신용공여총액한도
제도취지	개별 업체에 대한 과다여신 억제	계열기업군에 대한 과다 여신억제	거액여신업체 위주의 자금운용방지(거액여신 총량관리)
적용대상	동일한 개인 또는 법인	동일차주	은행 자기자본의 10%를 초과하는 거액신용을 공여한 동일인 및 동일차주
관리기준	은행 자기자본의 20% 이내	은행 자기자본의 25% 이내	거액신용공여의 총합계액이 은행 자기자본의 5배 이내

5.3 내부자거래 제한

은행 내부자거래를 제한하기 위하여 대주주 신용공여한도, 자회사의 신용공여한도, 임직원 대출제한, 주주대표 및 임원과의 거래내역공표 등이 시행되고 있다. 대주주 신용공여한도는 은행 자기자본의 25%에 해당하는 금액과 대주주의 당해 은행 출자비율에 해당하는 금액 중 적은 금액을 초과하는 신용공여를 할 수 없도록 규정하고 있다. 은행 자회사의 신용공여한도는 개별 자회사와 자회사 전체에 대해 각각 은행 자기자본의 10%와 20%를 초과하지 못하도록 규정하고 있다. 당해 은행의 임직원에 대한 대출 취급은 원칙적으로 금지하되, 금융위가 정하는 소액대출만 인정된다.

5.4 부실여신 예방 및 조기건전화 유도

부실여신 예방 및 조기건전화 유도를 위해 계열사에 대한 채무보증 취득제한, 부실기업체 사후관리 관련 일반기준 설정 · 운영, 주채권은행의 기업 지도 · 관리를 하도록 되어 있다. 은행은 주채무계열의 소속기업체에 대하여 「독점규제 및 공정거래에 관한 법률」에서 제한하고 있는 채무보증을 당해 주채무계열의 소속기업체(금융 · 보험사 제외)로부터 신규로 받아 여신을 취급하여서는 아니 된다. 은행은 분류기업체, 은행관리기업체 및 기업정상화 금융수혜기업체의 선정 또는 정리기준과 동 업체에 대한 사후관리기준을 설정하여 운영하여야 한다. 지속적이고 종합적으로 기업을 지원 · 관리하는 주된 거래은행으로서 당해 은행의 여신건전성을 제고함과 아울러 거래기업에 대한 일괄금융을 지원키 위해 주채권은행의 기업 지도 · 관리를 하도록 되어 있다.

6. 요약

대출은 은행이 직접적으로 자금을 부담하거나 부담할 것이 확실한 거래이며, 여신은 대출뿐만 아니라 자금부담의 가능성이 있는 기타 거래를 포함하는 거래를 말한다. 여신 운용의 기본원칙으로는 안정성의 원칙, 수익성의 원칙, 성장성의 원칙, 공공성의 원칙이 있다. 여신 취급의 절차는 여신상담, 신용조사/감정, 여신심사 및 승인, 거래약정/채권보전, 여신실행, 사후관리, 여신회수로 구성되어 있다. 여신은 차주에 따라 기업자금대출, 가계자금대출, 공공 및 기타자금대출로 구분되며, 담보 유무에 따라 담보여신, 보증여신, 신용여신으로 구분된다.

여신은 여신금리에 따라 크게 고정금리대출과 변동금리대출로 나누어지고, 변동금리대출은 기준금리에 따라 프라임레이트연동대출, 시장금리연동대출, 조달금리연동대출로 나누어진다. 적정 대출이자율은 자금조달 비용뿐만 아니라 인건비 등 비금융비용과 부도로 예상되는 손실액까지 포함한다. 부도위험 프리미엄은 은행이 제공하는 지급보증서비스의 대가이다.

신용평가는 고객에 대한 신용등급을 평가하여 대출이자율 결정 시에 신용가산금리 수준을 정하는 데 활용될 뿐만 아니라, 대손충당금 설정, 여신 마케팅, 적정 신용공여한도, 담보확보 여부의 결정, 여신감리주기의 설정, 성과측정 등에 광범위하게 활용된다. 여신감리는 신용평가등급 부여에 관한 최종적인 판정권한을 가진 별도 부서가 집행하며, 영업부서의 여신취급실태를 검토하고 여신취급지침의 부합성을 확인한다.

은행은 보유자산의 건전성을 5단계(정상, 요주의, 고정, 회수의문, 추정손실)로 분류하고 적정수준의 대손충당금을 적립 · 유지하고 있다. 은행의 적절한 신용위험관리 · 유지라는 금융감독정책의 목표달성을 위하여 금융감독당국은 신용공여의 편중억제, 내부자거래 제한, 부실여신 예방 및 조기건전화 유도 등을 통해 은행의 여신업무를 규제하고 있다.

연 | 습 | 문 | 제

01. 대출과 여신의 개념을 설명하시오.

02. 여신운용의 기본원칙에 대해 설명하시오.

03. 여신취급절차에 대해 간략히 설명하시오.

04. 여신의 분류에 대해 설명하시오.

05. 신용평가의 개념과 활용에 대해 설명하시오.

06. 여신감리의 운영에 대해 설명하시오.

07. 자산건전성 분류단계와 적립비율에 대해 설명하시오.

08. 신용공여 편중 억제제도에 대해 설명하시오.

09. 내부자거래 제한에 대해 설명하시오.

CHAPTER 09

부외거래업무

본 장에서는 은행의 대체수익원으로 빠르게 자리잡고 있는 부외거래업무에 대해 설명한다. 부외거래업무의 개념과 특성, 중요성을 살펴봄으로써 전통적 은행업이라 할 수 있는 예·대업무의 성장한계에 직면한 은행들이 수익성을 지속적으로 유지·증가시키기 위해 부외거래업무를 새로운 핵심업무로 채택하게 된 배경을 논의한다. 그리고 대표적인 부외거래업무로서 지급보증, 대출약정, 신용장, 자산유동화와 대출채권매각, 파생금융상품 등을 공부하고, 이에 수반하는 위험요소에 대해서 알아본다.

1. 정의

1.1 개념 및 특성

1.1.1 부외거래업무와 우발사건부 약정

부외거래업무

제6장에서 살펴보았듯이 은행은 예금을 받아서 대출을 해주는 것을 기본업무로 하는 기관이며, 예금은 은행이 예금자에게 지고 있는 채무로서 재무상태표 대변에 부채 항목으로, 대출은 은행이 대출을 받은 기업 또는 가계에 대해 갖고 있는 채권으로서 재무상태표 차변에 자산 항목으로 각각 기재된다. 이와 같이 은행의 전통적 경영활동의 주요 내용은 대부분 은행의 재무상태표에 나타나게 된다. 그러나 은행의 영업활동 중에는 선물거래나 지급보증 등과 같이 재무상태표에 기재되지 않는 것도 있다. 예를 들어 외환선물거래는 미래의 특정 시점에 특정 외화를 특정 가격에 미리 정한 금액만큼 매매키로 한 약정이므로 재무상태표 작성시점에는 그러한 약정만이 있을 뿐 그러한 약정에 상응하는 자산과 부채는 존재하지 않기 때문이다. 이와 같이 재무상태표에 기재되지 않는 항목을 '장부 밖에 있는 항목' 이란 의미로서 부외 항목, 그리고 그러한 부외 항목의 업무를 **부외거래업무**(off-balance sheet banking)라 부른다. 대표적인 부외거래업무로는

(1) 지급보증(acceptances and guarantees)
(2) 대출약정(loan commitment)
(3) 신용장(letter of credit)과 스탠바이신용장(standby letter of credit)
(4) 자산유동화(securitization)와 대출채권매각(loan sales)
(5) 선물, 선도거래, 옵션, 스왑 등 파생금융상품거래

를 들 수 있다. 반면 예금, 대출 등과 같이 재무상태표에 기재되는 항목은 '대변난 또는 차변난 안에 있는 항목' 이란 의미로 부내 항목, 그리고 그러한 부내 항목의 업무를 **부내**

거래업무(on-balance sheet banking)라 부른다. 부외거래에 대비되는 개념이다.

우발사건부 약정

부외거래업무가 단순히 재무상태표에 기재되지 않는 거래만을 의미한다면 우리가 여기서 이것을 그렇게 중요하게 다룰 필요가 없다. 예를 들어 원료와 부품을 사서 핸드폰을 생산하여 소매업체에 판매하는 제조업체나, 제조업체로부터 그 핸드폰을 사서 소비자에게 판매하는 소매업체의 경우에는 그러한 거래의 결과로서 나타나는 매출액과 손익만이 중요한 의미를 갖지만, 은행의 부외거래의 경우에는 그 결과로서의 매출액과 손익만이 아니라 그 부외거래 자체도 중요한 의미를 가진다. 그 이유는 어떤 우발적 사건이 발생하는 경우에 부외거래 항목이 재무상태표상의 자산 또는 부채 항목으로 옮겨져 나타나기 때문이다. 이와 같이 어떤 계약상의 우발적 사건이 발생할 때 비로소 현실의 거래모습으로 나타나 재무상태표상의 자산 및 부채로 전환되는 약정을 **우발사건부 약정**(contingent commitment)이라고 하며, 통상적으로 **우발채무**(contingent liability)[1]라고도 부른다. 물론 계약상의 우발적 사건이 발생하지 않을 경우 이 약정은 기한을 마치고 소멸하여 현실의 거래모습으로 나타나지 않는다.

은행의 업무 중에서 우리가 부외거래업무라고 하는 것은 단순히 사전적 의미로서 장부상에 나타나지 않는 모든 거래를 말하는 것이 아니라, 이와 같이 현재는 장부상에 나타나지 않지만 미래에 장부상에 나타날 수 있는 거래, 즉 우발사건부 약정을 내용으로 하는 거래를 의미한다. 앞에서 예로 든 대표적 부외거래업무에는 이러한 우발사건부 약정이 강하게 내재되어 있음을 다음 절에서 자세히 설명하겠다.

부외거래 항목 중에서 어떤 약정상의 우발적 사건이 발생할 때 재무상태표상의 자산으로 나타날 수 있는 것을 **부외자산**(off-balance sheet asset), 재무상태표상의 부채로 나타날 수 있는 것을 **부외부채**(off-balance sheet liability)라고 한다. 이러한 부외자산 및 부외부채는 재무상태표상의 자산 및 부채[2] 항목으로 전환될 때 은행의 건전성과 현금흐름

1 우발사건부 약정에 의해 채권으로 변할 수 있는 것을 우발채권, 채무로 변할 수 있는 것을 우발채무라고 하며, 우발사건부 약정은 우발채무뿐만 아니라 우발채권도 내포하고 있다. 그러나 일반적으로 우발채권은 별로 큰 의미가 없기 때문에 우발채무를 우발사건부 약정과 같은 의미로 사용한다.

2 재무상태표상의 자산 및 부채를 부외자산, 부외부채와 대비하여 **부내자산**(on-balance sheet asset), **부내부채**(on-balance sheet liability)라고도 부른다.

에 상당한 영향을 미치게 된다. 즉, 부외거래 항목은 은행에 잠재적인 위험요인이 된다.

1.1.2 부외거래업무의 중요성

은행의 관점

최근 들어 은행의 부외거래업무는 대체수익원으로 자리잡으며 그 규모가 빠르게 증가하고 있다. 전 세계적으로 은행의 전통적 예대업무에 대한 직 · 간접의 경쟁이 심화되면서 은행들은 수수료수입을 늘릴 수 있는 새로운 수익원으로서 부외거래업무를 적극적으로 확대하는 추세가 지속되고 있다. 특히 우리나라의 경우에는 1997년 외환위기를 겪은 이후 이러한 추세가 본격화되기 시작하였다. 국내은행의 부외거래 규모는 2000년 230조원에서 2008년 2,777조원으로 연평균 37%씩 증가하여 12배가 되었는데, 같은 기간 국내은행의 총자산은 748조원에서 1,716조원으로 연평균 11%씩 증가하여 약 2.3배가 되는 데 그친 것을 보면 최근 우리나라 은행의 부외거래가 얼마나 빨리 증가하고 있는지를 알 수 있다. 부외거래 중에서도 특히 파생금융상품거래가 빠른 증가세를 보였는데, 2000

그림 9-1 국내은행의 부외거래 추이

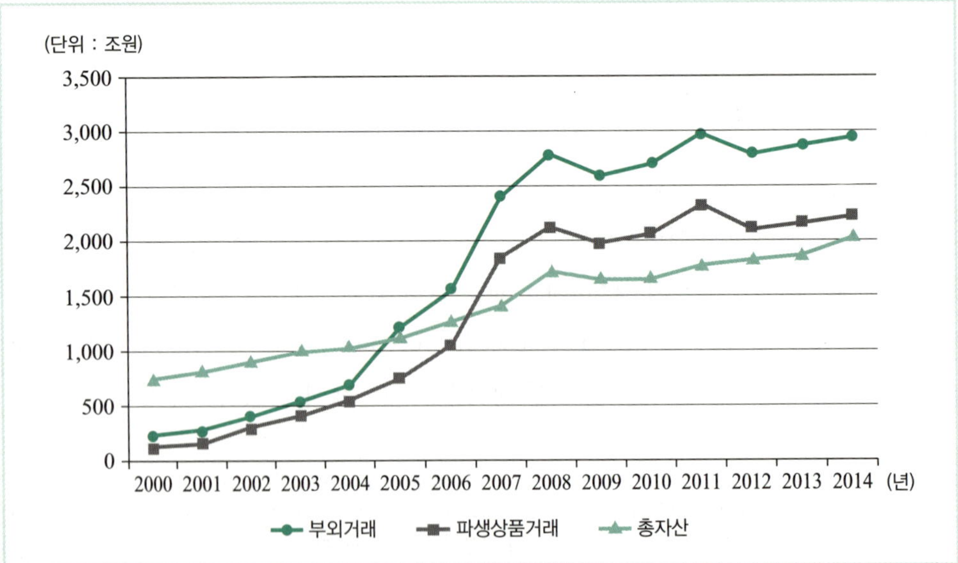

자료 : 금융감독원, 금융통계정보시스템

년 126조원에서 2008년 2,117조원으로 연평균 42%씩 증가하여 9년 만에 17배가 되었다. 이 기간 중 부외거래 증가액의 80%는 파생금융상품 거래증가액이었으며, 파생금융상품거래가 전체 부외거래에서 차지하는 비중도 2000년 55%에서 2009년에는 76%로 커지면서 은행의 입장에서는 파생금융상품 거래가 가장 중요한 위치를 차지하게 되었다. 그러나 아직은 이자율 관련 파생금융상품과 통화 관련 파생금융상품이 거의 대부분이고, 신용파생금융상품의 거래는 극히 미미한 수준에 머물러 있다.

은행이 부외거래업무에 적극적인 이유는 다음과 같이 요약될 수 있다. 첫째, 부외거래에서 얻는 수수료수입은 새로운 수익원으로서 은행의 수익성 성장에 기여한다. 둘째, 대출이자수익에 편중되어 있는 은행의 수익원을 다변화함으로써 수익성의 안정화에 기여한다. 셋째, 전통적 예대업무에 수반하는 자금조달 및 자산관리의 부담을 덜어준다. 예를 들면, 대출채권을 증권화해서 제3의 투자자에게 매각하는 자산유동화는 대출을 무리하게 회수하지 않고도 자금을 조기에 회수할 수 있게 함으로써 은행 입장에서는 자금관리를 용이하게 해준다. 넷째, 부외거래는 전통적 은행업무로부터 발생하는 위험을 관리하는 수단으로 활용될 수 있다. 다섯째, 금융감독 특히 은행의 건전성 감독은 은행의 자산에 초점이 맞춰져 있기 때문에 장부상의 자산을 명시적으로 수반하지 않는 부외거래는 금융감독의 직접적인 대상에서 벗어나게 되고 따라서 은행의 감독부담, 즉 규제준수비용 부담을 완화시켜 준다.

물론 은행의 부외거래업무가 이렇게 빠른 속도로 성장할 수 있었던 것은 은행 입장에서 부외거래업무에 적극 참여할 모티브가 강했기 때문이기도 했지만, 정보통신기술의 발달과 선물 · 옵션 · 스왑 등 새로운 파생금융상품을 생산해 내는 금융공학기술의 획기적 발전이 뒷받침되었기 때문이기도 했다. 그러나 2008년 글로벌 금융위기 이후 은행의 파생상품거래는 성장이 정체되었다. 경기침체의 영향과 함께 파생상품의 위험성으로 인한 규제강화가 원인인 것으로 판단된다.

감독자의 관점

여기서 설명한 부외거래의 이점 중에서 감독부담을 완화시켜 준다는 점은 은행의 입장에서 볼 때 그렇다는 것이고, 이를 금융감독당국의 입장에서 보면 오히려 추가적인 감독의 부담이 된다는 양면성을 갖고 있다. 앞에서 이미 언급하였듯이 부외거래는 어떤 약정상의 우발적 사건이 발생할 때 재무상태표상의 자산 및 부채로 나타나고, 그러한 자산 및 부채는 은행의 건전성과 수익에 상당한 영향을 미칠 수 있는 위험을 내포하고 있다. 하지만 그러한 우발적 사건이 발생하기 전에는 특정 부외거래의 잠재적 위험의 크기를 예측하기 쉽지 않다. 부외거래의 규모가 증가하여 은행의 업무에서 차지하는 비중이 상당한 수준에 이르게 되면 부외거래가 총체적으로 은행에 미치는 잠재적 위험의 크기가 매우 커져 재무상태표상의 자산 · 부채에 대한 분석만으로는 은행의 건전성을 정확히 파악하기가 어렵게 된다. 특히 금융기관이 파생금융상품을 투기의 수단으로 적극 활용할 때에는 위험성이 매우 커져 베어링은행 사례에서 보았듯이 금융기관이 도산의 위험에 빠질 우려도 있다. 따라서 금융기관의 안전성과 건전성 유지를 감독하는 금융감독당국으로서는 부외거래업무의 위험을 정확히 평가하고 적절히 통제해야 하는 부담을 안게 된다. 부외거래업무의 규모가 커짐에 따라 각국의 금융감독당국은 부외거래업무의 위험을 통제하기 위한 새로운 건전성 규제를 도입하고 있다.[3]

부외거래업무와 은행의 채무변제능력

은행의 채무변제능력은 자본의 크기에 비례한다. 은행의 장부상에 자본 = 자산 − 부채 > 0이면 은행이 갖고 있는 자산으로 부채를 변제할 능력이 있음을 의미한 다. 만약 자산의 일부가 예상치 못하게 부실화하여 그 가치가 감소하더라도 은행이 충분한 자본을 갖고 있으면 이러한 손실을 흡수하고 나서도 자산이 부채보다 크기 때문에 여전히 은행은 채무변제능력을 갖게 된다. 따라서 은행의 손실흡수능력은 자본의 크기에 비례하고, 손실흡수능력이 클수록 은행의 채무변제능력도 커진다. 그러나 장부상에 나타나는 은행의 자본은 부외자산과 부외부채를 반영하지 않고 있기 때문에 은행의 실제 채무변제능력을 나타내지 못할 수도 있다. 즉,

$$\begin{aligned} \text{실제 자본} &= (\text{자산} - \text{부채}) + (\text{부외자산가치} - \text{부외부채가치}) \\ &= \text{장부상 자본} + (\text{부외자산가치} - \text{부외부채가치}) \end{aligned}$$

---

3 최근 미국의 비우량주택담보대출(서브프라임 모기지) 부실로 촉발된 글로벌 금융위기의 원인으로 비은행금융기관에 대한 감독실패와 함께 파생금융상품 등 부외거래에 대한 감독실패가 지적되고 있다. 미 · 영 등의 금융개혁방안은 이 부문에 대한 감독 강화방안을 담고 있다.

이므로

부외자산가치 > 부외부채가치 → 실제 자본 > 장부상 자본
부외자산가치 < 부외부채가치 → 실제 자본 < 장부상 자본

의 관계가 성립한다. 따라서 은행의 실제 채무변제능력을 평가할 때는 은행의 부외자산 및 부외부채를 고려하여야 한다.

1.1.3 부외거래업무와 비이자수익업무와의 차이

은행의 수익이 크게 보아 이자수익과 비이자수익으로 구분된다는 것은 앞에서 은행의 손익계산서를 공부할 때 이미 보았다. 여기서 말하는 비이자수익은 이자수익을 제외한 모든 것을 포괄하는 개념으로서, 여기에는 크게 보아 부외거래업무로부터 얻는 수수료수익, 부외거래업무 이외의 금융서비스를 제공하고 얻는 수수료수익, 그리고 유가증권 · 외환 · 파생금융상품 등을 은행이 자기의 계산으로 적극적으로 운용하여 얻는 운용수익 등 세 가지가 해당된다. 따라서 독자 여러분들은 비이자수익업무가 넓은 의미로 사용될 때는 부외거래업무를 포함하는 개념으로 이해하고, 좁은 의미로 사용될 때는 부외거래업무를 제외한 나머지 비이자수익업무의 개념으로 이해해야 한다. 굳이 이렇게 나누는 이유는 우발사건부 약정의 내용이 내재되어 있느냐 그렇지 않느냐에 따라 은행의 경영에 미치는 영향이 다르기 때문이다. 부외거래업무는 이 장에서 공부하고, 이를 제외한 좁은 의미의 비이자수익업무에 대해서는 다음 장에서 자세히 공부하기로 하자.

1.2 부외거래업무의 수익과 위험

1.2.1 부외거래업무의 수익

은행이 부외거래업무를 취급하는 목적은 수수료수입이다. 직접금융시장의 발달, 기업신용평가기법의 발전, 펀드시장의 성장 등 자금의 수요와 공급, 매개 측면에서 은행을 통

하지 않고 직접 자금이 중개되는 금융의 탈중개화 현상이 급속히 진전되어 왔다. 이에 따라 은행의 전통적 예대업무에 대한 경쟁이 심화되었으며, 경쟁의 심화는 예금과 대출의 성장을 둔화시키고 예대금리차를 축소시키는 등 은행의 수익성을 압박하였다. 은행들이 이에 대응하여 추진한 전략이 비이자수익업무, 그 중에서도 특히 부외거래업무의 확대였다. 때마침 정보통신기술과 금융공학기술이 빠른 속도로 발전하여 새로운 금융상품을 쉽게 거래할 수 있는 여건이 조성되면서 은행의 부외거래 규모는 빠른 속도로 증가하여 왔다. 우리나라의 경우에는 부외거래업무가 최근 빠른 속도로 증가하고 있음에도 불구하고 아직 초보단계에 불과하여 은행 전체 수익에서 부외거래업무 수익이 차지하는 비중이 영 · 미의 선진 은행들의 경우에 비해 매우 미미한 수준에 머물고 있다.[4]

부외거래업무는 비용 측면에서도 전통적 예대업무에 비해 유리한 점이 있다. 대출은 일정기간 자금이 얽매이는 반면, 예금은 상대적으로 입출이 자유롭기 때문에 은행은 기간의 불일치 또는 유동성문제를 항상 안게 된다. 따라서 은행으로서는 자금조달을 안정적으로 유지하기 위해 상당한 비용을 지불하지 않을 수 없다. 대출의 경우에도 대출고객에 대한 정보수집, 평가, 모니터링 및 사후관리, 회수, 그리고 경우에 따라서는 부실대출의 처리에 이르기까지 대출과 관련된 일련의 과정을 관리하는 데 상당한 비용이 소요된다. 부외거래업무에서는 이러한 비용이 상당히 절약될 수 있기 때문에 은행의 수익성에 대한 기여는 더욱 커질 수 있다.

은행의 경영진 입장에서 보면 부외거래업무가 자본을 증가시키지 않고도 수익성을 높임으로써 자기자본순이익률과 주가를 높여주기 때문에 매우 매력적인 업무이다. 이를 좀 더 자세히 설명하면 다음과 같다. 자기자본순이익률(ROE)과 총자산순이익률(ROA) 사이에는 다음의 관계가 성립한다.

$$ROE = ROA \times \frac{A}{E}$$

여기서 A는 총자산을, E는 자기자본을 의미한다. 일반 기업의 경우에는 차입을 하여

4 우리나라 은행의 경우 부외거래수익을 포함한 총비이자수익이 은행 총수익에서 차지하는 비중이 평균 15% 수준에 불과하지만(2005~2009년 평균), 영 · 미 선진 은행들의 경우에는 이미 그 비중이 50% 내외를 점하고 있다. 비이자수익에는 부외거래와 무관한 수수료수입도 포함되지만, 이를 감안하더라도 우리나라 은행의 경우 부외거래의 비중이 선진 은행에 비해 아직 매우 낮다는 점을 쉽게 알 수 있다.

자산을 늘림으로써 *A*/*E*를 증가시키고 늘어난 자산으로 수익을 올림으로써 *ROE*를 증가시킬 수 있다. 즉, *ROA*가 증가하지 않더라도 레버리지를 높임으로써 *ROE*가 증가한다. 그러나 은행의 경우에는 *ROA*를 증가시키지 않고는 *ROE*를 증가시키기가 쉽지 않다. 그 이유는 은행의 경우 *A*/*E*는 BIS기준 자기자본비율의 역수가 되는데, 뒤에서 자세히 배우겠지만 은행감독규정에 의해 BIS 자기자본비율을 일정수준 이상으로(즉, *A*/*E*를 일정수준 이하로) 유지해야 하기 때문이다.[5] 따라서 지속적인 증자(*E*)와 자산규모(*A*) 확대가 쉽지 않은 상황에서 *ROE*를 높이기 위해서는 부외거래를 적극 확대하여 *ROA*를 높여야 한다. 이것이 최근 은행의 부외거래업무가 빠른 속도로 성장한 또 다른 이유이다.

1.2.2 부외거래의 위험요소

'공짜 점심은 없다(No free lunch)' 는 격언처럼 부외거래가 은행에 이익만 가져다주는 것은 아니다. 앞에서도 잠깐 언급하였듯이 우발사건부 약정에는 많은 잠재적인 위험이 있다. 부외자산과 부외부채는 약정상의 가상적 자산 · 부채로 있다가 약정기간이 만료되면서 소멸하는 경우도 있지만, 약정상의 우발사건이 발생하여 재무상태표상에 나타나는 실제 자산과 부채로 전환될 수 있다. 부외자산과 부외부채가 실제의 자산과 부채로 전환되면 자산과 부채에 수반하여 나타나는 모든 위험요인도 함께 나타나기 때문에 그러한 위험이 부외자산과 부외부채에 잠재해 있게 되는 것이다. 예를 들어, 은행이 지급보증을 하여 기업이 제3자에게서 차입을 한 경우 그 기업이 차입금을 상환하지 못하면 은행은 그 제3자에게 차입금을 대신 상환해 주어야 한다. 따라서 지급보증에는 보증채무를 대신 변제해 주어야 하는 잠재적 위험이 있는 것이다. 지급보증을 우발채무라고 부르는 이유도 이 때문이다. 부외거래에 내재되어 있는 구체적인 위험요소는 부외거래의 구체적 내역에 따라 달라지지만, 일반적으로 자산의 성격에 따라 신용위험, 유가증권 가격변동위험, 환위험, 이자율위험 등이 있고 우발적인 자금소요로 인한 유동성위험, 그리고 경우에 따라서는 은행의 신뢰에 영향을 미치는 평판위험(reputation risk)도 있다. 이에 대한 자세한 내용은 다음 절에서 구체적인 부외거래업무를 공부하면서 설명하기로 하자.

---

5 은행의 BIS 자기자본비율은 경기변동과 금융시장 상황에 따라 다소 등락을 보이기는 하지만, 장기적으로 보면 은행들이 BIS 자기자본비율을 평균 10%선에서 유지하는 경향을 보이고 있다. 이 경우 은행의 레버리지 비율 *A*/*E*는 평균 10배에서 안정적으로 유지된다고 가정할 수 있다.

1.2.3 헤지수단으로서의 부외거래

부외거래는 앞에서 설명한 것처럼 은행에 수수료수입과 함께 그 반대급부로 잠재적 위험을 가져다 주지만 그게 전부는 아니다. 부외거래는 은행이 자신의 위험을 헤지(hedge)하기 위한 매우 유용한 수단이 되기도 한다. 예를 들어 은행은 보통 단기로 자금을 조달하여 장기로 대출을 하는데, 조달과 대출이 모두 고정금리인 경우를 상정해 보자. 이 경우 금리가 중간에 변동하면 단기조달금리는 변동하지만 장기대출금리는 고정되어 있기 때문에 은행의 현금흐름이 변동하게 된다. 금리가 오를 경우 조달금리가 상승하는데도 대출금리는 고정되어 있기 때문에 은행의 수입이 감소하고, 반대로 금리가 내리면 조달금리는 하락하는데도 대출금리는 고정되어 있기 때문에 은행의 수입이 증가한다. 즉, 은행은 금리의 변동에 따라서 수입이 급격히 증감하는 위험에 노출되어 있는 것이다. 이러한 금리위험을 헤지하기 위한 방법으로는 고정금리와 변동금리를 교환하는 금리선물 또는 금리스왑거래가 있다. 이 방법은 간단히 말하면 반대방향의 수입흐름을 만들어 금리변동으로 인한 수입 증감을 상쇄시키는 것이다. 이에 대한 자세한 설명과 함께 은행이 위험을 헤지하는 다양한 수단과 그 메커니즘에 대해서는 제5편에서 금융기관의 위험관리를 공부하면서 보기로 하자.

위험의 전가

위험관리 또는 헤지에 의해서 위험 자체가 없어지는 것은 아니다. 위험의 성질과 발생확률은 외생적 요인에 의해서 결정되는 것이지 은행이 위험관리 또는 헤지행위를 한다고 해서 변동되는 것이 아니기 때문이다. 예를 들면 금리는 거시경제환경의 변화나 정부의 통화정책 등에 의해서 변동되는 것이지 은행이 금리변동위험을 헤지하였다고 해서 금리변동 자체가 없어지는 것은 아니다. 다만, 은행은 서로 반대방향의 위험을 갖고 있는 여러 금융자산을 혼합함으로써 그 종합적 결과로서 위험이 서로 상쇄되어 나타나도록 하는 것이다. 구체적으로 예를 들어 설명하면 다음과 같다. 어떤 은행 갑이 비가 오면 금리가 1% 오르고 날이 개면 금리가 1% 내리는 금융자산 A를 가지고 있다고 가정해 보자. 이때 은행 갑은 ±1%의 금리변동위험에 노출되어 있다. A와는 반대로 비가 오면 금리가 1% 내리고 날이 개면 금리가 1% 오르는 금융상품 B가 있다고 할 때 은행 갑은 B를 매입하여 A와 같이 보유함으로써 비가 오나 날이 개나 항상 같은 금리를 유지할 수 있다. 즉, A와 B 각각의 금리변동위험이 사라진 것은 아니며 단지 A와 B로부터의 현금흐름이 서로 상쇄된 결과 일정한 현금흐름이 나타나는 것이다. 한편, 은행 갑에게 B를 판 상대편 은행 을은 B의 금리변동위험을 감수해야 한다. 따라서 금리위험 헤지로 인해 은행 갑의 위험이 은행 을로 전가되는 것이다. 이를 일반화하여 말하면, 은행 고객의 헤지는 고객의 위험을 은행으로 전가시키며, 다시 이 은행의 헤지는 그 위험을 다시 다른 금융기관 또는 자본시장의 투자자들에게 전가시키는 것이다. 이러한 헤지행위가 원활히 될 수 있어야 은행이 효율적으로 위험관리를 할 수 있고, 그러기 위해서는 금융시장에 다양한 금융상품이 만들어지고 또 이를 사고팔 수 있는 많은 투자자와 금융기관이 존재하여 위험의 전가와 분산이 쉽게 이루어질 수 있어야만 한다. 즉, 금융시장의 폭이 넓어지고 깊이가 깊어져야만 한다.

2. 부외거래업무

2.1 지급보증

2.1.1 지급보증

지급보증(acceptances and guarantees)은 은행의 거래고객이 거래상대방에게 부담하고 있는 채무의 지급을 은행이 보증하고, 대신 은행에 수수료를 지급하는 계약을 말한다. 지급보증 중에서 주채무(지급보증의 원인이 되는 채무)가 확정된 지급보증을 확정지급보증이라 하고, 은행이 지급보증을 했으나 아직 주채무가 확정되지 않은 지급보증을 미확정지급보증이라고 한다. 예를 들면, 은행이 취급하는 원화표시지급보증 및 외화지급보증은 일반적으로 지급보증과 동시에 확정될 주채무를 은행이 인수한 것으로 간주해 확정지급보증에 속하고, 신용장 방식에 의한 수입 관련 지급보증은 취급 당시 주채무가 확정된 것이 아니고 지급채무를 은행이 인수한 것도 아니므로 미확정지급보증으로 표시한다. 그러나 선적서류가 도착한 이후 지급보증금액이 확정되면 확정지급보증계정에 표시한다.[6]

지급보증은 은행이 전통적으로 수행해 오던 주요 업무의 하나로서, 거래고객의 신용을 은행의 신용으로 보강함으로써 거래고객이 원활한 경영활동을 할 수 있도록 도와주는 역할을 한다. 지급보증에는 일반채무보증(대출 및 회사채 등 유가증권에 대한 보증), 계약이행보증, 입찰보증, 수입화물선취보증, 수출선수금환급보증, 신용장 개설 관련 지급보증 등 다양한 종류가 있다.

2.1.2 지급보증의 위험요소

은행의 피보증 거래고객이 거래상대방에 대한 채무를 이행하지 못할 경우 은행이 대신 채무를 지급해야 하기 때문에 은행은 피보증 거래고객의 신용위험을 안게 된다. 제8장에서 설명하였듯이 지급보증의 가치 = 부도위험 프리미엄이고, 은행대출의 위험프리미엄은 은행의 지급보증서비스에 대한 대가라고 할 수 있다. 그러므로 일반적인 금전채무에 대한 지급보증은 은행이 직접 자금을 부담하지 않는다는 것만 빼면 대출과 완전히 똑같아지고, 따라서 지급보증에는 피보증 고객에 대한 대출과 똑같은 신용위험이 있다. 그리고 이행보증 등 비금전적 채무에 대한 보증에는 기타 사업상의 위험요소가 있으며, 채무가 외화로 지급되어야 하는 경우에는 환위험도 있다.

2.1.3 지급보증의 위험관리와 감독

지급보증과 대출은 신용위험 측면에서 완전히 동등하므로, 지급보증의 위험관리는 대출의 위험관리와 같은 기준, 같은 방법에 따르면 된다. 은행이 지급보증을 취급할 때 대출 취급절차와 방법을 따르면 되고, 감독을 할 때도 대출과 같은 방법으로 하면 된다. 실제로 지급보증은 대출과 함께 여신 또는 신용공여[7]라는 보다 포괄적인 개념에 포함되어

6 확정지급보증과 미확정지급보증의 자세한 항목별 구분은 은행업회계처리준칙을 참조하기 바란다.

7 여신은 은행이 직접 자금을 부담하는 대출뿐만 아니라 자금부담 가능성이 있는 기타 거래를 포함하는 거래를 말하고, 신용공여는 금융거래상의 신용위험을 수반하는 금융기관의 모든 직 · 간접적 거래로서 거래상대방의 지급불능 시 이로 인하여 금융기관에 손실을 초래할 수 있는 모든 거래를 포함한다. 자세한 내용은 제8장을 참조하기 바란다.

함께 관리 · 감독되고 있다. 편중여신 제한, 신용공여한도 등이 그 예이다.

지급보증을 여신에 산입시킬 때는 **신용환산율**을 적용하는데, 신용환산율은 지급보증의 종류별로 미래에 부담해야 할 신용위험을 적절히 반영하여 결정되어야 한다. 실무적으로는 일반적 채무보증은 100%, 계약이행보증, 수출선수금환급보증 등은 50%, 신용장 개설 관련 지급보증은 20%, 그리고 은행이 사전통지 없이 항시 취소 가능한 약정 또는 거래상대방의 신용 악화 시 자동적으로 취소되는 약정은 0% 등 4단계 신용환산율을 적용한다.[8]

2.2 대출약정

2.2.1 대출약정

은행에 예금을 갖고 있는 많은 사람들이 은행잔고가 −1,000만원이 될 때까지, 그리고 필자와 같이 신용이 아주 좋은 사람들은 −5,000만원이 될 때까지 언제라도 쉽게 돈을 찾아 쓸 수 있는 **마이너스 통장**을 갖고 있다. 급히 돈이 필요할 때 은행에 가서 번거로운 절차를 거쳐 대출을 얻는 것에 비하면 매우 편리하다. 다소 금리가 비싼 것이 흠이기는 하지만 이것도 곰곰이 생각하면 그렇게 비싼 것도 아니다. 대출 절차가 번잡하고 시간이 걸리면 돈이 필요할 때마다 필요한 금액만큼만 매번 대출을 받는 것이 아니라 나중에 필요한 돈까지도 미리 한꺼번에 대출을 받기 때문에 지금 당장 쓰지 않을 돈을 대출받아 불필요하게 이자를 물게 되는데, 마이너스 통장을 이용할 경우에는 꼭 필요한 돈을 필요할 때마다 쓸 수 있으니까 명목상으로는 마이너스 통장의 대출이자율이 비싸더라도 실제로는 오히려 쌀 수가 있다. 현명한 독자 여러분들은 이 마이너스 통장이 자동 대출약정임을 이미 간파했을 터이고, 그 편리성과 실제적인 비용효율성으로 인해 일반인 사이에 마이너스 통장이 널리 이용되고 있듯이 기업들도 유사시를 위해 대출약정을 많이 이용하고 있을 것으로 쉽게 짐작할 수 있다.

대출약정은 약정된 금액의 한도 내에서 약정된 금리로 약정된 기간(통상 1년) 내에 언

---

8 자세한 내용은 「은행업감독업무 시행세칙」을 참조하기 바란다.

제라도 대출을 받을 수 있는 계약이다. 일반적으로 은행은 대출약정을 맺을 때 **약정수수료**(upfront fee)를 받고 그 대가로 약정기간 중에는 기업이 원할 때 언제라도 약정금액 한도 내에서 대출을 해주어야 하며, 약정기간이 만료될 때까지 사용하지 않는 금액에 대해서는 **미사용 수수료**(back-end fee)를 기업으로부터 받는다. 대출약정 미사용분은 은행 입장에서 보면 일종의 기회비용을 발생시키므로 수수료를 부과하는 것이다.

기업의 입장에서는 대출약정의 대출금리가 통상적인 대출금리보다 다소 비싸고 은행에 수수료를 내기 때문에 비용이 들기는 하지만, 필요한 때에 필요한 금액만큼만 자동적으로 대출받을 수 있어 오히려 비용이 덜 들 수가 있다. 설사 기업이 수수료만 내고 약정기간 동안에 대출을 사용하지 않더라도, 대출약정 기업은 충분한 유동성이 준비되어 있어 언제라도 구매대금을 지불할 수 있다는 사실로 인해 거래 상대방에게 신뢰를 줌으로써 원활한 상거래를 할 수 있다. 이 경우 대출약정 기업은 은행으로부터 **대출인출옵션** 또는 **유동성보험**을 산 것과 마찬가지이다. 이때 대출약정수수료는 대출옵션가격 또는 유동

Box 9-1 | 대출약정 예시

■ 대출약정의 예
- 약정기간 : 1년
- 약정금액 : 10억원
- 약정금리 : 연리 10%(시장 기준대출금리 8% + 위험프리미엄 2%)
- 약정수수료 : 0.2%
- 미사용수수료 : 0.4%

■ 약정기간이 1/4 경과한 시점에서 기업이 6억원을 대출로 인출했다고 가정할 경우
- 대출약정 기간이 개시될 때 약정수수료 = 200만원(= 10억원의 0.2%)
- 대출약정이 만료될 때 미사용수수료 = 160만원(= 4억원의 0.4%)
- 대출이자 = 4,500만원(= 6억원의 10%의 3/4)
- 수수료 및 이자 합계 = 4,860만원(= 200만원 + 160만원 + 4,500만원)

■ 약정기간 중 기업이 대출을 이용하지 않는 경우
- 약정수수료 = 200만원(= 10억원의 0.2%)
- 미사용수수료 = 400만원(= 10억원의 0.4%)
- 수수료 합계 = 600만원(= 200만원 + 400만원)

성보험료의 성격을 갖게 된다. 당좌대월약정은 대표적인 대출약정의 한 형태이다.

은행의 입장에서는 수수료수입을 대가로 약정기간 동안 기업의 대출 요구에 응할 준비를 하고 있어야 한다. 기업이 대출권리를 행사할 때 비로소 대출이 발생하여 은행의 재무상태표에 대출채권으로 나타나기 때문에 대출약정은 기업의 대출권리 행사를 우발사건으로 하는 채권이 되는 것이다.

2.2.2 대출약정의 위험요소

합리적인 은행이라면 기업과 대출약정을 맺을 때 다음과 같이 할 것이다. 우선 그 기업의 신용을 평가하여 적정 위험프리미엄을 산정하고, 기준대출금리에 이 위험프리미엄을 더하여 약정금리를 결정할 것이다. 예를 들어 기준대출금리가 8%이고 위험프리미엄이 2%로 산정되었다면, 약정금리는 10%로 결정될 것이다. 그리고 대출금의 약정한도는 그 기업의 신용에 비추어 크게 위험하지 않은 수준이어야 할 뿐만 아니라 은행 전체의 자금관리 측면에서 볼 때도 무리하지 않은 수준에서 결정될 것이다. 다시 예를 들면, 그 기업의 영업실적과 자금흐름으로 볼 때 10억원 이상은 위험하다고 판단된다면 약정한도의 상한선은 10억원이 될 것이다. 그리고 은행에서 대출약정을 받은 기업들이 대출약정금을 사용하는 예상 평균비율을 과거의 경험치로 계산했든 또는 정교한 수리적 예측모형을 이용했든 60%로 계산했고, 그리고 기업들이 예상대로 평균 60%만을 이용할 경우 은행의 자금관리상 문제가 없다면 은행은 이 기업이 6억원을 인출해 갈 것으로 예상하고 대출약정 한도를 10억원으로 설정할 것이다.

이 모든 것은 약정기간이 개시되기 전에 예상치에 근거해서 결정된다. 따라서 약정기간 중에 이 변수에 변동이 생기면 약정대로 이행할 의무가 있는 은행은 예상하지 못한 손실을 보거나 어려움에 처할 위험이 있다. 위에서 예시한 설명으로 짐작할 수 있듯이 대출약정의 위험은 크게 신용위험, 이자율위험, 그리고 유동성위험으로 정리된다.

우선 신용위험을 보자. 약정기간 중에 기업의 신용이 예상치 못한 이유로 악화하여 신용등급이 A에서 BBB로 하락하였다고 가정하자. 그리고 신용등급별 적정 위험프리미엄을 A는 2%, BBB는 4%라고 가정하자. 위의 예에서와 같이 기준대출금리가 8%라면 이 기업의 대출금리는 12%가 되어야 하는데 약정금리는 10%로 정해져 있기 때문에 은행은

2%포인트의 손실을 보게 된다. 위험프리미엄은 신용등급별 평균 예상부도율을 감안하여 은행의 예상손실을 보전할 수 있는 수준으로 결정되기 때문에 위험프리미엄이 적정수준보다 낮으면 은행은 손실을 보게 된다.

다음으로 이자율위험을 보자. 약정기간 중에 시장이자율 또는 조달금리가 상승하여 기준대출금리가 8%에서 9%로 상승하였다고 가정하자. 그러면 이 기업의 대출이자율은 11%(= 9% + 2%)가 되어야 한다. 약정 대출이자율은 10%이기 때문에 이 경우 은행은 1%포인트의 손실을 보게 된다.

마지막으로 유동성위험을 보면, 은행은 기업들이 평균적으로 대출약정한도의 60%를 사용할 것으로 예상하고 자금관리를 하고 있는데 기업들이 예를 들어 약정한도의 70% 또는 80%를 평균적으로 대출해 가면 은행은 자금조달상의 어려움에 빠지게 된다. 경기가 예상 외로 침체하여 기업들이 갑자기 현금흐름상 어려움을 겪게 되거나, 또는 통화당국이 정책방향을 긴축으로 전환하여 시장에서의 자금조달이 어려워지면 대출약정을 맺고 있는 기업들이 일시에 대출을 더 많이 요구할 것이다.

기업들이 수수료를 내고 대출약정을 맺는 중요한 이유 중의 하나가 바로 이러한 예상치 못한 자금의 필요에 대비하기 위한 것임을 생각하면 전반적인 시장상황이 어려워질 때 기업들의 자금요구가 일시에 집중될 위험이 있다. 은행은 기업의 약정상의 대출요구에 응해야 하고 약정상 대출요구에 응하기 위해서는 급히 자금을 조달해야 하는데, 이 경우 은행은 정상적인 상황에서 지급하는 이자율보다 훨씬 비싼 조달금리를 지불해야 하기 때문에 큰 손실을 보게 된다. 전반적인 경제상황이 어려워져서 많은 기업들이 일시에 자금을 요구하는 상황이 발생하지 않더라도, 은행은 국지적인 자금조달상의 문제를 흔히 겪을 수 있기 때문에 추가비용을 지불해야 할 위험이 있다. 예를 들면, 한 기업이 은행 마감시간 직전에 은행의 통상적인 준비금 규모를 넘어서는 대출을 요구한다면 은행은 급히 콜시장 등 금리가 비싼 **익일물**(overnight)**시장**에서 차입을 하여야 하기 때문이다.

2.2.3 대출약정의 위험관리 및 감독

대출약정의 신용위험을 피하기 위한 방법으로 약정변경 조항이 흔히 이용되고 있다. 이것은 실무적으로 '**중대한 부정적 사정변경조항**(material adverse change clause :

MAC)' 이라고 하는데, 계약에 심각하게 영향을 미칠 수 있는 중대한 변화가 계약당사자에게 발생할 때 계약의 내용을 변경할 수 있음을 명시하는 것이다. 대출약정기간 중에 기업의 신용평가등급이 몇 개 등급 이상 하락하면(예를 들어, 2개 등급 이상 하락하면) 약정금리를 변경할 수 있다거나, 또는 일정수준 이하로 하락할 때는(예를 들어, 투기등급인 BB+ 이하로 하락할 때는) 대출약정을 취소할 수 있다는 것을 주요 내용으로 한다. 그러나 이러한 방법도 한계는 있다. 첫째는 정보의 비대칭성 때문이다. 기업의 어려움은 거래은행이 감지하기 전에, 또는 그것이 기업외부에 알려져 기업의 신용등급에 나타나기 훨씬 전부터 기업 내부에서 먼저 알게 된다. 따라서 은행이 이를 감지하고 MAC조항을 근거로 약정을 변경 또는 취소하기 전에 그 기업은 이미 대출한도를 모두 사용해 버렸을 가능성이 크다. 둘째는 소송위험을 들 수 있다. 우리나라에서는 아직 흔치 않지만 영 · 미의 경우에는 도산한 기업이 은행을 상대로 손해배상청구소송을 제기하는 경우가 종종 있다. 대출약정에도 불구하고 은행이 부당하게 대출을 거절하거나 또는 대출을 중도에 부당하게 회수함으로써 기업이 도산하면 은행은 그 손해를 배상해야 한다. 물론 부당성과 인과관계가 입증되어야 하고, 이를 법원이 인정해야 한다. 또한 MAC조항이 있다 하더라도 실제상황에서 이를 해석할 때는 보는 입장에 따라 주관적 판단을 달리 할 여지가 항상 존재하기 때문에 쟁송의 대상이 될 수 있다. 따라서 은행은 거액의 손해배상과 소송비용을 지불해야 하는 위험을 안게 된다.

은행이 이자율위험을 피하기 위한 방법으로는 고정금리 대신에 변동금리로 약정을 하는 방법이 일반적으로 이용되고 있다. 변동금리방식은 일반적으로 약정금리를 대출기준금리 +α%와 같이 정하여 대출기준금리가 변동하면 이에 연동하여 약정금리도 변하는 방식이다. 바로 앞에서 설명했듯이 신용위험의 방어수단으로 신용등급이 변할 때 약정금리를 조정하는 경우에는 α를 조정하는 데 반해 이자율위험을 피하는 수단으로서의 변동금리부 약정은 기준금리의 변동이 자동적으로 약정금리에 반영되도록 하는 데 차이가 있다. 변동금리부 약정을 하더라도 이자율위험이 완전히 없어지는 것은 아니다. 왜냐하면, 은행의 대출기준금리가 평균조달금리와 완전히 비례하여 변하지 않는 경우도 많기 때문이다. 평균조달금리가 0.5%포인트 상승하였는데 대출기준금리가 0.4%포인트밖에 상승하지 않으면 변동금리부 약정을 하더라도 은행은 0.1%포인트의 손실을 보게 된다. 여하튼 은행은 고정금리 대신에 변동금리부 약정을 함으로써 이자율위험을 상당히 회피할 수 있는데, 그 이면을 보면 이때 이자율위험을 결국 기업이 부담하게 되는 셈이기 때문에 이자율위험이 은행으로부터 기업에게 전가되는 것이다.

유동성위험은 개별 기업의 관리차원에서 해결될 수 있는 문제가 아니다. 또한 앞에서 설명하였듯이 대출약정에서의 신용위험과 이자율위험도 완전히 제거하기는 불가능하다. 따라서 은행은 대출약정을 한 기업에 대해 실제 대출이 이루어지지 않더라도 지속적으로 모니터링을 하여 신용상황을 계속 파악하고 있어야 한다. 뿐만 아니라 은행은 이러한 제반 위험이 은행의 손익에 미치는 영향을 파악하여 은행 전체 차원에서의 적절한 위험관리체계를 갖추어야 하며, 이러한 위험이 위험프리미엄 또는 수수료에 적절히 반영되도록 노력하여야 한다.

금융감독당국도 은행의 건전성을 평가할 때 은행의 대출약정 위험관리가 적절한지를 판단할 수 있어야 하고, 제거되지 않은 위험요인이 있다면 그러한 부분이 건전성 평가에 적절히 반영될 수 있도록 하여야 한다. 실제로 금융감독당국은 대출약정의 미사용액에 대해 일정비율의 신용위험 환산율을 곱하여 이를 대출액으로 간주한다거나, 미사용액에 대해서도 일정비율의 대손충당금을 적립하게 한다거나, 또는 미사용액을 거래기업의 총대출한도에 포함시키게 한다거나 하는 방법 등을 쓰고 있다.[9]

2.3 신용장

2.3.1 신용장

우리나라에서는 신용장이라고 하면 국제무역을 연상하지만, 실제로는 국제무역에서만이 아니라 미국과 같이 국토가 큰 나라에서는 국내의 원격지 간 거래에도 많이 이용되고 있다. 구매자와 판매자가 지역적으로 멀리 떨어져 있어 서로의 신용을 잘 알 수 없고 물품의 인도와 대금의 지급 사이에 일정한 시간상의 간격이 있는 경우, 구매자는 주문물품의 인도를 확신할 수 없는 상황에서 대금지급을 꺼리게 되고 판매자는 대금지급을 확

9 은행이 가계대출을 해줄 때에도 마이너스통장의 미사용 잔액까지 포함하여 약정액 전액을 대출한도에 포함시킨다.

그림 9-2 신용장 거래 흐름도 1

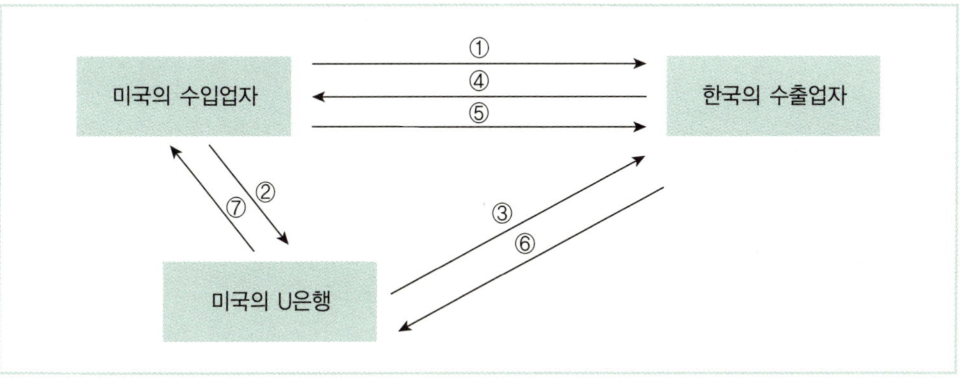

신할 수 없는 상황에서 주문물품의 발송을 꺼리게 되어 상거래가 이루어지기 쉽지 않게 된다. 이때 은행의 신용으로 거래 쌍방의 불안을 해소함으로써 원활한 상거래가 이루어지게 된다.

신용장(letter of credit : L/C)은 구매자가 대금을 지급하지 못하는 우발사건이 발생할 경우에 신용장을 발급한 은행이 대신 구매대금을 지급한다는 지급보증약정이다. 이 과정을 [그림 9-2]를 가지고 개략적으로 설명하면 다음과 같다. 미국의 수입업자가 한국의 수출업자에게 주문을 하고(화살표 ①), 동시에 거래은행인 미국의 U은행에 신용장 발급을 요청하고 수수료를 지불하면(화살표 ②) U은행은 한국의 수출업자에게 신용장을 발급해준다(화살표 ③). 일반적으로 국제무역에서는 물품선적일로부터 90일 후에 대금을 지급하기 때문에 한국의 수출업자는 물품을 선적하고(화살표 ④) 90일 후에 미국의 수출업자로부터 대금을 지급받는다(화살표 ⑤). 한국의 수출업자가 미국의 수입업자로부터 수출대금을 지급받으면 거래는 여기서 완결된다. 그러나 만약 미국의 수출업자가 대금을 지급하지 못하면 한국의 수출업자는 신용장을 발급한 U은행에게 대금을 청구하여 대신 지급을 받는다(화살표 ⑥). 그리고 U은행은 미국의 수입업자에게 구상권을 행사한다(화살표 ⑦).

여기서 신용장을 발급하는 은행의 입장에서는 대지급의 위험이 있기 때문에 구매자에 대한 신용평가와 모니터링, 사후관리가 용이해야 한다. 따라서 현지의 거래은행이 주로 신용장을 발급하게 된다. 또한 신용장은 구매자의 신용을 은행의 신용으로 대체하는 것

그림 9-3 신용장 거래 흐름도 2

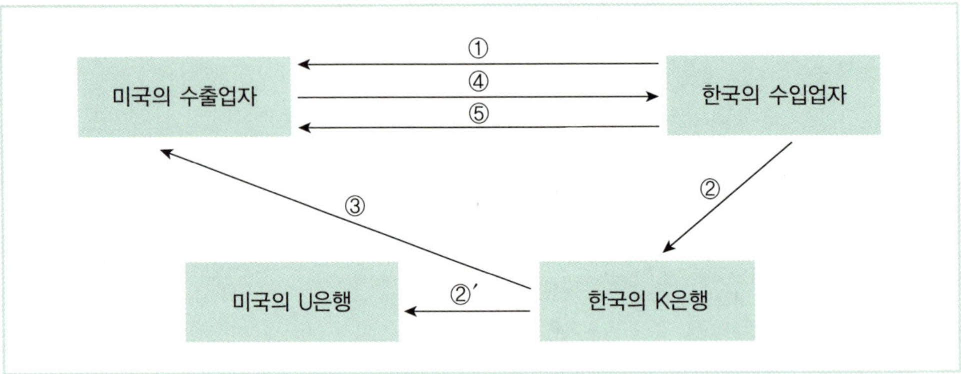

이기 때문에 은행의 신용이 구매자의 신용보다 좋을 뿐만 아니라 판매자가 신뢰할 수 있는 수준이 되어야 한다. 국제무역에서 신용장 발급은 국제적 신용이 있는 은행만이 할 수 있는 이유가 이 때문이다.

국제적 신용이 부족한 은행이 신용장을 발급해야 할 필요가 있을 때는 국제적 신용이 있는 다른 은행을 다시 이용할 수밖에 없게 된다. 이를 [그림 9-3]으로 설명하면 다음과 같다. [그림 9-3]은 [그림 9-2]와 무역거래의 방향이 반대로 이루어지고 있으므로 화살표도 반대방향으로 나타난다는 점을 제외하면 화살표 ①에서 화살표 ⑤까지는 동일하다. 미국의 수출업자가 한국의 K은행의 신용장을 신뢰한다면(화살표 ③) 무역거래가 [그림 9-2]에서 마찬가지로 화살표 ⑤에서 완결된다는 것을 의미한다. 그러나 만약 미국의 수출업자가 K은행의 신용장을 신뢰하지 않으면 K은행은 미국의 수출업자가 신뢰할 수 있는 은행의 도움을 받아야 한다. 즉, K은행은 U은행에 수수료를 지급하고 신용장을 확인받아(화살표 ②′) 이 확인신용장(confirmed letter of credit)을 미국의 수출업자에게 발급해 주어야 된다(화살표 ③). 이때 U은행은 K은행에 제공한 크레디트 라인 한도 내에서 신용장을 확인해 주기 때문에 확인은 K은행의 신용장에 대한 지급보증의 성격을 띠게 된다.

스탠바이 신용장(standby L/C)

통상적으로 스탠바이 L/C라고 더 자주 부른다. 이것은 상거래 또는 무역거래의 결제를 위해 이용되는 일반적인 신용장과는 달리 금융 또는 채무보증을 목적으로 발행되는 특수한 형태의 신용장을 말한다. 예를 들어 국내기업의 해외지점이 현지 은행으로부터 융자를 받을 때 한국의 은행이 그 상환을 보증하는 경우, 또는 국제입찰에 참가하는 국내기업이 현지은행으로부터 입찰보증(bid bond) 또는 계약이행보증(performance bond)을 받아야 할 때 한국의 은행이 국내기업의 현지은행에 대한 보증채무를 보증하는 경우에 한국의 은행이 스탠바이 L/C를 발급한다. 그리고 기업이 회사채 또는 CP를 발행하는 경우 부도위험에 대한 보증(default guarantee)으로 은행이 스탠바이 L/C를 발급하기도 한다.[10] 스탠바이 L/C는 이와 같이 특정 거래상의 채무를 보증할 목적으로 이용되기도 하지만, 스탠바이라는 수식어가 의미하는 바와 같이 거래기업의 비상시 불특정 자금수요를 위해서도 이용된다. 후자의 경우에는 통상 **스탠바이 크레디트**(standby credit)라고 부른다.

스탠바이 L/C는 신용장과 마찬가지로 기업의 신용을 은행의 신용으로 보강하는 수단이다. 기업은 조달금리가 인하되는 혜택에 대한 대가로 수수료를 지급하고, 은행은 기업의 신용위험에 대한 대가로서 수수료를 받는다.

여기서 은행들이 염두에 두어야 할 점은 스탠바이 크레디트와 대출약정이 서로 경쟁관계에 있다는 점이다. 예를 들어 기업발행 CP를 구입하는 투자자 입장에서 볼 때 그 기업이 만기에 CP대금을 상환할 만큼 충분한 자금만 확보된다면 스탠바이 크레디트나 대출약정에 차이가 없다. 신용보강 측면에서 효과가 비슷하다면 기업의 입장에서는 스탠바이 크레디트와 대출약정 중에 비용이 적게 드는 것을 선호할 것이고, 반대로 은행의 입장에서는 유사한 효과를 갖는 두 개의 경쟁적 서비스를 동시에 제공함에 따라 수수료수입이 줄어들 수 있다.

2.3.2 신용장의 위험요소

앞에서 본 바와 같이 신용장과 스탠바이 L/C는 상거래, 금융거래 등에서 발생하는 채무에 대한 지급보증이다. 따라서 거래기업의 신용위험을 은행이 떠맡아 지급불능 시에

---

10 미국에서는 특정한 사업분야의 계약 또는 상거래 행위에 대해서 은행이 지급보증을 하지 못하도록 하는 경우가 있는데, 이 경우 은행들이 지급보증을 금지하는 감독규정을 우회하기 위해 스탠바이 L/C를 활용하기도 한다.

대신 변제해야 하는 위험이 있다. 그러므로 은행의 입장에서는 우발채무가 된다. 은행이 대신 변제하는 경우 구상권을 행사하여 거래기업의 자산에 대한 차압 · 처분 등 회수노력을 하겠지만, 일반적으로 회수액이 대위변제액에 못 미치기 때문에 은행은 상당한 손실을 볼 위험을 안게 된다.

환위험

신용장과 스탠바이 L/C가 국제거래에 이용될 경우에 은행은 신용위험에 더하여 환위험을 안게 되는 수도 있다. 앞의 [그림 9-2]에서 국내의 수출업자가 미화로 거래를 완결할 경우 기업이 모든 환위험을 떠맡게 되고, 환위험에 대한 헤지 여부도 기업의 책임이 된다. 그러나 [그림 9-3]에서와 같이 국내의 수입업자를 위해 한국의 은행이 미국의 수출업자에게 미화로 신용장을 발급하는 경우나 국내기업의 해외 현지법인이 현지은행으로부터 융자를 받을 때 한국의 은행이 현지의 화폐로 그 상환을 보증하는 경우에는 은행이 환위험을 안게 된다. 신용장 발급시점과 대위변제시점 사이에 환율의 변동이 있는 경우 은행은 큰 손실을 볼 수 있다.

2.3.3 신용장의 위험관리 및 감독

은행은 신용장 또는 스탠바이 L/C를 발급함으로써 기업의 신용위험을 대신 안게 되는 것이므로 통상적인 신용위험관리에 준하여 이를 관리하여야 한다. 첫째, 우선 그 기업에 대해 사전에 신용조사 및 평가를 철저히 해야 할 뿐만 아니라 사후적으로도 적절한 모니터링과 사후관리를 하여 부도확률을 최소화하도록 하여야 한다. 평소에 그 기업을 비교적 잘 알고 있고 사후관리에 용이한 그 기업 소재지의 거래은행이 신용장을 발급하는 것이 유리하다.

둘째, **신용장수수료**는 신용위험 부담에 대한 대가이므로 은행의 입장에서는 수수료에 위험프리미엄이 적절히 포함되어야 한다. 즉,

$$\text{신용장수수료} \geq (\text{예상부도확률}) \times (\text{부도 시 손실액}) + \text{기타비용} \qquad (9.1)$$

이 되어야 한다. 부도 시 손실액은 대위변제액에서 차압 · 처분 등으로 회수한 금액을 차감하고 회수비용을 더한 순손실액이며, 기타비용은 신용조사 · 평가, 모니터링 및 사후관리 등에 드는 제반 판매 · 관리비용 및 정상이윤을 말한다. 여기서 예상부도확률 × 부도 시 손실액 = 예상손실액이므로 신용장수수료는 예상손실액과 기타비용을 충당하고 남아야 한다는 것을 의미한다. 즉, 기타비용 > 0이므로 다음 식 (9.2)가 성립한다.

$$\text{신용장수수료} > \text{예상손실액} \tag{9.2}$$

여기서 은행들이 간과하지 말아야 할 매우 중요한 포인트가 한 가지 있다. 신용장 또는 스탠바이 L/C를 발급하는 은행이 그 기업에 대해 시장보다 더 잘 평가하고 있거나 더 잘 관리할 자신이 있어야 한다는 점이다. 그 이유를 설명하면 다음과 같다.[11]

신용장 또는 스탠바이 L/C를 발급함으로써 기업의 신용이 시장에서 은행의 신용으로 대체되고, 따라서 기업의 위험프리미엄은 감소하게 된다. 그런데 기업의 입장에서는 은행에 지급하는 수수료가 위험프리미엄 감소액보다 작아야 한다. 즉,

$$\text{기업의 위험프리미엄 감소액} > \text{신용장수수료} \tag{9.3}$$

가 되어야 한다. 왜냐하면, 신용장서비스를 살 때 기업의 위험프리미엄 감소액 − 신용장수수료 = 기업의 비용절약액이 되고, 기업의 비용절약액 > 0이 되어야(즉, 기업도 이익을 보는 것이 있어야) 은행에 수수료를 지급하고 신용장서비스를 살 것이기 때문이다.

은행의 입장에서 본 부등식 (9.2)와 기업의 입장에서 본 부등식 (9.3)을 종합하면

$$\text{기업의 위험프리미엄 감소액} > \text{신용장수수료} > \text{예상손실액} \tag{9.4}$$

의 관계가 성립한다. 다시 말하면, 은행과 기업 간에 신용장 서비스거래가 이루어지려면 부등식 (9.4)를 만족하여야 한다.

그런데 여기서 주의해야 할 점은 은행이 지급보증을 하면 시장에서 제3자는 기업의 신

11 이 설명은 지급보증의 경우에도 똑같이 적용된다.

용위험 대신에 은행의 신용위험을 볼 것이므로 그에 상응하여 시장에서의 기업의 위험프리미엄은 감소하겠지만, 은행이 단순히 지급보증을 했다는 사실만으로 기업의 신용위험이 실제로 감소하지는 않는다는 것이다. 그 기업의 신용위험이 실제 감소하지 않고 내재해 있다면, 기업이 은행의 지급보증을 받아 시장에서 절약한 위험프리미엄 감소액은 은행의 부담으로 전가된 셈이다. 즉, 위의 부등식 (9.4)의 좌변은 은행이 부담하는 신용위험에 대한 시장의 객관적 평가가치(≡ 위험프리미엄(M))가 된다. 그리고 부등식 (9.4)의 우변은 은행이 예상하는 손실액이므로 은행이 부담하는 신용위험에 대한 은행의 주관적 평가가치(≡ 위험프리미엄(B))가 된다.

따라서 식 (9.4)는 다음과 같이 다시 표현할 수 있다.

$$\text{위험프리미엄(M)} > \text{신용장수수료} > \text{위험프리미엄(B)} \tag{9.5}$$

부등식 (9.5)에서 위험프리미엄(M) − 위험프리미엄(B) = 잉여가치가 된다. 따라서 은행의 주관적 평가인 위험프리미엄(B)가 정확히 계산되었고 그 위험프리미엄(B)가 부등식 (9.5)를 만족하면 은행이 신용장서비스를 제공함으로써 잉여가치를 창출하고(즉, 잉여가치 > 0), 그 잉여가치는 은행과 기업 간에 배분된다는 것을 의미한다.

그런데 위험프리미엄(B)가 정확히 계산되었다는 전제하에 위험프리미엄(M)보다 위험프리미엄(B)가 작다는 것은 무엇을 의미하는가? 그것은 ① 은행의 적절한 사후관리 또는 리스크 풀링으로 기업의 내재적 신용위험이 낮아졌거나, 또는 ② 기업의 내재적 신용위험은 변함이 없지만 은행이 기업에 대한 평가를 시장보다 더 잘한 결과 애초에 시장에서 그 기업에 대해 평가한 위험수준이 너무 높았음을 의미한다. 즉, 은행이 평가나 관리 측면에서 시장보다 더 현명해야 한다는 것을 의미한다.

반면에 은행이 시장보다 더 현명하지 못하다면 어떤 결과가 야기되는가? 우선 위험프리미엄(M) ≤ 위험프리미엄(B)가 되기 때문에 부등식 (9.5)를 만족할 수 없다. 따라서 합리적인 은행과 합리적인 기업 간에는 신용장서비스 거래가 성사될 수 없다. 그럼에도 불구하고 신용장서비스 거래가 성사된다면 은행 또는 기업, 또는 둘 다 합리적이지 않음을 의미한다. 예를 들어 은행이 부담하는 진정한 신용위험은 위험프리미엄$(B)^T$이고 위험프리미엄(M) ≤ 위험프리미엄$(B)^T$임에도 불구하고 은행이 잘못 계산한 위험프리미엄$(B)^F$를 진정한 가치로 평가하여 부등식 (9.5) 위험프리미엄(M) > 위험프리미엄(B)^{F}를 만족하는 것으로 오인하였다면 은행은 지급보증을 할 것이다. 이 경우 은행은 위험프리미엄(B)^T − 위험프리미엄(B)^{F}의 손실을 보게 된다. 우리는 지난 1997년 외환위기가 발생했을 때 우리나라의 금융기관들이 잘못된 지급보증으로 막대한 손실을 보았음을 목격한 바 있다.

신용장 또는 스탠바이 L/C가 국제거래에 이용될 경우 신용위험뿐만 아니라 환위험도 발생할 수 있음을 앞에서 보았다. 환위험의 헤지에는 외환선물 또는 외환선도거래가 이용된다. 환위험관리와 신용위험관리에 관한 자세한 설명은 뒤의 제17장과 제19장에서 하기로 하자.

2.4 자산유동화 및 대출채권 매각

2.4.1 자산유동화와 대출채권 매각

자산유동화란 은행이 갖고 있는 자산을 시장에서 유통되기 쉬운 유가증권의 형태로 바꾸어 매각하는 것을 말하며, **증권화**(securitization)라고도 한다. 대표적인 예로서는 주택담보부증권(mortgage-backed securities : MBS)을 들 수 있다. 그리고 **대출채권 매각**(loan sales)이란 은행이 갖고 있는 대출채권을 다른 금융기관에 매각하는 것을 말한다. 전자는 기초자산을 담보로 하여 만든 증권을 매각하는 것인 데 반해 후자는 자산 자체를 매각한다는 차이가 있으나, 양자 모두 자산으로부터 생성되는 현금흐름(즉, 수입)을 제3자에게 양도한다는 점에서는 같다. 자산유동화와 대출채권 매각에 대한 자세한 설명은 제11장에서 하기로 하고, 여기서는 부외거래적 성격과 관련된 특성을 설명한다.

은행이 자산유동화와 대출채권 매각을 하는 주된 이유는 자금조달의 부담을 덜면서도 수입을 확대하려는 것과 위험감축에 있다. 은행이 전통적인 예대업무를 통해 수입을 지속적으로 늘리기 위해서는 대출을 지속적으로 확대해야 하고 이를 뒷받침할 수 있도록 자금조달 규모도 지속적으로 늘려야 하는 부담이 있는데, 자산유동화와 대출채권 매각을 통해 수수료수입은 지속적으로 확대할 수 있으면서 이러한 자금조달 부담에서 벗어날 수 있다.[12] 자산유동화와 대출채권 매각을 통해 자금을 회수하면 은행이 이 자금으로 새로운 대출을 하고 이를 다시 유동화 또는 매각함으로써 은행은 지속적으로 새로운 자금을 조달해야 하는 부담을 덜면서도 수수료수입은 지속적으로 확대할 수 있기 때문이다. 이 과정에서 은행은 매각자산과 더불어 그에 부수한 위험도 함께 매각하는 셈이 되어 위험관리 차원에서도 자산유동화와 대출채권 매각은 유용한 수단이 될 수 있다. 이 경우 은행은 일종의 대출중개인 역할을 한다고 할 수 있다.

은행이 자산을 유동화하거나 대출을 매각하면 그 자산 또는 대출채권은 은행의 재무상태표에서 사라지게 되고, 따라서 명목상으로만 보면 은행은 유동화된 자산 또는 매각된 대출과는 전혀 상관이 없게 된다. 그러면 왜 굳이 이를 부외거래라고 하여 유동화 또는 매각된 이후에도 은행과 관련이 있는 것으로 여기는지 의문이 생길 것이다. 그 이유는 자산유동화와 대출채권 매각에는 우발사건부 약정의 내용이 내재되어 있어 재무상태표상의 자산으로 다시 환원될 위험이 있기 때문이다. 그러므로 자산유동화와 대출채권 매각으로는 자산에 부수한 위험을 완전히 제거하지 못한다는 것을 뜻하며, 아래에서는 그러한 위험요소를 살펴보도록 한다.

2.4.2 자산유동화와 대출채권 매각의 위험요소

자산유동화와 대출채권 매각을 할 때는 **소구권**(recourse)이 부여되어 있는지 여부에 따라 큰 차이가 있다. 소구권이란 소급하여 청구할 수 있는 권리의 준말로서, 채무자가 그 채무를 변제하지 않을 경우 채권자는 그 채권을 양도한 사람에게 소급하여 그 채무를 변제하여 줄 것을 청구할 수 있는 권리를 말한다. 예를 들어 설명하면 다음과 같다. A은행이 X에게 대출을 해주었는데 그 대출채권을 B보험사에 매각하였다고 하자. 그런데 X가 만기일에 그 대출을 상환하지 않을 때 B보험사가 소구권을 갖고 있다면 B는 A은행에게 상환을 청구할 수 있다. 반면 소구권이 없으면 B보험사가 손실을 부담해야 한다.

따라서 법적으로 엄밀히 말하면, 소구권이 부여되어 있지 않는 경우(without recourse)에 한하여 유동화자산과 대출채권 매각이 완전히 재무상태표로부터 분리될 수 있고 은행

12 자산유동화와 대출채권 매각은 자금조달 부담뿐만 아니라 자본확충 부담도 덜어준다. 은행이 계속 대출을 확대하려면(즉, 자산규모를 확대하려면) BIS 자기자본비율 규제 등 감독규정상의 자본충실 규정에 의해 자본도 비례해서 계속 확충해야 하기 때문이다. 은행이 계속 유상증자를 하기도 쉽지 않을 뿐더러 유상증자를 계속하더라도 주가가 낮아지는 등(다른 조건이 동일하다면) 기존 주주의 가치가 희석되는 부작용이 생긴다.

도 위험으로부터 해방된다. 반면 소구권이 부여되어 있는 경우(with recourse)에는 은행이 모든 위험을 여전히 부담하면서 자산에 부여된 현금흐름만을 제3자에게 매각하는 것이다. 즉, 이 경우에 은행은 현금흐름의 관리자로서의 역할만 하고, 유동화자산 또는 매각된 대출의 신용위험 또는 부도위험은 은행이 부담하게 된다.

이와 같이 법적으로는 소구권이 있느냐 또는 없느냐에 따라 은행의 위험에 명백한 구분이 가지만, 현실적으로는 그 차이가 불분명한 것이 보통이다. 앞의 예에서 B보험사는 A은행을 신뢰하고 대출 X를 A로부터 매입하는 것이 보통이며, 만약 대출 X가 부도가 나서 B보험사가 큰 손실을 보게 되면 A은행의 신용이 떨어지는 **평판위험**(reputation risk)이 있기 때문에 A은행은 비록 소구권이 없더라도 대출 X를 B보험사로부터 환매하는 방식으로 상환해 주게 된다. 앞으로도 계속 자산유동화와 대출채권 매각을 해야 하는 A은행의 입장에서는 시장에서의 신용을 유지해야 하기 때문이다.

한편 자산유동화의 경우 신용등급을 올리기 위해 신용보강을 하는 경우가 흔히 있는데, 이때 제3자가 신용보증을 하면 자산을 유동화한 은행의 위험이 완전히 해소되지만, 은행이 스스로 신용보증을 한 경우에는 소구권을 부여한 것과 효과가 같아 은행이 위험을 부담하게 된다.

2.4.3 자산유동화와 대출채권 매각의 위험관리 및 감독

우선 소구권이 부여된 경우에는 유동화자산과 매각된 대출을 유동화와 매각으로 간주해서는 안 된다. 따라서 재무상태표에 그 자산이 여전히 기재되어 있어야 한다. 감독규정도 이를 재무상태표에 기재할 것을 의무화하고 있다. 재무상태표에 기재한다는 것은 신용위험 수준에 준하는 대손충당금을 적립해야 하고, 적절한 자본도 유지해야 한다는 것을 말한다.

소구권이 부여되지 않은 경우에는 그러한 부담이 다소 완화되는 것은 사실이지만, 이 경우에도 잠재적 위험을 파악하여 소구권이 있는 경우에서처럼 그 수준에 적절한 충당금을 적립하고 자본을 유지하도록 하는 것이 바람직하다. 감독당국의 입장에서는 명목상 소구권이 부여되지 않았다 하더라도 실제 소구권이 존재하는지 여부를 파악하는 것이 중요하다.

2.5 파생금융상품

2.5.1 파생금융상품

파생금융상품(financial derivatives)은 어떤 기초자산으로부터 파생되어 만들어진 계약 또는 증권을 말한다. 따라서 그 가격도 기초자산의 가격으로부터 파생되어 결정된다. 대표적인 예로는 선물, 선도거래, 옵션, 스왑 등이 있으며, 기초자산에 따라 상품 파생금융상품, 통화 파생금융상품, 채권 파생금융상품, 주식 파생금융상품, 신용 파생금융상품 등으로 분류된다. 파생금융상품은 은행이 가장 많이 거래하는 부외거래상품이다. 금융공학의 획기적 발전과 더불어 최근 파생금융상품의 거래가 폭발적으로 증가하고 있어, 파생금융상품거래는 은행의 주요 수수료 수입원으로 자리잡았다. 뿐만 아니라 파생금융상품은 은행의 위험관리에 있어서 매우 효율적인 수단으로 광범위하게 이용되고 있다. 반면에 파생금융상품은 그 자체가 엄청난 위험요소가 되기도 한다. 파생금융상품을 은행의 위험관리에서 어떻게 활용하는가 하는 것은 제5편에서 자세히 다룰 것이다. 여기서는 파생금융상품을 간략히 소개하고, 위험과 관리방법 등에 대해 개략적으로 설명한다.

선물 및 선도거래

이것은 미래의 일정시점에 특정 자산을 특정 가격에 대금을 지급하고 양도하기로 하는 매매계약이며, 그러한 계약상의 권리는 시장에서 거래된다. **선물**(futures)과 **선도거래**(forward)의 차이는 표준화되어 있는지 여부의 차이다. 선도거래는 주로 금융기관과 고객 간의 표준화되지 않은 당사자 간의 계약(즉, 장외상품)으로서 유통이 쉽지 않은 데 반해, 선물은 거래소에서 유통되기 쉽도록 표준화되어 있다. 예를 들면, 우리나라의 경우 선물의 만기월은 3월, 6월, 9월, 12월 등으로 정해져 있고,[13] 그 외에 거래단위, 가격표시, 호가가격 단위 등이 표준화되어 있어 거래가 용이하다. 만기일의 결제방법은 계약가격에 현물을 인도하는 현물인도방식과 계약가격과 만기일의 현물가격(spot price)의 차액을 결제하는 차액결제방식이 있다. 거래의 목적이 되는 기초자산은 곡물, 원유, 천연가

---

13 최종거래일은 각 결제월의 두 번째 화요일, 또는 세 번째 목요일 등으로 정해져 있고, 최종거래일의 다음 날에 결제가 이루어진다.

스, 철광석에서부터 금 · 은 등 귀금속, 금리, 외환 등 금융상품에 이르기까지 다양하지만 주로 거래되는 것은 선물과 선도거래가 투기와 헤지를 위해 고안되었다는 사실에서 짐작할 수 있듯이 가격변동성이 큰 것들이다. 기초자산이 무엇이냐에 따라 쌀 선물, 텍사스 중질유선물, 금리선물, 달러선물(또는 선도거래) 등 구체적인 이름으로 부른다.[14]

옵션

이것은 만기일(expiration date)에(또는 만기일이 종료하기 전까지) 기초자산(underlying asset)을 행사가격(exercise price, 또는 strike price)에 살 수 있는 권리(**콜옵션**) 또는 팔 수 있는 권리(**풋옵션**)이다. 만기일에만 권리를 행사할 수 있는 옵션을 **유럽형 옵션**(European option), 만기일까지 언제라도 행사할 수 있는 옵션을 **미국형 옵션**(American option)이라고 하며, 우리나라에는 유럽형 옵션이 도입되었다. 선물과 마찬가지로 이론적으로는 무엇이든 옵션의 기초자산이 될 수 있지만, 옵션에서 거래대상이 되는 기초자산은 주로 주식, 채권 등 금융상품과 외국통화, 금 등이다. 우리나라에서는 현재 주식(대표 우량주 33개), 주가지수(코스피 200)와 미국달러에 대한 옵션이 거래소에 상장되어 있다.

옵션과 선물의 가장 큰 차이는, **선물**은 기초자산 자체를 사고파는 계약인 반면에 옵션은 기초자산을 살 수 있는, 또는 팔 수 있는 권리라는 점이다. 따라서 선물은 만기일에 반드시 거래대상이 된 기초자산을 교환해야(또는 현물가격과 선물가격의 차이를 결제해야) 하는 반면, 옵션은 옵션 권리를 행사하느냐 않느냐에 따라 달라진다. 옵션소유자가 옵션의 권리를 행사하면 선물의 경우와 같지만, 옵션소유자가 옵션의 권리를 행사하지 않고 계약기간이 종료할 수도 있다.[15] 이때는 옵션권리도 소멸한다. 옵션매입자(즉, 소유자)는 권리의 행사 여부를 결정할 수 있지만, 옵션판매자는 상대방이 권리를 행사할 때 반드시 응해야 하는 의무가 있다. 그러한 의무에 대한 대가로 옵션판매자가 받는 가격(그러한 권

---

14 현재 우리나라의 거래소에서 거래되고 있는 선물은 주식선물로 코스피200선물과 코스닥 스타지수선물 등 2종의 주가지수선물과 25개 대표적 우량기업의 개별 주식선물이 있고, 금리선물로는 3년국채선물, 5년국채선물, 10년국채선물 등 3종이 있고, 통화선물로는 미국 달러선물, 일본 엔선물, 유로선물 등 3종이 있다. 그리고 상품선물로는 금선물, 돈육선물이 있다.

15 콜옵션(call option)의 경우 행사가격(살 수 있는 가격)이 그 시점의 현물가격보다 비싸면, 풋옵션(put option)의 경우는 행사가격(팔 수 있는 가격)이 그 시점의 현물가격보다 싸면 옵션 행사가 손해이기 때문에 옵션소유자는 그 권리를 행사하지 않을 것이다.

리에 대한 대가로 옵션매입자가 지불하는 가격)이 옵션가격이며 이를 옵션프리미엄이라고 부른다.

스왑(swap)

이것은 서로 다른 금리 또는 통화로 표시된 부채를 상호 교환하는 거래이다. 표준적인 스왑거래는 ① 동일한 통화지만 금리가 서로 다른 **금리스왑**(interest swap)과 ② 같은 금리지만 통화가 서로 다른 **통화스왑**(currency swaps)이 있지만, 양자를 혼합한 스왑도 있다. 금리스왑은 주로 변동금리와 고정금리를 스왑하여 이자율위험을 헤지하기 위한 방법으로 쓰이며, 통화스왑은 환위험을 헤지하기 위해 쓰인다. 통화스왑은 외환선물 또는 선물환에 비해 장기 환위험을 헤지할 수 있다는 장점이 있다. 금리스왑은 이자율위험을 헤지하고 통화스왑은 환위험을 헤지할 수 있기 때문에, 이 두 개를 합친 혼합형 스왑을 만들면 환위험과 이자율위험을 동시에 헤지할 수 있다. 이것을 **쿠폰 통화스왑**(cross-currency coupon swap)이라고 하며, 한 통화로 표시된 변동금리와 다른 통화로 표시된 고정금리를 교환한다.

2.5.2 파생금융상품의 위험요소

위험요소로서의 파생금융상품

파생금융상품의 가격은 기초자산의 가격에 비해 변동폭이 매우 클 뿐만 아니라 차액결제가 가능하여 투자에 있어서의 레버리지도 매우 높기 때문에 파생금융상품거래는 전형적인 고위험-고수익 구조를 갖고 있다. 특히 기초자산가격이 행사가격보다 낮은 외가격[16] 콜옵션의 경우 레버리지가 수십 배 또는 심한 경우 수백 배에 달할 수도 있다.[17] 따

16 콜옵션은 기초자산을 행사가격에 살 수 있는 권리이므로 기초자산가격이 행사가격보다 높으면 그 권리를 행사함으로써 이익을 볼 수 있어 콜옵션의 내재가치는 양(+)이 된다. 반대로 기초자산가격이 행사가격보다 낮으면 그 권리를 행사함으로써 손실이 나므로 콜옵션의 내재가치는 음(−)이 된다. 전자를 **내가격**(in the money) **콜옵션**, 후자를 **외가격**(out of the money) **콜옵션**이라고 부른다. 그리고 기초자산가격과 행사가격이 같으면 콜옵션의 내재가치는 영(0)이 된다. 이를 **등가격**(at the money) **콜옵션**이라 한다. 풋옵션의 경우는 반대이다.

17 외가격 콜옵션은 내재가치가 음(−)이기 때문에 시장에서의 가격은 그 시점에서는 영(0)이 되어야 하지만, 만기 시까지 기초자산가격이 올라 행사가격보다 높아질 가능성이 있고, 이익을 볼 수 있기 때문에 그러한 가능성을 반영하여 시장가격은 영(0)이 아니고 양(+)이 된다. 그러나 그럴 가능성이 매우 낮을 경우 외가격 콜옵

라서 제3자를 위한 파생금융상품거래는 은행이 단지 수수료수입만을 목적으로 할 뿐 파생금융상품거래로부터 발생하는 손실을 부담하지 않기 때문에 문제가 될 것이 없지만, 은행이 수수료수입에 만족하지 못하고 더 큰 수익을 얻기 위해 투자목적으로 파생금융상품을 보유한다면 많은 이익을 볼 기회를 가질 수 있는 반면 그만큼 잠재적 손실위험도 매우 크다.[18] 고객을 위해 파생금융상품거래를 한 경우에도 고객을 위해 반대 포지션에서 보유하게 된 파생금융상품을 적절히 처분하거나 헤지하지 못하면 그로 인한 잠재적 손실을 떠맡게 되므로 은행이 많은 위험에 노출되게 된다.

헤지수단으로서의 파생금융상품

파생금융상품은 앞에서 설명한 바와 같이 고위험-고수익 구조를 갖고 있지만, 이용하기에 따라서는 훌륭한 위험헤지의 수단이 되기도 한다. 금융기관이 파생금융상품을 이용하여 위험을 헤지하는 구체적인 방법은 제5편에서 자세히 다루기로 하고 여기서는 헤지의 기본개념만을 설명하도록 한다.

헤지의 기본개념은 은행의 기초자산이 일정한 위험에 노출되어 있는 경우 반대방향의 포지션을 취함으로써 위험을 제거하는 것이다. 예를 들어 은행이 한 달 뒤에 다시 팔 목적으로 달러당 1,000원에 100만달러의 외화를 매입하였다고 가정하자. 한 달 뒤에 달러환율이 900원으로 하락하면 은행은 1억원의 손실을 보게 된다. 이 경우 은행이 한 달 뒤에 100만달러를 1,000원에 팔 수 있는 선물환거래를 하면 이러한 손실을 피할 수 있다. 한 달 뒤 환율이 900원이 되면 보유하고 있는 100만달러를 팔 때 1억원의 손실을 보지만, 현물시장에서 100만달러를 달러당 900원에 사서 선물환계약으로 달러당 1,000원에 되팔면(또는 차액결제방식에 의해 달러당 100원의 차액을 받으면) 1억원의 이익을 보아 이익과 손실이 상쇄되기 때문이다. 이와 같이 현물매입포지션을 선물매도포지션으로 상

션의 가격은 영(0)에 근접한 매우 낮은 수준에서 결정되는데, 이때 가능성은 매우 작더라도 만약 기초자산 가격이 많이 상승하게 되면 콜옵션매입자는 투자한 금액 대비 수십 배 또는 수백 배의 수익을 올릴 수 있다. 그러나 반대로 콜옵션판매자는 수십 배 또는 수백 배 손실을 볼 위험이 있다. 풋옵션의 경우는 반대이다.

18 은행이 고객을 위해 고객의 돈으로 유가증권을 매입하는 것이 아니라 투자수익을 목적으로 은행 자신의 자금을 투자하여 주식, 채권, 파생금융상품 등 유가증권을 보유하는 것을 **자기계정거래**(proprietary trading)라고 한다. 은행들의 과도한 자기계정거래가 2007~2009년 글로벌 금융위기의 주요 원인 중 하나라고 판단한 미국은 2010년 금융개혁법에서 은행의 자기계정거래를 제한하고 있는데, 이 규정의 최초 제안자인 전 연방은행 총재 폴 볼커(Paul Volcker)의 이름을 따서 **볼커 룰**(Volcker rule)이라고 부른다.

쇄하는 것이다.

2.5.3 파생금융상품의 위험관리와 감독

파생금융상품이 기초자산의 위험헤지수단으로 이용되면 결과적으로 위험이 제거되어 별 문제가 없겠지만, 파생금융상품이 투자목적으로 이용될 때에는 고위험-고수익 구조로 인해 은행이 매우 큰 위험에 노출되기 때문에 이에 대한 관리가 필요해진다. 파생금융상품의 위험관리는 앞에서 설명한 포지션관리를 기본으로 한다. 파생금융상품 간의 매입포지션과 매도포지션을 상쇄함으로써 위험을 제거하는 것이다.

이론적으로만 보면 포지션 상쇄로 위험을 거의 다 제거할 수 있다. 그러나 위험과 기대수익률 간에는 교환관계가 있기 때문에 위험을 줄일수록 기대수익률이 낮아져 은행의 수익성이 하락한다. 더욱이 은행은 위험을 적절히 관리하는 기관이지 무조건 피하기만 하는 기관이 아니기 때문에 어느 정도의 위험감수는 불가피하다. 따라서 은행의 위험관리의 핵심은 기대수익률과 위험수준의 적절한 균형을 이루는 것이다. 즉, 위험을 정확히 파악하고 통제가능한 수준으로 관리하면서 기대수익률을 극대화하는 것이다.

이와 같이 은행이 수익성을 위해 파생금융상품의 위험을 어느 정도 감수할 수밖에 없다면 그러한 위험을 통제가능한 수준으로 관리하는 것이 중요한 이슈가 된다. 선물의 경우에는 거래소에서 기초자산의 가격(현물가격)과 행사가격(선물가격)의 차이를 계산하여 매입자와 매도자 간에 일일정산하도록 하고 있듯이, 파생금융상품의 위험관리를 위해서는 기초자산의 현물가격이 변동함에 따라 발생하는 파생금융상품의 가치변화를 금융기관의 경영실적에 즉시 반영되도록 하여야 한다. 파생금융상품에 대한 감독당국의 관심의 초점도 여하히 파생금융상품의 실제가치가 금융기관의 회계장부에 적절히 반영되도록 할 수 있는가에 있다.

그러나 문제는 파생금융상품에 내재된 위험을 알기 어려운 경우가 많이 있다는 것이다. 금융공학이 발달함에 따라 점점 더 구조가 복잡한 파생금융상품이 만들어지고 있는데, 구조가 복잡한 고난도 파생금융상품의 경우 그 내용을 파악하기가 쉽지 않고 내재된 잠재손실의 규모를 측정하기가 사실상 불가능한 경우도 흔히 있다. 따라서 금융기관의 CEO는 엄청난 잠재적 위험이 있는 것도 모른 채 단기간에 많은 수익을 올리는 데 현혹

되어 고난도 파생금융상품거래에 너무 많이 끌려들어 갈 위험이 있다. 감독당국도 파생금융상품거래로 금융기관이 부담할 수도 있는 잠재적 위험의 크기를 알기 어렵기 때문에 적절한 감독을 할 수 없게 된다. 실제로 금융기관의 파생금융상품거래는 최근 전 세계적으로 폭발적인 증가세를 보였는데, 그것이 2007~2009년 글로벌 금융위기의 주요 원인 중 하나가 되었다. 따라서 2010년 영 · 미 등 선진국의 금융개혁법은 금융기관의 파생금융상품거래를 제한하고 있다.

3. 요약

부외거래는 어떤 약정상의 우발사건이 발생할 경우 재무상태표상의 자산 및 부채라는 현실의 거래모습으로 나타나는 거래를 말한다. 그 예로는 지급보증, 대출약정, 신용장 및 스탠바이 L/C, 자산유동화와 대출채권 매각, 파생금융상품거래 등이 있다. 지급보증은 은행의 거래고객이 거래상대방에게 부담하고 있는 채무의 지급을 은행이 보증하고, 대신 은행에 수수료를 지급하는 계약을 말한다. 대출약정은 약정된 금액의 한도 내에서 약정된 금리로 약정된 기간 내에 언제라도 대출을 받을 수 있는 계약이다. 신용장은 상거래에서 구매자가 대금을 지급하지 못할 경우 은행이 대신 판매자에게 구매대금을 지급한다는 지급보증 약정이다. 스탠바이 L/C는 금융 또는 채무보증을 목적으로 하는 특수한 형태의 신용장을 말한다. 자산유동화는 은행이 갖고 있는 자산을 시장에서 유통되기 쉬운 유가증권 형태로 바꾸어 매각하는 것을 말하며, 대출채권 매각은 은행이 갖고 있는 대출채권을 다른 금융기관에 매각하는 것을 말한다. 파생금융상품은 어떤 기초자산으로부터 파생되어 만들어진 계약 또는 증권을 말한다.

부외거래업무는 은행의 대체수익원으로 자리잡으면서 그 규모가 빠르게 성장하고 있다. 은행이 부외거래업무에 적극적인 이유는 다음과 같은 이유 때문이다. 첫째, 부외거래의 수수료수입은 은행의 수익성 성장에 기여한다. 둘째, 대출이자 수익에 편중된 은행의 수익구조를 다변화시켜 주어 수익성의 안정화에 기여한다. 셋째, 전통적 예대업무에 수반하는 자금조달 및 자산관리 부담을 덜어준다. 넷째, 부외거래가 은행의 위험관리 수단으로 활용될 수 있다. 다섯째, 은행의 감독부담을 덜어준다.

부외거래는 우발적 사건이 발생할 때 재무상태표상의 자산 및 부채로 전환되기 때문에 은행의 자산 · 부채에 수반되는 통상적인 위험이 잠재적으로 수반된다. 부외거래의 구체적 위험요소는 부외거래에 내재된 잠재적 자산 · 부채의 성격에 따라 신용위험, 환위험, 이자율위험이 있고, 우발적 자금소요로 인한 유동성위험, 그리고 경우에 따라서는 은행의 신뢰에 영향을 미치는 평판위험 등이 있다.

연 | 습 | 문 | 제

01. 부외거래업무의 중요성을 은행의 관점과 감독자의 관점에서 설명하시오.

02. 지급보증에 내재된 위험요소를 설명하고, 그 위험요소의 관리방법을 제시하시오.

03. 대출약정에 내재된 위험요소를 설명하고, 그 위험요소의 관리방법을 제시하시오.

04. 신용장에 내재된 위험을 설명하고, 그 관리방법을 제시하시오.

05. 신용장을 발급하는 은행은 신용장을 발급받는 기업에 대해 시장보다 더 잘 평가하고 있거나 또는 더 잘 관리할 수 있어야 한다. 그 이유를 설명하시오.

06. 자산유동화와 대출채권 매각의 위험요소를 모두 열거하고, 그 관리방법을 설명하시오.

CHAPTER 10

비이자수익업무

금융환경 변화는 금융기관들에게 새로운 전략적 선택(strategic choice)을 요구한다. 예대업무로부터 발생되는 이자이익은 은행의 전통적 수입원인 데 반해, 제9장에서 공부했던 부외거래업무와 같이 수수료수익을 유발하는 업무의 확대는 환경변화에 따른 대응이라 할 수 있다. 본 장에서는 우선 은행들의 비이자수익업무를 개관하고, 그 생성과 발전 그리고 최근의 추세와 현황 등을 살펴본다. 그 다음 수수료 결정방식과 한계에 대해서 살펴보며, 마지막으로 프라이빗뱅킹, 방카슈랑스, 신용카드, 자산관리, 거래형 금융 등 다양한 비이자수익업무들을 살펴본다. ■

1. 은행의 비이자수익업무

은행의 **비이자수익**은 대출과 유가증권 보유 등으로부터 발생하는 **이자수익** 이외의 모든 수익을 통칭한다. 다만 본 장에서는 이것을 **비이자이익**과 구분 없이 사용하는데, 다음과 같은 이유 때문이다. 우선 **이자이익**부터 생각해 보면, 이는 수입이자에서 지급이자를 차감한 것이다. 예로, 대출이자라는 수익 발생에 예금이자가 원가로 직접 기여한 것으로 간주하여 이를 차감하고 이자이익을 산출한다. 그런데 비이자수익의 경우는 직접적으로 대응시킬만한 비용이 없거나 있어도 연관성이 간접적일 뿐이다. 비근한 예가 인건비와 물건비라는 간접비다. 그러나 실제로 이들 간접비는 비이자수익뿐만 아니라 이자수익과도 연관되므로 비이자수익에만 적용할 수는 없는 노릇이다. 이런 상황에서 본 장에서는 비이자수익 발생에 직접적으로 대응시킬 만한 직접비용이 무시할 수 있는 수준이라고 가정하고 비이자수익과 비이자이익을 구분 없이 취급한다.

금융중개이익과 기타이익

[표 10-1]은 은행의 총이익을 크게 두 가지 기준으로 구분하고 있다. 첫째는 **이자 형태 여부**에 따른 구분이다. 전통적으로 은행의 주 업무는 예금과 대출이었고 이로부터 발생하는 이자수익과 이자비용의 차이, 즉 이자이익은 은행 이익의 주 원천이었다. 그러나 최근 들어 이자이익 외에 다양한 은행수익이 발생하고 있는데, 본 장에서 다루는 비이자수익, 그 중에서도 특히 수수료수익이 대표적이다. 두 번째 기준은 **금융중개기능과의 연관성**이다. 은행의 수익 중에는 고객에 대한 금융중개서비스 제공과 연관되어 발생하는 부분이 있는가 하면 이와는 무관하게 발생하는 부분도 있다. 예컨대 은행의 예대업무 수행에 따라 발생하는 이자이익이나 수수료수익은 고객에 대한 금융중개서비스에 해당되지만 트레이딩업무로부터 발생하는 이익은 심화되는 경쟁 속에서 이윤확보를 위해 필요할지라도 금융중개기능 수행과의 연관성을 찾기는 쉽지 않다. 따라서 이러한 업무는 기타업무로 분류하는 게 적절하다.

[표 10-1]은 은행의 이익을 이들 두 가지 기준을 사용하여 구분하고 있다. 우선 **이자이익**의 경우는 은행의 예대업무 수행으로부터 발생하는 부분과 기타업무 수행과 연관되어

| 표 10-1 | 은행 수익의 구분

이자 연관성 / 금융중개 연관성	이자이익	비이자수익		
		수수료수익	유가증권 및 파생금융상품 관련 이익	기타 비이자이익
금융중개이익	예금, 대출 이자	송금수수료, 중도상환수수료, 지급보증료	자산유동화 관련 손익	-
기타이익	유가증권이자	방카슈랑스모집수수료, 펀드판매수수료	배당, 트레이딩이익, 유가증권과 파생금융상품평가손익	유가증권대여료

발생하는 부분으로 구분된다. 예로 대출이자에서 예금이자를 차감한 부분은 전자에 해당하고 은행의 채권투자로부터 발생하는 이자에서 채권발행에 대해 지급하는 이자를 차감한 부분은 후자로 분류된다. 은행의 중개기능 수행과 직접 연관되지 않기 때문이다. **비이자수익**도 마찬가지 방식으로 구분할 수 있다. 비이자수익은 형태별로 ① 수수료수익, ② 유가증권 및 파생금융상품 관련 이익, ③ 기타 비이자이익으로 구분되며, 이들을 다시 금융중개 연관성에 따라 금융중개이익과 기타이익으로 구분하였다.

은행의 모든 수익을 이런 방식으로 분류하는 것은 쉬운 일은 아니며 경우에 따라 불가능하거나 적합한 예를 찾기 어려운 경우도 있다. 그럼에도 불구하고 이러한 분류방법은, 제1장에서 공부했듯이, **금융중개서비스** 제공이야말로 은행영업의 기본이라는 점을 다시금 확인시켜 주는 것이다. 만약 은행영업이 단순히 이익창출에 그치는 것이라면 그 은행은 폰지게임(Ponzi game)과 다를 바 없어서 일시적으로는 이익창출이 가능하더라도 중개기관으로서 지속 성장이 가능하지 않을 것이다.

2. 비이자수익업무의 이해

수수료수익업무

비이자수익 중에서 **수수료수익**은 은행이 일상적인 영업활동과 관련하여 고객에게 제공하는 서비스의 대가로 얻어지는 수익이다.[1] 수수료수익은 추가적인 자본조달이 필요하지 않거나 또는 필요성이 간접적이어서(보증수수료의 경우), 최근 BIS 자기자본비율 규제가 강화되는 상황에서 위험자산을 증가시키지 않고도 수익창출이 가능하다는 점에서 그 중요성이 증가하는 추세이다.

해외 선진은행들은 송금수수료, 중도상환수수료, 지급보증료뿐 아니라 증권인수와 기업구조조정, 자산유동화 등 증권화 관련 시장조성, 부동산 금융과 민간자본 유치, 프로젝트파이낸싱 등을 통한 자금조달, 기업인수 · 합병 등 자본투자업무, 재무자문이나 정보서비스 제공 등 다양한 금융서비스 제공을 통해서 막대한 수수료수익을 올려왔다. 비록 2008년 글로벌 금융위기 이후 이들의 업무가 위축되는 모습을 보이기는 하지만, 선진 투자은행들의 저력을 감안할 때 앞으로도 은행, 특히 투자은행의 주된 수익원으로 자리잡을 것으로 예상된다.

그러나 전업주의 금융시스템을 택하고 있는 한국에서는 은행들의 겸업화 자체가 크게 제한되어 있을 뿐 아니라 금리와 수수료 인상에 대한 사회적 관용이 높지 않아 수수료 관련 업무 창출 유인이 낮아 해외 선진은행 대비 **수수료 포트폴리오**가 제한적이다. [표 10-

| 표 10-2 | 국내은행의 수수료수익 구조

구분	내용
지급결제수수료	경제주체들 간 자금결제를 원활히 해주기 위해 제공되는 금융서비스로부터 발생되는 수수료로 송금수수료, CD/ATM 이용수수료, CD 공동망 이용수수료 등
신용카드수수료	신용카드 연회비, 체크카드 수수료 등
외환거래수수료	외환거래와 관련된 수수료에는 외환송금수수료, 여행자수표 판매수수료, 수출 및 수입과 관련된 환어음결제수수료 등
금융상품판매수수료	방카슈랑스, 수익증권판매 등에 따른 대행업무수수료로 보험회사나 자산운용사 등이 은행의 판매 및 모집, 유지, 관리 등의 실적에 따라 지급하는 수수료
기타수수료	유가증권 및 파생금융상품 매매 중개 관련 수수료, 컨설팅수수료, 지급보증수수료, 자기앞수표 발행수수료, 보호예수 및 대여금고 수수료 등 은행 고유업무를 제외한 기타 서비스에 대해 부가되는 수수료

1 우리나라 은행들은 대략 140여 가지 수수료를 수취하는 것으로 알려지고 있지만 은행의 영업이익에서 수수료가 차지하는 비중은 매우 낮다. 반면에 미국의 은행들은 결제성계좌 등에 대한 계좌유지수수료가 큰 비중을 차지하고 있고 증권 관련 업무에서도 투자자문 및 관리, M&A 중개 및 컨설팅 등 다양한 분야에서 수수료수익을 취함으로써 은행의 영업이익에서 수수료가 차지하는 비중이 매우 높은 편이다. 보다 자세한 내역은 본장 4절을 참조하기 바란다.

2]가 국내은행의 수수료수익 구조를 보여준다.

유가증권투자업무

일반은행은 예금주들로부터 조달한 자금을 대출할 뿐 아니라 유가증권에 투자함으로써 보유자산의 다양화를 추구하는 동시에 수익성 제고를 도모한다. 국내은행이 보유하는 유가증권에는 국고채, 통화안정증권, 금융채, 지방채, 주식 등이 있는데, 기본적으로 유가증권은 시장가치가 수시로 변동하는 위험자산이므로 은행법에서는 건전성 확보차원에서 자기자본의 100% 이내로 투자규모를 제한하고 있으며, 특히 유가증권 보유한도 내에서 다른 기업을 지배할 우려가 있는 유가증권에 대한 투자는 금지되어 있다. 은행은 유가증권 투자업무 외에도 은행업 및 증권관계 법률에 따라 증권 관련 업무를 취급한다. 이는 주로 투자유가증권 및 대출채권 매각과 관련되는데, 이 부문의 저조한 성과가 국내은행의 낮은 비이자이익의 주된 원인의 하나로 작용하고 있다.

단기매매증권 및 외환 · 파생금융상품 운용업무[2]

수수료수익과 같이 추가적인 자금조달비용 없이 수익창출이 가능한 고부가가치 업무로 단기매매증권이나 파생금융상품 등의 **트레이딩(trading)거래**와 **외환거래**가 해당된다. 다만 미국 은행들과 달리 국내은행들은 이들 업무에서 계속해서 손실을 기록하고 있다.

3. 비이자수익업무의 생성과 발전

3.1 기간의 구분

은행의 비이자수익업무는 규제환경의 변화, 금융시장의 경쟁 심화, 기술발전 등 다양한 금융환경변화 속에서 이들에 대비하고 대응하는 진화과정을 거쳐 왔다. 그래서 비이

2 자세한 내용은 제9장을 참조하기 바란다.

자수익업무를 이해하기 위해서는 금융환경변화가 비이자수익업무 진화에 어떤 영향을 미쳤는지를 이해하는 것이 필요한데, 이를 위해 미국을 중심으로 지난 30여 년간 은행업의 비이자수익 발전내용과 관련된 연구결과를 살펴보기로 한다. 논의의 편의를 위해 이 기간을 ① 대략 1970년대 초부터 1999년 금융현대화법(GLB법)이 제정되기까지의 첫 번째 기간, ② 그 후 2008년 글로벌 금융위기(GFC)까지의 두 번째 기간, 그리고 ③ 금융위기 이후 최근까지의 세 번째 기간으로 구분한다.

첫 번째 기간 중에는 자본시장으로부터의 경쟁심화가 은행고객들의 **탈은행화**(financial disintermediation)를 촉발시켜 은행으로 하여금 대체수익원 모색에 나서게 하였다. 특히 1980년대 초 시장금리가 치솟으면서 고객을 잃게된 은행들은 예금과 대출이라는 전통적인 업무 외에 여러 가지 부대서비스를 통해 고객유치에 노력하였는데, 이 과정에서 이자이익 비중을 낮추고 비이자수익 비중을 늘리는 노력을 강화하였다. 게다가 비이자수익은 은행의 전통적인 예대업무 수행에 따라 발생하는 금리위험 노출의 회피수단으로 적극 확대됐다. 당시에는 비이자이익을 통한 은행의 업무다변화가 **분산효과**를 통해 위험을 낮추고 수익성 향상에 기여할 것이라는 생각이 지배적이었는데, 특히 1999년 **GLB법**에 의해 겸업화로의 규제완화가 허용되는 과정에서 은행업무 다변화 추진이 가능하였다.

글로벌 금융위기까지의 두 번째 기간 중에는 비이자이익업무 확대가 **은행위험의 확대**를 초래한다는 주장이 대두되었다. 이 기간의 특징으로 규제완화와 기술발전을 꼽을 수 있는데, 우선 규제완화가 은행의 업무영역을 확대함으로써 은행 스스로 위험부담을 늘렸다. 다음으로 기술발전은 폰뱅킹과 인터넷뱅킹 등 **원격금융**(remote banking)을 활성화시키면서 지급결제업무를 포함하여 은행 예대업무의 많은 부분을 수수료업무로 전환시켰다. 그런 와중에 일부 연구자들이 수수료업무가 예대업무보다 더 큰 위험을 초래할 수 있다는 연구결과를 제시하였는데, 그 이유는 다음과 같다. 우선 수수료기반 거래는 은행의 전통적 대출업무보다 **거래상대방 교체가 용이**하여 수익의 변동성 확대를 초래할 것이다. 뿐만 아니라 수수료업무 확장을 위해서는 고정비 투입이 필요한데, 이것이 **운영레버리지를 확대**한다. 그리고 수수료업무가 확대되면서 대출이 줄면 자본금 예치요구가 작아져 **재무레버리지가 높아지고** 따라서 위험이 확대된다는 것이다. 다수의 실증연구들이 이러한 위험확대 주장을 지지했음에도 불구하고, 미국은행들의 수수료수익은 지속적으로 증가했다.

최근의 세 번째 기간 중에는 글로벌 금융시장 전반적으로 **시장위험이 확대**되면서 트레이딩을 포함하여 은행의 비이자이익업무 위험이 확대되었고, 시스템리스크에 대한 인식 또한 높아지면서 은행의 최적 겸업화수준 자체가 축소되는 것으로 드러나고 있다. 다시 말해서 그간 미국 및 선진국 은행들이 주도했던 겸업화 내지 비이자수익 비중 상승세는 글로벌 금융위기를 계기로 일단 진정국면으로 들어선 모습을 보이고 있다.

3.2 은행이익의 진화

[그림 10-1]은 은행의 업무가 환경변화와 기술발전에 힘입어 지속적으로 변화 · 발전하는 것을 보여준다. 우선 전통적 예대업무가 변함없이 지속되면서 이자이익을 창출한다. 그러나 일부 예대업무는 시간이 지나면서 수수료 방식으로 변환하여 수수료수익을 창출한다. 비근한 예가 지급보증이다. 일반대출로부터 우발성을 띠는 보증업무로 변환함으로써 종래 이자이익이 수수료이익으로 변환하였다. 한편 ICT의 발달에 힘입어 과거에 없던 수수료업무를 창출하여 새로운 수수료수익을 발생시키는 경우도 있다. 비근한 예가 ATM기기로부터의 수수료인데, **은행의 전산투자에 대한 보상**으로 이해된다. 한편 기존 은행의 업무가 규제완화 덕분으로 자본시장업무로 이탈한 경우도 있고 또 역으로 과거

그림 10-1 | 금융중개기능과 이익형태의 진화

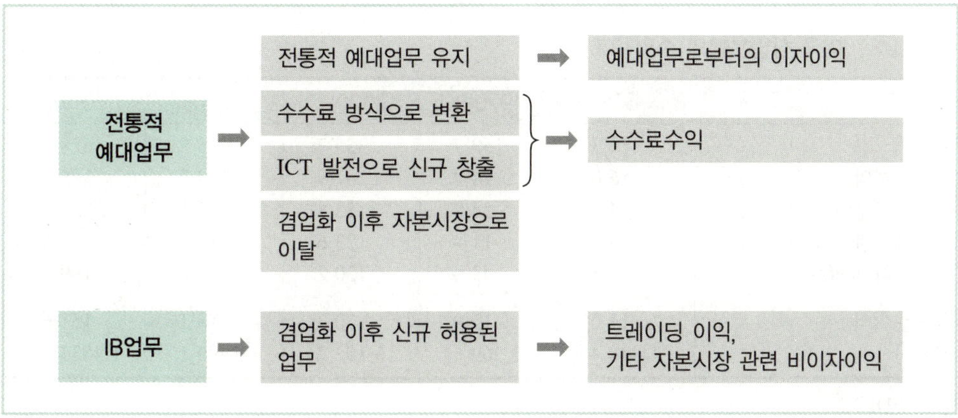

자본시장업무가 규제완화로 말미암아 은행업무로 허용된 경우도 있다.

4. 국내외 은행의 비이자수익 추세 및 현황

4.1 미국 상업은행의 비이자수익 추세

이제 [표 10-3]과 [표 10-4]에서 미국 상업은행들과 국내은행의 수익성 및 비이자수익 내용을 살펴본다. 우선 미국 상업은행들의 경우 2008년 글로벌 금융위기 직후 수익성이 큰 폭으로 하락했으나 최근 다시 상승했음을 알 수 있다. 그리고 비이자이익이 총이익에서 차지하는 비중 또한 40% 이상에서 40% 이하로 다소 하락한 것으로 드러났다. 한편 그 구성을 살펴보면 예금 관련 수수료수익이 전체 비이자이익의 14.3%를 차지하고 나머지를 기타 영업수익이 차지하고 있다. 한편 좀 더 구체적으로 살펴보면, **예금 관련 수수료**와 **자산유동화 관련 수입**이 수수료의 대부분을 차지하고 있으며, 증권, 보험 등 타업종 업무 수행에 따른 수익비중은 그다지 높지 않다. **계좌유지**, **가계수표 취급** 등 **예금 관련 수수료수익**이 큰 것과 주택대출의 유동화 등 **자산유동화 관련 수익**이 큰 것은 비이자이익의 증가가 반드시 전통적인 중개기능 축소를 의미하는 게 아님을 말해준다. 이는 앞에서 설명한 바와 같이 수수료수익에서 금융중개기능의 중요성을 확인하는 것이다.

| 표 10-3 | 미국 상업은행의 수익구조

(단위 : 십억달러)

	1980년	1990년	2000년	2010년	2015년
총이익	70.3	169.7	355.7	605.8	628.3
이자이익	56.0	114.9	201.9	389.7	395.5
비이자수익	14.3	54.8	153.8	216.1	232.8
예금관련 수수료수익	3.2	11.4	23.6	35.5	33.3
기타 영업수익	11.1	43.4	130.2	180.6	199.5
당기순이익	14.0	15.9	70.3	78.1	151.6
총자산	1,848.4	3,369.6	6,192.2	1,1990.1	1,4833.8

자료 : FDIC

4.2 국내은행의 비이자수익 현황

[표 10-4]에서 국내은행들의 평균 비이자이익은 총이익의 10~15% 수준에서 등락을 거듭하고 있음을 알 수 있다. 수수료 관련 수익이 비이자수익의 대종을 이루지만 규모 자체가 작다는 게 문제다. 신탁이나 유가증권 관련 이익도 작고 외환 · 파생 관련 손실이 지속된다는 점도 주목해야 한다.

| 표 10-4 | 국내은행의 수익구조

(단위 : 조원)

	1990년	2000년	2010년	2015년
총이익	42.6	39.0	38.4	39.4
이자이익	38.0	34.9	34.9	33.5
비이자이익	4.5	4.2	3.5	5.9
수수료관련이익	4.7	4.5	4.6	4.9
신탁관련이익	0.5	0.5	0.7	0.8
유가증권관련이익	2.2	1.0	1.0	2.7
외환파생관련이익 등	△2.9	△1.9	△2.7	△2.5
판매비와 관리비	20.3	20.3	21.0	22.5
충당금전입	9.6	10.4	8.4	10.6
영업이익	12.7	8.3	9.0	6.3
영업외손익	△0.7	△1.8	△0.3	△0.6
총이익	42.6	39.0	38.4	39.4
당기순이익	9.4	5.1	6.8	4.6
총자산	1,263.7	1,276.9	1,350.5	–

자료 : 금융감독원, 금융감독정보

[표 10-5]에서 국내은행들의 대고객 수수료 비중이 크게 낮음을 볼 수 있다. 이는 국내은행들이 고객에 대한 금융중개서비스 개발에 적극적이지 않음을 드러내는 것이다. 그 대신 펀드와 방카슈랑스 등 금융상품 판매에서 발생하는 업무대행수수료가 큰 비중을 차지하는데, 은행이 창의적으로 새로운 상품과 서비스를 만들어 수익을 창출하기보다 증권권이나 보험권 상품을 대리판매함으로써 수익을 얻고 있는 것이다. 그간의 다양한 노력에도 불구하고 은행권의 중개기능이 제한적인데, **전업주의 금융시스템** 하에서 겸영을 확대하기도 어렵고, 금융지주회사 내에서 겸업의 정도를 확대하는 것도 정보공유 문제 등으로 제한적인 실정이다. 금리와 수수료 인상에 대한 반감이 사회 저변에 깔려 있다는 점

| 표 10-5 | 국내은행 부문별 수수료수익 비중

(단위 : 억원)

	대고객수수료	업무대행수수료	기타수수료
2014년	7.5%	19.4%	73.1%
2011년	7.9%	22.2%	69.9%

주 : 1) 대고객수수료 = 송금수수료 및 CD/ATM 인출수수료 등 서민대상수수료
2) 업무대행수수료 = 방카슈랑스 및 수익증권판매수수료
3) 기타수수료 = 기타원화수수료(프로젝트파이낸싱수수료, 자산유동화 관련 수수료 등), 외환수입수수료, 지급보증료, 기타신용카드수수료 및 기타

자료 : KIF 내부 연구자료

도 비이자수익 확대를 어렵게 만든다.

금리와 수수료 자유화

국내은행들의 수수료수익이 낮은 이유는 무엇인가? 첫째는 금리와 수수료가 종종 시장 외적 요인으로 결정되기 때문인데, 이는 **금융자율화**가 실질적으로 정착되지 않았기 때문이다. 이런 상황에서 정부는 통상 수수료를 낮추거나 자의적으로 결정하려는 성향을 보이는데, 이는 금융회사의 기술과 인력 투자 그리고 신상품과 서비스 관련 혁신 유인을 제한하여 금융경쟁력 약화의 원인으로 작용한다. 따라서 금리와 수수료 결정권을 시장으로 돌려주고 금융자율화를 정착시키려는 정부의 적극적인 노력이 필요한 상황이다. 둘째, 은행들 간 차별화되지 않은 금융상품과 서비스를 놓고 **가격경쟁**이 과열되는 경우에도 수수료가 과도하게 하락한다. 금융상품과 서비스가 다양화되지 못하거나 질적 수준이 낮은 상태에서 과당경쟁은 출혈경쟁을 초래할 수 있다. 이런 문제는 금융회사들 각각이 **금융혁신**을 통해 차별화된 서비스를 제공함으로써 해결할 수 있다. 셋째, 사회 전체적으로는 금융혁신이 국가경제에 끼치는 긍정적 영향이 금융의 공공성에 가리어 간과되는 문제가 있다. 관치금융이 오래 지속되면서 금융산업에 대한 사회적 기대가 크게 낮아졌을 것이나, 그럴수록 금융회사의 금융혁신 노력에 대한 존중과 보상이 금리와 수수료 등에 반영되어야 한다. 금융혁신 선순환 구조의 출발점이 될 것이기 때문이다.

Box 10-1 | 국내은행의 벤치마크은행 대비 수익성 요소 비교

국내은행은 해외 벤치마크은행 대비 어떤 수익성 요소가 경쟁력 우위를 보이고 또 어떤 요소가 취약한가? 이 질문에 답하기 위해서 Citi Research(2013)가 우량은행으로 선정한 북구의 Nordea Bank와 Danske Bank 그리고 미국의 지역은행인 Zions Bank를 벤치마크로 삼아 국내은행들과 비교하였다. 이들 벤치마크은행들은 영업의 수월성과 비용이익률(cost-income ratio: CIR)에서 탁월함을 드러낸 우량은행들이다.

| 표 10-6 | **북구은행 및 미국지역은행 대비 국내은행 수익성 요소별 경쟁력** (단위 : %, 배)

	북구은행	미국 지역은행	국내은행	국내은행 경쟁력
순이자이익	0.94	2.93	1.92	보통
비이자이익	0.65	1.78	0.22	취약
총이익	1.59	4.71	2.13	보통
판매비와 관리비	−0.80	−2.88	−1.09	보통
대손비용	−0.09	−0.23	−0.55	취약
기타이익	0.00	−0.04	−0.05	취약
세전이익	0.69	1.55	0.44	취약
ROA	0.53	1.08	0.33	취약
레버리지(배)	20.9x	8.6x	13.06x	보통
ROE	10.60	9.24	4.31	취약

주 : 해외은행은 2013년 실적, 국내은행은 2012~14년 실적의 산술평균, 국내은행의 일부 수치는 ROA, ROE 및 당기순이익 자료를 이용하여 역산

자료 : Citi Research(2013) 및 윤석헌(2015)에서 재인용

[표 10-6]에서 세전까지의 수치들은 해당 변수의 실제금액을 총자산금액으로 나누어 얻은 %값들이다. 우선 국내은행은 순이자이익 지표에서 최우량인 미국지역은행과 다소 미흡한 북구은행의 중간에 위치한다. 여기서 북구은행의 경우 낮은 순이자이익에도 불구하고 판매비와 관리비 그리고 대손비용 등을 성공적으로 관리함으로써 미국지역은행보다 높은 ROE를 실현하고 있다. 국내은행의 경우 순이자이익 자체는 북구은행보다 오히려 큰 실정이다. 그러나 본 장에서 논의한 비이자이익 지표에서 국내은행은 매우 취약한 모습을 보이고 있다. 앞서 설명한 국내은행의 낮은 비이자이익 비중을 확인하는 것인데, 미국지역은행은 물론 북구은행의 1/3 수준으로 격차가 매우 크다.

한편 비용항목을 살펴보면 두 가지가 상반된 모습을 보인다. 우선 인건비와 물건비로 구성된 판매비와 관리비에서 국내은행은 우량한 북구은행 대비 큰 차이를 보이지 않는다. 이는 인건비 등이 은행권 수익성 저하의 큰 요인이라는 사회적 통념과 다소 차이나는 결과로 오히려 수익성 요소 중 상대적으로 가장 우수한 부분으로 평가된다. 그러나 대손비용은 상황이 좋지 않다. 북구은행이 총

자산 대비 0.09%로 매우 우량하고 미국지역은행 역시 0.23%로 우량한 수준인 반면, 국내은행은 미국지역은행의 두 배가 넘는 0.55%를 기록함으로써 문제를 드러내고 있다. 게다가 집필시점에서 진행 중인 조선해운업 구조조정에 따른 부실이 현실화되면서 향후 급격한 악화가 우려된다. 2016년 3월말 현재 1,223조원을 넘은 가계부채도 머지않아 대손비용의 증가를 초래하면서 국내은행 수익성의 큰 마이너스(–) 요인으로 부상하고 있다.

마지막으로 레버리지비율은 조정항목 역할을 하고 있다. 북구은행의 경우는 은행업이 상대적으로 안전하여 ROA가 낮은 상황에서 은행이 주주 수익성 제고를 위해 높은 레버리지비율을 사용하고 있고, 미국지역은행에서는 은행업 위험이 상대적으로 높아 ROA가 높은 상황에서 이를 완화하기 위해 낮은 레버리지비율을 사용한 것으로 이해된다. 그래서 각각의 경우 은행업 위험에 맞춘 최적 수준의 레버리지를 선택함으로써 ROE를 극대화하는 모습을 보이고 있다. 그런데 국내은행의 경우 만약 낮은 ROA가 낮은 위험부담 때문이라면, 낮은 ROE는 (규제가 지나치게 강하여) 자기자본비율이 높아진 때문이 아닐까? 결론적으로 국내은행업은 재료가 나쁜 것 같지 않음에도 좋은 성과를 만들어내지 못하고 있는 것이다.

5. 수수료 결정 체계의 이해

5.1 수수료 결정방식

과거 경제발전 기간 동안 우리나라 은행들은 **만성적인 자금의 초과수요 상태**에서 영업활동을 해왔다. 이에 따라 예금의 증가가 은행의 수익 확대로 직결된다는 인식하에 수신고 확대를 목적으로 예금 관련 서비스에 대해 수수료를 부과하지 않았었다. 그러나 엄밀히 살펴보면 수수료를 부과하지 않았다기보다 서비스제공에 따라 발생되는 비용을 대출금리와 예금금리에 반영시키는 가격결정전략 내지 상품 간 **교차보조**(cross subsidy)전략으로 손실을 보전해 왔다고 할 수 있다.

국내은행들은 불과 몇 년 전만 해도 고객에게 제공하는 **서비스의 생산원가**를 단순히 생산에 투입된 직원수에 기초하여 계산하고 이를 근거로 수수료율을 책정해 왔다. 하지만 은행업무의 전산화가 급격히 진전되고 직원들이 담당하는 업무가 상호연계되고 복잡해지면서 간접비가 실제 투입된 직원수에 비례하여 발생하지 않는 등 실제원가를 왜곡할 가능성이 제기되었다. 이러한 문제를 해결하기 위하여 많은 은행들은 **활동기준원가계산(activity-based costing : ABC)방식**을 도입하였다. 활동기준원가계산방식이란 원가배분의 기준을 실제로 해당 서비스의 업무활동에 투입된 시간, 즉 활동량으로 보고, 활동량에 따라 활동원가를 계산한 다음 이를 토대로 서비스원가를 계산하는 방식이다.

활동기준원가계산방식에 있어서 원가계산은 일반적으로 활동식별, 원가집계, 원가동인(cost driver)의 선택, 그리고 활동원가를 개별 산출물에 부과시키는 단계를 거치게 된다. 첫 번째로 **활동식별 단계**에서는 원가계산을 위해서 활동량이 집계되어야 하는데, 이 단계에서 정확한 원가산정을 위해 활동을 너무 세분화하면 활동의 측정이 곤란하거나 비용이 과다하게 발생하는 문제점이 나타날 수 있다. 두 번째 단계는 활동별로 **원가를 집계하는 단계**인데, 활동에 의한 직접적인 소비량을 측정하는 직접부과방식, 여러 가지 활동에 공통적으로 이용되는 자원에 대한 개별소요량 추정방식, 기준 적용이 어려울 경우 자의적으로 배분하는 방식 등이 있다. 그 다음에는 회귀분석이나 상관분석 등 통계적 기법을 이용하여 **원가동인을 선택**하는 단계를 거친다. 여기서 원가동인이란 활동별 원가를 발생시키거나 영향을 미치는 요인으로, 각 원가대상에 활동을 배부하는 기준이 된다. 마지막 단계는 **활동원가를 개별 산출물에 부과**시키는 단계로 원가대상별로 원가동인의 사용비율을 산정한 후 각 활동의 원가에 집계된 비용을 곱하여 비용을 계산한다.

1999년 이후 시중은행을 중심으로 활동기준원가계산방식이 도입되어 현재 대부분 은행들이 사용하고 있다. 그러나 은행별로 원가배분방식 등 계산방식에 차이가 있어 은행 간 원가를 제대로 비교하지 못하는 문제가 있다. 다시 말하면 은행서비스에 대한 원가를 계산하는 경우 배부대상이 되는 비용을 서비스 생산을 위해 필요한 활동에 부과하고 이를 집계하여 계산하게 되는데, 비용을 활동에 부과하는 기준이 은행마다 달라 상이한 원가가 산정되는 문제가 발생하는 것이다. 이에 따라 활동기준원가계산방식의 기본적인 틀을 유지하면서 원가차이를 발생시키는 활동의 종류, 자원동인 및 원가동인, 비용 배부 및 집계, 원가부문의 종류, 비용배부방법 등을 통일함으로써 은행 간 비교가 가능한 표준원가분석안의 필요성이 제기되고 있다.

5.2 합리적인 수수료책정의 한계

국내은행의 **수수료체계**는 **수수료원가**에 대한 뚜렷한 산정기준이 없고 수수료 수준이 획일적이라는 점이 가장 큰 문제점으로 지적되어 왔다. 수수료정책은 은행의 중요한 경영전략 중 하나로서 은행 간 차이가 나타날 수밖에 없다. 은행업이 서비스산업이라는 특성상 원가를 산정하는 것이 쉽지는 않다고 하더라도 국내은행들의 경우 은행별 금융서비스의 원가에 차이가 있음에도 불구하고 다른 은행과의 경쟁을 고려하여 수수료율을 책정하고 있는 실정이다. 특히 새로운 수수료를 도입할 경우 주로 **선도은행의 운영사례를 벤치마킹**함으로써 대부분의 은행들이 무차별적인 수수료 기준을 가지게 되어 금융소비자들로부터 담합의혹이 제기될 수 있는데, 현재 수수료체계 현실화를 가로막는 가장 큰 장애요인으로 작용하고 있다. 반면 미국 은행들은 은행별로 계좌유지수수료의 수준과 그에 따라 제공되는 금융서비스의 내용도 다양하게 설정하여 차별화함으로써 금융소비자들로 하여금 자신에게 적합한 은행과 금융상품을 선택할 수 있도록 하고 있다.

은행이 제공하는 서비스에 대해서 **업무원가**에 크게 못 미치는 수준의 수수료를 책정하거나 심지어 많은 경우 수수료를 부과하지 않고 있다는 점 또한 문제이다. 특히 정부의 국고금 수납대행업무와 이자소득 등에 대한 소득세 원천징수업무, 금융정보의 제공업무 등 공공기관을 대상으로 하는 각종 공적 서비스의 경우에 있어 많은 원가비용이 발생하고 있으나 수수료를 거의 징수하지 못하고 있는 실정이다. 반면 신용카드나 CD/ATM 등에 대한 수수료는 서비스 규모에 비해 수수료수익 비중이 상당히 높은 수준으로 수익자부담원칙이나 수수료 부과의 형평성에 위배된다는 지적을 받아오고 있다. 구조적인 측면에서 볼 때도 은행의 서비스 영역이 다양하지 못하여 수수료 관련 영업기반이 취약한 실정이다.

그동안 원가 이하로 제공된 수수료를 현실화하는 것은 불가피하지만, 이에 앞서 **수익 및 원가가 합리적으로 대응되는 수수료체계**를 구축할 필요가 있다. 수수료 인상에 대한 고객의 강한 저항이나 이탈을 방지하기 위하여 **수익자부담원칙**의 불가피성을 납득시키는 노력 또한 꾸준히 이루어져야 한다. 수수료구조의 다양화를 위해서는 수익증권 판매 및 방카슈랑스 취급 확대뿐만 아니라 유가증권인수, 투자자문, M&A 주선, 기업경영 및 구조조정 컨설팅 등 투자은행 업무의 개발이 절실히 요구된다고 하겠다.

6. 수수료수익 관련 주요 업무

6.1 프라이빗뱅킹

일반적으로 **프라이빗뱅킹**(private banking)이란 일정 금액 이상의 자산을 보유하고 있는 부유층(high net worth individual : HNWI) 고객을 대상으로 금융상품에 대한 투자자문을 비롯하여 법률 및 세무 컨설팅 등 **종합적인 자산관리서비스**를 제공하는 금융업의 한 분야를 말한다. 은행은 고객의 거래실적 및 예치자산의 규모에 따라 고객을 세분화하고, 은행의 수익창출에 기여도가 높은 고소득층을 대상으로 차별화된 금융서비스를 제공함으로써 수익성을 제고하고자 프라이빗뱅킹을 영위하고 있다. 우리나라의 경우 1990년대 일부 금융기관에서 프라이빗뱅킹의 초기 형태인 **자문서비스**를 제공한 것이 시초가 되어 외환위기 이후 본격적으로 프라이빗뱅킹 영업이 추진되었다. 금융소비자 측면에서 저금리 기조가 지속되면서 마땅한 투자처를 찾기 어려워진 가운데 금융겸업화의 진전 및 해외 금융자산에 대한 투자 허용 등에 힘입어 관련 수요가 크게 증가하였다. 은행이 직면한 금융환경도 업종 간 규제완화, 금융지주회사의 등장 등 겸업화의 진전에 따라 은행 간 경쟁이 심화되면서 수익성 기여도에 따른 **고객차별화**의 필요성이 증대하였다. 또한 인터넷뱅킹, 모바일결제 등 정보통신기술의 발달과 다양한 금융영역에 걸친 새로운 복합금융상품의 등장으로 고객의 니즈를 충족시켜 줄 수 있는 여건이 마련된 것도 프라이빗뱅킹 활성화에 기여하였다.

좁은 의미에서 프라이빗뱅킹은 **은행의 종합금융서비스**를 말하는데, 증권회사의 종합자산관리서비스인 **랩어카운트**(wrap-account)[3]와 보험회사의 **재무설계서비스**(financial planning) 등도 프라이빗뱅킹과 유사한 서비스를 제공하고 있다. 하지만 증권회사의 랩어카운트는 은행상품에 비해 고위험의 증권투자상품을 주로 운용하므로 고객과 안정적이고 장기적인 관계 형성이 어렵고, 보험회사의 재무설계서비스는 최근 들어 변액보험

3 고객의 자산 운용 및 관리와 관련된 서비스를 하나로 통합하여 관리해 주는 신종 금융상품으로 증권사가 제공하는 투자자문을 참고하여 고객이 직접 투자하는 투자자문형과 자신이 위험을 부담하되 증권사에 자산운용 및 관리권한 일체를 위임하는 투자일임형으로 구분된다.

등 투자성향이 결합된 상품을 취급하고 있으나 아직도 상품 및 서비스제공 능력에 있어 은행의 프라이빗뱅킹에 비해 취약한 실정이다.

프라이빗뱅킹은 각 고객그룹별로 1 : 1 전담직원을 지정하여 이들에게 금융자문가 또는 개인상담사 역할을 수행하게 한다. 선진 금융기관의 프라이빗뱅킹 업무는 1970년대까지만 해도 금융자산관리에 중점을 두었으나 1990년대 들어 **종합금융서비스로서의 자산관리**(wealth management)로 성장하였으며, 2000년대 들어서는 종합금융서비스는 물론이고 건강, 여가, 취미 등 고객의 전 생애를 관리(total life care)하는 개념으로 그 범위가 확대 발전되었다. 프라이빗뱅킹은 주 대상 고객층과 제공되는 서비스의 내용에 따라 유럽형, 미국형, 그리고 아시아형의 세 가지 유형으로 구분된다.

유럽형은 거액의 자산가를 대상으로 여러 세대에 걸쳐 자산을 보전하고 관리하는 서비스를 제공하는 형태로서, 적극적으로 자산을 운용하기보다 위험관리를 통해 안정적으로 유지하고 관리하는 데 목적을 두며, 개인의 비밀보장을 중요시하는 특징을 가진다.[4] 반면 미국형의 경우 수익성에 민감한 신흥자산가 및 고소득층을 대상으로 일정한 위험을 감수하더라도 높은 수익률을 실현하는 것을 목표로 하기 때문에 주로 투자자문 등의 서비스를 제공한다. 아시아형은 엄밀히 말해 프라이빗뱅킹이라기보다 프라이빗뱅킹의 초기 단계인 **VIP뱅킹**[5]에 더 가까운 형태이다. 즉, 일정 금액 이상을 예치한 고객을 대상으로 특별금리 및 신용대출한도 차등적용, 각종 거래수수료 할인 또는 면제, 자문서비스 및 문화행사 초대 등 우대 서비스를 제공한다.

국내은행들의 프라이빗뱅킹 업무는 최근까지도 새로운 부가가치를 창출할 수 있는 수익원이기보다 우수고객을 유치하고 기존 고객의 이탈을 방지하기 위하여 제공되는 부가

---

4 프라이빗뱅킹 세계 1위인 UBS의 경우 다양하고 차별화된 서비스를 제공하는 것으로 잘 알려져 있다. UBS는 APS(active portfolio supervision), APA(active portfolio advisory) 제도 등을 통해 고객의 성향에 따른 니즈를 충족시키고 있다. 이 밖에도 해외주식투자를 원하는 고객들에게 야간영업(night desk)으로 편의를 제공하고 있으며, 유명 연예인과 스포츠 스타를 대상으로 SEG(sports and entertainment group)라는 특화된 서비스를 제공한다. FBG(family business group)를 설치하여 가족경영 기업의 재무지원이나 세무컨설팅, 운용자금 관리 등의 서비스를 제공하기도 한다. 특히 프라이빗뱅킹 고객의 대부분이 예술작품에 대한 관심도가 높다는 점에 착안하여 아트뱅킹(art banking)을 도입함으로써 예술작품의 구입, 유지, 가치평가, 매매과정에서 서비스를 지원한다.

5 프라이빗뱅킹과 VIP뱅킹은 본 · 지점에서의 전담조직 및 인원수, 자산관리를 포함한 자문 등의 서비스제공, 별도의 수익구조를 가지고 있는지 등에 따라 구분된다. 프라이빗뱅킹은 자산관리서비스를 비롯한 법률, 세무컨설팅 등 다양한 비금융서비스가 제공되는 반면, VIP뱅킹은 자문서비스보다는 각종 수수료의 할인면제, 우대금리 적용 등 단순한 우대서비스 제공에 초점을 맞춘다는 차이가 있다.

서비스 정도로 인식되었다. 따라서 예치자금의 대부분을 해당 은행 수신상품으로 운영하는 등 기존 영업의 연장선상에서 업무가 이루어져 왔다.

앞으로 국내 금융기관들이 프라이빗뱅킹을 통해 안정적인 수익을 창출하기 위해서는 무엇보다도 고객수요에 부응하는 금융상품 개발능력을 확보하는 것이 중요하다. 이를 위해 **우수인력의 확보**와 **위험관리능력의 제고**가 시급한 실정이다.[6] 자체적인 역량 강화가 어려운 현 단계에서는 해외 금융기관과의 글로벌 네트워크 구축을 통해 다양한 형태의 투자상품을 제공할 수 있어야 한다. 한편 프라이빗뱅킹의 영업 특성상 고객예금 횡령 등 금융사고 발생가능성이 높으므로 이의 예방을 위해 기존 내부감사 및 준법감시보다 강화된 형태의 **내부통제시스템** 구축이 필요하다.

6.2 방카슈랑스

방카슈랑스란 은행을 뜻하는 방크(banque)와 보험을 의미하는 어슈어런스(assurance)가 결합된 말로, 은행과 보험 간 협력 내지 겸업 · 겸영을 통한 시너지 창출을 추구하는 것이다. 원스톱 금융서비스에 대한 고객의 수요에 부응하고 은행의 수익구조 다각화를 모색하기 위한 것으로 유니버설뱅킹(universal banking) 등과 함께 **금융겸업화**를 대표하는 의미로 사용되기도 한다. 그러나 현재 우리나라에서는 은행의 판매 네트워크를 이용하여 보험상품을 판매하거나 관련 서비스를 제공하는 제도를 의미한다.

19세기 유럽에서 시작된 방카슈랑스는 은행업과 보험업이 상호 보완적일 수 있다는 인식이 확산되면서 일반화되기 시작하였다. 특히 1980년대 후반 은행 간, 보험회사 간 또는 은행과 보험사 상호 간의 인수 및 합병, 합작투자 등이 급속하게 진전되면서 확대되었다. 방카슈랑스가 가장 발달한 국가 중 하나인 프랑스의 경우 은행을 통한 보험판매량이 전체 보험판매의 절반 이상을 차지하는 등 일찍부터 방카슈랑스가 주요한 판매채널로

---

6 외국 선진은행의 경우 프라이빗뱅킹은 주로 금융상품판매 및 투자자문 관련 서비스를 중심으로 운영되고 있어 수익구조 역시 이와 관련된 수수료수익이 대부분을 차지하고 있다. 우리나라의 경우 2010년 7월 은행법 시행령 개정으로 은행의 투자자문업 겸영이 허용되면서 투자자문 관련 서비스 제공의 길이 열렸다. 그러나 관련 시스템과 전문인력의 부족으로 아직까지는 제휴기관의 위탁상품 판매에 따른 수수료 수입과 거액자금 유치에 따른 예대마진에 수익의 대부분을 의존하고 있다.

| 표 10-7 | 단계별 방카슈랑스 허용 일정

허용단계	판매상품	비고
제1단계(2003년 8월)	저축성, 신용 등	시행
제2단계(2005년 3월)	순수보장성 제3보험	시행
제3단계(2006년 10월)	환급형 제3보험	시행
제4단계(2008년 4월)	자동차, 종신보험, 기타보장성	철회(보험업계 반발)

자료 : 금융감독원

자리잡고 있다. 한편 우리나라에서는 금융업종 간 경쟁촉진을 통한 금융산업의 경쟁력 강화, 금융서비스의 개선, 금융소비자 권익 및 편익 증진을 목적으로 2003년 처음 도입되었으며, 총 4단계에 걸쳐 확대 실시할 예정이었으나 현재 3단계까지 시행된 상황에서 보험업계의 강한 반발로 더 이상 진전을 보지 못하고 있다.

방카슈랑스 업무는 은행과 보험회사 간 상호 필요성 및 금융업무에 대한 규제 정도에 따라 나라마다 각기 다양한 형태를 보이고 있다. 독일을 제외한 유럽국가의 경우 주로 지주회사 및 자회사 방식을 통해서 이루어지며, 독일은 알피난츠(Allfinanz)를 통해 상호제휴의 형태로 이루어지는 것이 일반적이다. 전업주의를 고수하던 미국의 경우에도 1999년 **금융서비스현대화법**(Financial Services Modernization Act)[7]의 도입으로 자회사나 지주회사 방식에 의한 금융겸업화가 허용되었고, 이에 따라 방카슈랑스 규모가 급증하였으나 유럽에 비해서는 아직 미미한 수준에 머무르고 있다.

국내에서도 방카슈랑스는 금융산업, 특히 보험산업의 경쟁 패러다임을 변화시키고, 아울러 **수익구조**를 획기적으로 바꾸는 계기가 되었다. 은행의 입장에서 볼 때 방카슈랑스는 새로운 수익원의 확보, 고객의 니즈에 부합하는 종합금융서비스 제공, 장기저축성 보험의 은행 유입으로 상품 포트폴리오 강화 등 긍정적 효과를 가져다준다. 특히 지점 네트워크를 통해 고객들에게 **종합금융서비스**를 저비용으로 제공할 수 있다는 장점을 지닌다. 한편 보험회사는 은행 네트워크를 **판매채널**로 활용함에 따라 기존의 모집인 중심의 고비용 구조를 개선할 수 있고, 증권회사의 경우 종합자산관리서비스와 연계된 보험상품

7 1933년 금융서비스현대화법의 제정 이후 겸업을 원칙적으로 금지해 온 글라스-스티걸법(Glass-Steagall Act)이 효력을 상실하게 되었다. 금융기관 간 업종구분이 모호해짐에 따라 인수 · 합병이 활발해지고, 은행지주회사의 경우 보험, 연금 등의 업무를 제한적으로 수행할 수 있게 되었다.

그림 10-2 | 은행의 방카슈랑스 관련 수수료수익 규모

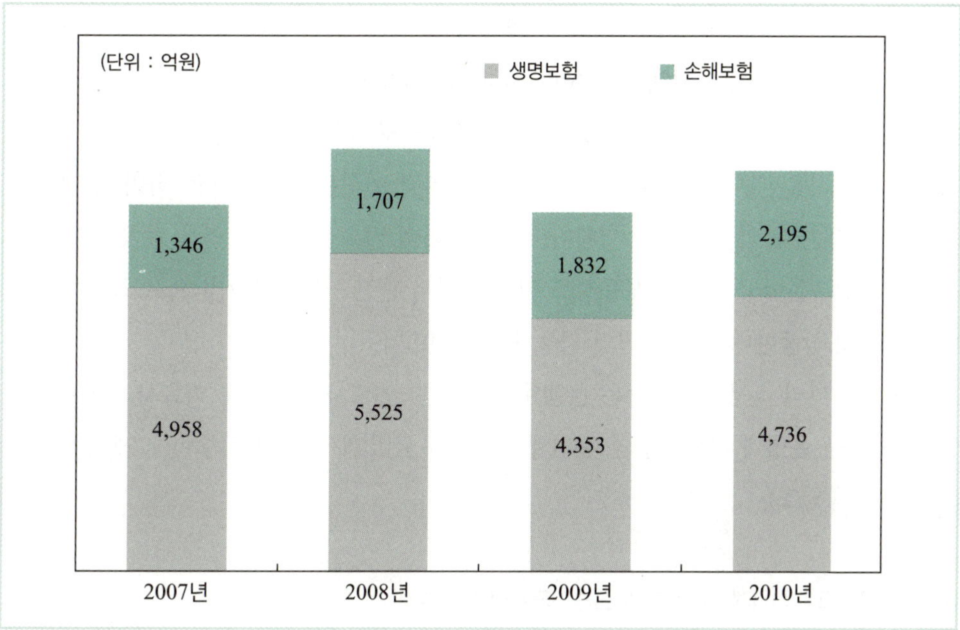

자료 : 금융감독원

판매를 통해 대고객 접촉력을 확대하는 효과를 꾀할 수 있다. 그러나 은행이 우월적 지위를 남용하여 보험사에 부당한 요구를 하거나 대출과 연계한 끼워팔기 등 불공정 모집행위와 불완전판매 등의 문제가 있고, 방카슈랑스의 **적정 수수료 책정**도 제도의 장기적 발전을 위해 중요한 이슈이다. 건전한 방카슈랑스제도가 정착되기 위해서 소비자에 대한 불완전판매를 포함하여 불공정 거래행위에 대한 실태조사 및 감독강화가 요구된다.

6.3 신용카드

초저금리시대가 지속되면서 은행경영의 중심이 자금조달에서 대출운용을 통한 수익 확보로 전환되었다. 게다가 **금융의 전자화 추세**가 확대됨에 따라 금융거래 수단도 기존의 창구거래에서 카드거래, 인터넷금융거래로 옮겨지고 있다.

이 중에서 신용카드는 개인 소비활동에 있어 지급·결제 및 긴급자금 조달을 위한 핵

심 수단으로 자리잡고 있다. 한 때 은행의 총수수료수익 가운데 신용카드 수입수수료 비중이 70%를 상회할 정도로 은행의 주 수익원으로서 중요성이 높아지고 있는 것이다.[8]

특히 신용카드 사업은 **고객관계관리**(customer relationship management : CRM)를 위해서 매우 중요하다. 앞으로 소매금융업은 담보대출 중심의 획일적 영업방식에서 벗어나 개인고객의 신용정보 및 빅데이터에 기초한 체계적 여신관리를 필요로 하며, 은행들은 신용카드 사업부문의 풍부한 고객데이터를 활용하여 필요한 정보를 얻을 수 있다. 즉, 신용카드 사업부문에서 고객의 신용정보 및 빅데이터 관련 인프라를 기반으로 차별화된 서비스제공 및 상품판매 전략 추진이 가능해지는 것이다.

현재 우리나라 신용카드시장은 **은행계(겸영은행) 카드사**와 **전업계 카드사**가 양분하고 있는데, 최근 은행계 카드사들의 전업계 전환으로 전업계 카드사 비중이 크게 높아졌다([그림 10-3] 참조).

그림 10-3 전업계 vs 은행계 신용카드시장 M/S추이

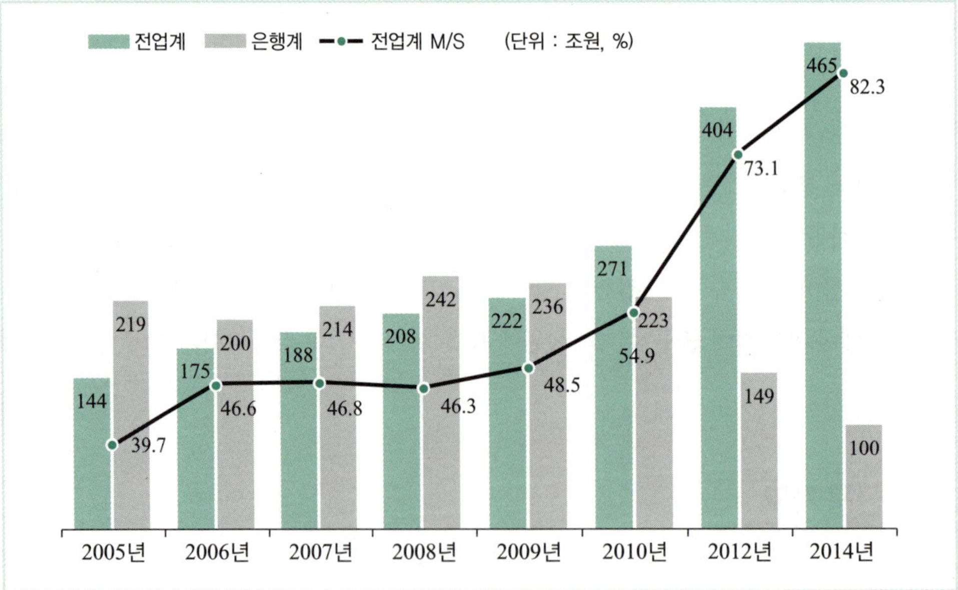

주 : 이용금액 기준
자료 : 여신금융협회

8 이 수치는 우리은행, 국민은행 및 외환은행의 평균이며, 카드수수료수익은 가맹점 수수료, 연회비수익, 신용카드 업무제휴 관련 수수료의 합으로 정의하였다.

국내 신용카드업계는 1999년 현금서비스 이용한도의 폐지, 신용카드 사용금액에 대한 소득공제 실시 등 많은 정책적 지원이 시행됨에 따라 급속한 성장세를 시현했지만, 무분별한 카드 발급과 고마진의 대출영업으로 부실채권이 급증하면서 재무상태가 악화되고 소비마저 부진을 면치 못하여 급격히 위축되었다. 이에 대응하여 2001년 은행들은 금융구조조정을 통한 경쟁력 확보, 금융지주회사 구축 차원에서 은행 내 카드사업부문을 분사 또는 매각하는 등 신용카드부문의 재편을 단행하였다. 그러나 2003년 들어 부실채권이 급증하면서 유동성위기에 내몰리자 은행계 카드사들이 모은행으로 흡수되었는데, 그 결과 은행이 신용카드 시장에서 우위를 점하게 되었다.

그 후 신용카드시장이 다시 성장함에 따라 보다 공격적인 마케팅 및 영업전략을 구사하기 위해 **신용카드 분사**(spin-off)가 활발히 추진되었다. 2011년에는 국민카드가 그리고 2013년에는 우리카드가 각각 분사를 선택하여 전업계 비중 상승에 기여했다. 하나SK카드의 경우 2009년 분사 후 금융과 통신업 간의 융·복합(convergence) 흐름을 대변하면서 새로운 수익창출 모형을 제시하고 있다. 은행계, 즉 은행의 신용카드 사업부문은 전업계 카드사에 비해 상대적으로 저렴하고 안정적인 자금조달과 더불어 은행의 영업 네트워크 사용 및 은행과 업무 공동추진 등으로 비용과 영업 양면에서 강점을 지닌다. 반면에 은행 내 사업부조직으로 설치되어 있어 은행과 차별화된 마케팅을 실시하고 역량을 집중하기가 어렵다는 약점도 있다.

6.4 자산관리

금융소비자들의 선호가 예금보다 투자자산에 집중되고, 수익성을 갖춘 복잡하고 전문적인 금융상품이 대거 등장하면서 **자산관리서비스**의 필요성이 증가하게 되었다. 기업들도 자금조달, 환율, 경기변동 등 각종 경영환경 변화에 대비하기 위하여 금융자문서비스에 대한 관심이 높아졌다. 은행 입장에서는 금융업권 간 업무영역이 무너지면서 수익기여도가 높은 우수고객 및 VIP고객을 대상으로 한 자산관리서비스가 중요한 사업부문으로 등장하였다. 특히 예대업무를 통한 수익원 확보가 어려운 상황에서 상대적으로 안정적인 중개형 자산관리 영업이 크게 확대되는 추세이다. 우리나라의 경우에는 금융지주회사의 출현으로 자산관리서비스를 제공할 수 있는 기반이 마련되었으며, 특히 간접투자자산운용업법 도입으로 겸업화가 진전되면서 프라이빗뱅킹 영업에 필수적인 원스톱(one-stop) 종합금융서비스의 제공이 이루어지게 되었다.

일반적으로 **자산관리**(wealth management)란 은행권의 프라이빗뱅킹 업무와 증권사의 자산운용관리가 결합된 형태에 일부 부가서비스가 추가되는 종합적인 자산관리서비스를 말한다. 즉, 부유층 또는 거액자금 예치고객을 대상으로 재무설계 및 자산운용 등에 관한 종합적인 자문서비스를 제공하는 것이라 할 수 있다. 과거에는 자산관리가 업무영역의 제한으로 특정 상품 중개 및 자산운용에 한정되어 이루어졌으나, 최근에는 자산포트폴리오 관리, 재무계획, 투자펀드 관리 등과 더불어 은퇴 및 노후준비, 세금, 상속 및 부동산에 대한 종합 컨설팅 등 고객의 모든 문제를 해결해 주는 개념으로 발전하고 있다.

글로벌 금융위기 이후 보유자산 가치가 급락함에 따라 위기 이전의 자산불리기 방식, 즉 자산운용형 자산관리 방식에서 탈피하여 위험을 줄이고 다양한 포트폴리오를 구성하는 **스마트 솔루션**, 즉 자산보전형 자산관리가 주목받고 있다. 이와 함께 자산관리서비스를 제공하는 **금융회사들의 목표시장**도 바뀌고 있는데, 특히 아시아지역에 대한 공략이

그림 10-4 | 자산관리시장에서의 금융회사의 역할 변화

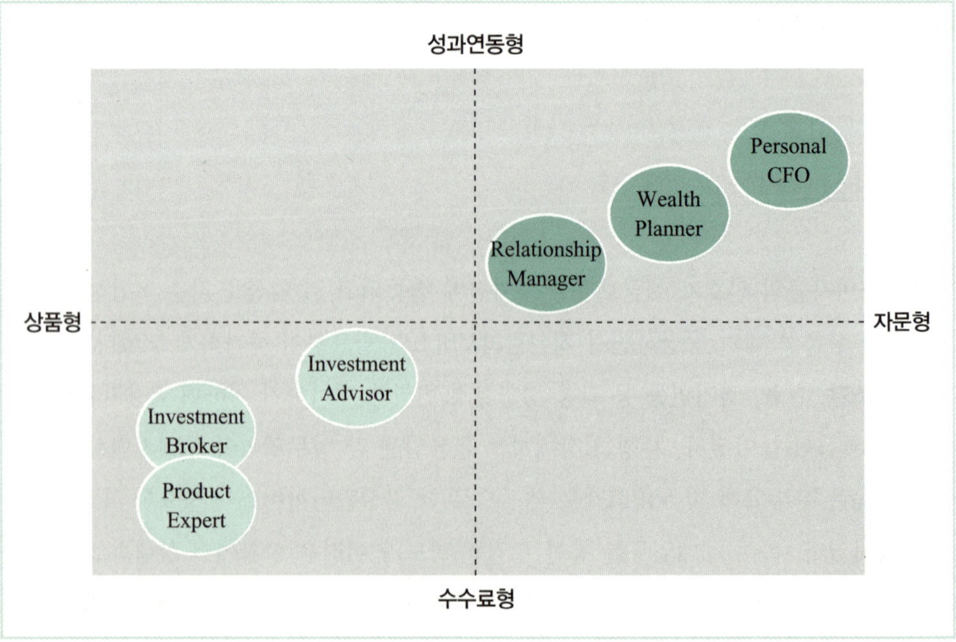

거세지고 있다. BNY멜론은 2014년 기준 아시아지역의 자산이 44조 7,000억달러에 달할 것으로 전망했는데, 이는 북미지역의 자산에 비해 1조 3,000억달러나 많은 수준이다.

한편 우리나라의 경우 금융위기 이후 펀드 환매가 지속됨에도 불구하고 새로운 자산관리상품, 즉 ELS와 랩어카운드 성장에 따라 증권회사 수익이 개선되었다.

ISA 도입

개인종합자산관리계좌(individual savings account : ISA)는 영국, 일본, 캐나다 등에서 성공적으로 도입하여 시행 중인 절세형 재테크 기본통장이다. 영국은 16세 이상 국민을 대상으로 1만 5,000파운드 한도로 운영하고 있고, 일본은 20세 이상 거주자를 대상으로 연간 100만엔 한도로 도입했다. 캐나다에는 저축상품에 대해 비과세 혜택을 제공하는 비과세저축계정(TFSA)이 있고 가입금액만큼 소득공제를 허용하는 기명은퇴저축상품(RRSP)도 있어 국민들의 노후대책 마련에 기여하고 있다.

2016년 3월 정부가 도입한 ISA는 개인별로 5년간 매년 2,000만원까지 투자할 수 있는데, 200만원의 수익까지는 세금을 내지 않으며 초과분에 대해서는 9.9%(지방세 포함)의 낮은 세율로 분리과세를 한다. 다만 비과세혜택을 받으려면 5년 동안 돈을 인출하지 않아야 한다. 그러나 금융상품 간 갈아타기는 가능하여, 손실이 우려되는 펀드를 해지하고 예금으로 옮겨 탔다가 시장상황이 좋아지면 다시 펀드로 자금을 돌릴 수도 있다. 현재 신탁형 ISA와 일임형 ISA 두 가지가 허용되고 있는데, 신탁형이 대부분을 차지하고 있다.

은행에게도 일임형 ISA 상품판매가 허용되었고 은행과 증권사 모두 온라인가입서비스를 제공하고 있어 추가적인 수수료수익이 기대된다. 한편 ISA 관련 지나친 고객유치 경쟁이 불완전판매 내지 금융회사 파산 등을 초래할 가능성에 대한 대책 마련이 필요해 보인다.

6.5 거래형 금융

우리나라 은행들도 기업금융 쪽의 수수료 원천으로 최근 해외 은행들이 관심을 보이고 있는 **거래형 금융**(transaction banking : TB)에 주목할 필요가 있다. 거래형 금융이란 기업의 **현금관리서비스**(cash management service : CMS)를 비롯하여 **지급결제**, **신탁**, **사무수탁**, **무역금융** 등과 관련된 금융서비스를 제공하고 수수료를 수취하는 업무를 말한다. 기업과 소매고객을 대상으로 거래에 따른 지급 및 관련 서비스를 제공하는 전통적인 은행기능으로 정의할 수 있다. 예로 기업의 상거래(commercial transaction)와 관련해서 은행으로부터 신용공여, 예금, 위험관리 상품 · 서비스 등을 제공받는 것이다. 기업의 상거래란 것이 결국 은행과 기업 간 관계의 핵심기반이 될 수밖에 없다는 지극히 당연한 사실이 TB시장의 성장을 전망하는 배경이다. 은행의 대출위험이 갈수록 커지는 상황에서 예대마진이 줄면서, 이러한 위험노출이 적은 거래 관련 상품과 서비스에 관심이 가는 것이다. [표 10-7]에서 거래형 금융의 수익창출 가능성을 종합적으로 보여주고 있다.

| 표 10-7 | 거래형 금융의 수익창출 지도(예시)

<table>
<tr><th rowspan="2"></th><th colspan="3">수익의 흐름 · 인식</th><th rowspan="2">부문/코멘트</th></tr>
<tr><th>수수료</th><th>순이자</th><th>외환</th></tr>
<tr><td rowspan="2">송금 및 지급</td><td>• 수표
• 전자지급</td><td>• 거래형 예금</td><td rowspan="5">• 여러 개의 지급항목들이 묶여 있음
• 대부분 은행들이 외화로 장부 기재
• 시장의 총량 추정이 매우 어려움
• 거래형 또는 거래서비스 연계가 계좌별로 구분되지 않고 있음</td><td></td></tr>
<tr><td>• 신용카드가맹점 할인 수수료
• 직불카드수수료</td><td>• 신용카드 리볼빙</td><td>• 주로 소비자
• 국내 및 해외</td></tr>
<tr><td>현금관리</td><td>• PCM수수료
• 중요하지 않을 수 있고 추정이 어려움</td><td>• 거래형 예금</td><td>• 기업</td></tr>
<tr><td>거래금융</td><td>• 신용장 서류작업, 추심</td><td>• 거래금융 신용</td><td>• 기업</td></tr>
<tr><td>청산과 결제</td><td>• 글로벌 금융회사가 압도하므로 제외</td><td>• 결제계좌 잔고</td><td>• 금융기관</td></tr>
</table>

자료 : Standard Chartered(2012) 참조

해외컨설팅 업체들은 대체로 미래의 TB 성장세를 높게 평가하고 있는데, 이 중에서도 **아시아권**의 **TB 성장세**를 높게 평가한다. 세계의 무역거래가 아시아로 모이는 가운데, 중국과 동남아 그리고 일본까지를 포함해서 무역거래의 활성화가 불을 보듯 자명하다는 것

이다. 게다가 동남아를 중심으로 미소 · 중소기업시장의 활성화를 예상하는 보고서들도 많다. 근래 국내은행들에게 요구되는 국제화 수요와 이러한 동남아시아 금융수요를 연결하는 데서 지극히 전통적인 금융거래수요가 창출될 것이라는 예상을 해볼 수 있다. 게다가 우리나라는 IT 강국의 자부심도 있고 한류 역시 큰 도움을 줄 수 있어, 이제 금융인들에 의한 소프트웨어 개발만이 남아 있는 상황이다. 핀테크 기반의 중개기능 수행을 통해 국내 및 동남아시아권 중소기업들의 거래에 수반되는 금융니즈를 충족시키고 이를 은행의 수익창출로 연결시키는 것은 금융인들의 과제이다. 법적으로 정의된 '은행업' 이 약화되고 있지만 언제나처럼 이것이 경제 내 금융중개기능의 약화를 의미하지는 않는다.

실제로 은행산업은 여러 차례 고객들의 탈은행화로 어려움을 겪었다. 그럴 때마다 새로운 금융중개서비스를 개발하여 이를 상품화함으로써 위기를 기회로 만드는 데 성공해왔다. 규제가 완화되고 정보통신기술이 발달하는 와중에도 선진국 은행들은 오뚝이 같이 다시 일어났다. 증권화를 통해 부족한 자금을 만들고 파생상품을 활용하여 위험을 관리했으며, 최근에는 또 다시 일탈하는 기업들을 다시 고객으로 붙잡기 위해 자금관리서비스를 제공하고 무역금융(trade finance)을 제공하는 등 안간힘을 쓰고 있다. 이런 와중에 TB는 비록 현재가 글로벌 금융위기를 완전히 벗어나지 못한 상태로 기업의 투자가 활성화되지 못하고 소비자들의 내수 역시 부진한 상황이지만, 경기가 회복되면서 **맨 먼저 거래가 빈번해 질 것이라는 데 착안**한 것이다. 그래서 기업들이 거래를 좀 더 원활하게 수행할 수 있도록 도움을 주는 영업은 호황을 누릴 것으로 기대된다. 이러한 TB가 기업의 해외거래를 돕는 데서 활성화되었으나, 이를 해외거래로 국한할 필요는 없다. 국내외를 불문하고 기업의 거래를 도와주는 거래형 금융의 활성화가 예상되는 이유다.

7. 요약

금융부문에서 대형화, 겸업화, 증권화 등의 현상은 글로벌 거시경제변수 및 정책환경

변화와 맞물려 금융기관의 B/S, P/L에 많은 변화를 초래하였다. 은행의 경우 이자수익 위주의 영업에서 탈피하여 비이자수익업무를 강화함으로써 수익구조의 균형을 맞추고자 노력하였다. 이 과정에서 수수료에 기반을 둔 수익(fee based income) 창출능력이 금융기관의 성과를 결정짓는 핵심 요소로 부각되었다.

미국계 선진 은행들의 비이자수익 구조를 살펴보면 우리나라와 달리 자산유동화 관련 수입과 예금 관련 수수료가 대부분을 차지하고 있으며, 증권, 보험 등 타업종 상품 판매에 따른 수익비중은 상대적으로 낮다.

향후 비이자부문의 수익원 확대를 위해서는 합리적 수수료결정 체계를 통한 수수료 부과의 정당성 확보와 더불어 다양한 수익원 모색을 추구하는 것이 바람직할 것이다. 아울러 거래형 금융 및 대출채권 유동화 등 기존 예대 관련 업무 진화를 통한 수익성 확보 노력 역시 중요할 것이다.

연 | 습 | 문 | 제

01. 국내은행의 비이자수익업무는 크게 수수료업무, 유가증권투자업무, 외환 · 파생금융상품 운용업무 등으로 구분할 수 있다. 이 중 수수료업무에서 발생되는 수수료 종류에 대해 상술하시오.

02. 금융중개이익과 기타이익을 각각 이자이익과 비이자수익으로 구분하고 성격을 비교하시오.

03. '비이자수익업무의 확대로 은행의 수익성 제고 및 위험 감소 효과가 기대된다'라는 의견에 대해 논하시오.

04. 활동기준원가(ABC)의 개념 및 장 · 단점을 설명하시오.

05. 국내은행의 프라이빗뱅킹 사업과 관련해서 어떤 전략을 추진하면 수익이 발생할 수 있을지 새로운 비즈니스 모형을 제시해 보시오.

06. 당신은 제4단계 방카슈랑스 추진에 대해 어떤 의견인지, 찬성 또는 반대 중 하나를 선택하고 논의하시오.

07. A은행은 신용카드업무를 분사하기로 결정하였다. 본체 내에서 영업하는 경우와 비교하여 SWOT 방식을 통해 분석하시오.

08. A은행과 B은행의 예대마진(interest spreads)은 큰 차이가 없음에도 불구하고 A은행의 순이자마진(net interest margin)은 B은행보다 200bp 이상 높게 나타난다. 그 이유를 설명하시오.

09. 최근 정부가 도입한 ISA(개인종합저축계좌)의 긍정적 및 부정적 효과에 대해 설명하시오.

10. 은행의 프라이빗뱅킹 업무와 자산관리 업무를 비교 · 설명하시오.

CHAPTER 11

자산유동화와 대출채권 매각

본 장에서는 자산유동화와 대출채권 매각의 개념과 종류에 대해서 공부한다. 우선 금융회사들이 왜 자산을 유동화하고 또 대출채권을 매각하는지 알아본다. 그리고 자산유동화증권의 발행구조와 발행업무를 살펴보고, 자산유동화의 위험관리 문제를 살펴보며, 자산유동화증권의 현금흐름분석과 신용보강에 대해서 공부한다. 이와 더불어 은행 대출채권 매각의 개념과 의의를 공부하고 현황을 살펴본다.

1. 자산유동화

1.1 자산유동화의 개념 및 종류

자산유동화란 비유동성 자산을 유가증권으로 전환하여 매각함으로써 현금화(즉, 유동화)하는 것을 말한다. 일반적으로 현금흐름이 있는 대출 및 매출 채권 등 비유동적인 자산을 보유한 금융기관이나 기업이 투입재원을 회수하기 위해서 그 자산을 기초로 유가증권 등을 발행하여 투자자에게 매각하는 것을 의미한다. 원래 비유동성 자산을 시장에서 매매되기 쉬운 유가증권으로 전환한다는 데 초점을 맞추어 **증권화**(securitization)라고 하는데, 우리나라에서는 1998년 「자산유동화에 관한 법률」을 제정하여 이 제도를 도입하

| 표 11-1 | 유동화 대상 자산의 예시

구분		유동화대상 자산
금융회사	은행	• 대출채권(정상 및 부실대출), 장기채권 • 주택저당채권, 학자금대출채권 등 • 비업무용부동산 등
	여신금융회사	• 신용카드채권, 자동차대출채권, 항공기리스채권 • 부동산개발 예상수입 등
	보험회사	• 보험료 예상수입 등
공공기관	정부기관	• 국세, 기타 정부수입채권 등
	지방자치단체	• 지방세수입채권, 임대주택 임대료채권 등
	공공시설 운용기관	• 이용료, 임대료, 기타 수수료수입 등
일반기업	무역회사	• 외상매출채권 등
	제조회사	• 매출채권(현재 및 장래), 할부판매채권 • 부품공급대금채권 등
	유통회사	• 외상매출채권, 장기공급계약상의 채권 등
	통신회사	• 국제전화정산요금채권, 장비대여료채권 • 이동통신사 단말기할부채권, 통화요금채권(현재 및 미래) 등
	항공 · 해운사	• 항공권 신용판매채권, 항공사 미래항공운임채권 • 해상운임채권(현재 및 미래)

였기 때문에 실무상 자산유동화라는 이름으로 정착하였다.[1]

은행은 전통적인 예금고객들의 탈은행화 현상으로 조달이 어려워진 가운데 비유동성 자산 보유에 따른 제반 비용 및 위험 부담을 꺼려 비유동성 자산을 시장에서 유동화하는데, 이러한 현상을 자산유동화라 부른다. 이에 따라 예수금을 통한 은행의 전통적인 조달이 줄고 시장에서 자산유동화, 즉 증권발행 방식의 조달이 늘면서 간접금융이 직접금융으로 변환되는 소위 '**광의의 증권화**' 가 진행되는 것이다.

은행 입장에서 조달 외에 보유자산 유동화의 핵심은 자신의 위험부담을 해당 기초자산(유동화대상 자산)으로부터 분리시키는 데 있다. 즉 은행은 자산 또는 미래 현금흐름에 대한 권리를 **특수목적기구**(special purpose vehicle : SPV)에 이전시키고, 필요한 경우 신용보강조치를 추가하여 유동화증권의 신용을 강화함으로써 시장에서의 유통가능성을 높이기도 한다.

유동화 대상 자산은 [표 11-1]에서 보듯이 대출 및 주택저당 등 금전채권, 매출채권, 할부판매채권, 임대료채권, 부동산 등 제한이 없기 때문에 사실상 장래에 현금흐름이 예상되는 모든 자산이 유동화 대상이라고 할 수 있다.

자산유동화증권 또는 **자산담보부증권**(asset-backed security : ABS)은 자산을 유동화하려는 목적으로 발행된 증권을 말하며,[2] 유동화대상이 되는 기초자산이 무엇이냐에 따라 그 종류가 세분화된다. 대표적인 자산유동화증권은 주택저당채권(mortgage)을 기초자산으로 하여 발행되는 **주택저당채권담보부증권**(mortgage-backed security : MBS)이다.[3] 그리고 사채권(bond)을 기초자산으로 하는 **사채권담보부증권**(collateralized bond obligation : CBO), 대출을 기초자산으로 하는 **대출채권담보부증권**(collateralized loan obligation : CLO), 기초자산에 사채권과 대출채권이 혼합된 **부채담보부증권**(collateralized debt obligation : CDO), 매출채권, 리스채권, 회사채, 부동산 등의 자산을 담보로 발행하는 **자산담보부기업어음**(asset-backed commercial paper : ABCP) 등이

---

1 서구에서는 증권화라고 하며, 우리나라도 학계에서는 증권화라는 명칭을 많이 사용한다.

2 원어를 직역하면 '자산담보부증권' 인데, 앞서 설명한 바와 같이 우리나라에서는 이 제도가 도입되는 과정에서 '자산유동화증권' 이라는 명칭으로 정착되었다. 따라서 우리나라에서는 자산담보부증권, ABS, 그리고 자산유동화증권이 동의어로 혼용된다.

3 여기서 **모기지**(mortgage)란 차주가 대주에게 부동산을 담보로 제공하는 경우 담보물에 설정되는 저당권 또는 이를 표방하는 저당증서를 말하는데, 본서에서는 이를 주택저당채권 또는 주택담보대출의 의미로 사용한다.

있다.

변형된 형태의 유동화증권으로는 **주택저당채권다계층증권**(collateralized mortgage obligation : CMO)과 **주택저당채권담보부채권**(mortgage-backed bond : MBB) 등이 있다. 여기서 다계층이란 다량의 MBS나 모기지 등을 담보로 하여 신용등급(class)을 달리하는 여러 종류의 증권으로 나누어 발행하는 것을 말한다. 이렇게 신용등급을 달리 하는 2차 유동화증권을 발행하는 이유는 투자자들이 투자하기 좋고 또 수익률도 다양화시킬 수 있기 때문이다.[4] 한편 MBB의 경우에는 주택저당채권을 담보로 하고 있기 때문에 신용등급이 상승하여 금융회사가 낮은 금리로 자금을 조달할 수 있다는 장점이 있는 반면, 금융기관이 채권발행의 주체이기 때문에 해당 금융회사에게 채무변제의 최종책임이 남는다.[5]

1.2 자산유동화의 목적

자산유동화는 금융회사가 보유자산을 쉽게 매각할 수 있게 함으로써 자산구조조정을 손쉽게 하는 방법이다. 따라서 자산유동화는 파생금융상품 거래와 함께 금융기관의 이익관리와 위험관리에 있어서 매우 중요한 수단이 된다. 금융회사나 기업이 **자산유동화를 함으로써 얻는 이득**을 좀 더 구체적으로 살펴보면 다음과 같다.

첫째, 부실채권과 부동산 등 불요불급한 자산의 매각을 원활하게 함으로써 금융회사와 기업의 구조조정에 기여할 수 있다. 즉, 부실자산을 쉽게 처분 · 정리함으로써 자산구조를 건실하게 할 수 있을 뿐만 아니라, 무수익 · 부실채권에 묶인 자금을 회수하여 생산적인 용도에 활용함으로써 수익성을 개선하는 등 경영정상화를 조기에 달성할 수 있도록 도와주기도 한다. 이는 우리나라가 1997년 외환위기 이후 자산유동화제도를 도입한 가장 큰 이유 중 하나였다.

둘째, 자본확충 부담의 경감을 통해 금융회사의 자기자본비율 제고에 일조할 수 있다.

---

4 이론적으로는 3차, 4차 증권화도 가능하다.

5 MBB는 엄밀하게 말하면 자산유동화증권이 아니라 자산을 담보로 발행하지만 발행금융회사에게 변제책임이 있는 채권, 즉 카버드본드(covered bond)의 일종이다.

은행은 BIS 자기자본비율 규제에 맞춰 대출 등 위험자산의 일정 비율을 자기자본으로 보유해야 하기 때문에 대출이 늘면 자기자본도 일정 비율 확충해야 한다. 역으로 대출이나 위험자산이 감소하면 그만큼 비율이 높아져 자본관리에 여유가 생긴다. 그러므로 은행이 ABS 발행을 통하여 보유 대출채권 등 위험자산을 유동화하면 BIS 자기자본비율이 개선되고, 따라서 그만큼 자본확충 부담이 경감된다.

셋째, 지급준비금과 예금보험료 등 규제비용을 절감할 수 있다. 은행이 대출재원을 예금으로 조달할 경우 일정비율을 지급준비금으로 보유해야 하고, 지급준비금은 현찰 또는 한국은행 예치금 등 무수익자산의 형태로 보유해야 하기 때문에 은행에게는 비용부담으로 작용한다. 또한 예금 평균잔고의 일정 비율에 해당하는 예금보험료를 납부해야 한다. 그런데 자산유동화는 예금을 통한 자금조달의 부담을 덜어줌으로써 이러한 규제비용을 피할 수 있게 하여 궁극적으로 은행의 비용부담이 경감된다.

넷째, 새로운 자금조달의 수단이 되고, 조달금리도 일부 절감할 수도 있다. 자산유동화증권은 현금흐름이 있는 자산을 담보로 하기 때문에 신용등급이 높아져 조달금리를 일부 낮출 수 있다.[6] 그리고 투자자들이 손쉽게 접근할 수 있어 금융회사 입장에서 전통적인 예금이나 차입을 대체하는 새로운 자금조달원이 된다. 한편 기업의 경우에는 매출채권, 부동산 등 보유자산을 담보로 ABS를 발행할 경우 자금조달이 용이할 뿐만 아니라 회사채나 일반차입과 달리 부채비율을 높이지 않고 자금조달 효과를 얻을 수 있다.

다섯째, 효율적 위험관리의 수단이 된다. 대출채권을 유동화함으로써 신용위험을 줄일 수 있고, 유동성도 제고할 수 있다. 그리고 듀레이션이 긴 대출채권을 유동화함으로써 금융회사의 자산 측 듀레이션(duration)을 줄일 수 있는 등 금리위험 관리의 수단이 된다.

여섯째, 새로운 대체수익원이 된다. 금융회사가 예금을 받아 대출을 하는 등 전통적인 자산변환기능에 얽매이지 않고 다양한 투자자와 대출자를 연결하는 브로커기능을 수행함으로써 제10장에서 설명한 수수료수익 제고에 기여한다.

---

6 단, 신용강화 과정에서 보증료가 추가되므로 총조달비용이 반드시 낮아진다고 하기는 어렵다.

1.3 우리나라의 자산유동화 현황

우리나라에 자산유동화 제도가 도입된 것은 1998년, 처음 유동화증권이 발행된 것은 1999년이지만 그 후 자산유동화가 매우 활발하게 이루어졌다. [표 11-2]에서 보듯이 자산유동화 규모는 발행총액(즉, 기초자산의 액면금액) 기준으로 2000년 이후 매년 130조원을 상회하였고, 발행금액 기준으로도 외환위기와 금융위기 등의 영향으로 큰 변동폭을 보였으나 대체로 연간 20조원 이상을 기록했다. 특히 2000년대 초반에는 1997년 말 외환위기 시에 발생한 다량의 부실채권을 정리하는 과정에서 상당한 물량의 유동화증권이 발행되었다.

|표 11-2| 자산유동화증권 발행 추이

(단위 : 조원, %)

연도	2000	2003	2004	2005	2006	2007	2008	2009	2010	2011	2012	2013	2014	2015
건수	154	191	170	236	183	106	81	138	133	131	172	180	167	175
발행총액(A)	273.6	375.5	186.1	163.4	143.1	132.0	161.5	274.4	206.8	238.1	467.1	585.8	452.4	847.9
발행금액(B)	49.4	39.9	27.0	28.6	23.2	19.8	20.6	36.0	28.0	32.4	47.5	51.3	41.5	83.0
B/A	18.0	10.6	14.5	17.5	16.2	15.0	12.8	13.1	13.5	13.6	10.2	8.8	9.2	9.8

주 : 국내발행 기준
자료 : 금융감독원

우리나라 금융회사들의 부실채권 정리가 일단락된 2004년 이후 자산유동화 규모가 크게 줄었지만 연평균 150조원(발행총액 기준) 내외를 유지하다가 글로벌 금융위기의 영향으로 2009년에 다시 급증하였다. [표 11-2]를 보면 자산유동화증권 발행총액(즉, 액면금액) 대비 발행금액의 비율이 2000년 18%에서 최근 8%대까지 하락했는데, 이는 우리나라의 자산유동화가 정상적인 자산보다는 문제자산 위주로 이루어졌기 때문이다. 한편 부실채권 등 문제자산의 경우 낮은 회수율을 반영하여 채권의 액면금액 대비 낮은 가격에 매각된다.

2012년 이후 발행총액이 다시 크게 증가하기 시작한 것은 「**자산유동화에 관한 법률**」 및 「**한국주택금융공사법**」에 따른 한국주택금융공사의 주택저당채권을 기초로 한 MBS발행과 여신전문회사의 ABS 발행이 증가한 데 따른 것이다. 한편 2015년 들어 자산유동화증권 발행금액이 전년 대비 2배가량 증가한 것은 한국주택금융공사가 안심전환대출 등 주택저당채권을 기초로 MBS 발행을 크게 확대했기 때문이다.

자산보유자별 발행 현황

유동화증권의 발행주체, 즉 자산보유자별로 자산유동화 발행 현황을 보면 우선 은행이 일정한 비중을 유지하고 있고, 다음으로 여신전문금융회사와 일반기업, 그리고 한국주택금융공사의 비중이 시간이 지남에 따라 점차 커지는 것을 알 수 있다. 은행의 경우는 부실여신의 처리를 위해 유동화 수요가 계속 발생하기 때문이고, 여신전문금융회사의 경우에는 수신기능이 없어 자금조달을 차입에 의존하는 데 새로운 자금조달 수단으로 자산유동화를 적극 활용하기 때문이다. 특히 신용카드채권과 자동차할부금융채권을 담보로 하는 신용카드사와 자동차할부금융사들의 유동화가 활발하다.[7] 일반기업의 경우에도 외상매출채권이나 장래의 매출채권, 또는 부동산 등을 담보로 유동화증권을 발행하면 조달

| 표 11-3 | 자산보유자별 유동화증권(ABS) 발행 추이

(단위 : 억원, %)

구분	발행주체	2000년	2003년	2006년	2008년	2010년	2012년	2014년	2015년
금융회사	은행	60,911 (12.3)	62,783 (15.7)	43,521 (18.7)	43,162 (20.9)	65,879 (23.5)	55,856 (11.7)	40,056 (9.7)	39,757 (4.8)
	증권[1)]	267,018 (54.0)	69,631 (17.5)	5,487 (2.4)	23,659 (11.5)	23,785 (8.5)	31,507 (6.6)	39,184 (9.4)	36,744 (4.4)
	보험	5,618 (1.1)	–	–	–	–	–	–	–
	여신전문	60,796 (12.3)	191,541 (48.0)	53,825 (23.2)	79,563 (38.6)	52,628 (18.8)	81,040 (17.0)	107,609 (25.9)	113,294 (13.7)
	상호저축은행	–	–	510 (0.2)	–	–	–	790 (0.2)	57 (–)
	기타[2)]	23,083 (4.7)	4,516 (1.9)	–	–	–	–	–	–
	소계	417,426 (84.5)	331,737 (83.1)	103,343 (44.5)	146,384 (71.0)	142,292 (50.8)	168,403 (35.4)	187,639 (45.2)	189,852 (22.9)

7 신용카드사의 자산유동화에는 정상적인 신용카드채권뿐만 아니라 신용카드 연체채권도 포함된다. 2003년의 카드사태에서는 후자의 비중이 훨씬 더 컸다.

일반기업[3]		9,278 (1.9)	56,650 (14.2)	87,890 (37.8)	12,590 (6.1)	31,680 (11.3)	92,066 (19.4)	80,553 (19.4)	81,988 (9.9)
공공법인	한국자산관리공사	48,445 (9.8)	5,432 (1.4)	1,427 (0.6)	–	1,007 (0.4)	211 (–)	–	–
	한국주택금융공사	–	–	33,960 (14.6)	41,541 (20.2)	84,049 (30.0)	202,813 (42.7)	145,104 (34.9)	557,958 (67.2)
	한국토지주택공사	–	–	–	–	21,000 (7.5)	12,000 (2.5)	1,930 (0.5)	–
	SH공사	–	–	–	–	–	–	–	–
	기타[4]	18,683 (3.8)	5,005 (1.3)	5,603 (2.4)	5,531 (2.7)	–	–	–	–
	소계	67,128 (13.6)	10,437 (2.7)	40,990 (17.7)	47,072 (22.8)	106,056 (37.9)	215,024 (45.2)	147,034 (35.4)	557,958 (67.2)
총계		493,832 (100.0)	398,824 (100.0)	232,223 (100.0)	206,047 (100.0)	280,028 (100.0)	475,493 (100.0)	415,226 (100.0)	829,798 (100.0)

주 : 1) 증권은 자산운용회사(투신)를 포함
2) 부동산신탁회사, 종합금융회사 등
3) 부동산 PF ABS 및 사회간접자본투자(SOC) ABS를 포함하며, 카드사(하나SK, 신한, KB국민)의 단말기할부채권 ABS는 여신전문으로 분류
4) 2008년 이전까지 한국도로공사, 기타 공공법인 등
5) 자산보유자는 실질 자금조달 주체를 기준으로 분류
6) ( ) 안은 비중
자료 : 금융감독원

금리를 낮출 수 있어 유동화증권 발행이 늘어나는 추세이다. 한국주택금융공사는 주택저당채권의 유동화를 담당하고 있는데, 최근 주택담보대출 증가세에 따라 동 비중이 급등하고 있다.

유동화자산별 발행 현황

유동화자산을 기준으로 자산유동화 현황을 살펴보면 우선 대출채권이 빠른 속도로 증가하면서 자산유동화의 중요한 원천으로 자리잡고 있는데, 이는 자산유동화의 원래 취지에 비추어 볼 때 당연한 현상이다. 유동화되는 대출채권의 세부내역을 보면 기업 및 개인여신의 유동화 규모는 부실채권 발생 여부에 따라 연도별 규모의 변동이 심한 반면, 주택

| 표 11-4 | 자산종류별 유동화증권(ABS) 발행 추이

(단위 : 억원, %)

유동화자산	2000년	2003년	2006년	2008년	2010년	2012년	2014년	2015년
대출채권	103,118 (20.9)	75,625 (19.0)	80,347 (34.6)	86,423 (41.9)	144,214 (51.5)	261,028 (54.9)	191,867 (46.2)	616,583 (74.3)
(주택담보대출채권)	13,778	3,266	37,666	55,393	90,876	202,813	145,104	560,403
(학자금대출채권)	–	–	16,429	15,061	–	–	–	–
(기업 및 개인여신)	89,330	72,359	26,252	15,969	53,338	58,215	46,763	56,180
매출채권	92,420 (18.7)	245,825 (61.6)	136,537 (58.8)	94,787 (46.0)	106,507 (38.0)	182,958 (38.5)	184,175 (44.4)	176,541 (21.3)
(신용카드, 오토론 등)	82,696	195,007	111,044	86,853	66,133	104,285	121,372	130,409
(기업매출채권 등)	9,742	50,818	25,493	7,934	40,374	78,673	62,803	46,132
유가증권	286,384 (58.0)	68,758 (17.2)	6,817 (2.9)	23,659 (11.5)	29,307 (10.5)	31,507 (6.6)	39,184 (9.4)	36,674 (4.4)
부동산	11,910 (2.4)	8,616 (2.2)	8,522 (3.7)	1,178 (0.6)	–	–	–	–
총계	493,832 (100.0)	398,824 (100.0)	232,223 (100.0)	206,047 (100.0)	280,028 (100.0)	475,493 (100.0)	415,226 (100.0)	829,798 (100.0)

주 : ( ) 안은 비중
자료 : 금융감독원

저당채권의 유동화 규모가 빠른 증가세를 유지하고 있다. 다음으로는 매출채권의 유동화 비중이 신용카드, 자동차할부금융을 중심으로 급증하였고 기업 매출채권도 연도별 편차는 있지만 전반적으로 증가세를 보이고 있다.

자산보유자별 및 유동화자산별 발행 현황

앞에서 살펴본 자산보유자별 유동화 현황과 유동화자산별 유동화 현황을 종합하면 어떤 자산보유자가 어떤 자산을 유동화하는지 파악할 수 있는데, [표 11-5]는 2015년의 현황을 정리한 것이다. 이 표에서 은행은 무수익자산(NPL), 증권사는 유가증권, 신용카드사는 신용카드채권, 할부금융사는 자동차할부채권, 리스채권 등 다양한 채권, 기업은 단말기할부채권, 기타 기업매출채권 및 부동산과 SOC, 그리고 한국주택금융공사가 주택저당채권을 각각 유동화하고 있음을 알 수 있다.

|표 11-5| 자산보유자별 및 자산종류별 유동화증권(ABS) 발행 현황(2015년)

(단위 : 억원)

유동화자산 / 자산보유자		대출채권				매출채권						증권	총계
		NPL	주택저당채권	SOC대출채권	정상대출채권	카드채권	자동차할부채권	리스채권	단말기할부채권	기타기업매출채권	부동산PF		
금융회사	은행	39,757											39,757
	증권	70										36,674	36,744
	신용카드사					19,316			37,060				56,376
	할부금융사		2,445		756		42,726	10,991					56,918
	상호저축은행	57											–
일반기업				15,54					37,185	8,947	20,316		81,988
공공법인	한국주택금융공사		557,958										557,958
총계		39,884	560,403	15,540	756	19,316	42,726	10,991	74,245	8,947	20,316	36,674	829,798

자료 : 금융감독원

1.4 자산유동화증권의 발행구조

1.4.1 자산담보부증권의 발행구조

[그림 11-1]은 **자산담보부증권**(ABS)의 발행구조를 보여주고 있다. 이것은 자산유동화의 가장 일반적인 형식으로 자산소유자가 보유 중인 자산을 유동화중개회사에 매각하고 유동화중개회사는 이 자산을 담보로 ABS를 발행하는 과정을 보여주고 있다. 좀 더 구체적으로 설명하면 다음과 같다.

첫째, 다수의 동질적 대출채권을 보유한 금융회사 또는 외상매출채권 등을 보유한 기업이 보유 채권들을 유동화중개회사에 양도한다. 채권의 동질성이 중요한 이유는 다수의 동질적 채권을 한 묶음으로 집단화하면 현금흐름이나 위험의 예측이 쉬워지기 때문이다.

여기서 '**유동화중개회사**'는 자산유동화를 목적으로 설립된 **특수목적회사**(special purpose company : SPC)를 말하며, 일반적으로 실체가 없는 서류상의 회사(paper company)이다. 둘째, 이렇게 양도된 대출채권, 외상매출채권 등 자산은 투자자의 투자 판단이 용이하도록 신용평가기관의 신용등급 평가를 받는다. 셋째, 신용등급이 낮아 투자자들에게 투자유인을 주지 못할 경우 투자은행 등 신용보강기관을 통해 **신용을 보강**한다. 넷째, 이렇게 신용이 보강된 자산을 담보로 증권, 즉 ABS를 발행하여 투자자에게 매각하고, 매각자금을 자산보유자에게 전달한다. 한편 향후 투자자에게 지불해야 하는 ABS의 원리금은 담보로 제공된 자산으로부터 발생하는 현금흐름으로 충당한다.

[그림 11-1]을 보면 자산유동화와 관련된 주체로 자산보유자, 유동화중개회사(SPC), 투자자, 신용평가기관, 신용보강기관 등이 있고, 이 외에 자산관리자, 업무수탁인, 유동화증권수탁회사, 신탁회사 등도 자산유동화와 관련하여 중요한 역할을 담당한다. 자산관리자(servicer)는 「자산유동화에 관한 법률」(통칭하여 ABS법)에 규정한 적격요건을 갖추고 자산관리위탁계약에 따라 위탁받은 업무를 수행하는 자를 말한다. 업무수탁인은 서류상 회사인 유동화전문회사를 위하여 회사의 일상적인 업무를 수행하는 자를 말한다.

그림 11-1 | 자산담보부증권(ABS) 발행구조

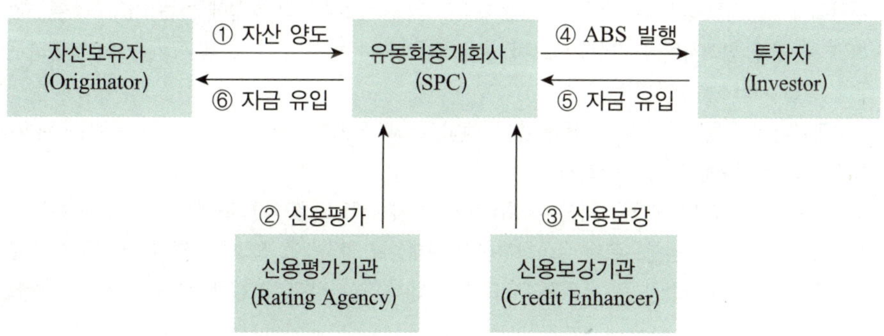

주 : ① 다수의 대출채권, 외상매출채권 등을 SPC에 양도
② 신용평가기관들이 대출채권, 외상매출채권 등의 신용등급을 평가
③ 신용등급이 투자자들에게 투자유인을 주지 못할 경우 신용보강기관(투자은행 등)을 통해 신용보강
④ SPC가 대출채권, 외상매출채권 등을 담보로 증권(ABS)을 발행하여 투자자에게 매각
⑤~⑥ ABS 매각 후 유입된 자금을 SPC가 자산보유자에게 전달
⑦ ABS 원리금은 담보로 제공된 자산의 현금흐름(cash-flow)으로 지불

유동화증권 수탁회사는 투자자를 위하여 유동화증권의 원활한 상환에 필요한 업무를 수행하는 자를 말하며, 신탁회사는 자산관리자로부터 유동화자산 및 이에 부수하는 자산 또는 투자권리를 신탁받은 후 수익증권을 발행하고 수익자를 위하여 그 자산을 관리하는 자를 말한다. 이 외에도 유동화자산 및 자산보유자의 특성에 맞는 거래구조를 자문하고 각 거래 참여자들을 연결하는 증권회사 또는 투자은행 등 주관사, 유동화전문회사 등의 설립 및 유동화증권의 발행과 관련한 총괄적인 서비스를 제공하는 법률자문기관들이 유동화에 참여한다. 각각에 대한 자세한 설명을 [Box 11-1]에 정리하였다.

Box 11-1 | 자산유동화 관련 주체들

1. **자산보유자** : 직 · 간접적으로 자산유동화 방식으로 보유자산을 유동화하는 자
2. **자산관리자** : 유동화중개회사 등을 위하여 유동화자산을 관리하는 자로서 ABS법 제10조에 의한 적격요건을 갖추고 자산관리 위탁계약에 따라 위탁받은 업무를 수행하는 자
3. **업무수탁자** : 실체가 없는 유동화중개회사를 위하여 회사의 일상적인 업무를 수행하는 자로서 ABS법 제23조에서 규정한 범위 내에서 업무위탁계약서에 따라 위탁받은 업무를 수행하는 자
4. **수탁회사** : 사채관리자 등 투자자를 위하여 유동화증권의 원활한 상환에 필요한 업무를 수행하는 자
5. **신탁업자** : 자산관리자로부터 유동화자산 및 이에 부수하는 자산 또는 권리를 신탁받은 후 수익증권을 발행하고 수익자를 위하여 그 자산을 관리하는 자
6. **주관회사** : 증권회사나 투자은행 등 유동화자산 및 자산보유자의 특성에 맞는 거래구조를 자문하고 각 거래 참여자들을 연결함으로써, 유동화중개회사 등의 설립 및 유동화증권의 발행과 관련한 총괄 서비스를 제공하는 자
7. **신용평가사** : 유동화증권의 신용등급을 결정함으로써 투자자에게 유동화증권과 관련된 위험과 효익에 관한 정보를 제공하는 회사
8. **외부평가기관** : 회계법인 등, 자산유동화업무감독규정 제5조 및 제12조에 의하여 유동화자산의 평가 또는 실사를 수행함으로써 유동화자산의 실재성을 확인하고 적정한 가치를 산정하는 기관
9. **법률자문기관** : 법무법인 등 유동화계획의 법률적 타당성 검토 및 관련 문서 작성을 수행하는 기관

자료 : 금융감독원, 자산유동화 실무 안내, 2013. 12

1.4.2 주택저당채권담보부증권의 발행구조

주택저당채권담보부증권(MBS)은 주택저당채권 또는 주택담보대출을 집합(pooling)한 자산으로부터 나오는 현금흐름을 기초로 하여 발행되는 증권을 말한다. MBS는 자산담보부증권(ABS)의 한 종류로서 대표적 부동산증권화제도 중의 하나이며, ABS 중에서 담보력이 가장 확실한 형태이기도 하다. MBS는 은행 등 주택금융회사의 주택저당채권을 유동화하는 것이므로 금융회사는 MBS 발행을 통해 자금을 조기에 회수함으로써 주택금융의 장기 공급에 따른 위험을 줄일 수 있을 뿐만 아니라 회수된 자금으로 새로운 장기주택금융을 제공하여 수익성을 제고할 수도 있다.

MBS 발행구조는 [그림 11-2]에서 보는 것처럼 대체로 자산담보부증권(ABS) 발행의 경우와 유사하다. 우선 금융회사는 주택금융 수요자에게 장기주택금융을 제공하고 그 대가로 주택에 대한 저당권과 함께 대출금의 원리금을 지급받을 권리인 대출채권을 획득한다. 금융회사는 다수의 저당권과 대출채권을 유동화중개회사에 매각하고 현금을 수취한다. 일반적으로 주택저당채권의 유동화중개회사는 정부가 출자한 공기업이기 때문에 주

그림 11-2 | 주택저당채권담보부증권(MBS) 발행구조

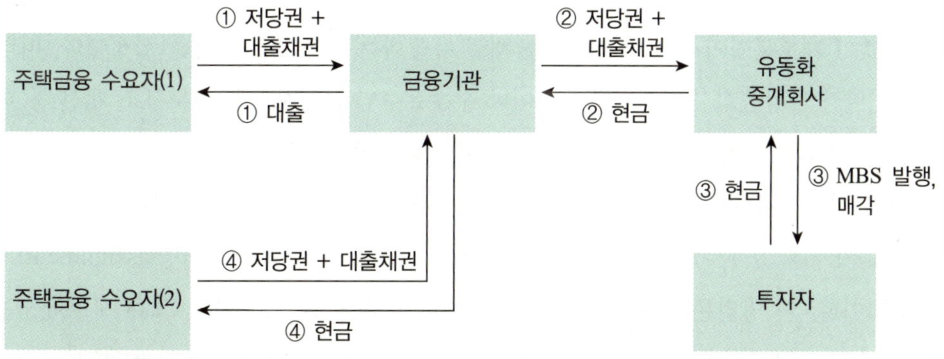

주 : ① 금융회사는 주택금융 수요자(1)에게 장기주택금융을 제공하고 그 대가로 주택에 대한 저당권과 대출채권(대출금의 원리금을 지급받을 권리)을 획득
② 금융회사는 매입한 저당권과 대출채권을 유동화중개기관에 매각하고 현금을 수령
③ 유동화중개회사는 매입한 저당권과 대출채권을 담보로 증권(MBS)을 발행, 매각하여 현금을 확보
④ 금융회사는 저당권과 대출채권을 매각하여 환수한 현금으로 다시 새로운 주택금융수요자(2)에게 장기주택금융을 제공

택저당채권에 대한 신용보강이나 신용평가는 필요하지 않다.[8] 다만 유동화중개회사가 사기업일 경우 정부가 주택저당채권의 지급을 보증하지 않기 때문에 ABS의 경우에서와 같이 신용평가와 신용보강이 필요하다. 금융회사는 이렇게 회수한 자금을 새로운 주택금융 수요자에게 제공할 수 있다. 한편 주택저당채권의 원리금은 유동화중개회사가 매입한 주택금융저당권과 대출채권으로부터 발생하는 현금(즉, 주택금융의 대출원리금)으로 지불한다.

1.4.3 대출채권담보부증권의 발행구조

대출채권담보부증권(collateralized loan obligation : CLO)은 기초자산이 주택저당채권 이외의 일반 대출채권이며, 자산보유자의 발행목적에 따라 첫째, 대차대조표상 자기자본비율 관리 목적으로 발행되는 CLO와 둘째, 재정거래차익(arbitrage profit) 획득을 목적으로 발행되는 CLO의 두 가지로 구분된다. 어느 경우나 유동화자산 풀에서 설정된 후순위채 및 신용보강을 초과하는 신용손실이 발생하면 CLO 투자자 측은 투자원금의 손실을 입게 된다. 전자의 경우 일반적으로 자산보유자(은행 등 금융기관)가 SPC의 후순위채를 수취하여 신용보강을 하는 반면, 후자의 경우에는 제3의 투자자가 출자한다. 앞서 설명한 바와 같이 우리나라 금융회사들의 대출채권 유동화는 부실대출채권을 대상으로 한 것이 대부분이어서 아직 정상대출채권 유동화는 보편화되지 않은 실정이다. 따라서 우리나라의 금융회사들은 차익획득이나 수수료수입 목적보다는 재무구조 개선 등 대차대조표 관리를 위해 대출채권 유동화를 추진한다고 할 수 있다.

기초자산인 대출채권을 이전하는 방식으로는 구체적으로 무엇을 이전하느냐에 따라 다음 세 가지가 있다. 첫째, 담보자산에 대한 법적 소유권을 SPC에 이양(assignment)하는 방법이다. 이 방법은 채무자와의 관계에 대한 부정적 효과로 인해 CLO 구조에서는 일반적으로 사용되지 않는다. 둘째, 담보자산에 대한 법적 소유권은 유지하되 그 자산으로부터의 현금흐름만을 SPC에 매각(participations)하는 방법이다. 셋째, 기초자산에 대

---

8 우리나라에서는 한국주택금융공사(HF)가 금융회사로부터 주택저당채권을 양도받아 이를 기초로 MBS를 발행하고 있다. 한국주택금융공사는 채권시장으로부터 장기저리의 자금을 안정적으로 조달하여 주택금융재원으로 활용하는 한편, 역모기지를 제공하여 은퇴자들의 노후생활 안정을 도모하기 위한 목적으로 한국주택금융공사법(2003년 12월 31일 제정)에 의해 2004년 3월 1일 설립된 공공기관이다.

한 법적 소유권은 유지하면서 신용파생상품(credit derivatives)을 이용하여 기초자산의 신용위험과 스프레드위험을 제3자에게 이전하는 방법이다.

1.4.4 합성 CDO의 발행구조

합성 CDO(synthetic collateralized debt obligation)는 기초자산이 회사채와 대출 등 채권형 자산의 집합으로 구성되어 있으며, 기본구조는 일반적으로 [그림 11-3]과 같다. 금융회사는 대출채권 등의 위험을 헤지할 목적으로 특수목적회사(SPC)와 신용파생금융상품계약을 체결하고, SPC는 동 신용파생금융상품과 계약담보자산을 기초자산으로 ABS(또는 합성 CDO)를 발행한다. SPC는 계약담보자산(채권)에서 발생되는 원리금(B)과 신용파생계약에 따라 수취하는 수수료(A)로 투자자에게 원리금(A + B)을 상환하게 된다. 신용파생계약에 의한 신용사건이 발생하는 경우 합성 CDO의 원리금 지급보다 우선하여 금융회사에 손실금을 지급하게 된다.

합성 CDO의 발행으로 자산유동화 구조의 유연성과 효율성을 높일 수 있게 되어 자산유동화증권의 발행이 촉진되었다. 금융회사는 합성 CDO의 발행으로 위험자산을 양도하지 않고서 신용위험만을 자본시장으로 이전함으로써 새로운 위험관리수단을 확보하는 한편, 금융감독당국이 요구하는 규제자본(즉, 신용위험 대비 최저자본 요구액 또는 BIS

그림 11-3 | 합성 CDO의 기본구조

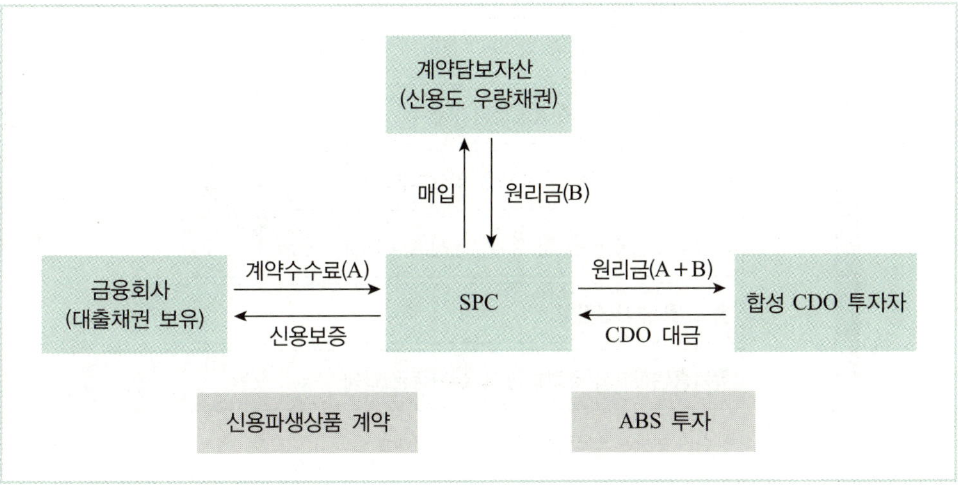

자기자본비율 부담)을 쉽게 경감할 수 있는 수단을 갖게 되었다. 개별 기업에 대해 신용공여를 할 수 없었던 자본시장 투자자들 입장에서는 합성 CDO 투자를 통하여 신용공여시장에 간접적으로 참여할 수 있어 보다 다양한 투자수단을 갖게 되었고, 기업의 입장에서는 보다 용이하게 신용공여를 받을 수 있는 길이 열린 것이다.

1.5 자산유동화증권의 발행업무

국내에서 **자산유동화증권**을 발행하기 위해서는 자산유동화법에서 요구하고 있는 절차뿐만 아니라 자산유동화계획 및 자산양도 등록, 그리고 공모를 위한 절차로서 유가증권인수규정에 따른 등록 등의 추가적인 절차를 밟아야 한다. 특히 이러한 등록에는 상당한

그림 11-4 | 자산유동화증권 발행절차

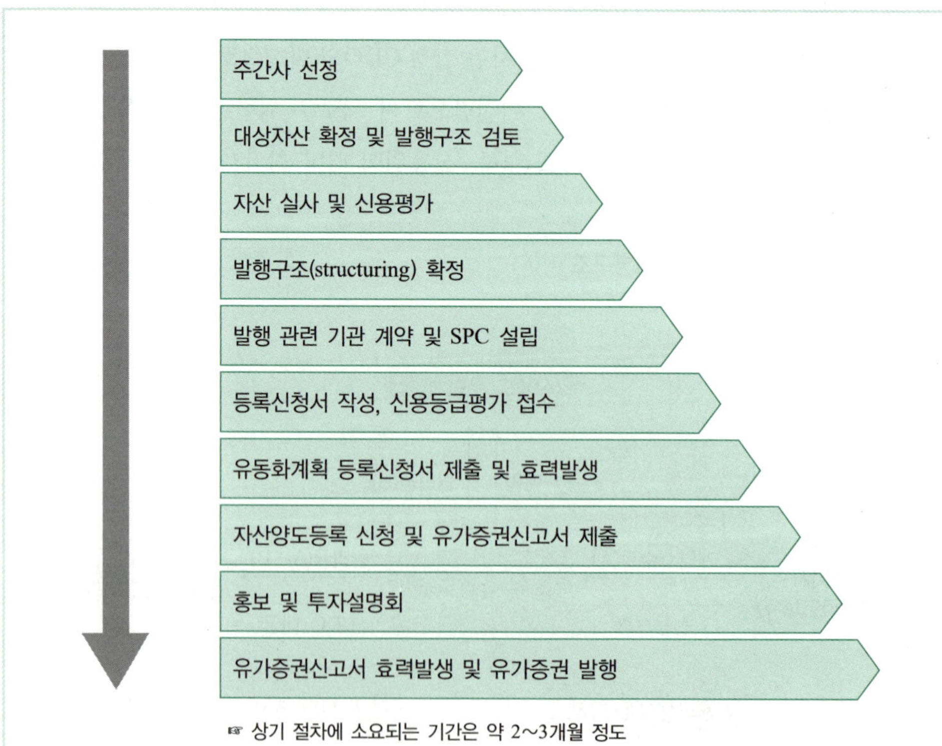

시간이 소요되는 경우도 있기 때문에 전체적인 일정계획의 수립에 있어 이에 대한 적절한 대비가 필요하다. 이와 더불어 자산유동화증권의 원활한 발행을 위해서는 해당 자산보유자의 과거 대손 및 연체에 대한 자료를 정비하여 적정한 신용보강이 이루어질 수 있도록 해야 한다.

자산유동화증권 발행절차는 주간사 선정, 대상자산 확정 및 발행구조 검토, 자산실사 및 신용평가, 발행구조 확정, 발행 관련 기관 계약 및 SPC 설립, 등록신청서 작성, 신용등급평가 접수, 유동화계획 등록신청서 제출 및 효력발생, 자산양도등록 신청 및 유가증권신고서 제출, 홍보 및 투자설명회, 유가증권신고서 효력발생 및 유가증권 발행 순으로 진행된다. 그 자세한 내용은 [그림 11-4]에 정리되어 있다.

1.6 자산유동화의 위험관리

1.6.1 진정한 매각

유동화증권 발행 시 유동화 대상자산은 자산보유자로부터 유동화중개회사에게로 완전한 매각이 이루어져야 한다. 자산유동화에 관한 법률에서는 **진정한 매각**(true sale)의 조건을 명시함과 더불어 유동화자산의 양도, 신탁 또는 반환이나 유동화자산에 대한 질권 또는 저당권의 설정이 있는 경우 금융위원회에 등록하도록 규정하고 있다. 양도자산의 현금흐름이 원활하지 못할 경우 부족분을 청구할 수 있는 상환청구권이 명시되어 있는 경우에는 일반적으로 법적 권리와 계약의 경제적 효과를 살펴 문제의 거래가 진정한 양도인지를 판단해야 한다.

1.6.2 자산의 분리 관리

유동화자산의 독립적인 관리를 보장하기 위해 신탁기관으로 하여금 수탁회사로 참여하여 유동화자산이 유동화증권의 원리금 상환에만 활용될 수 있도록 관리하는 역할을 수행토록 해야 한다.

1.6.3 자산관리자의 부도위험

자산관리자는 관리를 위탁받은 유동화자산을 그의 고유재산과 구분하여 계상하고 관리해야 한다. 그럼에도 불구하고 자산관리자의 신용등급이 유동화증권의 신용등급보다 현저히 낮은 경우 또는 자산관리자가 부도 또는 청산절차 진행 등으로 자산관리업무를 수행할 수 없는 경우에는 자산관리업무를 대행할 수 있는 대체자산관리자를 지정할 수 있다.

1.6.4 유동성위험

전체적으로 신용보강이 충분히 이루어졌다 하더라도 특정 기간에 유동화자산의 현금흐름이 자산유동화증권의 원리금 상환액을 충당하지 못하면 평가의 관점에서는 부도로 간주된다. 이러한 유동성위험을 방지하기 위해서는 엄격한 현금흐름분석을 통해 유동화기간 내 특정 기간 중 자금부족이 발생하지 않도록 유동화자산의 집합(pooling) 및 발행증권의 구조가 설정되어야 한다. 예를 들면, 유동화기간 중 월별 현금흐름을 분석하여 신용보강을 포함한 총현금흐름이 유동화증권의 원리금이 지급되는 매기 말 원리금지급액을 만족시킬 만큼 충분히 유지되고 있는지 평가하고, 이러한 수준에 못 미치는 경우 추가적인 신용보강이 이루어져야 한다.

1.6.5 재투자에 따른 위험

유동화전문회사 계좌에 적립된 현금은 현금흐름 수입과 더불어 유동화증권의 원리금을 상환할 수 있는 충분한 수준을 유지하여야 하며, 유동화전문회사 계좌의 잉여현금은 재투자되어 그 투자원리금이 유동화증권 원리금 상환 재원으로 활용되어야 한다. 특히 기초자산이 조기 상환되는 경우 잉여현금은 증가하지만 미래의 현금흐름 수입이 감소하기 때문에 잉여현금의 재투자는 유동화증권의 원리금 상환에 있어서 매우 중요한 역할을 하게 된다. 또한 금리가 하락하면 기존 대출의 조기상환이 많아지는 경향이 있는 반면, 금리하락 시 재투자수익률이 낮아져 유동화증권의 원리금 상환 재원이 부족할 위험이 있다. 따라서 자산유동화증권의 평가에 있어서는 기초자산의 조기상환 가능성과 재투자 위험이 적절히 반영되어야 한다. 실무적으로는 유동화증권 발행 시 관련 서류 또는 계약서에 재투자에 따른 위험을 제거할 수 있는 필요한 제한이 설정되어 있는지를 검토하고, 신용위험 및 유동성위험 노출을 평가하여 등급결정에 반영하여야 한다.

1.6.6 유동화자산의 가치저하위험

유동화자산의 상환과정에서 원리금의 연체 및 대손이 발생할 수 있으며, 여러 가지 환경변화에 의해 연체 및 대손확률이 변동하게 된다. 따라서 유동화자산의 가치저하위험을 충당하기 위해 후순위채, 준비금계정, 초과스프레드, 보증 등의 신용보강이 이루어지는 것이 일반적이다. 과거 자료의 분석이나 원채무자에 대한 정밀한 분석을 바탕으로 추정한 대손확률을 기준으로 하여 유동화자산의 가치저하위험을 평가하고, 목표등급별로 요구되는 충분한 신용보강이 이루어졌는지를 평가하여야 한다.

1.6.7 미국 서브프라임 모기지 사태

세계적인 금융위기를 촉발시켰던 미국 서브프라임 모기지 사태와 함께 자산유동화 시장의 발달이 금융위기의 원인 중 하나로 지목받고 있기 때문에, 여기서 간략하나마 미국 **서브프라임 모기지 사태**에 대해 언급한다.

미국의 모기지(주택담보대출)는 **프라임**(prime), **알트-A**(alternative A), **서브프라임**(subprime)의 3등급으로 구분된다. 프라임 등급은 신용도가 좋은 개인을 상대로 한 주택담보대출을, 알트-A는 중간 정도의 신용을 가진 개인을 상대로 한 주택담보대출을, 서브프라임은 신용도가 일정 기준 이하인 저소득층을 상대로 한 주택담보대출을 각각 말한다. 서브프라임 대출은 부실위험 때문에 프라임 등급보다 대출금리가 2~4%p 정도 높은 대신, 집 시세의 거의 100% 수준(전통적인 모기지는 평가가치의 70~80% 수준)까지 대출이 가능하다. 모기지에 대한 이자를 내는 대신 원금이 증가하는 대출방법도 있었고, 대출 초기에는 특별히 낮은 이자율을 적용하고 나중에 금리를 재설정한다거나 모기지 대출에서 전형적인 30년 고정이자율이 아닌 변동이자율을 사용하기도 했다. 또한 많은 미국인들이 기존 주택에 대한 2차 모기지(second mortgage)를 위하여 서브프라임 대출을 이용했다. 이러한 경우 대출금은 자동차 등 소비재 구입에 주로 이용되었다.

규제의 완화, 풍부한 유동성, 그리고 주택가격의 상승으로 대출업자들은 그동안 배제했던 신용 이력이 나쁜 가난한 대출자들에게도 주택대출을 적극적으로 권유했다. 그리고 미국 은행들은 유동화를 위하여 여러 채무자의 서브프라임 주택담보대출을 집합하고, 여기서 발생하는 이자수익을 담보로 CDO 등 새로운 증권을 발행해 세계 각지의 투자자들에게 판매했다. 결국 은행은 대출업무만 담당하였고, 사후에 발생하는 부실책임은 증권을 소유한 최종 소비자에게 넘겨졌다. 부실에 대해 책임지지 않는 은행은 당연히 대출기준을 낮추었고, **채무상환능력이 부족한 사람들**(no income, no jobs or assets : NINJA)에게까지 대출해 줌으로써 금융위기의 도화선이 됐다.

또한 월스트리트(Wall Street)의 투자은행들은 서브프라임 대출증권 유동화 목적으로 **특수목적회사**(SPC)를 설립했고, 적은 자금으로 더 많은 수익을 얻기 위해 다양한 2차, 3차 파생금융상품을 개발했다. 2006년 기준 서브프라임 대출이 전체 주택대출시장에서 차지하는 비율은 20% 이하였으나, 2차 시장에서 발행된 채권(MBS, CDO)의 비율은 44%까지 달하였던 것만 봐도 그동안 얼마나 많은 2차, 3차 파생금융상품이 생성되었는지를 알 수 있다. 또한 특수목적회사의 회계장부는 모회사의 재무구조에 있는 그대로 투명하게 반영되지 않기 때문에(즉, 부외거래이므로) 기초자산인 주택채권의 채무불이행비율 증가에 따른 파생금융상품과 특수목적회사의 가치변화, 즉 손실 정도가 제대로 파악되지 않았다.

이러한 고수익 · 고위험의 파생금융상품이 자산유동화 시장에 나타난 이유 중 하나는 채권보증회사와 신용평가기관, 그리고 **신용디폴트스왑**(credit default swap : CDS)을 통한 신용보강 때문이었다.[9] 즉, 투자은행이 특수목적회사를 통해 발행한 고위험의 파생금융상품들이 시장에서 판매될 수 있도록 신용평가기관으로부터 높은 신용등급을 받거나, CDS를 매입하여 일종의 보험을 들었고, 채권보증회사들로부터도 지급보증을 받기도 했다. 이들 채권보증회사는 원래 지방정부채 등에만 보증을 제공하여 무디스, 피치 등 신용평가기관으로부터 대부분 AAA의 투자등급을 받은 우량기업들이었다. 이 채권보증회사들이 지급보증한 파생금융상품의 신용등급은 실제 위험성과 투자등급에 관계없이 자동

9 채권보증회사는 채권만 전문적으로 보증을 서기 때문에 통상 **모노라인**(monoline)이라고 부르는데, 엠비아이에이(Municipal Bond Insurance Association : MBIA) 또는 암박(American Municipal Bond Assurance Corporation : AMBAC) 등이 대표적인 회사들이다. CDS란 채무자가 부도가 발생하여 채권이나 대출의 원리금을 돌려받지 못할 위험, 즉 부도위험을 채권 등으로부터 분리하여 거래하는 신용파생상품을 말한다.

적으로 채권보증회사들의 양호한 신용등급과 같은 등급으로 매겨졌던 것이다. 다시 말하면, 실제 BBB인 파생금융상품도 채권보증회사가 지급보증을 서면 AAA 투자등급으로 상향되어 투자자에게 판매됐다. 이러한 신용보강을 통해 서브프라임 자산유동화 시장은 급속도로 확장되었다.

수익률이 높기 때문에 헤지펀드나 세계의 여러 금융업체들이 막대한 금액을 투자했는데, 미국의 집값이 하락하면서 서브프라임 모기지 대출자들이 대출금을 상환하지 못하게 되었다. 결국 2007년 4월에 미국 2위의 서브프라임 모기지 대출회사인 뉴센추리 파이낸셜이 부도처리되었고, 이를 시작으로 여기에 투자했던 미국을 비롯한 세계의 헤지펀드, 은행, 보험사 등이 연쇄적으로 붕괴하는 도미노가 시작되었다.

이와 함께 자사 AIG 시가총액의 두 배에 달하는 금액의 CDS를 골드만삭스(Goldman Sachs) 또는 메릴린치(Merrill Lynch) 등 세계적 대형 금융회사에 팔았던 AIG금융상품(AIG Financial Products : AIGFP)이 결국 미국 정부의 구제금융을 직접 받을 수밖에 없게 되었다.[10] 즉, 미국 정부는 AIGFP가 거래상대방들과 상호 연계하면서 생성시킨 시스템리스크(systemic risk)에 따른 금융시장 붕괴를 막기 위해 AIG를 구제할 수밖에 없었던 것이다.[11]

결국 미국의 서브프라임 모기지 사태는 미국 부동산시장 활황으로 서브프라임의 높은 이자율을 집값 상승으로 충분히 메울 수 있다고 생각한 수많은 사람들이 차입을 통해 부동산을 구입했지만, 예상과는 달리 미 경기침체로 부동산 버블이 붕괴되면서 연쇄적으로 부실이 발생한 것이다. 혹자는 CDO나 CDS로 대표되는 신종 파생금융상품과 자산유동

---

10 당시 벤 버냉키(Ben Burnanke) 미국 연준 의장의 다음과 같은 발언이 어려운 상황을 잘 설명해 준다 : "We're not doing this to bail out AIG or their shareholders, certainly. We're doing this to protect our financial system and to avoid a much more severe crisis in our global economy. We know that the failure of major financial firms in a financial crisis can be disastrous for the economy. We really had no choice."

11 AIGFP는 AIG(American International Group)의 자회사로, 2008년 봄 AIGFP의 부실로 인해 2008~2009년 세계 금융위기가 심화되었다. AIGFP는 자사가 발행하거나 유통시킨 CDS에 대해 실제로 지불을 해야 할 가능성은 비교적 낮을 것으로 믿었다. 그러나 2008년 상반기 금융위기가 지속되고 많은 회사가 부채상환을 못하게 되자 AIGFP는 예상치 못했던 엄청난 손실을 떠안을 수밖에 없었고, 결국 AIGFP의 손실로 인하여 AIG그룹 전체의 신용등급 하락과 유동성위기를 겪게 되었다. 이에 리먼 브라더스에 대한 구제금융에 불가 입장을 고수했던 미국 연방준비제도이사회(FRB)가 AIG를 구제하지 않으면 이미 심각했던 금융시장의 취약성을 더 심화시키고 금융시스템이 무너질 것이라고 판단하여 마침내 2008년 9월 16일 AIG에 850억달러의 구제금융을 제공키로 하였다.

화 시장 발달에 책임을 묻지만, 이것은 자산유동화 시장 자체의 문제라기보다는 유동화 과정 속에 내재하는 **도덕적 해이와 이해갈등 문제**가 금융시스템에 치명적 영향을 미쳤다고 보는 게 더 타당하다. 물론 자산유동화나 CDS가 금융시스템에 대해 지나친 자신감을 불어넣은 측면은 있지만, 근본적인 것은 **그림자금융 시스템**(shadow banking system), 즉 예금과 대출 등 전통적 은행업무에 대한 높은 규제를 적용받지 않던 투자은행 형태의 금융회사들이 성행했던 시스템의 문제라고 볼 수 있다.

1.7 자산유동화증권의 현금흐름 분석

유동화증권의 현금흐름을 분석할 때는 유동화증권의 구조를 감안하여 다음과 같이 월별 현금흐름 분석을 실시한다. 우선 해당 자산의 정상적인 현금유입, 연체 및 대손, 연체대출의 기간 이후 회수확률, 조기상환 확률, 유입현금의 재투자 등과 관련한 요소 등을 모두 감안하여 현금유입 항목을 산출한다. 이어 해당 유동화증권의 원리금 지급, 자산관리 및 회계감사 등 관련 비용을 정확히 감안하여 현금유출 항목을 산출한다. 다음으로 상기의 현금유출입을 감안하여 정상적인 상황에서의 현금흐름을 분석하고, 아울러 다양한 시나리오하에서 현금흐름의 민감도 분석도 실시한다. 현금흐름의 민감도 분석에서는 최악의 상황에서의 현금부족액 및 신용보강 수준을 검토한다. 이러한 현금흐름 분석은 해당 유동화자산의 향후 현금흐름을 다양한 구조로 평가하여 유동성위험과 해당 자산의 신용도가 하락할 경우의 위험을 분석함으로써 신용보강의 수준을 결정짓는 중요한 기준을 제공하며, 신용보강 수준의 적정성을 판단하는 기준으로도 사용된다.

1.8 자산유동화증권의 신용보강 수준 결정

신용보강 수준의 결정에서 가장 중요한 기준은 대상 유동화자산의 **가치저하 위험**이다. 이러한 위험은 유동화 대상 자산의 원채무자가 적고 관련 정보의 취득이 가능한 경우에는 개별 원채무자에 대한 평가를 통해 추정한다. 반면에 소매금융부문과 같이 원채무자의 수가 많고 원채무자와 관련한 신용정보의 취득이 어려운 경우에는 과거의 대손실적 및 금융회사의 위험관리에 대한 태도 등을 감안하여 추정한다.

또한 적정한 **대손확률을 추정**해야 하는데, 이를 위해서 해당 자산의 성격에 따라 대손의 개념을 정의할 필요가 있다. 즉, 각 금융회사별로 다양한 대손 및 연체의 개념을 사용하고 있기 때문에 실질적으로 유동화증권의 상환에 영향을 미치는 대손 및 연체의 개념을 도입해야 한다. 예를 들면, 자동차할부금융 부문에서와 같이 원채무자의 수가 많고 해당 채무자 개개인에 대한 신용정보 획득이 제한되어 있는 경우에는 해당 자산보유자(예컨대, 해당 자동차할부금융을 유동화한 할부금융사 또는 금융회사)의 과거 연체 및 대손실적을 다양한 차원에서 분석하여 향후 대손확률을 추정한다. 즉, 해당 할부금융사의 원채무자를 전체 집단으로 평가하여 향후 대손확률을 추정하는 것이다. 이 경우 계약기간별로 일정 기간 연체가 발생한 대출잔액을 연체대출로, 그리고 대손이 확정된 금액을 대손으로 각각 정의하여 각 기간 대출계약금액 대비 연체대출률과 대손율의 기간 경과별 추이를 살피고, 각 기간별 대출 태도와 사후관리 상황 등을 감안하여 향후 대손확률을 추정하게 된다. 이러한 손실발생 확률에 근거하여 목표 신용등급에 부합하는 도산확률을 넘지 않도록 신용보강 수준을 결정한다.

원채무자가 다수라 하더라도 개개인에 대한 신용정보를 획득하기 쉬운 경우에는 개별 정보를 최대한 활용한다. 예를 들면, 앞에서 소개한 CLO, CBO 및 리스자산을 기초자산으로 한 유동화증권 등의 경우에는 개별 채무자의 신용정보 획득이 용이하므로 개별 원채무자의 신용등급과 신용등급의 변화 확률에 근거하여 해당 유동화자산의 향후 대손확률을 추정하게 된다. 즉, 원채무자 신용등급의 도산확률이 주어져 있고 주어진 확률에 따라 도산한다고 가정하고, 이러한 도산확률에 근거하여 해당 유동화자산집합(즉, 원채무자 집합)의 손실액에 대한 확률분포를 도출한다. 이때 개별 채무자의 신용등급이 없는 경우에는 투자자의 이익을 보호하기 위해 가장 보수적인 등급을 적용한다. 반면에 원채무자가 소수인 경우에는 유동화자산 집합이 특정 업종이나 특정 기업에 집중되어 있는지를 검토하고, 만약 집중되어 있는 경우에는 집중화 위험을 고려하여 도산확률에 가중치를 부여하는 방법을 적용하기도 한다.

이렇게 추정된 향후 대손확률은 각 월별 원리금회수 스케줄에 반영되어 현금흐름 분석에 사용되며, 특히 최악의 상황(예, 제18장의 위기상황 분석)을 고려한 현금흐름 시나리오 분석의 기초가 되기도 한다. 최악의 상황에서도 신용보강의 효과에 의해 해당 자산유동화증권의 원리금이 원활히 회수될 수 있는가를 분석함으로써 적정 신용보강을 결정짓는 것이다. 한편 이와 병행하여 향후 대손확률에 일정 배수를 곱하는 방법도 실무적으로 흔히 사용되는 방법이다. 이와 같이 채무자의 사건별 발생확률과 손실금액을 계산하고 집중도를 감안하여 채무불이행 확률의 허용기준보다 낮은 확률이 되도록 신용보강 수준을 결정한다.

2. 대출채권 매각

2.1 개념 및 의의

대출채권 매각(loan sales)은 자산을 매각하여 현금화한다는 점에서 개념적으로 자산유동화와 같다. 그러나 자산유동화의 경우와 달리 새로운 유가증권이 만들어지는 것이 아니라 대출 자체가 거래된다. 그러므로 대출채권 매각은 일반투자자를 대상으로 하기는 어렵고 이해가 맞아떨어지는 소수의 금융회사 간에 이루어진다. 실제 미국에서는 자산유동화가 보편화되기 훨씬 이전부터 금융회사 간의 상호 필요성에 의해 대출채권의 매매가 이루어졌다. 자산유동화는 대출에 한정되지 않기 때문에 대출채권 매각보다 대상자산의 범위가 넓고, 또 증권화함으로써 일반투자자들의 투자를 받기 쉬운 점 등으로 인해 대출채권 매각보다 유리하다. 따라서 단순한 대출채권 매각에서 보다 발전되고 보편화된 형태가 자산유동화라고 할 수 있다.

금융기관이 대출채권 매매로부터 얻는 **이득과 위험요인**도 자산유동화의 경우와 대동소이하다. 이를 간략히 설명하면 다음과 같다. 우선 매각을 하는 은행의 입장에서 볼 때 대출채권 매각은 이익 · 비용관리와 위험관리의 유용한 수단이 된다. 거액여신을 일부 매각함으로써 편중여신을 해소하고 대출 다변화를 이룰 수 있을 뿐 아니라 신용위험을 감소시킬 수 있다. 즉, 여신을 감축하면 BIS 자기자본비율을 맞추기 위한 자본확충 부담이 줄어 자본비용을 절감할 수 있고, 여신재원을 예금으로 조달할 경우에 부담하는 지급준비금과 예금보험료 등 규제비용도 절감할 수 있다. 또한 대출채권 매각은 유동성 확보를 위한 수단으로도 유용하다. 아울러 추가적인 재원조달의 부담 없이 수수료 수입을 얻을 수 있는 대체수익원이 된다. 반대로, 대출채권을 매입하는 금융회사의 입장에서 보면 새로운 수익원에 투자할 수 있다는 이점이 있다. 보험사, 펀드 또는 외국계은행 등 대출시장 접근이 어려운 금융회사와 일반기업의 경우 다른 은행의 대출채권을 매입함으로써 대출처리비용을 절약하면서 투자수익 기회를 얻을 수 있다. 은행의 경우에도 다른 은행의 대출을 매입함으로써 대출을 다양화하면서 신용위험을 분산하여 수익을 안정화시킬 수 있다.

2.2 대출채권 매각 현황

미국의 경우 은행의 대출채권 매매는 역사도 길 뿐 아니라 상당히 보편화되어 있다. 매매대상이 되는 대출도 정상여신, 문제여신 등 제한이 없다. 미국 은행들이 중남미, 동구, 아시아 등 개도국 대출에 적극적이던 1970~1980년대에는 소위 LDC론(less developed country loan : 개도국 대출)의 매매가 성행했다. 1980년대 말에는 미국에서 저축대부조합(savings & loans association : S&L) 부실사태가 발생했는데, 정리금융공사(resolution trust corporation : RTC)가 650여 개의 부실 저축대부조합을 인수 · 정리하면서 거액의 부실대출을 매각한 사례도 있다. 최근에는 자산유동화가 보편화되면서 대출채권 매각은 다소 감소하는 경향을 보이고 있다.

한편 우리나라에서는 1990년대 중반까지 대출채권을 매매한 전례를 찾아볼 수 없을 정도로 그 역사가 매우 일천하다. 그나마 이 제도가 처음 도입된 것도, 1997년 외환위기로 금융기관의 부실채권이 급증하자 이를 조속히 정리하여 금융산업을 정상화할 목적으로, 정부가 부실채권정리기금을 설립하면서부터였다. 당시 정부가 공적자금을 투입하여 한국자산관리공사(KAMCO)로 하여금 금융기관의 부실채권을 인수하도록 하였는데, 그 규모는 1997년 말부터 2002년까지 불과 5년여 동안 대출채권액 기준으로 110조원, 한

| 표 11-6 | KAMCO 부실채권정리기금 연도별 부실채권 매입현황 (단위 : 억원, %)

	채권액(A)	매입액(B)	매입률(B/A)
1997	110,624	71,362	64.5
1998	328,319	122,553	37.3
1999	182,898	44,644	24.4
2000	329,749	129,192	39.2
2001	60,024	19,538	32.6
2002	89,616	10,657	11.9
2003 정산액	3,716	−647	−
합계	1,104,946	397,299	36

자료 : 한국자산관리공사(KAMCO)

| 표 11-7 | KAMCO 부실채권정리기금 금융권별 부실채권 매입현황(1997~2002) (단위 : 억원, %)

	채권액(A)	매입액(B)	매입률(B/A)	비중
은행	619,505	274,163	39.9	56.1
기타 금융기관	485,441	123,136	25.4	43.9
합계	1,104,946	397,299	36	100

자료 : 한국자산관리공사(KAMCO)

국자산관리공사의 매입금액 기준으로 39조원을 상회하였다. [표 11-6]과 [표 11-7]이 외환위기 직후 부실채권 거래현황을 보여주고 있다.

이와 같이 우리나라에서는 대출채권 매각이 부실여신 매각 위주로 시작되었는데, 2003년 이후 부실채권정리기금이 종료되면서 부실채권의 인수주체가 없어 그마저 중단된 상태이다. 특히 자산유동화가 활성화되면서 앞에서 설명한 대출채권담보부증권(CLO) 또는 합성 CDO 등 유가증권 형태로 부실채권의 매각이 가능해졌기 때문에 앞으로도 대출채권의 직접 매각이 활성화되기는 어려울 것으로 보인다.

3. 요약

자산유동화는 대출 등 비유동성 자산을 유가증권으로 전환하여 이를 매각함으로써 현금화하는 것을 말하며, 증권화(securitization)라고도 한다. 또한 자산유동화 과정에서 만들어진 자산유동화증권은 자산을 담보로 발행되므로 자산담보부증권(ABS)이라고도 한다. 이러한 자산유동화증권은 기초자산에 따라 MBS, CBO, CLO, CDO, 합성 CDO, ABCP 등으로 구분된다. 금전채권, 매출채권, 할부판매채권, 임대료채권, 부동산 등 사실상 장래에 현금흐름이 예상되는 모든 자산 및 그들의 조합이 유동화 대상이 될 수 있다.

금융회사가 자산유동화를 하는 이유로는 ① 부실채권 등의 원활한 매각을 통한 구조조정, ② 자기자본비율 제고(또는 자본확충 부담 감소), ③ 지급준비금 부담, 예금보험료 등 규제비용 절감, ④ 새로운 자금조달원 확보 및 조달금리 경감, ⑤ 대출위험(즉, 신용위험) 부담 감축, 유동성 제고, 듀레이션 갭 감축 등 효율적 위험관리, ⑥ 대체수익원 창출 등을 꼽을 수 있다.

ABS는 자산보유자가 보유 중인 자산을 특수목적회사(SPC)인 유동화중개회사에 매각하고, 자산을 매입한 유동화중개회사가 이를 담보로 ABS를 발행하는 형식이다. 자산유동화증권 발행절차는 주간사 선정, 대상자산 확정 및 발행구조 검토, 자산실사 및 신용평가, 발행구조 확정, 발행 관련 기관 계약 및 SPC 설립, 등록신청서 작성, 신용등급 평가 접수, 유동화계획 등록신청서 제출 및 효력발생, 자산양도등록 신청 및 유가증권신고서 제출, 홍보 및 투자설명회, 유가증권신고서 효력발생 및 유가증권발행 순으로 진행된다.

자산유동화와 관련된 위험관리 차원에서 매매(양도)의 진정성 확인, 자산의 분리관리, 자산관리자의 부도위험, 유동성위험, 재투자에 따른 위험, 유동화자산의 가치저하위험 등에 대한 확인과 보완이 이루어져야 한다.

대출채권 매각은 자산을 매각하여 현금화한다는 점에서 개념적으로 자산유동화와 유사하지만, 새로운 유가증권이 만들어지지 않고 대출 자체가 거래된다는 점에서 다르다. 다만 금융기관이 대출채권 매매로부터 얻는 이득이나 위험요인은 자산유동화의 경우와 대동소이하다.

연 | 습 | 문 | 제

01. 유동화증권의 종류에 대하여 설명하시오.

02. 금융회사들이 자산유동화로부터 얻는 이득을 설명하시오.

03. ABS의 개념과 발행구조에 대하여 간략히 설명하시오.

04. MBS의 개념과 발행구조에 대하여 간략히 설명하시오.

05. 자산유동화증권 발행절차에 대해 설명하시오.

06. 자산유동화의 위험관리를 위해 고려해야 할 사항들을 설명하시오.

07. 신용보강 수준 결정에 대해 간략히 설명하시오.

08. CLO의 개념과 기초자산의 이전방식에 대해 간략히 설명하시오.

09. 합성 CDO의 개념과 발행효과에 대해 설명하시오.

10. 대출채권 매각을 설명하고 자산유동화와의 차이점을 설명하시오.

CHAPTER 12

자본의 관리

본 장에서는 은행경영에 있어서 은행자본의 역할과 효과적 자본관리에 관해 공부한다. 자본의 필요성을 은행 주주의 관점과 감독당국의 관점으로 나누어 살펴보고, 또 어떠한 변화를 거쳐서 양자가 서로 수렴하는지를 논의한다. 이를 통해 은행의 자본관리가 은행의 위험관리와 성과관리를 연결하는 경영수단인 동시에 금융시스템 안정 유지를 위한 중요한 규제대상임을 공부한다.

1. 자본의 중요성

국내외를 막론하고 은행산업과 관련하여 자주 언급되는 문제의 하나가 **자본**이다. 특히 은행이 경제환경 변화에 따라 위기상황을 맞게 될 때 은행 자본규모의 적정성 여부가 크게 주목을 받게 된다. 은행이 지급불능에 빠지면 해당 은행만 문제가 아니라 금융시장의 안정성이 크게 위협받게 될 수 있기 때문이다. 따라서 은행의 자본은 국민경제 차원에서도 주목의 대상이 된다. 사실 금융시장 발달의 정도가 낮은 나라뿐만 아니라 미국, 일본, 영국 등 금융선진국들도 부도 은행의 증자를 위해 정부차원의 개입이 불가피했던 경험을 가지고 있다. 우리나라의 경우 1997년 외환위기를 전후하여 적지 않은 수의 은행들이 대출자산이 부실화되어 위기상황에 봉착했는데, 이 과정에서 은행의 존속 여부를 결정하는 직접적인 기준이 된 것이 바로 자본이었다. 자본잠식 상황에 빠졌거나, 자본규모가 크게 부족하여 정상적인 영업이 불가능한 은행들은 타 은행에 인수되거나 공적자금 투입을 통해 국영화되었다.

은행이 건전하게 성장하기 위해서는 영위하는 제반 활동 관련 위험수준에 맞게 자본규모를 유지해야 한다. 은행의 자본규모가 클수록 수익에 변동을 가져올 수 있는 여러 요인에 대비할 수 있고 따라서 부도가능성을 낮출 수 있다. 그렇다고 은행의 자본규모가 큰 것이 반드시 좋은 것은 아니다. 보유자산이나 위험부담에 비해 자본규모가 지나치게 큰 것은 은행의 성장기회가 제한되고 있음을 의미하기 때문이다. 자본을 지나치게 높은 규모로 보유하는 것은 은행의 주가 측면에서도 현명한 선택이 못 된다. 이와 같이 은행에서 자본은 위험과 수익의 상호관계 속에서 중요한 역할을 수행한다. 결국 은행의 자본관리는 매우 중요한 경영과제인 것이다.

은행의 경영자는 자행의 자본규모가 감독당국이 요구하는 자본의 적정성, 신용평가기관의 기대수준, 그리고 주주가 요구하는 자본수익률 등 여러 요인에 상응하는지를 확인해야 하며, 배당정책, 자사주매입 등 여러 가지 수단을 활용하여 자본의 효율성을 극대화할 수 있도록 해야 한다. 자본의 관리는 은행의 지급불능 상황을 피한다거나 후에 기술하는 바와 같이 감독당국이 정하는 최소수준의 자본적정성을 유지한다는 소극적인 책무는 물론, 주어진 자본을 가지고 위험을 고려한 수익성을 최대한 높일 수 있도록 자본을 최적 배분하고 관리하는 적극적 책무까지를 포함한다. 은행의 자본을 사업부문별로 효율적으로 배분하지 않고서는 금융기법이 아무리 훌륭하더라도 가치를 지속적으로 창출하기 어렵다. 또한 자본이 잘 배분되어 있더라도 자원을 제대로 관리하지 못한다면, 이 또한 자본의 효과적 관리에 반한다고 할 수 있다.

2. 자본의 역할

전통적인 재무이론에 의하면 자본은 두 가지 역할을 수행한다. 하나는 위험의 최종 부담자와 더불어 소유권을 표현하는 것이고, 다른 하나는 영업을 위한 자금조달이다. 비금융회사의 경우에는 두 역할이 상호 긴밀하게 연결되어 회사는 자본을 기반으로 부채를 동원하여 각종 투자 및 영업활동을 영위한다. 그러나 은행의 경우에는 기본적으로 레버리지를 크게 높일 수 있기 때문에 자본을 자금조달을 위한 원천수단으로 보지 않는 경향이 있다. 다시 말하면, 은행이 각종 부채를 통해 자금을 조달하는 것은 자산활동을 재무적으로 뒷받침하기 위한 것일 뿐만 아니라, 그 자체가 은행의 핵심 업무라는 점에서 비금융회사와 차이를 보인다.

은행에서의 자본의 역할을 보다 잘 드러내 주는 정의는 '미래의 확인되지 않은 예상치 못한 손실을 흡수할 수 있는 능력(the availability to absorb future, unidentified losses)'이다. 위험은 제5편에서 자세하게 논의되지만, 함축적으로 표현하자면 예상할 수 있는 것과 실제로 일어나는 것과의 차이이다. 은행의 자본은 영업상 사전적으로 예상되는 수준을 넘어서는 손실을 흡수함으로써 은행의 영업이 정상적으로 돌아갈 수 있도록 해주는 **완충장치**(buffer) 역할을 한다. 즉, 은행의 자본은 영업에서 발생하는 예상치 못한 손실을 흡수함으로써 예금주를 보호하는 것이다.

그러나 자본의 역할에 대한 이러한 설명만으로 은행의 예금주들이 예금을 인출하기 위해 장사진을 이루는 이른바 '**뱅크 런**(bank run)'의 가능성을 원천적으로 봉쇄하지는 못한다. 은행은 자금의 공급자와 수요자를 연결하는 중개기능을 수행하지만, 특정 시점에서 보면 고객이 맡긴 예금보다 매우 작은 금액만을 현금으로 보유하고 있다. 때문에 많은 예금고객이 일시에 예금인출을 원한다면 은행은 이러한 인출에 충분히 대응할 수 없다. 은행이 부도가 날지도 모른다는 소문이 시중에 나돌게 되면 다른 예금고객들도 예금인출을 요구하게 되고, 이러한 상황에 이르면 실제로 지불능력이 충분한 건전 은행이라도 사태를 수습할 수 없게 된다. 따라서 예금을 받는 은행은 아주 작은 실수에 대해서도 충분히 대비를 해야 하며, 이는 곧 상당한 규모의 자본을 보유하고 있어야 함을 의미한다. 은행이 보유하는 자본의 규모는 은행채권자(예금자, 일반채권보유자 등)의 관점에서는 은행의 건전성을 판단하는 중요한 가늠자가 된다.

그러면 완충장치로서 은행의 자본은 어느 정도 규모가 적정한가? 이것은 은행경영상 가장 중요한 결정사항 중의 하나이며, 또한 은행 경영이론이나 실제에 있어서 논란의 대상이 되어 왔다. 이하에서는 먼저 자본의 정의 및 측정방법을 살펴보고, 적정한 자본규모의 산출과 효과적인 자본관리에 대해서 논의한다.

3. 자본의 측정

3.1 자본의 장부가치

전통적인 회계방법에 따르면 한 회사의 자본은 총자산에서 총부채를 차감한 순자산가치(net worth)로 정의된다. 이러한 경우의 자본의 가치를 **자본의 장부가치**(book value of capital)라고 한다. 대차대조표에서 자본을 구성하는 주요 항목으로는 자본금, 자본잉여금, 이익잉여금, 그리고 자본조정이 있다. **자본금**은 은행이 발행한 주식의 액면가격에 발행주식수를 곱한 값이다. **자본잉여금**은 주식발행가액이 액면가액을 초과하는 경우의 초과금액(주식발행초과금)이며, 다양한 거래의 결과 이상의 항목으로 분류하기 어려운 자본거래 항목을 대차대조표에 반영하기 위한 별도의 항목으로 **자본조정**(capital adjustment)이 있다. 또한 **기타포괄손익누계액**(accumulated other comprehensive income)은 현재 확정된 손익은 아니지만 가까운 장래에 손익을 구성할 수 있는 항목[1]이며, **이익잉여금**(retained earnings)은 영업활동 결과 발생한 이익 중 사내에 유보된 이익을 처리하는 계정이다. 요약해서, 자본의 장부가치는 회계기준이 정하는 바에 따라 대차대조표상에서 인식 · 측정된 자산과 부채의 차액이다.

| 표 12-1 | 은행의 약식 대차대조표

자산	부채
자산	**예금 및 부채**
현금 · 예치금	예금
채권	차입
대출	회사채
대손충당금	**자본**
	자본금
	자본잉여금
	자본조정
	기타포괄손익누계액
	이익잉여금

3.2 자본의 시장가치

은행의 자본은 미래의 예기치 못한 위험에 대한 완충장치 역할을 수행한다는 점, 특히 자본의 부족은 지급불능 사태를 초래한다는 점에서 장부가치로 자본의 가치를 측정하는 데는 한계가 있다. 회계기준에 따른 장부상의 자산과 부채는 시장의 변화를 충분히 반영하기 어렵기 때문이다.

시장이 평가하는 자산과 부채 가치의 차이로 자본의 가치를 보다 현실적으로 측정할 수 있는데, 이를 **자본의 시장가치**(market value of capital)[2]라고 한다. 대차대조표상의 자산과 부채에 대한 시장의 평가는 그 역사적 가치와 차이가 난다는 점에서 시장이 평가하

1 기업회계기준으로는 '기타포괄손익누계액'이라 한다.
2 은행이 발행한 잔고 주식의 시장가치로서 주식시장에서 통용되는 시가총액(market capitalization)과 같다.

는 은행자본의 가치는 장부상 자본가치와는 다르다. 은행이 수취하는 예금이나 은행부채의 시장가치는 시장금리의 변동에 따라 달라질 수 있다. 그리고 은행의 자산가치는 대출에서 발생하는 손실, 보유 유가증권 가치의 변화 등 다양한 요인에 의해 영향을 받기 때문에 부채의 가치보다 변동성이 더욱 심하다. 물론 은행이 자발적이든, 회계기준 또는 감독당국의 요구에 의해서든 시장환경 변화에 따른 자본의 가치변화를 장부에 반영한다면 그만큼 자본의 장부가치와 시장가치의 차이는 작아지지만, 시시각각으로 변하는 환경요인을 즉각적으로 반영하기 어렵다는 점에서 양자의 차이는 피할 수 없다.

주식이 거래소에 상장되어 공개적으로 거래되는 은행의 경우에는 대차대조표상의 자산과 부채의 시장가치를 일일이 계산하지 않더라도 자본의 시장가치를 계산할 수 있다. 총주식수에 주식의 현재가격을 곱하여 계산된다. 효율적인 자본시장에서 투자자들은 은행의 미래 수익 및 배당 흐름에 기초하여 은행의 주식가치를 계산하게 되는데, 이 가치는 자산과 부채의 시장가치의 차이와 같다. 주식의 시장가치(MV)와 자본의 장부가치(BV) 간의 비율, 즉 MV/BV는 주식시장에서 투자자들이 인지하는 은행자본의 시장가치와 대차대조표상의 장부가치 간의 차이를 가늠하게 한다. 장부가치가 같은 두 은행에 있어서 이 비율이 높다는 것은 주식시장에서 투자자들이 수익성, 성장성 등 내재가치를 높게 평가한다는 것을 의미한다.

현실적으로 자본시장이 효율적이지 않거나 또는 주식이 거래되지 않는 은행의 경우에는 자본의 시장가치에 대한 적절한 대용변수(proxy)를 구하기 어렵다. 더욱이 대차대조표상의 자산 및 부채 항목에 대한 시장가치 회계의 실행은 여러 가지 곤란한 문제를 수반한다. 대출이나 유가증권 등이 거래되지 않는 경우 시장가치 계산이 불가능하다거나, 불필요할 정도의 변동성을 손익계산서 및 대차대조표상에 반영하게 된다.

4. 적정자본의 수준

은행 경영진의 입장에서 보면 자본이 영업규모나 관련 위험 정도에 비해 지나치게 높은 수준이라면 자본과잉의 문제가 생긴다. 즉, 자본단위당 수익이 낮고, 따라서 시장에서 평가되는 은행 주가가 낮아서 자본의 시장가치도 낮은 수준에 머무르게 될 것이다. 따라서 은행 경영진은 필요한 자본의 양을 정확하게 산출하여 그에 상응하는 장부상의 자본을 보유할 필요가 있다. 그러나 은행 경영진은 필요자본량을 측정함에 있어서 영업위험을 과소평가할 여지가 있다. 왜냐하면 영업규모에 비해 자본규모가 작을수록 자본의 수익성이 높아지기 때문에 은행의 주가가 상승해 경영진의 보수나 주주가치가 높아지기 때문이다. 따라서 감독당국 입장에서는 은행이 영업과 관련된 제반 위험을 정확히 인지하고 측정하여 자본관리에 반영하는지를 관찰하고 지도할 필요가 있다. 결국 효율적인 자본관리는 은행가치의 극대화(주주의 관점)와 금융시스템의 안정성(감독자의 관점)을 모두 만족시키는 것이어야 한다.

그러면, 은행이 미래의 예기치 않은 위험에 대비하기 위해 보유해야 하는 자본의 적정규모는 어느 정도일까? 이러한 자본의 적정성에 대해서 금융시스템의 안정성 관점을 견지하는 규제당국과 자산의 확대 내지 수익성 제고를 견지하는 은행 경영진의 이해관계가 일치하기를 기대하기는 어렵다. 실제로 규제당국은 같은 조건이라면 은행의 자본규모가 큰 것을 선호하기 마련이고, 은행의 경영진은 자본규모를 작게 유지하여 자본 수익성을 높이는 것을 선호한다.[3]

기본적으로 은행의 적정자본수준의 문제는 그 은행의 업무에 어느 정도의 위험이 내재되어 있는가, 그리고 어느 정도의 위험수준을 감내(risk tolerance 혹은 risk appetite)할 수 있는가의 문제이다. 자산의 건전성이 낮거나, 유동성이 낮거나, 자산과 부채 간의 불일치(만기, 통화 등)가 심하면 그만큼 많은 자본을 필요로 한다. 또한 감내하고자 하는 위험의 정도가 낮을수록 많은 자본을 필요로 한다.

---

3 Crockett(1997)에 따르면, "금융시스템의 안정성을 확보하기 위하여 감독당국이 은행에 대해 요구하는 자본의 적정규모는 은행이 자발적으로 선택하는 적정규모보다 당연히 클 수밖에 없다. 그 이유는 많겠지만, 은행이 부도날 경우에 발생하는 사적 비용과 공적 비용과의 차이, 그리고 금융안정망 구축과 관련된 인센티브의 왜곡 등이 될 것이다. 비록 감독당국과 은행이 같은 선상에서 위험평가를 하게 된다고 할지라도, 일반적으로 감독당국은 은행보다 더 높은 수준의 완충장치를 요구하게 된다."

4.1 감독 관점에서의 자본구조 : 규제자본

역사적으로 각국의 감독당국은 은행의 부도위험을 줄이고 시장의 신뢰를 확보하기 위해서 자본규모를 규제해 왔다. 특히 이러한 규제는 은행이 수취하는 예금이 공적기관에 의해 보호된다는 점에서 납세자의 부담을 최소화하기 위한 방편으로 중요시되고 있다. 즉, 각국에서 정도의 차이는 있지만, 은행은 영업인가를 받기 위해서 최소한의 자본요건을 충족해야 할 뿐만 아니라, 영업규모와 환경에 따라 최소한의 자본규모를 유지하도록 규제되고 있다.

4.1.1 단순자기자본비율

감독당국에 의한 가장 간단한 형태의 자본규제는 총 익스포저 대비 **BIS기본자본**(Tier 1)의 비율을 나타내는 **단순자기자본비율**(leverage ratio)에 대한 최저선을 설정하는 것이다. 부채 사용에 따른 금리비용보다 높은 운용수익이 기대되는 경우 부채 비중이 높을수록 유리한 레버리지효과를 기대할 수 있지만, 그 의존도가 지나치면 손실규모가 급격히 확대될 위험 또한 높아지므로 적정 자기자본 유지를 요구해야 한다는 논리이다. 단순자기자본비율은 BIS기본자본(Tier 1) 대비 익스포저의 비율이 일정자본을 가지고 어느 정도의 자산을 보유할 수 있느냐를 가늠한다고 해서 **레버리지비율**(leverage ratio)이라고도 한다.

$$\text{단순자기자본비율} = \text{BIS기본자본} / \text{익스포저} \times 100$$

바젤위원회는 단순자기자본비율이 리스크에 기반한 자본규제체계를 보완하는 측면에서 중요하며, 신뢰성 있는 레버리지비율은 은행 레버리지의 원천이 되는 재무상태표 항목과 부외 항목을 광범위하고 적절하게 포착할 수 있는 수단이라는 견해를 표명하였다.

4.1.2 BIS 자기자본비율

은행의 청산능력을 나타내는 기준으로 많은 나라에서 보편적으로 채택하고 있는 것이

BIS 자기자본비율(BIS capital adequacy ratio)이다. 1970년대 이후 은행의 잠재적 위험이 급증했고, 일본계 은행의 자본적정성에 대한 국제금융시장의 우려가 제기됨에 따라 1980년대 중반부터 서구의 감독당국들은 은행 자본의 적정성에 관한 논의를 전개했다. 그 결과 1988년 **BIS**(Bank for International Settlement : **국제결제은행**)의 바젤위원회는 '자기자본 측정과 기준에 관한 국제적 합의'를 제정하여 국제업무를 영위하는 상업은행은 BIS 자기자본비율을 8% 이상 유지할 것을 의무화하였다.

BIS 자기자본비율은 단순자기자본비율 규제방식과는 달리 은행의 자산을 거래 상대방의 신용도, 담보 및 보증의 유무 등을 기준으로 분류하고 위험이 높을수록 높은 가중치를 적용함으로써 은행들의 우량자산 보유동기를 높여 자산건전성을 제고하기 위해 고안되었다. 1996년에는 여신위험뿐만 아니라 금리나 환율변동 등 시장위험까지를 감안해 자기자본을 보유하도록 개정했다. 우리나라는 1992년 BIS기준을 처음 도입하였고, 2002년부터는 수정된 기준으로 은행의 자기자본비율을 산출하여 발표하고 있다. 그리고 2008년부터는 차주별 신용위험과 은행업무에 내재되어 있는 제반 운영위험을 감안해 자기자본비율을 산출하는 **바젤 Ⅱ**가 시행되었으며, 2013년 12월부터는 자본의 안정요건을 강화하고 글로벌 유동성 기준을 도입한 바젤 Ⅲ가 시행되고 있다.

BIS는 은행의 청산능력을 나타내는 기준으로 자본에 주목하며 자본으로 간주될 수 있는 항목을 정하고 있는데, 특정 부채 항목이나 대손충당금을 자본 산정에 포함시킨다는 점에서 전통적 회계와 구별된다. 회계상의 자본과 달리 감독 관점에서 은행의 자본을 **기본자본**(tier 1 capital)과 **보완자본**(tier 2 capital)으로 구분한다. 위험흡수 목적보다 신뢰할 수 있다는 의미를 갖는 기본자본은 자본금이나 잉여금 등 회계기준상 자기자본과 비슷하며, 부분적으로는 영구적 성격을 갖는 우선주 등 감독당국의 인정조건을 충족하는 증권을 포함한다. 반면 보완자본은 은행의 손실을 보전할 수 있는 기타 항목으로 일정한 요건을 충족하면 규제자본으로 인정된다. 예를 들면, **후순위채권**은 일반 채권과 달리 만기가 장기이고 채무변제순위가 일반 채권에 뒤지기 때문에 보완자본으로 간주된다. 또한 후순위채권이면서도 만기나 이자지불 면에서 보다 유연한 구조를 갖기 때문에, 부채와 자본의 성격을 동시에 갖는 **혼합증권**(hybrid securities) 혹은 **신종자본증권**은 규제당국의 승인을 받아서 기본자본으로 인정되기도 한다. 나라마다 감독당국의 정의에 다소간의 차이가 있는데, 우리나라 감독당국의 정의는 [표 12-2]가 제시하는 바와 같다.

| 표 12-2 | 우리나라 금융감독당국의 규제자본(바젤 I 기준)

자본의 구성	
기본자본	• 자본금 • 자본잉여금(재평가적립금 제외) • 이익잉여금 • 신종자본증권 • 자본조정 항목 중 미교부주식배당금
보완자본	• 재평가적립금 • 매도가능증권평가이익 등의 45% • 자산건전성 분류결과 '정상' 및 '요주의'로 분류된 자산에 대하여 적립된 대손충당금 • 영구후순위채권, 누적적우선주 등 부채성 자본조달수단에 의하여 조달한 자금 • 만기 5년 이상의 기한부후순위채권 발행자금 및 차입기간 5년 이상의 기한부후순위차입자금
공제항목	• 영업권 상당액, 이연법인세자산, 주식할인발행차금, 기타포괄손익누계 중 매도가능증권평가손실, 자기주식(기본자본에서 공제) • 자기자본비율 제고를 목적으로 타 은행과 상호 보유한 주식 · 부채성 자본조달수단 · 만기 5년 이상의 기한부후순위채권 등에 의하여 조달한 자금(자기자본에서 공제) • 금융감독원이 정하는 부실금융기관에 대한 후순위채권(자기자본에서 공제)

자료 : 금융감독원, 2007 금융감독개론, 2006

자본규제는 자본의 절대규모가 아닌 은행의 자산 대비 일정비율로 규제한다. 이때 분모가 되는 자산을 장부상의 자산이 아니라 자산별로 위험의 정도를 나타내는 가중치를 적용해 합산하는 방법으로 **위험가중자산**(risk-weighted assets)을 도출한다.

$$\text{BIS 자기자본비율} = (\text{기본자본} + \text{보완자본}) / \text{위험가중자산} \times 100$$

기본자본과 보완자본의 합을 위험가중자산으로 나누어 얻어지는 백분율인 BIS 자기자본비율은 은행이 갖고 있는 위험을 자기자본으로 흡수할 수 있는 능력을 나타낸다. 감독당국은 이 비율이 최소한 8%를 유지할 수 있도록 규제하고 있으며, 이 수준에 미치지 못하는 은행에 대해서는 경영상 여러 형태의 조치를 권고할 수 있다. 자기자본이 많을수록, 그리고 위험가중자산이 작을수록 BIS 자기자본비율은 높아진다. 한편 같은 BIS 자기자본비율을 보이는 두 은행이 있을 때, 보완자본비율이 상대적으로 높은 은행이 이 비율이 낮은 은행보다 자본구조가 취약한 것으로 이해된다. 보완자본은 기본자본에 비해 위험흡수능력이 떨어지는데, 은행의 재무상황이 크게 나빠진 상황에서 더욱 그러하다. 그래서 금융감독당국은 기본자본의 일정한도 내에서만 보완자본의 은행 자기자본 구성을 허용하고 있다.[4]

BIS 자기자본비율을 결정하는 요인은 **규제자본**과 **위험가중자산**의 규모이다. 규제자본의 규모는 '무엇을 자본의 범위에 포함시킬 것인가' 라는 비교적 간단한 문제인 데 반해, 위험가중자산 규모의 산출은 은행업무에 수반된 위험을 정확하게 반영해야 한다는 점에서 간단한 문제가 아니다. BIS는 이 문제를 풀기 위해 간단한 방법을 제시했는데, [표 12-3]에서와 같이 대출을 몇 가지로 구분하여 각각 다른 가중치를 적용하였다.

$$\text{위험가중자산} = \sum_{i=1}^{N} w_i A_i$$

여기서, w_i = i번째 자산의 위험가중치, A_i = 대차대조표상의 i번째 자산의 장부가치

| 표 12-3 | 위험가중치별 자산유형(바젤 I 기준)[5]

가중치	자산유형
0%	현금, 중앙정부 및 중앙은행에 대한 채권 등
10%	지방채, 예보채, 산금채 등과 같은 정부투자기관 등 국내 공공기관에 대한 채권
20%	은행채, 증권채 등
50%	주택담보대출 등
100%	회사채, 가계대출, 기업대출 등

예제 16-4

희망은행의 20××년 말 대차대조표가 [표 12-4]와 같다고 가정하자. 한편, 희망은행의 20××년 말 위험가중자산은 0 × (2 + 5 + 6) + 0.1 × 3 + 0.5 × 20 + 1 × (10 + 53 + 2 − 1) = 74.3조원이다. 기본자본과 보완자본의 합이 8조원이므로 BIS 자기자본비율은 10.6%가 된다. 그리고 기본자본의 위험가중자산에 대한 비율인 Tier 1 자본비율은 6.6%가 된다.

$$\text{BIS 자기자본비율} = \frac{2 + 2.5 + 0.5 + 3}{74.3} \times 100 = 10.6\%$$

$$\text{Tier 1 자본비율} = \frac{2 + 2.5 + 0.5}{74.3} \times 100 = 6.6\%$$

4 바젤 I 기준

5 이 표의 내용은 바젤 II 도입 이전에 적용된 위험가중치이다.

| 표 12-4 | 희망은행의 대차대조표

(단위 : 조원)

자산			부채		
가중치	항목		항목		자본분류
0%	현금	2	요구불예금	18	
	예치금	5	정기예금	30	
	국고채	6	CD	25	
10%	지방채	3	차입	11	
50%	주택담보대출	20	회사채	8	
100%	가계신용대출	10	후순위채	3	보완자본
	기업대출	53	보통주	2	기본자본
	토지 및 건물	2	이익잉여금	2.5	기본자본
	대손충당금	(1)	영구우선주	0.5	기본자본
총자산		100	총부채 및 자본	100	

4.2 은행 내부 관점에서의 자본구조 : 경제적 자본

자본의 적정규모에 대한 또 다른 관점은 은행 내부 혹은 경영자의 관점이다. 은행 경영진이 감독당국처럼 자본의 적정성 문제를 예금주 보호 혹은 금융시스템 안정이라는 관점에서 접근할 것으로 기대하기는 어렵다. 그보다는 주주가치 극대화라는 목표, 혹은 지속가능한 수익성확보 전략 등이 보다 유효한 관점이 될 것이다.

수익성 있는 은행, 경쟁력 있는 은행, 주주의 요구에 부응하는 은행이라면 그 경영진은 적극적으로 수익기회를 찾고, 관련된 위험을 적극적으로 관리하고자 할 것이다. 그리고 자본구조나 자본계획도 같은 선상에서 답을 찾아야 한다. 은행은 어떤 영업일지라도 관련 위험을 충분히 이해하고 이를 감안한 상태에서 적절한 수익을 창출해 내야 한다. 그래야 자본이라는 완충장치가 예금주나 채권자의 이해를 충분히 보장함은 물론, 은행 경영진에게 중요한 주주가치 극대화에 기여하게 된다.

이런 점에서 은행의 자본계획과 관련된 다음과 같은 실제적인 질문들을 생각해 보자. 은행이 영위하는 영업과 관련하여 어떠한 위험들이 존재하는가? 은행은 이 위험들을 어떻게 인지하고 또 측정하는가? 위험들의 시장가격은 얼마인가? 은행은 영위하는 영업의 부문별 혹은 전체에 내재된 위험을 지원하기에 충분한 자본을 보유하고 있는가? 흡수능력에 비해 과다한 위험에 노출되지 않도록 적절한 통제가 이루어지고 있는가? 은행 직원이 일상적으로 다루는 영업 관련 위험들이 그 직원의 성과평가 및 보상에 얼마나 반영되고 있는가?

이러한 질문에 답하기 위해서는 은행의 전략과 의사결정 전반에 대한 모니터링이 필요하고, 때에 따라서는 전략과 경영절차의 수정도 필요하다. 이 점에서 자본의 적정규모를 측정하는 것은 은행의 위험관리와 자원배분을 연결하여 궁극적으로는 주주가치 극대화를 추구하는 은행경영의 중요한 도구라 할 수 있다. 은행마다 전략, 의사결정 방식, 성과측정, 위험관리 등이 제각기 다르기 때문에 은행경영 관점에서 자본의 적정성을 결정하는 것은 규제 관점에서의 결정보다 훨씬 더 복잡할 수 있다.

실제 은행경영 수단으로 많이 활용되는 개념으로 **경제적 자본**(economic capital)이 있다. 경제적 자본은 은행이 실제 보유하고 있는 자본으로서의 의미보다 위험측정방법으로서 더 큰 의미를 갖는다. 즉, 은행의 제반 위험이 적절히 관리되고 있는지를 확인하고, 위험의 통제(control)가 효과적인지를 확인하기 위해 필요한 개념이다.

이 개념은 과거 미국의 뱅커스트러스트(Bankers Trust)[6]에서 처음 사용된 것으로 알려지고 있는데, 원래 유가증권이나 외환거래에 수반된 위험을 수익에 반영함으로써 위험이 지나치게 높아지는 것을 방지할 목적으로 도입되었다. 이 개념은 오늘날 많은 금융기관들이 도입하여 시스템화하고 있는데, 유가증권거래 등 은행의 특정 부문에 국한된 것이 아니라, 은행업무 전반에 걸쳐 어떤 사업부문 혹은 거래에 집중하는 것이 은행의 수익성 혹은 주주가치를 제고하는가를 판단하는 데 유용하게 활용되고 있다. 즉, 제한된 자본을 사업부문 혹은 거래별로 어떻게 배분하는 것이 수익성 극대화를 위해 효과적인지를 파악하는 데 초점이 맞추어진다. 그리고 은행의 경제적 자본의 측정은 은행이 자본을 지나치게 많이 보유하고 있는지 아닌지를 판단할 수 있게 함으로써 과대자본을 이용해 자산을 증가시키거나 또는 감자를 하는 방법으로 주가를 높일 수 있는 수단을 제공한다.

경제적 자본의 측정을 위해서는 은행이 당면하는 모든 위험을 계량화할 필요가 있다. 이는 특정 기간 동안 은행의 영업을 통해서 발생할 수 있는 손실의 크기와 확률에 대한

6 1999년 6월 도이체방크(Deutsche Bank)에 매각되었다.

분석을 통해서 이루어진다. 은행은 신용위험, 시장위험, 운영위험, 유동성위험, 금리위험 등 수많은 위험에 노출되어 있는데, 각각에 대해 제5편에서 상세하게 논의될 것이나, 여기서는 포괄적으로 **예상손실**(expected loss)과 **예상 밖의 손실**(unexpected loss)을 구분하여 이해하는 것이 필요하다.

예상손실은 현재 이용가능한 정보를 통해 예상할 수 있는 가치의 변화인 반면, 예상 밖의 손실은 예상손실을 벗어나는 가치의 변화이다. 예로, 대출이 부도나는 평균적인 수와 규모는 과거의 경험을 통해 예상할 수 있으므로 예상손실인 반면, 경제위기 등으로 부도율이 예상되는 평균을 초과하여 발생하는 손실은 예상 밖의 손실로 볼 수 있다(신용위험). 예상된 손실은 이에 비하여 적립되는 충당금으로 흡수할 수 있는 반면, 예상치 못한 손실에 대해서는 추가적인 완충장치가 필요한데, 이것이 바로 경제적으로 필요한 자본이다.

경제적 자본의 의미를 [그림 12-1]을 이용하여 통계적으로 설명할 수 있다. 곡선은 특정 규모의 손실이 발생할 확률을 나타낸다. 곡선과 수평축에 의하여 이루어지는 영역의 면적은 모든 경우의 확률의 합이므로 1이 된다. 곡선의 모양이 왼쪽으로 치우치고 있는데, 이는 작은 규모의 손실이 큰 규모의 손실보다 발생확률이 높다는 것을 의미한다. 예상손실은 일정기간 동안 기대되는 손실의 평균이다. 예상손실은 영업행위에 따른 비용으로 이해되며 영업이익에 의해 충당된다. 가령 대손의 경우 예상손실은 대출금리와 대손

그림 12-1 경제적 자본

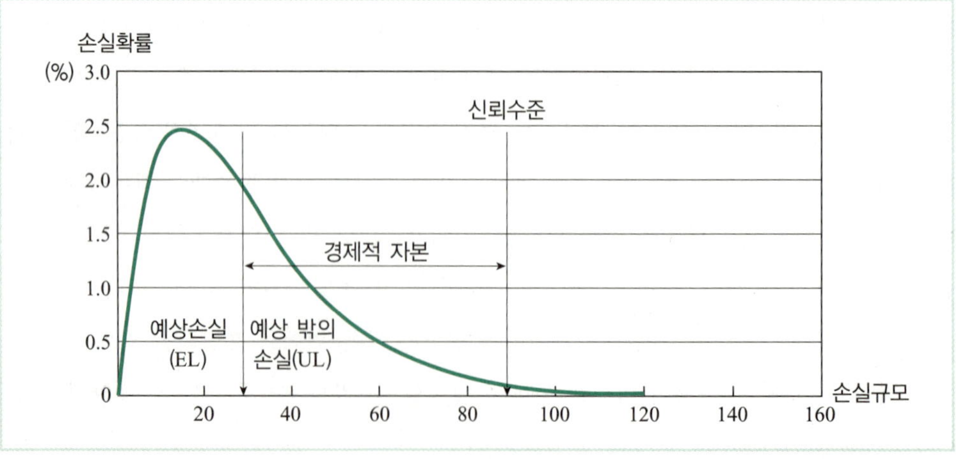

충당금 설정 등에 반영된다. 한편 예상 밖의 손실은 예상손실을 넘어서 발생할 수 있는 잠재적 손실 가능성, 즉 손실추정에 존재하는 불확실성을 의미하는데, 이는 바로 자본의 보유가 필요한 이유이다. 예상손실과 예상 밖의 손실 규모를 넘어서는 점을 **신뢰수준**(confidence level)이라 한다. 경제적 자본은 일정한 신뢰수준에서의 예상 밖의 손실과 일치한다. 이때 신뢰수준은 은행 혹은 은행의 주주가 용인하는 **위험수준**(risk appetite)에 의해 정해지는데, 일정기간 동안 은행이 지급불능에 빠질 위험으로 볼 수 있다. 신뢰수준이 높다는 것은 그만큼 은행의 부도가능성이 낮음을 의미한다. 가령 은행 경영진이 99.97%의 신뢰수준을 설정했다면, 이는 향후 1년 동안 은행은 만 번에 세 번꼴로 지급불능이 일어날 수 있음을 의미한다. 경제적 자본모형을 사용하는 많은 은행들이 99.96%와 99.98% 사이에서 신뢰수준을 결정하는데, 이는 스탠더드앤드푸어스(S&P)나 무디스(Moody's) 같은 국제적인 신용평가기관에서 규정한 등급체계의 AA 혹은 Aa2의 부도확률에 해당한다.

정해진 신뢰수준하에서 은행은 노출한 위험의 총량과 은행의 현재 자본, 즉 경제적 자본규모를 비교하여 은행이 예상 밖의 손실을 충분히 흡수할 수 있는지를 판단하게 된다. 이러한 점에서 현재 은행이 보유하고 있는 자본규모는 은행이 취할 수 있는 위험(영업기회)을 제한하는 역할을 한다. 그러나 은행의 영업은 매일매일 달라지는 경영환경 속에서 진행되며, 위험-수익구조가 시시각각으로 변화한다. 그러나 은행 전체의 위험, 혹은 영업라인별 위험의 측정이 실시간으로 제공되기는 어렵기 때문에 위험에 대한 제한과 한도 사용은 다른 정보를 근거로 이루어진다. 예를 들어 기업대출의 경우 등급별 현재 대출잔액이 그러한 정보에 해당한다. 한도의 사용은 매일 혹은 실시간으로 모니터링되며, 위험이 한도를 초과할 경우에는 즉시 상급단계로 보고되어 은행 전체적으로 부과된 위험한도를 초과하지 않도록 하는 등 내부적으로 시스템화되어 있다.

4.3 바젤 II 협약

규제자본과 경제적 자본은 전자가 금융시스템의 안정성에 주목하는 반면 후자는 주주가치 극대화에 주목한다. 보다 구체적으로 전자는 시스템 전체의 위험만을 고려하여 개별 금융기관의 영업에 따라 차이가 나는 위험수준을 반영하지 않는 데서 근본적인 차이가 있다. 따라서 개별 기관의 감독을 책임지고 있는 감독당국은 개별 은행이 떠안고 있는 다양한 위험에 관심을 가져왔는데, 선진 은행에서 행해지는 위험평가와 관리, 그리고 그에 따른 자본관리 기법을 감독에 반영하기 위해 노력해 왔다. 그 결과 BIS의 바젤위원회는 규제자본과 경제적 자본의 차이를 좁힐 수 있도록 은행의 최소자본요건을 새롭게 규정하는 협약을 1999년 6월부터 추진하여 2004년 6월에 확정하였다. 이것이 바로 **바젤 Ⅱ**이다. 이에 대비하여 종전의 은행자본에 대한 협약(전술한 규제자본)을 바젤 Ⅰ으로 지칭한다.

바젤 Ⅱ 협약이 담고 있는 규제체계와 주요 내용은 제23장에서 자세히 소개되고 있다. 바젤 Ⅰ은 규제자본 산출을 위해 신용위험과 시장위험만을 고려하였으나, 새로운 협약은 운영위험을 측정대상에 추가하였다. 또한 은행들이 사정에 따라 보다 정교한 측정방식을 선택할 수 있도록 하고 있다. 넓게 보아 감독당국이 제시하는 측정치에 의존하는 **표준방법**과 은행 자체의 내부모형이 산출하는 측정치를 채택하는 **내부모형법**으로 나눌 수 있다. 본 장에서는 신용위험에 대하여 간단한 예시를 통해 위험가중자산과 규제자본의 산출에 있어서 바젤 Ⅰ과 바젤 Ⅱ의 차이를 설명한다.

4.3.1 신용위험 표준방법

표준방법을 적용하는 은행은 기업이나 공공기관에 대한 신용위험을 평가함에 있어 내부모형이 아니라 스탠더드앤드푸어스(S&P)나 무디스(Moody's)와 같은 적격한 외부 신용평가기관이 제공하는 위험등급에 의존하여 위험가중자산을 산출한다. 예를 들면, 바젤 I에서는 기업대출의 위험가중치가 일률적으로 100%인 반면, 바젤 Ⅱ에서는 기업의 신용

| 표 12-5 | 채무 주체의 신용등급별 위험가중치(바젤 Ⅱ 표준방법)

	0%	20%	50%	100%	150%
중앙정부 혹은 중앙은행	AAA∼AA$^-$	A$^+$∼A$^-$	BBB$^+$∼BBB$^-$	BB$^+$∼B$^-$	B$^-$ 미만
은행	·	AAA∼AA$^-$	A$^+$∼A$^-$	BBB$^+$∼B$^-$	B$^-$ 미만
기업	·	AAA∼AA$^-$	A$^+$∼A$^-$	BBB$^+$∼BB$^-$	BB$^-$ 미만

예제 12-2

간단한 예를 통해서 바젤Ⅰ과 바젤Ⅱ의 차이점을 살펴보자. 단순화를 위해서 시장위험과 운영위험을 고려하지 않고 신용위험에만 주목하며, 또한 바젤Ⅱ의 위험가중자산방식 중 가장 간단한 표준방법을 이용한다. 앞의 [표 12-4]에서 기업대출(53)이 신용등급 AA인 기업대출(7), 신용등급 A인 기업대출(13), 신용등급 BBB인 기업대출(26), 신용등급 B인 기업대출(7)로 구성되어 있다고 가정하자. 이 경우 등급별 기업대출에 대하여 각각 20%, 50%, 100%, 150%의 위험가중치를 적용하므로 기업대출의 위험가중자산은 $0.2 \times 7 + 0.5 \times 13 + 1 \times 26 + 1.5 \times 7 = 44.4$조원이 되며, 100%의 가중치를 일률적으로 적용하는 경우보다 8.6조원만큼 작아진다. 또한 바젤Ⅱ 표준방법에 의하면 주택담보대출과 가계신용대출의 위험가중치가 각각 35%와 75%이고, 지방채의 위험가중치도 0이기 때문에 바젤Ⅰ의 경우보다 위험가중자산이 5.8조원만큼 작아져서 위험가중자산의 합은 60.9조원이 된다. 종합하면 아래의 산술식이 보여주는 바와 같이 표준방법하에서 BIS 자기자본비율은 13.1%, Tier 1 자본비율은 8.2%로 바젤Ⅰ의 경우보다 각각 2.5%p와 1.6%p가 높아진다.

$$\text{BIS 자기자본비율} = \frac{2 + 2.5 + 0.5 + 3}{60.9} \times 100 = 13.1\%$$

$$\text{Tier 1 자본비율} = \frac{2 + 2.5 + 0.5}{60.9} \times 100 = 8.2\%$$

등급에 따라 위험가중치가 달라지며, 이러한 가중치의 차별화는 중앙정부나 다른 은행의 신용에 대해서도 마찬가지이다. 채무 주체의 신용등급별 위험가중치는 [표 12-5]에 제시되었다.

앞에서 설명한 예는 비교를 위한 것일 뿐, 바젤Ⅱ하에서 자기자본비율이 항상 증가하는 것은 아니다. 은행의 영업모델, 위험의 성격과 수준에 따라 자기자본비율이 증가할 수도 감소할 수도 있다. 즉, 과거 같은 가중자산이 적용되는 동일자산 내에서 위험도가 낮은 자산을 많이 보유한 은행은 바젤Ⅱ하에서 자기자본비율이 높아지고, 반대로 위험도가 높은 자산을 더 많이 보유한 은행은 동 비율이 낮아질 것이다. [표 12-6]은 국내 시중은행의 BIS 자기자본비율을 소개하고 있는데, 2008년 9월 바젤Ⅱ 기준 국내은행의 평균 BIS비율은 10.79%로, 바젤Ⅰ 기준(10.61%)보다 0.18%p 상승한 것으로 나타나고 있다.

| 표 12-6 | 국내 시중은행의 BIS 자기자본비율

(단위 : %, %p)

은행	바젤 Ⅰ			바젤 Ⅱ	바젤 Ⅰ 대비
	2006년 말	2007년 말	2008년 9월말	2008년 9월말	
신한	12.01	12.09	11.04	11.90	0.86
우리	11.60	11.70	10.32	10.53	0.21
SC제일	10.86	10.71	11.79	11.10	△0.69
하나	11.34	11.75	10.04	10.65	0.61
외환	12.45	11.44	10.64	10.40	△0.24
국민	14.17	12.62	9.14	9.76	0.62
산업	17.15	16.50	12.72	13.64	0.92
국내은행 평균	12.75	12.31	10.61	10.79	0.18

* 신한, 국민, 산업은행은 기본내부등급법, 여타 은행은 표준방법에 의함.

4.3.2 신용위험 내부등급법

감독당국이 정한 최소한의 요건을 충족하는 신용평가시스템[7]을 갖춘 은행은 사전 승인을 받아 **내부등급법**(internal ratings based approach : IRB)을 통해 규제자본을 산출할 수 있다. 기업대출 등 각 노출의 신용위험가중자산은 **부도확률**(probability of default : PD), **부도 시 손실률**(loss given default : LGD), **부도 시 노출**(exposure at default : EAD), 그리고 **유효만기**(maturity : M)[8]를 이용하여 다음의 산식에 의해 산출된다.

$$\text{신용위험가중자산} = \text{소요자기자본비율}(K) \times 12.5 \times EAD$$

소요자기자본비율은 은행이 떠안고 있는 신용위험에 대응하기 위하여 필요한 자본량을 의미하며, 자기자본비율 산출식에서 분자에 해당한다. 현행 BIS 최저자기자본비율이 8%이기 때문에 소요자기자본비율에 8%의 역수인 12.5를 곱한 값에 익스포저를 다시 곱

7 신용위험에 대한 평가, 내부등급의 부여, 부도 및 손실추정치의 계량화와 관련된 방법론, 모형, 업무절차 및 전산시스템을 의미한다.

8 PD는 차주가 약정기간 내에 채무를 이행하지 못할 확률, LGD는 부도 시 차주에 대한 여신 중 손실액의 비율, EAD는 부도 시 차주에 대해 노출되어 있는 여신의 가치, 그리고 M은 여신계약 종료시점까지의 현금흐름가중평균의 만기를 각각 표시한다.

하면 위험가중자산이 산출된다. 따라서 내부등급법에서는 K에 12.5를 곱한 값이 위험가중치에 해당된다고 할 수 있다. 결국 K[9]의 계산이 위험가중자산 산출의 핵심이 된다.

소요자기자본비율(K)[10]

$$= \left[LGD \times N\left\{ \left(\frac{1}{1-R}\right)^{0.5} \times G(PD) + \left(\frac{R}{1-R}\right)^{0.5} \times G(0.999) \right\} - PD \times LGD \right]$$

$$\times \{1 - 1.5 \times b\}^{-1} \times \{1 + (M - 2.5) \times b\}$$

여기서 PD만을 내부모형에 의하여 산출하고 나머지는 BIS가 제공하는 표준치들을 사용하는 경우를 **기본내부등급법**(foundation IRB)이라 하고, PD뿐만 아니라 모든 추정요소들에 대해 은행 자체 모형에 의해 값을 산출하여 사용하는 경우를 **고급내부등급법**(advanced IRB)이라고 한다.

예제 12-3

희망기업에 대한 무담보 신용대출 100억원에 대해 기본내부등급법에 의한 위험가중자산 산출의 예를 살펴보자. 은행이 자체적으로 평가한 등급은 BB^{+}이며 부도확률은 4%이다. 그리고 BIS 표준치에 따른 유효만기는 2.5년, LGD는 45%라고 하자. 이 기업의 다른 우발채무가 없기 때문에 EAD는 여신의 액면금액인 100억원으로 가정한다.

$$상관계수(R) = 0.12 \times \frac{1 - exp(-50 \times 0.04)}{1 - exp(-50)} + 0.24 \times \left[1 - \frac{1 - exp(-50 \times 0.04)}{1 - exp(-50)}\right]$$

$$= 0.13624$$

$$만기조정(b) = (0.11852 - 0.05478 \times \ln(0.04))^2 = 0.086937$$

$$소요자기자본비율(k) = [0.45 \times N\{(1 - 0.13624)^{-0.5} \times G(0.04) + \left(\frac{0.13624}{1 - 0.13624}\right)^{0.5}$$

$$\times G(0.999)\} - 0.04 \times 0.45] \times (1 - 1.5 \times 0.086937)^{-1}$$

$$\times (1 + (2.5 - 2.5) \times 0.086937) = 0.111662$$

---

9 소요자기자본비율은 여신의 종류에 따라 다른데, 여기서는 기업여신을 예로 다룬다.

10 $N\{x\}$는 표준정규분포의 누적분포함수이며, $G\{x\}$는 $N\{x\}$의 역함수이다.

$$상관계수(R) = 0.12 \times \frac{1 - exp(-50 \times PD)}{1 - exp(-50)} + 0.24 \times \left[1 - \frac{1 - exp(-50 \times PD)}{1 - exp(-50)}\right],$$

$$유효만기조정(b) = \{0.11852 - 0.05478 \times \ln(PD)\}^2$$

따라서 이 기업 대출의 위험가중자산은 139.58(= 0.111662 × 12.5 × 100)이 된다. 이 값은 바젤 I 과 바젤 II 표준방법에 의한 기업대출의 위험가중자산 값인 100과 150의 중간에 위치한다. 이러한 차이는 대출의 신용수준과 관련되는데, 신용등급이 낮을수록 바젤 II 하에서 위험가중자산이 높게 평가된다. 따라서 바젤 II 하에서 은행들이 위험도가 높은 기업대출을 기피하려는 유인을 갖게 됨을 알 수 있다.

Box 12-1 | 부외항목의 위험가중자산

은행의 여러 가지 부외활동의 위험가중자산 산출은 부내 자산과 달리 먼저 해당 부외거래와 관련된 계약금액에 다음 표에서 정하는 신용환산율(credit conversion factor)을 곱해 신용동등금액(credit equivalent amount)을 계산하고, 여기에 정해진 위험가중치를 곱해 얻을 수 있다.

| 표 12-7 | 부외거래의 신용환산율

환산율	항목	예시
100%	일반 채무보증 및 인수 등 직접적인 신용대체수단	• 사채발행지급보증 • 대출지급보증
50%	특정 거래와 관련된 우발채무, 원만기 1년 초과 기타 약정	• 수입화물선취보증 • 당좌대출 약정액 중 미인출한도
20%	만기 1년 이내의 자동결제성 무역 관련 우발채무	• 신용장 개설 관련 지급보증
0%	은행이 사전통지 없이 항상 취소가 가능한 약정	

예제 12-4

희망은행이 다음과 같은 부외거래를 보유하고 있다고 가정하자([표 12-5], [표 12-7] 참고).

1. A^- 등급 기업에 대한 2년 만기 대출 미인출한도 100억원
2. BBB 등급 기업에 발행된 대출지급보증 20억원
3. BBB^- 등급 기업에 대한 신용장 개설 지급보증 10억원

우선 각 계약의 신용동등금액은 신용환산율 50%, 100%, 20%를 곱하여 각각 50억원, 20억원, 2억원으로 계산된다. 위험가중치가 각각 50%, 100%, 100%이므로, 이들 부외활동으로 인한 희망은행의 위험가중자산의 합은 72억원이 된다.

4.4 규제자본과 경제적 자본의 수렴

앞에서 우리는 바젤Ⅱ가 규제자본 산출을 위해 위험의 범위를 확대하고 차주별 신용위험을 감안하도록 하는 한편, 필라 2를 통해 규제자본 산출을 넘어서는 은행의 자본적정성 및 위험관리체계를 유도하는 포괄적인 감독체계라는 점을 살펴보았다. 그러면 바젤Ⅱ의 도입을 규제자본과 경제적 자본 간의 수렴현상으로 이해할 수 있을까? 적어도 바젤Ⅰ이 고려하지 않고 있는 은행의 다양한 위험과 위험의 정도가 바젤Ⅱ에서 고려된다는 점에서 이 질문에 대한 답은 긍정적이다. 즉, 바젤Ⅱ하에서 규제자본과 경제적 자본은 양자가 고려대상에 넣는 위험의 공통부분이 많아졌기 때문에 그 차이가 좁혀지고 있다. 그러나 양자 간에는 피할 수 없는 차이가 존재한다. [그림 12-2]는 규제자본과 경제적 자본의 차이를 예시한다.

가장 근본적으로는 양자 간에 포함되는 위험의 종류가 다르다. 규제자본은 신용위험, 시장위험, 그리고 운영위험만을 반영한다. 더욱이 규제자본은 이들 위험의 또 다른 측면, 가령 신용집중위험을 충분히 반영하고 있지 못하다. 그러나 경제적 자본은 규제자본의

그림 12-2 | 규제자본과 경제적 자본의 차이

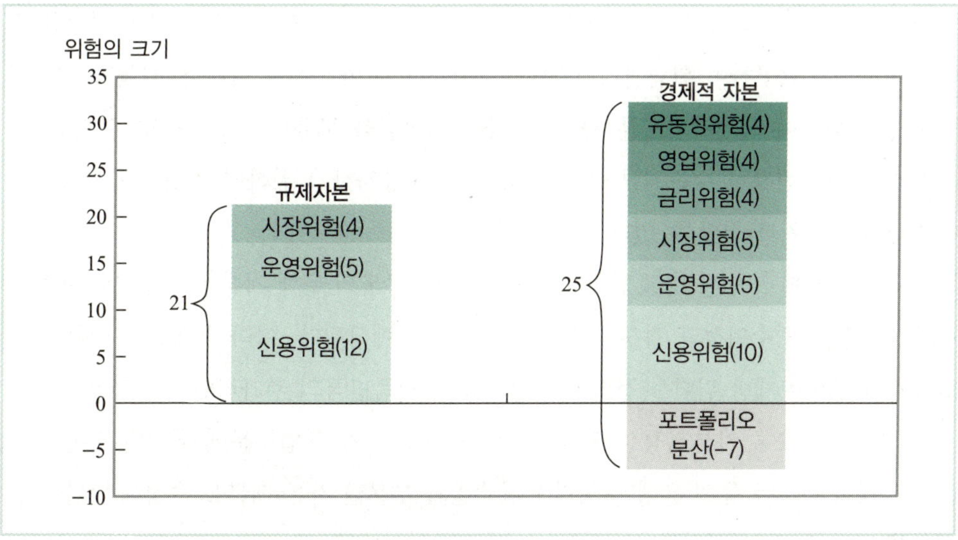

자료 : Federal Deposit Insurance Corporation(2004)

고려대상인 세 가지 위험 이외에도 금리위험, 영업위험, 유동성위험, 평판위험, 전략위험 등 은행의 영업과 관련된 모든 위험을 반영한다. 경제적 자본은 또한 규제자본에서는 고려되지 않는 분산(diversification)의 이점이 반영된다. 분산의 이점은 특정 영업과 관련된 위험이 다른 영업활동 수행에 따른 위험과 어떤 관련성이 있는가에 달려 있다. 게다가 비록 고려하는 위험의 종류가 같다고 하더라도 감독당국이 시스템 안정을 위하여 개별 은행에 요구하는 건전성의 정도와 은행의 경영진이 주주가치 극대화를 위해 선택하는 건전성의 정도가 완전히 같을 수는 없다.

2007~2009년 발생한 글로벌 금융위기를 계기로 기존의 바젤Ⅱ가 금융위기 발생을 방지하는 데 여러 가지 한계점을 인식하게 되었고, 이에 따라 규제자본과 유동성위험관리를 더욱 강화시킨 바젤Ⅲ가 도입되었다. 그러나 새로운 규제환경에서도 규제자본과 경제적 자본 간의 차이가 완전히 해소되었다고 할 수는 없다. 하지만 감독당국은 감독기능을 강화함으로써 양자 간의 차이에서 발생할 수 있는 문제를 해결하려는 노력을 지속한다. 즉, 은행이 스스로 위험을 인식 · 측정 · 관리하는 시스템을 갖추도록 하되 감독당국은 이 시스템의 유효성을 확인하고 필요한 조치를 취해 나가는 것이다. 이는 바젤Ⅱ의 **두 번째 필라**(Pillar 2)에 해당하는 것으로, 은행은 업무와 관련된 모든 중요한 위험을 스스로 평가하고 적정한 자기자본을 산출 · 관리하는 절차를 구축 · 운용해 나간다. 그리고 감독당국은 시스템의 적정성을 점검하고 필요한 경우에 자기자본 확충을 포함한 적절한 조치를 취하도록 요구하여 위험관리시스템을 지속적으로 개선시켜 나간다. 감독당국은 개별 은행에 대하여 최저자기자본비율을 초과한 자본금을 보유하도록 요구할 수 있으며, 은행의 자본이 적정한 수준 이하로 하락하는 것을 방지하기 위하여 조기에 경영개선을 위한 다양한 조치를 취할 수 있다.

2013년 말부터 도입된 **바젤Ⅲ**[11]의 영향으로 감독당국의 은행 자본관리에 관한 규제가 강화되어 은행의 수익성과 경쟁지형에 많은 변화가 예상된다. 따라서 개별 은행들은 영업상에 내재하는 제반 위험을 정확하게 평가하고, 감독당국의 추가적인 자본확충 요구를 최소화할 수 있도록 자본적정성 평가절차를 구축하여, 각 영업부문에 최적의 자본을 배분하고 성과 검토를 통해 은행 전체의 자본수준과 부문별 자본 배분을 수정해 나가야 할 것이다.

---

11 바젤Ⅲ의 주요 내용은 제23장에 소개되어 있다.

5. 자본관리의 실제

은행 자본관리의 목적은 다음과 같다. 첫째, 은행의 영업활동 과정에서 발생하는 위험 프로파일과 사업전략을 적절하게 뒷받침할 수 있도록 자본을 평가하고 관리한다. 둘째, 감독당국의 자본적정성 요구를 만족시킬 수 있도록 자본적정성 평가절차를 효과적으로 구축하고 관리한다. 셋째, 각 비즈니스 부문에 최적의 자본을 배분하고 관리한다.

일반적으로 규제자본의 관리는 은행경영에서 감독준수라는 중요한 과제로 간주되어 왔다. 그러나 경쟁력 향상을 통한 수익성 개선이라는 은행경영의 궁극적 목적에 부합하기 위해서는 단순히 감독당국이 정하는 최소수준의 자기자본비율을 맞추는 것에서 나아가 경제적 자본의 관점에서 자본을 관리하는 것이 더 중요하다. 즉, 은행의 경영에 수반되는 제반위험을 측정하고, 성과측정을 최적화하며, 정확한 정보를 토대로 전략적 의사결정을 내림으로써 은행의 장기적인 수익성과 경쟁력을 제고하는 방향으로 자본의 규모와 배분을 결정해야 하는 것이다. 경제적 자본에 대해서도 최소한의 감독당국 규제가 존재하는데, 감독당국은 각 은행이 경영 특성에 부합되게 자본적정성 평가시스템을 보유, 관리, 자체 점검 및 평가를 이행하는지를 모니터링하고 규제하고 있다.

자본의 관리과정을 단순화하면 [그림 12-3]과 같이, ① 은행 전체적으로 적정자본수준을 결정하고, ② 사업부문별 목표수익률 등이 결정되면, ③ 그에 따라 자본의 배분이 이루어지고, ④ 위험을 감안한 수익성 측면에서 부문별 성과를 측정 및 보상하며, 이를 토대로 다시 은행 전체의 자본수준이 결정되는 순환적 의사결정이 이어지게 된다.

첫 번째 단계에서 은행 전체의 자본수준 결정은 단순히 규제자본이 될 수도 있지만, 은행이 전략적으로 설정한 신용등급수준이나 위험감내수준 등을 고려하여 보다 복잡하게 결정된다. 은행의 적정 경제적 자본은 각 은행이 부담하고 있는 위험수준을 기반으로 주주, 신용평가기관 등 이해관계자의 위험선호도, 목표 신용등급의 유지, 감독요건 충족, 지속가능한 성장을 지원할 수 있는 수준으로 결정된다. 여기서 특히 현실적으로 중요한 것은 은행이 실제 부담하고 있는 위험을 정상적 상황뿐만 아니라 위기 때에도 보전할 수 있어야 한다는 것이다. 은행은 일반적으로 대차대조표상 자본, 규제자본, 경제적 자본의

그림 12-3 은행의 자본관리 흐름도

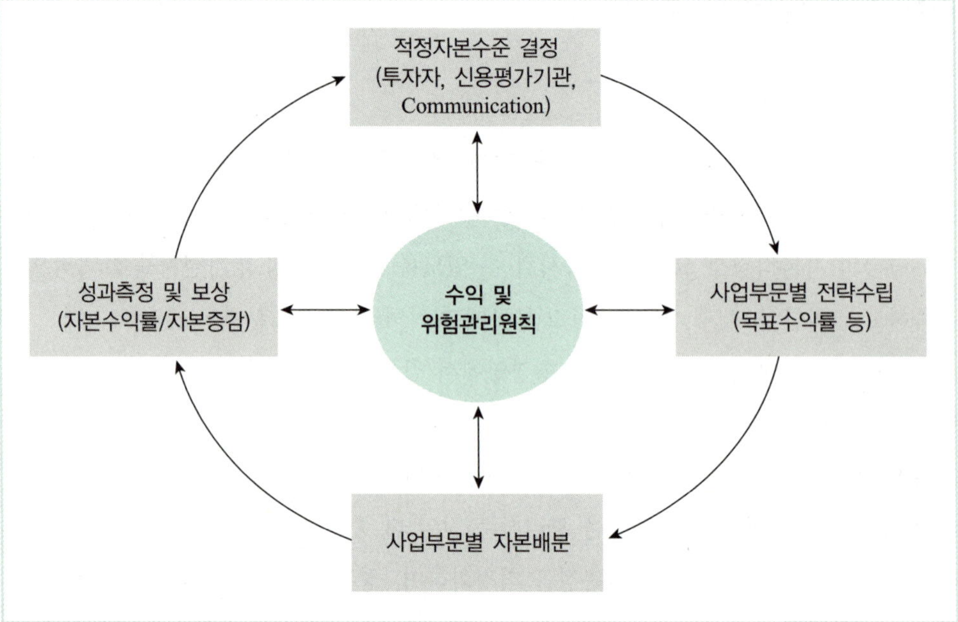

균형과 조화가 필요하다. 만약 대차대조표상 자본이 규제자본을 충족하지 못하면 증자, 이익금 내부유보, 후순위채권 등 보완자본의 신규 발행 등으로 자본을 확충하거나 대출 중지 또는 회수, 불용자산 매각, 위험자산의 국공채 전환 등으로 자산 포트폴리오를 재조정하여야 한다. 반대로 대차대조표상 자본이 규제자본 및 경제적 자본을 상회하는 경우에는 부담하는 위험에 비하여 투자자본이 과다한 경우이므로 적극적인 영업을 통하여 위험가중자산을 늘리거나 후순위채권의 조기상환, 감자 혹은 자사주매입 및 소각 등의 방법을 강구하여야 한다.

두 번째 단계에서는 은행의 성장목표, 요구되는 경영성과, 배당수준 등 전략과 이익실현에 의한 잉여금 예상증가액, 영업계획 등 은행 전체 대차대조표 및 손익계산서를 근거로 은행 전체 자본계획을 수립하며, 동시에 부문별로 기대수익률을 결정한다. 사업부문별로 위험의 종류와 수준이 다르기 때문에 위험을 용인하는 신뢰수준도 다르다. 즉, 특정 사업부문의 위험수준이 높을수록 요구되는 기대수익률은 높기 마련이다. 또한 당장 수익을 기대할 수 있는 새로운 사업도 있고, 수익성은 높지 않지만 일정한 수준의 영업

다각화 유지를 위해 필요한 경우도 있다.

세 번째 단계에서 경영진은 사업부문별로 자본을 배분하게 된다. 자본의 배분은 배분대상 가용자본 결정 → 배분단위별 사업계획 반영 → 한도 설정 및 배분 → 모니터링 및 한도 수정과 같은 일련의 과정으로 진행된다. 자본배분 방식은 은행의 경영방침과 사업계획을 반영하는 하향식과 각 사업부문의 요구를 반영하는 상향식, 그리고 절충형이 있다. 위험자본 배분 시 어느 조직단위까지 배분할 것인지는 상품단위, 포트폴리오별 배분방식 등 개별 은행의 특징에 따라 상이하다. 배분된 자본의 한도관리는 절대로 초과할 수 없는 자본수준을 정하여 운용하려는 것은 아니다. 오히려 적정자본수준 관리를 위해서 포트폴리오 관점에서 조정의 필요성 및 시기를 알려주는 기준으로 배분된 자본과 실제 사용된 자본량을 비교하여 한도를 모니터링하고 일정한 주기 또는 금융시장 변화에 따라 수시로 변경가능한 내부 의사결정지원 개념으로 이해할 수 있다.

마지막 단계로 사업부문 간 자본배분 최적화를 위해서는 자본에 대한 수익성을 측정할 수 있어야 한다. 목표한 수익률에 비해 높은 성과를 달성한 사업부문에 대해서는 보상은 물론이고 자본배분을 확대함으로써 은행 전체의 수익을 증대시킬 수 있다. 자본의 수익성을 측정할 때 기본적으로 ROE(return on equities), 즉 장부상의 이익을 장부상의 자본으로 나눈 비율을 사용한다. 그러나 이 비율은 은행의 각종 위험을 반영하지 못하기 때문에 은행의 진정한 수익성을 나타내는 데 한계가 있다.

이러한 결정을 보완하기 위해 고안된 수익성 측정방법이 RAROC(risk-adjusted return on capital)과 RORAC(return on risk-adjusted capital) 등이 있으며, 최근에는 위험가중자산의 수익률을 의미하는 RORWA(return on risk weighted asset)가 강조되고 있다.[12] 이를 토대로 경영진은 사업별 성과의 기대수준을 재조정하여 차기의 자본배분 시 반영하게 된다. 보통 자본배분과정은 은행의 기획 및 예산주기의 일환으로 1년에 한 번씩 행해진다. 그러나 사업의 성과측정 자체는 자본배분과정보다 빈번하게 이루어지는데, 이는 은행의 내부경영 보고에 중요한 부분이기 때문이다. 경우에 따라 사업의 성과가

---

12 제6장에서 설명되었듯이, RAROC과 RORAC은 전통적인 성과측정지표인 ROE 방식이 위험을 반영하지 못한다는 단점을 개선하여 성과에 대한 공정한 평가와 이를 토대로 자본의 효율적인 사용을 가능하게 하는 장점이 있으나, 지나치게 보수적인(위험회피적인) 자산운용을 가져올 수 있으며 개별 사업본부 또는 영업점의 경우 운용보다 조달이 많은 사업부문이 유리하게 평가받을 수 있어 경제적 부가가치(economic value added : EVA) 개념으로 보완하는 것이 바람직하다.

지극히 저조한 경우에는 연중에라도 자본배분을 재조정할 수 있다. 이미 배정되어 있는 자본을 즉각 회수할 수는 없기 때문에 자본이 지나치게 많이 배분되어 있는 사업부문에 대해서는 시간을 두고 조금씩 자본을 감하게 되고, 거꾸로 영업의 신장이 필요한 사업부문에 대해서는 점차적으로 자본을 더 배분하게 되는데, 이렇게 자본을 배분하는 과정은 일련의 미세조정으로 이해된다.

이상에서 자본관리를 단순화하여 살펴보았다. 그러나 실제에 있어서는 은행마다 상이한 영업환경하에서 상이한 영업방식을 택하고 있고, 또한 은행별로 다양한 위험관리방법을 택하고 있기 때문에 자본의 실제적 배분 및 관리방식은 경제적 자본의 개념이 시사하는 바보다 훨씬 복잡하고 어려운 실정이다. 은행의 자본관리방식은 은행에 따라 다를 뿐더러 자세한 내용은 공개되지 않는 것이 일반적이다. 효과적인 자본관리가 은행경영의 성공을 보장하는 충분조건은 아니지만, 규제당국의 가이드라인을 소극적으로 따르는 수준에서 자본관리가 이루어진다면 심화되어 가는 금융기관 간 경쟁 속에서 은행이 우위를 차지할 수 없음은 자명하다. 또한 은행의 자본관리가 어느 날 갑자기 최신의 복잡한 모형을 도입한다고 해서 개선되는 것이 아니라는 점도 중요하다. 은행의 자본이 이해하기 쉽고 실제적이며 실행가능한 성과측정방법과 연계되어 관리될 때 비로소 은행이 설정한 전반적 전략과 잘 어우러질 수 있으며, 그로 인해 주주가치 극대화가 가능할 것이다.

6. 요약

은행의 자본은 총자산에서 총부채를 차감한 순자산 가치로서, 미래의 예기치 못한 위험에 대비한 완충기능을 수행한다. 장부상으로는 자본금, 자본잉여금, 자본조정, 기타포괄손익누계액 및 이익잉여금으로 구성되는데, 은행 자체와 감독당국의 관점에서 각각 요구되는 자본의 필요수준을 감안하여 전체 자본규모가 결정된다. 효과적 자본관리의 핵심은 은행의 영업에 내재되어 있는 제반 위험을 어떻게 측정하느냐에 관한 것이다. 과거 감독당국은 BIS를 중심으로 은행의 신용위험과 시장위험에 초점을 맞추어 비교적 단순한 형태의 위험가중치를 바탕으로 자기자본비율의 최저수준을 제시했고, 은행들은 이를 넘는 수준에서 자본규모를 유지하였다. 그러나 은행에 내재된 위험이 다양하고 복잡해지면서 위험의 범위와 측정방법에 많은 변화가 생겼고, 감독당국의 규제 또한 강화되면서 규제자본과 경제적 자본이 수렴하는 추세를 보이고 있다. 자본의 효과적인 관리는 은행이 직면한 다양하고 복잡한 위험을 확인하고, 산출된 위험 총량을 감안하여 적정한 자본규모를 결정하며, 사업부문별 성과평가, 한도배분 및 관리를 통하여 궁극적으로 은행 전체적으로 적정자본수준을 유지하기 위한 의사결정과정으로 이해된다. 은행의 효과적 자본관리는 은행 전체의 위험관리와 성과관리를 연결하는 은행경영의 요체이다.

연 | 습 | 문 | 제

01. 비금융기업과 달리 은행의 자본에 대한 규제 · 감독이 까다로운 이유는 무엇인지 설명하시오?

02. 은행의 효과적 자본관리를 자본의 공급과 수요의 개념으로 설명하시오.

03. 같은 자산규모 및 레버리지비율을 가진 두 은행 갑과 을의 시장가치가 두 배의 차이를 보이는 경우를 가정하되, 자산, 자본, 주가 등에 관한 간단한 수치를 제시하면서 그 의미를 해석하시오.

04. 은행의 장부상 자본과 BIS 자기자본의 차이를 설명하시오.

05. 경제적 자본은 위험관리와 분리하기 어려운 개념이다. 그 이유를 설명하시오.

06. 은행이 경제적 자본을 산정함에 있어서 신용평가사의 관점을 반영하게 되는 경로를 설명하시오.

07. 예시된 은행의 대차대조표를 토대로 단순자기자본비율, BIS 자기자본비율을 산출하시오. 단, 이 은행은 표준방법에 의해 위험을 측정하며, 시장위험과 운영위험을 고려하지 않는다.

(단위 : 조원)

자산		부채	
현금	3	요구불예금	23
예치금	2	정기예금	20
국고채	2	CD	5
주택담보대출	20	차입	10
가계신용대출	10	회사채	5
기업대출(AA등급 이상)	5		
기업대출(A등급)	10		
기업대출(BBB등급)	10	보통주	4
기업대출(B등급)	10	이익잉여금	1
토지 및 건물	3	후순위채	2
대손충당금	(5)		
총자산	70	총부채/자본	70
부외항목			
A등급 기업에 대한 신용장 지급보증			1
BBB등급 기업에 대한 3년 만기 대출약정			2

08. 2010년 말 현재 희망은행의 자산은 100조원이고, 표준방법에 의한 위험가중자산은 50조원으로 평가된다. BIS 자본은 Tier 1 자본 및 Tier 2 자본이 각각 3조원과 2조원으로 구성되어 있다. 다음 각 거래는 희망은행의 BIS 자기자본비율에 어떤 변화를 가져오는지를 산출하시오.

(1) 1조원의 보통주를 발행하여 조달한 자금을 주택담보대출 확대에 사용하였다.

(2) 새롭게 증가한 3조원의 예금 중 1조원으로는 기획재정부가 발행한 국고채를 매입하였고, 나머지

는 신용등급이 AA인 기업과 A^{+}~A^{-}인 은행에 각각 1조원씩 대출하였다.

(3) 2조원의 후순위채를 발행하여 신용등급이 AAA인 기업이 발주한 프로젝트 파이낸싱에 신디케이트대출을 하였다.

(4) 5,000억원의 주택담보대출 상환자금을 은행의 새로운 IT센터 부지 확보 및 건립에 활용하였다.

(5) 1,000억원어치 자사주를 매입하였다.

09. 미래은행은 신용등급이 6등급인 기업에 대하여 무담보로 10억원을 대출하였다. 미래은행이 추정한 이 기업의 부도확률은 5%이다. 유효만기는 2.5년이고, 감독당국이 제시하는 동 기업의 LGD는 50%이다. 기본내부등급법에 의한 위험가중자산을 산출하시오.

10. BIS 규제가 변화하는 중요한 배경과 이유를 '바젤Ⅰ에서 바젤Ⅱ'로, 그리고 '바젤Ⅱ에서 바젤Ⅲ'로 나누어 각각 설명하시오.

11. "경제적 자본은 규제자본보다 항상 크다"라는 명제를 평가하시오.

12. 은행의 효과적 관리와 관련하여 재무담당 책임자와 인사관리 책임자가 공통으로 논의할 주제는 무엇인지 논의하시오.

PART 04

FINANCIAL INSTITUTIONS MANAGEMENT

금융투자회사와 보험회사의 경영활동

CHAPTER 13

금융투자회사 경영활동과 투자은행업무

기업은 경영활동에 필요한 자금을 은행에서 대출을 통해 조달하기도 하지만 단기금융시장, 주식시장 및 채권시장 등 직접금융시장에서 증권을 발행하여 조달하기도 한다. 기업자금 조달에서 증권을 매개로 하는 직접금융의 비중은 1980년대 이후 지속적으로 확대되어 왔다. 직접금융시장에서 핵심적인 역할을 하는 금융회사가 바로 투자은행이다. 우리나라의 증권회사는 선진국의 투자은행에 비해 규모나 업무범위, 그리고 금융기술 측면에서 낙후되어 있는 형편이다. 정부는 우리나라에서도 선진 투자은행과 경쟁할 수 있는 금융회사를 육성하기 위해 2007년 자본시장법을 제정하였다. 그 후 2009년 2월 동 법이 시행됨으로써 그간 자본시장 업무를 수행해 왔던 증권회사, 자산운용사, 투자자문사 등이 모두 금융투자회사로 통합되었다. 한편 2013년 국회는 일반 증권회사에 비하여 기업금융 관련 업무를 원활히 수행할 수 있는 종합금융투자사업자라는 개념을 포함하는 자본시장법 개정안을 통과시켜 본격적인 투자은행 도입의 기반을 확충하였다. 그럼에도 불구하고 세계적으로 지속되는 금융시장의 불안과 기존 증권회사의 위험회피적인 영업행태 등으로 큰 성과는 나타나지 않고 있다. 본 장에서는 투자은행에 대해 알아보고 우리나라의 증권회사, 즉 금융투자회사의 경영활동에 대해 살펴본다. 또한 그동안 논의되어 온 우리나라 증권산업의 발전방안을 검토한다.

1. 투자은행과 자본시장

1.1 투자은행의 의의와 업무영역

투자은행(investment bank : IB)은 단기금융시장과 자본시장, 그리고 증권산업에서 가장 주요한 금융회사 가운데 하나로 기업과 가계, 그리고 정부 사이에서 부채 및 자본과 관련된 유가증권을 통한 자금흐름을 촉진한다. 투자은행은 주로 기업 및 정부의 유가증권 발행을 통한 금융시장에서의 자금조달을 지원하고 인수 · 합병 등 기업의 재무전략에 대한 조언을 해주는 금융회사로서 상업은행과는 달리 여수신업무를 취급하지 않는다. 미국의 경우 1999년 그램-리치-블라일리법(Gramm-Leach-Bliley Act)이 제정될 때까지 투자은행을 상업은행과 분리하는 전업주의를 채택해 왔으나 유럽에서는 역사적으로 상업은행과 투자은행을 엄격히 분리하지 않는 겸업주의를 고수해 왔다.

투자은행은 기업과 투자자 사이에서 직접금융을 담당하는데, 주로 시장조성업무, 금융자문업무, 직접투자업무 등을 수행한다. 즉, 투자은행은 증권인수(underwriting), 증권발행에 수반되는 초기업무, 분배업무 등 자본시장 형성 업무를 수행하며, 기업구조조정에 대한 자문, 증권발행기업의 재무관리 대행, 인수 · 합병(merger and acquisition : M&A) 주선 등 금융자문업무(financial advisory)를 수행한다. 나아가 투자은행은 자기자본을 직접 투자하거나 사모펀드(private equity fund : PEF)를 활용하여 자본이득을 목표로 장기투자를 수행한다. 이 같이 투자은행은 직접금융시장에서 업무를 수행한다는 점에서 기업과 투자자 사이의 간접금융업무를 담당하는 상업은행과 구분된다.

1.1.1 투자은행의 업무

투자은행의 증권인수업무는 투자은행의 대표적인 업무 가운데 하나로 자금조달을 위해 주식 및 채권 등을 발행하는 기업의 유가증권을 시장에 매각하는 업무이다. 투자은행은 발행기업이 발행한 주식, 채권 또는 단기금융상품 등의 유가증권을 인수하여 이를 투자자에게 매각하는 인수업무를 수행하는 과정에서 시장의 정보불균형을 완화시키는 역할을 한다. 즉, 투자은행은 발행되는 증권의 인수 과정에서 기업가치, 곧 발행증권의 가치를 평가하고 이에 관한 정보를 시장에 전달하는 역할을 한다. 최근 금융기술의 발전으로 파생상품과 결합된 새로운 형태의 유가증권을 발행자와 투자자의 수요에 맞추어 설계하는 유가증권 설계업무가 투자은행의 주요 업무 가운데 하나로 부상하였으며 이에 따라 투자은행의 인수 대상이 되는 유가증권의 범위가 확대되었다.

투자은행은 기업의 M&A 및 기업구조조정에서 자문서비스를 제공하는 역할을 수행한다. 투자은행은 기업의 구조조정이나 M&A에서 기업가치 평가작업을 수행하고, 이 과정에서 기업가치 평가방법을 제공하는 등 인수기업은 물론 피인수기업에 대하여 전반적인 자문서비스를 제공한다. 또한 투자은행은 기업구조조정이나 M&A에서 필요한 자금의 조달을 주선해 주는 역할도 한다. 1980년대 미국에서 M&A가 널리 유행하고 있을 때 투자은행은 기업이 LBO와 MBO 등 최적의 M&A전략을 선택하도록 자문서비스를 제공하였을 뿐만 아니라 정크본드(Junk bond) 등 M&A에 필요한 자금을 조달하는 수단을 제공하였다. 한편 투자은행은 피인수기업에 대해서는 적대적 인수합병에 대항할 수 있는 다양한 전략을 소개하였다. 투자은행은 기업구조조정과 M&A에서 기업구조조정과 M&A 영역은 투자은행의 전문적인 노하우, 관련 기업과의 네트워크, 인적자원 등에 따라서 성패가 좌우되는 고수익 분야로 알려져 있다. 최근 들어 대형 투자은행은 자금규모의 우위를 내세워 구조조정시장에서 직접 위험을 부담하고 해당 기업에 투자하는 투자자로서의 기능을 담당하기도 한다.

투자은행의 업무영역은 주로 주식 및 채권 등 유가증권 발행과 관련된 직접금융서비스 제공 등으로 시작되었으나 점차 확대되어 현재는 증권서비스업무, 파생상품업무, 투자신탁업무, 국제금융업무, 자기거래업무 등이 포함된다. 금융시장 발전과 더불어 금융의 증권화 또는 직접금융화가 진전되면서 투자은행의 업무영역은 기업을 대상으로 하는 금융서비스에서 개인을 대상으로 하는 자산관리서비스로 확대되고 있다.

증권서비스업무는 주식 및 채권 등 유가증권이 거래소 및 장외의 유통시장에서 원활히 거래될 수 있도록 하는 서비스이다. 이를 위해 투자은행은 기업에 대한 평가를 하고 이와 관련된 정보를 시장에 전달한다. 또한 투자은행은 유가증권의 시장이 형성되도록 **시장조성**(market making)서비스를 제공하고 있다. 특히 1990년 이후 장외파생금융상품시장이 급속히 성장하면서 투자은행의 파생상품 관련 업무는 보다 중요해졌다.

자산관리 및 프라이빗뱅킹(private banking)은 투자은행이 최근 들어 관심을 갖기 시작한 분야로 이는 주로 개인 고객의 자산을 관리해 주는 업무이다. 투자은행은 자신이 보유하고 있는 네트워크와 정보를 이용하여 고객의 자산을 보다 효율적으로 관리해 주고 이를 통해 수익성을 제고한다. 투자은행은 고객에게 최적의 포트폴리오를 구성하도록 조언하고 적합한 금융상품을 추천한다. 투자은행은 투자대상이 되는 새로운 상품을 발굴하기도 하는데 최근에는 투자대상이 주식 및 채권 등 전통적인 금융상품에서 벗어나 부동산, 천연자원 및 농산물과 같은 대체투자(alternative investments)상품으로 확대되고 있다. 투자은행은 이와 같은 업무에서 조달된 자금을 이용하여 자본이득을 목적으로 직접 자기자본을 투자하는 자기거래업무(principal transaction)를 수행하기도 한다.

1.1.2 투자은행의 경제적 역할

투자은행은 기업의 직접 자금조달을 중개하고 다양한 투자자의 수요를 충족시키는 역할을 통해 시장조성에 기여한다. 즉, 벤처기업과 같은 높은 투자위험을 지닌 기업의 자금조달을 가능하게 해주고 투자자에게 위험자산 투자기회를 제공하여, 결과적으로 증권시장이 활발히 조성되게 함으로써 기업의 성장 및 자본시장 발전에 기여하게 된다. 또한 투자은행은 다양한 금융상품을 개발하여 금융시장의 증권화(또는 직접금융화)를 주도한다. 투자자의 다양한 수요를 반영할 수 있는 신금융상품을 개발하고, 금융상품의 표준화를 통해 거래량 증대에 기여하고 있다. 투자은행은 기업구조조정시장의 발전에도 공헌하는데, 공급자와 수요자를 연결하여 구조조정시장이 보다 원활하게 조성되도록 한다. 투자은행은 구조조정대상 기업에 대한 가치를 정확하게 평가하여 시장에 제공할 뿐만 아니라, 자신이 구축하고 있는 다양한 네트워크를 통해 투자자와 공급자를 연결해 주는 기능을 수행한다.

1.2 미국에서의 투자은행 발전과정

미국에서 투자은행이 급속히 성장하게 된 계기는 1933년 대공황 직후 글라스-스티걸법(Glass-Steagall Act)이 제정되면서부터이다. 이 법이 제정되면서 기존의 은행은 상업은행과 투자은행이라는 독자적인 업무영역을 가진 금융기관으로 구분되었다. 즉, 초기 투자은행은 증권의 인수와 중개를 주로 담당함으로써 예금과 대출업무 위주의 상업은행과 차별화되었다. 1960년대 들어 주가가 상승하면서 메릴 린치(Merrill Lynch) 등 소매위탁매매 중심의 증권업이 번창하기 시작하였다. 그러나 1975년에 고정수수료 제도가 폐지되면서 그동안 고정수수료 수입을 배경으로 소매영업에 안주하던 미국의 증권업계는 상당한 타격을 입었고, 이에 따라 증권회사들은 새로운 사업영역을 개척하기 시작하였다. 고정수수료 제도가 폐지된 것은 1970년대 1차 및 2차 유가파동을 겪으면서 경기가 침체되는 가운데 주식시장의 침체도 심화되자 이를 극복하기 위해서였다. 이에 따라 증권회사는 새로운 수익원을 찾아 신상품 개발, M&A 등 새로운 사업분야를 개척한 것이다.

한편 1987년 10월 19일 블랙 먼데이(Black Monday)[1]의 충격은 미국 증권업계의 재편을 촉진하는 계기가 되었다. 그 결과 1990년대에 증권회사 간 합병을 통한 투자은행의 대형화가 이루어졌으며, 투자은행이 지속적으로 성장하는 바탕이 되었다. 특히 M&A시장의 성장과 정크본드시장의 대두 등으로 다양한 자본시장업무가 활성화되면서 대형화된 투자은행들이 자본시장의 성장을 견인할 정도로 투자은행은 급성장하였다. 그러나 1999년 이종 금융기관 간의 합병을 허용한 금융서비스현대화법(Financial Services Modernization Act : FSMA)[2]이 제정된 이후, 2000년 들어와 소위 닷컴버블이 붕괴되면서 매출이 감소함에 따라 투자은행의 구조조정이 진행되었고, 상업은행과 겸업 금융기관들이 자금력을 바탕으로 투자은행업에 대거 진출하면서 경쟁이 심화되었다. 현재 미국에서 투자은행업을 영위하고 있는 금융기관은 전국 규모의 종합증권사와 대형 투자은행을 포함하여 모두 20개에 이르고 있는데, 이 가운데 메릴 린치(Merrill Lynch), 골드만 삭스(Goldman Sachs), 모건 스탠리(Morgan Stanley) 등이 대표적이다.

한편 2008년 9월 글로벌 금융위기 와중에서 리먼브라더스(Lehman Brothers)가 파산

---

1 Black Monday는 미국의 다우공업평균지수가 월요일이었던 1987년 10월 19일 하루 동안 지수의 22.6퍼센트에 해당하는 508포인트가 폭락하면서 붙여진 명칭이다. 이는 단 하루 동안의 주가지수 하락폭으로는 역사상 가장 높은 비율이다.

2 이 법안은 제안자들의 이름을 따라 그램-리치-블라일리법(Gramm-Leach-Bliley Act : GLB Act)이라고 불리기도 한다.

하면서 이들 투자은행에 대한 규제강화 논의가 지속되고 있다. 특히 바젤위원회 등에서는 투자은행의 트레이딩계정에서의 손실이 전체 투자은행의 파산위험성을 높이는 것을 방지하기 위해 자기매매에 대해서는 추가적인 자본을 적립하도록 하는 안을 시행하고 있다. 또한 파산시 세계 금융시스템에 영향을 미치는 금융회사를 지정하고 이들에 대해서는 추가적인 자본규제를 실시하는 안을 마련하고 있다. 이에 따라 일부 글로벌 투자은행은 상대적으로 수익성이 낮은 부문을 과감히 정리하는 움직임을 보이고 있다. 특히 유럽의 겸업은행 가운데 일부는 투자은행 부문의 비중을 축소하고 있다. 전반적으로 금융위기 이후 글로벌 투자은행의 위상은 약화되고 있는 것으로 평가된다.

2. 우리나라의 증권산업과 자본시장법

2.1 자본시장법 제정의 배경

1990년대 들어 미국이 1999년 금융서비스현대화법을 제정하여 본격적으로 금융기관의 겸업을 허용하는 등 전 세계적으로 금융산업의 겸업화가 진전되고 있으며, 이에 따라 이종 금융기관 간 합병도 빈번히 발생하고 있다. 우리나라에서도 외환위기 이후 금융기관업무를 구분하는 장벽은 완화되는 추세를 보이고 있지만, 아직도 은행권, 보험권 및 증권권의 구분은 지켜지고 있으며, 각 권역 내에서도 금융기관별로 고유업무가 존재하고 있다. 우리나라의 증권산업은 주요 선진국에 비해서는 물론 국내 다른 금융산업에 비해서도 상대적으로 낙후되어 있는 형편이다. 이에 정부는 자본시장의 획기적인 발전을 위하여 2007년 8월 「**자본시장과 금융투자업에 관한 법률**」(일명 자본시장법)을 제정하였다.

이 법률은 기존의 제도가 자본시장과 증권산업의 발전과 도약을 뒷받침하기 어렵다는 판단에 기초하고 있으며, 우리나라 자본시장과 증권산업을 규율하는 제도적 틀을 근본적으로 재설계하여 자본시장과 증권산업의 경쟁력을 제고하고 선진화하기 위한 노력의 일환으로 이해된다. 이 법률은 기존의 자본시장 관련 법률들, 즉 증권거래법, 선물거래법, 그리고 간접투자자산운용업법 등 7개의 법(신탁업법, 한국증권선물거래소법, 종합금융회사에 관한 법률 및 기업구조조정투자회사법 등 포함)을 하나로 통합하면서 금융투자상품의 범위를 확대하고, 법에 의해 새로 생기는 금융투자회사의 업무영역을 확대하는 내용을 포함하고 있다.

이 법률의 주요 내용을 살펴보면, 우선 **포괄주의**에 기반하여 금융상품을 정의하는 등 금융투자상품의 범위를 확대하였다. 여기서 **금융투자상품**이란 원본손실 가능성이 있는 모든 금융상품을 의미한다. 다음으로 금융투자회사의 업무영역을 크게 확대하였다. 여기서 금융투자회사는 투자매매업, 투자중개업, 집합투자업, 투자자문업, 투자일임업 및 신탁업을 영위하는 회사를 의미한다. 금융투자회사는 앞에 언급된 업무에 대해 자유로운 겸영이 허용되었다. 한편 규제의 접근방식도 기존의 기관별 규제에서 기능별 규제로 전환되었다.

2009년 2월 이 법률의 시행으로 다양한 금융상품 개발이 가능해졌기 때문에 금융투자회사의 기업자금조달 지원능력이 제고되었으며, 투자자에게는 필요에 따라 맞춤형 금융상품 제공이 가능해졌다. 또한 업무영역의 확대 및 겸영 허용으로 금융투자회사의 대형화 가능성이 높아졌으며, 이에 따라 세계적 경쟁력을 갖춘 선진 투자은행의 출현을 기대해 볼 수 있게 되었다. 정부는 이러한 기대에 부응하여 2013년 자본시장법 개정안을 마련하였다. 자본시장법 개정안에는 본격적인 투자은행의 도입을 위해 투자은행격인 종합금융투자사업자라는 개념을 신설하였다. 그러나 이러한 노력에도 불구하고 아직까지 그 효과는 기대에 미치지 못하는 것으로 평가된다.

2.2 자본시장법의 주요 내용

2.2.1 자본시장법의 특징

자본시장법은 기존의 14개에 달하는 자본시장 관련 법률 중 7개를 동법에 통폐합하고 나머지는 관련 규정을 정비하여 마련되었다. 자본시장법은 자본시장의 규제개혁과 투자자보호의 강화를 기본방향으로 하고 있으며, 관련 금융회사의 업무범위를 대폭 확대하고 있다는 것이 큰 특징이다. 보다 구체적으로는 금융투자업이라는 개념을 새로이 도입하여 과거 증권회사의 업무범위를 크게 확대하였는데, 이에 따라 부수적으로 발생할 수 있는 투자자의 이해를 보호하기 위해 투자자보호를 보다 강력히 규정하고 있다.

자본시장법은 금융투자업을 수행하는 금융투자회사의 업무와 취급가능한 금융상품을 광범위하고 추상적으로 규정하고 있는 바, 취급할 수 없는 업무만을 열거하고 있는 **포괄주의(네거티브 시스템)**를 채택하고 있다. 이에 비해 과거 증권거래법은 증권회사의 업무와 취급 가능한 금융상품을 구체적으로 규정하고 취급할 수 있는 업무만 열거하고 있는 **열거주의(포지티브 시스템)**를 기본으로 하고 있었다. 한편 자본시장법이 제정됨에 따라 업무범위와 취급상품 범위가 크게 확대된 증권회사는 금융투자회사로 호칭되고 있다.

2.2.2 자본시장법의 주요 내용

자본시장법의 주요 내용을 살펴보면, 우선 금융투자회사는 예금이나 보험상품을 제외한 모든 투자상품을 설계 및 판매할 수 있고, 증권, 선물, 자산운용, 투자일임 투자자문, 신탁업 등 자본시장과 관련된 모든 업무를 취급할 수 있으며, 나아가 증권, 부동산, 실물, 파생금융상품 등 모든 자산에 자유롭게 투자할 수 있는 펀드를 운용할 수 있다. 또한 금융투자업무와 관련하여 송금, 결제, 외국환업무 등도 취급할 수 있다.

한편 투자자는 **일반투자자**와 **전문투자자**로 구분되는데, 특히 일반투자자를 보호하기 위한 투자자보호 장치가 강화되었다. 전문투자자는 금융회사나 대규모 법인, 또는 거래 경험이나 금융자산이 많은 일부 개인투자자들로서, 이들은 금융거래에 전문지식을 보유하고 있는 것으로 간주되어 자율성이 강조되는 대신 일반투자자보다 낮은 수준의 보호를 받는다. 금융거래에 대한 전문성이 상대적으로 낮은 일반투자자에 대한 보호는 한층 강화되었는데, 금융투자회사 등이 일반투자자에게 금융상품을 판매할 때 자격을 가진 권유자가 상품 내용과 위험 등에 대해 설명하고 고객의 서명을 받아야 하는 것 등이 투자자보호 장치 가운데 하나이다.

2.2.3 자본시장법에서의 금융상품 구분

포괄주의를 채택하고 있는 자본시장법에서는 기존의 금융상품의 개념을 다시 정의하고, 분류기준도 새로이 정립하였다. 열거주의를 채택했던 과거 증권거래법에서는 증권회사가 취급할 수 있는 상품을 유가증권으로 한정하였는데, 유가증권에는 국채 · 회사채 · 주식 · 수익증권 등과 기초자산이 유가증권 · 통화 · 일반상품 · 신용위험으로 제한된 파생금융상품만이 포함되었다. 자본시장법은 금융상품 가운데 그 명칭과 형태와 관련 없이 원본손실 발생가능성이 있는 모든 금융상품을 금융투자상품으로 정의하고 있는데, 투자에 따른 원본손실가능성을 '**투자성**' 이란 용어로 표현하고 있다.

금융투자상품은 다시 원본초과손실 발생가능성 여부를 기준으로 **증권**과 **파생금융상품**으로 구분하였는데, 증권은 일반금융상품, 파생금융상품은 위험금융상품으로 지칭된다. 투자원본을 초과하는 손실이 발생할 수 있는 위험금융상품에 대해서는 보다 강력한 투자자보호 장치가 마련되었는데, 여기에는 일반투자자를 상대로 하는 거래에 대한 제한, 관련 업무에 대한 강력한 진입요건 적용 등이 포함된다.

증권 및 파생금융상품에 대한 정의 역시 과거에 비해 폭넓게 포괄적으로 되어 있으며, 기초자산의 개념도 확대 정의하였다. 파생금융상품이 투자원본을 초과하는 손실을 발생시킬 수 있는 데 비해 증권은 추가 지급의무가 없어 최대 투자원금까지만 손실이 발생한다는 점에서 두 상품은 구분된다. 한편 파생금융상품은 거래소 상장 여부에 따라 장외파생금융상품과 장내파생금융상품으로 구분된다.

금융투자회사는 앞서 언급한 투자성 있는 금융상품, 즉 증권과 파생금융상품을 자유롭게 취급할 수 있다. 보다 구체적으로는 금융투자상품을 원본손실이 발생할 수 있는 금융상품으로 정의하고 있으며, 파생금융상품의 기초자산 범위도 모든 경제 · 자연 · 환경적 위험을 포괄하도록 크게 확대되었다. 한편 자산운용 대상을 유가증권에서 재산적 가치가 있는 모든 자산으로 확대하였으며, 투자대상 자산을 특정하지 않는 이른바 혼합자산 집합투자기구를 허용하고 있다. 그리고 포괄주의에 기초하여 회사채 · 주식 등과 같은 전통적 증권을 채무증권 · 지분증권 등으로 다시 정의하였으며, 집합투자증권 · 구조화증권과 같은 신종 증권을 포괄할 수 있는 투자계약증권 · 파생결합증권 등 새로운 증권 개념을 도입하였다.

2.3 자본시장법의 기대효과

2009년 **자본시장법**의 시행으로 우리나라의 증권산업은 한 단계 더 도약할 수 있는 기반이 마련된 것으로 평가된다. 우선 금융투자회사의 업무범위가 크게 확대됨에 따라 그동안 유사한 영업체제를 유지해 왔던 증권회사 간에 차별화가 이루어지기 시작하여 증권산업은 종합금융서비스를 제공하는 대형 투자은행과 틈새시장에서 활동하는 소규모 전문화된 증권회사로 구성될 것으로 전망되었다. 특히 다른 금융산업부문에서와는 달리 그동안 구조조정이 이루어지지 않던 증권산업 내에서 입지가 축소된 소형 증권회사를 중심으로 증권회사 간 M&A가 활발히 진행되어 대형 투자은행이 나타날 수 있는 기반이 조성될 것으로 기대되었다. 이는 자본시장법에 의해 메릴 린치와 골드만 삭스 등과 같은 대형 투자은행이 우리나라에도 출현할 수 있는 길이 열리게 되었으며, 금융상품의 종류도 매우 다양해지고 새로운 상품들이 등장할 것을 시사하는 것이다. 즉, 이미 어느 정도의 규모를 갖춘 대형 증권회사는 충분한 자본을 바탕으로 다양한 상품과 서비스를 제공하여 보다 유리하게 시장경쟁력을 확보할 수 있는 반면, 자본력이 부족한 중소형 증권회사는 다른 증권회사와의 M&A로 규모를 확대할 것으로 예상되었다. 또한 기존의 대형 증권회사들도 증권회사 간 경쟁은 물론 은행 및 보험회사 경쟁, 나아가 해외 대형 투자은행과의 경쟁에 대비하여 다른 대형 증권회사와 합병하거나 중소형 증권회사 인수에 적극적으로 나설 것으로 전망되었다. 특히 이러한 추세 속에 초대형 증권회사가 출현한다면 이는 우리나라에도 글로벌 투자은행이 나타날 수 있는 기반이 될 것으로 예측되었다.

이러한 증권산업의 발전은 우리나라 국가경제의 선진화에 필수적인 요소로 인식되었으며, 경제수준을 한 단계 도약시키는 신성장 동력이 될 것으로 기대되었다. 그러나 2008년 글로벌 금융위기를 겪는 와중에 자본시장법의 제정으로 기대되었던 여러 현상은 아직까지 나타나고 있지 않다. 즉, 증권산업 내에서의 구조조정은 크게 진전되지 않고 있으며, 증권회사의 영업구조에 큰 변화는 관측되지 않고 있다. 이러한 상황에서 글로벌 투자은행의 탄생은 쉽지 않은 과제로 인식되고 있다.

2.4 2013년 자본시장법 개정안의 주요 내용

자본시장법은 상대적으로 낙후된 국내의 자본시장과 금융투자의 경쟁력을 제고하고자 시행되었으나 2008년 글로벌 금융위기의 여파로 국내 증권회사의 투자은행화 추진은 지연되었다. 또한 자본시장에서의 위험을 통제하기 위한 금융규제 강화 및 국제공조에 관련된 논의가 전 세계적으로 진행되면서 우리나라에서도 금융안정을 중시하는 분위기가 확산되었다. 이러한 환경하에서 자본시장법 제정의 주요 목표였던 선진 투자은행의 출현과 같은 혁신적 변화가 국내 자본시장에 나타나지 못하였다. 이러한 문제를 해결하고자 정부는 2013년 투자은행 제도의 도입을 포함하는 자본시장법 개정안을 마련하였다.

개정안은 '**종합금융투자사업자**' 라는 개념을 신설하여 기업금융 관련 업무를 원활히 수행할 수 있는 투자은행제도를 도입하고 있는데, 증권회사가 투자은행으로 지정받기 위해서는 3조원 이상의 자기자본을 갖출 것 등의 요건을 충족하도록 하고 있다. 이에 따르면 투자은행은 헤지펀드 등에 대해 증권의 대여 또는 중개 및 주선이나 대리업무, 신용공여, 자산의 보관 및 관리업무를 제공하는 소위 **프라임브로커**(prime broker) 또는 전담중개업무를 수행할 수 있다. 이 밖에도 개정안은 **대체거래소**(ATS)제도를 도입하고 복수의 거래소 설립을 허용하고 있다. 또한 글로벌 금융위기 이후 G20에서의 합의에 따라 장외파생상품거래의 안정성 제고를 위한 **장외파생상품중앙청산소**(Central Counterparty : CCP) 제도를 도입하고 있다.

개정안이 통과됨에 따라 일부 대형 증권회사는 증자를 통해 자기자본요건 등을 충족시켜 정부로부터 종합금융투자사업자 지정을 받았다. 그러나 유럽의 재정위기로 세계적인 경기침체가 지속되는 가운데 기업금융시장 역시 크게 위축되면서 아직까지는 실질적인 프라임브로커 업무 수행실적은 미미하다는 지적을 받고 있다.

3. 금융투자회사의 업무

자본시장법은 기존의 증권회사, 선물회사 및 자산운용회사 등 자본시장 관련 업무에 대한 겸영을 허용하고 있으며, 이러한 업무를 수행하는 금융회사를 금융투자회사라고 지칭하고 있다. 금융투자상품에 포괄주의가 적용됨에 따라 금융투자회사는 다양한 금융투자상품과 서비스를 제공할 수 있게 되었으며, 이에 따라 투자자의 선택의 폭도 크게 넓어지게 되었다. 자본시장법에 의하면 금융투자회사의 업무는 **투자매매업**, **투자중개업**, **집합투자업**, **투자자문업**, **투자일임업**, **신탁업** 등 여섯 가지로 구분되며, 금융투자회사는 이 가운데 어느 하나 또는 그 이상의 업무를 수행하는 회사로 정의된다.

자본시장법은 금융투자회사가 이러한 기본업무 외에 금융투자회사의 건전성과 투자자보호에 문제가 없는 한 모든 부수업무의 영위를 허용하고 있다. 따라서 금융투자회사는 법률규정에서 특별히 제한하는 업무가 아니라면 원칙적으로 모든 업무의 영위가 가능하다. 다만 감독당국은 부수업무가 금융투자회사의 건전성, 투자자보호, 시장질서에 문제를 야기하는 경우 부수업무를 제한하거나 시정을 요구할 수 있다. 금융투자업 인가 · 등록을 받기 위해서는 시행령에서 정하는 자기자본을 갖추어야 하는데, 인가 · 등록단위별 자기자본요건은 위험도와 투자자보호의 필요성에 따라 차등화되어 있다. 즉, 위험이 많이 수반되는 업에 진입하기 위해 필요한 자기자본규모는 위험이 낮은 업에 필요한 자기자본규모보다 크게 설정되어 있다.

한편 자본시장법에서는 금융투자업 간 겸영을 허용하고 있다. 이에 따라 금융투자회사는 6개 금융투자업을 모두 겸영할 수 있다. 또한 과거 증권거래법 등과는 달리 각 업에 대한 정의가 포괄적으로 내려져 있어 금융투자업의 범위 자체가 광역화되어 있다. 금융투자업 간의 겸영은 회사와 투자자 사이의 이해상충 문제를 야기할 수 있는데, 이해상충에 대한 규제는 자본시장법의 규제 중 가장 핵심적 규제이다. 금융투자업자는 투자자의 이익을 희생하거나 자신이나 제3자의 이익을 위해 의도적인 불공정거래를 할 수 있는데, 금융투자업자가 무과실을 입증하지 못하는 경우 금융투자업자는 투자자에게 손해를 배상할 책임이 있다. 이해상충의 방지는 바로 자본시장법에서 강조하고 있는 투자자보호

문제와 본질적으로 동일한 것이다.

자본시장법은 증권거래법상의 증권회사에 비해 금융투자회사의 업무범위를 크게 확대하고 있으며, 이는 중장기적으로 투자은행이 성장할 수 있는 기반이 마련된 것으로 볼 수 있다. 이 같은 증권산업의 성장은 우리나라 자본시장의 성장은 물론 금융시장의 선진화와 밀접한 관련이 있으며, 나아가 한국경제의 선진화에 핵심적인 역할을 할 것이다. 금융투자회사의 각 업무의 개요는 다음과 같다.

3.1 투자매매업

자본시장법은 **투자매매업**(dealing)을 누구의 명의로 하든지 자신의 계산으로 금융투자상품을 매도 · 매수, 증권의 발행 · 인수 또는 그 청약의 권유 · 청약 · 청약의 승낙을 하는 금융투자업으로 규정하고 있다. 투자매매업은 자기 계산으로 금융투자상품을 매수 · 매도 · 발행 · 청약 등을 하는 업으로, 과거 증권거래법상 증권회사의 매매업 · 인수업 · 매출업, 종금사의 매매업과 인수업, 그리고 간접투자자산운용업법상 간접투자증권의 판매업을 의미하는 것이다. 특히 투자매매업에는 소액결제업무가 포함되어 있다. 금융투자회사의 위탁매매계좌를 보유한 투자자는 해당 계좌 내의 현금을 계좌이체하거나 ATM기기를 통해 입출금하는 것이 허용되는 등 투자예탁금이 존재하는 투자매매업자와 투자중개업자에 대해서는 자금이체 및 지급결제업무가 허용되었다. 이 같이 예금수취기관이 아닌 금융회사에 대해서 소액결제업무를 허용하는 것은 전 세계적으로도 매우 예외적인 것이다. 한편 투자매매업에 진입하기 위한 자본금 규제는 취급상품에 따라 60억원에서 900억원으로 차별화되어 있다.

3.2 투자중개업

투자중개업(arranging deals)은 누구의 명의로 하든지 타인의 계산으로 금융투자상품을 매도 · 매수, 그 청약의 권유 · 청약 · 청약의 승낙 또는 증권의 발행 · 인수에 대한 청약의 권유 · 청약 · 청약의 승낙을 하는 것으로 규정된다. 투자중개업은 자기의 계산이 아니라 타인의 계산으로 한다는 점에서 투자매매업과 구분된다. 과거 증권거래법에서 규정된 증권회사의 위탁매매업, 중개업, 대리업, 매매위탁의 중개 · 주선 · 대리업, 모집 · 매출의 주선업, 선물거래법상 선물회사의 선물거래법, 종금사의 중개업 등이 여기에 해당한다. 투자중개업은 투자매매업보다 낮은 수준의 위험이 수반되므로 진입을 위한 자기자본 규모가 상대적으로 더 작다. 상품별로는 장외파생금융상품에 가장 높은 수준의 자기자본인 100억원이 필요하고, 증권은 30억원, 장내파생은 20억원이 필요하다. 증권의 자기자본 규모가 더 큰 것은 증권에 대한 정의가 포괄적으로 이루어져 있어 신상품의 등장이 가능하기 때문이다.

3.3 집합투자업

집합투자업(collective investment)은 2인 이상에게 투자 권유를 하여 모은 금전 등 또는 「국가재정법」 제81조에 따른 여유자금을 투자자 또는 각 기금관리주체로부터 일상적인 운용지시를 받지 않으면서 자산을 취득 · 처분, 그 밖의 방법으로 운용하고 그 결과를 투자자 또는 각 기금관리주체에게 배분하여 귀속시키는 업으로 규정된다. 자본시장법에서는 현재 시장에서 널리 이용되고 있는 용어인 펀드를 **집합투자기구**라고 칭하고 있으며, 펀드 자산을 운용하는 회사인 자산운용회사를 **집합투자업자**라고하고, 자산운용업무를 **집합투자업**이라 하고 있다. 집합투자란 간단히 말해 복수의 투자자로부터 모집된 자금을 독립된 제3자가 운영하고 그 결과를 자금을 출연한 자에게 분배하는 것을 말한다. 집합투자업 진입과 관련된 최저 자기자본요건을 살펴보면, 모든 자산을 운용할 수 있는 집합투자업은 80억원, 집합투자기구 종류별로는 부동산 · 특별자산펀드 각 20억원, 증권펀드 40억원으로 규정되어 있다.

3.4 투자자문업 및 투자일임업

투자자문업은 금융투자상품의 가치 또는 투자판단에 관하여 자문을 하는 업을 지칭하는데, 여기에서 투자판단은 금융투자상품의 종류, 종목, 취득 · 처분, 취득 · 처분의 방법 · 수량 · 가격 및 시기 등에 대한 판단을 말한다. **투자일임업**은 투자자로부터 금융투자상품에 대한 투자판단의 전부 또는 일부를 일임받아 투자자별로 구분하여 자산을 취득 · 처분, 그 밖의 방법으로 운용하는 업을 의미한다. 금융투자회사는 수량, 가격, 매매시기뿐만 아니라 종류, 종목, 매도 · 매수 여부, 매매방법까지도 일임받아 거래할 수 있다.

3.5 신탁업

신탁업은 신탁을 영업으로 하는 업무를 의미한다. 원본보존 신탁의 수익권을 제외한 모든 신탁의 수익권은 모두 자본시장법상 금융투자상품의 개념에 해당한다.

4. 우리나라 증권산업의 현황과 문제점[3]

4.1 우리나라 금융투자회사 현황

4.1.1 우리나라 금융투자회사의 자산규모

[표 13-1]에 따르면 우리나라 증권회사 또는 금융투자회사의 자산총액은 2009년 말 약 177조원에서 2014년 말 약 312조원 수준으로 크게 늘어난 것으로 나타나고 있다. 이러한 대폭적인 증가에도 불구하고 증권회사의 자산규모는 은행이나 보험회사에 비해 크지 않은 규모이다. 2014년 자산규모는 2009년 대비 약 145조원 늘어났는데 이 가운데 유가증권의 증가폭이 100조원대에 이르고 있어 자산증가의 대부분이 유가증권 보유 확대에

3 여기서 증권회사는 자본시장법상의 금융투자회사를 의미한다. 자본시장법 제정 이후에도 대부분의 증권회사가 증권회사라는 명칭을 유지하고 있어 본서에서도 증권회사라는 용어를 함께 사용한다.

따른 것이라는 것을 알 수 있다. 한편 자본시장법 개정에 따른 일부 증권회사의 증자에도 불구하고 자기자본은 2009년 35조원에서 2014년 42조원으로 증가폭이 약 7조원에 불과한 것으로 나타났는데 자본시장법 개정에 따른 증가를 제외한다면 자기자본의 증가는 크지 않은 수준이다. 같은 기간 동안 부채는 약 128조원가량 증가하여 자산의 증가가 대부분 부채의 증가에 기인한 것으로 나타났다.

즉 대차대조표에 따르면 이 기간 동안 증권회사는 차입을 통해 유가증권, 특히 채권에 대한 투자를 늘린 것으로 나타났다. 이 기간 동안 증권회사의 차입 및 유가증권의 증가는 투자자들의 **주식연계증권**(equity linked securities : ELS)에 대한 투자확대와 관련이 있다. 2008년의 글로벌 금융위기가 2011년 유럽의 재정위기로 이어지면서 우리나라는 물론 세계 각국은 저금리 기조를 유지하였다. 이에 따라 상대적으로 고수익을 추가하는 투자자들은 새로운 투자처를 찾기 시작하였는데 그 대상 가운데 하나가 ELS이다. ELS는 상품 특성상 판매대금은 부채로 인식되며 판매대금은 대부분 기초자산인 유가증권에 투자되고 일부는 파생상품계약에 사용되는데 여기서 매수된 기초자산은 대차대조표상에서 증권회사의 자산으로 인식된다. 따라서 ELS의 확대는 대차대조표상에 증권회사의 부채와 자산이 동시에 증가된 것으로 나타나지만 수익과 위험이 투자자에게 귀속되는 특징을 갖고 있다. 즉 2009년에서 2014년 사이의 자산증가는 실질적으로 증권회사의 자산증가로 간주하기는 어렵다고 할 수 있으며 이러한 점을 고려할 때 동 기간 동안 증권회사의 대차대조표에 큰 변화가 있다고 보기는 어렵다.

증권회사는 업무특성상 자금조달규모가 증권회사의 경쟁력을 결정하는 주요한 요소는 아니지만 전반적으로 증권회사의 자체 장기자금조달은 미미한 수준이며, 주로 기업어음 또는 단기사채 등 단기조달수단에 의존하고 있어 증권회사의 자금조달수단은 제한적이라고 할 수 있다. 이는 우리나라 증권회사의 영업특성과도 관련이 있다. 대부분의 우리나라 증권회사는 위험부담과 유휴유동성을 최소화하는 전략을 취하면서 주로 위탁수수료 업무에 치중하고 있는데, 이는 유동성 보유에서 발생하는 비용을 최소화하고 위험부담에 따른 손실가능성을 축소하기 위해서이다. 따라서 증권회사는 유휴유동성 발생가능성이 크고 조달비용이 높은 장기자금조달수단보다는 기업어음과 같은 단기자금조달수단에 대한 의존도가 매우 높은 편이다.

| 표 13-1 | 금융투자회사의 요약 대차대조표

(단위 : 백만원, %)

계정과목	2014년		2009년	
	금액	비중	금액	비중
현금 및 예치금	54,926,067	17.63	41,142,085	23.25
유가증권	203,580,730	65.35	103,463,580	58.46
파생금융상품	6,122,551	1.97	3,711,809	2.10
대출채권	23,318,254	7.48	16,589,774	9.37
유형자산	2,214,326	0.71	3,692,128	2.09
CMA운용자산	57,903	0.02	133,209	0.08
리스자산	605,863	0.19	794	0.00
기타자산	20,715,438	6.65	8,249,317	4.66
자산총계	311,541,132	100.00	176,982,700	100.00
예수부채	27,017,578	8.67	24,002,854	13.56
차입부채	215,792,729	69.27	110,413,334	62.39
기타부채	17,355,510	5.57	7,250,315	4.10
부채총계	269,246,993	86.42	141,666,503	80.05
자본금	14,094,485	4.52	11,443,892	6.47
자본잉여금	11,096,725	3.56	8,780,068	4.96
자본조정	−1,286,459	−0.41	−696,967	−0.39
기타포괄손익누계액	2,503,442	0.80	2,216,774	1.25
이익잉여금	15,885,947	5.10	13,572,429	7.67
자본총계	42,294,140	13.58	35,316,196	19.95
부채 및 자본총계	311,541,132	100.00	176,982,700	100.00

자료 : 금융투자협회

4.1.2 우리나라 금융투자회사의 수익구조

증권회사의 수지를 손익계산서에서 살펴보면 2009 회계연도 증권회사의 영업수익은 51조원가량이며, 당기순이익은 3조원 수준인 것으로 조사되었으며 2014년에는 영업수익이 44조원, 그리고 당기순이익이 1.7조원으로 2009년보다 오히려 상당히 축소된 것으로 나타났다. 손익계산서의 변화는 대차대조표의 변화와 대비되는데 대차대조표상의 자산 및 부채 증가가 증권회사의 수익에 크게 기여하지 못했다는 것을 의미한다. 한편

2009년 이후 국내에서 영업 중인 국내외 증권사가 60개 수준에서 크게 변화가 없다는 점을 고려할 때 이러한 수치는 상대적으로 증권산업이 영세한 상황이며 경쟁이 과다하다는 것을 나타내고 있다. 이 같은 상황은 해외 주요 투자은행과 비교할 때 더욱 분명히 드러난다. 대표적인 투자회사인 골드만 삭스의 2006년과 2013년 영업수익은 각각 376.7억달러와 117.3억달러와 242.1억달러로서, 비록 금융위기 이후 영업수익이 대폭 축소되기는 하였으나 우리나라 전체 금융투자업의 영업수익을 크게 상회하는 것으로 나타나고 있다.

| 표 13-2 | 금융투자회사의 요약 손익계산서

(단위 : 백만원)

계정과목	2014년	2009년
영업수익	44,295,051	51,890,037
영업비용	41,999,334	48,246,206
영업이익	2,295,716	3,643,831
영업외수익	387,689	438,174
영업외비용	315,692	260,143
법인세비용차감전 계속사업손익	2,367,714	3,821,861
계속사업손익 법인세비용	632,061	873,239
계속사업이익	1,735,653	2,948,621
중단사업손익	0	0
당기순이익	1,735,653	2,948,621

자료 : 금융투자협회

증권회사의 영업수익은 수입수수료, 증권매매이익, 금융수익으로 크게 나뉠 수 있는데, 수입수수료는 **수탁수수료**와 **인수주선수수료**로 구분된다. **수탁수수료**는 증권거래에서 위탁매매에 대한 수수료(brokerage fee)를 의미하는데, 우리나라 증권회사의 경우 영업수익에서 수탁수수료가 차지하는 비중이 매우 큰 편이다. 이는 증권회사 간 과도한 경쟁의 원인이 되고 있으며, 증권회사의 질적 성장을 가로막는 장애요인이 되고 있다.

이는 우리나라 증권회사의 영업구조에도 반영되어 있다. 우리나라 증권회사의 영업 가운데 위탁매매에 대한 비중이 50% 이상으로 편중되어 있으며, 최근 펀드판매부문의 영업비중이 높아져 약 20%의 비중을 차지하고 있다. 한편, 그 외의 부문은 미미한 형편으로 기업금융, 자기매매 등 투자은행업무의 비중이 10% 내외로 전체 영업수익에 별다른 영향을 미치지 못하고 있다. 따라서 우리나라의 증권회사는 단순한 주식브로커라고 분류할 수 있으며, 대형 증권사조차도 이러한 범주에서 벗어나지 못하는 실정이다. 이러한 추세는 자본시장법이 제정된 이후에도 크게 변화하지 않은 것으로 나타나고 있다.

우리나라 증권회사들은 대부분 영업구조나 수익모델이 비슷하여 차별화되지 못하고 있어 대부분의 증권회사가 대동소이한 영업행태를 가지고 있다. 특히 대형 증권회사도 투자은행업무에 특화하기에는 자본규모가 너무 작은 편이며, 현재 수행하고 있는 일부 투자은행업무도 과도한 경쟁으로 인해 수수료 덤핑이 발생하는 등 수익성이 매우 낮은 형편이다.

자본시장법의 제정으로 국내 증권회사와 미국 투자은행 사이의 업무영역에는 큰 차이가 없으나 주요 수익원에는 상당한 차이가 존재한다. 미국 투자은행의 경우 투자은행업무와 자산관리업무로부터 발생하는 수익 비중이 높은 편이다. 그러나 앞에서 언급한 바와 같이 국내 증권회사의 경우 위탁매매로부터 발생하는 수수료수익이 50% 이상의 비중을 차지하고 있다. 미국 증권회사의 경우 위탁매매에 의한 수수료수익 부분의 비중은 20% 수준에 지나지 않고 있다. 한편, 국내의 주요 대형 증권회사에 비해 골드만 삭스, 메릴 린치, 그리고 모건 스탠리와 같은 미국의 대형 투자은행의 수익성은 훨씬 높다. 물론 국내 증권회사와 미국 투자은행의 자산규모에 차이는 있으나, 국내 주요 증권회사의 ROE는 1% 수준을 크게 벗어나지 않는 추세를 보이고 있는 반면 금융위기 이전 미국의 주요 투자은행의 ROE는 평균 15% 수준에 이르고 있다.

4.2 우리나라 증권산업의 발전과제

이제까지 살펴본 바와 같은 우리나라 증권산업은 많은 문제점을 안고 있다. 수익원이 수탁수수료에 치중되어 있어 주식시장 변동에 따라 성과의 변동성이 매우 큰 편이며, 과도한 경쟁으로 적정한 수익을 올리지 못하고 있다. 이에 따라 선진국에서와 같이 증권회사가 자본시장 발전에 주도적 역할을 하지 못하고 있음은 물론 오히려 장애요인으로 작용하는 경우도 있다. 자본시장의 발전은 금융시장의 선진화와 직결되는 문제이며, 나아가 지속적인 경제성장을 위해 필요불가결한 요소이다. 따라서 우리나라의 증권산업의 선진화는 자본시장에서뿐만 아니라 경제 전반적인 측면에서 중요한 과제이다. 이에 정부는 「자본시장과 금융투자업에 관한 법률」을 제정하여 우리나라 증권산업과 자본시장의 발전을 도모하고 있으나 아직 그 효과는 크게 나타나지 않고 있어 지속적인 제도개선 노력을 기울일 필요가 있다.

우리나라의 증권회사는 우선 기존의 위탁수수료 중심의 수익구조에서 선진 투자은행형 수익구조로 전환하여 수익원을 다변화하여야 한다. 국내증권사의 투자은행업무 비중은 2~3% 정도로써 투자은행업무가 30% 이상을 차지하는 미국의 대형 투자은행에 비해 전체 수익구조포트폴리오가 다변화되어 있지 못한 형편이다. 미국의 경우 투자은행업무, 자기매매, 위탁매매, 자산관리업무 등으로 업무가 다변화되어 있으며, 전체 영업수익에 대한 기여도 역시 각 분야별로 5% 이상의 공헌도를 보이고 있다.

증권회사는 발행시장에서의 유가증권 인수, M&A 주선 등과 같은 고위험 · 고수익 업무를 취급함으로써 국내은행과 차별화된 시장공략 전략을 취할 필요가 있다. 현재 시장의 다양한 자금수요와 투자수요가 상호 연결되어야 하지만, 고위험 · 고수익 투자 및 상품을 제공하는 금융회사가 없는 것이 현실이다. 이러한 모험자본이나 원금이 보장되지 않는 고수익성 투자를 중개하는 투자은행의 역할을 증권회사가 감당해야 할 것이다. 이를 위해 기업공개 등 발행시장에서부터 기업과 지속적인 네트워크를 형성하고 다양한 기업재무서비스를 제공하며, 이를 통해 M&A와 기업구조조정 업무까지 담당할 수 있는 기업금융부문의 업무 연속성을 확보해야 한다.

인수업무 외에 재무자문(financial consulting)업무를 수행하기 위해 투자자의 투자자금을 유치할 수 있는 자산관리업무 비중 역시 제고해야 한다. 자산관리업무의 활성화를 통해 운용자산의 규모를 키우는 것은 발행시장에서 신뢰감을 줄 뿐만 아니라 인수한 증권을 유통시키는 데 필수적이다. 증권업의 자산관리업무 규모는 시중의 여유자금이 자본시장에 얼마만큼 유입되느냐를 결정하게 되며, 이는 다시 증권의 유통시장이나 기업구조조정 시장의 크기를 좌우하게 되므로 매우 중요하다. 또한 증권산업의 발전을 위해서는 은행과 외국투자은행에 경쟁할 수 있는 대형 증권회사를 육성할 필요가 있다.

투자은행업무는 인수업무를 기반으로 하며, 대규모 증권발행의 인수를 감당하고 발행주체에게 신뢰를 부여하기 위해서는 자기자본 및 자산의 대형화가 필수적이다. 우리나라 증권회사(또는 투자금융회사)는 미국 및 유럽 투자은행에 비해 규모에서 절대적인 열세를 보이고 있다. 현재 시장규모에 비해 증권회사의 수가 많고, 자체 경쟁력이 없는 회사도 다수인 만큼 증권업 내의 구조조정과 M&A를 통해서 증권회사의 대형화를 유도하는 것이 합리적일 것이다. 선도 증권사가 경쟁력을 갖추기 위해서는 증권회사의 자체적인 노력과 정책적인 지원이 모두 필요하다.

투자은행업무 규모를 육성하기 위해서는 다양한 유가증권의 유통시장이 활성화되어야 하며, 이를 위해서는 일부 위험부담상품에 대한 장기투자 시 세제지원과 같은 정부의 정책적 지원이 필요하다. 이러한 정책적 지원의 근거는 경제성장에 필요한 미래산업에 대한 자금공급을 감당할 수 있는 자본시장의 육성과 증권업의 활성화가 불가분의 관계라는 점이다. 정부 보유 부실자산 매각이나 공기업 민영화 등의 재무자문기관 선정 시 국내 선도증권사의 참여를 배려하는 정책적 지원이 요구된다. 한편 선도증권사가 외국의 대형 투자은행과 경쟁하기 위해서 신상품 개발 및 투자은행 업무의 위험관리능력을 제고해야 하며, 이를 위한 인재양성은 필수적인 과제이다.

마지막으로 증권산업의 발전을 위해서는 증권회사의 업무영역을 더욱 확대하여 수익성을 높이고 은행 등 다른 금융기관과 경쟁할 수 있는 능력을 제고하여야 한다. 업무영역의 확대를 통해 증권회사는 수익성을 개선하고 파생금융상품 등 첨단금융상품을 전담하는 투자은행으로써의 자리를 확보하여 성장하여야 한다.

5. 금융투자회사의 건전성감독 및 투자자보호 제도

5.1 금융투자회사의 건전성감독 및 규제

2007년 8월 자본시장법이 제정됨에 따라 기존의 증권 관련 업종들이 금융투자업으로 통합되었다. 이에 따라 감독 및 규제도 금융투자업 전반에 대해 실시되고 있다. 따라서 기존의 증권회사에 대한 건전성 규제도 금융투자업자에 대한 감독 및 규제의 틀 안에서 시행되고 있다. 금융투자업자에 대한 건전성감독은 영업용순자본비율 규제를 통해 이루어진다. **영업용순자본비율** 규제는 증권회사를 포함한 금융투자업자의 자기자본규제제도로서 유동성 부족이나 손실 확대로 인한 재무불안정을 사전에 방지하고 투자자의 재산을 보호할 수 있도록 충분한 유동성을 확보하도록 하는 제도로서, 금융투자업자는 자본적정성 확보를 위하여 영업용순자본비율을 150% 이상으로 유지하여야 한다. 영업용순자본비율은 다음과 같은 식에 의해 산출된다.

$$\text{영업용순자본비율} = \text{영업용순자본} / \text{총위험} \times 100$$

여기에서 **영업용순자본**은 자기자본에서 고정자산을 뺀 금액을 의미하며, 총위험은 금융투자회사가 영업을 영위함에 있어 직면하게 되는 손실을 미리 예측하여 계량화한 것으로 증권회사의 경우 그 크기는 시장위험액 + 거래상대방위험액 + 기초위험액 + 신용집중위험액으로 산정된다.[4] 영업용순자본이 총위험액보다 항상 커야 한다는 것은 위험손실을 감안한 유동성 자산의 규모가 부채의 규모보다 항상 커야 한다는 것을 의미한다. 영업용순자본비율은 금융투자업자에 대한 적기시정조치의 기준이 된다. 금융투자회사는 영업용순자본비율과 산출내역을 매월 감독당국에 제출하여야 하며, 영업용순자본비율이 150%에 미달하는 경우 즉시 감독당국에 보고하여야 한다. 만일 영업용순자본비율이 150%에 미달하는 경우 단계별로 적기시정조치가 발동된다. 1998년 제도 도입 시 증권회사의 영업용순자본비율은 202%였으나, 2003년 이후 500% 수준을 상회하는 등 양호한 수준을 유지하였다. 2009년 말 증권회사 평균 영업용순자본비율은 575.7%이었으며, 2012년에는 498.3%로 낮아지기는 했으나 안정적인 수준을 유지하고 있다.

이 외에도 금융투자회사는 건전성 유지를 위해 자산건전성과 자산운용 제한 등의 규제를 받고 있다. 금융투자회사의 자산건전성 분류대상 자산에는 대출채권, 대여금, 대지급금, 채무보증 등이 포함되는데, 해당 자산에 대해서는 자산건전성을 정상, 요주의, 고정, 회수의문 및 추정손실 등 5가지로 구분하여 대손충당금을 기준에 맞추어 적립하여야 한다. 또한 감독당국은 영업용순자본비율과 같은 종합적인 재무감독으로 규제하기 곤란한

4 이 같은 총위험액의 산정은 증권회사를 대상으로 한 것으로, 금융투자업자의 경우 업무의 범위에 따라 산정방식에 차이가 있다.

불건전한 자산운용 행위에 대해 개별적인 규제장치를 마련하고 있다. 주요 내용을 살펴보면 대주주가 발행한 증권을 소유하는 행위와 대주주에 대한 신용공여 행위가 제한되고 있으며, 특수관계인과의 거래도 제한되고 있다.

5.2 금융투자업 관련 투자자보호 제도

자본시장법은 금융혁신과 증권산업의 도약을 위해 증권산업 내에서의 겸영을 허용하고 업무범위를 확대하는 등 증권산업 전반에 걸쳐 규제를 대폭 완화하였다. 그런데 규제 완화는 필연적으로 회사와 고객의 이해상충 문제를 확대시키므로 이에 따른 투자자 피해를 방지하기 위해 감독당국은 투자자보호를 위한 감독 및 규제를 강화하였다. 투자자보호는 크게 투자권유 규제를 통한 투자자보호와 업무 겸영에 따른 이해상충으로부터의 투자자보호로 나누어진다. 투자권유 규제는 금융투자업자가 일반투자자를 상대로 투자권유를 하는 경우 금융투자상품의 내용, 위험 등을 일반투자자에게 설명하여야 하며, 금융투자업자는 투자자의 특성을 파악하고 이들의 특성에 적합하게 투자를 권유해야 한다는 것을 주된 내용으로 하고 있다. 이러한 규제는 위험부담능력이 상대적으로 취약한 일반투자자에게만 적용된다. 한편 이해상충은 투자자의 이익에 반하여 회사나 다른 투자자의 이익을 추구하는 행위로서, 특히 복수의 금융투자업을 겸영하는 경우에 발생가능성이 크다. 금융투자업자는 회사 운영 및 영업과 관련하여 이해상충 발생가능성을 미리 파악 및 평가하여 이를 관리하는 시스템을 구축하여야 한다. 또한 이해상충 발생가능성이 있거나 이를 제거하는 것이 곤란하다고 판단되는 경우에는 매매 또는 그 밖의 거래가 금지된다.

6. 요약

전 세계적으로 금융시장에서의 직접금융화 또는 증권화가 진전되면서 증권산업의 중요성은 상대적으로 확대되어 왔다. 그러나 우리나라의 증권산업은 영세성을 벗어나지 못하는 형편이다. 이에 정부는 우리나라의 금융시장 및 산업의 경쟁력 강화라는 차원에서 자본시장과 증권산업의 육성을 위해 자본시장법을 제정하였다. 자본시장법은 기존 증권회사의 업무범위를 확대하고 증권산업 내에서의 겸업을 허용함으로써 우리나라에 대형투자은행이 출현할 수 있는 기반이 마련되었다는 평가를 받았다. 그러나 법 제정 이후 증권회사 간 인수 · 합병이 아직 활성화되지 않는 등 큰 변화가 있는 것으로 보기는 어렵다. 이는 우리나라에 증권산업의 구조를 변화시키기 위해서는 우선 선도적인 역할을 할 금융투자회사가 필요하다는 것을 의미한다. 이를 위해서는 증권회사의 자체적인 노력과 정책적인 지원이 지속적으로 필요하다.

연 | 습 | 문 | 제

01. 투자은행의 주요 업무는 무엇인지 설명하시오.

02. 투자은행과 상업은행의 차이점은 무엇인지 설명하시오.

03. 자본시장법의 제정 배경에 대해 설명하시오.

04. 우리나라 증권산업의 문제점은 무엇인가? 선진국의 사례와 비교하여 설명하고, 우리나라 증권산업의 발전방향을 논의하시오.

05. 자본시장법 제정으로 증권산업 내에서 겸업이 허용되었다. 증권산업에서의 겸업화의 효익과 문제점에 대해 설명하시오.

06. 자본시장법은 투자자보호를 강화하고 있다. 증권산업의 발전을 위해 투자자보호가 왜 중요한가를 설명하시오.

07. 증권회사에 대한 건전성 규제와 은행에 대한 건전성 규제를 비교 · 설명하시오. 증권회사에 대한 건전성 규제가 은행에 대한 건전성 규제보다 높은 수준이라고 할 수 있는가? 만일 건전성 규제의 수준에 차이가 있다면 그 이유는 무엇인지 설명하시오.

CHAPTER 14

보험회사의 경영활동

이 장에서는 보험회사의 전반적인 경영활동에 대하여 공부한다. 이를 위해, 첫째 위험의 정의와 유형, 그리고 보험의 개념에 대해 알아본다. 둘째, 보험업 및 보험회사의 유형과 더불어 보험회사의 다양한 주요 업무에 대해 살펴본다. 셋째, 보험회사에 적용되는 회계처리기준과 함께 재무제표에 대해 알아본다. 넷째, 보험회사의 위험관리체계와 경영평가제도에 대해 살펴본다. 마지막으로 최근 보험산업 환경변화 및 주요 보험경영 이슈에 대하여 알아본다. ■

1. 위험과 보험

1.1 위험의 정의

개인이나 일반 기업은 일상적인 활동이나 제품 및 서비스생산 과정 등에서 시시각각으로 이들의 생존을 위협할 수 있는 다양한 위험에 노출되어 있다. 아울러 한 나라를 운영하는 정부 차원에서도 자연재해, 테러 등 국가의 존립을 위협하는 위험들을 현명하게 극복해야 할 책임이 있다. 위험에 대한 정의는 학문분야, 해당학자 등에 따라 매우 다양하게 기술되어 왔으나, 본 장에서는 **위험**(risk)을 **보험**(insurance)과 연관지어 논의하고자 하는 차원에서 "예상치 못한 사건이나 객관적 불확실성으로 인해 경제주체(개인, 기업)에게 궁극적으로 금전적 손실을 초래할 수 있는 상황"으로 정의하고자 한다. 특히 위험은 **순수위험**(pure risk)과 **투기적 또는 재무위험**(speculative or financial risk)으로 구분할 수 있는데, 보험과 연관된 위험은 순수위험에 국한하는 것이 일반적이다. 여기서 보험은 우리 주변에 도사리고 있는 각종 금전적 손실 위험을 관리하기 위한 하나의 수단(tool)으로 존재하며, 따라서 위험이 존재하지 않는다면 보험이라는 상품도, 또 이를 개발 · 판매하는 주체(보험회사)도 존재할 이유가 없을 것이다.

1.2 보험의 개념

보험(insurance)이란 개인이나 기업 입장에서 각종 위험으로 인한 금전적 손실가능성을 사전에 일정한 비용(보험료)을 지불하고 제3자(보험회사)에게 전가하는 일련의 계약행위를 일컫는다. 보험이 우리 사회에 가져다주는 **혜택**(benefit)으로는 무엇보다도 위험으로 인해 손실이 발생했을 때 이를 원활하고 조속히 복구함으로써 개인이나 기업 입장에서 경제적 및 재무적 안정을 유지할 수 있다는 점이다. 이외에 보험은 개인이나 기업이 경제활동을 영위하는 데 있어 미래에 대한 불확실성을 최소화해 줌으로써 이들이 심리적인 안정과 평화로운 마음상태에서 보다 효율적이고 적극적으로 모든 활동에 임할 수 있게 해 준다.

반면에 보험이 존재함으로 인해 발생하는 여러 가지 사회적 **비용**(cost)도 무시할 수 없다. 예컨대, 대표적으로 보험을 악의적으로 이용하거나 또는 남용하는 사례가 바로 이에 해당한다. 전자의 경우를 **도덕적 해이**(moral hazard)라고 하는데, 이는 보험금 수취를 목적으로 손실을 고의적 행위(intentional behavior)를 통해 일으키거나 또는 이미 발생한 손실을 확대 및 과장하는 행위를 말한다. 예컨대 화재보험 가입 후 고의로 방화를 한다거나, 배우자를 피보험자로 하여 생명보험에 가입한 후 고의로 배우자를 살해한다거나, 또는 필요 이상의 병원치료를 받거나 정당한 사유 없이 병상기간을 연장(일명, 나이롱환자)하는 경우 등이 이에 해당한다. 특히 후자의 경우는 **행태적 위태**(morale hazard)라고 하는데, 이는 고의적이라기보다는 부주의한 행위(careless behavior)나 태만 등으로 인해 손실의 빈도(frequency)와 심도(severity)가 증가하는 것을 말한다. 자동차보험에 가입한 이후 부주의(예컨대, 속도위반, 운전중 핸드폰 사용, 동승자와의 과도한 잡담, 신호체계 무시, 자동차정비 태만 등)하게 운전하는 경우가 이에 해당한다. 고의적이든 또는 부주의든 간에 이와 같은 일련의 악의적 및 남용 행위들로 인해 지급된 보험금은 여타 선의의 보험가입자들에게 고스란히 전가되어 궁극적으로 다수의 피해자를 양산하게 될 뿐 아니라 보험산업 전반에 대한 신뢰마저도 무너뜨릴 수 있다.

2. 보험업과 보험회사

2.1 보험업의 유형

「**보험업법**」(2015년 3월 11일 최종 개정, 총 제209조로 구성)에서는 보험업의 개념을 "사람의 생사에 관하여 약정한 급여의 제공을 약속하거나 우연한 사고로 인하여 발생하는 손해의 보상을 약속하고 금전을 수수하는 것 등을 업으로 행하는 것으로 생명보험업, 손해보험업 및 제3보험업"이라고 규정하고 있다. 반면에 「상법」 제4편(보험편)에서는 보험업을 인보험과 손해보험으로 나누고, 여기에 인보험을 다시 생명보험과 상해보험으로 구분하고 있다. 하지만 '특별법(여기서는 보험업법) 우선의 원칙'에 따라 우리나라의 보험업은 생명보험업, 손해보험업, 제3보험업 등 세 부문으로 구분하고 있으며, 각 부문은 다음과 같이 정의할 수 있다.

첫째, '생명보험업'은 사람의 생존 또는 사망에 관하여 약정한 급여의 제공을 약속하고 금전을 수수하는 것을 업으로 행하는 것을 말한다. 둘째, '손해보험업'은 우연한 사고(단, 질병·상해 및 간병은 제외)로 인하여 발생하는 손해의 보상을 약속하고 금전을 수수하는 것을 업으로 행하는 것을 뜻한다. 셋째, '제3보험업'이라 함은 사람의 질병·상해 또는 이로 인한 간병에 관하여 약정한 급여를 제공하거나 손해의 보상을 약속하고 금전을 수수하는 것을 업으로 행하는 것을 의미한다.

2.2 보험회사의 유형

우리나라에서 보험업의 허가를 받을 수 있는 자는 ① 주식회사(stock company), ② 상호회사(mutual company), ③ 외국보험회사(국내지점 포함)에 한정된다. 주식회사는 상법에 근거하여 설립된 회사로, 국내 보험회사의 경우 업의 구분(생명보험, 손해보험, 제3보험)에 관계없이 100% 주식회사의 형태를 취하고 있다. 이에 따라 국내 손해보험회사의 경우 오래 전에 기업공개가 이루어져 주식시장에서의 거래가 자유로운 반면, 국내 생명보험회사의 경우 그간의 괄목할만한 성장에 대하여 보험계약자의 공헌 여부에 대한 길고도 지루한 논쟁과정에서 정부가 최종적으로 생명보험회사의 손을 들어주면서 비로소 3개 생명보험회사(동양생명, 대한생명, 삼성생명)가 주식시장에 상장되었다.

상호회사는 보험업법에 따른 사단법인 형태의 회사로, 회사의 설립을 위해서는 100인 이상의 발기인이 있어야 가능하다. 주식회사의 경우 원칙적으로 보험계약자와 주주가 법에 따라 엄격히 구분되기 때문에 주주의 책임이 유한(limited liability)한 반면, 상호회사의 경우 보험에 가입하는 소비자가 해당회사의 주인인 동시에 보험계약자가 되어 회사경영에 무한책임(unlimited liability)을 지게 된다. 한편 외국보험회사는 대한민국 외 국가의 법령에 따라 설립된 외국보험회사 또는 외국에서 보험대리 및 보험중개를 업으로 영위하거나 그 밖에 보험과 관련된 업을 영위하는 자를 말한다.

외국의 사례를 간단히 살펴보면, 가까운 일본의 경우 생명보험사들이 모두 상호회사의 형태를 지니고 있는 반면에 미국은 상호회사와 주식회사가 혼재되어 있다. 최근에는 금융회사의 대형화, 국제화추세 등에 힘입어 대형 상호회사들을 중심으로 **탈상호화**(demutualization : 상호회사가 주식회사로 전환하는 현상)가 두드러지게 나타나고 있다.

2.3 보험업의 허가 및 경영

보험업을 영위하고자 할 때에는 보험종목별로 **금융위원회**(Financial Services Commission : FSC)의 허가를 받아야 한다. **생명보험업**의 보험종목은 생명보험, 연금보험(퇴직보험 포함), 그 밖에 대통령령이 정하는 보험종목으로 구성되어 있다. **손해보험업**의 보험종목은 화재보험, 해상보험(항공 · 운송보험 포함), 자동차보험, 보증보험, 재보험, 그 밖에 대통령령이 정하는 보험종목(책임보험, 기술보험, 부동산권리보험 등)으로 세분된다. 제3보험업의 보험종목은 상해보험, 질병보험, 간병보험, 그 밖에 대통령령이 정하는 보험종목으로 구분된다. 한편 생명보험업 또는 손해보험업에 해당하는 보험종목의 전부에 관하여 허가를 받은 보험사업자는 **제3보험업**에 해당하는 보험종목에 관하여 허가를 받은 것으로 간주된다.

원칙적으로 주식회사 형태의 보험회사는 300억원 이상의 자본금을 납입하여야 보험업을 개시할 수 있다. 다만, 보험주식회사가 보험종목의 일부만을 영위하고자 하는 경우에는 50억원 이상의 범위에서 대통령령으로 자본금의 액수를 달리 정할 수 있도록 하고 있다. 예컨대, 생명보험, 연금보험, 자동차보험(이상 200억원), 화재보험, 책임보험, 산재보험, 질병보험, 간병보험(이상 100억원), 기술보험, 부동산권리보험(이상 50억원) 등으로 자본금이 차별화되어 있다. 한편 총보험계약건수 및 수입보험료의 90% 이상을 전화 · 우편 · 컴퓨터통신 등 통신수단을 이용하여 보험상품을 판매하는 '통신판매전문보험회사' 의 경우 위에서 언급한 자본금의 3분의 2에 상당하는 금액 이상만 납입하여도 보험업 개시가 가능하도록 예외규정을 두고 있다. 또한 외국보험회사가 대한민국 안에서 보험업을 영위하고자 하는 경우 외국보험회사의 영업기금은 30억원 이상으로 하도록 규정하고 있다. 한편 주식회사가 그 조직을 변경하여 상호회사 형태의 보험회사로 전환할 경우, 회사 설립에 필요한 기금을 300억원 미만으로 하거나 또는 아예 이를 설정하지 아니할 수 있도록 하고 있다. 다만 이 경우 손실보전에 충당하기 위하여 금융위원회가 필요하다고 인정하는 금액을 준비금으로 적립해야 한다.

보험회사는 원칙적으로 생명보험업과 손해보험업을 한 회사 내에서 **겸영**(in-house operation)하지 못하도록 법률로 규정하고 있다. 다만, ① 생명보험사업자의 재보험 및 제3보험사업자의 재보험, ② 다른 법령에 의하여 겸영이 가능한 보험종목으로서 대통령령이 정하는 보험종목(조세특례제한법에 의한 연금저축, 근로자퇴직급여보장법에 의한 퇴직보험) 등에 대해서는 예외규정을 두고 있다.

3. 보험회사의 주요 업무

보험회사의 경영에 필요한 업무활동은 보험사업의 유형(생명보험, 손해보험, 제3보험, 재보험), 범위(복수종목 vs 단수종목), 규모(대기업 vs 중소기업) 등에 따라 차이가 있을 수 있다. 그러나 일반적으로 보험사업을 영위하는 데 있어 필요한 업무는 ① **보험고유업무**, ② **자산운용업무**, ③ **일반관리업무** 등 크게 3부분으로 나누어 볼 수 있다.

첫째, '**보험고유업무**'는 보험상품개발, 보험상품판매, 언더라이팅(보험계약심사 및 선택), 보험계약관리, 보험금지급 등 보험계약자의 보험상품 청약에서부터 보험금수령까지 일련의 과정을 세분화한 것으로 보험사업에만 적용되는 고유의 업무를 의미한다. 둘째, '자산운용업무'는 보험계약자가 납입한 보험료를 효율적으로 투자하여 보험원가를 절감하고, 보험자산의 안전한 운용을 통해 보험계약자의 권익을 보호하기 위한 업무를 뜻한다. 셋째, '일반관리업무'는 재무 및 회계, 인사 및 조직, 기획, 리스크관리, IT 등 일반적으로 기업을 경영하는 데 있어 인프라 역할을 수행하는 업무를 말한다. 본 장에서는 보험회사의 보험고유업무에 초점을 맞춰 기술하고자 한다. 다음의 [표 14-1]은 보험고유업무 프로세스를 단계별로 나타낸 것이다.

| 표 14-1 | 보험고유업무 프로세스

1단계 : 보험상품개발
(상품고안 및 제작)
↓
2단계 : 보험상품판매
(대면 및 비대면 판매조직)
↓
3단계 : 보험인수(언더라이팅)
(위험선택 및 분류)
↓
4단계 : 보험계약관리
(실효방지, 약관대출, 계약자배당)
↓
5단계 : 보험금지급
(지급사정 및 의사결정)

3.1 1단계 : 보험상품개발

상품개발과정

일반 유형의 상품과 달리 보험상품은 뚜렷이 정형화된 형태가 없으며, 하나의 보험상품을 생산해 내기까지 거쳐야 하는 일련의 과정을 통칭하여 '상품개발과정'(product development process)이라고 한다. 이러한 상품개발과정은 보험고유업무 중 가장 핵심적인 기능으로, ① **상품고안과정**(product designing process)과 ② **상품제작과정**(product manufacturing process)으로 나누어 볼 수 있다.

첫째, '**상품고안과정**'에서 보험회사의 상품개발 담당자는 경제적 및 제도적 상황, 보험시장 동향, 소비자의 니즈, 경쟁사의 움직임, 상품의 잠재수익성 및 평판리스크, 해당 보험회사의 비전과 단기 · 중장기전략 등을 복합적으로 고려하여 새로운 상품에 대한 아이디어를 제시할 수 있어야 한다.

둘째, '**상품제작과정**'은 제시된 아이디어를 바탕으로 그에 적합한 상품을 설계하는 것으로, 이 과정의 핵심은 새로운 상품에 대한 최적의 보험료를 산출해 내는 것이다. 보험료를 계산할 때에는 ① **충분성**(adequacy), ② **비과도성**(non-excessiveness), ③ **공평한 차별성**(fair discrimination)의 3대 원칙이 지켜져야 한다. '충분성'은 예상되는 손해(보험금)와 사업비를 충분히 보전할 수 있을 만큼의 보험료를 책정해야 함을 의미한다. '비과도성'은 보험계약자에게 과도한 부담을 주지 않을 만큼의 보험료를 산출해야 함을 의미한다. '공평한 차별성'이란 객관적인 자료 또는 통계를 근거로 개별 보험계약자가 지닌 위험도에 따라 보험료를 공평하게 차별적으로 계산해야 함을 의미한다. 또한 보험료는 **대수의 법칙**(law of large numbers)에 입각하여 산출되어야 한다. '대수의 법칙'이란 관찰의 횟수가 많아질수록 하나의 법칙성에 도달하여 예측도가 높아지는 것을 말한다. 즉, 보험상품의 판매는 우선 동질(homogeneous)의 리스크를 집단화(pooling)한 후, 해당 집단을 상대로 이루어지기 때문에 한 집단 내에 가능한 많은 수의 리스크가 포함되어 있을수록 보다 정확한 손실예측이 가능하다는 것을 의미한다. 마지막으로 보험료 산출 시 '**수지상등의 원리**'가 적용되어야 한다. 이는 보험료 수입과 지출(보험금 +사업비)이 동일하도록 보험료가 산출되어야 함을 의미한다.

생명보험상품의 보험료 산출에 있어 기본이 되는 3대 요소로는 ① **예정사망률**(assumed mortality rate), ② **예정이율**(assumed interest rate), ③ **예정사업비율**(assumed expense rate) 등을 꼽을 수 있는데, 이를 시장상황에 맞게 적절히 배합 · 적용할 경우 경쟁력 있는 보험상품의 제작이 가능하다.

첫째, '예정사망률'은 피보험자가 어느 정도 비율로 생존하여 보험료를 납입하고, 또 어느 정도 비율로 사망하여 보험금을 지급받는가에 대한 예측치를 의미한다. 따라서 예정사망률이 낮아지면 사망보험의 보험료는 낮아지는 반면에 생존보험의 보험료는 높아지게 된다.

둘째, '예정이율'은 보험료를 산출할 때 사용하는 할인율을 의미한다. 즉, 보험료를 운용하여 얻을 수 있는 수입액을 예상하고 미리 일정한 비율로 할인하여 보험료를 산출하게 되는데, 이때 사용되는 할인율을 말한다. 따라서 예정이율이 낮아지면 보험료는 높아지게 된다.

셋째, '예정사업비율'은 보험사업의 영위를 위해 필요한 모든 예상경비를 말하며 예정신계약비, 예정유지비, 예정수금비로 구성된다. 따라서 예정사업비율이 낮아지면 보험료도 낮아지게 된다.

한편 상품제작과정에서는 보험증권 및 청약서 양식 준비, 상품설명자료 제작, 홍보전략 수립 등 새롭게 개발된 보험상품의 원활한 판매를 위한 마케팅 자료들도 차질 없이 함께 제작되어야 한다.

보험상품 유형

앞에서 기술한 바와 같이 보험상품은 생명보험상품, 손해보험상품, 제3보험상품 등으로 구분된다. 특히 생명보험상품은 피보험자수(단체보험 vs 개인보험), 보험금지급형태(일시금 vs 분할금), 배당유무(유배당보험 vs 무배당보험), 진단유무(유진단보험 vs 무진단보험), 저축정도(저축성보험 vs 보장성보험) 등 다양한 분류기준에 의한 구분이 가능하다. 이 중 저축성보험이란 납입한 보험료 총액보다 만기보험금이 많은 경우(교육저축보험, 개인연금보험 등)를 말하며, 보장성보험(종신보험, 자동차보험 등)은 그 반대의 경우에 해당한다.

첫째, 생명보험을 대표하는 개별 보험상품으로는 ① **생존보험**(피보험자가 보험기간의 최종일까지 생존한 경우에 보험금을 지급하는 보험 : 교육저축보험, 개인연금보험 등이 해당), ② **사망보험**(피보험자가 보험기간 중 사망 또는 1급 장해가 되었을 때만 보험금을 지급하는 보험 : 정기보험, 종신보험 등이 해당), ③ **생사혼합보험**(피보험자가 보험기간 중 사망 또는 1급 장해가 되었거나 만기일까지 생존했을 때 보험금을 지급하는 보험 : 생사혼합보험 등이 해당), ④ **변액보험**(보험계약자가 납입하는 보험료 가운데 사업비와 위험보험료를 제외한 적립보험료를 따로 분리해 주식 · 공채 · 채권 등 수익성이 높은 유가증권에 투자한 뒤, 운용실적에 따라 투자성과를 계약자에게 분배하는 실적배당형 보험상품), ⑤ **유니버설보험**(보험료 및 납입시기의 변경, 중도인출 등이 자유로운 보험상품), ⑥ **변액유니버설보험**(변액보험과 유니버설보험의 특성을 결합한 보험), ⑦ **개인연금저축보험**(세제적격 보험상품 : 연간 납입보험료의 100% 상당액을 연 400만원 한도 내에서 소득 수준에 따라 최대 15% 세액공제) 등이 있다.

둘째, 손해보험상품의 대표적 유형으로는 ① **화재보험**(화재로 인한 손해를 보상하는

보험 : 주택화재보험 등이 해당), ② **장기손해보험**(보험기간이 3년 이상인 손해보험으로서 보험사고가 발생하여 손해를 입었을 경우 보험금을 지급받을 수 있는 '위험보장기능'과 보험기간 만료 시 만기환급금을 지급받을 수 있는 '저축기능'을 결합한 보험 : 장기화재보험, 장기종합보험 등이 해당), ③ **해상보험**(해상사업, 항공기, 육상운송물, 인공위성 등에 관하여 사고로 인해 발생한 손실을 보상하는 보험 : 적하보험, 선박보험, 항공보험 등이 해당), ④ **보증보험**(매매, 고용, 도급 등 계약상의 채무불이행 또는 법령상의 의무불이행으로 인한 손해를 보상하는 보험 : 신원보증보험, 입찰보증보험, 할부판매보증보험,

| 표 14-2 | 보험상품 유형

구분	대표적 보험상품
생명보험	① 생존보험 : 피보험자가 보험기간의 최종일까지 생존한 경우에 보험금을 지급하는 보험 ② 사망보험 : 피보험자가 보험기간 중 사망 또는 1급 장해가 되었을 때만 보험금을 지급하는 보험 ③ 생사혼합보험(양로보험) : 피보험자가 보험기간 중 사망 또는 1급 장해가 되었거나 만기일까지 생존했을 때 보험금을 지급하는 보험 ④ 변액보험 : 운용실적에 따라 투자성과를 계약자에게 분배하는 실적배당형 보험 ⑤ 유니버설보험 : 보험료 및 납입시기의 변경, 중도인출 등이 자유로운 보험 ⑥ 변액유니버설보험 : 변액보험과 유니버설보험의 특성을 결합한 보험 ⑦ 개인연금저축보험 : 세제적격 보험상품으로 연간 납입보험료의 100% 상당액을 연 400만원 한도 내에서 소득수준에 따라 최대 15% 세액공제
손해보험	① 화재보험 : 화재로 인한 손해를 보상하는 보험 ② 장기손해보험 : 보험기간이 3년 이상인 손해보험으로 '위험보장기능'과 '저축기능'을 결합한 보험 ③ 해상보험 : 해상사업, 항공기, 육상운송물, 인공위성 등에 관하여 사고로 인해 발생한 손실을 보상하는 보험 ④ 보증보험 : 매매, 고용, 도급 등 계약상의 채무불이행 또는 법령상의 의무불이행으로 인한 손해를 보상하는 보험 ⑤ 자동차보험 : 자동차의 소유, 사용 및 관리과정에서 발생한 배상책임손해, 자기신체상해 또는 자기차량손해 등을 보상하는 보험 ⑥ 특종보험 : 화재, 장기손해, 해상, 보증, 자동차보험에 속하지 않는 일체의 손해보험
제3분야보험	① 상해보험 : 우연하고도 급격한 외래의 사고로 사람의 신체에 입은 상해와 관련 치료에 소요되는 비용 및 상해의 결과에 기인한 사망 등의 위험을 보장하는 보험 ② 질병보험 : 질병에 걸리거나 질병으로 인한 입원, 수술 등의 위험(단, 질병으로 인한 사망은 제외)을 보장하는 보험 ③ 장기간병보험 : 활동불능 또는 인식불능 등 타인의 간병을 필요로 하는 상태 및 이로 인한 치료 등의 위험을 보장하는 보험

인허가보증보험, 보석보증보험 등이 해당), ⑤ **자동차보험**(자동차의 소유, 사용 및 관리 과정에서 발생한 배상책임손해, 자기신체상해 또는 자기차량손해 등을 보상하는 보험 : 개인용자동차보험, 업무용자동차보험, 영업용자동차보험, 이륜자동차보험, 자동차취급업자보험 등이 해당), ⑥ **특종보험**(보험실무상 개념으로 화재, 장기손해, 해상, 보증, 자동차보험에 속하지 않는 일체의 손해보험 : 배상책임보험, 종합보험, 기술보험 등이 해당) 등이 있다.

셋째, 제3보험상품으로는 ① **상해보험**(우연하고도 급격한 외래의 사고로 사람의 신체에 입은 상해와 관련 치료에 소요되는 비용 및 상해의 결과에 기인한 사망 등의 위험을 보장하는 보험 : 교통상해보험, 해외여행보험, 학생안전보험, 스포츠상해보험 등이 해당), ② **질병보험**(질병에 걸리거나 질병으로 인한 입원, 수술 등의 위험(단, 질병으로 인한 사망은 제외)을 보장하는 보험 : 암보험, 치명적질병보험 등이 해당), ③ **장기간병보험**(활동불능 또는 인식불능 등 타인의 간병을 필요로 하는 상태 및 이로 인한 치료 등의 위험을 보장하는 보험 : 실버케어보험 등이 해당) 등이 있다. [표 14-2]는 대표적 보험상품을 유형별로 구분하여 나열한 것이다.

3.2 2단계 : 보험상품판매

보험상품은 일반 공산품과는 달리 무형의 상품이며, 그 내용이 복잡하고 기술적이기 때문에 일반인이 이해하기 어려울 뿐 아니라 상품의 효용성 및 내재가치를 인식하기도 쉽지 않은 것이 사실이다. 이러한 보험상품을 소비자에게 효과적으로 판매하기 위해서는 소비자의 니즈와 리스크를 철저히 분석하여, 그에 적합한 리스크관리수단의 한 방편으로서 보험상품의 효용성을 소비자에게 설득력 있게 제시할 수 있어야 한다. 따라서 보험회사 입장에서 성공적인 보험사업을 영위하기 위해서는 보험상품 판매자격증 또는 판매경험을 소유한 전문 보험판매조직을 확보하고 양성하는 것이 매우 중요한 일이다. 여기서 보험판매조직(이하 '모집조직')이란 보험상품의 생산자인 보험회사와 최종소비자인 보험계약자를 중개하는 개인 또는 조직을 말하며, **대면모집조직**(face-to-face sales force : 소비자와 대면으로 직접 접촉하여 보험상품을 판매하는 개인 또는 조직)과 **비대면모집조**

직(direct sales force : 통신매체 등을 통해 소비자를 접촉하여 보험상품을 판매하는 조직)으로 양분할 수 있다.

대표적인 대면모집조직으로는 ① **직급** 또는 **회사임직원**(company employee), ② **보험설계사**(solicitor or financial planner), ③ **보험대리점**(insurance agency), ④ **보험중개사**(insurance broker), ⑤ **금융기관보험대리점**(bancassurance) 등을 꼽을 수 있다. 첫째, 직급은 보험회사의 임직원(단, 대표이사, 사외이사, 감사 또는 감사위원은 제외)으로서 보험계약의 체결 또는 체결을 보조하는 모집조직을 뜻한다. 둘째, 보험설계사는 특정 1개 보험회사와 전속(exclusive) 위탁계약관계를 맺고 보험계약의 체결을 중개하는 개인을 말한다. 보험설계사가 되기 위해서는 소정의 시험합격 후 금융위원회에 등록(현재는 해당협회에 위임)해야 한다. 셋째, 보험대리점은 보험회사로부터 독립된 외부조직으로서 특정 1개(전속대리점) 또는 다수(독립대리점)의 보험회사를 위해 보험계약의 체결을 대리하는 모집조직을 의미한다. 보험대리점 자격증을 취득하기 위해서는 소정의 시험합격 후 금융위원회에 등록(현재 금융감독원에 위임)해야 한다. 넷째, 보험중개사는 보험회사로부터 독립된 외부조직으로서 보험계약자를 위해 보험계약의 체결을 중개하는 모집조직을 뜻한다. 보험중개사 자격증 취득을 위해서는 소정의 시험합격 후 금융위원회에 등록(현재 금융감독원에 위임)해야 한다. 특히 보험중개사의 경우 보험회사가 아닌 보험계약자의 의뢰를 받아 보험상품 구매를 중개하기 때문에 그에 따른 수수료를 원칙적으로 보험계약자가 지불하게 된다. 다섯째, 금융기관보험대리점은 보험회사를 제외한 타 금융기관(은행, 증권사, 저축은행 등)의 지점망을 통해 소비자에게 보험상품을 판매하는 모집조직을 말한다. 국내에서는 금융소비자의 편익증진과 금융기관의 경쟁력 제고라는 목표하에 2003년 9월에 처음으로 도입되었으나, 시행과정에서 판매상품 제한(5단계에 걸쳐 점진적으로 보험상품 판매허용) 및 판매인력 제한(점포당 보험판매인력 2인 한정), 판매비중 제한(1개 보험사 상품의 판매비중이 최대 25% 한도), 아웃바운드 전화판매(outbound telephone call) 영업금지 등의 엄격한 정부규제로 인해 실질적인 효과를 거두지 못하고 있는 실정이다. 이러한 예상치 못한 결과가 초래된 주요 원인으로는 시행 초기부터 방카슈랑스의 급격한 확대에 위협을 느껴 이를 저지하려는 보험회사의 끈질긴 대정부 및 대국회 로비와 더불어 은행 등도 소비자 편익증진보다는 수수료수입 증대에 집착했던 점을 꼽을 수 있다.

한편 비대면모집조직의 유형으로는 ① **전화판매**(tele-marketing : TM), ② **인터넷판매**(internet marketing), ③ **우편**(direct mail : DM), ④ **홈쇼핑**(home shopping) 등이 있으며, 그 활용도가 점차 증가하는 추세에 있다.

3.3 3단계 : 보험인수(언더라이팅)

보험회사의 '**언더라이팅**(underwriting)' 이란 보험상품 구입을 희망하는 소비자가 보험회사에 제출한 청약서(application form)의 내용을 기준으로 소비자가 지닌 리스크를 선택하고 분류하는 일련의 의사결정과정을 말한다. 여기서 리스크 선택(risk selection)은 보험회사 입장에서 소비자가 지니고 있는 리스크를 받아들일(또는 담보할) 것인가, 아니면 거절할 것인가를 결정하는 행위를 뜻한다. 또한 리스크 분류(risk classification)는 이미 담보가 결정된 해당 소비자를 그 위험 정도에 따라 적정한 보험료를 책정하기 위해 세부적으로 분류하는 행위를 의미한다.

보험회사 언더라이팅의 주된 목적은 소비자로부터의 **역선택**(adverse selection : 평균 손실가능성보다 높은 손실가능성을 지닌 사람이 해당 집단의 평균 보험요율로 보험에 가입하고자 하는 경향을 의미)을 사전에 방지하는 한편, 소비자의 개별 리스크에 부합하는 적정보험요율을 산정하고자 하는 데 있다. 이러한 언더라이팅 업무를 소홀히 했을 경우 예측한 손실 이상의 손실이 발생하여 보험회사의 수익성 및 건전성을 해칠 우려가 있으며, 더 나아가 **보험시장의 실패**(market failure : 소비자에게 적절한 보험상품을 공급할 수 없는 상황을 일컬음)로 발전할 가능성이 있다.

따라서 적절한 언더라이팅 업무를 수행하기 위해서는 소비자에 대한 정확한 정보를 충분히 수집해야 한다. 보험회사의 언더라이팅 업무에 활용가능한 정보로는 보험계약 청약서상의 개인정보, 보험모집조직 및 마케팅부서를 통해 수집된 정보, 보험회사의 현장조사 또는 검사(손해보험의 경우 현장을 직접조사; 생명보험의 경우 건강진단) 등이 있다.

3.4 4단계 : 보험계약관리

'보험계약관리'란 보험계약이 체결된 이후부터 보험계약기간이 만료되거나 또는 보험사고가 발생하여 보험금을 지급하게 될 때까지 보험계약이 계속적으로 유지될 수 있도록 관리하는 업무를 말한다. 주요 업무로는 ① 보험료 납부유지(또는 실효방지), ② 약관대출, ③ 계약자배당 등을 꼽을 수 있다.

보험상품은 계속적(주로 손해보험) 또는 장기적(주로 생명보험) 특성을 지니고 있기 때문에 보험회사 입장에서는 기존고객에 대한 계약갱신 및 계약유지를 위한 노력이 신규고객을 창출하는 일만큼이나 중요하다. 특히 장기계약의 경우 보험계약자가 보험료를 정해진 기간 내에 정확히 납부하도록 유도하여, 보험료 미납에 따른 계약의 실효로 보험계약자가 불이익을 받는 일이 없도록 계약관리를 철저히 해야 한다. 한편 보험계약자가 경제적 사정으로 인해 보험기간 중 약관대출(policy loan : 보험회사가 보험증권을 담보로 하여 보험계약자에게 대출을 제공해 주는 것)을 필요로 할 때, 이에 대해 보험계약관리 및 대고객서비스 차원에서 적절하고 신속한 조치를 취해야 한다.

한편 보험계약은 보험계약자에 대한 배당유무에 따라 무배당보험(non-participating insurance)과 유배당보험(participating insurance)으로 구분된다. 이 중 유배당보험의 경우 보험계약기간 중 보험회사의 보험상품판매 및 자산운용실적에 따라 보험회사가 보험계약자에게 다양한 배당금을 지급할 의무를 지니게 되는데, 이에 관한 사항도 보험계약관리업무에 속한다. 반면에 무배당보험의 경우 보험회사의 경영실적이 아무리 우수하다 하더라도 이를 보험회사와 공유할 수 있는 기회가 보험계약자에게는 제공되지 않는다.

3.5 5단계 : 보험금지급

소비자가 보험상품을 구매하는 근본적인 이유는 보험사고 발생 시 보험회사로부터 충분하고 신속한 금전적인 보상을 받기 위한 데 있다. 따라서 보험회사는 보험금 지급 시 ① 공정한(fair) 보험금의 결정, ② 신속한(prompt) 보험금의 지급, ③ 친절한(kind) 서비스의 제공 등의 원칙을 준수할 필요가 있다. 첫째, 과다한 보험금은 보험회사의 경영에 악영향을 미칠 우려가 있는 반면에 과소한 보험금은 보험계약자의 권익을 침해할 가능성이 있기 때문에 공정한 보험금의 지급이 매우 중요하다. 둘째, 보험금지급이 지연됨에 따른 손실규모 증가가능성을 차단하고 보험계약자의 경제적 · 정신적 고통을 최소화하기 위해서 결정된 보험금은 신속하게 지급되어야 한다. 셋째, 보험금지급을 위한 제반 청구업무와 그 밖의 필요사항들에 대하여 보험계약자 또는 보험수익자에게 성심을 다하여 친절히 응대함으로써 보험계약의 근본적 내재가치에 대한 인식을 향상시키고 보험회사의 이미지를 제고해야 한다.

한편 보험금 지급절차는 일반적으로 ① 보험계약자의 손실통지 및 손실증명(시기, 장소, 원인, 손실규모 등 구체적 사고내용에 대한 증명을 보험회사에 즉시 통보), ② 보험금지급 사정(손실원인 규명, 손실내용 분석, 보험계약 및 기타 법률상의 내용 등을 분석), ③ 보험금지급 의사결정(보험금지급 여부, 지급규모, 분쟁처리 등의 사항을 결정) 등 3단계에 걸쳐 이루어진다.

4. 보험회사의 재무제표

2014년 말 기준으로 56개 보험회사(생명보험 25개사, 손해보험 31개사)의 총자산은 총 862.4조원(생명보험 662.1조원, 손해보험 200.3조원)을 기록하였다. 또한 동 기간 중 보험회사의 당기순이익은 5.6조원으로 이 중 생명보험회사 3.2조원, 손해보험회사 2.4조원을 각각 나타냈다. 한편 보험회사의 재무건전성을 보여주는 대표적 지표인 위험기준자기자본(RBC)비율은 전체 생명보험회사 286.2%, 전체 손해보험회사 261.1%를 각각 기록하여 비교적 양호한 것으로 보이나, 회사별 편차는 심한 것으로 나타났다.

일반기업회계와 마찬가지로 보험회사의 회계도 기업의 경제활동을 측정하고, 이를 내부 또는 외부의 회계정보이용자에게 전달하는 기능을 하며, 이때 회계정보이용자의 유형 및 의사결정 목적에 따라 **재무회계**(financial accounting)와 **관리회계**(managerial accounting)로 구분된다. 재무회계란 주주, 채권자, 정부 등 보험회사 외부 정보이용자들의 의사결정에 유용한 정보를 제공하는 것을 말한다. 다양한 의사결정 목적 및 수단을 보유한 외부의 정보이용자들에게 개별적으로 필요한 정보를 제공한다는 것이 현실적으로 어렵기 때문에, 이를 대신하여 보험회사에서는 대차대조표, 손익계산서 등 일반목적의 재무제표를 작성하여 외부 정보이용자들에게 공시하고 있다.[1] 반면에 관리회계란 경영진 등 보험회사 내부 정보이용자의 의사결정에 중요한 정보를 제공하는 것으로, 정형화된 양식이나 외부공시를 필요로 하지 않는다.

보험회사의 회계처리 시에는 보험업의 특수성을 고려하여 「보험업감독규정」 및 「보험업감독업무시행세칙」에 근거한 감독목적의 '**보험업회계처리준칙**(statutory accounting principles : SAP)'을 우선적으로 적용하고, 이에 규정되어 있지 않은 사항에 대해서는 국내 모든 상장기업 및 금융회사에 적용되는 '**한국형 국제회계기준**(Korean international financial reporting standards : K-IFRS)'을 준용한다. 예컨대, 일반적인 국제회계기준 하에서는 기업경영의 계속성을 가정하고 일정기간 동안의 손익을 계산하게 된다. 반면에 보험회계처리준칙하에서는 청산(liquidation)의 개념을 바탕으로 회계처리가 이루어지는데, 이는 '보험계약자 권익보호'라는 차원에서 보다 보수적인 회계기준을 적용하기 때문이다. 다시 말해서 보험회사는 어느 시점에서라도 보험계약자로부터 보험금 및 해약환급금 청구가 발생할 경우 이에 충분히 대처할 수 있는 건실한 재무적 상태(financial soundness)를 항상 유지해야 한다.

4.1 대차대조표 : 생명보험회사

대차대조표란 결산일 등 일정시점에서 기업의 자산, 부채, 자본에 관한 재무상태를 포괄적으로 나타낸 표를 말한다. 생명보험회사의 경우 자산은 **일반계정자산**(운용자산 및 비운용자산)과 **특별계정자산**으로, 부채는 책임준비금, 계약자지분조정, 기타부채, 특별계정부채로, 자본은 자본금, 자본잉여금, 이익잉여금, 자본조정으로 각각 구분한다. 한편

---

1 본 장에서는 편의상 생명보험회사에 준하여 재무제표를 논하고자 함.

손해보험회사의 경우 자산 및 자본의 대분류는 생명보험회사의 대차대조표와 동일하며, 다만 부채의 경우 보험계약준비금, 기타부채, 특별계정부채로 구분된다. 본 장에서는 편의상 생명보험회사의 대차대조표를 중심으로 세부항목을 설명하고자 한다. [표 14-3]은 국내 생명보험회사 대차대조표상의 항목을 개략적으로 나타낸 것이다.

| 표 14-3 | 생명보험회사의 대차대조표

[자산]	[부채]
Ⅰ. 현금 및 예치금	Ⅰ. 책임준비금
Ⅱ. 유가증권	1. 보험료적립금
1. 단기매매증권	2. 미경과보험료적립금
2. 매도가능증권	3. 지급준비금
3. 만기보유증권	4. 계약자배당준비금
Ⅲ. 대출채권	5. 계약자이익배당준비금
1. 콜론	6. 배당보험손실보전준비금
2. 보험약관대출금	Ⅱ. 계약자지분조정
3. 유가증권담보대출금	1. 계약자배당안정화준비금
4. 부동산담보대출금	2. 공익사업출연기금
5. 신용대출금	Ⅲ. 기타부채
6. 어음할인대출금	1. 보험미지급금
7. 지급보증대출금	2. 미지급금
Ⅳ. 고정자산	3. 미지급비용
1. 토지	4. 미지급법인세
2. 건물	5. 선수금
3. 구축물	6. 선수수익
4. 해외부동산	7. 예수금
Ⅴ. 기타자산	8. 선수보험료
1. 보험미수금	9. 임대보증금
2. 미수금	10. 퇴직급여충당금
3. 보증금	Ⅳ. 특별계정부채(총액)
4. 미수수익	
5. 선급비용	[자본]
6. 선급법인세	1. 자본금
7. 선급금	2. 자본잉여금
8. 가지급보험금	3. 기타 포괄손익
9. 미상각신계약비	4. 이익잉여금
10. 파생상품자산	5. 자본조정
11. 무형자산	
Ⅵ. 특별계정자산(총액)	

4.1.1 자산

일반기업의 자산계정은 크게 유동자산과 고정자산으로 분류되어 있는 반면, 생명보험회사의 자산계정은 판매되는 보험상품의 유형에 따라 **일반계정**(general account)**자산**과 **특별계정**(special account)**자산**으로 구분한다. 이와 같이 자산을 구분하는 주된 이유는 일반적인 정액보험(valued policy : 일반종신보험, 정기보험 등)과 실적배당형보험(variable policy : 변액보험, 개인연금보험 등)이 지닌 특성을 충분히 반영하기 위함이다. 다시 말해서, 정액보험의 경우 투자의 주체가 보험회사인 반면에 실적배당형보험의 경우 보험계약자가 투자에 대한 책임을 스스로 지게 된다. 이러한 이유에서 정액보험은 일반적으로 투자의 안전성에 무게를 두는 반면, 실적배당형보험의 경우에는 안전성보다는 수익성에 초점이 맞춰져 있다. 따라서 만약 이와 같이 성격이 다른 자산을 함께 운용할 경우 투자결과에 대한 책임의 소재가 분명치 않다는 문제가 발생할 수 있기 때문에 이를 사전적으로 통제 · 관리하는 차원에서라도 두 자산의 분리운용은 타당하다고 볼 수 있다.

일반계정자산은 다시 운용자산과 비운용자산으로 분류되는데, 이는 생명보험회사의 수익창출활동에 직접 투입되는 자산과 그렇지 않은 자산을 구분함으로써 보험계약자가 납입한 보험료에 대한 투자의 효율성을 강조하기 위한 데서 비롯된 것이다. 즉, 일반계정자산 중 비운용자산이 차지하는 비중이 높다는 것은 그만큼 투자의 효율성이 떨어질 가능성이 크다는 것을 의미한다.

먼저 운용자산은 생명보험회사의 수익창출활동에 직접적으로 관계되는 자산으로, ① **현금 및 예치금**, ② **유가증권**, ③ **대출채권**, ④ **고정자산** 등 크게 네 부문으로 구성된다. 첫째, 현금 및 예치금의 경우 현금, 당좌예금, 보통예금, 정기예 · 적금, 해외제예금, 금전신탁 등으로 세분된다. 둘째, 유가증권의 경우 증권의 형태 및 보유기간에 따라 세부적으로 분류가능하다. 먼저 증권의 형태별로는 주식, 국 · 공채, 특수채, 회사채, 수익증권, 해외유가증권, 기타유가증권, 지분법적용 투자주식 및 출자금 등으로 분류된다. 한편 보유기간별로는 단기매매증권(단기매매차익을 위해 취득한 유가증권으로 매수 및 매도가 빈번하게 이루어지는 경우에 해당), 만기보유증권(만기가 확정된 유가증권 중 이를 만기까지 보유할 적극적인 의도가 있는 경우에 해당), 매도가능증권(단기매매증권 또는 만기보유증권으로 분류되지 아니하는 경우에 해당)으로 구분된다. 셋째, 대출채권의 경우 콜론, 보험약관대출금, 유가증권담보대출금, 부동산담보대출금, 신용대출금, 어음할인대출금, 지급보증대출금 등으로 분류된다. 넷째, 고정자산의 경우 토지, 건물, 구축물, 해외부동산 등의 유형자산으로 구성된다. 비운용자산은 생명보험회사의 수익창출활동에 직접 관계되지 않는 자산으로, 대차대조표상에서는 '기타자산' 항목으로 분류되어 계상된다. 세부적 유형으로는 ① 보험미수금(대차대조표일 이전의 보험거래 또는 재보험거래로 인해 회수해야 할 보험료 또는 보험금), ② 미수금(재산의 매각대금 등 보험영업 이외의 거래에서 발생한 미수채권), ③ 보증금(공탁금, 임차보증금 등), ④ 미수수익(미수이자, 미수임대료, 미수배당금 등), ⑤ 선급비용(현금지급이 완료되었으나 손익계산상 차기 이후에 비용화될 금액), ⑥ 선급법인세(중간예납한 법인세 등), ⑦ 선급금(미리 지급한 물품대금 등), ⑧ 가지급보험금(보험금이 미확정된 상태에서 선지급된 일시적 보험금), ⑨ 미상각신계약비(예정신계약비 중 중도해약으로 인해 실현되지 못한 비용), ⑩ 파생상품자산(이자, 통화, 주식 관련 파생거래로 발생한 평가이익), ⑪ 무형자산(영업권 등) 등이 있다.

특별계정자산은 생명보험회사 자산의 운용과 손익의 배분에 있어 일반계정과 분리하여 관리되는 보험계약에 속한 총자산을 말한다. 여기서 별도로 분리하여 관리되는 보험계약이란 ① 조세특례제한법(제86조의2 '연금저축에 대한 소득공제 등')에 의한 연금저축계약, ② 근로자퇴직급여보장법(부칙 제2조 제1항)에 의한 퇴직보험계약, ③ 변액보험계약(보험금이 자산운용성과에 따라 변동하는 보험계약) 등이 해당된다. 특별계정자산은 총액 형태로 대차대조표상에 '기타자산' 항목 중의 하나로 계상되며, 단지 일반계정자산과 분리되어 회계처리된다는 점을 제외하면 자산의 세부 구성항목에 있어서는 일반계정자산과 유사하다.

4.1.2 부채

생명보험회사의 부채계정은 보험계약자가 납입한 보험료로 운영되는 보험회사의 특성을 가장 잘 반영하고 있는 부분으로, 일반기업의 대차대조표상에서 찾아볼 수 없는 다양한 계정과목들로 구성되어 있다. 구체적 항목으로는 ① **책임준비금**, ② **계약자지분조정**,

③ **기타부채**, ④ **특별계정부채** 등이 있다.

책임준비금은 장래에 보험금(보험사고 발생 시 지급하는 금액), 해약환급금(보험계약 해약 시 지급하는 금액), 배당금(유배당보험상품으로부터 초과이익 발생 시 배당의 형태로 지급하는 금액) 등을 보험계약자 또는 보험수익자에게 차질 없이 지급하기 위해 사전에 적립해 놓은 금액을 말한다. 세부적 유형으로는 ① 보험료적립금(보험금 등의 지급사유가 발생하지 아니한 계약이 해약된 경우에 보험계약자 또는 보험수익자에게 지급하여야 할 해약환급금), ② 미경과보험료적립금(결산월 이전에 납입한 보험료 중 차기 이후의 기간에 적용되는 보험료), ③ 지급준비금(보험금 등의 지급사유가 발생하였으나 현재 분쟁 또는 소송이 진행 중인 금액, 보험금지급이 확정된 금액, 보험금지급금액이 확정되지 않아 아직 지급하지 않은 금액 등을 포함하는 금액), ④ 계약자배당준비금(계약자배당에 충당할 목적으로 적립하는 금액), ⑤ 계약자이익배당준비금(장래에 계약자배당에 충당하기 위해 계약자배당준비금 외에 추가적으로 적립하는 금액), ⑥ 배당보험손실보전준비금(배당보험계약의 손실을 보전하기 위한 목적으로 적립하는 금액) 등이 있다.

계약자지분조정은 ① 계약자배당안정화준비금(자산재평가법에 의한 재평가차액 중 계약자에게 배당을 안정적으로 실시하기 위하여 적립하는 금액), ② 공익사업출연기금(자산재평가법에 의한 재평가차액 중 공익사업에 출연하기 위하여 적립한 금액) 등으로 구성된다.

기타부채는 ① 보험미지급금(미지급된 보험료), ② 미지급금(보험영업 이외의 거래에서 발생한 미지급채무), ③ 미지급비용(당기말 이전에 발생된 비용으로서 지급이 완료되지 아니한 금액), ④ 미지급법인세(법인세법에 의거하여 당기부담에 속하는 법인세 등의 미지급금액), ⑤ 선수금(보험영업 이외의 거래에서 발생한 착수금, 계약금 등의 선수금액), ⑥ 선수수익(선수이자, 선수수수료 등 보험영업 이외의 거래에서 발생한 수입 중 당기에 속하지 않은 차기 이후의 수익), ⑦ 예수금(거래에 관계된 선금이나 보증금으로서 임시로 받아서 나중에 돌려줘야 할 금액), ⑧ 선수보험료(입금된 보험료 중 납입기일이 차기 이후의 기간에 귀속되는 보험료), ⑨ 임대보증금(건물, 토지 등의 임대계약에 의하여 임차인으로부터 받은 보증금), ⑩ 퇴직급여충당금(임직원이 퇴직할 경우 지급할 퇴직금에 충당하기 위하여 설정한 금액) 등으로 세분된다.

특별계정부채는 생명보험회사 자산의 운영과 손익의 배분 등에 있어서 일반계정과 구분하여 별도로 관리되는 보험계약(즉, 앞의 특별계정자산 부분에서 언급한 연금저축, 퇴직보험, 변액보험 등 3개의 보험계약)에 대한 총부채를 말한다. 특별계정부채는 총액 형태로 대차대조표상에 '기타부채' 항목 중의 하나로 계상된다.

4.1.3 자본

생명보험회사의 자본계정은 일반기업과 별다른 차이가 없으며, ① **자본금**, ② **자본잉여금**, ③ **이익잉여금**, ④ **자본조정** 항목으로 구성된다. 첫째, 자본금은 발행이 완료된 주식의 액면 총액을 말하며, 보통주자본금과 우선주자본금으로 구분된다. 둘째, 자본잉여금은 증자활동, 감자활동 및 기타자본과 관련된 거래에서 발생된 잉여금을 뜻하며, 자본준비금(주식발행초과금, 감자차익 등)과 재평가적립금(자산재평가법에 의하여 소유자산을 재평가한 평가액이 장부가액을 초과하는 금액에서 결손금누적액과 재평가세를 차감한 금액) 등으로 구성된다. 셋째, 이익잉여금은 기업의 이익창출활동에 의해 획득된 이익으로서 사내에 유보된 금액을 말한다. 넷째, 자본조정은 자본금, 자본잉여금 또는 이익잉여금으로 구분하기 어려운 항목들을 임시적으로 모아놓은 항목을 의미하며, 주식할인발행차금(주식발행가액이 액면가액에 미달하는 경우 그 미달하는 금액), 자기주식(회사가 이미 발행한 자사의 주식을 주주로부터 취득하는 경우 그 취득가액) 등이 이에 해당된다.

4.2 손익계산서 : 생명보험회사

손익계산서란 일정기간 동안 기업의 수익, 비용, 이익 등의 경영성과를 포괄적으로 나타낸 표를 말한다. 생명보험회사의 경우도 일반기업과 마찬가지로 수익은 영업수익과 영업외수익 등으로, 비용은 영업비용과 영업외비용 등으로 각각 구분되고, 이익은 영업이익, 영업외이익, 경상이익, 특별이익(또는 특별손실), 법인세차감전당기순이익, 당기순이익 등으로 세분이 가능하다. 그러나 구체적인 내역에 있어서는 보험업의 특성상 보험회사는 일반기업의 손익계산서와는 상이한 구조를 갖고 있다. [표 14-4]는 생명보험회사의 손익계산서상의 항목을 개략적으로 나타낸 것이다.

| 표 14-4 | 생명보험회사의 손익계산서

Ⅰ. 영업수익
  1. 보험영업수익
  2. 투자영업수익
  3. 특별계정수익

Ⅱ. 영업비용
  1. 보험영업비용
  2. 투자영업비용
  3. 특별계정비용
  4. 책임준비금 전입액(+) 또는 환입액(−)

Ⅲ. 영업이익 [(영업수익 − 영업비용)]

Ⅳ. 영업외수익
  1. 유형자산처분이익
  2. 외환차익

Ⅴ. 영업외비용
  1. 세금 및 공과금
  2. 협회비
  3. 감가상각비
  4. 외환차손

Ⅵ. 영업외이익 [(영업외수익 − 영업외비용)]

Ⅶ. 경상이익 [(영업이익 + 영업외이익)]

Ⅷ. 특별이익 및 특별손실

Ⅸ. 법인세차감전순이익 [(경상이익 + 특별이익 − 특별손실)]

Ⅹ. 법인세비용

Ⅺ. 당기순이익 [(법인세차감전순이익 − 법인세비용)]

4.2.1 영업수익 및 비용

생명보험회사의 영업수익은 ① **보험영업수익**, ② **투자영업수익**, ③ **특별계정수익** 등으로 세분된다. 첫째, 보험영업수익은 보험료수익(개인 및 단체 보험료수익), 재보험수익(재보험료수익, 재보험금수익, 재보험수수료수익) 등으로 구성된다. 둘째, 투자영업수익은 이자수익(예금, 유가증권, 대출 관련 이자수익), 배당수익, 임대료수익, 유가증권처분 및 평가이익 등으로 분류가능하다. 셋째, 특별계정수익은 특별계정을 운용한 결과로서 발생한 보험영업 및 투자영업 관련 수익으로서 총액의 형태로 손익계산서상에 표시된다.

생명보험회사의 영업비용은 ① **보험영업비용**, ② **투자영업비용**, ③ **특별계정비용**, ④ **책임준비금 전입액**(+) 또는 **환입액**(−) 등으로 세분된다. 첫째, 보험영업비용은 지급보험금(보험금, 해약환급금, 배당금), 재보험비용(재보험료, 재보험금비용, 재보험수수료비용), 신계약비(보험계약과 모집점포 운영에 직접적으로 관련되어 발생하는 비용), 유지비(보험상품의 판매를 위한 조정, 통제, 지원기능을 행하는 데 필요한 경비), 수금비(보험료 수금에 직접적으로 관련되어 발생하는 비용) 등으로 구성된다. 둘째, 투자영업비용은 이자비용, 대손상각비(회수가 불확실한 채권에 대하여 합리적이고 객관적인 기준에 따라 산출한 대손추산액을 적립한 비용과 회수가 불가능한 채권을 대손처리한 비용), 유가증권 처분 및 평가손실 등으로 분류 가능하다. 셋째, 특별계정비용은 특별계정을 운용하는 과정에서 발생한 보험영업 및 투자영업 관련 비용으로서 총액의 형태로 손익계산서 상에 표시된다. 넷째, 책임준비금 전입액은 전년도 적립한 책임준비금보다 금년에 적립할 책임준비금이 증가한 경우 금년도에 추가로 적립한 그 차액을 말한다. 반면에 전년도 적립한 책임준비금보다 금년에 적립할 책임준비금이 감소한 경우 그 차액을 '책임준비금 환입액'이라 하며, 이는 영업비용에서 차감(−)된다.

생명보험회사의 영업이익은 식 (14.1)에서와 같이 영업수익에서 영업비용을 차감한 액수이다. 즉,

$$\text{영업이익} = \text{영업수익} - \text{영업비용} \tag{14.1}$$

4.2.2 영업외수익 및 비용

생명보험회사의 영업외수익은 ① 유형자산처분이익(차량운반구, 비품, 수목, 서화 등 유형자산의 처분가액이 장부가액을 초과하는 금액), ② 외환차익(영업거래에서 발생한 외화자산의 회수 또는 외화부채의 변제 시 환율변동으로 발생한 환차익) 등으로 구성된다.

생명보험회사의 영업외비용은 ① 세금 및 공과금(조세, 인지세, 면허세, 사업소세, 자동차세, 교육세, 금융감독원 분담금 등), ② 협회비, ③ 감가상각비, ④ 외환차손 등으로

구성된다.

생명보험회사의 영업외이익은 식 (14.2)에서와 같이 영업외수익에서 영업외비용을 차감한 액수이다. 즉,

$$영업외이익 = 영업외수익 - 영업외비용 \quad (14.2)$$

4.2.3 당기순이익

생명보험회사의 경우도 일반기업과 마찬가지로 일정기간 동안의 경영성과를 최종적으로 나타내는 당기순이익을 산출하기 위해서는 ① 경상이익, ② 법인세차감전순이익, ③ 법인세비용 등의 계산이 우선적으로 필요하다. 첫째, 경상이익은 영업이익과 영업외이익의 합으로 산출된다. 둘째, 법인세차감전순이익은 경상이익으로부터 특별이익 및 특별손실을 가감한 금액으로 구성된다. 여기서 특별이익이란 비정상적 또는 비반복적으로 발생하는 기타수익으로서 자산수증이익(회사의 누적된 영업실적 악화를 개선하기 위하여 주주 · 임원 등으로부터 재산을 기증받은 금액), 채무면제이익(회사의 채권자로부터 영업상의 보조 또는 지원 등의 목적으로 채무의 전부 또는 일부를 면제받은 금액), 보험차익(자산의 보험가입으로 보상받은 보험금이 장부가액을 초과하는 경우 그 초과하는 금액) 등이 이에 해당된다. 반면에 특별손실은 재해손실(화재, 지진, 홍수 등의 천재지변에 의하여 불가항력으로 발생하는 자산의 감소 및 제 손실의 가액) 등이 그 대표적인 예이다. 셋째, 법인세비용은 법인세법 등에 의하여 당해 사업연도에 부담할 법인세 및 법인세에 부과되는 세액의 합계에 당기 이연법인세 변동액을 가감하여 산출된 금액을 말한다. 결과적으로 생명보험회사의 당기순이익은 식 (14.3)에서부터 식 (14.5)까지의 순서에 따라 산출이 가능하다. 즉,

$$경상이익 = 영업이익 + 영업외이익 \quad (14.3)$$

$$법인세차감전순이익 = 경상이익 + 특별이익 - 특별손실 \quad (14.4)$$

당기순이익 = 법인세차감전순이익 − 법인세비용 (14.5)

5. 보험회사의 위험관리체계와 경영평가제도

보험회사 경영과 연관된 위험으로는 금융회사에 일반적으로 적용되는 시장리스크, 신용리스크, 금리리스크, 운영리스크 외에 보험리스크를 꼽을 수 있다. 여기서 '**보험리스크**(insurance risk)'는 보험인수전략의 실패, 부적정요율의 산정, 지급준비금 등 보험부채의 부적정한 평가 등으로 예상외 손실을 입을 위험을 일컫는다. 실제로 미국 보험회사의 과거 파산사례를 살펴보면, 생명보험회사의 경우 운영리스크(급속한 외형성장전략 등)로 인한 파산이 가장 빈번했던 반면에 손해보험회사는 보험리스크(부적절한 가격책정, 책임준비금 부족 등)로 인한 파산 비중이 가장 높은 것으로 나타났다.

보험회사는 이렇게 다양한 위험들을 총체적으로 관리할 수 있는 종합위험관리시스템을 반드시 구축해 두고 있어야 하는데, 이를 위해서는 무엇보다도 위험에 대한 최고경영진의 폭넓은 이해와 관심, 그리고 인적 및 재정적 지원이 필수적이다. 다행스럽게도 우리나라에서는 외환위기 이후 개별 보험회사나 감독당국 차원에서도 위험관리의 중요성에 대한 공감대가 형성되었고, 이에 따라 그동안 보험회사마다 위험관리시스템 구축, 위험관리위원회 설치, 전문인력 양성 등에 박차를 가해 왔으며, 감독당국에서도 보험회사의 위험관리와 경영실태에 대한 비교적 엄격한 감독체제를 구축하였다.

보험회사의 경영실태에 대한 감독기관의 평가는 보험계약자 권익보호 차원에서 주로 보험회사의 재무건전성 유지에 초점을 맞추고 있다. 건전성감독제도는 ① **위험기준자기자본제도**(일명, RBC제도), ② **경영실태평가제도**, ③ **리스크관리제도** 등 크게 3부문으로 구성된다.

5.1 위험기준자기자본제도

기존의 재무건전성지표인 EU식 지급여력제도[2]를 대체하여 2011년 4월부터 전격 시행된 위험기준자기자본(risk based capital : RBC)제도의 개요를 살펴보면, 먼저 위험기준자기자본금액에 해당하는 **'보유자본'**[3]은 보험회사의 순자산에 해당하며, 기본자본과 보완자본의 합으로 이루어진다. 다음으로 위험기준자기자본기준금액은 시장리스크, 보험리스크 등 각종 리스크를 경험통계 및 위험도 등을 감안하여 합리적으로 산출한 금액으로 일명, **'요구자본'**[4]이라고 한다. 여기서 보험회사의 요구자본 대비 보유자본의 비율을 **'RBC비율'**이라 하며, 이는 보험회사의 재무건전성을 측정하는 대표적인 척도이며, 감독기관은 보험회사가 RBC비율 100% 이상을 유지할 것을 요구하고 있다. 만약 이를 충족하지 못할 경우 그 정도에 따라 감독기관으로부터 단계별 적기시정조치가 내려지게 된다. 여기서 '**적기시정조치**(prompt corrective action : PCA)'란 보험회사의 재무상태가 악화될 것이 명백하다고 판단되는 경우 부실화를 예방하고 건전한 경영을 유도하기 위하여 감독기관이 해당 보험회사에 각종 조치사항을 이행토록 하는 제도이다. 한편 적기시정조치는 해당 보험회사의 지급여력비율에 따라 **경영개선권고**(50% 이상 100% 미만), **경영개선요구**(0% 이상 50% 미만, **경영개선명령**(0% 미만) 등 3단계로 구분된다.

---

2 (1) 기존(EU식) 지급여력금액 = ① − ②

①의 주요항목 : 자본(자본금, 자본잉여금, 이익잉여금, 자본조정), 계약자이익배당준비금, 대손충당금, 후순위 차입금, 신종자본증권, 배당보험손실보전준비금(생명보험), 계약자배당안정화준비금(생명보험), 비상위험준비금(손해보험) 등

②의 주요항목 : 미상각 신계약비, 영업권 등 무형자산, 선급비용, 이연법인세자산, 지급 예정된 현금배당액 등

(2) 기존(EU식) 지급여력기준금액 = ① + ②

① 보험위험액 : (생보) 위험보험금 × 0.3% 내외
(손보) 보유보험료 × 17.8% 수준

② 자산운용위험액 :
(순보험료식 책임준비금 − 해약공제액) × 책임준비금위험계수(4%)

(3) 기존(EU식) 지급여력비율 = (지급여력금액 ÷ 지급여력기준금액) × 100

3 위험기준자기자본금액(또는 보유자본) = 기본자본 + 보완자본

4 위험기준자기자본기준금액(또는 요구자본)

$$\sqrt{(\text{보험위험액})^2 + (\text{금리위험액} + \text{신용위험액})^2 + (\text{시장위험액})^2 + (\text{운영위험액})}$$

5.2 경영실태평가제도

'경영실태평가(CAMEL)'는 보험회사의 자본적정성(capital adequacy), 자산건전성(asset quality), 경영관리능력(management ability), 수익성(earnings), 유동성(liquidity) 등을 개별적으로 분석하여 보험회사 경영의 건전성을 종합적으로 평가하는 것을 말한다. 경영실태평가 결과는 각각 1등급(우수), 2등급(양호), 3등급(보통), 4등급(취약), 5등급(위험) 등 5단계로 구분되며, 보험회사는 경영의 건전성 확보 차원에서 3등급 이상을 유지해야 한다. 만약에 보험회사에 대한 경영실태평가 결과 경영상의 취약부문이 있다고 판단되는 경우 감독기관은 해당 보험회사에 대하여 그 개선을 위한 계획 또는 약정서를 제출토록 요구하거나 또는 적기시정조치를 내릴 수 있다.

한편 글로벌 금융위기 이후 기존의 5개 항목 외에 민감도테스트(sensitivity analysis)가 추가되었는데, 이는 예상치 못한 외부충격으로 인해 시장상황(주가. 환율, 금리 등)의 급격한 변화가 나타났을 때 보험회사가 이를 현명하게 극복할 수 있는지를 적절히 시험해 보는 것을 의미한다. 다시 말해서 금융감독당국이 주가, 환율, 금리변화에 대하여 최상(best), 중간(intermediate), 최악(worst)의 상황을 예측하고, 이를 3가지 시나리오에 따라 각각 분석하여 그 결과값을 판단하는 것을 말한다.

5.3 리스크관리제도

금융의 자율화 · 국제화 · 겸업화 및 정보통신기술의 고도화 등으로 대내외 금융시장의 불확실성이 크게 증대되었다. 그 결과 보험회사의 경영활동이 다양한 리스크에 노출됨에 따라 보험회사의 리스크를 효과적으로 평가하여 감독정책에 반영하는 리스크 중심 감독체계를 구축할 필요성이 대두되었다. 이에 따라 금융감독원은 리스크관리 관련 감독규정을 한층 강화하였는데, 그 대표적인 내용으로는 보험회사의 ① 리스크관리체계 구축 의무화, ② 리스크관리 전담조직 설치 의무화, ③ 리스크평가제도(risk assessment application system : RAAS) 시행 등을 꼽을 수 있다. 특히 2007년 4월부터 시행된 RAAS의 경우 분기별로 보험회사의 리스크를 ① 위험노출정도(risk exposure), ② 위험통제기능(risk control), ③ 위험감내능력(risk tolerance) 등에 따라 세분화하여 평가[5]하고, 각 부문별 평가결과를 감안하여 종합리스크를 측정한다. 한편 종합리스크 측정결과가 일정수준 이하인 회사는 감독기관과의 긴밀한 협의를 통해 개선방안을 마련하게 된다.[6]

6. 보험경영 이슈

최근 국내외 경제 및 금융환경 변화로 인해 국내 보험산업을 둘러싼 경영환경이 갈수록 어려워지고 있다. 특히 글로벌 금융위기 이후 미래의 보험소비자인 청년들의 실업률이 날로 치솟고 있을 뿐 아니라 빡빡해진 가계소득 및 지속된 생활고 등으로 인해 기존의 보험상품을 해약하는 소비자들 또한 점차 증가하는 추세에 있다. 여기에 더해 세계적인 저금리 추세에 따라 국내 기준금리도 최저치(2016년 5월 기준 1.5%)를 유지하고 있으며 경기 침체가 지속될 경우 향후 더 하락할 가능성이 커 보험회사의 자산운용에 커다란 위협이 되고 있다. 아울러 이미 상당 부분 포화되어 있는 보험시장에서 보험회사가 새로운 상품개발을 통해 돌파구를 찾는 것조차 결코 쉽지 않은 일이다.

이에 대한 하나의 해결 방편으로 최근 이종 금융회사 간의 상품판매 제휴 노력이 진행 중인데 '**금융복합점포**(branch in branch or branch with branch : BIB or BWB)' 의 확산

5 ① 리스크 노출정도(risk exposure : RX) : 보험회사 리스크를 보험, 금리, 시장, 신용, 유동성, 비재무 등으로 세분하여 리스크량과 노출규모를 계량평가함.
② 리스크 통제기능(risk control : RC) : 보험회사가 직면한 각종 리스크를 효율적으로 관리할 수 있는지 여부를 평가하기 위해 리스크관리 및 내부통제의 적정성에 대해 평가항목별 점검사항(check list)을 중심으로 비계량평가함.
③ 리스크 감내능력(risk tolerance : RT) : 리스크가 손실로 현실화될 경우 손실을 흡수할 수 있는 감내능력을 현재의 자본보유수준(자본적정성)과 장래수익창출을 통한 자본확보능력(수익성)에 대해 계량 평가함.

6 금융감독원에서는 2011년 4월부터 기존의 3개(RX, RC, RT) 평가부문을 통합하여 간소화하는 한편, 종합평가 결과의 변별력 제고를 위해 평가부문별 가중치를 설정하고, 종합등급도 기존의 5단계에서 10단계로 세분화하였음. 참고로 7개 평가부문별 가중치는 다음과 같다 : ① 경영관리리스크 15%, ② 보험리스크 10%, ③ 금리리스크 20%, ④ 투자리스크 15%, ⑤ 유동성리스크 5%, ⑥ 자본적정성 25%, ⑦ 수익성 10%. 한편 평가결과는 향후 회사별 감시수위(자율, 일상, 집중, 비상 등 4단계로 구분)를 차별화하고 종합검사주기 및 모니터링 강도를 결정하는 데 활용됨.

이 그 대표적인 예이다. 여기서 금융복합점포란 기존 금융회사 점포 내에 별도로 이종 금융회사가 영업소 또는 소규모 부스를 개설하여 운영하는 소규모 점포를 의미한다. 예컨대, 기존의 은행점포 내에 소규모 증권 또는 보험창구를 신설해 이와 관련된 거래서비스를 금융소비자에게 한 장소에서 제공(one-stop service)할 수 있도록 한 것을 말한다. 특히 은행과 증권사 간의 금융복합점포는 지난 2014년에 이미 허용된 바 있으며, 현재 은행금융지주회사를 중심으로 비교적 활발히 운영 중에 있다. 그러나 보험회사의 경우 은행의 우월적 지위를 활용한 꺾기(은행상품 끼워 팔기) 증가, 보험전문지식 미흡에 따른 보험상품 불완전판매 증가, 기존 보험설계사들의 생존권 위협 등의 다양한 부작용 발생 우려로 그간 금융복합점포 대상에서 제외되었다. 그러나 다른 한편으로는 보험상품 추가에 따른 소비자에 대한 다양하고 종합적인 금융자산관리서비스 제공, 금융계열사 간 시너지 제고, 새로운 서비스 등장에 따른 양질의 고용창출 등을 이유로 최근 들어 금융감독당국에서 이를 적극적으로 추진해 왔다. 다만 금융감독당국은 예상되는 부작용을 최소화하기 위해 금융복합점포 내에서의 보험상품 추가판매는 향후 일괄적이 아닌 점진적 확대를 통해 허용할 것으로 보인다.

7. 요약

본 장에서는 보험회사의 전반적인 경영활동에 대해 공부하였다. 이를 위해 먼저 위험의 개념과 유형에 대해 살펴보았다. 우리가 살아가는 세상에 '위험'이 존재하지 않는다면 '보험'이라는 무형의 상품도 이를 개발 · 판매하는 보험회사도 존재할 이유가 없다. 즉, 보험은 우리 주변에 도사리고 있는 각종 금전적 손실위험을 관리하기 위한 하나의 수단이다. 따라서 특정 위험으로 인해 손실이 발생했을 때 이를 원활하고 조속히 복구함으로써 개인이나 기업 입장에서 경제적 및 재무적 안정을 유지할 수 있게 해 준다.

다음으로 보험업의 유형과 보험회사의 주요 업무에 대해 살펴보았다. 보험업은 보장하는 위험의 특성에 따라 생명보험업, 손해보험업, 제3보험업으로 구분되며, 일반적으로 보험사업을 영위하는 데 있어 필요한 업무는 보험고유업무, 자산운용업무, 일반관리업무 등 크게 3부분으로 나누어 볼 수 있다. 여기서 보험고유업무 프로세스는 보험상품개발(상품고안 및 제작), 보험상품판매(대면 및 비대면 판매조직), 보험인수 또는 언더라이팅(위험선택 및 분류), 보험계약관리(실효방지, 약관대출, 계약자배당), 보험금지급의 순으로 구성된다.

다음으로 보험회사의 회계처리기준과 재무제표(대차대조표 및 손익계산서) 항목에 대해 세부적으로 살펴보았다. 보험상품은 무형의 상품이며, 그 내용이 복잡하고 기술적이어서 일반인이 이해하기 어려운 관계로 계약자 권익보호를 위해 한국형 국제회계기준에 비해 보다 엄격한 회계기준이 적용된다.

다음으로 보험회사의 위험관리와 경영평가제도에 대해 살펴보았다. 보험회사는 다양한 위험들(시장, 신용, 금리, 운영, 보험)을 총체적으로 관리할 수 있는 종합위험관리시스템을 반드시 구축해 두고 있어야 한다. 보험회사의 경영실태에 대한 감독기관의 평가는 보험계약자 권익보호 차원에서 주로 보험회사의 재무건전성 유지에 초점을 맞추고 있으며, 이를 위해 위험기준자기자본제도, 경영실태평가제도, 리스크관리제도 등을 운영하고 있다.

마지막으로 보험산업을 둘러싼 국내외 경제 및 금융환경에 대하여 살펴보았다. 급격한 청년실업률 상승에 따른 미래 보험소비의 감소, 가계소득 정체 및 지속된 생활고에 따른 기존 보험상품의 해약 증가, 국내 경기침체 장기화에 따른 시장금리의 지속적 하락, 새로운 상품의 부재 등은 향후 보험회사 경영에 있어 커다란 장애물로 작용할 가능성이 크다.

연 | 습 | 문 | 제

01. 위험의 개념과 유형에 대해 설명하시오.

02. 보험이 우리 사회에 가져다주는 혜택(benefit)과 비용(cost)에 대해 설명하시오.

03. 보험 '주식회사(stock company)'와 보험 '상호회사(mutual company)' 간의 차이점에 대해 설명하시오.

04. 보험회사의 보험고유업무 영역에 대하여 개략적으로 설명하시오.

05. 현행 보험업법상의 보험업 분류기준에 대해 설명하시오.

06. 보험상품에 대한 다양한 분류기준에 대해 설명하시오.

07. 대표적인 생명보험상품의 유형에 대해 설명하시오.

08. 대표적인 손해보험상품의 유형에 대해 설명하시오.

10. 보험상품 가격책정 시 반드시 지켜야 하는 3가지 원칙에 대해 설명하시오.

11. 보험상품판매를 위한 대면(face-to-face) 모집조직의 유형에 대해 설명하시오.

12. 보험상품판매를 위한 비대면(direct) 모집조직의 유형에 대해 설명하시오.

13. 보험고유업무 중 보험계약관리와 연관된 주요 업무에 대해 설명하시오.

14. 보험회사의 보험금 지급 시 반드시 지켜야 할 원칙에 대해 설명하시오.

15. 보험회사의 자산을 일반계정자산과 특별계정자산으로 분리하여 운영하는 주된 이유에 대해 설명하시오.

16. 보험회사 책임준비금의 개념에 대해 설명하시오.

17. 보험회사 경영과 연관된 다양한 위험 중 보험리스크(insurance risk)에 대해 설명하시오.

18. 보험회사 재무건전성의 대표적 척도인 위험기준 자기자본제도(RBC)에 대해 설명하시오.

19. 보험회사의 경영실태평가제도(CAMEL)에 대해 설명하시오.

20. 보험회사의 리스크관리제도에 대해 설명하시오.

21. 국내 보험산업이 당면한 국내외 경제 및 금융이슈에 대해 설명하시오.

22. 금융복합점포(BIB or BWB)의 개념 및 주요 이슈(장 · 단점)에 대해 설명하시오.

PART 05

FINANCIAL INSTITUTIONS MANAGEMENT

금융기관의 위험관리

CHAPTER 15

위험관리의 발전

본 장에서는 위험관리의 발전에 대하여 살펴본다. 최근 30~40년간에 걸쳐 환율, 금리, 유가의 변동성 증대 등 금융환경 변화를 살펴보고, 시장위험, 신용위험, 유동성위험 및 운영위험의 확대에 대하여 간단히 살펴본다. 이어서 베어링은행 및 오렌지 카운티의 파산 등 금융위험관리 실패사례를 공부한다. 마지막으로 금융기관의 위험관리과정에 대해 논의한다.

1. 금융환경의 변화와 위험관리

1.1 금융환경의 변화

재무적 관점에서 위험이란 광의로 보면 미래현금흐름의 잠재적 변동가능성으로 정의할 수 있다. 따라서 현금흐름의 변동성이 발생될 수 있는 자산, 부채 등의 보유는 정도의 차이는 있지만 모두 위험을 수반한다. 위험은 개인 및 기업을 비롯한 모든 경제주체들의 재무적 행태(financial behavior)를 결정짓는 중요한 요소인데, 최근 30~40년간의 경제환경 변화를 살펴보면 **금융위험**(financial risk)이 크게 증가하는 것을 알 수 있다. 가계, 기업 및 정부에 의한 재무적 의사결정의 상당 부분이 이러한 위험의 관리에 초점을 맞추고 있으며, 특히 금융기관의 위험관리는 그 중요성이 더욱 증대되고 있다.

금융기관을 둘러싸고 있는 금융환경 변화 중에서 특히 위험관리의 필요성을 증대시킨 요인으로는 환율, 금리, 주가 및 유가를 비롯한 상품가격의 변동성 증대를 들 수 있다.

그림 15-1 | 원/미국달러 환율 추이

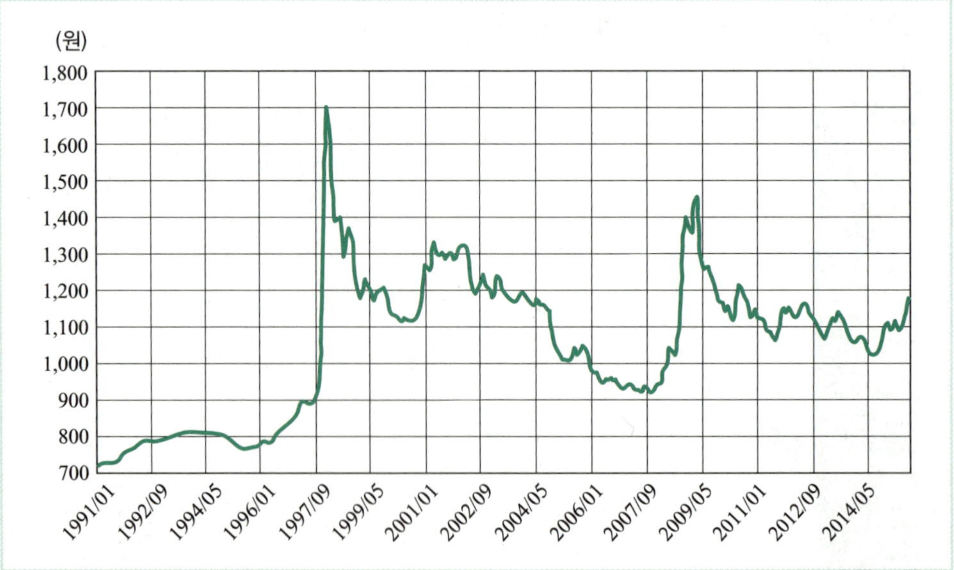

[그림 15-1]은 미국 달러당 원화 환율의 변동추세를 보여주고 있다.

1980년대 이후 1990년대 중반까지 미국 달러당 600~900원대의 변동추세를 보여주던 대미 환율은 1997년 외환위기 이후 2015년에 이르기까지 변동성이 크게 증가된 양상을 보여준다. 특히 외환위기 직후와 2008년 미국의 서브프라임 모기지 대출로 촉발되어 리먼브라더스의 파산으로 이어지는 금융위기 직후에 변동성이 크게 확대되었음을 볼 수 있다. 이와 같이 환율의 변동성이 커짐에 따라 기업의 환위험 부담이 가중되고 있다.[1]

미국 5년 만기 국채 금리는 1960년대 초에 4% 수준이었으나 1980년대 초에는 16% 수준까지 상승하였다. [그림 15-2]는 1980년 이후의 미국 국채(5년 만기) 금리변화 추이를 보여준다. 한편 [그림 15-3]에서 우리나라의 대표적 시장금리의 하나인 3년 만기 국고채 금리 역시 외화위기 직후에 17%에 달하였으나 2015년에는 2%를 하회하는 높은 변동성을 보여주고 있다.

그림 15-2 미국 국채(5년) 금리 추이

1 환율 급등으로 통화옵션상품인 KIKO를 통하여 과도한 헤징을 추구한 기업들은 막대한 평가손실에 직면한 바 있다.

그림 15-3 우리나라 국고채(3년) 금리 추이

그림 15-4 유가(OPEC) 추이

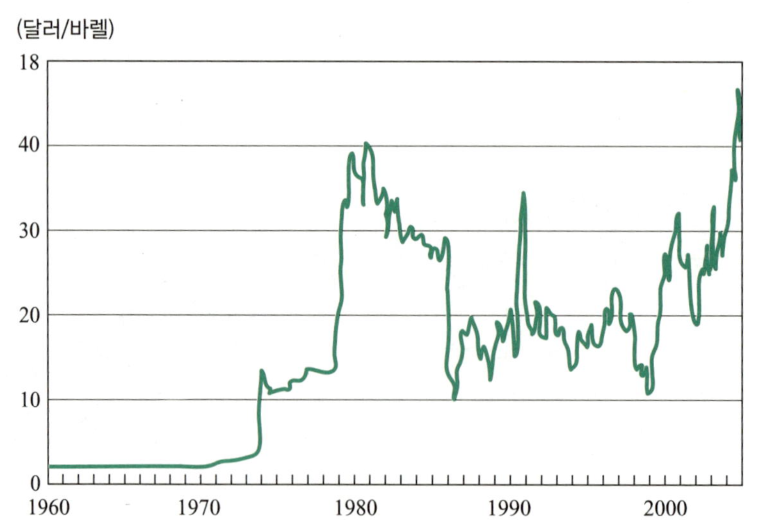

자료 : Jorion(2007)

그림 15-5 | 두바이 유가 추이

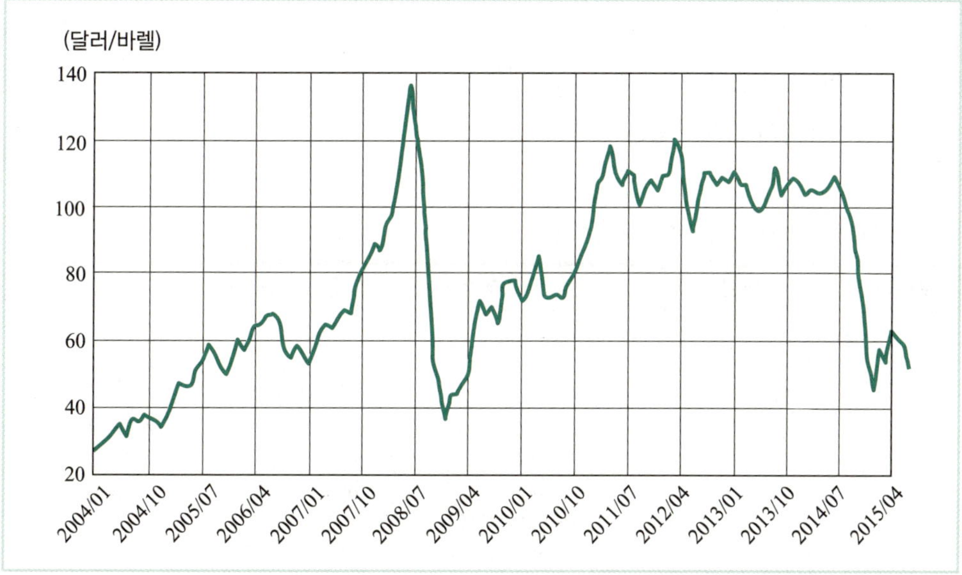

한편 대표적 상품가격인 유가는 1973년의 1차 오일쇼크로 바렐(barrel)당 10달러로 상승한 후 1978년의 2차 오일쇼크로 바렐당 40달러까지 치솟았다. 특히 2004년 이후의 유가 추이를 나타낸 [그림 15-5]를 보면, 2007년 하반기부터 유가가 크게 올라 2008년 6월에는 130달러대까지 폭등하였으나, 그 후 실물경기의 침체 여파로 2008년 12월 30달러대로 하락한 후, 2011년 들어서는 중동 및 북아프리카의 민주화운동에 따른 지정학적 위험을 반영하여 다시 급등하여 2014년 여름까지 100달러대를 유지하였다. 그러나 2014년 9월 이후 급락세를 보여 2015년 1월에는 40달러대로 하락하는 높은 변동성을 보이고 있다.[2]

이와 같이 환율, 금리, 유가 등 여러 금융변수들의 변동성이 증가함에 따라 시장에서는 이러한 금융위험들을 효과적으로 관리하기 위한 파생금융상품(financial derivatives)이 등장하였다. 1972년에 외국통화선물(foreign currency futures)을 시작으로 1973년 주식옵션(equity option), 1982년에는 금리스왑(interest rate swaps)과 주가지수선물

2 이는 북미지역의 세일오일 및 가스 생산 증가에도 불구하고 석유수출국기구(OPEC)가 원유생산량을 계속 증가시켜 공급량이 증가한 반면, 세계 대부분 국가들의 경제성장 둔화에 따라 수요가 감소한 것에 기인한 것으로 분석된다.

(equity index futures)이 도입되었다.[3] 우리나라는 코스피 200선물(1996년 5월)이 도입된 것을 시작으로 코스피200옵션(1997년 7월), 미국달러선물(1999년 4월), 그리고 3년 국채선물(1999년 9월) 등이 차례로 도입되었다. 한국거래소 파생상품시장에서 거래되는 선물과 옵션 유형의 파생상품은 다음과 같다.[4]

| 표 15-1 | 한국거래소 상장 파생금융상품

구분	주식상품	금리상품	통화상품	일반상품
상품명	코스피200선물 (1996. 5. 3) 코스피200옵션 (1997. 7. 7) 주식옵션(20개 주권) (2002. 1. 28) 스타지수선물 (2005. 11. 7) 주식선물(89개 주권) (2008. 5. 6) 코스피200섹터지수선물 (2014. 11. 17) 코스피200변동성지수선물 (2014. 11. 17) 미니코스피200선물 (2015. 7. 20) 미니코스피200옵션 (2015. 7. 20) 배당지수선물 (2015. 10. 5)	3년국채선물 (1999. 9. 29) 통안증권선물 (2002. 12. 6) 5년국채선물 (2003. 8. 22) 10년국채선물 (2008. 2. 25)	미국달러선물 (1999. 4. 23) 미국달러옵션 (1999. 4. 23) 엔선물 (2006. 5. 26) 유로선물 (2006. 5. 26) 미국달러플렉스선물 (2009. 8. 31) 위안선물 (2015. 10. 5)	금선물 (1999. 4. 23) 돈육선물 (2008. 7. 21) 미니금선물 (2010. 9. 13)

주 : ( )는 해당 파생상품 상장일
자료 : 한국거래소, KRX 파생상품시장의 이해 2009. 12 및 보도자료 각호

3 Jorion(2007; p.11)의 Table 1-1 The Evolution of Derivatives Markets을 참조하였다.
4 한국거래소, KRX 파생상품시장의 이해 2009. 12 및 한국은행(2009) 등을 참조하였다.

Box 15-1 | 미니상품의 한국거래소 상장

우리나라는 2010년 이후 거래단위를 축소한 새로운 선물과 옵션을 거래소에 상장하여 소액투자자들이 변화하는 금융환경에서 위험관리를 잘할 수 있도록 하고 있다. 국내 최초의 미니상품 상장은 한국거래소가 기존의 금선물의 거래단위를 축소한 미니금선물을 2010년 9월 13일 거래소에 상장함으로써 이루어졌다. 당시 국제 금가격의 변동성 확대, 골드뱅킹 · 금펀드 등 국내 금관련 시장의 지속적인 성장 등으로 금가격에 대한 헤지수요가 증가한 반면에 국내 표준 금선물 시장은 큰 거래단위, 실물인수도 결제방식 등으로 거래가 부진하였다. 한편 미국, 일본, 인도 등 금선물거래가 활발한 국가에서는 미니금선물이 상장되어 활발히 거래 중이었다. 이같은 환경변화에 대응하여 한국거래소가 상장한 미니금선물을 보면 거래단위를 기존 금선물의 1/10수준(1kg → 100g)으로 낮추고 최종결제방법을 실물인수도에서 간편한 현금결제방식으로 변경하여 시장참가자들의 거래편의를 도모하였다. 미니금선물은 소규모 귀금속업자 등에게 위험관리수단을 제공하고 국내투자자들의 해외금선물거래를 국내로 흡수할 목적에서 도입되었는데, 아래 표는 기존 금선물과 미니금선물의 거래량(계약수)을 보여준다. 표에서 보는 바와 같이 거래가 부진했던 기존 금선물은 2011년 이후 거래가 없는 반면, 미니금선물은 도입 이후 거래가 활발한 것으로 나타나고 있다.

금선물과 미니금선물의 거래량(계약수) 추이

연도	2008	2009	2010	2011	2012	2013	2014	2015
금선물	1,267	1,731	36	0	0	0	0	0
미니금선물	–	–	29,901	180,210	21,764	32,164	7,765	30,589

자료 : 한국거래소

한편 한국거래소는 미니코스피200선물과 미니코스피200옵션을 2015년 7월 20일부터 파생상품시장에 추가로 상장하였다. 이 미니상품들은 기초자산은 동일하나 계약당 거래금액이 1/5로 축소된 상품이다. 코스피200선물 · 옵션이 도입 당시에 비해 계약당 거래금액이 높아져 정밀한 위험관리가 어렵게 됨에 따라 이를 개선하기 위한 목적으로 도입되었다.

자료 : 한국거래소, 보도자료 2010. 7. 28, 2015. 7. 14

1.2 금융위험의 종류

금융기관의 금융위험은 크게 시장위험(market risk), 유동성위험(liquidity risk), 신용위험(credit risk) 및 운영위험(operational risk)으로 나누어진다.

1.2.1 시장위험

시장위험이란 주가, 금리, 환율 등 금융상품의 시장가격이 변화함으로써 금융기관 포지션의 가치가 변화하는 위험을 말한다. 이 중에서 금리의 변동에 따른 은행의 순이자이익 변화 및 자기자본가치의 변동은 제16장에서 다룰 예정이다. 환율의 변동으로 자산 또는 부채의 가치가 불리하게 변동될 위험인 환위험은 제17장에서 논의된다. 그리고 트레이딩과 유가증권 투자 등과 같이 은행의 단기적 거래 또는 시장거래 등과 관련된 시장위험은 제18장에서 다루어진다.

1.2.2 유동성위험

유동성위험은 예금자, 대출약정자 또는 보험계약자 등이 갑자기 기대 이상으로 청구권을 행사하여 현금인출이나 대출을 요구할 때 발생한다. 유동성위험은 자산유동성위험(asset-liquidity risk)과 조달유동성위험(funding-liquidity risk)으로 구분된다. **자산유동성위험**은 시장에서의 정상 거래규모에 비해 포지션의 규모가 너무 크기 때문에 현재 시장가격으로 거래될 수 없는 경우에 발생하는 위험이다. 예컨대 주요 통화나 국채 등은 일반적으로 시장규모가 매우 커 시장가격에 영향을 주지 않고 거래될 수 있지만, 장외 파생금융상품의 경우에는 특정 파생금융상품의 시장규모가 크지 않고 빈도가 작아 특정 거래가 가격에 영향을 줄 수 있다. **조달유동성위험**은 현금흐름위험(cash flow risk)이라고도 하는데, 시장이 일시적으로 경색되거나 또는 자금수요자 신용등급이 낮아 시장에서 정상금리로의 자금조달이 어렵거나 또는 은행이 지급의무를 이행할 수 없어 자산을 조기 청산할 경우에 발생하는 위험을 말한다. 비유동성 자산을 시장가격 이하로 매각할 경우에는 자산유동성위험과 조달유동성위험 모두에 노출된다. 유동성위험은 제16장에서 다루어진다.

1.2.3 신용위험

좁은 의미의 신용위험은 차입자의 채무이행 불확실성과 관련되지만, 넓은 의미로는 거래상대방위험(counterparty risk), 채무불이행위험(default risk), 국가위험(sovereign risk), 결제위험(settlement risk) 등을 모두 포함한다. **거래상대방위험**은 계약의 당사자가 계약상의 의무를 이행하지 못하는 경우에 다른 당사자가 부담하는 위험이다. 은행 A가 고객 B에게 미래시점에서 일정금액을 빌려주기로 한 경우, 양 당사자는 거래상대방위험에 노출된다. 우선 고객 B는 은행이 미래시점에서 약정한 금액을 빌려주지 않을 위험에 직면한다. 그리고 약속대로 대출이 이루어지게 되면, 은행 A는 고객 B가 채무를 변제하지 않을 위험, 즉 **채무불이행위험**에 노출된다. 신용위험에는 **국가위험**도 포함된다. 국가가 차입의 주체인 경우에는 당연히 국가의 지급능력이 신용위험의 대상이 되지만, 국가가 차입주체가 아닐 때에도 국제금융거래에서 국가위험이 신용위험의 중요한 부분을 차지한다. 예를 들어 국가가 외환송금을 제한하여 그 국가의 기업들이 대외채무이행을 할 수 없는 경우 이 또한 국가위험이라고 할 수 있다. **결제위험**도 신용위험에 포함되는데, 양 거래당사자 중 한쪽이 이미 지급한 반면에 다른 쪽이 지급을 불이행하는 경우는 외환거래에서 자주 발생한다. 신용위험은 제19장에서 다루어진다.

1.2.4 운영위험

운영위험은 크게 네 가지로 정의된다. 첫 번째는 운영위험을 광의로 해석해 시장위험과 신용위험을 제외한 나머지 모든 위험으로 정의한다. 서부영화에 등장하는 은행강도로 인한 손실은 은행 입장에서는 운영위험으로 분류할 수 있다. 두 번째는 협의로 일상적인 운영활동에서 발생하는 위험으로 정의한다. 여기에는 거래 프로세스(process) 및 시스템 실패 등이 포함된다. 세 번째는 통제할 수 있는 모든 위험으로 정의한다. 여기에는 내부사기가 포함된다. 네 번째는 외부 사건, 인적 실수, 프로세스 및 시스템상의 부적절성 또는 실패로 야기된 직·간접적 손실위험을 운영위험으로 정의하는 방법인데, 이는 금융산업 내에서 널리 받아들여져 온 정의이다. 베어링(Barings)은행의 손실은 운영위험의 대표적 사례로 꼽힌다. 파생금융상품은 상대적으로 소액의 금액으로 거액의 명목상의 거래를 하는 레버리지 거래이기 때문에 운영위험에 더 크게 노출된다. 운영위험은 제20장에서 다루어진다.

2. 위험관리 실패사례

최근 30~40년간에 걸쳐 금융산업에서 일어나고 있는 변화 중 금융기관 위험에 직접적인 영향을 끼친 요인들로 **규제완화**(deregulation), **글로벌화**(globalization) 및 **통합화**(consolidation)를 꼽을 수 있다. 첫째, 규제완화로 금융기관들은 신금융상품을 제공하거나 새로운 업무영역으로 진입할 수 있게 되었으며, 그 결과 금융기관 간 경쟁이 더욱 심화되었다. 둘째, 글로벌화가 진행되면서 많은 금융기관들이 국제금융업무를 증가시켰는데, 이 또한 금융기관의 위험노출 확대에 기여했다. 마지막으로 금융기관의 인수 · 합병, 그리고 상업은행과 투자은행의 업무영역의 통합 등도 금융기관 위험노출 확대요인으로 작용했다. 이러한 상황이 전술한 금융환경 변화, 즉 환율, 금리, 주가 및 상품가격의 변동성 증대와 맞물리면서 금융기관들의 위험관리의 중요성이 증가하고 있다. 이하에서는 그간 발생한 위험관리 실패사례를 살펴본다.[5]

환율의 변동성 증대로 인한 위험관리 실패사례로는 영국의 **레이커항공**(Laker Airways)의 파산이 꼽힌다. 1970년대 후반 영국의 파운드화가 미국의 달러화 대비 강세를 지속하는 가운데 영국으로부터 미국으로 가는 여행객 수가 급증하자 레이커항공은 미국에서 달러화 채권을 발행하여 조달한 자금으로 DC-10 5대를 구입하여 늘어난 항공수요를 충족시켰다. 그러나 1980년대 초 미국 금리가 급등세를 보이는 가운데 달러가 강세를 보이면서 파운드화는 미 달러화 대비 약세로 반전하였고, 이에 따라 영국의 미국행 여행객 수가 크게 줄었을 뿐만 아니라 미국에서 발행했던 채권의 상환도 어렵게 되었다. 이러한 문제를 극복하지 못한 레이커항공은 결국 파산하게 된다.

국내 금융기관이 환율로 인해 큰 손실을 본 예로는 **다이아몬드펀드** 사례가 있다. 다이아몬드펀드는 SK증권, 한남투신 및 LG금속 등 3개 회사가 해외에 설립한 역외펀드인데, 이들은 제이피모건(JPMorgan)과의 외환파생금융상품 관련 거래에서 큰 손실을 보았다. SK증권 등은 자산들의 출자금액 3,440만달러와 제이피모건으로부터의 차입금 5,300만달러 중 거래비용 90만달러를 제외한 8,650만달러를 인도네시아 루피화에 투자

5 이 부분의 논의는 Smithson(1998), Crouhy, Galai, and Mark(2001) 1장 및 Jorion(2007) 2장을 참조하였다.

했는데, 제이피모건으로부터의 차입금 상환조건을 일본 엔화와 태국 바트화 환율과 연계시켰다. 그러나 1997년 동남아 경제위기가 발발하면서 태국의 바트화 가치가 폭락하여 총손실이 1억 8,600만달러에 달하게 되었다. SK증권 등은 제이피모건 측이 이 거래에 포함된 여러 위험요인들에 대해 충분히 설명하지 않았다는 이유를 들어 불공정거래의 여지가 있다고 한 · 미 양국 법원에 제소하였으나 그 후 중재과정을 거쳐 1999년 SK증권이 제이피모건에 1억 미 달러 상당의 화해금을 물어주고, 그 대가로 8,500만 미 달러의 출자를 받기로 함으로써 극적 타결을 보게 되었다. 여기서 SK증권 등이 위험관리를 제대로 하지 않았기 때문에 위험에 무방비로 노출되었다는 점이 문제점으로 지적되고 있다.

1980년대 발생한 미국의 **저축대부조합**(savings and loan association : S&L) 파산사태는 금융기관 만기불일치 위험의 대표적 사례로서, 그 해결을 위해 국민세금 1,800억 달러가 투입되었다. 당시 미국의 저축대부조합들은 단기로 조달된 자금으로 장기주택금융대출을 하였는데, 1970년대 후반부터 시장금리가 상승함에 따라([그림 15-2] 참조) 이들의 조달금리가 상승하면서 막대한 손실을 보게 된 것이다. 이로 인해 당시 저축대부조합의 1/3 이상이 파산한 것으로 알려지고 있는데, 금리위험이 초래한 대표적인 금융기관 실패사례로 꼽힌다. 한편 일본의 경우에는 부동산 버블 시기에 부동산대출을 확대했던 금융기관들이 1990년 이후 부동산 버블이 꺼지자 큰 어려움에 봉착하였으며, 빈약한 위험관리 관행으로 인하여 대략 총 9,600억달러의 부실대출채권이 발생한 것으로 알려지고 있다.[6] 대부분의 경우 은행권의 부실은 대출채권의 부실, 즉 신용위험에 기인하는 바, 이는 주로 대출기준이 불충분하고 위험관리시스템이 잘 갖추어지지 않은 때문인 것으로 분석된다.

1990년대 들어서 파생금융상품에 대한 금융기관의 위험관리 실패사례가 크게 증가하였다. 먼저 1995년 2월에 발생한 영국의 **베어링**(Barings)**은행** 사건은 닉 리슨(Nicholas Leeson)이라는 단 한 명의 직원에 의하여 233년 전통의 은행이 파산한 경우이다. 리슨은 주가상승을 예상하고 일본의 니케이 주가지수선물의 매입포지션(long position)을 취하였고, 금리상승을 기대하여 10년 만기 국채선물의 매도포지션(short position)을 취하였다. 그러나 고베지진으로 주가는 하락하고 국채가격은 상승함으로써 13억달러에 달하는 큰 손실을 입게 되어 결국 네덜란드 ING뱅크에 1파운드에 팔리게 되었다. 베어링은행의

---

6 Jorion(2007), p.35 Table 2-2는 최근 세계 여러 나라 금융기관의 파산비용을 예시하고 있다.

경우는 시장위험과 운영위험이 모두 연관되는데, 거래부서와 후선부서의 업무분할이 이루어지지 않아 견제와 확인과정이 이루어지지 않은 대표적 내부통제시스템 부실사례에 해당한다. 전년도에 우수한 영업성과를 냈다고 하여 닉 리슨에 대한 감독을 소홀히 한 것도 또 하나의 원인으로 지적되고 있다.

독일에서 14번째로 큰 기업그룹인 **메탈게젤샤프트**(Metallgesellschaft : MG)는 미국 자회사인 엠지정유마케팅사(MG Refining & Marketing)가 헤징 목적으로 한 선물투자로 인해 13억달러의 손실을 입고 파산 직전까지 갔다. MGRM은 마케팅 목적으로 고객과 석유제품 장기공급계약을 체결하였는데, 1993년 9월에 향후 10년에 걸쳐 1억 5,000만 바렐의 석유제품을 고정가격으로 공급하는 선도거래 계약잔고를 보유하고 있었다. 그리고 이 선도거래 매도포지션(short position)에 대해 단기선물의 매입포지션(long position)으로 롤링 헤지(rolling hedge)를 하였다. 그런데 1993년에 유가가 예상과 달리 20달러에서 15달러로 하락하면서 약 10억달러의 마진 콜(margin call)로 이어졌다. 장기적으로는 선물의 손실을 고객으로부터의 이익으로 상쇄할 수 있었지만, 본사는 마진 콜에 따른 거액의 현금을 감당할 수 없었다. 미국 경영진이 교체되었고, 선물을 청산한 결과 13억달러의 손실을 입게 되었으며, 주가는 64마르크에서 24마르크로 폭락하였다. 이 경우는 시장위험과 유동성위험의 실패사례이다.

미국 캘리포니아 **오렌지 카운티**(Orange County) 사건은 지방정부기금의 시장위험관리 실패사례를 보여준다. 당시 기금담당자 밥 시트런(Bob Citron)은 카운티는 물론 학교, 시 등으로부터 총 75억달러를 수탁받아 평균 만기 4년의 지방정부채권에 투자하였는데, 보유채권을 담보로 추가로 125억달러의 단기자금을 차입하여 총 200억달러 규모의 중기 채권포트폴리오를 운용하였다. 그러나 1994년 2월부터 금리가 급등하기 시작하자 그의 채권포트폴리오의 가치가 하락하였고, 이를 담보로 단기자금을 제공한 금융기관들은 추가 담보를 요청하기 시작하였다. 11월 들어 상황이 악화되자 밥 시트런에게 투자한 투자자들은 자금을 인출하기 시작하였다. 급기야 12월 1일 밥 시트런은 기금의 20%인 15억달러의 손실을 인정하고 12월 3일 사임하였다. 금융기관들이 담보로 보유하고 있던 채권들을 매각하기 시작하자 오렌지 카운티는 12월 6일 파산을 선언하기에 이르렀다. 1995년 1월 19일 구조조정이 마무리되었을 때 손실은 16.9억달러로 불어나 있었다. 기금담당자가 기금의 시장위험과 유동성위험을 투자자와 감독기관에게 알려주지 않아 적절한 통제를 받지 못한 점이 문제로 지적되고 있다. 아울러 베어링은행의 경우와 마찬가지로 사건 전에 기금의 성과가 좋았던 까닭에 적절한 내부통제를 받지 못하였다는 공통점을 지닌다.

일본의 다이와(Daiwa)은행은 1995년 9월에 44살의 이구치(Iguchi) 뉴욕주재 직원이 약 11억달러의 누적 손실을 발생시켰다고 발표하였다. 이구치는 11년에 걸쳐서 미국 국채 거래를 하면서 손실을 숨겼다. 베어링은행과 유사한 손실규모였으나 다이와은행은 일본 내 12번째로 큰 대형은행으로 이 손실을 감수할 수 있었다. 베어링은행과 다른 점은 11년간이나 손실을 감출 수 있을 정도로 내부통제시스템이 작동되지 않은 점이다. 이 또한 시장위험과 운영위험의 실패사례이다.

1998년에 헤지펀드 LTCM(Long-Term Capital Management)을 거의 파산지경까지 몰고 간 사건은 유동성위험을 보여주는 사례이다. 1994년 살로몬브라더스(Salomon Brothers)의 부회장을 지냈던 존 메리웨더(John Meriwether)가 설립한 헤지펀드인 LTCM은 노벨경제학상에 빛나는 마이론 숄즈(Myron Scholes)와 로버트 머튼(Robert Merton)을 이사회 멤버로 영입하였고, 첫 해 40%를 초과하는 연간수익률(수수료지급 후)을 지급함으로써 급성장하였다. LTCM은 저평가채권을 매입하고 고평가채권을 매도하는 전략과 더불어 수익률 제고를 위해 보유채권을 담보로 차입하는 전략을 사용하였다. 그 결과 1997년 말 차입규모가 펀드의 순자산규모 50억달러의 24배인 1,200억달러에 달하였으며, 스왑, 옵션 등 파생금융상품 보유규모가 1.25조달러에 달하여 당시 세계 스왑시장의 2.4%를 차지하였다. 그러나 1998년 상반기 주택담보채권시장의 침체로 손실을 입은 데 이어 8월 러시아의 채무불이행 선언으로 주식시장이 급락하는 가운데 8월 말에는 손실이 더욱 확대되었다. 9월에는 손실이 가속화되어 차입금 상환을 위해 보유채권 매각 압박을 받았는데, 금융기관들도 담보채권 대량 매각에 따른 담보가치 하락을 우려하는 상황에서 뉴욕연방은행이 개입하여 14개 은행이 LTCM 지분 90%의 대가로 36억달러를 투자하여 파산을 막았다. 9월 28일 LTCM의 가치는 4억달러에 불과하여 투자자들은 92%의 손실을 입었다. 이 경우는 시장여건이 불리할 때 신규자금 조달이 불가능하여 유동성위험관리에 실패한 사례이다.[7]

7 금융감독원, 시장과 함께하는 리스크 관리 콘서트, 2006. 7

앞에서 살펴본 위험관리 실패사례들은 전통적인 신용위험 외에도 시장위험, 운영위험 및 유동성위험을 적절히 관리하는 것이 얼마나 중요한지를 보여주고 있다. 이에 대처하기 위한 민간기구와 국제기구들의 움직임도 1990년대 이후 활발히 이루어졌다.[8] 또한 국제결제은행(Bank for International Settlements : BIS)은 1988년 바젤 I 협약을 발표하여 신용위험만을 대상으로 위험가중자기자본을 보유하도록 하였으며 1996년에는 시장위험에 대해서도 자기자본을 보유하도록 개정하였다. 2004년에는 운영위험이 포함된 바젤 Ⅱ 협약을 발표하는 계기가 되었으며, 2007~2009년 글로벌 금융위기를 계기로 규제자본관리와 유동성위험관리를 더욱 강화시킨 바젤 Ⅲ의 단계로 접어들고 있다.[9] 이러한 위험관리 실패사례와 국제결제은행을 비롯한 국제기구들의 움직임은 금융기관들이 자체적으로 위험관리 내부모형을 개발하도록 촉진하는 계기를 제공하였다.

3. 전사적 위험관리

3.1 범위와 구조

금융기관들의 국제영업활동이 증가함에 따라 위험관리 필요성도 점차 증가하였는데, 처음에는 이들의 위험관리는 덜 체계적이었다. 예를 들면 시장위험관리는 보통 회계부서와 같은 후선부서(back office)의 추가적인 업무로 인식되었다. 그 후 1980년대 초부터 일부 금융기관들은 현재의 위험관리부서 기능을 수행하는 중간부서(middle office)를 도입하기 시작하였다.

은행 또는 증권회사들의 영업활동이 더욱 국제화됨에 따라 전통적으로 이루어지던 과

8 예를 들면 30인 그룹(Group of Thirty)은 1993년 파생금융상품관리 가이드라인을 제시하면서 포지션을 시장가격으로 평가하고 금융위험을 VaR모형으로 평가할 것을 권고하였다. 또한 제이피모건(JPMorgan)은 1994년 리스크메트릭스(RiskMetrics)라는 시장위험에 관한 새로운 위험관리시스템을 발표하였다.

9 글로벌 금융위기의 내용과 그에 따른 금융규제 움직임은 제2장을 참조하기 바란다. 바젤협약은 제12장과 제23장에서 상세히 설명한다.

거 국지적(local) 수준의 위험관리는 더 이상 위험관리 수단으로 적합하지 않게 되었다. 점차 고객들의 위험관리 수요가 증가하고, 위험을 포트폴리오 관점에서 이해함에 따라 전사적으로 통합된 위험관리의 필요성이 증대되면서 전 세계적으로 금융기관들은 기능적으로 통합된 위험관리제도를 지향하게 되었다. 그래서 거래, 기업금융, 자금관리 등 서로 다른 업무를 수행하는 직원들은 지역담당 상급자뿐만 아니라 전체 기업의 위험을 평가 · 관리하는 관리자에게도 보고하는 매트릭스 조직구조로 변모되었다. 동시에 금융기관들은 업무영역이 넓어짐에 따라 새로운 위험에 직면하고 있다. 따라서 기업 전체의 틀에서 효과적 위험관리가 이루어지고 관련된 모든 위험이 관리되어야 한다는 인식이 확대되었다.

위험관리의 대상으로는 금리위험, 시장위험, 신용위험, 환위험, 부외거래위험, 유동성위험, 운영위험, 결제위험, 법적 위험 및 국가위험 등 모든 위험이 망라되어야 한다. 금융기관은 직면하고 있는 모든 위험을 평가할 수 있어야 하며, 위험관리 과정에서 이를 충분히 측정 · 관리할 수 있어야 한다.

위험관리의 범위 못지않게 중요한 것이 위험관리의 구조이다. 효과적인 위험관리가 되기 위해서는 하향식(top-down) 구조가 필요하다. 즉, 위험관리의 중요성이 이사회 및 최고경영자에 의하여 충분히 인식되고, 전사적으로 통합 관리되어야 한다. 이사회는 위험 관련 지침을 설정하고, 조직상 위험의 통제 및 관리 책임을 집행임원에게 부여하여야 한다. 또한 이사회는 주기적으로 위험관리지침(risk policy) 및 위험상한(risk limit)을 승인하고 검토하여야 한다.

이사회에 의하여 위험관리지침이 정해지면 경영자는 일상 기업활동에서 이들 지침을 잘 수행하여야 한다. 다시 말하여 경영진이 정기적으로 위험관리 문제를 다룰 수 있도록 위험관리에 대한 적절한 권한을 부여하고, 위험관리위원회 및 위험보고서 등을 통하여 경영자가 주기적으로 위험관리를 실행하는 구조가 필요하다.

하향식 관리와 아울러 위험관리기능을 수행하는 부서는 통제 및 모니터링 기능을 가지고 독립적으로 운영되어야 한다. 즉, 위험을 효과적으로 평가하고 위험수준이 설정한 위험관리기준에 맞는지를 확인하는 독립적 시스템을 갖추어야 한다. 따라서 위험관리부서는 경영진에 대해 직접 보고하는 독립적인 보고체계를 갖추고 있어야 한다.

3.2 위험관리과정[10]

3.2.1 위험의 확인

위험관리과정의 첫 번째 단계는 위험의 확인(risk identification)이다. 위험의 확인이란 금융기관이 당면한 위험의 본질을 정의하고 이해하는 것을 말한다. 위험관리의 매우 중요한 과정으로 다이내믹한 위험의 과정에 대한 이해를 높이기 위한 많은 연구가 이루어지고 있다.

3.2.2 위험의 측정

금융기관은 당면한 위험을 일관성 있는 기준으로 측정할 수 있어야 한다. 이를 위하여

그림 15-6 위험관리과정

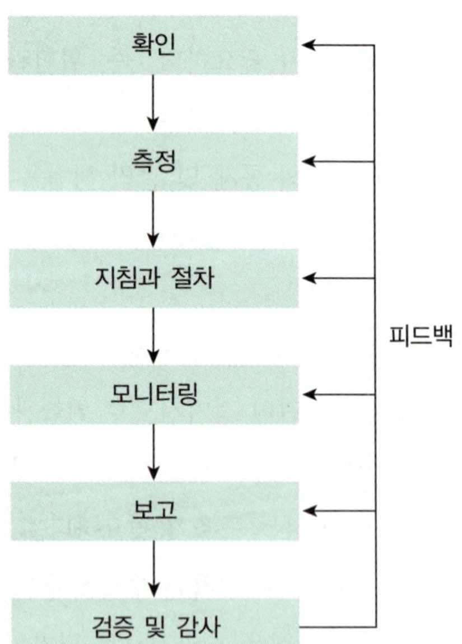

10 Goldman, Sachs & Co. and SBC Warburg Dillon Read, *The Practice of Risk Management : Implementing Processes for Managing Firmwide Market Risk*, Euromoney Books, 1999, Chapter 3 참조

금융기관은 측정방법론을 개발하여 서로 다른 위험들의 비교가 가능하도록 하여야 하며, 위험이 성과측정(performance measurement)이나 자본배분(capital allocation) 의사결정에 사용될 수 있도록 **위험의 측정치**(risk measurement)를 개발하여야 한다. 시장위험, 운영위험, 법적 위험 등 다양한 위험의 분석을 위하여 일관성 있는 위험측정방법이 필요하며 전사적 위험관리 관점에서 일관성 있는 위험의 비교가 이루어져야 한다.

3.2.3 위험에 관한 지침과 절차

효과적인 위험관리를 위해서는 이사회에 의하여 승인되고 경영진에 의하여 시행되는 **위험에 관한 지침 및 절차**(risk policies and procedures)가 문서화되어 있어야 한다. 즉, 금융기관은 위험에 관한 지침을 설정하고, 모든 종업원들에게 그 내용이 잘 전달되고 이해되도록 하여야 한다. 감독당국도 금융기관에 위험 지침이 문서화되어 있는지, 그리고 그 내용이 잘 구성되어 있는지 등을 살펴봄으로써 그 금융기관의 위험관리 내부통제시스템을 평가해야 한다. 직원들의 이동이 잦은 금융기관의 경영진은 새로운 직원이 위험에 관한 지침을 숙지하고 업무에 임하도록 주의를 기울여야 한다.

3.2.4 위험의 분석 및 모니터링

위험의 모니터링(risk monitoring)이란 금융기관이 스스로 설정한 지침과 절차 내에서 운영되고 있는지를 확인하는 과정이다. 예를 들면 지침의 해석에 대한 조언, 한도초과(limit excess)의 모니터링, 지침위반조사 등을 하고, 이러한 지침과 절차가 적절하고 최근의 동향을 반영하고 있는지 등을 검토하는 것이다. 위험의 분석 및 모니터링은 위험관리부서의 일상업무이다.

3.2.5 위험의 보고

위험의 보고(risk reporting)는 금융기관이 위험에 관한 보고서를 내부 경영정보시스템을 통하여 경영진은 물론 감독기관 및 주주 등에게 보고하는 과정이다. 금융기관들이 성과를 위험조정기준(risk-adjusted basis)으로 측정하고자 함에 따라 위험보고의 중요성이 더욱 커지고 있다. 전통적 회계정보가 금융기관의 위험에 관한 정보를 투명하게 제공하지 못한다는 관점에서도 그 중요성이 증대되고 있다.

3.2.6 위험관리시스템의 검증 및 감사

위험관리의 마지막 단계는 금융기관이 사용하고 있는 위험관리 시스템 및 기법이 효과적인지를 확인하는 것이다. 내부감사인뿐만 아니라 외부감사인에 의한 **위험관리시스템의 검증과 감사**(risk verification and audit)도 필요하다. 외부감사인은 재무정보의 진실성뿐만 아니라 위험에 관한 정보의 진실성도 감사하여야 한다. 내부감사는 위험관리과정이 잘 운영되는지를 검토하는 데에 초점을 맞추어야 한다.

4. 요약

금융기관을 둘러싼 금융환경은 최근 30여 년간에 걸쳐 크게 변화하고 있다. 환율, 금리, 유가 등의 변동성이 증가하여 시장위험, 신용위험, 유동성위험, 운영위험 등의 금융위험이 증가하고 있으며, 동시에 이러한 위험을 관리하기 위한 수단으로서 위험관리기법도 빠른 속도로 발전하고 있다.

은행들은 규제완화, 글로벌화 및 통합화의 추세 속에서 보다 더 많은 위험에 노출되었으며, 그 결과 시장위험 및 운영위험 등에 의하여 금융기관들이 파산하거나 어려움에 봉착하는 일들이 증가하게 되었다. 예컨대 베어링은행의 파산, MGRM사의 손실, 오렌지카운티의 파산, 다이와은행의 손실, LTCM 실패 등은 금융기관 위험관리의 중요성을 부각시키는 대표적 사건들이었다. 이에 따라 민간기구와 국제기구는 1990년대 이후 위험관리를 개선하려는 노력을 활발히 해왔으며, 국제결제은행(BIS)도 최근 바젤 Ⅲ의 새로운 규제체계를 도입하고 있다.

위험관리는 이사회 및 최고경영자에 의하여 충분히 인식되고 전사적으로 통합관리되어야 한다. 위험관리는 위험의 확인, 측정, 지침과 절차의 제정, 위험의 분석과 모니터링, 보고, 그리고 시스템의 검증 및 검사의 과정을 거쳐서 이루어져야 한다.

연 | 습 | 문 | 제

01. 최근 30여 년간에 걸쳐 일어난 금융환경의 변화를 설명하시오.

02. 금융위험의 종류를 열거하고 간략히 그 내용을 설명하시오.

03. 위험관리의 실패사례를 한 가지만 제시하고, 문제된 위험에 대해 설명하시오.

04. 전사적 위험관리의 중요성 및 그 과정을 설명하시오.

CHAPTER 16

금리위험관리와 유동성위험관리

본 장에서는 금리위험과 유동성위험의 측정 및 관리 방안에 대하여 공부한다. 먼저 금리위험을 정의하고 그 내용을 살펴본다. 그리고 금리위험의 측정 모형인 금리개정 모형과 듀레이션모형을 공부한다. 특히 금리위험 측정지표로서 듀레이션의 경제적 의미를 살펴보고, 자산·부채관리(ALM)에 대한 적용방법을 공부한다. 그리고 파생금융상품을 통한 금리위험 헤징 방법을 선도거래, 선물 및 금리스왑을 통하여 살펴본다. 마지막으로 유동성위험의 원인, 측정 및 관리방안에 대하여 공부한다. ■

1. 금리위험이란 무엇인가?

앞서 제1장과 제5장에서 살펴본 바와 같이 금융기관은 예금 등의 부채를 통하여 조달된 자금으로 대출 등의 자산을 취득하는 자산변환기능을 수행한다. 이 과정에서 자산과 부채의 만기불일치 내지 금리지급방법(고정금리와 변동금리)에 차이가 발생한다. 이러한 자산과 부채의 만기불일치 또는 금리지급방법의 차이는 자산변환기능에서 불가피하게 나타나는 현상이지만, 금융기관은 이 과정에서 **금리위험**(interest rate risk)에 노출된다. 금융기관의 금리위험이란 시장금리의 예상 밖의 변화로 인해 발생하는 잠재적 현금흐름 또는 가치의 변동성이다.

1970년대 이후 금융환경 변화로 인하여 환율, 주가와 함께 금리의 변동성이 크게 증대됨에 따라 금리위험의 측정 및 관리의 중요성이 확대되었다. 시장금리의 변화로 인하여 미래 조달금리(조달 관련 계약금리) 또는 운용(투자)금리(운용 관련 계약금리)가 변화하면 그에 따라 미래 현금흐름의 변동성이 발생하기 때문이다. 이와 같은 관점에서 금리위험은 크게 조달금리변동위험(refinancing risk), 운용금리변동위험(reinvestment risk), 그리고 시장가치변동위험(market value risk)으로 나누어 볼 수 있다.[1]

1.1 조달금리변동위험

조달금리변동위험은 기본적으로 단기고정금리로 조달하여 장기고정금리로 운용하는 과정에서 시장금리 변화로 인해 발생하는 금리위험이다. 예를 들어 금융기관이 100억원을 1년 만기 연 4%의 고정금리 부채로 조달하여 2년 만기 연 5%의 고정금리 자산에 투자하였다고 하자.

1 이 부분은 Saunders and Cornett의 Financial Institutions Management(2008)를 참조하였다.

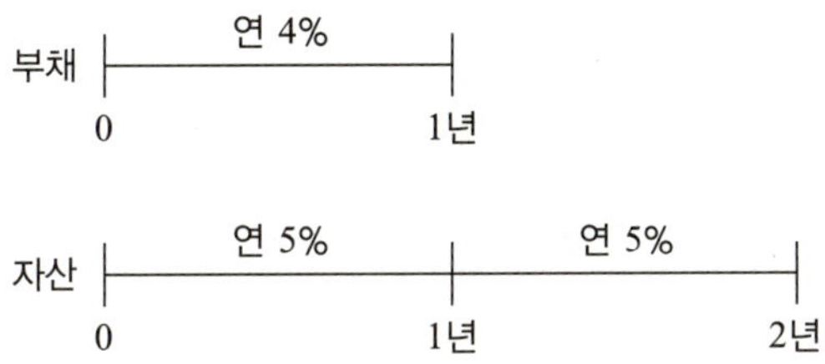

이 경우 첫해 동안에는 1%의 스프레드(5%−4%)로 1억원(100억원 × 1%)의 이익을 얻을 수 있다. 그리고 만약 1년 후에 조달금리에 변화가 없다면 다시 4%로 재조달하여 여전히 1%의 스프레드를 얻을 수 있다. 그러나 1년 후 조달금리가 6%로 상승한다면, 6%로 재조달하여 5%로 운용하는 셈이 되므로 1억원(= 100억원 × (−1%))의 손실이 발생한다. 이와 같이 단기고정금리로 조달하여 장기고정금리로 운용할 경우 금리가 상승하여 조달금리가 운용수익률을 초과한다면 두 번째 해에는 손실이 발생하게 된다. 이와 같은 금리위험을 조달금리변동위험이라고 부른다. 제15장에서 살펴본 바와 같이, 1970년대 및 1980년대 초반에 걸쳐 미국의 저축대부조합(savings & loan associations : S&Ls)이 단기조달, 장기운용하는 과정에서 시장금리가 크게 상승하여 부실화된 것은 금리위험의 대표적인 사례이다.

자산과 부채의 만기가 동일하지만 부채는 만기까지 여러 번 변동금리가 적용되고, 자산은 만기까지 고정금리로 운용되는 경우에도 유사한 위험에 노출된다. 만약 시장금리가 상승하면 부채에 적용되는 만기 전 변동금리가 상승함으로써 금융기관은 순이자이익의 하락 내지 손실이 발생한다. 이 또한 조달 관련 계약금리의 상승으로 인해 발생하는 것이므로 조달금리변동위험이다.

1.2 운용금리변동위험

운용금리변동위험은 장기고정금리로 조달하여 단기고정금리로 운용하는 과정에서 시장금리 변화로 인해 발생하는 금리위험이다. 예를 들어 금융기관이 100억원을 2년 만기 연 4%의 부채로 조달하여 1년 만기 연 5%의 자산에 투자하였다고 하자.

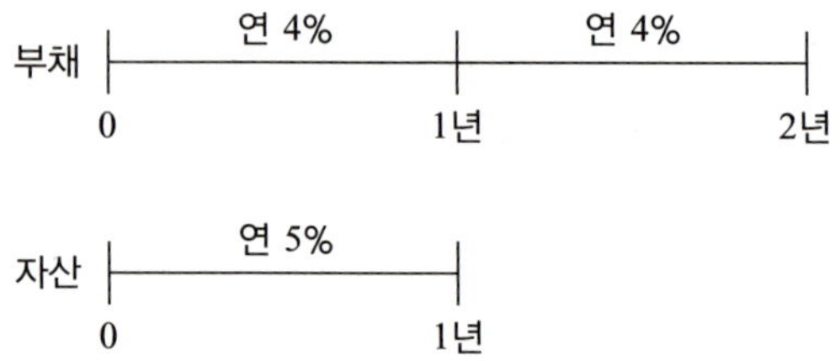

이 경우 첫해 동안에는 1%의 스프레드(5%−4%)로 1억원(= 100억원 × 1%)의 이익을 얻게 된다. 그리고 만약 1년 후에도 운용수익률에 변화가 없다면 다시 5%로 재투자하여 여전히 1%의 스프레드를 얻을 수 있다. 그러나 1년 후 금리가 하락하여 운용수익률이 3%가 되었다면 1억원의 손실(= 100억원 × (−1%))이 발생한다. 이와 같이 장기고정금리로 조달하여 단기고정금리 또는 변동금리로 운용하는 경우, 미래 금리의 하락으로 인하여 운용수익률이 조달금리를 하회할 경우 손실이 발생하게 된다. 이러한 위험을 운용금리변동위험이라고 한다.[2]

자산과 부채의 만기가 동일하지만 부채는 만기까지 고정금리로 조달되고 자산은 만기까지 여러 번 변동금리가 적용되는 경우에도 유사한 위험에 노출된다. 만약 시장금리가 하락하면 자산에 적용되는 만기 전 변동금리가 하락함으로써 금융기관은 순이자이익의 하락 내지 손실이 발생한다. 이 또한 운용수익률 하락으로 인해 발생하는 것이므로 운용금리변동위험이다.

1.3 시장가치변동위험

시장가치변동위험은 금리의 변동으로 인하여 자산 또는 부채의 시장가치가 변화하는 금리위험이다. 이론적으로 자산 또는 부채의 시장가치는 그 자산 또는 부채로부터 발생하는 미래 현금흐름의 현재가치와 같다.

---

2 운용금리변동위험은 대출 또는 유가증권투자 등 자금운용의 재투자수익률이 하락함으로써 발생하므로 재투자수익률변동위험 또는 계약금리변동위험으로 이해된다.

$$V = \frac{CF_1}{(1+r)} + \frac{CF_2}{(1+r)^2} + \cdots \qquad (16.1)$$

그러므로 금리가 상승하면 할인율이 상승하여 자산 또는 부채의 시장가치가 감소하게 된다. 반대로 금리가 하락하면 할인율도 하락하여 해당 자산 또는 부채의 시장가치가 증가한다. 그런데 금리의 변화에 대한 시장가치의 변화율은 만기에 따라 다르다. 일반적으로 일정한 금리변화에 대하여 장기자산 또는 장기부채의 가치변화율이 단기자산 또는 단기부채의 변화율보다 크다.[3] 그러므로 단기부채와 장기자산을 보유하고 있는 금융기관의 경우, 금리가 상승하면 장기자산의 가치가 단기부채보다 더 하락하게 된다. 이는 결국 자기자본가치의 감소로 이어진다.

금리위험을 측정하고 관리하는 방안으로는 금융기관 보유 금리민감자산(ratesensitive assets : RSA)과 금리민감부채(rate-sensitive liabilities : RSL)의 차이로 금리위험을 측정하는 금리개정모형(repricing model)과 자산과 부채의 듀레이션에 의하여 금리위험을 측정하는 듀레이션모형(duration model)으로 나누어 볼 수 있다.

2. 금리개정모형

2.1 금리개정모형의 내용

금리개정모형(repricing model)은 자금갭모형(funding gap model) 또는 금리개정갭모형(repricing gap model)이라고도 부른다. 이 모형은 특정 기간 동안 금리의 변화가 자산의 수입이자와 부채의 지급이자에 어떤 영향을 미치는지를 살펴보는 모형이다. 여기서

3 이유를 살펴보기 위해 두 개의 이표채권을 고려하는데, 표면금리, 액면가 및 현재가치가 서로 동일하고 만기가 다르다고 하자. 이 경우 시장금리가 상승하면 단기채와 장기채 가치가 모두 하락하는데, 장기채의 가치가 더 큰 폭으로 하락한다. 여기서 시장금리가 상승하면 그에 따라 할인율이 상승하는데, 장기채의 경우 높아진 할인율이 적용되는 기간이 더 길어서 영향이 크기 때문이다.

양자의 차이를 **순이자이익**(net interest income : NII)이라고 부르는데, 이 순이자이익은 금리위험관리의 주요 수단이다. 다음에 살펴볼 듀레이션모형이 시장가치에 근거한 모형인 데 반해, 금리개정모형은 장부가치의 현금흐름에 근거한 모형이다.

우선 자산과 부채를 금리개정까지의 기간에 따라 기간대별로 구분하는 것이 필요하다. 금리개정이란 만기가 도래하면 특정 자산과 부채의 금리가 다시 결정되듯이 자산과 부채가 수취 또는 지급하는 금리가 시장금리 또는 그에 가까운 금리로 변경되는 것을 말한다. 예를 들어 자산의 경우 만기 또는 그 이전에 상환된 대출금이 시장대출금리로 신규대출이 이루어지거나, 만기 전이라도 변동금리 주택저당대출의 금리가 변경될 때 금리개정이 발생한다.[4] 특정 기간은 1일, 1일 초과~3개월까지, 3개월 초과~6개월까지, 6개월 초과~1년까지, 1년 초과~3년까지, 3년 이상 등으로 나누어질 수 있다. 각 기간 동안 금리가 변동되는 자산금액을 **금리민감자산**(RSA), 부채금액을 **금리민감부채**(RSL)라고 한다. 여기서 **금리개정갭**(repricing gap)은 일정한 기간 t(예 : 3개월, 6개월, 1년 등)를 기준으로 다음과 같이 정의된다.

$$GAP_t = RSA_t - RSL_t \tag{16.2}$$

이 갭이 양수인지 음수인지를 파악하여, 기간대별로 금리의 변화가 금융기관의 순이자이익(NII)에 미치는 영향을 알아보는 것이다.

| 표 16-1 | 갭 표

(단위 : 억원)

기간대	자산(RSA)	부채(RSL)	갭	누적갭
1일	8	10	−2	−2
1일 초과~3개월까지	12	16	−4	−6
3개월 초과~6개월까지	26	33	−7	−13
6개월 초과~1년까지	35	27	+8	−5
1년 초과~3년까지	15	12	+3	−2
3년 이상	4	2	+2	0
계	100	100	0	−

4 부채의 경우 차입금이 만기 또는 그 이전에 상환되고 시장금리로 재차입되어서 금리가 변동되거나, 변동금리 차입금이 만기 전에 금리가 변경될 때 금리개정이 발생한다.

[표 16-1]에서 1일 기간대는 음의 갭(−2억원)을 보여주고 있다. 즉, 1일 동안에 금리개정되는 금리민감부채(*RSL*)가 금리개정되는 금리민감자산(*RSA*)보다 2억원 많은 것이다. 따라서 자산과 부채에 적용되는 금리의 변화가 동일하다는 가정하에 지급이자가 수입이자보다 더 크게 증가하므로 순이자이익이 감소한다.

순이자이익의 변화는 다음과 같이 계산된다.

$$\Delta NII_t = (RSA_t - RSL_t) \times \Delta R_t = GAP_t \times \Delta R_t \tag{16.3}$$

여기서 ΔNII_t는 t기간대에서의 순이자이익(*NII*)의 변화를 나타내며, ΔR_t는 t기간대에서 자산과 부채에 영향을 미치는 금리의 변화를 나타낸다. 그리고 GAP_t는 t기간대에서의 갭을 나타낸다.

앞의 예에서 1일의 갭은 −2억원이다. 이 기간 동안 금리가 연 1%p 증가한다면 1년을 기준으로 순이자이익의 변화는 다음과 같다.

$$\Delta NII = (-2)(0.01) = -0.02\text{억원}$$

이러한 갭모형은 역사적 원가에 근거한 회계자료를 바탕으로 하기 때문에 금리변화에 의한 자본이득 또는 자본손실은 고려하지 못하고 있다. 즉, 금리변화에 따른 순이자이익의 변화만을 측정하며, 자산과 부채의 시장가치 변화를 고려하지 않는다는 한계가 있다.

누적 갭도 사용되는데 1년 기간 동안의 누적 갭은 −5억원이고 1년 동안 금리가 개정되는 자산과 부채의 평균적 금리변화가 1%p라면 순이자이익은 (−5억원)(0.01)만큼 변화하게 될 것이다. 예를 들어 1년 기간 동안의 순이자이익의 변화를 살펴보려면 1년 안에 금리가 개정되는 자산과 부채를 각각 합하여 그 차이를 계산하여야 한다. 나머지 자산과 부채는 1년 동안에는 금리가 개정되지 않기 때문에 순이자이익에 영향을 미치지 않는다.

$$\Delta NII = CGAP \times \Delta R \tag{16.4}$$

여기서 동일한 금리의 변화라 할지라도 누적 갭이 크면 클수록 순이자이익의 변화가 큼을 알 수 있다. 즉, 갭이 클수록 금리위험에 더 크게 노출된다.

누적 갭의 절대금액만으로는 위험의 상대적 크기를 알 수 없으므로, 누적 갭을 총자산으로 나누어 총자산 대비로 표시하는 **갭비율**(gap ratio)을 사용하기도 한다. 위의 예에서 갭비율은 다음과 같다. 이 비율은 총자산 기준으로 *RSL*이 *RSA*보다 5% 더 많음을 나타낸다.

$$\frac{CGAP}{A} = \frac{-5}{100} = -0.05 \tag{16.5}$$

예제 16-1

미래은행의 재무상태표를 고려하자.[5] 각 자산과 부채의 만기는 원래의 만기가 아니라 금리개정갭이 작성될 때의 잔여 만기를 나타낸다. 1년 기간대를 기준으로 금리개정갭을 계산하라. 현 시점 직후 모든 자산과 부채의 금리가 1%p 상승한다면 순이자이익은 어떻게 변화하겠는가?

(단위 : 억원)

자산		부채 및 자본	
현금	2	예수금(CD, 3개월)	2
예치금(3개월)	4	예수금(정기예금, 3개월)	90
유가증권(3개월)	10	예수금(정기예금, 1년)	63
유가증권(6개월)	24	차입금(2년, 3개월마다 금리개정)	10
대출채권(가계자금)(1년)	98	사채(3년)	25
대출채권(기업자금)(3년)	72	자본	20
합계	210	합계	210

먼저 1년 기간대를 기준으로 $RSA_{1년}$을 계산하면 다음과 같다.[6]

(1) 예치금(3개월) : 4억원. 지금부터 3개월 후에 금리가 개정된다.

(2) 유가증권(3개월) : 10억원. 지금부터 3개월 후에 금리가 개정된다.

(3) 유가증권(6개월) : 24억원. 지금부터 6개월 후에 금리가 개정된다.

(4) 대출채권(1년) : 98억원. 1년 말에 금리가 개정된다.

위 4개의 항목을 모두 합하면(4 + 10 + 24 + 98억원), $RSA_{1년}$은 136억원이 된다.

5 재무상태표는 기존의 대차대조표가 한국채택국제회계기준(K-IFRS)의 도입(2011년)에 따라 변경된 명칭이다.

6 현금은 무이자 자산이므로 금리개정이 없다.

마찬가지로 $RSL_{1년}$을 구하면 다음과 같다.
(1) 예수금(CD, 3개월) : 2억원. 3개월 후에 금리가 개정된다.
(2) 예수금(정기예금, 3개월) : 90억원. 3개월 후에 금리가 개정된다.
(3) 예수금(정기예금, 1년) : 63억원. 1년 후에 금리가 개정된다.
(4) 차입금(2년, 3개월마다 금리개정) : 10억원. 3개월마다 금리가 개정된다.

위 항목을 모두 합하면(2 + 90 + 63 + 10억원), $RSL_{1년}$은 165억원이 된다.
따라서 $CGAP$ = 136억원 − 165억원 = −29억원
이제 순이자이익의 변화를 식 (16.4)를 이용하여 구하면 다음과 같다.

ΔNII = −29억원 × 0.01 = −0.29억원 → 2,900만원 감소

금리의 변화와 갭의 크기에 따른 순이자이익의 변화를 정리하면 다음과 같다.

| 표 16-2 | 금리변화, 갭과 *NII*의 관계

	Gap > 0	Gap < 0
금리상승	*NII* 증가	*NII* 감소
금리하락	*NII* 감소	*NII* 증가

갭이 양일 때 순이자이익의 변화는 금리의 변화와 양의 관계를 갖는다. 예를 들어 1년 기간대를 기준으로 갭이 양($RSA_{1년}$ > $RSL_{1년}$)이므로, 금리가 상승하면 수입이자의 증가가 지급이자의 증가보다 크기 때문에 순이자이익은 증가하고, 반대로 금리가 하락하면 수입이자의 감소가 지급이자의 감소보다 크기 때문에 순이자이익은 감소한다. 따라서 금융기관은 금리상승 전망 시에는 순이자이익을 증가시키기 위해서 양의 갭을 유지하고자 할 것이다. 반대로 금리하락 전망의 경우에는 같은 논리로 음의 갭을 유지하려 할 것이다. 이를 **적극적 관리전략**이라고 부른다. 적극적 자산 · 부채관리전략은 금리전망을 활용하여 자산과 부채의 만기를 조정하는 것인데, 예를 들어 향후 1년간 금리상승이 전망되는 경우 $RSA_{1년}$의 규모를 늘리거나, $RSL_{1년}$의 규모를 줄이거나, 또는 $RSA_{1년}$의 규모를 늘리는 동시에 $RSL_{1년}$의 규모를 줄이는 전략을 추구하여 갭을 확대하는 전략이다.

그러나 금리전망이 불투명한 경우에는 갭을 영으로 접근시키는 자산 · 부채관리전략을

추구하는 **소극적 관리전략**이 바람직할 수 있다. 이는 갭을 영으로 접근시켜 금리변화로 인한 순이자이익의 변화, 즉 금리위험을 최소화시키는 전략이다. 이는 전통적 헤징 원칙으로서 단기자산은 단기부채로, 장기자산은 장기부채로 조달하여 금융기관의 비유동성과 지급불능 가능성을 줄이고자 하는 전략이다. 그러나 금융기관의 성격상 완전한 헤징은 어려운 것이 현실이다.

Box 16-1 | 은행의 금리갭비율과 금리위험관리

신한은행은 여러 금리위험관리 방안 중에서 금리누적갭비율을 통한 은행계정의 금리위험관리에 대하여 다음과 같이 설명한다.

"금리부자산, 부채 및 부외거래 항목 포지션을 금리개정주기에 근거하여 기간별로 분류하고 해당 기간 내 금리부자산에서 금리부부채를 차감하여 산출한 갭을 누적하여 금리부총자산으로 나누어 산출합니다. 외화의 경우 리스크 측정대상 통화는 미국 달러화를 기준으로 측정하고 있습니다."

관리방법으로 매년 초 금리리스크 한도를 설정하고, 소관부서는 설정된 한도의 운용현황을 모니터링하고 있다고 밝히고 있다. 다음은 신한은행이 공시한 금리누적갭비율을 이용한 금리위험관리 현황이다.

금리리스크관리 현황(2014년 12월 말 기준)

리스크지표	구분	한도	실적
금리누적갭비율	원화(3개월)	±18%	7.50%
	원화(12개월)	±9%	−0.97%
	외화(3개월)	±18%	7.33%
	외화(12개월)	±12%	3.10%

자료 : 신한은행, Shinhan Bank Report, 2014(은행업감독규정 제41조에 의한 공시자료).

2.2 금리개정모형의 단점

금리개정모형은 다음과 같은 단점을 가지고 있다. 첫째, 금리의 변화는 각 개별 자산과 부채에 대하여 **시장가치효과**(market value effect)와 아울러 **이익효과**(income effect)

를 가져오는데, 금리개정모형은 장부가치 회계자료를 이용하기 때문에 시장가치효과를 고려하지 못하는 단점을 지닌다. 그러므로 이 모형은 금리위험의 일부인 계약금리변동효과를 다루는 방식이다.[7]

둘째, 기간대별로 금리민감자산과 금리민감부채를 합산하므로 각 기간대 내에서의 자산 및 부채의 분포를 고려하지 못하는 한계가 있다. 예를 들면 3개월 초과 6개월까지의 경우 만약 4개월째의 갭은 +10억원, 그리고 5개월째의 갭은 영(0), 그리고 6개월째의 갭은 −10억원이라면 3개월 초과 6개월 기간대에서는 갭이 영(0)일지라도 기간대 내에서는 월별 금리민감자산과 금리민감부채가 불일치하여 위험에 노출되어 있음을 알 수 있다.

셋째, 장기자산 같은 경우 비록 그 자체는 금리민감자산이 아닐지라도 그로부터 발생하는 중간현금흐름은 현재의 금리로 재투자되어야 한다. 이러한 만기 전 이자 또는 원리금 상환과 같은 중간현금흐름은 실질적으로 금리민감자산에 속한다고 할 수 있다. 따라서 정확한 계산을 위해서는 이런 현금흐름도 고려되어야 한다. 그리고 이런 현금흐름은 금리의 변화에 따라 그 규모가 영향을 받는다. 예를 들면 금리 상승기에는 장기주택대출 상환금의 상환을 늦추고자 할 것이며, 그 결과 중간현금흐름이 감소하게 될 것이다. 반면에 금리 하락기에는 조기상환을 하여 낮은 금리로 재조달하려 하기 때문에 중간현금흐름이 증가하게 될 것이다. 이런 점을 고려하지 않는다면 이 모형은 금리위험을 모두 반영하기 어렵다는 한계를 지닌다.

넷째, 단순 금리개정모형은 일반적으로 부내거래만 고려하고 부외거래의 현금흐름은 고려하지 않는다. 예를 들어 금리 헤징전략의 일환으로 금리선물을 이용하는 경우 일일정산의 결과 발생하는 현금흐름은 부내거래의 갭을 상쇄하는 효과를 가진다. 따라서 금리개정모형은 부외거래의 효과도 함께 고려하여야 한다.[8]

---

7 이에 반해 다음 제3절에서 논의되는 듀레이션모형은 시장가치 회계자료를 이용하여 할인율 변동효과를 다룸으로써 시장가치효과를 고려한다.

8 이는 모형 자체의 단점이라기보다 적용상의 문제점으로 볼 수 있다.

3. 듀레이션모형

3.1 듀레이션

3.1.1 듀레이션의 개념 및 계산방법

듀레이션(duration)은 자산과 부채의 현금흐름의 시기(cash flow timing)를 고려한 개념으로 자산 또는 부채의 평균만기(average maturity)를 나타낸다. 먼저 간단한 예를 통하여 계산방법을 알아보자. 만기 1년, 대출금리 10%, 원금 10,000원의 대출금이 6개월 후에 5,000원이 상환되고 만기에 나머지 5,000원이 상환되는 경우의 듀레이션을 계산해 보자. 먼저 각 시기별 현금흐름은 다음과 같다.

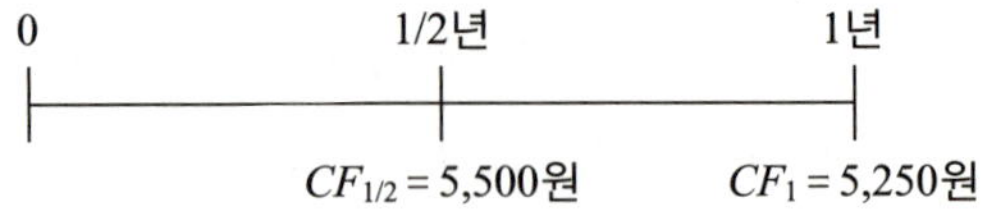

이 대출금에 대한 요구수익률이 10%라고 하면, 각 현금흐름의 현재가치는 다음과 같다.

$$PV_{\frac{1}{2}} = \frac{5,500}{1.05} = 5,238\text{원}$$

$$PV_1 = \frac{5,250}{(1.05)^2} = 4,762\text{원}$$

다음에는 각 현재가치의 합을 구하고, 현재가치의 합에 대한 각 시기별 가중치를 계산한다.

$$\Sigma PV = PV_{\frac{1}{2}} + PV_1$$

$$10,000 = 5,238 + 4,762$$

$$t = \frac{1}{2}\text{에서의 가중치} \qquad \frac{5,238}{10,000} = 0.5238$$

$$t = 1\text{에서의 가중치} \qquad \frac{4,762}{10,000} = 0.4762$$

마지막으로 현재가치의 가중치에 각 시점(t)을 곱하여 모두 더한다.

$$D_A = (0.5238)\left(\frac{1}{2}\right) + (0.4762)(1) = 0.7381\text{년}$$

따라서 이 대출자산은 만기는 1년이지만, 현금흐름의 시기가 고려된 듀레이션은 0.7381년이다. 듀레이션은 현가기준의 가중치를 각 현금흐름의 발생시점(t)에 곱해 줌으로써 모든 현금흐름이 회수되는 데에 평균적으로 얼마의 시간이 소요되는지를 나타낸다. 이 계산방법에서 알 수 있듯이 가까운 미래의 가중치가 크면 클수록 조기에 현금흐름이 회수되기 때문에 듀레이션은 상대적으로 작아지고, 먼 미래에 대한 가중치가 클수록 많은 현금흐름이 먼 미래에 회수되므로 듀레이션은 상대적으로 커진다. 현금흐름이 모두 만기에 일어나는 경우 듀레이션은 만기와 같은 1년이 되며, 일반적으로 다음의 관계가 성립한다.

$$\text{듀레이션} \le \text{만기} \tag{16.6}$$

즉, 현금흐름이 만기 이전에 발생한다면 듀레이션은 만기보다 작으며, 현금흐름이 만기에만 일어나는 경우에는 듀레이션은 만기와 같다. 부채의 듀레이션의 예로 1년 만기, 예금금리 10%인 정기예금의 경우 위와 같은 방법으로 계산하면 듀레이션은 1년이다.

앞에서 계산한 자산 측의 대출금 듀레이션과 부채 측의 정기예금 듀레이션을 비교하여 **듀레이션갭**을 다음과 같이 정의할 수 있다.

$$\textit{Duration Gap} = D_A - D_L = 0.7381 - 1 = -0.2619\text{년}$$

이를 바탕으로 연간 현금흐름이 향후 N년 동안 발생하는 경우의 듀레이션 공식은 다

음과 같이 정리된다.[9]

$$D = \frac{\sum_{t=1}^{N} PV_t \cdot t}{\sum_{t=1}^{N} PV_t} = \frac{PV_1}{\sum_{t=1}^{N} PV_t} \cdot 1 + \frac{PV_2}{\sum_{t=1}^{N} PV_t} \cdot 2 + \cdots + \frac{PV_N}{\sum_{t=1}^{N} PV_t} \cdot N \quad (16.7)$$

이 듀레이션을 **맥콜리**(Macaulay) **듀레이션**이라고 한다. 여기서 주목할 점은 수익률곡선(yield curve)이 수평(flat)한 금리의 기간구조를 가정하여 만기와 관계없이 모두 동일한 할인율 R을 적용하였다는 점이다.

예제 16-2

표면금리 8%, 만기 6년, 액면가 100,000원짜리 채권의 시장수익률이 8%이면, 듀레이션은 얼마인가?

	0	1년	2년	3년	4년	5년	6년
CF_t		8,000	8,000	8,000	8,000	8,000	8,000 + 100,000
PV_t		7,407	6,859	6,351	5,880	5,445	5,041 + 63,017

$$D = \frac{1}{100,000}[7,407(1) + 6,859(2) + 6,351(3) + \cdots + 68,058(6)] = 4.99\text{년}$$

예제 16-3

표면금리 8%, 만기 2년, 6개월마다 이자가 지급되는 100,000원의 채권이 있다고 가정하자. 현재 시장수익률이 12%이면 이 채권의 듀레이션은 얼마인가? 이 경우 현금흐름이 1년에 2번씩 규칙적으로 발생한다.

---

9 듀레이션의 일반식은 다음과 같다. 단, m은 1년 중 이자지급횟수이다.

$$D = \frac{\sum_{t=1/m}^{N} \frac{CF_t \cdot t}{(1+R/m)^{mt}}}{\sum_{t=1/m}^{N} \frac{CF_t}{(1+R/m)^{mt}}}$$

	0	0.5년	1년	1.5년	2년
CF_t		4,000	4,000	4,000	4,000 + 100,000
PV_t		$\frac{4,000}{1.06}$	$\frac{4,000}{1.06^2}$	$\frac{4,000}{1.06^3}$	$\frac{104,000}{1.06^4}$
		3,774	3,560	3,358	82,378

$$D = \frac{1}{93,070}[3,774\left(\frac{1}{2}\right) + 3,560(1) + 3,358\left(\frac{3}{2}\right) + 82,378(2)] = 1.88\text{년}$$

3.1.2 듀레이션의 특징

듀레이션과 만기

듀레이션은 만기가 증가할수록 증가한다. 그러나 그 증분은 점차 감소한다.

$$\frac{\partial D}{\partial M} > 0, \quad \frac{\partial^2 D}{\partial M^2} < 0 \tag{16.8}$$

[예제 16-3]과 모든 조건이 동일하되 만기가 다른 채권을 고려하자. 만기가 1년인 경우 듀레이션은 0.98년이며, 2년인 경우에는 예제와 같이 1.88년, 그리고 3년인 경우는 2.71년이 된다. 그리고 증분을 살펴보면, 만기가 1년에서 2년으로 증가할 때 듀레이션은 0.9년 증가하지만, 만기가 2년에서 3년으로 증가할 때에는 듀레이션은 0.83년 증가하는 데에 그치고 있음을 알 수 있다. 즉, 만기가 증가하면서 만기 증가에 따라 듀레이션이 증가하는 정도가 감소하는 것이다.

듀레이션과 시장수익률

시장수익률이 증가할수록 듀레이션은 감소한다.

$$\frac{\partial D}{\partial R} < 0 \tag{16.9}$$

[예제 16-3]에서 모든 조건이 동일하고, 시장수익률이 16%로 상승하면 듀레이션은 1.883년에서 1.878년으로 감소한다. 직관적으로 시장수익률이 상승하면 현금흐름이 먼 미래에 발생할수록 현재가치가 크게 하락하여 현금흐름 가중치가 작아지는 것이다. 따라서 듀레이션이 작아진다.

듀레이션과 표면금리

듀레이션은 표면금리(coupon rate)가 증가할수록 감소한다.

$$\frac{\partial D}{\partial C} < 0 \tag{16.10}$$

[예제 16-3]에서 모든 조건이 동일하게 유지되는 가운데 표면금리가 8%에서 6%로 하락하면 듀레이션은 1.88년에서 1.91년으로 증가한다. 직관적으로 표면금리가 상승하면 상대적으로 많은 현금흐름이 만기 이전에 발생하게 되고 그 결과 만기 현금흐름 가중치가 작아진다. 이는 듀레이션을 감소시키는 효과를 낳는다.

3.1.3 듀레이션의 의미 : 금리위험의 지표

듀레이션은 개별 자산 또는 부채 가치의 금리민감도(interest rate sensitivity)를 나타낸다. 즉, 듀레이션이 클수록 해당 자산 또는 부채 가치가 금리의 변화에 더욱 민감하게 반응한다. 듀레이션이 자산 또는 부채의 금리변화에 대한 민감도를 나타내는 과정을 유도해 보자.[10]

채권의 가치는 채권으로부터 미래에 발생하는 현금흐름의 현재가치의 합이므로 다음과 같이 표시된다.

$$P = \frac{C}{(1+R)} + \frac{C}{(1+R)^2} + \cdots + \frac{C+F}{(1+R)^N} \tag{16.11}$$

10 Saunders, A. and M. Cornett(2008), p.231.

여기서 C는 이표금액, R은 만기수익률, 그리고 F는 액면가를 나타낸다.[11]

채권의 가치는 금리가 상승하면 감소한다. 채권가치 변화의 정도를 측정하기 위하여 채권의 가치(P)를 시장수익률(R)로 미분하여 정리하면 다음의 식을 얻을 수 있다.[12]

$$\frac{dP}{P} = -D\frac{dR}{(1+R)} \tag{16.12}$$

이를 D로 표시하면 다음과 같이 쓸 수 있다.

$$D = -\frac{\frac{dP}{P}}{\frac{dR}{1+R}} \tag{16.13}$$

듀레이션(D)은 유가증권가치의 금리변화에 대한 **탄력성**(elasticity) 또는 **민감도**(sensitivity)를 나타내는 지표로서, 시장금리변화율$\left(\frac{dR}{1+R}\right)$에 대한 유가증권가치의 변화율$\left(\frac{dP}{P}\right)$을 나타낸다.[13]

따라서 채권가치[14]는 금리변화에 대하여 듀레이션의 정도에 따라 역의 관계를 가지고 변화한다. 금리가 상승하면 듀레이션이 긴 채권은 상대적으로 듀레이션이 작은 채권에

---

11 채권가치 평가의 일반식에서 할인율(R_1, R_2, 등)은 무이표채 수익률곡선에 상응하는 시장수익률을 의미한다. 그러나 여기서 도출하고자 하는 맥콜리 듀레이션은 수평한 금리의 기간구조를 가정하므로 기간에 관계없이 일정하다. 따라서 만기수익률로 지칭한다.

12 P를 R로 미분하면 다음과 같다. $\frac{dP}{dR} = \frac{-C}{(1+R)^2} + \frac{-2C}{(1+R)^3} + \cdots + \frac{-N(C+F)}{(1+R)^{N+1}}$

다시 정리하면 $\frac{dP}{dR} = -\frac{1}{(1+R)}\left[\frac{C}{(1+R)} + \frac{2C}{(1+R)^2} + \cdots + \frac{N(C+F)}{(1+R)^N}\right]$ ………… ①

그런데 이 채권의 듀레이션은 다음과 같다. $D = \frac{\frac{C}{(1+R)}\cdot 1 + \frac{C}{(1+R)^2}\cdot 2 + \cdots + \frac{C+F}{(1+R)^N}\cdot N}{P}$

위 식의 양변에 P를 곱하면 $P\cdot D = \frac{C}{(1+R)}\cdot 1 + \frac{C}{(1+R)^2}\cdot 2 + \cdots + \frac{C+F}{(1+R)^N}\cdot N$

위 식의 값을 식 ①에 대입하면 $\frac{dP}{dR} = \frac{1}{(1+R)}PD$, 이 식을 다시 정리하면 $\frac{dP}{P} = -D\frac{dR}{(1+R)}$

13 Macaulay 듀레이션에서는 다음의 두 가지 가정을 하고 있다. 첫째는 수익률곡선이 수평하다는 것이다. 이는 만기와 관계없이 동일한 할인율이 적용된다는 것을 의미한다. 두 번째 가정은 금리변화가 수익률곡선의 수평이동을 의미한다는 점이다. 즉, 수평한 수익률곡선이 수평으로 상향 또는 하향으로 이동하는 것을 의미하며, 결국 만기와 관계없이 동일한 금리의 변화를 가정한다는 점이다.

14 여기서 '가치'와 '가격'은 같은 의미로 혼용하고 있다.

그림 16-1 듀레이션모형에서 채권가격변화율과 금리변화율의 관계

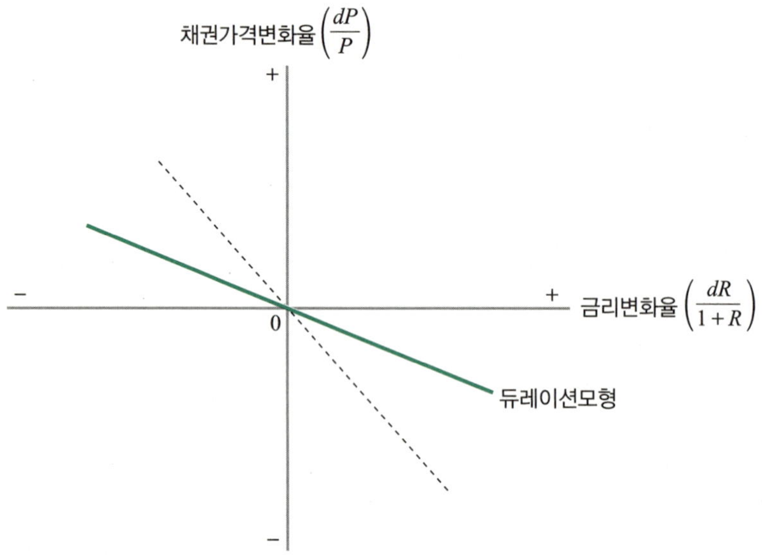

비하여 큰 자본손실을 보게 되며, 금리가 하락하는 경우에는 상대적으로 더 큰 자본이득을 얻게 된다. 이와 같이 듀레이션이 클수록 일정한 금리변화에 대한 증권가치의 변동성이 더 커지는데, 이는 앞서 살펴본 바와 같이 해당 증권의 금리위험을 나타내는 것이다. 그러므로 듀레이션은 금리위험의 지표로서 유용성을 갖고 있다.

예제 16-4

[예제 16-2]에서 표면금리 8%, 시장수익률 8%, 액면가 100,000원, 만기 6년인 채권의 가치는 100,000원이고 듀레이션은 4.99년이었다. 이 채권의 시장수익률이 0.01%포인트 증가하여, 8%에서 8.01%로 변화한다면 이 채권의 가치는 어떻게 변화하겠는가?

$$\frac{dP}{P} = -D\frac{dR}{(1+R)} = -4.99 \cdot \frac{0.0001}{(1.08)} = -0.000462$$

따라서 채권의 가치는 0.0462% 감소한 99,953.8원이 된다.

3.2 듀레이션갭모형

금융기관의 **자산부채종합관리**(ALM)는 자산과 부채 간의 듀레이션갭을 이용하여 금융기관 전체 금리위험의 정도를 측정한다. 먼저 금융기관의 듀레이션갭을 계산하기 위하여 자산과 부채의 시장가치 가중평균 듀레이션을 계산한다.[15]

$$D_A = w_{A1}D_{A1} + w_{A2}\, D_{A2} + \cdots + w_{An}\, D_{An} \tag{16.14}$$

$$D_L = w_{L1}D_{L1} + w_{L2}\, D_{L2} + \cdots + w_{Ln}\, D_{Ln} \tag{16.15}$$

여기서, $\sum_{i=1}^{n} w_{Ai} = 1$, 그리고 $\sum_{i=1}^{n} w_{Li} = 1$

w는 시장가치기준 총자산 또는 총부채 대비 개별 자산 또는 부채의 가중치를 나타낸다. 따라서 자산과 부채의 듀레이션은 개별 자산 또는 부채의 듀레이션의 가중평균이다.[16]

재무상태표로부터 자산(A)과 부채(L) 및 자기자본(E) 간에는 다음의 관계가 성립한다.

$$A = L + E \tag{16.16}$$

그러므로

$$\Delta A = \Delta L + \Delta E \tag{16.17}$$

$$\Delta E = \Delta A - \Delta L \tag{16.18}$$

자기자본가치의 변화는 자산가치의 변화와 부채가치의 변화의 차이로 인식된다. 식 (16.12)로부터 자산가치의 변화율과 부채가치의 변화율은 다음과 같이 표시된다.

---

15 George G. Kaufman, "Measuring and managing interest rate risk : A primer," Federal Reserve Bank of Chicago, *Economic Perspectives*, 1984, pp.16~29.

16 Macaulay 듀레이션은 수평(flat)한 금리의 기간구조를 가정하기 때문에 각 자산 또는 부채의 할인율은 모두 동일하여야 한다.

$$\frac{\Delta A}{A} = -D_A \frac{\Delta R}{(1+R)} \tag{16.19}$$

$$\frac{\Delta L}{L} = -D_L \frac{\Delta R}{(1+R)} \tag{16.20}$$

식 (16.19)와 식 (16.20)은 다음과 같이 쓸 수 있다.

$$\Delta A = -D_A \cdot A \cdot \frac{\Delta R}{(1+R)} \tag{16.21}$$

$$\Delta L = -D_L \cdot L \cdot \frac{\Delta R}{(1+R)} \tag{16.22}$$

이를 자산과 부채의 금리수준과 금리충격(shock to interest rates)이 동일하다고 가정하여 식 (16.18)인 $\Delta E = \Delta A - \Delta L$에 각각 대입하면 다음과 같이 정리된다.[17]

$$\Delta E = -(D_A A - D_L L) \frac{\Delta R}{(1+R)} \tag{16.23}$$

이를 다시 정리하면

$$\Delta E = -(D_A - kD_L) A \frac{\Delta R}{(1+R)} \tag{16.24}$$

여기서, $k = \frac{L}{A}$

자기자본가치 변화 = −(듀레이션갭)(총자산가치)(금리충격)

듀레이션갭은 $D_A - kD_L$로 정의된다. 자기자본가치의 변화는 듀레이션갭, 총자산가치, 그리고 금리충격$\left(\frac{\Delta R}{(1+R)}\right)$의 곱으로 표시된다. 여기서 금리충격은 금융기관이 통제할

17 Macaulay 듀레이션의 첫 번째 가정(수익률곡선이 수평하다)에 의하여 자산과 부채의 수익률 R은 동일하며, 두 번째 가정(금리변화는 수익률곡선의 수평이동이다)에 의하여 자산과 부채의 수익률 변화 ΔR도 모두 동일하다.

수 없는 외생변수지만, 총자산가치와 듀레이션갭은 은행이 통제할 수 있는 변수이다. 위 식을 보면 금리충격이 크면 클수록 자기자본가치의 변화가 크게 나타난다. 아울러 금융기관의 총자산이 크면 클수록 그리고 부채비율$\left(\frac{L}{A}\right)$로 조정된 자산과 부채의 듀레이션 차이가 크면 클수록 자기자본가치가 크게 변화하는 금리위험에 노출된다. 따라서 자기자

예제 16-5

미래은행은 자산의 가중평균 듀레이션이 3년, 부채의 가중평균 듀레이션이 1년, 총자산은 100억원, 그리고 총부채는 90억원이다. 현재 금리수준은 10%이다. 금리수준이 11%로 증가할 것으로 예상된다면 미래은행의 자기자본가치에는 어떤 변화가 예상되는가? 아울러 미래은행은 어떤 자산 · 부채관리전략을 사용할 것인가?

자산(A)	100	부채(L)	90
		자기자본(E)	10

D_A = 3년, D_L = 1년, $R = 0.1$, 그리고 $\Delta R = 0.01$이므로 ΔE를 계산하면 다음과 같다.

$$\Delta E = -\left(3 - \frac{90}{100}1\right)(100)\frac{0.01}{1.1} = -1.91\text{억원}$$

따라서 미래은행은 금리가 1%포인트 증가한다면 자기자본가치가 1.91억원 감소할 것으로 추정된다. 금리 변화 후 예상되는 재무상태표는 다음과 같다.

자산(A)	97.27	부채(L)	89.18
		자기자본(E)	8.09

$$\text{자산가치의 변화는 } \Delta A = -D_A \cdot A \cdot \frac{\Delta R}{(1+R)} = -3(100)\frac{0.01}{1.1} = -2.73\text{억원}$$

$$\text{부채가치의 변화는 } \Delta L = -D_L \cdot L \cdot \frac{\Delta R}{(1+R)} = -1(90)\frac{0.01}{1.1} = -0.82\text{억원}$$

금리충격이 불확실한 상황에서 가장 보수적인 전략은 듀레이션갭을 영으로 만드는 것이다. 이를 위해 자산의 듀레이션을 줄이든지, 또는 부채의 듀레이션을 늘리든지 또는 부채비율의 조정 등을 통하여 자기자본가치가 변화하지 않도록 할 수 있다. 일반적으로 자산의 듀레이션을 감소시킨다는 것은 장기자산을 감소시키고 단기자산을 증가시키는 것을 의미하며, 부채의 듀레이션을 증가시킨다는 것은 단기부채를 감소시키고 장기부채를 증가시키는 것을 의미한다.

본가치를 헤징하려는 전략(면역전략)은 듀레이션갭 $D_A - kD_L$을 영으로 만드는 것이다.[18]

3.3 듀레이션모형의 한계

듀레이션모형은 다음과 같은 문제점이 제기된다. 첫째, 이론적으로 금융기관 경영자는 금리위험을 관리하기 위하여 자산과 부채의 듀레이션을 조정하여야 한다. 그러나 현실적으로 금융기관이 자산과 부채를 재조정하기 위해서는 시간과 비용이 많이 소요된다. 하지만 이러한 한계점은 자산증권화 등을 통한 자산 · 부채의 구조조정과 그 밖에 거래비용의 절감 등을 통하여 다소 극복될 수 있게 되었다. 특히 직접적인 포트폴리오 재조정(direct portfolio rebalancing) 대신 스왑 등 파생금융상품을 통한 헤징을 통하여 자산과 부채의 듀레이션을 조정할 수 있다.

둘째, 헤징 목적으로 특정 자산 또는 부채의 듀레이션을 원하는 기간으로 변화시켜 놓았다고 하더라도 금리는 계속 변동되며, 따라서 관련 자산과 부채의 듀레이션도 계속 변화한다. 또는 금리가 변화하지 않더라도 시간이 흘러 만기를 비롯한 현금흐름의 시기가 변화함에 따라서도 듀레이션은 변화한다. 따라서 헤징 상태를 계속 유지하기 위해서는 계속적으로 포트폴리오의 재조정(continuous portfolio rebalancing)이 필요하다. 그러나 이러한 재조정은 용이하지 않을 수도 있고, 또 많은 거래비용이 수반될 수도 있다.

셋째, 듀레이션은 작은 금리변화, 예를 들면 0.01%p의 변화에 대한 가격민감도를 나타낸다. 그러나 2%p와 같은 큰 금리변화에 대하여 듀레이션은 부정확하다. 채권가치 평가 시에 현재가치모형을 이용하여 계산된 채권가치와 수익률 간에는 일반적으로 비선형 관계(non-linearity)가 존재한다. 그러나 앞서 살펴본 바와 같이 듀레이션은 선형(linearity)관계를 가정하고 측정하기 때문에 금리변화가 큰 경우에 대한 측정으로는 부정확할 수 있다. 즉, 큰 폭의 금리상승이 발생하는 경우 듀레이션모형은 채권가치하락을 실

---

18 자본비율$\left(\frac{E}{A}\right)$이 변동하지 않도록 하기 위한 면역전략은 $D_A - D_L = 0$이다. 상세한 설명은 카우프만(Kaufman, 1984)을 참조하기 바란다.

그림 16-2 듀레이션모형의 현가모형 대비 오차

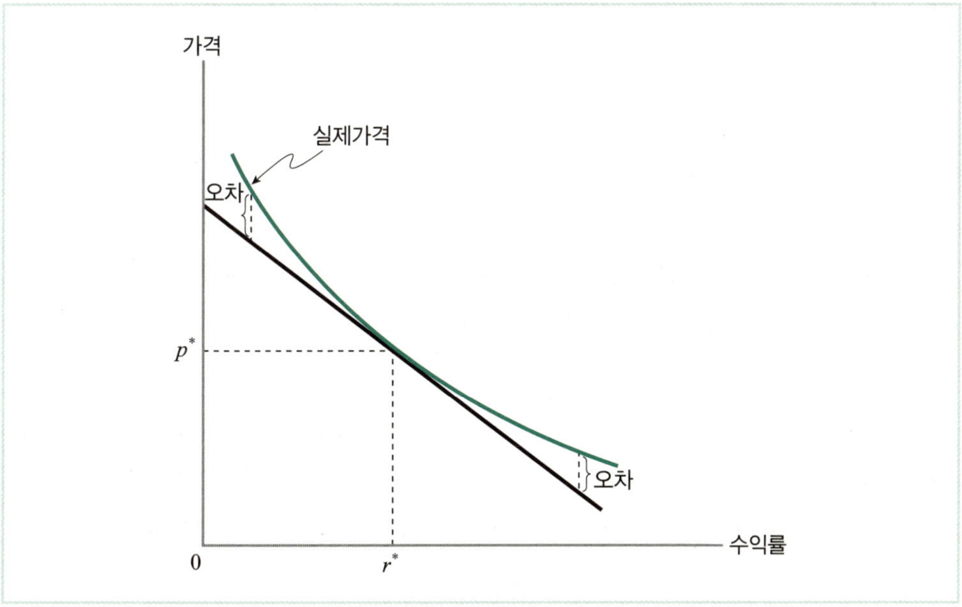

제보다 과대측정(over-estimate)하고, 또 큰 폭의 금리하락이 발생하는 경우에는 채권가치상승을 실제보다 낮게, 즉 과소측정(underestimate)하는 성향을 보인다.

듀레이션의 이러한 취약점을 보완하기 위해서 **볼록성**(convexity) 개념을 사용한다. 볼록성이란 시장금리가 일정한 폭으로 하락할 때 발생하는 자본이득효과(capital gain effect)가 시장금리가 동일한 폭으로 상승할 때 발생하는 자본손실효과(capital loss effect)를 초과하는 정도, 즉 금리변동이 가격변동에 미치는 2차 효과, 또는 변화의 변화율을 나타낸다. 일반적으로 볼록성이 클수록 금리상승 시에는 가격하락이 작아 손실이 작고, 또 금리하락 시에는 가격상승이 커서 이득이 커지는 효과가 있다. 결국 볼록성이 크고 금리변화가 클수록 듀레이션모형은 그 정확성이 낮아진다고 할 수 있는데, 문제는 볼록성을 추가하더라도 시장금리 변동에 따른 채권가격 변동을 완전히 측정해 내기는 어렵다는 점이다.

4. 파생금융상품을 이용한 금리위험 헤징

4.1 선도거래

선도거래는 일정한 상품을 사는 사람과 파는 사람이 미리 정한 자산과 현금을 미래에 교환하기로 한 계약을 말한다. 간단한 예로 이러한 선도거래가 금융기관 자산의 금리위험을 헤징하는 사례를 들어보자.

금융기관이 6년 만기, 표면금리 8%인 채권을 1억원 보유하고 있다고 가정하자. 현재 시장금리는 8%이고, 채권의 시장가치는 1억원이다. 그런데 지금부터 3개월 동안 금리가 2%p 상승하여 10%가 될 것으로 전망되고 있다. 금리의 상승은 채권가치의 하락을 가져오므로 동 채권은 자본손실이 예상되는 금리위험에 노출되어 있다.

동 채권의 금리위험을 헤징하기 위하여 선도거래를 이용하는 예를 살펴보자. 동 채권의 듀레이션은 앞서 [예제 16-2]에서 계산된 바와 같이 약 4.99년이다. 따라서 다음의 식을 활용하여 금리상승에 따른 이 채권의 자본손실액을 계산할 수 있다.

$$\Delta P = -D \cdot P \cdot \frac{\Delta R}{(1+R)} = -(4.99)(1)\frac{0.02}{1.08} = -0.09240741\text{억원}$$

즉, 동 채권은 9,240,741원의 자본손실이 발생하여 가치가 90,759,259원으로 하락할 것으로 예상된다.

이 손실을 헤징하기 위하여 동 채권을 3개월 후에 매도하는 선도계약을 체결할 수 있다. 이 금융기관은 3개월 후에 이 채권을 1억원에 매입하기를 원하는 기관과 선도계약을 체결하였다고 하자. 그리고 실제로 금리가 2%p 상승하였다면 보유채권의 가치는 9,240,741원의 자본손실이 발생한다. 한편 현물시장에서 이 채권을 90,759,259원에 매입하여 선도계약 당사자에게 1억원에 인도하면 선도거래에서 9,240,741원의 이익을 얻게 된다. 이 부외거래의 이익은 채권의 가치 하락을 상쇄하게 된다. 이와 같이 선도거래의 이익(손실)으로 보유자산 가치의 감소(증가)를 상쇄시킴으로써 금리위험을 헤징할 수 있다.

4.2 선물

금융기관은 양 당사자가 만나서 이루어지는 선도거래와는 달리 거래소시장에서 선물계약을 통해서도 금리위험을 헤징할 수 있다. 금융기관이 특정 자산 또는 부채의 금리위험을 헤징하기 위하여 선물 또는 선도거래를 이용할 경우를 **미시헤징**(microhedging)이라고 부른다. 이에 반해 개별 자산 또는 부채의 금리위험이 서로 상쇄될 수 있는 포트폴리오 관점에서 추진하는 경우를 **거시헤징**(macrohedging)이라고 한다. 금융기관들은 최대한 헤징하기보다는 다소의 금리위험을 부담하고 수익을 극대화하기 위하여 선택적 헤징을 하는 경향이 있다.

이제 선물을 이용한 거시헤징의 예를 살펴보자. 앞서 듀레이션모형에서 금리 충격에 의한 금융기관의 자기자본가치의 변화는 다음과 같이 표시되었다.

$$\Delta E = -(D_A - kD_L)A\frac{\Delta R}{(1+R)} \qquad (16.24)$$

여기서, $k = \frac{L}{A}$

그리고 [예제 16-5]에서 금리가 1%p 증가한다면 자기자본가치가 1.91억원 감소하는 것으로 추정되었다. 이 금융기관의 금리위험을 충분히 헤징하기 위해서는 금리가 1%p 증가할 때 선물에서 1.91억원의 이익을 실현한다면 자기자본가치의 하락을 상쇄할 수 있다.

금리가 상승할 때 선물의 기초자산인 채권의 가치는 하락하기 때문에 선물가격은 하락한다. 그리고 그 하락 정도는 그 기초자산의 듀레이션에 따라 다르다. 따라서 기초자산인 채권 선물의 가치변화는 다음과 같이 표시된다.

$$\frac{\Delta F}{F} = -D_F\frac{\Delta R}{(1+R)} \qquad (16.25)$$

여기서 F는 선물계약의 가치이며, D_F는 선물계약의 기초자산인 채권의 듀레이션이다.

$$\Delta F = -D_F \cdot F \cdot \frac{\Delta R}{(1+R)} \tag{16.26}$$

선물가치를 계약당 선물가격(P_F)과 선물계약수(N_F)의 곱으로 표시하면 다음과 같다. 여기서 선물의 매수의 경우에는 N_F가 양수, 매도의 경우에는 N_F가 음수로 표시된다.

$$\Delta F = -D_F \cdot (N_F \cdot P_F) \cdot \frac{\Delta R}{(1+R)} \tag{16.27}$$

위 식은 선물계약 매도자(short position : $N_F < 0$)가 금리상승 시 이익을 보게 됨을 알려준다. 금리가 상승할 경우 기초자산인 채권가치가 하락하므로 선물의 매수자(long position)는 손실을 보게 되지만, 선물의 매도자(short position)는 이익을 보게 된다. 반대로 금리가 하락할 경우에는 채권가치가 상승하므로 선물의 매수자(long position)는 이익을 보게 되고, 선물의 매도자(short position)는 손실을 보게 된다.

[예제 16-5]에서 금리상승의 경우를 가정하고 있으므로 자기자본가치의 감소를 상쇄하기 위해서는 선물의 매도(short position)가 필요하다. 따라서 위에서 살펴본 바와 같이 선물계약 매도에 따른 이익으로 자기자본가치의 감소를 상쇄시킬 수 있다.

$$\Delta E + \Delta F = 0 \tag{16.28}$$

이 식으로부터 헤징에 필요한 선물계약수를 다음과 같이 구할 수 있다. 여기서 선물계약수가 양수로 나타나면 매수계약을, 음수로 나타나면 매도계약을 의미한다.

$$N_F = -\frac{(D_A - kD_L)A}{D_F \cdot P_F} \tag{16.29}$$

현재까지는 현물시장의 금리변화와 선물시장의 금리변화가 동일하다는 가정, 즉 **베이시스위험**(basis risk)이 없다는 가정$\left(\frac{\Delta R}{1+R} = \frac{\Delta R_F}{1+R_F}\right)$하에 헤징에 필요한 선물계약수를 살펴보았다. 그러나 현실적으로 현물시장의 금리변화와 선물시장의 금리변화는 서로 다를 수 있다. 이렇듯 양자 간 상관관계가 완전하지 않음으로써 발생하는 위험을 베이시스위험이라고 부른다. 헤징 대상의 자산과 선물의 기초자산이 다른 경우 또는 현물과 선물의 거래시장이 다른 데에서 오는 수익률변화의 불일치 때문에 베이시스위험이 발생한다. 따라서 선물시장수익률의 변화를 $\frac{\Delta R_F}{1+R_F}$로 표시하여 필요한 선물계약수를 다시 구하면 다음과 같다.

$$N_F = -\frac{(D_A - kD_L)A}{D_F \cdot P_F \cdot br} \tag{16.30}$$

여기서, $br = \frac{\Delta R_F/(1+R_F)}{\Delta R/(1+R)}$

br은 현물시장 수익률변화율 대비 선물시장 기초자산 수익률변화율의 상대적 크기를 나타낸다. 예를 들면 br = 1.1이라면 선물시장의 수익률이 현물시장의 수익률보다 더 민감함을 의미하며, 그 결과 베이시스위험이 없을 때(br = 1인 경우)보다 적은 선물계약으로 헤징 목적을 달성할 수 있게 된다.

4.3 금리스왑

스왑(swaps)이란 양 당사자가 미리 정한 방식에 따라 미래에 현금흐름을 서로 교환하는 협약을 의미한다. 스왑은 크게 **금리스왑**(interest rate swap), **통화스왑**(currency swap)으로 구분되며, 그 밖에 **상품스왑**(commodity swap), **주식스왑**(equity swap) 등이 있다. 이 중 금리위험 해소 목적으로 널리 쓰이는 금리스왑에 대하여 알아보자.[19]

4.3.1 금리스왑의 구조

금리스왑은 다음과 같다. 기업 A와 기업 B가 2013년 3월 1일 만기가 3년이고 **명목원금**(notional principal)이 1억달러인 금리스왑을 체결하였다고 하자. 기업 A는 6개월마다 기업 B에게 LIBOR를 지급하고, 기업 B는 기업 A에게 연 5%의 금리를 지급하기로

19 Hull, J. C., *Options, Futures, and Other Derivatives*, 2009, 7th ed., Prentice-Hall 및 Marshall, J. F. and K. R. Kapner, 1993, *Understanding Swaps*, John Wiley & Sons, Inc. 참조

그림 16-3 | 기업 A와 기업 B의 금리스왑 구조

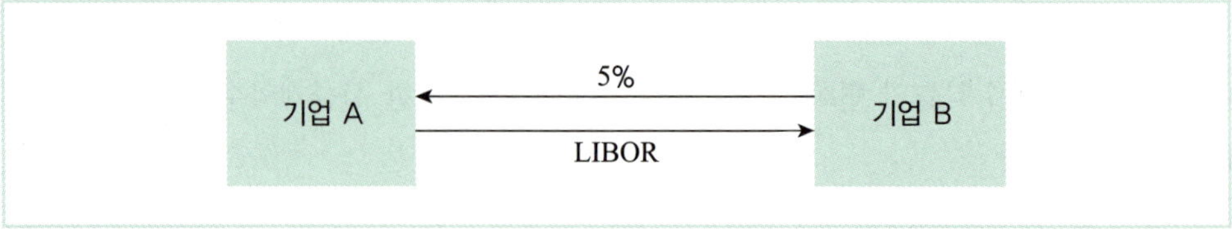

한다.[20]

여기서 원금은 이자지급 및 수취계산의 기준일 뿐이지 서로 교환되지 않기 때문에 이를 명목원금이라고 부른다. 그리고 계약 당시 고정금리는 정해져 있지만, 변동금리는 계약 당시에 6개월 후의 변동금리가 결정되고, 그 후 첫 번째 이자교환 시기에 그 다음 변동금리가 결정되는 방식으로 진행된다. 따라서 계약 시에는 다음에 도래하는 변동금리 이자지급액만 확정된다. [표 16-3]은 LIBOR 가상금리를 토대로 기업 B의 현금흐름을 표시하였다.

| 표 16-3 | 금리스왑에서 B기업의 현금흐름

(단위 : 백만달러)

일시	LIBOR	변동금리수취액	고정금리지급액	순현금흐름
2013. 3. 1	4.2%			
2013. 9. 1	4.8%	+2.10	−2.50	−0.40
2014. 3. 1	5.3%	+2.40	−2.50	−0.10
2014. 9. 1	5.5%	+2.65	−2.50	+0.15
2015. 3. 1	5.6%	+2.75	−2.50	+0.25
2015. 9. 1	5.9%	+2.80	−2.50	+0.30
2016. 3. 1		+2.95	−2.50	+0.45

스왑은 각 시점을 대상으로 하는 선도계약들의 포트폴리오로 볼 수 있다. 이론적으로 계약 당시에 스왑의 가치는 영으로 평가된다. 그리고 각 시점에서의 스왑의 가치는 그 시점으로부터 미래에 수취하게 되는 현금흐름의 현가의 합으로 평가된다. [표 16-3]에서 B기업의 순현금흐름은 처음에는 순지급하다가 후에는 순수취하는 것으로 나타나 있다. 따

20 고정금리를 지급하는 거래당사자를 스왑매입자(swap buyer)라 하고, 변동금리를 지급하는 거래당사자를 스왑매도자(swap seller)라고 한다.

라서 B기업의 경우 2013년 9월 1일 이후 계약기간 내내 양의 스왑가치를 가지는 것을 알 수 있다. 그 반대로 기업 A는 계약기간 내내 음의 스왑가치를 갖게 된다. 이 경우 양의 스왑가치를 갖는 기업 B는 기업 A의 신용위험에 노출된다. 그러나 원금의 지급이 없었기 때문에 동일 금액의 대출자산과 달리 그 신용위험은 상대적으로 작다.

스왑은 채권의 포트폴리오로도 볼 수 있는데, 위의 기업 B의 경우 변동금리를 받는 것은 변동금리채권을 보유했을 때와 동일한 현금흐름이므로 변동금리채권의 보유(long position)로 볼 수 있으며, 동시에 고정금리를 지급한다는 것은 고정금리채권을 발행해 이자를 지급하는 것과 같으므로 고정금리채권의 발행(short position)으로 볼 수 있다.[21] 반대로 기업 A의 스왑가치는 고정금리채권의 보유와 변동금리채권의 발행의 합으로 볼 수 있다. 스왑의 만기는 선도계약이나 선물에 비해 장기이기 때문에 장기헤징을 가능하게 하는 이점이 있다.

4.3.2 금리위험관리

부채 듀레이션의 변화

금리스왑은 기업이 보유한 부채의 성격을 변화시킬 수 있다. 이를 살펴보기 위해서 기업 A는 1억달러를 5.2%의 고정금리로 3년간 차입하고 있고, 기업 B는 1억달러를 LIBOR + 0.8%의 변동금리로 3년간 차입하고 있다고 가정하자. 그런데 기업 A는 변동금리자산을 운용하고 있어서(예 : LIBOR + 2%) 금리하락 시에 금리위험에 노출되어 있다. 반면에 기업 B는 고정금리자산을 운용하고 있어서 금리상승 시에 금리위험에 노출

그림 16-4 | 금리스왑을 통한 부채 듀레이션의 변화

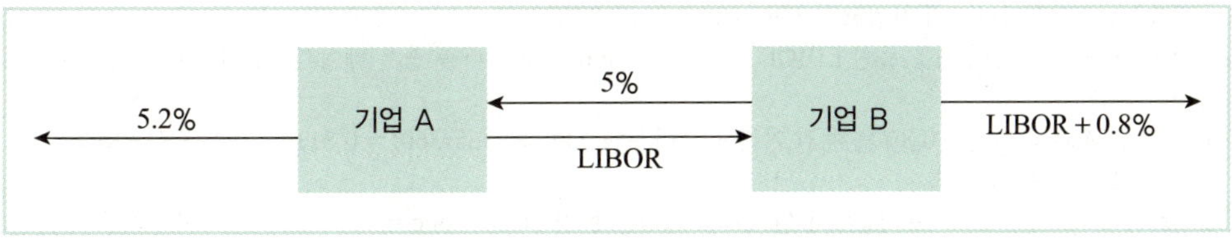

21 만기 시에 발생하는 원금의 현금흐름을 더하면 채권의 현금흐름과 같다. 그러나 동일한 원금이 만기에 고정금리 수취와 변동금리 수취 시에 발생하며, 이는 서로 상쇄된다.

되어 있다. 이 경우 기업 A와 기업 B는 다음과 같은 금리스왑을 체결함으로써 각각 금리위험을 헤징할 수 있다.

위 그림에서 기업 A는 기업 B로부터 5%의 고정금리를 받아 5.2%의 고정금리를 지급하고, 또 LIBOR를 지급하므로 순현금흐름은 다음과 같다.

A의 순현금흐름 : −5.2% + 5% − LIBOR = −(LIBOR + 0.2%)[22]

그런데 기업 A는 자산을 변동금리(예 : LIBOR +2%)로 운용하고 있으므로 결국 순이익은 1.8%가 된다. 즉, 5.2%의 고정금리 차입을 스왑을 통해 LIBOR + 0.2%의 변동금리 차입처럼 부채의 성격을 변화시킴으로써 금리위험을 해소하게 된 것이다.[23]

반면에 자산을 고정금리로 운용하고 있는 기업 B는 금리스왑을 통해 변동금리부채를 고정금리부채(5.8%)로 바꾸어 금리위험을 해소하는 효과를 얻고 있다.

B의 순현금흐름 : −(LIBOR + 0.8%) + LIBOR − 5% = −5.8%[24]

이와 같이 스왑은 기존 부채의 변동 없이 기존 부채의 성격, 즉 듀레이션을 바꾸어 주어서 금리위험을 줄여주는 역할을 한다.[25]

자산 듀레이션의 변화

스왑은 자산의 듀레이션도 변화시킨다. 기업 A는 LIBOR − 0.25%의 변동금리 3년 만

22 Day Count Convention에서 LIBOR와 같은 Money Market Basis는 360일 기준, Bond Basis는 365일 기준을 적용한다. 따라서 채권 기준의 0.2%를 Money Market 기준으로 바꾸면 0.2% × (360/365) = 0.197%이다. 그러므로 기업 A의 차입코스트는 LIBOR + 0.197%이다.

23 변동금리의 기준금리(예를 들면 LIBOR 또는 CD Rate)가 서로 다를 경우 베이시스위험(basis risk)이 존재하게 된다.

24 Money Market 기준의 0.8%를 채권 기준으로 바꾸면 0.8% × (365/360) = 0.811%. 그러므로 기업 B의 차입코스트는 5.811%이다.

25 변동금리 채권은 다음 이표지급일에 만기가 도래하는 할인채(zero coupon bond)로 간주되어 변동금리 채권의 듀레이션은 다음 이표지급일까지의 기간(time to next coupon date)이다. 기업 A의 현금흐름은 3년 만기 고정금리 채권(듀레이션 < 3년)에서 6개월 만기 채권(듀레이션 ≤ 0.5년)으로 변화한 것과 같으므로 부채의 듀레이션이 감소한 것과 같은 효과가 있다. 같은 방법으로 기업 B의 부채는 6개월 만기 채권에서 3년 만기 고정금리 채권으로 변화한 것과 같으므로 부채의 듀레이션이 증가한 효과를 갖는다.

그림 16-5 | 금리스왑을 통한 자산 듀레이션의 변화

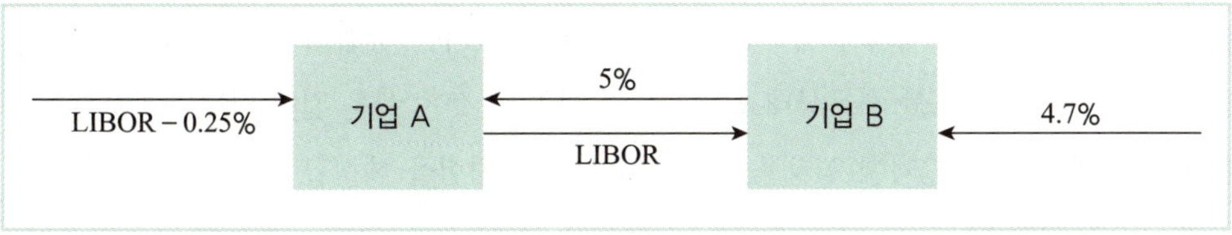

기 자산 1억달러를 보유하고 있고, 기업 B는 연 4.7%의 고정금리 3년 만기 자산 1억달러를 보유하고 있다고 가정하자. 그런데 기업 A는 고정금리부채를 가지고 있어서 금리하락 시 금리위험에 노출되어 있고, 반대로 기업 B는 변동금리부채를 보유하고 있어 금리상승 시 금리위험에 노출되고 있다. 따라서 두 기업은 다음과 같은 스왑을 체결함으로써 금리위험으로부터 면역될 수 있다.

기업 A의 순현금흐름을 계산하면 다음과 같다.

A의 순현금흐름 : +(LIBOR – 0.25%) + 5% – LIBOR = 4.75%[26]

기업 A는 위의 스왑을 통하여 (LIBOR – 0.25%)의 수익률을 가진 변동금리자산의 성격을 4.75%의 고정금리 성격을 가진 자산으로 변화시켰다. 즉, 스왑을 통해 자산의 듀레이션을 증가시킴으로써 자산과 부채의 듀레이션의 차이에서 오는 금리위험을 헤징할 수 있게 되었다. 이제는 금리하락의 경우에도 현금흐름이 영향을 받지 않게 된 것이다.

B의 순현금흐름 : +4.7% – 5% + LIBOR = LIBOR – 0.3%[27]

반대로 기업 B는 고정금리 자산의 성격을 변동금리 자산(LIBOR – 0.3%)의 성격으로 변화시켰다. 따라서 자산의 듀레이션이 감소되었으며, 그 결과 금리상승 시에도 현금흐름에 변동이 없어 금리위험으로부터 자유로울 수 있다.

---

26 Day Count Convention에 따라 Money Market Basis의 0.25%를 Bond Basis로 바꾸면 0.25% × (365/360) = 0.253%이다. 그러므로 기업 A의 자산 순현금흐름은 4.747%이다.

27 Day Count Convention에 따라 Bond Basis의 0.3%를 Money Market Basis로 바꾸면 0.3% × (360/365) = 0.296%이다. 그러므로 기업 B의 자산 순현금흐름은 LIBOR – 0.296%이다.

이러한 금리스왑은 직접적으로 자산 · 부채의 만기구조를 바꾸지 않고서 파생금융상품 계약만으로 자산과 부채의 만기구조를 변화시킬 수 있다는 장점이 있다. 기본적으로 자산과 부채의 만기구조를 재무상태표를 통하여 바꾸는 것은 쉬운 일이 아니다. 그런데 스왑은 자산과 부채의 만기에 영향을 주지 않고서 금리위험을 헤징할 수 있다는 점에서 유용성이 있는 것이다.

4.3.3 스왑을 이용한 거시헤징

듀레이션모형을 이용하여 헤징에 필요한 최적 스왑계약수(명목원금)를 구해 보자. 선물을 이용한 거시헤징이 자기자본가치의 감소를 선물의 이익으로 상쇄하였듯이, 스왑을 이용한 거시헤징도 자기자본가치의 감소를 스왑의 이익으로 상쇄하여 헤징을 이룬다.

[예제 16-5]의 금융기관을 고려하자. 이 금융기관의 자산의 듀레이션은 3년이고 부채의 듀레이션은 1년으로 금리수준 10%에서 금리가 1%p 증가할 때 1.91억원의 자기자본가치가 감소하는 것으로 추정되었다.

$$\Delta E = -(D_A - kD_L)A\frac{\Delta R}{(1+R)} \tag{16.24}$$

여기서, $k = \dfrac{L}{A}$

일반적으로 고정금리 자산 또는 부채는 장기의 듀레이션, 변동금리 자산 또는 부채는 단기의 듀레이션을 가지므로, 이 금융기관은 고정금리 자산과 변동금리 부채를 보유하고 있다고 볼 수 있으며, 금리상승 시에 금리위험에 노출되어 있다. 따라서 이 금융기관은 금리스왑 매입포지션(고정금리를 주고 변동금리를 받는 스왑)을 취함으로써 금리위험을 헤징할 수 있다.

앞서 살펴본 바와 같이 스왑의 가치는 채권포트폴리오로 평가될 수 있다. 이 금융기관의 금리스왑 매입은 고정금리채권의 발행과 변동금리채권의 보유로 구성되며, 스왑의 가치변화는 고정금리채권과 변동금리채권 가치의 변화의 합으로 평가된다. 그리고 금리변화로 인한 채권가치의 변화는 그 채권의 듀레이션에 의하여 결정되므로 스왑의 만기에 따라 헤징에 필요한 명목원금도 달라진다.

금리위험 헤징을 위한 스왑으로 만기가 6년이고, 1년마다 고정금리 및 변동금리의 지급 및 수취가 발생하는 스왑을 고려하자. 그런데 고정금리의 현금흐름은 1년마다 이자가 지급되는 6년 만기 고정금리채권의 현금흐름과 같고, 변동금리의 현금흐름은 이자가 1년마다 변동되는 6년 만기 변동금리채권의 현금흐름과 같다. 그리고 헤징에 필요한 스왑가치의 변화는 변동금리채권과 고정금리채권 가치의 변화의 합과 같다. 변동금리채권의 가치변화를 듀레이션모형을 이용하여 나타내면 다음과 같다.

$$\frac{\Delta V_{floating}}{V} = -D_{floatin}\frac{\Delta R}{(1+R)} \tag{16.31}$$

$$\Delta V_{floating} = -D_{floating} \cdot V \cdot \frac{\Delta R}{(1+R)} \tag{16.32}$$

여기서 V는 스왑계약의 명목원금이다. 고정금리채권의 가치변화는 다음과 같다.

$$\frac{\Delta V_{fixed}}{V} = -D_{fixed}\frac{\Delta R}{(1+R)} \tag{16.33}$$

$$\Delta V_{fixed} = -D_{fixed} \cdot V \cdot \frac{\Delta R}{(1+R)} \tag{16.34}$$

금리스왑 매입포지션을 취한 금융기관의 스왑가치 변화(ΔS)는 변동금리채권 보유(long position)의 가치변화와 고정금리채권 발행(short position)의 가치변화의 합으로 평가된다.

$$\Delta S = \Delta V_{floating} + (-\Delta V_{fixed}) \tag{16.35}$$

위 식에 각 채권가치의 변화, 즉 식 (16.32)와 식 (16.34)를 대입하면, 스왑가치의 변화는 다음과 같다.

$$\Delta S = (D_{fixed} - D_{floating}) \cdot V \cdot \frac{\Delta R}{(1+R)} \tag{16.36}$$

헤징이 성립하기 위해서는 자기자본가치의 변화와 스왑가치의 변화의 합이 영이 되어야 한다.

$$\Delta E + \Delta S = 0 \tag{16.37}$$

각각 대입하면,

$$-(D_A - kD_L)A\frac{\Delta R}{(1+R)} + (D_{fixed} - D_{floating})V\frac{\Delta R}{(1+R)} = 0 \tag{16.38}$$

스왑의 명목원금 V에 관하여 정리하면 다음과 같다.

$$V = \frac{(D_A - kD_L)A}{(D_{fixed} - D_{floating})} \tag{16.39}$$

예제 16-6

[예제 16-5]의 예를 이어서 생각해 보자. 자산의 듀레이션은 3년, 부채의 듀레이션은 1년, 총자산은 100억원, 그리고 총부채는 90억원이다. 이를 헤징하기 위하여 앞의 설명과 같이 6년 만기 스왑을 사용하였으며, 스왑의 고정금리와 동일한 이표를 갖는 채권의 듀레이션은 5년, 변동금리가 1년마다 변동되는 채권의 듀레이션은 1년이라고 가정하자. 스왑을 이용하여 헤징하기 위한 명목원금을 계산하시오.

$$V = \frac{(D_A - kD_L)A}{(D_{fixed} - D_{floating})} = \frac{(3 - (0.9)(1))\,100}{(5 - 1)} = 52.5\text{억원}$$

만약 스왑의 만기가 6년보다 더 긴 스왑을 사용한다면 명목원금의 크기는 더 작아진다.

5. 유동성위험관리

5.1 유동성위험의 원인

금융기관의 유동성위험(liquidity risk)은 예금자, 대출약정자 또는 보험계약자 등이 갑자기 기대 이상으로 청구권을 행사하여 현금인출이나 대출을 요구할 때 발생한다. 가장 유동성이 높은 자산은 현금이지만 현금의 보유는 상대적으로 수익성이 적으므로 수익성을 제고하기 위하여 적정현금만을 보유하고 나머지는 수익성이 높은 자산에 투자 내지 영업활동을 하게 된다. 그런데 금융기관의 신인도의 하락 또는 기대 이상의 계절적 현금수요 증가 등으로 갑작스런 자금인출이 증가하면 금융기관은 추가적 비용을 부담하면서 자금을 차입하거나 보유자산의 매각 등을 통하여 현금인출 또는 대출수요에 대응하여야 한다. 이 경우 수익성이 높은 자산은 유동성이 낮을 수 있으며, 급격한 현금화 과정에서 헐값 매각가능성도 있다. 이런 유동성위험은 은행 등 예금기관이 가장 높으며, 보험회사나 연금기관 등은 상대적으로 낮다. 이하에서는 예금기관의 유동성위험을 부채와 자산 측면에서 살펴본다.

예금기관 부채 측면의 유동성위험은 예금인출이 대표적이다. 은행을 비롯한 예금기관들은 대부분 요구불예금과 같은 단기부채로 조달하여 비교적 장기자산에 투자하고 있다. 요구불예금은 그 성격상 언제든지 예금자가 지급을 요청할 경우 즉시 응해야 하는 채무이다. 이론적으로 은행들은 인출요구에 응할 준비가 언제든지 되어 있어야 한다. 그러나 통계적으로 요구불예금은 예금잔액의 일정부분만 인출이 이루어지고 대부분은 장기성 예금 성격을 갖는데, 이런 예금을 **핵심예금**(core deposits)이라 부른다. 따라서 은행 경영자는 확률적으로 예금의 유입과 인출을 고려한 순예금인출액을 예측할 수 있다. 순예금인출액이 양인 경우에는 은행의 예금규모가 감소하는 경우이다. 은행이 성장하기 위해서는 순예금인출액이 음이어야 한다. 즉, 예금유입액이 예금인출액보다 커야 한다. 이러한 예금인출에 따른 유동성을 해결하기 위해서는 자금차입(purchased liquidity management), 현금의 감소 또는 자산의 매각(stored liquidity management) 등으로 대응하여야 한다.

예금기관 자산 측면의 유동성위험으로는 대출약정(loan commitment)을 들 수 있다. 고객이 대출약정액의 인출을 요구할 때 은행은 부채와 마찬가지로 차입금의 증가 또는 현금의 감소 등으로 유동성 문제에 대처해야 한다.

5.2 유동성위험의 측정

예금기관의 유동성위험의 측정방법에 대하여 살펴보자.

5.2.1 유동성의 원천과 사용

예금기관의 유동성위험은 예금 또는 대출금의 인출과 그에 따른 자금의 차입 또는 자산의 매각으로부터 발생한다. 그러므로 경영자는 유동성의 포지션을 매일매일 관리해야 하는데, 이를 위해서는 **순유동성표**(net liquidity statement)를 작성하여 매일 관리해야 한다. 즉, 유동성의 원천(sources of liquidity)과 사용(uses of liquidity)의 차이인 **순유동성**(net liquidity)을 계산하여 관리하는 것이다.

유동성의 원천으로는, 첫째 단기국채처럼 가격위험이 거의 없고 거래비용이 낮아서 현금에 준하는 유동자산(이는 언제든지 현금화하여 유동성에 대응할 수 있는 자산이다), 둘째 단기금융시장에서의 차입능력(차입능력이 클수록 유동성에 대한 대처능력이 커진다), 셋째 금융감독기관의 지급준비금 규모를 초과하는 현금이 있는데, 이 세 가지의 합이 유동성의 원천을 구성한다. 유동성의 사용으로는 차입여력 중 이미 사용된 차입금과 중앙은행 차입금 등이 있다. 따라서 앞으로 사용할 수 있는 유동성은 원천과 사용의 차이이다. 그러므로 경영자는 이 순유동성 지표를 통하여 유동성을 측정할 수 있다.

5.2.2 유동성비율과 유동성갭[28]

유동성비율(liquidity ratio)은 일정기간을 정하여 그 기간 내에 발생할 현금유입과 현

---
28 금융감독원, 시장과 함께하는 리스크 관리 콘서트, 2006. 7

금유출의 비율로 측정한다.

$$\text{유동성비율} = \frac{\text{유동성자산}}{\text{유동성부채}} \times 100 \qquad (16.40)$$

부외파생금융상품의 경우에도 명목금액의 현금유출입이 발생하는 경우에는 이를 포함하여 산출하며, 유동성 자산과 부채로 분류하는 잔존 만기 기준은 관리목적에 따라 1주일 이내, 1개월 이내, 3개월 이내 및 6개월 이내의 기간이 많이 사용된다.[29]

유동성갭(liquidity gap)은 자산과 부채 원금의 계약 만기까지의 잔존기간을 기준으로 만기구간별로 계산된 자산과 부채의 차액을 말한다.[30] 구간별 갭은 해당 시기 자금의 과부족을 나타내며, 누적갭은 해당 시점까지 누적된 자금의 과부족을 나타낸다.

| 표 16-4 | 유동성갭의 예

만기구간	1개월 이내	3개월 이내	6개월 이내	…	3년 이내	3년 초과	합계
자산	200	100	500	…	300	200	3,000
부채	100	400	100	…	100	0	2,800
단순갭	100	−300	400	…	200	200	200
누적갭	100	−200	200	…	0	200	…

한편 글로벌 금융위기에서 나타난 문제점에 대응하기 위하여 2009년부터 건전성 규제 강화방안을 추진해 온 바젤은행감독위원회(BCBS)는 2010년 G20 서울정상회의에 제출한 보고서에서 새로운 유동성 규제방안을 제시하였다. 동 규제방안은 두 가지 유동성 기준을 제시하고 있는데, 하나는 30일 이내 순현금 유출규모 이상으로 고유동성 자산을 보유하도록 하는 LCR(liquidity coverage ratio)이고, 다른 하나는 1년 이상 고정화되는 자산규모 이상으로 장기 가용 유동성을 유지하도록 하는 NSFR(net stable funding ratio)이다.[31]

---

29 우리나라 감독당국은 은행의 경우 잔존 만기 3개월 이내의 자산과 부채를 대상으로 유동성비율을 산출하여 모니터링하고 있다. 우리나라 유동성 규제는 제23장을 참고하기 바란다.

30 금리개정모형에서의 금리개정갭(repricing gap)은 자산과 부채의 다음 금리개정일까지의 잔존기간을 기준으로 구분하여 계산한다.

31 LCR과 NSFR에 관해서는 제23장을 참조하기 바란다.

Box 16-2 | 은행의 유동성비율과 유동성위험관리

하나은행은 유동성위험관리의 일환으로 자금유출입이 발생하는 대차대조표상의 모든 자산과 부채 및 부외거래를 대상으로 원화유동성비율, 외화유동성비율 및 외화만기불일치비율을 측정하고 있다고 설명한다. 금융감독원이 정한 기준을 준수하기 위하여 매일 해당 지표를 모니터링하고 있으며, 매월 리스크관리위원회, 분기별로 리스크위원회에 보고가 이루어지고, 아울러 스트레스 테스트도 실시하고 있다고 밝히고 있다. 다음은 그 중 하나은행이 공시한 2014년 12월 말 유동성비율 현황이다.

2014년 12월 말 유동성비율 현황

〈원화 유동성비율〉 (단위 : 십억원, %)

	1개월 이하	3개월 이하	6개월 이하	1년 이하	3년 이하	3년 초과	합계
자산	46,105.2	70,598.6	98,752.9	139,030.4	169,330.9	39,987.7	209,318.6
부채	42,009.7	73,527.4	100,168.8	141,585.5	158,397.2	52,517.4	210,914.6
차이	4,095.5	−2,928.8	−1,415.9	−2,555.1	10,933.7	−12,529.7	−1,596.0
유동성비율	109.7%						

주 : 금감원보고서 작성방식(누적)

〈외화 유동성비율〉 (단위 : 백만미불, %)

	3개월 이하	6개월 이하	1년 이하	3년 이하	3년 초과	합계
자산	34,494	51,027	66,743	77,068	3,371	80,439
부채	34,422	46,505	62,975	77,219	2,877	80,096
차이	71	4,521	3,768	−151	494	343
유동성비율	100.2%					

주 : 한국은행 작성방식(누적)(유동화지수 적용 후)

자료 : 하나은행, 2014년 하나은행 현황(은행업감독규정 제41조에 의한 공시자료)

5.2.3 자금조달갭

요구불예금 중 상당 부분은 은행에 장기간 머무는 핵심예금(core deposits)으로서 대출금의 원천이 된다. 여기서 **자금조달갭**(financing gap)은 다음과 같이 정의된다.

$$\text{자금조달갭} = \text{평균대출금} - \text{평균핵심예금} \tag{16.41}$$

따라서 자금조달갭이 클수록 금융시장에서 조달해야 하는 자금이 많이 필요하며, 그 결과 유동성위험이 그만큼 커지게 된다. 이는 예금의 인출이 증대하고 있거나 대출이 증대하고 있음을 시사한다. 유동자산을 줄이지 않는다면 더 많은 자금의 차입이 필요하고, 과도한 차입은 단기금융시장에서 금융기관의 신용도에 회의를 불러 일으켜 자금차입의 지속 또는 갱신이 어려워져 유동성 문제를 일으킬 소지가 크다. 1984년 미국 콘티넨탈일리노이은행(Continental Illinois Bank)의 파산은 적은 예금규모로 외부차입이 증가한 상황에서 동 은행의 신용도를 우려한 금융시장에서의 자금공급 거절로 발생되었다. 1997년 우리나라의 외환위기는 우리나라에 대한 신용도가 하락하여 은행들의 외화차입이 어려워져 유동성위기로 이어진 경우이다.

5.2.4 다른 금융기관 비교

다른 금융기관과의 비교 방법은 주요 비율, 예를 들면 예금 대비 대출금 비율, 총자산 대비 차입금 비율, 총자산 대비 대출약정액 비율 등을 비슷한 규모와 지역적 특성을 가지는 금융기관의 비율과 비교하는 것이다. 예금 대비 대출금의 비율이 높다거나 총자산 대비 차입금의 비율이 높다면 이는 미래 유동성 문제가 발생할 수 있음을 시사하는 시그널이 될 수 있다. 대출약정액이 큰 금융기관은 상대적으로 유동성위험에 노출될 가능성이 더 크다.

5.2.5 유동성지수

유동성지수(liquidity index)는 각 자산별로 정상적인 시장상황에서의 공정가격 대비 유동성위기 시에 적용될 헐값 매각가격과의 비율을 가중평균한 값으로 측정한다. 이 지수는 영과 1 사이의 값을 가지며, 이 값이 적을수록 유동성위험이 상대적으로 큼을 나타낸다.[32]

32 미국 연방준비은행의 짐 피어스(Jim Pierce)에 의해 개발된 지표이다.

5.3 유동성위험의 관리

예금기관들은 예금의 인출에서 발생하는 부채 측면의 유동성위험을 자금차입에 의한 유동성관리(purchased liquidity management)와 현금의 감소 또는 자산매각에 의한 유동성관리(stored liquidity management)로 대응하고 있다. 그리고 유동성비율과 유동성갭의 한도 설정 및 모니터링, 위기상황분석 등으로 유동성위험을 관리한다.

5.3.1 자금차입에 의한 유동성관리

전통적으로 금융기관들은 현금의 감소 또는 자산의 매각에 의한 유동성 관리방법을 취하여 왔다. 그러나 오늘날에는 많은 금융기관들이 단기금융시장에서 자금차입을 통한 유동성관리에 더 무게를 두고 있다. 다음과 같은 재무상태표를 고려하자.

(단위 : 억원)

자산	100	예금	60
		차입금	10
		기타 유동부채	30
계	100	계	100

이 금융기관에 예금의 순인출이 5억원이 발생해 예금이 55억원으로 감소했다고 하자. 금융기관은 단기금융시장에서 예금인출분에 해당하는 자금을 차입할 수 있다. 이 경우 조달비용이 저렴한 요구불예금을 다소 높은 금리를 지급하는 시장차입금으로 충당해야 한다. 따라서 시장금리가 높으면 높을수록 금융기관이 부담하는 비용은 커진다. 시장차입금으로 순예금인출에 대처하면 재무상태표는 다음과 같다.

(단위 : 억원)

자산	100	예금	55
		차입금	15
		기타 유동부채	30
계	100	계	100

이 결과 자산의 규모 및 구성에 영향을 미치지 않고 부채 항목의 조정으로 유동성을 관리한다. 즉, 자산규모는 여전히 100억원을 유지한다.

5.3.2 현금의 감소 또는 자산의 매각에 의한 유동성관리

예금의 인출을 금융시장에서의 차입으로 충당하는 것이 아니라 보유 유동자산의 처분에 의해서 충당하는 방법이다. 다음과 같은 재무상태표의 금융기관을 고려하자.

(단위 : 억원)

자산		부채	
현금	10	예금	60
기타 자산	90	차입금	10
		기타 유동부채	30
계	100	계	100

이 금융기관에 순예금인출이 5억원 발생하였다면 이 금융기관은 보유현금으로 이를 충당할 수 있다. 그 결과 이 은행의 재무상태표는 다음과 같다.

(단위 : 억원)

자산		부채	
현금	5	예금	55
기타 자산	90	차입금	10
		기타 유동부채	30
계	95	계	95

이 경우 금융기관의 자산과 부채는 5억원이 감소하게 된다. 이와 같이 현금으로 대처하는 유동성관리의 기회비용은 유동성관리를 위하여 이 현금을 높은 수익성을 창출하는 자산에 투자할 수 없다는 점이다.

5.3.3 유동성비율과 유동성갭에 의한 유동성관리[33]

금융기관은 유동성비율, 유동성갭 등에 한도를 부여하여 정기적으로 한도 준수 여부

33 금융감독원, 시장과 함께하는 리스크 관리 콘서트, 2006. 7

를 모니터링한다. 이 외에도 주기(일일, 주간, 월간 등)적인 자금계획을 수립하여 유동성을 관리한다. 단기자금시장에서 콜론, 콜머니, RP매수, CD발행, 차입금, 당좌차월, FX스왑[34] 등을 통해 일시적인 자금의 과부족을 해소하며, 통안채, 국고채권 등 유동성이 높은 투자채권을 보유하여 유동성 확보와 아울러 상대적으로 높은 수익성을 확보한다.

평상시의 시장상황을 벗어나는 비정성적인 충격에 대비하여 **위기상황분석**(stress testing)을 실시하고 이에 대한 대응방안도 마련한다. 유동성관리 차원의 시나리오는 주요 자금조달원의 이탈, 자금조달시장의 붕괴, 금융기관의 신용등급 하락, 운용자산의 급격한 부실화 등이 있다. 대응방안에는 정상, 악화, 위기 등 유동성위기 단계별 상황설정, 각 단계별 발생징후의 판단기준 및 징후포착을 위한 점검주기, 그리고 단계별 조치사항 및 조치절차 등이 포함되어야 한다.

6. 요약

오늘날 금리의 변동성이 증대하면서 금융기관의 금리위험의 측정과 관리는 그 중요성이 증대되고 있다. 금융기관은 조달금리변동위험, 운용(투자)금리변동위험, 그리고 시장가치변동위험에 노출된다. 금융기관들은 이러한 금리위험을 측정하고 관리하고자 금리개정모형과 듀레이션모형을 사용한다. 금리개정모형은 특정 기간 중 금리민감자산과 금리민감부채의 차이를 계산하여 금리의 변화가 순이자이익에 미치는 영향을 분석하는 모형이다. 듀레이션모형은 현금흐름의 시기를 고려한 모형으로서 자산과 부채의 듀레이션을 이용하여 자기자본가치의 변화를 측정하는 모형이다. 금리위험은 선도계약, 선물, 스왑 등의 파생금융상품에 의해서 헤징할 수 있다. 한편 유동성위험은 예금의 인출 등에 대

34 외환스왑(foreign exchange swap)은 거래의 양 당사자가 현재의 계약환율에 따라 서로 다른 통화를 교환하고, 일정기간 후 최초 계약시점에서 정한 선물환율에 따라 원금을 다시 교환하는 거래이다. 이는 여유 통화를 일정기간 맡기고 부족한 통화를 차입하는 형태이다. 만기가 1년 이내의 단기거래로 이자를 교환하지 않는다는 점에서 통화스왑(currency swap)과 구별된다.

응하지 못하는 경우로서 자산 측면과 부채 측면에서 유동성을 관리하여야 한다. 유동성 위험은 유동성의 원천과 사용, 유동성비율과 유동성갭, 자금조달갭, 다른 금융기관과의 비교, 유동성지수 등에 의하여 측정하고, 자금차입, 현금의 감소 또는 자산의 매각, 그리고 유동성비율과 유동성갭의 한도 설정 및 모니터링, 위기상황분석 및 대응방안 등에 의하여 관리한다.

연 | 습 | 문 | 제

01. 금리위험의 내용을 설명하시오.

02. 금리개정모형의 내용과 단점을 설명하시오.

03. 듀레이션의 계산방법과 그 경제적 의미를 설명하시오.

04. 선물을 이용한 금리위험 헤징을 설명하시오.

05. 금리스왑의 가치평가방법을 채권의 보유와 발행으로 설명하시오.

06. 금리스왑이 자산과 부채의 듀레이션을 변화시키는 이유를 예를 들어 설명하시오.

07. 유동성위험의 측정방법을 설명하시오.

08. 다음 재무상태표 항목을 보고 물음에 답하시오.[35]

(단위 : 백만원)

	듀레이션	금액
자산 : 단기국채	0.5년	90
중기국채	0.9년	55
장기국채	X	176
대출자산	7년	2,724
부채 : 예금	1년	2,092
단기차입금	0.01년	238
자기자본		715

주 : 장기국채의 만기는 5년이고, 연 6%의 이자를 6개월마다 지급하며, 현재 액면가로 거래되고 있다.

(1) 장기국채의 듀레이션을 계산하시오.

(2) 자산의 듀레이션을 계산하시오.

(3) 부채의 듀레이션을 계산하시오.

(4) 듀레이션갭($D_A - kD_L$)을 계산하시오.

(5) 만약 $\frac{\Delta R}{(1+R)} = 0.005$라면 자기자본 시장가치에 미치는 영향은 무엇인가?

(6) 만약 $\frac{\Delta R}{(1+R)} = -0.0025$라면 자기자본 시장가치에 미치는 영향은 무엇인가?

35 Saunders, A. and M. Cornett(2008)에서 인용

09 다음의 자료를 이용하여 물음에 답하시오.[36]

(단위 : 백만원)

구분	항목	금액
자산	현금	10
	단기국채 : 만기 1개월(7.05%)	75
	단기국채 : 만기 3개월(7.25%)	75
	중기국채 : 만기 2년(7.5%)	50
	장기국채 : 만기 10년(8.96%)	100
	지방채 : 만기 3년(3개월 변동금리)(8.2%)	25
	계	335
부채	초단기차입 : 만기 1일(7%)	170
	후순위채 : 7년 만기(고정금리)(8.55%)	150
	계	320
자기자본		15

주 : 괄호 속의 금리는 시장금리임.

(1) 금리개정갭의 평가기간이 1개월, 3개월, 또는 2년일 때의 갭을 각각 계산하시오.

(2) 모든 금리가 0.5%포인트 증가한다면 향후 1개월의 갭기간 동안 순이자소득에는 어떤 변화가 있겠는가?

(3) 자산의 듀레이션은 3.41년, 부채의 듀레이션은 3.5년이라면, 이 기업의 듀레이션갭($D_A - kD_L$)은 얼마인가?

(4) 위 (3)번의 듀레이션갭으로부터 이 기업의 금리위험에 대하여 어떤 이야기를 할 수 있겠는가? 그리고 (1)번의 1개월 경우의 갭모형으로부터는 어떤 금리위험 이야기를 할 수 있겠는가?

(5) 금리가 0.5%포인트 증가한다면 1개월 만기 및 3개월 만기 국채 포트폴리오의 시장가치는 각각 어떻게 변화하겠는가?

10. 자동차 할부금융을 제공하는 금융기관이 기업어음(commercial paper)을 발행하여 자금을 조달하고 있다. 기업어음은 6개월 만기로 6개월마다 재발행하여 자금을 조달한다. 이 금융기관은 최상의 신용등급으로 기업어음 금리는 6개월물 LIBOR + 0.25%이다. 자동차 할부금융은 4년 만기 고정금리 14.5%이다. 할부금은 균등분할상환되고 있다. 현재 6개월물 LIBOR는 8%이다. 이 금융기관의 운영비는 대출금의 4%이다. 이 금융기관은 금리스왑을 통하여 금리위험을 헤징하려고 한다. 4년 만기 금리스왑은 8.2%로 지급하고 6개월물 LIBOR로 수취하는 형태이다.[37]

(1) 이 금융기관이 금리위험에 노출되는 이유를 설명하시오.

(2) 금리스왑을 이용할 때의 이 금융기관의 순현금흐름을 계산하시오

(3) 주어진 금리스왑을 이용하여 이 금융기관의 이익률(profit margin)을 계산하시오.

(4) 이 금리스왑의 기대효과를 설명하시오.

---

36 Saunders, A. and M. Cornett(2008)에서 인용

37 Marshall, J. F. and K. R. Kapner(1993), *Understanding Swaps*, John Wiley & Sons, Inc., pp.67~69.

CHAPTER 17

환위험관리

본 장에서는 시장위험의 일부인 환위험의 정의, 측정 및 관리방안에 대하여 공부한다. 먼저 환위험에 노출되는 경우를 통해 환위험의 내용을 공부한 후, 외환거래(trading)위험과 포트폴리오(investment)위험의 측정에 대하여 살펴본다. 그 다음에는 부내헤징과 선물환거래를 이용한 부외헤징에 대하여 공부한다. 마지막으로 국내금리, 외국금리, 현물환율과 선물환율 간의 관계를 나타내는 금리평형이론에 대하여 논의한다. ■

1. 환위험이란 무엇인가?

오늘날 금융기관들의 금융거래는 국내에 한정되지 않고 해외에서도 활발하게 이루어진다. 그 결과 금융기관들의 외국환 거래규모가 커지고, 해외직접투자, 포트폴리오투자, 또는 외화표시 증권의 발행, 해외차입, 외화예수금 등으로 외화표시 자산과 부채가 증가하고 있다. 따라서 국제금융업무를 수행하는 금융기관들은 환율의 변동으로 보유 자산 및 부채의 가치가 변동되는 위험에 노출되어 있다. 국제금융활동을 추구하는 과정에서 환율의 변동으로 자산 또는 부채의 가치가 불리하게 변동될 위험이 **환위험**(foreign exchange risk)이다. 시장위험은 금융상품의 가격, 금리, 환율 등의 변화로 말미암아 금융기관의 포지션의 가치가 감소되는 위험을 말하기 때문에, 환위험은 넓은 의미의 시장위험에 포함된다.

1970년대 이후 금융환경의 변화로 환율의 변동성이 커지고, 금융산업의 국제화가 진전되어 국제금융이 증가함에 따라 금융기관들의 환위험이 증가되었다. 이에 따라 오늘날 환위험의 측정과 관리는 금융기관들의 중요한 관심분야의 하나이다. 예기치 못한 환율의 변동으로 인한 기업가치의 변화는 환위험관리의 중요성을 더욱 부각시키고 있다. 특히 1997년에 아시아에서 시작된 외환위기와 2008년 미국의 서브프라임 모기지 대출로 촉발된 금융위기는 환위험의 중요성을 다시금 새롭게 하는 계기가 되었다. 아래에서는 환위험에 노출되는 경우를 각각 살펴본다.

예제 17-1

조달과 운용의 통화표시가 서로 다른 경우

예를 들어 우리나라 기업이 1억원을 원화로 조달하여 미 달러화로 대출하였다고 가정하자. 대출 시 환율이 1달러당 1,000원이라면 대출금은 10만달러이다.

자산	10만달러(U$) (원화환산액 1억원)	부채	1억원(₩)

만약 원리금 상환 시에 미 달러화의 가치가 하락하여 1달러당 980원이 된다면 상환된 원금을 다시 원화로 바꾸었을 때의 금액은 9,800만원으로 원래의 원금보다 작아지게 된다. 여기에 수취한 이자의 원화환산액의 감소까지 고려한다면 그 가치의 감소는 더 커진다.

자산	10만달러(U$) (원화환산액 9,800만원)	부채	1억원(₩)

이와 같이 원화로 조달하여 외화로 운용하는 경우에 그 외화의 가치가 하락하면 나중에 상환받은 금액을 원화로 바꾼 금액이 적어지는 환위험에 노출된다. 반대로 외화로 조달하여 원화로 운용한 경우에 외화의 가치가 올라가면 나중에 상환해야 되는 원화의 금액이 그만큼 증가하게 되어 환위험에 노출된다. 이를 요약하면 다음과 같다.

| 표 17-1 | 외화표시 자산과 부채의 환위험

	외화가치 상승(원화가치 하락)	외화가치 하락(원화가치 상승)
외화표시 자산 보유	환차익	환차손
외화표시 부채 보유	환차손	환차익

예제 17-2

외화로 조달하여 외화로 운용하지만 그 규모가 서로 다른 경우

[예제 17-1]과 같이 조달과 운용의 통화표시가 다른 경우 환위험에 노출된다. 그렇다면 조달과 운용 통화가 동일하지만 그 규모가 다른 경우를 살펴보자. 먼저 특정 외화표시 자산이 특정 외화표시 부채보다 큰 경우(net long position)에는 해당 외화의 가치가 하락하면 자산의 가치 하락이 부채가치의 하락보다 더 크기 때문에 환위험에 노출된다.

예를 들어 금융기관이 1만달러의 자산과 7천달러의 부채를 보유하고 다른 자산과 부채는 없다고 가정하자. 환율이 1달러당 1,000원이라면 자산과 부채의 가치는 각각 1,000만원과 700만원이다.

자산	1만달러(U$) (원화환산액 1,000만원)	부채 자기자본	7,000달러(U$) (원화환산액 700만원) 300만원

그러나 미 달러화의 가치가 하락하여 1달러당 환율이 980원이 되면 자산가치는 980만원인 반면 부채가치는 686만원이다. 자산가치는 20만원이 감소하지만, 부채가치는 14만원 감소하여 그 차이인 6만원만큼 자기자본이 감소되는 환위험에 노출된다.

자산	1만달러(U$)	부채	7,000달러(U$)
	(원화환산액 980만원)		원화환산액 686만원)
		자기자본	294만원

마찬가지로 특정 외화표시 부채가 특정 외화표시 자산보다 많은 경우(net short position)에는 외화의 가치가 증가할 경우 부채가치의 증가가 자산가치의 증가보다 더 크기 때문에 환위험에 노출된다. 예를 들어 부채가 1만달러이고 자산이 7천달러인 경우를 생각해보자. 만약 1달러당 환율이 1,000원이라면 각각 부채와 자산의 가치는 1,000만원과 700만원이다. 설명의 편의상 기타자산이 400만원이 있다고 가정하면 재무상태표는 다음과 같다.

자산	7,000달러(U$)	부채	1만달러(U$)
	(원화환산액 700만원)		(원화환산액 1,000만원)
기타자산	400만원	자기자본	100만원

그러나 미 달러화의 가치가 증가하여 1달러당 환율이 1,020원으로 증가하면 부채가치는 1,020만원인 반면에 자산가치는 714만원이다. 따라서 부채가치는 20만원이 증가되지만 자산가치는 14만원 증가에 그쳐 그 차이인 6만원만큼 자기자본이 감소되는 환위험에 노출된다.

자산	7,000달러(U$)	부채	1만달러(U$)
	(원화환산액 714만원)		(원화환산액 1,020만원)
기타자산	400만원	자기자본	94만원

예제 17-3

조달과 운용의 외화규모는 동일하지만 그 만기가 서로 다른 경우

위의 예제는 자산과 부채의 규모가 서로 다르면 환율변동으로 환위험에 노출됨을 보여주고 있다. 그러나 규모가 동일할지라도 만기가 다르면 금융기관은 아직도 외환금리위험(foreign interest rate risk)에 노출된다. 예를 들면 만기 3개월의 기업어음으로 1만달러를 조달하여 만기 6개월의 고정금리로 1만달러를 대출하였다고 가정하자. 만약 3개월 후 만기 도래한 기업어음의 상환자금을 마련하기 위하여 기업어음을 재발행할 때 금리가 상승하면 외환금리위험에 노출된다. 따라서 기본적으로 환위험과 외환금리위험에 노출되지 않기 위해서는 자산과 부채의 규모뿐만 아니라 그 만기도 일치시켜야 한다.

2. 환위험의 측정

금융기관들은 금융의 국제화가 진전되면서 외환거래가 늘어나고, 외화표시 자산과 부채에 상당한 포지션을 갖게 된다. 환위험은 이러한 외환거래 및 외화표시 자산과 부채의 포트폴리오로부터 발생한다. 특정 통화에 대한 환위험의 정도는 다음과 같은 **순포지션 노출**(net position exposure)에 의하여 측정될 수 있다.

순포지션 노출 = (외화표시 자산 − 외화표시 부채)
+ (통화 매입 − 통화 매도)
= 순외화표시 자산 + 순통화 매입

순포지션 노출이 양의 값(net long)이면 외국통화의 가치가 국내통화의 가치보다 상대적으로 하락하는 경우에 환위험에 노출되고, 순포지션 노출이 음이면 외국통화의 가치가 국내통화의 가치보다 상대적으로 증가하는 경우에 환위험에 노출된다. 따라서 특정 통화의 자산규모와 부채규모를 일치시키고, 매입과 매도의 거래량을 일치시켜 순포지션 노출을 영으로 만듦으로써 환위험을 해소할 수 있다. 또는 순외화표시 자산의 규모를 순통화 매입의 반대 포지션 규모와 상쇄시켜 위험을 회피할 수 있다.

일정한 순포지션 노출에서는 환율의 변동성이 크면 클수록 자산과 부채 가치의 변동성이 커지므로 상대적으로 환위험이 증가하게 된다. 결론적으로 환위험은 순포지션 노출과 외국통화의 변동성의 정도에 의하여 결정된다. 다음에서는 환위험의 측정을 거래위험과 포트폴리오위험으로 나누어 살펴본다.

2.1 외환거래위험의 측정

외환거래(foreign exchange trading)**위험**을 제이피모건(JPMorgan)의 리스크메트릭스

모형(RiskMetrics Model)에 의하여 측정하는 방법을 알아보자. 시장에서 신속히 거래가 이루어질 수 있는 만기 1년 이내의 거래포트폴리오(trading portfolio)의 위험은 불리한 환경의 변화에서 예상되는 잠재적 손실(potential loss)을 의미한다. 즉, 특정 외국통화의 잠재적 손실은 내국통화로 환산된 외국통화의 가치와 환율의 변동성의 함수로 표시된다.

잠재적 손실 = (내국통화로 환산된 포지션) × (가격(환율) 변동성)

예제 17-4

미 달러화로 10만달러의 포지션을 가진 경우를 가정해 보자. 먼저 미 달러 포지션을 원화와의 환율(₩1,000/U$ 가정)에 따라 환산하면 다음과 같이 1억원이다.

U$100,000 × ₩1,000/U$ = ₩100,000,000

그리고 과거 1년간 미 달러화와 원화 간의 환율의 일일변동성(표준편차)이 0.005라고 가정하자. 신뢰수준 95%를 가정할 때 그에 해당되는 값은 1.65σ이므로 환율의 변동성은 다음과 같다.

1.65 × 0.005 = 0.00825

그러므로 95% 신뢰수준에서 일일 잠재적 손실액은 다음과 같다.

(₩100,000,000) × (0.00825) = ₩825,000

즉, 현재의 10만달러의 외환보유액은 5%의 발생확률에서 잠재적 손실가능액이 825,000원이다. 향후 10일 동안의 잠재적 손실가능액은 다음과 같이 계산된다.

(₩825,000) × ($\sqrt{10}$) = ₩2,608,879

2.2 외환포트폴리오위험의 측정

환위험은 외화표시 자산과 부채의 불일치에서도 발생한다. 예를 들어 자산운용의 한 방법으로 외화표시 채권을 보유하거나 자금조달 방안으로 외화표시 채권을 발행해 자산과 부채의 규모가 불일치하면 **외환포트폴리오위험**이 발생한다. 특정 통화의 자산이 그 통화의 부채를 초과하면 그 통화에 대해 매입포지션(long position)이라 하고, 반대로 부채가 자산을 초과할 경우에는 매도포지션(short position)이라 한다.

다음의 예를 통하여 환율의 변동이 금융기관의 수익률에 미치는 영향에 대하여 살펴보자. 미래은행의 가상 재무상태표가 다음과 같다고 하자. 논의의 편의상 자기자본은 고려하지 않는다.

100억원(₩)(6%, 1년)	200억원(₩)(5%, 1년)
100억원(U$)(9%, 1년)	

미래은행이 1년 만기 연 5%의 금리로 200억원을 모두 원화로 조달하여, 100억원은 원화로 1년 만기 연 6%의 금리로 대출하고, 나머지 100억원은 미 달러화로 연 9%의 금리로 대출하였다고 가정하자. 동일한 만기로 금리위험은 없지만 자산과 부채의 통화가 일치하지 않기 때문에 환위험에 노출된다.

먼저 $t = 0$시점에서 원화로 조달된 100억원을 미 달러화로 전환하여야 한다. 환율이 1달러당 1,000원이라고 가정하면 100억원은 1,000만달러이다. 이렇게 조달된 미 달러화를 연 9%로 1년간 대출한다. $t = 1$시점에서 원리금으로 1,090만달러를 받게 된다.

만약 환율이 변동이 없어 여전히 1달러당 1,000원이라면 원리금의 가치는 109억원이 되고 수익률은 9%이다.

U$1,090만 × ₩1,000/U$ = ₩109억

(109억원 − 100억원)/100억원 = 0.09

그러므로 자산포트폴리오의 가중평균수익률은 7.5%이고, 조달비용 5%보다는 2.5%p가 높다.

$$(0.5)(0.06) + (0.5)(0.09) = 0.075$$

그러나 만약 환율이 변동되어 1달러당 950원, 즉 미 달러화가 약세가 된다면 원리금

1,090만달러의 원화 환산액은 103.55억원이 되고 수익률은 3.55%에 그치게 된다.

U$1,090만 × ₩950 / U$ = ₩103.55억

(103.55억원 − 100억원) / 100억원 = 0.0355

따라서 가중평균수익률은 4.775%가 되어 조달비용 5%에 못 미친다.

$$(0.5)(0.06) + (0.5)(0.0355) = 0.04775$$

이와 같이 외국통화가치의 변화로 말미암아 금융기관은 환위험에 노출된다. 따라서 미 달러화의 수익률이 국내통화의 수익률보다 높다 할지라도 추후 약세가 되어 통화가치가 떨어진다면 높은 수익률 효과가 모두 상쇄될 수 있다. 물론 반대로 미 달러화가 강세가 된다면 기존의 높은 수익률에 환율상승에 따른 환차익까지 거둘 수 있게 된다.

유제 17-1

만약 달러화가 강세가 되어 환율이 1달러당 1,050원이 되었다면 이 금융기관의 미 달러화 대출의 수익률은 얼마인가? 그리고 자산의 가중평균수익률은 얼마인가?

Box 17-1 | 브라질 국채의 환위험

국내금리가 저금리 기조를 유지함에 따라 고수익을 찾아 브라질 국채에 투자한 일부 기업과 개인투자자들의 투자손실이 부각되고 있다. 브라질 국채는 브라질 통화인 헤알화 표시 채권으로 국내 투자자들은 주로 10년 만기 이표채에 투자한 것으로 알려졌다. 다음은 dongA.com의 인터넷판 기사의 일부이다(2015년 10월 7일 자).

"헤알화 가치가 폭락하면서 브라질 국채의 손실도 커지고 있다. 9월 말 현재 국내 증권사의 브라질 국채 판매 잔액은 5조 8,000억원 수준이다. 브라질 경제가 고속성장하던 2010~2012년 연 10%대의 고금리와 비과세 혜택이 부각되면서 투자자들이 대거 몰렸다.

하지만 2011년 최고 690원대로 치솟았던 원–헤알 환율이 최근 300원대 밑으로 떨어지면서 투자자들은 원금의 반 토막 이상의 대규모 환차손을 보게 됐다. 여기다 국제신용평가사 스탠더드앤드푸어스(S&P)가 지난 달 브라질의 국가신용등급을 투기등급으로 강등한 뒤 브라질 국채의 가격 하락(국채금리는 상승)이 계속되고 있다. 9월 초 14%대였던 브라질 10년 국채금리는 최근 16%대까지 치솟았다. 환차손에 채권가격 하락에 따른 투자 손실까지 가중되고 있는 것이다."

브라질 국채의 비과세 고수익률에도 불구하고 헤알화 가치의 하락으로 높은 수익률이 상쇄되는 환위험에 노출된 사례이다. 아울러 이 경우 채권금리 상승으로 채권 가치가 하락되는 금리위험에도 노출되어 있다.

3. 환위험관리

원화로 조달된 부채를 외화표시 자산으로 운용하는 경우에 환율의 변동으로 금융기관은 환위험에 노출된다. 앞서 살펴본 미래은행의 예에서 환율이 1,050원이면 수익률은 14.45%지만, 환율이 950원이 되면 외화표시 자산의 수익률은 3.55%가 되어 환위험에 노출된다. 환율이 1,050원인 경우에는 자산의 가중평균수익률이 10.225%로 5.225%의 이익이 발생하고, 환율이 950원인 경우에는 자산의 가중평균수익률이 4.775%로 0.225%의 손실이 발생한다.

이러한 환위험은 부내헤징(on-balance-sheet hedging)과 부외헤징(offbalance-sheet hedging)의 두 가지 방법으로 관리할 수 있다. 부내헤징은 재무상태표의 자산과 부채의 변화를 통하여 환위험으로부터 금융기관의 수익률을 보호하는 방법이며, 부외헤징은 재무상태표의 변화가 아니라 선물, 옵션 등 파생금융상품을 이용하여 환위험을 헤징하는 방법이다.

3.1 부내헤징

부내헤징은 내부적 기법이라고도 불리는 방법으로, 재무상태표의 자산과 부채를 변화시켜 환위험을 헤징하는 것을 말한다.

앞의 소절 2.2의 예와 달리 100억원에 해당하는 미 달러화 대출을 미 달러화로 조달하여 외화자산과 외화부채를 일치시키는 경우를 생각해보자. 그 경우 재무상태표는 다음과 같다.

100억원(₩)(6%, 1년)	100억원(₩)(5%, 1년)
100억원(U$)(9%, 1년)	100억원(U$)(6%, 1년)

이제 미 달러화의 원화 대비 약세 또는 강세가 금융기관의 수익률에 미치는 영향을 살펴보자.

예제 17-5

외국통화의 가치가 하락하는 경우

미 달러화가 약세가 되어 환율이 1달러당 1,000원에서 950원으로 하락하는 경우를 살펴보자. 먼저 자산을 살펴보면 앞서 논의된 바와 같이 100억원의 달러환산액 1,000만달러의 대출에 대하여 $t = 1$에 원리금 1,090만달러를 수취하고, 이 원리금의 원화환산액은 103.55억원이 되어 수익률은 3.55%에 그친다.

U$1,090만 × ₩950/U$ = ₩103.55억
(103.55억원 − 100억원)/100억원 = 0.0355

부채는 $t = 0$시점에 100억원에 해당하는 1,000만달러를 6% 금리로 차입하고, $t = 1$시점에 1,060만달러를 상환한다. 환율 950원을 적용한 상환액은 100.7억원이고 그 결과 차입비용은 0.7%이다.

U$1,060만 × ₩950/U$ = ₩100.7억
(100.7억원 − 100억원)/100억원 = 0.007

따라서 자산의 가중평균수익률은 4.775%, 가중평균조달비용은 2.85%가 되어 순이익은 1.925%가 된다.

가중평균수익률 : (0.5)(0.06) + (0.5)(0.0355) = 0.04775
가중평균조달비용 : (0.5)(0.05) + (0.5)(0.007) = 0.0285
순이익 : 0.04775 − 0.0285 = 0.01925

예제 17-6

외국통화의 가치가 상승하는 경우

이번에는 미 달러화가 강세가 되어 환율이 1,000원에서 1,050원으로 증가된 경우를 살펴보자. 먼저 자산의 원리금상환액 1,090만달러의 원화환산액은 114.45억원이고, 수익률은 14.45%이다.

U$1,090만 × ₩1,050/U$ = ₩114.45억
(114.45억원 − 100억원)/100억원 = 0.1445

t = 1시점의 부채상환액 1,060만달러를 환율 1,050원을 적용하여 계산한 원화상환액은 111.3억원이고, 차입비용은 11.3%이다.

U$1,060만 × ₩1,050/U$ = ₩111.3억
(111.3억원 − 100억원)/100억원 = 0.113

따라서 자산의 가중평균수익률은 10.225%, 가중평균조달비용은 8.15%가 되어 순이익은 2.075%가 된다.

가중평균수익률 : (0.5)(0.06) + (0.5)(0.1445) = 0.10225
가중평균조달비용 : (0.5)(0.05) + (0.5)(0.113) = 0.0815
순이익 : 0.10225 − 0.0815 = 0.02075

[예제 17-5]와 [예제 17-6]의 예에서 보면 금융기관은 환율이 950원이나 1,050원이 되더라도 각각 1.925%와 2.075%의 수익률을 내고 있다. 따라서 헤징을 하지 않은 앞의 소절 2.2(외환포트폴리오위험의 측정)의 예에 비하여 모두 양의 수익을 내고 있고, 수익률의 변동폭도 줄어들었음을 알 수 있다.

앞의 예에서는 하나의 외국통화의 자산과 부채를 고려하였다. 그러나 여러 가지 통화의 자산과 부채를 보유한 금융기관의 경우에는 일반적인 다변화(diversification) 정책을 통하여 위험을 줄일 수 있다. 특히 통화수익률 간의 상관관계가 낮을수록 여러 통화로 이루어지는 자금조달과 분산투자의 다변화 효과는 크게 나타날 수 있다.

이와 같이 해당 외화의 자산과 부채 규모를 일치시킴으로써 환위험을 줄이고자 하는 방법 외에도, 외화가치의 변화에 따라 외화자금의 결제시기를 앞당기거나(leading) 늦춤(lagging)으로써 환위험을 최소화할 수도 있다. 그 밖에 본점과 지점 또는 지점 상호 간에 발생한 채권 · 채무를 서로 상계한 후 그 차액만큼을 지급 또는 수취하는 방법(netting)도 사용할 수 있다.

3.2 부외헤징

환위험헤징을 위한 **부외헤징**으로는 선물환, 통화선물, 통화옵션 및 통화스왑 등이 사용된다. 부외헤징은 외부적 기법이라고도 불린다. 주로 장외상품인 선물환거래 및 통화스왑을 통한 거래가 활발하며, 거래소를 통한 통화선물과 통화옵션의 거래는 상대적으로 적은 편이다.

3.2.1 선물환거래를 이용한 헤징

재무상태표의 자산과 부채를 변화시키는 부내헤징 대신에 재무상태표 항목은 그대로 두고 외환의 **선물환**(forward)**거래**를 이용하여 헤징을 할 수도 있다. 선물환거래의 역할은 미래의 환율변동에 따른 불확실성을 제거하는 것이다. 즉, 미래의 불확실한 환율로 원화 환산액을 계산하기보다는 오늘 알려진 선물환거래의 환율을 이용하여 미래의 현금흐름을 확정시킴으로써 환율변동에 따른 불확실성을 제거하는 방법이다.

미래의 원리금을 선물환시장에서 매도함으로써 환위험을 헤징하는 방법을 앞서의 예를 이용하여 살펴보자.

100억원(₩)(6%, 1년) 100억원(U$)(9%, 1년)	200억원(₩)(5%, 1년)

먼저 100억원을 현물환율(spot exchange rate)인 1달러당 1,000원에 환전하여 1,000만달러를 확보하였다고 하자. 그 다음에 1,000만달러를 고객에게 9%로 1년간 대출하면 1년 후의 원리금 현금흐름은 1,090만달러이다. 1,090만달러의 원화환산액은 1년 후의 환율에 의하여 결정되며, 여기서 환율의 불확실성으로 인한 미래 현금흐름의 불확실성이 발생한다.

현금흐름의 불확실성을 제거하기 위하여 대출과 동시에 1년 후의 원리금 1,090만달러를 선물환시장에서 매도(short position)하는 계약을 체결한다. 예를 들어 1년 만기 선물환율(forward exchange rate)이 985원이라고 가정하자. 1년 후 선물환계약의 매입자는 매도자인 금융기관으로부터 1,090만달러를 수취하고 그 대가로 107.365억원을 금융기관에 지급하여야 한다.

U$1,090만 × ₩985/U$ = ₩107.365억

1년 후 대출을 받은 고객은 원금 1,000만달러와 이자 90만달러를 합친 1,090만달러를 상환한다. 그리고 금융기관은 이 금액을 선물환계약의 매입자에게 지급하고 미리 정해진 환율에 의하여 계산된 107.365억원을 수취한다. 그 결과 수익률은 7.365%로 확정된다.

(107.365억원 − 100억원)/100억원 = 0.07365

그러므로 자산의 가중평균기대수익률은 6.6825%이고, 원화조달비용이 5%이므로 환율변동과 관계없이 순이익은 1.6825%로 확정된다.

$$(0.5)(0.06) + (0.5)(0.07365) = 0.066825$$
$$0.066825 - 0.05 = 0.016825$$

여기서 우리는 선물환시장의 환율에 의하여 헤징된 미 달러화의 대출수익률이 원화대출금리인 6%보다 높은 7.365%임을 주목한다. 따라서 금융기관은 원화자금을 미 달러화로 바꾸어 미화 대출을 더 많이 하고, 그 해당 금액을 선물환시장에서 헤징함으로써 원화대출보다 더 높은 수익을 추구하려 할 것이다. 따라서 시장에서 대출재원으로 사용될 더 많은 미 달러화를 매입하고자 할 것이며, 이는 미 달러화의 가치를 올려서 환율(spot exchange rate)은 올라가게 된다. 동시에 선물환시장에서 매도하는 미 달러화의 물량이 증가함에 따라 선물환시장에서의 달러 값은 떨어지게 된다. 즉, 미화 1달러당 선물환율(forward exchange rate)은 하락하게 될 것이다. 따라서 대출원금으로 사용될 미 달러화로 환산된 금액은 적어지고, 원리금의 원화환산액도 작아지게 되어 미 달러화 대출의 수익률은 작아지게 된다.

외화표시 자산과 부채에 따라 필요한 **선물환 포지션**은 다음과 같다.

표 17-2 | 외화표시 자산과 부채에 따른 선물환 포지션

구분	선물환 포지션
외화표시 자산 보유	매도
외화표시 부채 보유	매입

실제로 우리나라에서 선물환거래를 이용하는 데에는 다음과 같은 한계가 있다.[1] 첫 번째는 대기업이거나 신용도가 높지 않은 기업은 선물환시장을 이용하는 데에 어려움이 있으며, 두 번째는 거래금액의 20~50%에 해당하는 담보를 제공하여야 하며, 세 번째는 환율이 유리하게 변동할 경우 실현될 수 있는 이익을 포기하여야 한다는 점이다.

3.2.2 통화선물을 이용한 헤징[2]

통화선물(currency futures)거래란 거래소에 상장되어 표준화된 특정 통화를 시장참가자 간 호가방식에 의해 결정되는 선물환율로 미래의 일정시점에 인수 · 인도할 것을 약속하는 계약을 의미한다.

1 한국선물거래소, 미국달러선물 미국달러옵션의 이해

2 한국은행, 한국의 금융시장, 2012

통화선물은 미래 일정시점에 계약 시에 약정된 가격으로 매입 · 매도한다는 점에서 장외시장의 선물환거래와 동일하나, 거래소에서 표준화된 거래조건에 의해서 매일매일 일일정산에 의하여 손익이 발생하며, 증거금 예치제도가 있다는 점에서 다르다.

우리나라에서는 1999년 4월 23일부터 한국선물거래소(현재의 한국거래소)에 미국달러선물이 상장되어 거래되고 있으며, 이후 2006년 5월 26일에 엔선물 및 유로선물이 상장되었으며, 2015년 10월 5일에는 위안선물이 추가로 상장되어 거래되고 있다.[3]

3.2.3 통화옵션을 이용한 헤징

통화옵션(currency options)이란 미래의 특정 시점(만기일 또는 만기 이전)에 특정 통화를 미리 약정한 가격으로 매입 또는 매도할 수 있는 권리를 말하며, 콜옵션과 풋옵션으로 나누어진다. 우리나라에서는 1999년 4월 23일에 미국달러옵션이 거래소에 상장되었으나 거래가 거의 이루어지지 않고 있다. 반면에 장외 통화옵션시장에서는 크게 증가하고 있는데, 이는 장외시장에서 더 다양한 상품개발이 가능하기 때문인 것으로 풀이된다.[4]

3.2.4 통화스왑을 이용한 헤징

통화스왑(currency swaps)은 미리 정해진 만기와 환율에 의해 상이한 통화로 차입한 자금의 원리금 상환을 서로 교환하는 장외거래이다. 통화스왑의 메커니즘은 다음과 같다.[5]

예를 들어 A는 달러화 자금을, B는 엔화 자금을 각각 유리한 조건으로 차입할 수 있는데, A는 엔화자금이, B는 달러화 자금이 각각 필요하다고 가정하자. 이 경우 A는 달러화 자금을, B는 엔화 자금을 각각 차입한 후 각각 조달한 자금을 서로 교환한다. 차입자금에 대한 이자는 최초 차입자가 아니라 자금이용자가 대신 지급하고, 만기가 되면 최초

---

3 거래량 자료는 한국거래소(www.krx.co.kr) 참조

4 환율의 급등으로 키코(KIKO) 통화옵션계약을 통해 과도한 헤징을 한 기업의 평가손실이 사회적 이슈가 되고 있다. 키코 통화옵션의 구조 및 이슈는 금융위원회 보도자료 'KIKO 거래규모 및 손익현황'(2008. 8. 1) 및 금융연구원 주간금융브리프 'KIKO 관련 주요 이슈와 경제적 함의'(2009. 1. 3) 등을 참조하기 바란다.

5 한국은행, 한국의 금융시장(2012). Hull(2009)의 6장 pp.140~145 또는 Marshall and Kapner(1993)의 pp.79~104에서는 스왑의 구조 및 헤징 예를 보여주고 있다.

차입자가 원금을 상환할 수 있도록 달러화 자금과 엔화 자금을 다시 교환하는 거래이다. 우리나라는 1999년 9월 국내 중개회사가 처음으로 중개하기 시작하였다.[6]

4. 현물환율, 선물환율 및 금리의 관계

환율과 금리 간에는 일정한 관계가 존재하는데, **현물환율**(spot exchange rate), **선물환율**(forward exchange rate), 그리고 금리 간의 관계를 **금리평형이론**(Interest Rate Parity Theorem : IRPT)이라고 부른다. IRPT에 의해 외국금리, 국내금리, 선물환율 및 현물환율 간의 관계를 나타내면 다음과 같다.

$$\frac{1+R_D}{1+R_F}=\frac{F}{S} \tag{17.1}$$

여기서 R_D는 국내금리이고, R_F는 외국금리이다. 그리고 F는 선물환율로 외국통화 1단위당 내국통화의 단위수를 말하고, S는 현물환율로 마찬가지로 외국통화 1단위당 내국통화수를 말한다. 예를 들면 1달러당 1,000원 방식의 환율표기를 말한다. IRPT는 외국투자의 헤징수익률이 국내 투자수익률과 같다는 것을 의미한다.

국내통화투자 현금흐름

만약 1원을 국내금리 R_D로 1기간 동안 투자하면 기말의 현금흐름은 다음과 같다.

$$₩1 \times (1 + R_D) \tag{17.2}$$

6 한국은행, 한국의 금융시장, 2012

외국통화투자 현금흐름

투자자가 외국통화표시 채권에 투자한다고 하자. 먼저 1원을 외국통화의 환율을 적용하여 외국통화가치로 변환하면 다음과 같다.

$$₩1/S \tag{17.3}$$

$1/S$단위의 외국통화를 R_F금리의 외국채권에 투자하면 기말의 현금흐름은 다음과 같다.

$$(1/S)(1 + R_F) \tag{17.4}$$

식 (17.4) 현금흐름의 환위험을 헤징하기 위하여 선물환시장에서의 환율인 F로 매도하면 기말의 국내통화표시 현금흐름은 다음과 같다.

$$(1/S)(1 + R_F)F \tag{17.5}$$

투자자들이 국내투자와 외국투자를 통하여 높은 투자수익률을 추구하는 과정에서 결국 국내투자의 현금흐름과 외국통화투자의 헤징된 현금흐름은 같게 된다. 이를 식으로 표시하면 다음과 같다.

$$1 + R_D = (1/S)(1 + R_F)F \tag{17.6}$$

만약 국내 투자수익률이 5%, 미국 투자수익률이 9%이고 미화 1달러당 환율이 1,020원이라면 선물환율은 982.57원이 된다.

$$1.05 = (1/1,020)(1.09)(982.57)$$

5. 요약

금융기관들의 국제화에 따라 외환 관련 거래가 증가하고 있으며, 환율의 변동으로 금융기관들이 환위험에 노출되고 있다. 금융기관이 원화로 조달하여 외화로 운용하는 경우 그 외화의 가치가 하락하면 환위험에 노출된다. 반대로 외화로 조달하여 원화로 운용하는 경우에도 외화의 가치가 증가하면 환위험에 노출된다. 조달과 운용의 외국통화가 일치한다고 하더라도 그 규모가 다르면 환율변동에 의하여 자기자본가치가 감소하는 환위험에 노출된다. 또한 규모까지 동일하더라도 만기가 다르면 여전히 외환금리위험에 노출된다.

환위험의 정도는 순포지션 노출에 의하여 측정되는데, 순포지션 노출이 양의 값이면 외국통화의 가치가 국내 원화가치보다 상대적으로 하락하는 경우에 환위험에 노출되며, 순포지션 노출이 음이면 외국통화의 가치가 국내 원화가치에 비하여 상승하는 경우에 환위험에 노출된다. 환위험은 외환거래(trading)위험과 포트폴리오(investment)위험으로 측정된다. 외환거래위험은 VaR모형으로 측정된다. 위험의 크기는 순포지션 노출과 외국통화의 변동성에 의하여 결정된다. 포트폴리오위험은 외화표시 자산과 부채의 불일치에서 발생한다. 환위험관리는 부내(on-balancesheet)헤징과 부외(off-balance-sheet)헤징으로 구분된다. 부내헤징은 내부적 기법이라고 불리는 방법으로 재무상태표의 자산과 부채를 변화시키는 방법으로 헤징하는 것을 말한다. 반면에 부외헤징은 외부적 기법이라고 불리는 방법으로 재무상태표 항목은 그대로 두고 외환의 선물환거래, 통화선물, 통화옵션 및 통화스왑 등을 통하여 환위험을 헤징하는 방법이다. 우리나라에서는 선물환과 통화스왑이 많이 사용되고 있다. 국내금리, 외국금리와 현물환율, 선물환율 간의 관계를 나타내는 이론을 금리평형이론이라고 한다.

연 | 습 | 문 | 제

01. 환위험의 측정방법을 설명하시오.

02. 부내헤징방법을 설명하시오.

03. 부외헤징방법을 설명하시오.

04. 투자자가 외국통화표시 채권에 투자한다고 가정하자.

(1) 먼저 1억원을 외국통화의 환율(S)을 적용하여 외국통화가치로 변환한 후, 이를 외국이자율(R_F)로 외국 채권에 1기간 동안 투자했을 때의 기말 현금흐름을 계산하시오(여기서 S는 현물환율로 외국통화 1단위당 내국통화수를 말한다).

(2) 위의 현금흐름을 선물환시장의 환율인 F로 매도하면 기말의 내국통화표시 현금흐름은 어떻게 표시되는가? (F는 선물환율로 외국통화 1단위당 내국통화 단위수를 말한다.)

(3) 1억원을 국내이자율(R_D)로 1기간 투자했을 때의 기말 현금흐름을 계산하시오.

(4) 위의 계산결과를 종합하여 금리평형이론(Interest Rate Parity Theorem)을 유도하시오.

CHAPTER 18

VaR모형과 시장위험관리

본 장에서는 금융기관의 시장위험관리에 대해 공부한다. 우선 시장위험을 정의하고 최근의 금융환경 변화 속에서 금융위험 원천의 확대와 금융기관들의 위험노출 확대에 대해 살펴본다. 다음으로 금융기관의 시장위험 측정방안을 논의하는데, 최근에 크게 각광받고 있는 위험가치(Value at Risk) 개념을 소개하고 실제 계산방법을 설명한다. 위험가치 계산방법으로 델타 · 노말방법(또는 분산 · 공분산방법), 델타 · 감마방법, 역사적 시뮬레이션방법 및 몬테칼로 시뮬레이션방법 등을 살펴보고 예제를 이용하여 구체적인 계산방법을 알아본다. 마지막으로 시장의 극단적 상황하에서 금융기관의 위험노출을 측정하는 위기상황분석(stress test)에 대해서 공부한다.

1. 시장위험의 확대와 위험관리의 발전

1.1 시장위험이란 무엇인가?

금융기관의 **시장위험**(market risk)이란 금융기관이 취급하고 있는 금융자산(또는 이들로 구성된 포트폴리오)의 가치가 변동함으로써 금융기관에게 끼치는 손실 및 손실발생 가능성을 말한다. 예컨대 울산은행이 현재자동차가 발행한 시가 3,000억원에 달하는 회사채를 보유하고 있는데, 오늘 아침 **금융통화위원회**가 **기준금리**를 25bp 인상하기로 결정해서 이 회사채의 시장가격이 하락하였다면 울산은행은 손실을 보게 된다. 이 경우 회사채 시장에서 위험이 발생하였으므로 시장위험이라 부른다. 울산은행이 이 회사채를 시장에서 매각하지 않는다면 손해가 실현되지는 않으므로 아직은 손실이 아니라는 시각도 있겠으나, 시장가치가 하락하였으므로 손실이 발생한 것은 틀림없다. 울산은행이 회사채를 시가 기준으로 평가한다면 손실이 기록될 것이고, 또 만약 울산은행이 현금이 필요해서 이 회사채를 매도한다면 손실을 감수할 수밖에 없다. 더 나아가 이러한 가격하락의 가능성 자체가 사전적으로 회사채 가치를 낮추므로 위험으로 작용할 것이다.

물론 은행 또는 금융기관만이 시장위험에 노출되는 것은 아니며, 일반투자자들도 상시로 시장위험에 노출된다. 오늘 8번째 생일을 맞은 김영재 군의 아버님은 아들의 대학 입학금을 마련하기 위해 작년에 만기가 10년이고 이표율이 4%인 이표채 1,000만원어치를 구입하였는데, 오늘 갑작스레 급전이 필요해서 이 채권을 매각하고자 한자. 그런데 최근 경제의 불확실성이 높아지면서 이 채권의 할인율이 6% 수준으로 상승했다면, 김 군의 아버님은 채권을 매각해서 1,000만원을 회수하기가 어려울 것이다.[1] 바로 이런 문제 때문에 김 군의 아버님은 채권을 구입한 시점에서 이미 시장금리 변동에 따른 회사채 가격 변화라는 시장위험에 노출되었던 것이다.

근래 대부분의 금융기관들은 회사채뿐만 아니라 주식, 외환, 상품(commodities), 그리

---

1 채권가격 = 40만원 × PVIF(6%, 9년) + 1,000만원 × PVIF(6%, 9년)
= 40만원 × 6.8017 + 1,000만원 × 0.5919 = 863.97만원으로 예상된다.

고 이들로부터 파생된 다양한 파생금융상품들을 보유하고 있다. 그런데 이들이 시장에서 거래될 때 그 가격이 줄곧 변화함으로써 시장위험에 노출된다. 이러한 시장위험은 기본적으로 거래상품들의 가격변동으로 인해 발생하므로 **가격위험**(price risk)이라고 부르기도 한다.[2]

앞의 제16장에서 공부한 바와 같이 시장금리 변화에 따른 은행의 예대업무 관련 중장기적 이익과 가치의 변화는 전통적으로 ALM이라는 이름으로 관리되어 왔다. 따라서 본 장에서는 이를 제외한 부분, 특히 트레이딩과 유가증권투자 등과 같이 은행의 단기적 시장거래와 관련된 부분들을 중심으로 논의를 진행한다. 즉 본 장에서는 협의의 시장위험을 논의한다. 협의의 시장위험과 ALM이 다루는 은행의 중장기적 이익과 가치의 변화를 통틀어 광의의 시장위험이라 부른다.

1.2 은행의 시장위험 노출 확대

1970년대 들어 미국의 금융환경이 빠른 속도로 바뀌면서 은행을 중심으로 하는 전통적인 금융기관들은 심화되는 경쟁 속에서 위험부담을 늘릴 수밖에 없는 상황으로 내몰렸다. 과거에는 낮은 금리에도 불구하고 은행권에 잔류하던 예금이 이제는 고수익을 찾아 비은행권의 대체상품, 그리고 심지어는 주식과 채권 투자를 위해 빠져나가기 시작하였다. 한편 대출 쪽의 수요도 줄었는데, 저축은행권에 모기지 대출수요를 빼앗겼고 소액대출은 신용카드회사에게 빼앗기는 신세가 된 것이다. 우리는 이러한 현상을 **금융의 탈중개화**(financial disintermediation) 또는 탈은행화라 부른다.[3]

위기에 몰린 은행들은 새로운 수익원을 추구하게 되었는데, 그 대안의 하나로 등장한 것이 트레이딩(trading)이다. **트레이딩**이란 이윤을 목적으로 시장에서 유가증권을 사고파는 행위를 말한다. 트레이딩의 확대는 은행들의 시장위험 노출을 확대했는데, 은행들이 미처 적절한 위험관리체제를 갖추지 못한 상황에서 트레이딩이 급격히 늘어나면서 **시장**

---

2 또한 이러한 위험은 거래를 계기로 실현되므로 거래위험이라 부르기도 한다. 그러나 거래가 일어나지 않더라도 시장에서 가격이 변화하면 잠재손실이 발생하므로 시장위험 또는 가격위험이 더 적절한 표현이라 하겠다.

3 금융의 탈은행화는 수신 측과 여신 측의 두 가지 부문에서 진행되었다. 즉, 은행으로부터 예금이 빠져나가는 수신 측 탈은행화와 은행의 대출수요가 줄어드는 여신 측 탈은행화가 진행되었다.

위험 관련 사고들이 빈발하였다.[4]

트레이딩은 특성상 기간이 매우 단기이기 때문에 그 가치가 시장의 위험요소들의 단기적 움직임으로부터 직접적인 영향을 받는다. 이러한 상황에서 트레이딩 관련 위험을 관리하고 측정하는 일이 매우 중요해졌는데, 전통적 ALM방법으로는 이러한 단기적 위험에 대처하기 어려웠다. 이에 부응하여 시장위험의 측정모형으로 새롭게 등장한 개념이 *VaR*모형이다.

1.3 *VaR*모형의 등장

*VaR*모형은 과거에도 'Money at Risk' 또는 'Dollar at Risk' 등 유사한 개념으로 소개된 바 있었는데, 미국의 30인 그룹(The Group of Thirty)이 이를 적극 지지함으로써 각광받기 시작하였다. 이 그룹은 1990년대 초반 학계 및 금융계의 이론 및 실무 전문가 30인으로 구성되었으며, 당시 폭발적인 성장을 보였던 파생금융상품의 헤지수단으로서의 유용성을 강조하였고, 특히 시장위험과 관련해서 *VaR*모형을 미래 위험관리수단으로 적극 추천함으로써 오늘날 위험관리 발전을 선도한 것으로 평가받는다. 그 후 *VaR*모형은 제이피모건(JPMorgan)과 뱅커즈트러스트(Bankers Trust) 등 금융기관들에 의해 크게 발전하였으며, BIS, FRB, 그리고 EU 등이 적극 수용함으로써 오늘날 지속적인 발전을 이루고 있는 위험관리 기법이다.

ALM이 시장금리 변동이 예대계정의 현금흐름 및 가치 변동에 중장기적으로 미치는 영향을 분석하는 것이라면, *VaR*모형은 트레이딩 포트폴리오 가치의 단기적 변동을 분석한다는 점에서 차이를 보인다. 따라서 양자는 상호 보완적으로 사용될 필요가 있다. 즉, 자본 · 부채 항목들을 ALM의 관점에서 살펴보는 동시에 보유 유가증권들의 자산가치가 어떻게 움직여 갈 것인가, 파생금융상품 계약의 체결에 따른 영향은 무엇인가 등을 *VaR*의 관점에서 상시로 파악할 필요가 있다.

---

4 위험관리 실패사례는 제15장의 2절을 참고하기 바란다.

2. *VaR*모형의 도입

2.1 기본개념

*VaR*란 Value at Risk의 두문자어이며 '위험에 처한 가치' 또는 '위험가치'로 번역할 수 있다. 이는 일정 기간 동안의 손실가능금액을 의미하는데, 구체적으로는 일정한 금융상품 또는 포트폴리오를 대상으로, 일정한 신뢰수준(c)하에서 일정한 기간 말(T)에 발생 가능한 최대 손실가능금액을 말한다. 따라서 *VaR*는 신뢰수준과 보유기간의 함수가 되어 $VaR(c, T)$로 표현된다.

VaR 개념은 많은 장점을 지니고 있지만 두 가지가 두드러진다. 첫째, *VaR*는 일정한 금융상품 또는 포트폴리오가 지니고 있는 제반 위험을 하나의 수치로 표현해 준다. 그간 재무론에서는 다양한 방법으로 위험을 측정해 왔다. 예컨대, 주식의 경우는 위험을 **베타**(beta)로 측정했고, 채권의 경우는 **듀레이션**(duration) 개념을 사용했으며, 옵션의 경우는 **그릭**(Greek)을 사용하여 위험을 측정하였다. 더 나아가 대출의 경우는 **신용등급**을 신용위험 측정의 주요 수단으로 사용했다. 이렇듯 다양한 측정수단을 사용하면 이들 위험들을 마치 사과와 오렌지같이 다른 상품으로 보게 되므로 단순합산이 어렵게 된다. 그러나 각각의 위험을 *VaR*로 측정한다면 결국(최대 손실가능) 가치를 위험측정을 위한 공통의 척도로 사용하는 것이므로 비교하거나 합산하는 것이 가능해진다. 금융위험이란 것이 그 근원을 따지고 보면 금융상품의 가치 하락에 다름 아니므로 주식, 채권, 파생금융상품 또는 그 외의 어느 것이라도 가치를 척도로 사용하는 데 문제가 없기 때문이다.

실제로 이 개념이 처음 등장했을 당시, 매일 오후 4시 15분이 되면 제이피모건사의 CEO였던 **데니스 웨더스톤**(Dennis Weatherstone) 씨의 책상 위에 보고서가 올라왔는데, 그 맨 위에 핵심요약(executive summary)이 놓여 있고, 거기에 제이피모건사의 1일 VaR 값이 적혀 있었다고 한다.[5] 물론 요즘은 대부분 금융기관의 CEO들에게 이런 종류의 보

5 이는 제이피모건사의 기업가치가 하루 동안 최대 얼마나 하락할 수 있는가를 알려준다. 당시 제이피모건사가 이 보고서를 작성하는 데 사용했던 모형을 '**4:15모형**'이라 부른다.

고서가 제공되겠지만, 여하간 CEO 입장에서 방대한 조직의 위험을 하나의 수치로 파악할 수 있다면 의사결정에 큰 도움이 될 것이다.

VaR 개념의 두 번째 장점은 이것이 **하방위험**(downside risk)에 주목한다는 점이다. *VaR*는 분산이나 표준편차와 유사한 방법으로 위험을 측정하지만, 이들과는 달리 재무적 곤경비용과 연관되는 하방위험을 다룸으로써 위험관리에 실용적인 의미를 부여한다. 그렇다면 금융기관의 경영자들이 하방위험에 특별히 신경을 쓰는 이유는 무엇일까? 이에 대한 답은 기본적으로 기업의 주주 및 경영자들이 기업의 파산을 꺼리기 때문이라고 할 수 있다. 그리고 이들이 파산을 꺼리는 이유는 현실의 불완전한 자본시장에서 기업이 파산하면 정상영업 시에는 발생하지 않던 비용, 즉 **재무적 곤경비용**(financial distress costs)이 발생하기 때문이다. 이러한 비용의 발생가능성은 그 자체가 기업가치 하락요인이므로 기업의 재정적 건전성을 책임지고 있는 경영자가 하방위험을 피하려는 것은 당연할 것이다.

그렇다면 위험가치는 실제로 어떻게 산출되는가?

예제 18-1

간단한 예를 생각해 보자. 당신은 지금 삼정전자의 주식 1주를 소유하고 있는데, 이 주식의 오늘 종가가 100원이었다고 하자. 이제 당신은 이 주식을 1일간 보유하는 데 따른 위험을 알고 싶어 스스로에게 '내일(종가 기준)까지 1일간 이 주식가격은 최대 얼만큼 떨어질 수 있는가?' 라고 질문한다. 가격의 최대 하락폭이 바로 위험이라고 생각하기 때문이다. 다만 여기서 약간의 통계적 개념을 이용하여 95% 신뢰수준에서 이 답을 구해보기로 하였다.

어떻게 할 것인가? 우선 떠오르는 대안은 과거 자료를 찾아보는 것이다. 여기서 주의할 점은 우리가 신뢰수준을 백분율로 표시하였기 때문에 최소한 100개의 데이터가 필요하다는 점이다. 그래서 과거 101 영업일의 거래자료들로부터, 예컨대 종가 기준으로 가격변동에 관한 아래 표와 같은 정보를 수집하였다.

주가자료 수집

일자	1/6(화)	1/7(수)	1/8(목)	…	5/21(목)	5/22(금)	5/24(월)	5/25(화)
종가	98	106	104	…	92	107	116	100
가격변화	–	+8	−2	…	–	+15	+9	−16

이 표에서 매일매일의 가격변화를 크기 순서로 정렬해서 아래와 같은 도수분포표(histogram)를 만들 수 있다.

도수분포표

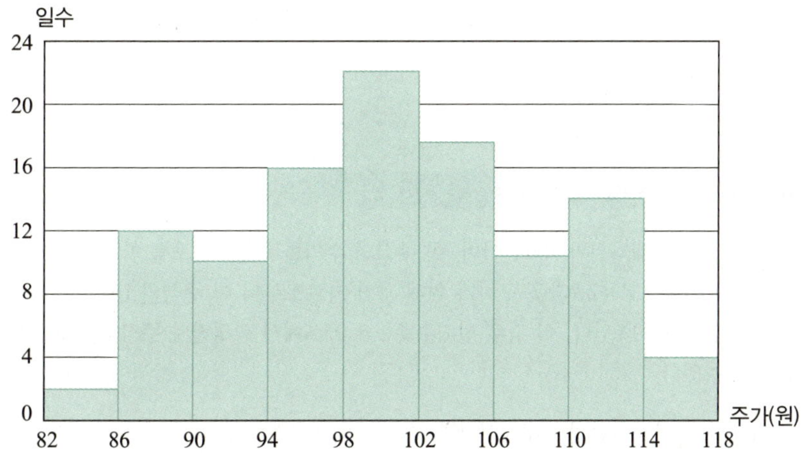

위의 도수분포표에서 평균값(100원)에서부터, 좌단에서 우측 방향으로 여섯 번째 표본에 해당되는 주가까지의 거리가 곧 *VaR*값 또는 위험가치이다. 여기서 여섯 번째 표본부터 우단까지의 구간에 전체 표본의 95%가 속해 있다.

*VaR*의 정의

이제 위험가치 q를 다음과 같이 정의한다.

$$\text{Prob}[V_T - V_0 < -q] \leq 1 - c = 0.05 \tag{18.1}$$

여기서 V_T는 **보유기간**(T) 말의 포지션(금융상품 또는 포트폴리오)의 가치이고, V_0는 현재 포지션의 가치이다. 따라서 $V_T - V_0$는 실제 손실발생액이다. c는 **신뢰수준**(%)이다. 예로, c = 95%라면 실제의 손실금액이 q를 초과할 가능성은 20일 중 하루 정도이다.

정규분포와 *VaR*

위의 삼정전자 예에서 우리는 *VaR*값을 구하기 위하여 과거 데이터를 직접 사용하였고, 주가의 분포에 대해 특별한 가정을 하지 않았다. 그러나 데이터 구하기가 용이하지 않은 경우 주가 또는 수익률에 일정한 분포를 가정할 수 있다. 대표적인 예가 주식수익률이 정규분포를 따른다고 가정하는 것이다. 만약 이러한 가정이 경험적으로 타당성을 지닌다면 *VaR*값 구하기가 매우 쉬워진다.

예제 18-2

삼정전자 주식의 현재가치가 100원이며, 이 주식의 수익률이 정규분포를 따른다고 가정하자. 보유기간 1일을 기준으로 *VaR*값을 구하기 위해 과거 자료로부터 이 주식의 1일 수익률의 표준편차(σ)를 구해 보니 10%였다. 이 경우 신뢰수준 c = 95%에서 삼정전자 주식의 *VaR*값을 다음과 같이 구할 수 있다.

$$\begin{aligned} 1\text{일 } VaR &= \text{가격변동성} \times \text{포지션가치} \\ &= \text{가격민감도} \times \text{배수} \times \text{수익률변동성} \times \text{포지션가치} \qquad (18.2) \\ &= 1 \times 1.65(\alpha) \times 0.1(\sigma) \times 100\text{원}(V_0) = 16.5\text{원} \end{aligned}$$

이 식에서 가격민감도가 1인 것은 기초자산이 주식인 상황에서 주식수익률의 표준편차로 변동성을 표시하고 있기 때문이다. 예컨대 채권의 경우에는 시장금리의 변화에 따른 채권가격의 변화를 구하게 되는데, 이 경우 가격민감도는 듀레이션이 된다. α는 정규분포하에서 95% 신뢰수준에 해당되는 σ의 배수를 나타낸다. 결국 가격자료로부터 수익률 표준편차만 구하면 되므로 *VaR*값을 구하는 작업이 매우 간단하다.

정규분포

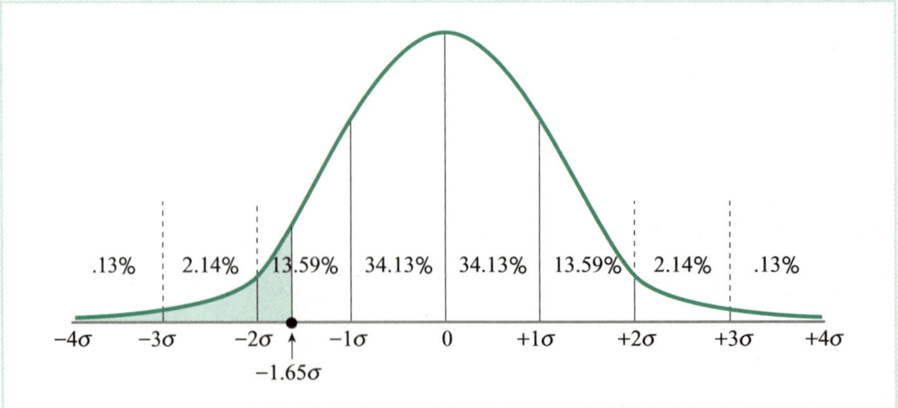

[표 18-1]은 정규분포하에서 σ의 배수와 신뢰수준 확률 간의 관계를 보여준다. 여기서 *VaR* 모형이 하방위험 측정에 관심을 갖기 때문에 쌍방기준 대신 일방기준을 사용한다. 정규분포 그림에서, 일방 기준으로, 평균(0)에서 하방으로 1.65σ 떨어진 값보다 높은 수익률이 발생할 확률이 95%이다.

| 표 18-1 | 정규분포하에서 σ의 배수와 신뢰수준 확률

	1σ	1.65σ	1.96σ	2σ	2.33σ
일방기준	84.13%	95%	97.5%	97.72%	99%
쌍방기준	68.26%	90%	95%	95.44%	98%

신뢰수준

*VaR*는 보유기간 말에서의 **최대 손실가능금액**이지만, 통상 $c < 1$을 사용하므로 $1 - c$라는 작은 확률로 *VaR*값 이상의 손실발생을 허용하는 셈이 된다. 예컨대 $c = 95\%$로 정한 경우에는 4주에 1일 꼴로 실제값이 *VaR*값을 초과하는 것을 허용하게 되는 것이다. 여기서 c가 높을수록 위험의 측정기준이 보다 엄격해지는데, 만약 $c = 1$을 사용한다면 발생가능한 모든 경우에 대비하는 것으로 자본금 부담이 매우 커질 수 있다.

당초 BIS는 시장위험에 대한 자기자본 요구액 산정기준으로 99%의 신뢰수준을 요구하였다. 한편 근래에는 금융기관들이 *VaR*값 계산에 적용되는 신뢰수준을 금융기관 전체 포트폴리오의 신용등급과 연계시키는 추세이다. 예컨대, AAA등급을 원하는 경우 신뢰수준은 부도확률 0.03%를 제외한 99.97%가 적용된다. 그리고 AA등급은 99.95%, A등급은 99.9%, BBB등급은 99.75% 등이 각각 적용된다.

보유기간

*T*는 일정한 포지션을 추가적 비용 없이 청산하는 데 소요되는 기간 또는 포지션의 변화가 없을 것으로 기대되는 기간 등으로 정하는 것이 합리적이다. 시장위험 분석에서는 보유기간을 1일로 하는 것이 일반적인데, BIS의 경우는 2주 또는 10일의 보유기간을 요구하고 있다. 보유기간이 늘어난다는 것은 *VaR*값을 크게 잡는다는 뜻인데, 이는 감독당국의 보수적인 입장을 반영한 것으로 풀이된다.

한편 2일 *VaR*값은 1일 *VaR*값을 토대로 다음과 같이 구할 수 있다.

예제 18-3

$$2\text{일 } VaR = \sqrt{2} \times VaR(1\text{일})$$

〈증명〉

포트폴리오를 2일간 운용하는데, 첫째 날의 수익을 X라 하고 둘째 날의 수익을 Y라 하면, 2일간의 총수익은 $Z = X + Y$가 된다. 여기서 X와 Y가 상호 독립적이고 동일한 분포(*iid*)를 따른다고 가정하면 $Cov(X, Y) = 0$이고, $Var(X) = Var(Y)$이므로, 다음이 성립한다.[6]

$$Var(Z) = Var(X + Y) = 2Var(X) \qquad \therefore \sigma(Z) = \sqrt{2}\sigma(X) \tag{18.3}$$

여기서 1주일(5일) $VaR = \sqrt{5}\sigma(X)$ 및 2주일(10일) $VaR = \sqrt{10}\sigma(X)$도 유사한 방법으로 계산할 수 있다. 다만 한 가지 문제는 위에서 사용한 *iid* 가정이 시간이 연장될 경우 계속 성립하기 어렵다는 점이다. 우선 시계열 상관계수가 반드시 0이 아닐 가능성[7]이 있고, 시간이 경과하면서 분포 자체가 달라질 가능성도 있다. 이런 문제들 때문에 보다 장기, 예컨대 신용위험에서처럼 기간을 1년으로 하는 *VaR*값을 구하는 경우에는 직접 1년 단위의 데이터를 사용하게 된다. 그러나 이는 100년 이상의 데이터 축적을 필요로 하는데, 현실적으로 이만큼의 데이터를 보유하고 있는 국가와 시장이 흔하지 않다는 문제가 있다.

2.2 *VaR*모형의 의의

2.2.1 성과측정의 기준과 *RAROC*

*ROA*와 *ROE* 등 전통적인 투자수익률 지표들은 실제로 배분된 자산 또는 자기자본을 투입물로 간주해 투자의 성과를 측정한다. **총자산수익률**(return on assets : ROA)은 당기순이익을 총자산으로 나눈 것이고, **자기자본수익률**(return on equities : ROE)은 당기순

6 여기서 $Var(\cdot)$는 분산을 표시한다. 일반적으로 $X = Y$이고 $\rho \neq 0$가 상관계수라면, $Var(Z) = Var(X) + Var(X) + 2\rho Var(X) = 2Var(X)(1 + \rho)$가 성립한다.

7 즉, 오늘 주가가 오르면 내일 주가가 오를 가능성이 높다거나 또는 반대로 낮다거나 할 가능성이 있다면 시계열 상관계수는 각각 양(+) 또는 음(−)으로 나타난다.

이익을 자기자본으로 나눈 것이다. 이들은 총자산과 자기자본을 투입물로 간주하고, 각각 얼마씩의 순이익을 창출하였는가를 나타낸다. 그런데 비록 이들이 현재까지, 그리고 앞으로도 계속 금융회사들의 중요한 성과측정 지표로 이용될 것이지만, 날로 위험이 확대되는 금융시장에서 투자에 따르는 위험을 적절히 반영하지 못한다는 한계가 있다.

파생금융상품 거래에서는 실제 투입자금이 매우 작거나(예 : 옵션의 경우) 또는 없어도(예 : 선물, 선도 및 스왑의 경우) 큰 위험이 따르는 것이 보통인데, 이런 경우 실제의 투입자금보다 사후적으로 자본금에 영향을 끼칠 수 있는 위험노출을 성과측정의 베이스로 삼는 것이 타당성을 지닌다. 여기서 투자에 따른 위험부담을 추정하기 위해 VaR모형을 사용할 수 있으며 금융회사는 이렇게 추정한 위험부담액(손실가능금액)에 해당하는 자기자본을 채워 넣음으로써 위험에 사전적으로 대처할 수 있다. 이는 주주들의 책무가 기업활동에 따른 위험부담에 있으며 자본금 산출은 관련 위험을 토대로 해야 한다는 등의 기본원리에 부합된다.

과거 뱅커즈트러스트가 개발해 널리 퍼뜨린 **위험조정자기자본수익률**(risk-adjusted return on capital : **RAROC**) 모형은 금융기관의 이익과 위험을 대비하여 성과를 평가하는 지표로 다음과 같이 정의된다.

$$RAROC = \frac{\text{순이익} - \text{기대손실}}{\text{경제적 자본}} \tag{18.4}$$

여기서 금융회사는 *VaR*로 측정된 위험만큼 자본금을 위험에 노출시키게 되므로 그에 상당하는 자본금을 추가로 예치할 필요가 생긴다. 이는 금융회사가 부담한 위험만큼 자본을 예치해야 한다는 의미이며, 이렇게 예치한 자본금을 **위험자본**(risk capital) 또는 **경제적 자본**(economic capital)이라 부른다. 제12장에서 공부한 개념이다.

실제로 금융회사들은 *RAROC*을 여러 가지 용도로 사용한다. 첫째는 앞에서 설명한 바와 같이 성과측정지표로 사용한다. 둘째는 예산배분의 효율성 제고를 위해 사용한다. 금융회사의 자원배분에서 *RAROC* 수치가 높은 프로젝트 또는 부서부터 자본을 우선적으로 배분하는 것이 자원의 효율성을 높이는 길이기 때문이다. 예산편성 시 *RAROC* 수치를 감안하는 것은 이를 성과측정지표로 사용하는 데 대한 경제적 논거를 제시하게 되므로 첫 번째 용도와도 부합된다. 결국 *RAROC*은 금융회사의 전략목표 설정 및 그 효율적 추진을 위한 소중한 정보를 제공한다.

2.2.2 자본금관리의 논리

*VaR*의 또 다른 기여는 제12장에서 공부한 자본금관리에 의미를 부여한다는 점이다. 앞에서 살펴본 바와 같이 *VaR*는 일정한 투자활동에 수반되는 위험부담을 계산함으로써 경영활동 지원에 필요한 자본금 수준을 알려준다. 이는 자본금이 희소자원이라는 점을 일깨워 주는 동시에 자본금을 제공하는 자가 기업의 성과에 궁극적으로 책임을 지게 되며 그가 바로 회사의 주인이라는 점을 확인하는 것이다. 결국 금융회사 내에 **책임경영체제** 확립에 기여하게 된다.

2.2.3 위험의 비교와 통합 가능성

*VaR*는 가치를 위험측정의 기준으로 사용하는데, 가치란 것이 위험의 종류에 상관없이 공통되므로 다양한 위험의 비교와 더불어 통합을 가능케 한다. 과거 재무이론에서는 다양한 방식으로 위험을 측정해 왔다. 채권은 듀레이션으로, 주식은 시장 베타로, 옵션은 델타 또는 감마로, 그리고 대출채권은 신용등급으로 각각 위험을 측정해 왔는데, 이들은 마치 사과와 오렌지 같아서 일정한 금융회사의 전체 위험을 산출하는 데 어려움이 있었다. 그런데 *VaR*모형은 가치 또는 가치의 손실을 위험 측정의 기준으로 삼음으로써 이질적 위험들의 비교 및 통합을 가능케 한다. 이로 인해 부서 또는 조직단위 간 위험의 비교와 통합이 가능해졌으며, 향후 **금융위험의 통합관리**로 발전해 나가는 기반을 제공하게 되었다.

2.2.4 한도관리

한편 *VaR*는 전통적으로, 그리고 지금도 위험관리의 중요한 수단으로 사용되는 한도관리에 의미를 부여한다. 그 이유는 우선 그간의 **한도관리**가 대체로 주먹구구식이었음에 반해서 *VaR* 개념을 이용하는 한도관리는 위험에 대한 과학적이고 체계적인 평가를 토대로 함으로써 그만큼 자의적인 부분을 억제할 수 있기 때문이다. 또한 *VaR*값 산출방법 자체를 개선하기 위한 노력이 지속되고 있다는 점도 긍정적으로 평가된다. 이런 점에서 *VaR*모형을 토대로 하는 한도관리는 미래지향적이라 할 수 있다.

3. *VaR*값의 계산방법과 예시

기본 틀

*VaR*값을 구하기 위해서는 우선 보유기간과 신뢰구간을 결정하고, 보유기간 말의 가치(V_T) 또는 보유기간 말까지의 수익률(r_T)에 대한 확률분포를 구해야 한다. 앞의 삼정전자의 경우에서 살펴보았듯이 *VaR* 개념 자체는 매우 간단하고 이해하기 쉽다. 그런데 실제로 금융기관에서 *VaR*값을 구하는 작업은 그렇게 간단하지가 않다. 금융기관의 자산 · 부채 포트폴리오가 다양한 금융상품들로 구성되어 있을 뿐 아니라 추정방법들 간 장 · 단점이 엇갈리고, 다른 방법으로 추정된 *VaR*값들이 서로 차이를 보이는 가운데 최선의 추정방법에 대한 합의도 없는 실정이기 때문이다. 추정방법들 간의 차이는 **확률분포 추정방법** 또는 그에 따른 **백분율값**(percentile value)의 계산방법에서 발생한다.

3.1 델타 · 노말방법

델타 · 노말(Delta-Normal)**방법**은 위험요인에 대해 정규(Normal)분포를 가정하고 포지션의 위험노출은 선형으로 가정하여 **델타**(delta)만을 분석하는 방법이다. 복수의 **위험요소**를 다룰 경우는 결합 정규분포를 가정한다. 다음은 **테일러 확장식**(Taylor's expansion)이다.

$$\Delta V = \frac{\partial V}{\partial x}\Big|_{x_0} \times (\Delta x) + \frac{1}{2}\frac{\partial^2 V}{\partial x^2}\Big|_{x_0} \times (\Delta x)^2 + \text{오류항들} \qquad (18.5)$$

여기서 델타만을 분석한다는 것은 식 (18.5)의 우변에서 첫 번째 항목인 일차 미분값만을 포함하고 둘째 항부터는 무시한다는 뜻이다. 즉, 델타 · 노말방법에서 금융자산의 가치변화는 다음과 같이 계산된다.

$$\Delta V \cong \frac{\partial V}{\partial x}|_{x_0} \times \Delta x, \text{ 여기서 } \frac{\partial V}{\partial x}|_{x_0} \equiv \text{델타}(\delta) \qquad (18.6)$$

식 (18.6)에서 위험요소(Δx)가 정규분포를 따르는 것으로 가정하자. 그러면 델타가 상수이므로 ΔV 또한 정규분포를 따르게 되어 *VaR*값을 구하는 일이 간편해진다. 어떤 변수가 정규분포일 때 그 변수의 선형조합 또한 정규분포를 따르기 때문이다. 일반적으로 델타 · 노말방법은 다음 세 가지 과정을 거친다.

① 포지션에 포함된 각 금융자산의 위험요소를 결정한다.
② 각 위험요소의 변동성과 상관관계를 추정한다.
③ 델타를 이용하여 포지션의 변화값을 추정한다.

이제 델타 · 노말방법의 적용방법을 예를 들어 살펴보자.

주식 포지션

당신은 A회사 주식에 100만원을 투자하는데, 투자에 수반되는 위험을 측정하기로 한다. 이 주식의 1일 수익률이 정규분포를 따르는 것으로 가정하고, 표준편차는 8%로 추정되었다. 신뢰수준 95%, 99% 및 99.9%에서 주식 포지션의 1일 *VaR*값을 구하라.

- 95% 신뢰수준 : $VaR = 1 \times 1.65 \times 0.08 \times 100$만원 $= 13.2$만원
- 99% 신뢰수준 : $VaR = 1 \times 2.33 \times 0.08 \times 100$만원 $= 18.64$만원
- 99.9% 신뢰수준 : $VaR = 1 \times 3.09 \times 0.08 \times 100$만원 $= 24.74$만원

위의 분석에서 신뢰수준이 높아지면 *VaR*값이 상승함을 알 수 있다. 위험을 보다 엄격한 기준으로 정의함으로써 그 가치가 커지는 것이다. 여기서 신뢰수준 99%는 BIS가 은행의 자기자본 요구액 계산 시 요구하는 수준이다. 앞서 설명한 바와 같이, 최근 금융기

관들은 신뢰수준을 신용등급과 연계시키는 관행을 택하고 있다. 예컨대 신용등급 A인 채권의 평균 부도확률이 0.1%인 상황에서 어느 금융기관이 신용등급 A로 평가되기를 바란다면, 99.9%의 신뢰수준을 선택하게 되고 따라서 *VaR*값은 24.74만원이 된다.

채권 포지션

당신은 (주)미래가 발행한 3년 만기 회사채 100만원어치(B)를 보유하고 있다. 이 회사채의 일일 기준 만기수익률 변화(Δy)의 표준편차(σ)가 0.07%이고, 수정듀레이션(D^M)이 2.7이다. 95% 신뢰수준에서 1일 *VaR*값을 구하라. 이제 델타 · 노말방법에 따라 다음을 고려한다.

$$VaR(\Delta B) = \alpha \times \sigma(\Delta B) \cong \alpha \times D^M \times \sigma(\Delta y) \times B$$

이 식에서 α는 정규분포하에서 신뢰수준에 따른 σ의 배수이고, **수정듀레이션** $D^M = \frac{D}{1+y}$이고 D는 **듀레이션**이다. 마지막 등호가 약식으로 성립하는 것은 수정듀레이션이 시장 수익률 변화에 따른 채권가격 변화를 일차 미분값으로만 나타내기 때문이다. 이 점에서 **듀레이션**은 델타와 유사한 개념으로 이해된다. 이제 주어진 수치를 대입하여 다음을 얻는다.

- 95% 신뢰수준 : $VaR = 1.65 \times 2.7 \times 0.0007 \times 100$만원 $= 3{,}118.5$원

옵션 포지션

주가지수옵션의 가격이 5포인트, KOSPI200(S)이 100포인트, 주가지수 수익률의 1일 표준편차가 1.7%이다. 옵션의 델타는 0.6이다. 95%의 신뢰수준에서 주가지수옵션의 1일 *VaR*값을 구하라. 이제 델타 · 노말방법에 따라 다음을 고려할 수 있다.

$$VaR(\Delta C) = \alpha \times \sigma(\Delta C) = \alpha \times \sigma(f' \times \Delta S) = \alpha \times f' \times \sigma(\Delta S/S) \times S \qquad (18.7)$$

여기서 C는 주가지수옵션의 시장가격, S는 주가지수의 값, Δ은 해당 변수의 변화 값, 그

리고 f'은 옵션의 델타이다. 이제 앞의 수치들을 대입하여 다음을 구할 수 있다.

- 95% 신뢰수준 : $VaR = 1.65 \times 0.6 \times 0.017 \times 100$포인트 = 1.683포인트

외환 포트폴리오

CAD와 유로를 포함하는 포트폴리오에서 U$ 대비 환율의 변동성(σ)이 각각 5%와 12%, 양자 간 상관계수가 0, 포지션(χ)은 U$ 기준으로 각각 $2M과 $1M이다. 95% 신뢰수준에서 이 외환 포트폴리오의 1일 VaR값을 구하라.

아래에서 두 가지 방법으로 이 문제에 답하고자 한다. 첫째는 기본적인 방법이다. 이 방법에서는 포트폴리오 전체 위험(σ_p)을 먼저 구한 후에 신뢰수준에 해당되는 α를 적용하여 포트폴리오 VaR를 구한다.

$$\sigma_P^2 = \chi'(\Sigma\chi) = [\$2M\ \$1M]\begin{bmatrix} 0.05^2 & 0 \\ 0 & 0.12^2 \end{bmatrix}\begin{bmatrix} \$2M \\ \$1M \end{bmatrix}$$

$$= \$0.01M^2 + \$0.0144M^2 = \$0.0244M^2$$

$$\sigma_P = \$156{,}205$$

$$VaR_P = \alpha \cdot \sigma_P = 1.65 \times \$156{,}205 = \$257{,}735$$

두 번째 방법은 제이피모건(1995)의 리스크메트릭스(RiskMetrics)가 사용한 방법으로 우선 개별 자산들의 VaR값을 구한 후에 포트폴리오 VaR값을 구한다.

[단계1] 우선 개별자산 i = 1과 2 각각에 대해 VaR_i를 계산한다.

$$\begin{bmatrix} VaR_1 \\ VaR_2 \end{bmatrix} = \begin{bmatrix} 1.65 \times 0.05 \times \$2M \\ 1.65 \times 0.12 \times \$1M \end{bmatrix} = \begin{bmatrix} \$165{,}000 \\ \$198{,}000 \end{bmatrix}$$

[단계 2] 다음은 VaR_P를 계산한다.

$$VaR_P^2 = [\$165{,}000\ \$198{,}000]\begin{bmatrix} 1 & 0 \\ 0 & 1 \end{bmatrix}\begin{bmatrix} \$165{,}000 \\ \$198{,}000 \end{bmatrix} = \$66{,}429{,}000{,}000$$

$$VaR_P = \$257,738$$

여기서 \$257,738를 '**분산**(diversified) VaR_P' 라 부르며, 상관계수 = 1인 경우에 도출되는 '**미분산**(undiversified) VaR_P' (= \$165,000 + \$198,000 = \$363,000)와 구별한다. 양자의 차이, \$105,262가 위험분산효과이다.

선물계약 포트폴리오

1994년 말 Barings사 파산 2개월쯤 전에 **닉 리슨**(Nick Leeson)은 다음 두 가지 포지션을 보유하고 있었다.[8]

[롱(long) 포지션] : 주가지수 상승을 기대하여 \$77억의 **니케이**(Nikkei) **주가지수선물**을 매입

[숏(short) 포지션] : 금리 상승을 기대하여 \$160억의 **일본 국채(10년 만기)선물**을 매도

| 표 18-2 | 리슨의 두 가지 포지션

구분	σ	상관계수		공분산		금액($M)
10년 만기 일본 국채선물	1.18%	1	−0.114	0.000139	−0.000078	−16,000
니케이 주가지수선물	5.83%	−0.114	1	−0.000078	0.003397	7,700

자료 : Jorion(2001)

당시 리슨은 두 자산가격 간에 실제로 정(+)의 상관계수를 예상했었을 수 있는데, 이는 금리가 오르면 일반적으로는 주식과 국채의 가격이 모두 하락하므로 크게 놀라운 일은 아니다. 그리고 만약 실제로 그랬다면 국채선물을 숏한 것은 헤지의 의미를 지녔을 것이다. 그러나 후일 조리온(Jorion) 교수의 분석에 따르면, 당시 니케이 주가지수선물과 일본 국채선물 간의 상관계수(또는 [표 18-2]에서 두 자산 간의 공분산)는 음(−)으로 드러났

8 Jorion(2001) 인용 및 참조

다. 리슨이 투기를 감행했음을 시사하는 대목이다. 주가지수선물을 보유하면서 상관계수가 음(−)인 국채선물을 '숏' 으로 보유했기 때문이다.

[표 18-2]는 당시 리슨이 보유했던 두 자산 포지션의 내용을 보여주는데, 이들을 포함하는 포트폴리오 VaR_P를 계산해 보자. 여기서 선물계약의 경우, 증거금 대신 액면금액을 포지션 가치로 사용한다. $M은 백만 미달러를 표시한다.

$$\sigma_P^2 = (-16{,}000)^2(0.000139) + (7{,}700)^2(0.003397) + 2(-16{,}000)(7{,}700)(-0.000078) = \$256{,}193.9M^2$$

$$\sigma_P = \$506.16M$$

$$\therefore\ VaR_P = 1.65 \times \$506.16M = \$835.16M$$

이 값이 각 포지션에 대해 개별적으로 구한 VaR값의 단순합계($311.52M + $740.70M)보다 작은 것은 두 포지션 간의 상관계수 때문이다.

장 · 단점

델타 · 노말방법은 대표적인 **국부**(local area)**평가방법**으로 개념이 간단하고, 설명하기 쉬우며, 시행이 용이하다는 장점이 있다. 그러나 간단하다는 것이 단점의 원인이 되기도 하는데, 세 가지 단점을 살펴볼 수 있다. 첫째는 델타에 관한 것으로, 포트폴리오에 옵션 등이 포함되어 있는 경우에는 델타만으로 VaR값을 산출할 경우 정확성이 떨어진다. 포트폴리오 델타가 상 · 하향 움직임에서 비대칭적이고, 그 차이가 매우 클 수 있기 때문이다. 둘째로 노말 가정에 대해서는 우선 정규분포가 **두꺼운 꼬리**(fat tail) **문제**를 적절히 다루지 못한다는 단점이 있다. VaR라는 것이 원래 손실가능성을 잘 드러내야 하는데, 정규분포 가정 시 꼬리를 과소평가하게 됨으로써 하방향의 극단적인 위험을 과소평가하게 되는 것이다. 셋째로 자산수가 늘어나면서 공분산의 크기가 빠르게 증가하여 계산 부담이 커진다는 단점도 있다.

3.2 델타 · 감마방법

델타 · 감마(Delta-Gamma)방법은 국부평가방법의 단순성을 유지하되, 옵션 등 비선형성을 다룰 필요가 있는 경우에 사용되는 일종의 절충형이다. 예로 기초자산이 주식(S)인 옵션의 경우, 식 (18.5)의 테일러 확장식에서 2차 도함수까지를 취하면 다음을 얻는다.

$$\Delta C \cong \delta \times (\Delta S) + \frac{1}{2}\Gamma \times (\Delta S)^2 \tag{18.8}$$

가 된다. 여기서 δ와 Γ는 각각 델타와 감마를 나타내는 상수이다. 따라서

$$Var(\Delta C) = \delta^2 Var(\Delta S) + \frac{\Gamma^2}{4} Var((\Delta S)^2) + \delta\Gamma Cov(\Delta S, (\Delta S)^2)$$

가 된다.[9] 여기서 $Var(\Delta S/S) = \sigma^2$이므로 $Var(\Delta S) = \sigma^2 S^2$가 성립하고, $Var((\Delta S)^2) = 2[Var(\Delta S)]^2 = 2[\sigma^2 S^2]^2$가 된다. 한편 변수 ΔS가 표준정규분포를 따를 경우 위의 식 우변에서 마지막 공분산 항목은 0이 되고, 따라서 $Var(\Delta C) = \delta^2\sigma^2 S^2 + \frac{\Gamma^2}{4} \times 2 \times (\sigma^2 S^2)^2$이 성립한다. 결국 기초자산(주식)의 VaR값($VaR(\Delta S) = \alpha \cdot \sigma \cdot S$)과 옵션의 VaR값 간에 다음과 같은 비선형관계가 성립한다.

$$VaR(\Delta C) \approx \sqrt{\alpha^2 \sigma^2 S^2 + \frac{\alpha^2}{2}[\Gamma \sigma^2 S^2]^2} \tag{18.9}$$

여기서 Γ는 비음(0, +)의 값이다. 만약 이 값이 영(0)이면 $\delta \equiv f'$이므로, 식 (18.9)가 식 (18.7)로 환원된다.

장 · 단점

델타 · 감마방법은 옵션을 다루는 데 효과적이다. 그러나 실제로 얼마나 효과적인가는 감마(Γ)와 위험요소 변동성(σ)의 크기 등에 달려 있는데, 성과(payoff)함수가 단조함수인 경우에는 대체로 효과적인 것으로 알려지고 있다. 한편 델타 · 감마방법에 의한 VaR

9 $Var(\cdot)$는 분산(variance)을 표시하며, Var와 구분됨에 유의하기 바란다.

값 추정치 역시 근사치에 불과하여, 델타 · 노말방법에 의한 추정치보다 항상 우수하다고 하기도 어렵다. 예컨대 등가격 옵션의 경우에는 델타 · 감마방법이 오히려 위험을 과소 추정하는 성향을 지니며, 내가격 옵션의 경우에는 델타방법과 큰 차이를 보이지 않는다. 한편 델타 · 감마방법에서는 위험요소가 정규분포를 따르더라도 옵션의 가치 변화가 더 이상 정규분포를 따르지 않는다는 점도 유의해야 한다.

3.3 역사적 시뮬레이션방법

역사적 시뮬레이션(historical simulation : HS)**방법**은 이미 앞의 삼정전자 주식의 간단한 예에서 소개된 바 있다. 이 방법은 '역사는 반복된다' 는 믿음하에 과거 100일 동안 발생한 금융자산 가격변화의 하나가 오늘부터 내일 사이에 다시 발생한다고 시뮬레이트하는 것이다. 다만 이 방법은 현재의 포트폴리오를 그대로 유지한 상태에서 과거의 가격변화 자료를 이용하여 미래 가격변화의 분포를 구하는 것이므로 포트폴리오 구성이 크게 변화하지 않는 경우에 사용하는 것이 좋다. 이 방법은 구체적으로 다음과 같이 진행된다.

① 일정한 포트폴리오(x_i, $i = 1, 2, \cdots, n$)의 수익률 $r_{P,\,t+1,\,k} = \sum_{i=1}^{n} x_{i,\,t} r_{i,\,k}$($k = 1, 2, \cdots, K$)를 고려하자. 여기서 $r_{i,\,k}$($k = 1, 2, \cdots, K$)는 포트폴리오 안에 있는 개별자산 i의 과거 $k = 1, 2, \cdots, K$일에 실현된 수익률이다.

② 이들을 오늘(t)의 포트폴리오 가중치 $x_{i,\,t}$에 적용하여 포트폴리오 수익률 $r_{P,\,t+1,\,k}$를 구하는데, 이 작업을 $k = 1, 2, \cdots, K$번 실행한 후 얻은 값들을 크기 순서로 정렬한다. 이들 중 가장 작은 값부터 c번째로 큰 값, $r_{P,\,t+1}(c)$를 취한다.

③ $VaR_P(c, 1) = r_{P,\,t+1} - r_{P,\,t}$가 된다.

통화콜옵션

이제 99% 신뢰수준에서 **통화콜옵션** 1개의 1일 *VaR*값을 HS방법으로 구해 보자. 통화콜옵션의 현재가격은 1.80달러이다. 당신은 과거 101일 전부터 어제까지 101일 간의 환율자료를 이용하여 다음과 같은 표를 작성하였다.

일자	환율($U\$/DM$)	환율변동성	환율 변화값(ΔP)	환율변동성 변화값($\Delta\sigma$)
−101	1.4000	0.150		
−100	1.3970	0.149	−0.0030	−0.001
−99	1.3960	0.149	−0.0010	+0.000
−98	1.3973	0.151	+0.0013	+0.002
⋮	⋮	⋮	⋮	⋮
−2	1.4015	0.163	+0.0015	+0.005
−1	1.4022	0.162	+0.0007	−0.001

위의 표에서 환율 변화값(ΔP)과 환율변동성 변화값($\Delta\sigma$)을 현재의 환율(1.4040)과 환율변동성(0.160)에 적용하여 새로운 환율과 환율변동성을 각각 100개씩 계산한 결과는 다음과 같다.

시뮬레이션	새로운 환율($U\$/DM$)	새로운 환율변동성(σ)
1	1.4040 − 0.0030 = 1.4010	0.160 − 0.001 = 0.159
2	1.4040 − 0.0010 = 1.4030	0.160 − 0.000 = 0.160
⋮	⋮	⋮
99	1.4040 + 0.0015 = 1.4055	0.160 + 0.005 = 0.165
100	1.4040 + 0.0007 = 1.4047	0.160 − 0.001 = 0.159

이제 새로운 환율과 환율변동성을 사용하여 옵션가격 100개를 계산한 후 이를 현재의 옵션가격(1.80달러)과 비교하여 옵션가격 변화값을 구하면 다음 표를 얻는다.

환율 변화값(ΔP)	환율변동성 변화값($\Delta\sigma$)	콜옵션가격	콜옵션가격 변화값
−0.0030	−0.001	$1.75	−$0.05
−0.0010	+0.000	$1.73	−$0.07
⋮	⋮	⋮	⋮
+0.0015	+0.005	$1.87	+$0.07
+0.0007	−0.001	$1.88	+$0.08

이 표에 제시된 콜옵션가격 변화값들로 분포를 만들면, 가장 작은 쪽에서 두 번째 값이 99% 신뢰수준에 해당하는 콜옵션가격 변화값이다. 콜옵션가격 변화값의 평균을 영(0)으로 가정하였으므로 이 변화값의 절대값이 *VaR*가 된다.

선물환

20××년 6월 1일 현재 A은행은 향후 3개월 후에 £10M을 수취하고 $16.5M을 지급하는 £-$ **선물환**(FX forward)계약(실제 계약체결은 수일 전에 이루어졌음)을 보유하고 있다. 99% 신뢰수준에서 이 계약 보유에 따른 1일 *VaR*값을 HS방법으로 구하라.[10]

*VaR*값을 구하기에 앞서 우선 선물환의 가치 결정구조를 살펴보자. 선물환 계약시점에서 **금리평형**(interest rate parity)**조건**에 따라 선도가격 *K*가 다음과 같이 결정된다.

$$f_t = \frac{(£)\,1 \times S_t}{1 + r_t^* \tau} - \frac{(\$)\,K}{1 + r_t \tau} = S_t P_t^* - K P_t = 0 \qquad (18.10)$$

여기서, S_t = 시점 t에서의 현물환율($/£)

r_t^* = 유로£화 금리, r_t = 유로$화 금리

$P_t^* = \frac{1}{1 + r_t^* \tau}$, $P_t = \frac{1}{1 + r_t \tau}$

K = 선도가격(환율, $/£)

τ = 선도계약만기

f_t = 선도계약의 시점 t에서의 가치

선도가격 *K*를 토대로 계약이 체결되면 선물환계약의 가치는 환율, 유로£화 금리 및 유로$화 금리 등이 수시로 변화하면서 변하는데, 이에 따른 위험노출을 다음과 같이 표현할 수 있다.

$$\Delta f \cong \frac{\partial f}{\partial S}\Delta S + \frac{\partial f}{\partial P}\Delta P + \frac{\partial f}{\partial P^*}\Delta P^* = P^*\Delta S - K\Delta P + S\Delta P^* \qquad (18.11)$$

식 (18.11)에서 첫 번째 식이 약식으로 성립하는 이유는 델타만을 분석하였기 때문이다. 즉, 선물환계약의 가치변화는 환율, 유로£화 금리요소, 유로$화 금리요소 등 세 가

10 JPMorgan(1995) 참조

지 위험요소를 대상으로 각각의 변화가 초래하는 일차 미분값의 합으로 표시하였고, 이차 미분값과 교차 미분값 및 그보다 높은 차수들은 무시하였다.

이제 $t = 0$에서 $S_t = 1.6637(\$/£)$, $r_t = 4.9375\%$ 및 $r_t^* = 5.9688\%$를 가정하자. 이에 따라 포지션의 현재가치는 식 (18.10)을 이용하여 다음과 같이 계산된다. 여기서 금리는 3개월물 기준 연리이다.

$$\therefore V_t = Nf_t = \frac{£10M \times 1.6637(\$/£)}{1 + 0.59688 \times \frac{90}{360}} - \frac{\$16.5M}{1 + 0.049375 \times \frac{90}{360}}$$

$$= \$10M \times 1.6637 \times 0.9854 - \$16.5M \times 0.9879 = \$93,749.8$$

이 포지션의 *VaR*값을 도출하기 위해서 시장의 위험요소들에 관한 과거 100일 간의 자료를 수집한 결과는 다음과 같다.

일자	유로$화 금리($r_t$)	유로£화 금리(r_t^*)	현물환율($/£)	관찰수
2/2/××	5.5938	7.4375	1.6341	0
2/3/××	5.5625	7.5938	1.6315	1
2/4/××	6.0000	7.5625	1.6287	2
⋮	⋮	⋮	⋮	⋮
5/29/××	4.9688	6.0000	1.6667	99
5/30/××	4.9375	5.9688	1.6637	100

이 표로부터 유로$화 금리, 유로£화 금리 및 현물환율의 1일간 변화값을 구하면 다음 표와 같다.

관찰수(k)	$\Delta r(\$1)$	$\Delta r^*(£1)$	$\Delta S(\$/£)$
1	−0.0313	0.1563	−0.0026
2	0.4375	−0.0313	−0.0028
⋮	⋮	⋮	⋮
100	−0.0313	−0.0312	−0.0030

각 변수의 현재값에 이들 100개의 관찰값을 대입하여 100개의 새로운 유로$화 금리, 유로£화 금리 및 현물환율의 조합을 만든다. 즉, k =1, 2, ⋯, 100에 대해 $r(k) = r_0 + \Delta r_k$, $r^*(k) = r_0^* + \Delta r_k^*$ 및 $S(k) = S_0 + \Delta S_k$를 구한다. 여기서 k =1의 경우를 예시하면 다음과 같다.

$$r(1) = 4.9375 - 0.0313 = 4.9062 \Rightarrow P(1) = 0.9879$$
$$r^*(1) = 5.9688 + 0.1563 = 5.8125 \Rightarrow P^*(1) = 0.9858$$
$$S(1) = 1.6637 - 0.0026 = 1.6611$$

이로부터 선물환계약의 가치는 다음과 같이 구해진다.

$$V(1) = \$(10M \times 1.6611) \times 0.9858 - \$16.5M \times 0.9879 = \$74,773.8$$

선물환계약의 가치가 $93,749.8에서 하락한 것은 £가치 하락에서 주로 연유된 것으로 풀이된다.

이제 동일한 프로세스를 100회 또는 그 이상 반복하면 선물환계약의 가치 변화에 관한 실증분포(empirical distribution)를 구할 수 있고, 95% 신뢰수준에서 *VaR*값을 구할 수 있다.

장 · 단점

HS방법은 앞에서 살펴본 바와 같이 과거 자료를 직접 사용하고 특정한 분포를 가정하지 않았으므로 객관적이라는 장점을 지닌다. 그러나 자료 수집기간(window)에 어떤 자료가 들어 있는가에 따라 예측 결과가 크게 달라진다는 단점이 있다. 예컨대 자료 수집기간이 금융위기를 포함한다면 위험을 높게 평가할 것이나 이 기간이 빠지면 갑자기 위험을 낮게 평가하게 되는 것이다. 아울러 포트폴리오 구성이 크게 변화하는 경우에는 적용하기가 어렵고 신축적인 분석이 어렵다는 것도 단점이다.

3.4 몬테칼로 시뮬레이션방법

몬테칼로(Monte Carlo : MC) **시뮬레이션방법**은 시뮬레이션방법을 이용한다는 점에서 HS방법과 같지만, 일정한 상품 또는 위험요소들의 과거 실적치를 직접 이용하는 대신 이들에 대해 일정한 분포(예 : 정규분포)를 가정하고 모수(parameter)를 추정한 후, 이를 토대로 난수(random number)를 추출하여 가상적 분포를 만든다는 점이 다르다. 원하는 만큼의 난수를 창출하여 분석할 수 있으므로 분석력이 우수한 반면, 엄밀히 말해서 실증분포가 아니라는 약점과 더불어 분석의 비용과 시간이 많이 든다는 단점도 있다. 이 방법은 통상 다음과 같은 단계들을 거치게 된다.

① 위험요소를 확인하고 이들에 대해 확률분포를 가정한다.
② 과거 데이터를 이용하여 각 분포의 모수를 추정한다. 이는 대체로 평균, 표준편차 및 위험요소들 간의 상관계수 추정을 포함한다.
③ 각 위험요소들$\{j = 1, 2, \cdots, m\}$에 대한 가상적 값들, 예컨대 $\{\varepsilon_1, \varepsilon_2, \cdots, \varepsilon_m\}$을 창출하고 해당 값들을 개별 상품에 대한 평가모형(예 : 옵션가격결정모형, 배당성장모형 등)에 대입하여 상품가격들$\{S_1, S_2, \cdots, S_n\}$을 계산한다.
④ ③에서 구한 상품가격들을 이용하여 t시점에서 이들을 포함하는 포트폴리오가치 $P_t^k(S_1, S_2, \cdots, S_n)$을 계산한다.
⑤ ③과 ④를 K번 반복하여 $\{P_t^1, P_t^2, \cdots, P_t^K\}$를 얻고, 이들을 크기 순서로 정렬한 후 신뢰수준에 해당하는 VaR값을 구한다.

여기서는 주가를 확률변수로 나타내는 **기하학적 브라운운동**(geometric Brownian motion : GBM) 모형을 사용하여 MC 시뮬레이션방법을 예시한다. 이 모형은 주가의 변화가 시간에 독립적이며 가격의 작은 움직임이 다음 식을 따른다고 가정한다.

$$dS_t = \mu_t S_t dt + \sigma_t S_t dZ \tag{18.12}$$

여기서 μ_t는 주가 움직임의 추세를, σ_t는 분산을 나타내는 상수들이다. '브라운운동'

이란 확률변수인 dZ의 분산이 시간의 경과에 비례하여 변화하는 특성을 가진다는 뜻이다. 여기서 $Var(dZ) = dt$가 성립하므로 $Var(\sigma SdZ) = \sigma^2 S^2 dt$가 된다. 한편 '기하학적' 이란 모든 모수들이 현재의 가격 S_t에 비례한다는 의미이다.

현재시점을 t, 만기시점을 T라 하면, 현재시점과 만기시점 사이의 기간은 $\tau = T - t$로 정의되는데, 우리는 기간 $\tau = T - t$ 동안의 이산시점들($i = 1, 2, \cdots, T - t$)에 대해서 가격 시리즈 S_{t+i}를 얻고자 한다. 이를 위해 전체기간 τ를 n개의 짧은 구간으로 나누어 이를 $\Delta t = \tau / n$으로 정의한다. 그리고 주어진 단위기간 Δt에 대하여 $\frac{dS}{S}$를 적분하면 다음의 근사치를 얻는다.

$$\Delta S_{t+1} = S_t(\mu \Delta t + \sigma \varepsilon \sqrt{\Delta t}) \tag{18.13}$$

이 식에서 ε은 $N(0, 1)$, 즉 **표준정규분포**로 가정된다. 따라서 주식수익률의 기대치는 $E\left(\frac{\Delta S}{S}\right) = \mu \Delta t$이고, 분산은 $Var\left(\frac{dS}{S}\right) = \sigma^2 \Delta t$가 된다.

이를 이용하여 실제로 가격경로를 구하는 과정을 살펴보는데, 복잡성을 피하기 위해서 위험요소가 1개인 경우를 살펴본다.

① 위험요소에 대한 확률변수 시리즈 $\{\varepsilon^1, \varepsilon^2, \cdots, \varepsilon^k\}$를 구한다.

② 이 시리즈를 순차적으로 대입하여 다음을 구한다.

$$\begin{aligned} S^1 &= S_0 + S_0(\mu \Delta t + \sigma \varepsilon^1 \sqrt{\Delta t}) \\ S^2 &= S_0 + S_0(\mu \Delta t + \sigma \varepsilon^2 \sqrt{\Delta t}) \\ &\vdots \\ S^K &= S_0 + S_0(\mu \Delta t + \sigma \varepsilon^k \sqrt{\Delta t}) \end{aligned}$$

이후 VaR값을 구하는 과정은 HS의 경우와 같다. 이제 MC 시뮬레이션방법을 예시해보자.

(주)한아정밀의 연간 주식수익률 평균은 20%이고, 변동성은 30%이며, 현재 주가는 100원이다. 95% 신뢰수준에서 1일 VaR값을 MC 시뮬레이션방법으로 구해 보자. 여기서는 우선 1일(Δt) 간의 주식수익률이 **대수정규**(lognormal)**분포**를 따르는 것으로 가정한

다.[11] 먼저 1년을 250일로 가정하고 주식수익률의 1일 평균과 표준편차를 구하면 각각 다음과 같다.

$$평균(\mu) = 0.2 \times \frac{1}{250} = 0.0008,\ 표준편차(\sigma) = 0.3 \times \sqrt{\frac{1}{250}} = 0.019$$

이제 [표 18-3]을 살펴보자. 열 (1)은 표준정규분포로부터 창출한 100개의 난수들이다. 이들을 위의 평균(μ) 및 표준편차(σ)값들과 더불어 열 (2)에 대입하면 해당 값들을 구할 수 있다. 열 (3)은 식 (18.13)에 따른 것이다. 이러한 과정을 반복 적용함으로써 열 (4)에서 주가분포를 구할 수 있다. 실제로 주가는 100에서 출발해서 100.45, 97.60 또는 100.31 등으로 변화하는데, 각각의 경우 주가의 변화값은 0.45, −2.40, 0.31 등이고, 주식수익률은 0.45%, −2.40%, 0.31% 등으로 계산된다.

| 표 18-3 | MC 시뮬레이션에 의한 주가변동

단계	(1) 난수(ε)	(2) $\mu\Delta t + \sigma\varepsilon\sqrt{\Delta t}$	(3) $\Delta S = 100 \times (2)$	(4) 주가 = $100 + \Delta S$
–	NA	NA	NA	100
1	0.192094	0.00445	0.445	100.445
2	−1.304524	−0.023986	−2.3986	97.6014
3	0.118416	0.00305	0.305	100.305
⋮	⋮	⋮	⋮	⋮
99	0.229088	0.005153	0.5153	100.5153
100	0.293929	0.006385	0.6385	100.6385

표에서 95% 신뢰수준에서의 *VaR*값은 평균(100원)으로부터, 좌단의 가장 작은 ΔS값부터 6번째[12]로 큰 값까지의 거리이다.

11 어떤 변수에 로그를 씌워 정규분포가 된다면, 그 변수는 대수정규분포(lognormal)를 따른다. 주식수익률이 기하학적 브라운운동(GBM)을 따른다는 것은 대수정규분포를 따르는 것인데, 이는 주식수익률의 로그값이 정규분포를 따름을 의미한다.

12 이 값은 큰 수치로부터 95번째에 해당된다.

상관계수의 반영

앞의 MC 시뮬레이션방법의 예시에서는 주식가치라는 단일 위험요소를 다루었으므로 분석이 간편하였다. 상관관계를 고려할 필요가 없었기 때문이다. 그러나 복수의 위험요소들이 작용하는 일상적인 포트폴리오에서는 위험요소들 간의 상관관계가 매우 중요하여 이들을 반영하지 않을 경우 적절한 *VaR*값 계산이 어려워질 수 있다. 예컨대 포트폴리오 안에 두 개의 주식이 포함되어 있는 경우 이들 간의 상관관계를 분석하지 않는 것은 상관계수를 1로 가정하는 셈이 되어 포트폴리오 위험을 과대평가하는 결과가 초래된다.

일정한 포트폴리오 안에서 개별 주식수익률들 간에 존재하는 상관관계 분석은 본 교재의 범위를 벗어난다. 다만 여기서는 몇 가지 기본사항들을 살펴보는데, 우선 상관계수가 ρ인 두 개의 무작위 변수 만들기에 대해 살펴본다. 이러한 방법은 MC 시뮬레이션방법이 복수의 위험요소 또는 위험자산들 간 상관계수가 ρ인 경우의 분석을 위해 필요하다. 자산수익률 간 분산효과를 분석할 수 있기 때문이다. 이 방법은 다음과 같이 진행된다.

① 상호 독립적인 두 변수 $\{\eta_1, \eta_2\}$를 선정하고, 각각을 표준정규분포로 가정한다.

② **촐레스키 분해**(Cholesky's decomposition)에 따라 이들을 상관계수가 ρ인 두 변수 $\{\varepsilon_1, \varepsilon_2\}$로 다음과 같이 변환한다.

$$\varepsilon_1 = \eta_1$$
$$\varepsilon_2 = \rho\eta_1 + (1-\rho^2)^{\frac{1}{2}}\eta_2$$

여기서 $Var(\varepsilon_2) = \rho^2 Var(\eta_1) + (1-\rho^2)Var(\eta_2) = \rho^2 + (1-\rho^2) = 1$ 및

$$Cov(\varepsilon_1, \varepsilon_2) = Cov(\eta_1, \rho\eta_1 + (1-\rho^2)^{\frac{1}{2}}\eta_2) = \rho Cov(\eta_1, \eta_1) = \rho$$

가 성립함을 확인할 수 있다.

장 · 단점

MC 시뮬레이션방법은 여러 가지 가능성을 시뮬레이트할 수 있어 신축적이며 분석력이 뛰어나다. 뿐만 아니라 가능한 모든 시나리오를 다루는 **완전평가**(full valuation)가 가

능하여 다양한 상품들을 포함하는 포트폴리오 분석에 사용할 수 있다. 그러나 **확률과정**(stochastic process) 및 자산가치 평가모형 등을 사용함으로써 **모형위험**(model risk)에 노출되며, 모형화 작업 및 결과의 해석에 전문지식이 필요하다는 것도 단점으로 지적된다. 안정적인 *VaR*값 도출을 위해서는 컴퓨터상에서 수많은 반복(iteration)이 필요한데 이것이 비용과 시간을 요구한다는 것도 단점이다.

4. 위기상황분석

금융기관이 위험관리에 관심을 갖는 이유는 금융기관의 손실 내지 재무적 곤경 가능성을 확인하고 대응방안을 마련하려 하기 때문이다. 그런데 앞에서 공부한 *VaR*모형은 대체로 시장이 정상적으로 작동할 때를 기준으로 위험을 측정한다는 점에서 위험관리의 필요성이 비교적 낮은 경우를 대상으로 하고 있다는 문제점이 있다. 즉, *VaR*값의 계산이 통상 시장의 정상적 상황에서 수집한 데이터를 토대로 이루어진다면 시장의 불확실성이 증가하거나 또는 대규모 충격이 발생하는 경우의 위험측정 수단으로 부족한 면이 있는 것이다. 따지고 보면 금융기관의 위험관리가 가장 필요한 시점은 바로 이렇게 위험이 급증하는 경우가 아니겠는가?

여하간 금융기관 입장에서는 시장의 갑작스럽고 큰 변화가 스스로의 가치에 끼치는 영향을 사전에 측정하고 대비해야 한다. 미국의 **블랙 먼데이**(Black Monday), 일본의 **고베 지진**, **러시아의 모라토리움** 선언, **동남아 외환위기**, 그리고 2008년의 **글로벌 금융위기** 등과 같이 계속 발생하는 시장의 대형 충격 및 위기에 대비할 필요가 있는 것이다. 적어도 한 금융기관의 최고경영자라면 그러한 시나리오의 가능성과 영향을 미리 파악하여 대응방안을 마련해 두어야 한다.

이러한 목적으로 시행하는 것이 **위기상황분석**(stress test)이다. 위기상황분석은 기본적으로 은행에 심각한 손실을 초래하는 극단적인 시나리오를 분석하는 것으로, 통상 *VaR*

값 계산과 병행하여 실시한다. 일반적으로 아래 시나리오들 가운데 하나 또는 복수가 함께 발생하는 경우를 분석한다(Jorion, 2001).

① 수익률곡선의 평행이동 : ±100bp
② 스프레드 위험(신용등급이 상이한 수익률곡선의 스프레드 변화) : ±20bp
③ 수익률곡선의 기울기 변화 : ±25bp
④ 개별 주식 또는 주가지수가치 변화 : ±10%
⑤ 주가지수의 변동성 변화 : ±20%
⑥ 통화가치 변화 : ±6%(주요 통화) 또는 ±20%(기타 통화)

Box 18-1 | 가계부채 스트레스테스트

2015년 12월 말 기준으로 가계부채가 1,200조원을 넘어서면서 부채발 금융위기를 경계하는 목소리가 높아지고 있다. 금융위기는 내 · 외부요인으로 결정되는데, 최근 외부 위험요인이 확대되면서 과다한 부채규모가 한국경제의 취약성을 높인다는 우려가 커지고 있는 것이다. 위기가능성을 정확히 예측하는 것은 어렵지만 부채증가속도가 소득증가속도를 상회하는 상태가 지속되면서 가계부실위험 및 금융위기가능성이 높아지고 있다.

이런 상황에서 한국은행이 실시한 가계부문 스트레스테스트는 위기상황분석의 좋은 예를 제공한다.[13] 이 분석은 외부 거시충격변수로 금리와 주택가격을 사용하면서([표 18-4] 참조) 이들이 가계의 채무상환능력에 끼치는 영향을 추정하여 가계부실위험을 측정하였다. 구체적으로 우선 금리변수는 100bp, 200bp 및 300bp 상승의 세 가지 시나리오를 사용하였고, 주택가격은 5%, 10% 및 15% 하락 등 세 가지 시나리오를 사용하였다. 아울러 금리가 200bp 상승하고 주택가격이 10% 하락하는 복합 시나리오까지를 분석하였다. 각각의 시나리오하에서 외부충격이 개별 가계의 소득, 원

| 표 18-4 | 거시충격 시나리오

충격변수	충격의 강도		
금리 상승	100bp	200bp	300bp
주택가격 하락	5%	10%	15%
복합충격	금리 200bp 상승 및 주택가격 10% 하락		

자료 : 한국은행, 금융안정보고서(2015. 6)의 [표 I-3]

---

13 한국은행의 금융안정보고서(2015. 6; pp.110~103)를 인용 및 참조

리금상환액, 자산, 부채 등 미시적 재무지표의 증감에 미치는 영향을 분석하여 가계부실위험의 변동을 측정하였고 그 결과를 집계하여 가계부문 전체의 부실위험을 평가하였다.

분석에 앞서 2014년 위험가구수를 112만 가구로 그리고 이들이 보유한 위험부채를 약 143조원으로 추정하였다. 분석결과는 다음과 같다.[14]

금리가 100bp, 200bp 및 300bp 상승할 때 위험가구 비율은 10.3%에서 각각 11.2%, 12.7% 및 14.0%로 높아지고, 위험부채 비율은 19.3%에서 각각 21.6%, 27.0% 및 30.7%로 상승하는 것으로 나타났다. 한편 주택가격이 5%, 10% 및 15% 하락 시 위험가구 비율은 각각 11.1%, 12.0% 및 13.0%로 상승하고, 위험부채 비율은 각각 21.5%, 25.4% 및 29.1%로 높아졌다. 그리고 금리가 200bp 상승하면서 동시에 주택가격이 10% 하락하는 복합충격 발생 시 위험가구 비율은 14.2%로, 위험부채 비율은 32.3%로 각각 상승하는 것으로 추정되었다.

위기상황분석은 분석대상 시나리오가 과거 데이터와 직접 연관되지 않아 분석이 신축적이라는 장점이 있는 반면 확률 계산 및 변수들 간 상관관계 반영이 어렵다는 단점을 지닌다.

5. 요약

본 장에서는 규제완화, 글로벌화 및 증권화 등 금융환경변화 추세하에서 확대되고 있는 시장위험을 측정 · 관리하기 위한 방안으로 *VaR*모형에 대해 살펴보았다. 제16장과 제17장에서 공부한 금리위험과 환위험을 다루는 ALM이 금융기관의 전통적 위험관리모형이었다면, 본 장의 *VaR*모형은 시장위험 분석을 위한 위험관리의 신세대 모형이라고 할 수 있다. *VaR*모형은 여러 가지 장점을 지니고 있으며, 규제 · 감독당국의 지원에 힘입

14 위험가구 비율은 위험가구수/부채보유가구수이고 위험부채 비율은 위험부채금액/금융부채금액이다. 위험가구란 가계부실위험지수(HDRI)가 100을 초과하는 가구를 말하는데, HSRI = 100은 DSR = 40 및 DTA = 100%인 경우에 성립한다. 위험부채 비율은 위험가구가 보유한 금융부채금액이 전체 금융부채금액에서 차지하는 비중을 말한다.

어 확산되면서 빠른 속도로 발전하고 있다. 특히 가치를 위험측정의 공통분모로 삼는다는 점에서 금융기관 내의 여러 가지 이질적 위험을 통합해 관리하는 소위 **통합위험관리**(integrated risk management)로의 발전을 위한 바탕을 마련한 것으로 평가된다. 즉, *VaR* 모형은 본 장의 주제인 시장위험뿐만 아니라 다음에 논의할 신용위험과 운영위험 등의 분석에도 적용되어 다양한 위험을 하나의 틀로 통합관리할 수 있게 해주는 유용한 수단인 것이다.

본 장에서는 *VaR* 개념을 설명하고 실제로 *VaR*값을 계산하는 방법을 소개하였다. 구체적으로 델타 · 노말방법, 델타 · 감마방법, 역사적 시뮬레이션방법 및 몬테칼로 시뮬레이션방법 등 네 가지를 설명하고 구체적인 계산 예들을 살펴보았다. 마지막으로 위기상황 분석에 대해서도 살펴보았다.

| 표 18-5 | 추정방법들의 특성 비교

	D-N	HS	MC	위기상황분석
가치평가	국부(선형)	완전	완전	예외적
분포가정	정규분포	역사적 분포	일반적 분포	주관적 분포
극한치	실제보다 낮은 확률 부여	최근 자료에 의존	처리가능	처리가능
시행 계산용이 설명용이 정확도	 YES YES 우수	 중간 YES 자료수집기간에 의존	 NO NO 반복횟수에 의존	 중간 중간 가정의 비현실성
문제점	• 비선형성 • 두꺼운 꼬리	• 시간 가변적 위험 • 이례적 사건의 영향	• 모형위험 • 계산량 과다	• 상관관계 미반영

[표 18-5]는 *VaR*값 추정방법들을 비교한 것이다. 개별 금융기관들은 이들 중에서 자신의 포트폴리오 성격을 감안하여 최적의 방법을 선택해야 한다. 예컨대 어느 금융기관의 포트폴리오가 비교적 단순하고 옵션 등이 많이 포함되어 있지 않다면, 많은 시간과 비용이 소요되는 MC 시뮬레이션방법을 사용하는 것보다 간편한 델타 · 노말방법을 사용하는 것이 나을 것이다. 그리고 데이터의 문제가 크지 않고 또 포트폴리오가 수시로 바뀌지 않는 경우라면 역사적 시뮬레이션방법의 사용이 타당성을 지닐 수 있다. 그러나 금융기

관의 규모가 증가하고 또 업무영역이 확대되는 상황에서 파생금융상품을 포함하여 신상품 도입이 예상되는 경우라면 보다 완전한 MC 시뮬레이션방법의 도입을 고려해 보는 것도 의미가 있을 것이다. 마지막으로, 통상적인 *VaR*모형과 더불어 위기상황분석을 병행할 필요가 있다.

연 | 습 | 문 | 제

01. 시장위험분석 수단으로 *VaR*모형이 등장한 배경을 설명하시오.

02. ALM과 *VaR*모형을 비교 · 설명하시오. 양자의 공통점은 무엇이고 차이점은 무엇인지 설명하시오.

03. *VaR* 개념의 의의를 설명하고 이것이 자본관리와 어떻게 연관되는가를 설명하시오.

04. RAROC 개념을 설명하고, *VaR*모형과의 연관성을 설명하시오.

05. 실제로 *VaR*값을 산출하는 방법으로 델타 · 노말방법, 델타 · 감마방법, 역사적 시뮬레이션방법, 몬테칼로 시뮬레이션방법 등이 있다. 이들을 각각 간략히 설명하시오.

06. 델타 · 노말방법, 델타 · 감마방법, 역사적 시뮬레이션방법, 몬테칼로 시뮬레이션방법들의 장점과 단점을 비교하여 설명하시오.

07. 위기상황분석의 응용사례에 대해 설명하시오.

CHAPTER 19

신용위험관리

신용위험은 금융기관이 보유하고 있는 대출 또는 채권에 약정된 현금흐름이 완전하게 지급되지 못할 가능성과 관련된다. 신용위험이 대부분의 금융거래에서 발생하므로 대부분의 금융기관은 어떤 형태로든 신용위험에 노출된다고 할 수 있다. 이들 가운데 대출을 시행하는 은행, 보험회사 및 상호저축은행 등은 특히 신용위험에 더 많이 노출되어 있다. 본 장에서는 신용위험의 개념에 대해 알아보고 이를 측정하는 여러 가지 방법을 소개한다. ■

1. 신용위험의 의의

1.1 신용위험의 개요

신용위험은 전통적으로 금융기관이 부담하는 위험 가운데 가장 오래된 것이며 비중이 큰 것이라 할 수 있다. 금융기관이 부담하는 기본적인 형태의 신용위험은 대출로부터 발생하는데, 이는 차입자가 원리금을 약속된 기간 내에 상환하지 못하여 발생한다. 신용위험은 여신업무에서 핵심적인 위험으로 금융기관의 대출의사결정에서 가장 중요한 요소이다. 과거에는 금융기관의 신용위험 노출이 주로 대출에 한정되어 있었지만, 금융시장의 발전에 따라 채권시장이 확대되고 파생금융상품시장이 발전하면서 채권과 파생금융상품도 신용위험을 야기시키는 주요 요소가 되고 있다.[1]

좁은 의미에서 신용위험은 차입자의 채무이행 불확실성과 관련 있지만 넓은 의미에서 신용위험은 거래상대방이 계약상의 조건을 충족시키지 못할 가능성과 관련이 있는 **거래상대방위험**(counterparty risk)과 **채무불이행위험**(default risk), 지급보증 등을 포함하는 **부외거래위험**(off-balance-sheet risk), 그리고 외국기업에 대한 대출 또는 채권 매입에서 나타나는 **국가위험**(country risk 또는 sovereign risk) 등을 포함한다. 이에 따라 신용위험은 여신업을 수행하는 금융기관에 현저하게 나타나기는 하지만 대부분의 모든 금융기관이 신용위험에 노출되어 있다고 할 수 있다. 각 금융기관에서의 신용위험 노출 정도는 자산의 규모 및 만기와 관련이 있는데, 이는 궁극적으로는 금융기관의 업무영역과 관련된다. 일반적으로 만기가 긴 대출이나 채권의 경우에 신용위험이 더 큰 편이다. 따라서 장기대출을 하거나 장기채권에 투자하는 금융기관의 신용위험 노출이 더 크다고 할 수 있다. 예를 들면, 은행이나 상호저축은행, 그리고 생명보험회사 등이 손해보험회사, 증권회사 및 뮤추얼펀드에 비해 신용위험 노출이 큰 편이다.

---

1 국제파생상품협회(The International Swaps and Derivatives Association : ISDA)에 따르면 신용위험과 관련된 신용사건(credit event)의 종류는 부도(bankruptcy), 지급불능(failure to payment), 의무조항불이행(obligation acceleration or default), 지급거절/지급유예선언(repudiation/moratorium), 채무재조정(restructuring)으로 구분된다.

1.2 신용위험 부각의 배경

최근 들어 전 세계적으로 신용위험의 중요성이 새로이 부각되면서 신용위험 측정 및 관리 기법이 지속적으로 개발되고 있는데, 그 이유는 다음과 같다. 첫 번째는 기업의 채무불이행 증가와 담보가치의 불확실성 증가이다. 이는 1997년 외환위기 당시 우리나라에서도 나타났으며, 2007~2009년의 글로벌 금융위기에서도 동일한 상황이 발생하였다. 위기상황에서 기업의 채무불이행은 극단적으로 증가하였으며, 과거에는 확실하다고 판단되었던 담보의 가치가 급락하였다. 물론 우리나라에서와 같이 극단적이지는 않지만 기업의 채무불이행 증가와 담보가치의 불확실성 확대는 1990년대 이후 일본, 미국 및 유럽 등 선진국에서도 관찰되었다. 이와 같이 기업의 채무불이행이 증가하고 담보가치의 불확실성이 커지면서 안전하다고 여겨졌던 담보대출의 위험이 크게 증가하였으며, 금융기관의 손실빈도 및 규모가 크게 확대되었음은 물론 파산가능성도 증가하였다. 이에 따라 금융기관들은 신용위험을 보다 정밀히 평가하고 관리할 필요성을 느끼게 되었다.

두 번째는 금융시장 환경의 변화이다. 1980년대 중반 영국의 금융개혁(빅뱅) 이후 세계 각국은 겸업화, 국제화 및 금융자율화를 추진하였다. 과거에는 국경 내에서 업무영역별로 안정적인 경영을 하던 금융기관들은 보다 광범위하고 치열한 경쟁에 직면하게 되었으며, 수익성은 악화되었다. 한편, 같은 시기에 직접금융화 또는 금융의 증권화가 진전되면서 여수신업무의 비중이 축소되고 금융기관 간 경쟁은 보다 심화되었다. 이에 따라 대출시장에서 신용위험의 부담에 대한 보상, 즉 금리가 적절한 수준 아래로 떨어지게 되었는데, 이는 특히 미국의 S&L과 같은 중소형 금융기관의 부실화를 촉진하는 결과를 초래하였다. 이에 금융기관들은 신용위험에 대한 보다 정확한 평가에 대한 필요성을 절감하게 되었다.

세 번째로는 부외거래의 확대를 들 수 있다. 금융환경의 변화로 금융기관 간 경쟁이 격화되면서 수익성 악화를 경험한 금융기관들은 새로운 수익원 창출을 위해 부외거래를 확대하였다. 특히 미국의 은행들은 스왑 등 장외파생금융상품 거래를 확대했는데, 이러한 거래의 확대는 금융기관의 거래상대방위험 노출을 증가시켰으며, 이에 따라 금융기관들은 거래상대방의 신용위험을 보다 정확히 측정하고 관리해야 할 필요성을 느끼게 되었다.

네 번째는 국가부채의 확대이다. 금융환경의 변화로 새로운 수익원을 찾던 금융기관들은 1990년대 들어 경제성장을 위한 자본을 절실하게 필요로 하는 개발도상국에 대한 자금공급을 확대하였으며, 이에 따라 개발도상국의 외채는 급격히 증가하였다. 이는 결국 1997년 동아시아 금융위기로 이어졌다. 이후 금융위기는 남미의 브라질과 아르헨티나, 그리고 터키 및 러시아 등으로 확산되었다. 이 같은 과다한 외채로 인한 금융위기의 발생은 금융기관에 커다란 충격을 주었다.

한편 우리나라에서 신용위험의 중요성이 새삼 부각되기 시작한 계기는 앞서 거론된 1997년의 외환위기이다. 그 이전까지 우리나라 금융기관들은 실질적으로 신용위험에 노출되어 있지 않았다고 해도 큰 무리는 없을 것이다. 1970년의 고도성장시기에 모든 자원의 배분은 정부주도하에 일어났으며, 금융기관의 자금공급 역시 예외는 아니었다. 정부는 육성하고자 하는 산업을 지정하고 금융기관을 통해 해당 산업분야의 기업에 집중적으로 자원을 투입하였다. 기업이 실패하는 경우가 발생하더라도 역시 정부가 주도적으로 그 처리를 담당하였다. 따라서 금융기관은 여신공급에 있어 공급대상 기업의 신용위험을 평가할 필요가 크지 않았다. 정부정책에 의해 여신이 일부 기업에 집중되어 있어 집중위험은 매우 컸지만 현실적으로 금융기관이 자체적으로 신용위험 차원에서 대출포트폴리오를 조정할 형편은 되지 않았다. 그러나 외환위기 이후 금융기관의 자율성이 강화되고 BIS 자기자본비율규제 등과 같은 선진적인 규제체계가 도입되면서 우리나라 금융기관에서도 신용위험의 평가와 관리는 중요한 과제가 되었다.

이 같이 신용위험이 확대되고 있는 가운데 1980년대 말 미국을 중심으로 금융기관의 신용위험 부담을 규제하기 위한 움직임이 일어나기 시작하였는데, 이는 1992년 BIS 위험조정자기자본비율규제로 나타났다. 이러한 금융기관에 대한 범세계적인 신용위험부담 규제는 금융기관의 신용위험관리 강화로 이어졌다. 이와 함께 1980년대 후반 들어 시작된 정보통신기술의 발전은 신용위험의 측정 및 관리의 발전에 결정적인 기여를 하였다. 컴퓨터와 정보처리기술의 발전으로 대규모 자료의 축적과 활용이 가능해졌으며, 복잡한 수학적 모형의 개발과 모형에 대한 검증이 가능해졌다. 또한 이와 더불어 포트폴리오이론과 옵션이론 등 금융이론의 발전도 신용위험평가와 관리를 용이하게 하였다.

1.3 신용위험의 두 측면

금융기관이 부담하는 신용위험은 두 가지 측면에서 살펴볼 수 있다. 첫 번째는 개별 대출의 신용위험이다. 금융기관은 대출신청을 받은 후 차입자의 신용도를 평가하고 신용도에 따라 대출규모와 금리를 결정하게 된다. 일반적으로 차입자의 신용도가 높을수록 대출한도는 높아지며, 대출금리는 낮아진다. 두 번째는 대출포트폴리오 차원에서의 신용위험이다. 금융기관은 개별 차입자의 신용위험을 측정하여 대출에 대한 의사결정을 수행하며, 이러한 개별 대출은 금융기관의 전체 대출포트폴리오를 구성한다. 따라서 금융기관이 궁극적으로 관심을 갖는 것은 개별 대출 자체보다는 대출포트폴리오일 것이며, 이런 관점에서 개별 대출의 위험-수익률 특성에 관심을 갖게 될 것이다. 한편 금융기관은 특정 산업분야에 대출이 집중되어 위험이 분산되지 않고 집중되는 **집중위험**(concentration risk)을 축소하기 위하여 특정 산업분야에 대해 대출한도를 설정한다. 다음에서는 금융기관의 신용위험을 개별 대출의 경우와 대출포트폴리오의 경우로 나누어서 생각해 보기로 한다.

2. 개별 대출의 신용위험의 측정

2.1 개별 대출의 수익률 측정과 위험

대출의 신용위험은 대출로부터 기대하였던 현금흐름이 축소되거나 아예 발생하지 않아 나타나는 잠재적 손실이다. 따라서 신용위험을 측정하기 위해서는 우선 대출의 기대수익률을 측정할 필요가 있다. 대출로부터의 수익은 대출금리, 수수료, 지급준비율, **양건예금**(compensating balance)[2] 등으로 구성된다. 한편 대출금리는 **기본대출금리**(base

2 이는 원래 미국의 상업은행들이 고객에 대한 대출 등에 대하여 일정금액을 이자를 지급하지 않는 요구불계좌

lending rate)와 가산금리, 즉 신용위험스프레드로 구성된다.

기준대출금리는 시장금리에 따라 결정되는데, 미국의 경우 보통 단기대출에 대해서는 연방기금금리(Federal Fund Rate) 또는 LIBOR 등이 이용되고, 장기대출에 대해서는 우대금리(prime lending rate)가 사용된다. 우리나라에서는 흔히 3개월 만기 CD금리가 이용된다. 가산금리는 차입자의 신용도와 담보 유무에 따라 결정된다. 가산금리는 차입자의 신용도가 낮을수록 높아지며, 담보가 제공되는 경우 낮아진다. 대출로부터의 약정된 총수입은 다음과 같이 표현할 수 있다.

$$f + (BR + m)$$

여기서 f는 수수료율, BR은 기준대출금리, 그리고 m은 가산금리를 의미한다. 한편 양건예금비율을 b라고 하면 양건예금이 적용되는 경우 차입자의 실질차입액은 $1 - b$가 된다. 그러나 은행 입장에서 양건예금으로 받아들인 b에 대해 R만큼의 지불준비금을 중앙은행에 예치해야 한다면 은행 입장에서 실질적으로 대출에 사용된 자금은 $1 - b(1 - R)$이 된다. 대출로부터의 약정수익률을 k라 한다면 이는 다음과 같이 표현될 수 있다.

$$1 + k = 1 + \frac{f + (BR + m)}{1 - b\,(1 - R)}$$

따라서 양건예금이 없는 경우 대출로부터의 약정수익률은 $f + (BR + m)$이 되며, 지급준비금이 없는 경우에는 $[f + (BR + m)]/[1 - b]$가 된다.

이 식에 의하면 신용도가 높은 차입자 또는 담보가 제공되는 경우 신용위험프리미엄 m이 낮아져서 약정수익은 축소된다. 한편 양건예금의 비중 b가 높아지는 경우 차입자가 지급하는 총이자는 그대로이나 실질차입액이 줄어들어 약정수익은 높아진다. 양건예금의 비중은 가산금리와도 밀접하게 관련되어 있다. 즉, 양건예금에는 담보적 성격도 있어 양건예금이 요구되는 경우에는 가산금리가 낮아질 수도 있다.

에 예금하게 하는 것으로, 대출에 대한 비용보상 또는 담보성격의 보상예금을 의미한다. 그러나 우리나라에서는 은행이 대출 제공 시에 대출액의 일정비율을 구속성 있는 정기예금 등으로 예입할 것을 요구하는 예금을 말한다. 양건예금은 차입자 측에서 보면 지급이자는 동일하나 실질차입액은 줄어들게 되어 실질차입비용이 높아지게 된다.

예제 19-1

대출수수료가 0.1%, 기준대출금리는 8%, 그리고 대출기업이 속한 신용등급에 대한 프리미엄이 2%라고 한다면 대출로부터 약정된 수입은 다음과 같다.

약정수입 : 0.001 + (0.08 + 0.02) = 10.1%

양건예금이 10%이고 지급준비금이 없다면 대출의 수익률은 다음과 같다.

$$1 + k = 1 + \frac{0.001 + (0.08 + 0.2)}{1 - 0.1}, \text{ 따라서 } k = 11.22\%$$

예금에 대해 지급준비금이 요구된다면 대출의 수익률은 하락할 것이다.

일반적으로 대출로부터의 총약정수입 $1 + k$가 그대로 실현되지는 않을 것이다. 즉, 일부 대출의 경우에는 차입자가 원리금을 완전히 상환하지 못하는 상황도 발생할 수 있다. 만일 p를 대출의 상환확률이라고 한다면 대출의 기대수익률 $E(r)$은 다음과 같다.

$$1 + E(r) = p(1 + k) + (1 - p)\gamma(1 + k)$$

여기서 $(1 - p)$가 채무불이행확률(또는 부도확률)이고, p가 상환확률이며, $\gamma(\leq 1)$는 부도 시 회수율이다. 따라서 대출의 기대수익률은 대출의 약정수익에 상환확률을 곱한 값에 부도 시의 회수율에 부도확률을 곱한 값의 합으로 구성된다.

위 식에서 p는 1보다 작은데, 그 값이 작아질수록 채무불이행위험은 커지게 되며, 대출의 기대수익 $E(r)$은 축소된다. 따라서 금융기관은 대출의 기대수익이 낮아지는 것을 방지하기 위해 p가 낮은 기업, 다시 말해 채무불이행위험이 높은 차입자에 대해서는 대출의 약정수익 k를 높이도록 할 것이다. k를 높이는 방법은 앞에서 설명한 바와 같이 가산금리를 높이거나 혹은(또는 동시에) 양건예금의 비율을 높이는 것이다. 이와 같이 금융기관은 금융기관의 경영목표를 달성하기 위하여 차입자의 채무불이행확률을 정확히 측정할 필요가 있다.

예제 19-2

[예제 19-1]에서의 기업과 동일한 신용등급 기업의 부도확률이 5%이고, 부도 시 회수율이 30%이다. 이 경우 대출로부터의 기대수익률은 다음과 같이 계산된다.

$$1 + E(r) = (1 - 0.05)(1 + 0.1122) + 0.05 \times 0.3 \times (1 + 0.1122) = 1 + 0.0733$$

따라서 대출의 기대수익률은 7.33%가 된다.

2.2 부도확률과 회수율

앞 절에서 살펴보았듯이 대출로부터 일정한 수준의 기대수익률을 원하는 금융기관은 차입자의 부도확률, 또는 부도율과 부도 시 회수율(즉, 1 − 부도 시 손실률)을 반영하여 대출이자율을 결정하게 된다. 만일 차입자의 부도확률이 높아 신용위험이 크다면 은행은 대출이자율을 높이거나 또는 담보 등을 통해 부도 시 회수율을 높여 목표로 하는 대출의 기대수익률을 얻을 수 있을 것이다. 반대로 차입자의 부도확률이 낮다면 낮은 대출이자율을 적용할 수 있다. 이와 같이 대출의 기대수익률은 대출이자율뿐만 아니라 부도율과 회수율에 의해 결정된다.

부도율과 **회수율**은 신용위험과 관련된 직접적인 변수로서 신용위험의 측정을 위해서 필요한 변수이나 대출이자율과 달리 직접적인 관찰이 어렵다. 따라서 이에 대한 추정이 필요하다. 부도율을 추정하는 방법으로는 크게 과거자료에 기반하여 추정하는 역사적 채무불이행률과 이항모형을 이용한 채권가격평가방법으로부터 추정하는 위험중립 채무불이행확률 방식이 있다. 회수율의 추정은 과거의 자료로부터 실제회수율을 계산하여 이루어진다. 부도율과 회수율은 보통 이를 전문적으로 추정하는 기관에 의해 추정된다. 미국의 경우에는 신용평가회사인 S&P, Moody's 및 Fitch 등에서 관련 자료를 축적하고 부도율과 회수율을 추정하여 데이터베이스화하고 있다. 국내에서는 역시 신용평가회사인 한국신용평가가 1998년 이후 채무불이행확률을 추정하고 있으며 금융투자협회는 1999년 이후 연도별 신용등급별 부도율과 회수율을 공시하고 있다.

2.3 대출의 종류와 이자율의 결정

앞에서 신용위험을 통제하기 위해 대출의 규모를 제한하는 방안과 대출금리를 차별화하는 방안이 있다는 것을 설명하였다. 신용위험을 통제하는 데 각각의 방법이 따로 이용될 수도 있고, 또 모두 적용될 수도 있다. 두 방법의 적용은 대출의 성격과 밀접하게 관련이 있다. 다수의 소액대출을 의미하는 **소매대출**(retail lending)의 경우에는 소규모 차입자에 대한 신용도를 정확히 파악하는 데 많은 비용이 소요되기 때문에 대출 가부만 결정하고 동일한 금리를 적용하는 경우가 빈번한 데 비해, 소수의 거액대출과 관련된 **도매대출**(wholesale lending)의 경우에는 차입자의 신용도를 정확히 판단하여 대출규모와 금리를 모두 적절히 결정해야 할 필요가 있다. 이 같이 신용위험통제에 적용되는 방법은 대출의 종류에 따라 달라질 수 있으며, 따라서 대출을 종류별로 구분할 필요가 있다.

일반적으로 대출은 차입자의 유형에 따라 **상업 및 산업대출**(commercial and industrial loan), **개인대출**(individual loan) 및 **주택담보대출**(mortgage loan) 등으로 구분될 수 있다. 일반적으로 개인대출과 주택담보대출은 소매대출에 속하고 상업 및 산업 대출은 도매대출에 속한다고 할 수 있다. 우리나라에서 대출은 차입자에 따라 크게 가계대출과 기업대출로 구분된다. 최근에 주택담보대출(mortgage)이 크게 증가하고 있는데, 이는 주택구입을 위한 대출로서 가계대출과 구분될 수 있다. 아직 국내에서는 주택담보대출과 가계대출이 명확이 구분되지 않는 경우가 빈번한데 이는 국내 은행들의 담보대출 관행과 관계가 있다. 국내에서 가계대출은 대부분 주택을 담보로 이루어지는데 따라서 주택매입을 위한 주택담보부 차입인 주택담보대출과 구분이 곤란하다.

이 외에도 대출을 구분할 수 있는 기준은 매우 다양하나 신용위험과 관련된 분류를 살펴보면 담보 유무에 따라 **담보대출**과 **신용대출**로 구분할 수 있다. 담보대출은 당연히 신용대출보다 회수율이 높을 것이므로 보다 낮은 대출이자율을 적용하더라도 신용대출과 유사한 수준의 수익률을 기대할 수 있다. 그리고 상환기간에 따라 **장기대출**과 **단기대출**로 분류할 수 있는데 일반적으로 장기대출은 장기고정금리 대출을 의미한다. 이 경우 금리차이 신용위험보다는 이자율의 기간구조에 따라서 결정된다. 그러나 아직 국내에서는 상당 부분의 장기대출도 변동금리로 이루어지고 있는데 이는 금리위험의 부담을 회피하는 은행의 행태와 관련이 있다. 한편 국내에서는 자금사용용도에 따라 **운영자금대출**과

시설자금대출로 나누기도 하는데 시설자금대출은 주로 장기로 이루어지면 운영자금대출의 만기는 이보다는 짧은 수준에서 결정된다. 최근 탈중개화의 진전으로 시설자금대출과 운영자금대출의 구분은 점차 의미가 없어지고 있다.

3. 전통적인 신용위험평가모형

신용위험, 특히 채무불이행 가능성에 대한 평가는 금융기관뿐만 아니라 투자자와 학계에서도 지속적인 관심의 대상이었으며, 그간 수많은 모형이 만들어져 왔다. 채무불이행위험 평가를 위한 모형은 크게 계량적인 모형과 비계량적인 모형으로 나누어 볼 수 있다. 금융기관들은 같은 유형의 모형이라 할지라도 경험과 노하우를 바탕으로 자체 모형을 만들어 사용하고 있으며, 종종 한 차입자에 대해 여러 모형을 적용하여 평가한다.

3.1 신용분석

전통적으로 대부분의 은행은 차입자의 신용위험평가를 주관적 판단에 의존해 왔는데 기본적으로 은행은 차입자의 특성과 관련된 정보를 이용해 왔다.

신용분석(credit analysis)은 대표적인 비계량적인 신용평가방법으로 차입자의 상환능력을 분석하여 대출 여부를 결정하는 과정을 의미한다. 신용분석이 숙달된 전문가에 의해 실시된다고 해서 전문가 평가방법이라고 부르기도 한다. 이러한 유형의 전문가시스템을 개발하는 데는 많은 비용과 시간이 소요된다. 따라서 은행은 종종 대출과 관련된 의사결정과정을 정형화시키려는 노력을 기울이기도 한다. 그럼에도 불구하고 기업대출과 관련하여 다수의 은행들은 잠재적인 차입자를 평가하는데 전통적인 전문가시스템에 주로 의존하고 있다. 신용분석에서 고려되는 요소로는 크게 차입자 관련 정보와 전반적인 시장 관련 정보가 포함된다. 이러한 분석에는 흔히 신용의 5C(five C's of credit)라고 불리는 요인이 이용된다.

Character : 차입자의 성실성, 차입자의 평판
Capital : 순자산가치, 채무이행가능성
Capacity : 채무상환을 위한 충분한 현금흐름
Collateral : 채무보전을 위한 담보
Condition : 전반적인 경기변동상황

이 가운데 앞의 네 가지는 차입자 특유의 요인이며, 마지막의 Condition은 시장 전반적 요인이다. 또한 Character는 비계량적 요인이며, Capital, Capacity 및 Collateral 등은 계량적 요인이다. 차입자의 평판은 차입자의 과거 금융거래 실적과 관련이 있다. 과거 거래에서 꾸준한 상환기일의 준수는 차입자의 평판을 높이는 요인이 되며, 이는 차입자가 보다 쉽게 유리한 조건으로 대출을 받을 수 있게 한다. 반면에 평판이 형성되어 있지 않은 소규모 차입자는 불리한 조건으로 대출을 받을 수밖에 없다. Capacity와 Capital은 재무비율분석과 관련이 있는데, 이들을 평가하기 위해 부채비율, 수익의 변동성 등을 측정한다. 담보는 앞서 논의한 바와 같이 금융기관의 대출의사결정에서 대출금리와 대출금액을 결정하는 주요한 요소이다. 마지막으로 시장 전반적 요인인 Condition에서는 경기변동을 반영한다. 불황기에는 생필품을 생산하는 기업보다 사치재를 생산하는 기업의 채무불이행 확률이 훨씬 높아진다. 또한 전반적인 금리수준도 차입자의 채무불이행확률에 영향을 미친다. 금리가 상승하는 경우 기업의 원리금상환 부담은 확대되며, 채무이행가능성도 낮아지게 된다.

3.2 신용평점모형

신용평점모형(credit scoring models)은 차입자의 채무불이행에 영향을 미치는 경제적 · 재무적 요인을 식별해 내고, 이들 요인에 가중치를 부여하여 개별 차입자의 점수를 산정하고, 이에 따라 차입자의 채무불이행 가능성을 판단하는 계량적인 모형이다. 이 모형을 통해 금융기관은 채무불이행위험과 관련된 요인을 찾아낼 수 있고, 그 요인들의 상대적인 중요도를 결정할 수 있으며, 신용분석에서와는 달리 신용위험을 객관적인 지표로 나타낼 수 있다. 신용평점모형에서 흔히 사용되는 변수들은 차입자 개인의 경우 자산, 연령, 소득 및 직업 등이며, 기업의 경우 다양한 재무비율들이다.

3.2.1 알트만의 Z-평점모형

신용평점모형 가운데 **알트만**(Altman)의 **Z-평점**(Z-score)**모형**이 널리 알려져 있다. 알트만은 다변량판별분석(multi-variate discriminant analysis)이라는 통계적 방법을 이용하여 1946년부터 1965년까지의 기간 동안 파산한 기업 33개와 건전한 기업 33개를 표본으로 선정하여 부도예측모형을 개발하였는데 이를 *Z*-평점모형이라고 한다. 다변량판별분석은 표본을 두 개의 집단으로 나누어 집단 간 분산을 최대화하는 동시에 집단 내 분산을 최소화하는 기법이다. 알트만은 1968년 *Z*-평점 모형을 처음 발표한 후 이를 개선한 **Z′-평점모형**, 그리고 **ZETA모형**을 발표하였다.

다변량판별분석모형에서는 집단 간 구분을 위해서 다수의 변수가 사용되는데 *Z*-평점모형에서는 기업의 여러 재무비율이 사용되었다. 알트만은 여러 재무비율 가운데 순운전자본/총자산, 이익잉여금/총자산, 이자 및 세전수익(EBIT)/총자산, 자기자본의 시장가치/부채의 장부가치 및 매출액/총자산 등의 변수를 부도를 예측하는 변수로 사용하였다. 총자산 대비 순운전자본의 비율은 기업의 유동성을 측정하는 지표로 이 비율이 낮을수록 기업의 단기채무상환능력이 약화된 것으로 평가할 수 있다. 총자산 대비 이익잉여금 비율은 기업이 현재까지 내부적으로 축적해온 이익의 규모를 나타내는 비율로 이제까지 기업의 수익성 및 배당성향 등을 반영하며 간접적으로 기업의 존속기간을 반영한다. 대체로 존속기간이 길수록 이익잉여금 규모가 커지게 되는데 기존의 연구에 의하며 설립 이후 기간이 짧을수록 파산위험은 크게 나타나는 것으로 조사되고 있다. 총자산 대비 영업이익의 비율은 기업의 생산성을 나타내는 지표이다. 이 비율이 높을수록 기업의 생산성이 높다고 할 수 있다. 특히 이 비율은 기업의 순이익창출능력과 관련이 있으며 기업의 파산예측에 중요한 변수이다. 부채의 장부가치 대비 자기자본의 시장가치비율은 기업의 안정성과 관련된 지표로서 이 비율이 높을수록 기업의 안정성은 높아지고 따라서 파산위험은 줄어든다. 이 비율이 높은 기업은 영업상 문제가 발생하더라도 자기자본이 충격을 흡수하여 부채를 상환하는 것이 가능하므로 파산위험을 낮게 평가할 수 있다. 마지막으로 총자산 대비 매출액비율은 총자산회전율이라고 지칭되기도 하는데 이는 기업의 자산이용의 효율성을 보여주는 지표로서 산업에 따라 크게 차이가 난다. 알트만의 Z-평점모형의 판별식은 다음과 같다.

$$Z = 1.2X_1 + 1.4X_2 + 3.3X_3 + 0.6X_4 + 1.0X_5$$

여기서, X_1 = 순운전자본/총자산
X_2 = 이익잉여금(retained earning)/총자산
X_3 = 이자 및 세전수익(EBIT)/총자산
X_4 = 자기자본의 시장가치/부채의 장부가치
X_5 = 매출액/총자산

이 모형에서 계산된 Z값이 클수록 차입자는 채무불이행위험이 낮은 것으로 평가된다. 알트만은 과거의 자료를 이용하여 Z값이 1.81보다 작은 경우에는 채무불이행 가능성이 매우 높으며, 2.99 이상인 경우에는 채무불이행 가능성이 매우 낮고, Z값이 1.81에서 2.99 사이에 있는 경우에는 판별이 불가능하다고 하였다.

예제 19-3

어떤 기업의 재무비율을 조사한 결과 다음과 같은 값을 얻었다.

순운전자본/총자산(X_1) = 0.25
이익잉여금(retained earning)/총자산(X_2) = 0.05
이자 및 세전수익(EBIT)/총자산(X_3) = 0.2
자기자본의 시장가치/부채의 장부가치(X_4) = 0.5
매출액/총자산(X_5) = 1.5

이 기업의 채무불이행 가능성을 Z-평점모형을 이용하여 평가한 결과 Z값은 다음과 같았다.

$$Z = 1.2 \times 0.25 + 1.4 \times 0.05 + 3.3 \times 0.2 + 0.6 \times 0.5 + 1.0 \times 1.5 = 2.83$$

이에 의하면 이 기업의 채무불이행 가능성을 Z-평점으로 평가하기는 어려운 것으로 나타났다. X_1을 볼 때 이 기업의 유동성은 비교적 양호하나 X_3가 0이라는 것은 수익성에 문제가 있다는 것으로 의미한다.

신용위험평가에 **판별분석모형**을 이용하는 데는 여러 문제점이 있다. 우선 이 모형은 차입자를 단순히 채무이행그룹과 채무불이행그룹 등 두 가지 그룹으로 판별한다. 그런데 앞에서 서술한 바와 같이 신용위험은 차입자의 신용도 변화에 따른 채권 또는 대출의 가치변동과 관련이 있다. 차입자의 채무이행확률이 낮아지면 신용위험은 높아지며, 따라서 신용위험을 두 그룹으로 구분하는 것만으로는 충분치 못할 수 있다. 두 번째는 설명변수의 선택이다. 위 모형에서 선택된 이외에도 차입자의 채무불이행을 잘 설명할 수 있는 변수가 있을 수 있으며, 경제상황에 따라 이러한 변수는 변화할 수 있다. 또한 각 변수에 대한 가중치가 고정되어 있다는 가정도 타당하지 않을 수 있다. 채무불이행을 설명하는 변수가 경제상황에 따라 변화할 수 있는 것처럼 가중치도 변화할 수 있기 때문이다.

3.2.2 알트만의 Z'-평점모형

알트만이 1983년에 발표한 **Z'-평점모형**은 비상장기업의 파산예측 및 평가에 이용할 수 있도록 Z-평점모형을 변형시킨 것이다. Z-평점모형에서는 순운전자본/총자산, 이익잉여금/총자산, 이자 및 세전수익(EBIT)/총자산, 자기자본의 시장가치/부채의 장부가치 및 매출액/총자산의 다섯 가지 재무비율이 사용되는데 비상장기업의 경우에는 이 가운데 자기자본의 시장가치를 측정하기 어렵다는 문제점이 있다. 따라서 Z'-평점모형에서는 자기자본의 시장가치 대신 장부가치를 사용하도록 수정되었다. Z'-평점모형의 판별식은 다음과 같다.

$$Z' = 0.7X_1 + 0.8X_2 + 3.1X_3 + 0.4X_4 + 1.0X_5$$

여기서 X_1, X_2, X_3, X_5는 Z-평점모형과 동일하며, X_4는 보통주지분의 장부가치/총부채 장부가치를 의미한다. 만일 Z'가 1.23보다 작으면 파산판정을 내릴 수 있으며, Z'가

2.99보다 크다면 건전판정을 내릴 수 있다. Z'가 그 사이의 수치라면 판정을 보류한다. 한편 알트만은 비제조기업에 대해서 다섯 가지 변수 가운데 매출액/총자산 변수를 제외한 네 가지 변수만 적용하여 산업효과를 최소화하는 모형을 구축하였다. 이 변수를 제외한 것은 일반적으로 비제조기업의 경우 총자산에 비해 매출액이 크다는 특징을 가지고 있어 부도 판별에서 이 변수가 결과를 왜곡시킬 가능성이 높기 때문이다.

3.2.3 ZETA모형

ZETA모형은 알트만이 1997년에 발표한 것으로 그동안의 파산과 관련된 새로운 연구와 변화된 회계기준 등을 반영하여 구축되었다. ZETA모형은 기본적으로 앞의 두 모형과 유사한 방법론을 사용하지만 독립변수에서 차이가 있다. ZETA모형에서는 총자산수익률(return on asset), 이익안정성(stability of earnings), 부채상환부담(debt service), 누적수익성(cumulative profitability), 유동성(liquidity), 자본화(capitalization) 및 기업규모(size) 등의 7개의 변수를 사용한다.

총자산수익률은 'EBIT/총자산'으로 추정하며, 이익안정성은 과거 일정기간 동안의 총자산수익률의 표준오차로 측정한다. 이 두 변수는 각각 과거의 수익성과 수익의 변동성을 측정하는 지표이다. 다음으로 부채상환부담은 이자보상비율(EBIT/총이자)로, 그리고 유동성은 유동비율(유동자산/유동부채)로 각각 추정하는데 이는 기업의 장·단기부채상환능력을 평가하는 지표이다. 누적수익성은 '이익잉여금/총자산'으로 Z-평점모형에서 사용되는 변수와 동일하다. 자본화는 자기자본을 총자산으로 나눈 자기자본비율로 측정하는데 이 변수는 예기치 않은 손실이 발생하는 경우의 기업의 존속가능성을 나타낸다. 마지막으로 기업규모는 기업의 총자산에 자연대수를 취하여 사용한다. 기업규모가 변수로 선택된 것은 대규모기업의 파산이 빈번해지는 현상을 반영하기 위한 것이다.

이 모형은 제타서비스(ZETA Service Inc.)라는 회사에 의해 상업화되었으며, 이에 따라 판별계수 등 주요 사항은 외부에 알려지지 않고 있다. 그러나 이 역시 오래된 모형으로 예측정확도에 검증이 부족하다는 문제점이 있으며, 사용된 표본수가 적어 최근의 파산 예측이 곤란하다는 약점이 있다.

3.2.4 인공지능을 이용한 모형

한편, 최근에는 **인공신경망**(artificial neural network)**모형**을 이용한 부도예측모형이 사용되기도 하는데, 이는 기본적으로 판별분석모형과 유사하다. 인공신경망은 일종의 인공지능(artificial intelligence : AI)으로 학습을 통해 정해진 규칙을 찾아내고, 이를 바탕으로 새로이 주어지는 데이터에 이 규칙을 적용하여 그 특성을 분석하는 모형이다. 예를 들어 이를 부도예측모형에 적용하기 위해서는 과거 부도가 난 기업과 건전한 기업에 대한 자료가 필요하다. 이들 기업에 대해 부도와 관련된 수많은 변수를 모두 입력요소로 모형에 투입하면 모형은 학습을 통해 부도기업과 건전기업을 구분하는 데 필요한 변수가 무엇인가를 선별하고 적절한 가중치를 배분한다. 학습이 완료된 후 모형에 새로운 기업의 변수를 투입하면 모형은 이 기업의 부도가능성을 판정하게 된다. 이 모형은 정형화된 의사결정에는 매우 효과적이라는 장점이 있지만, 투입요소가 어떻게 결정되는지 알 수 없다는 점과 비정형화된 의사결정에 적용하기 어렵다는 단점이 있다. 일반적으로 이 모형은 기업의 부도예측과 같이 비정형화된 경우보다 신용카드 사기와 같이 정형화된 패턴을 보이는 경우에 많이 사용되고 있다.

3.3 기타 모형

신용위험 측정에 판별분석모형과 더불어 널리 이용되는 전통적 방법으로 **로짓**(logit) **모형**이 있다. 로짓모형은 로지스틱함수를 이용하여 차입자의 채무불이행확률을 직접 추정할 수 있게 한다. 이 외에 차입자의 채무불이행확률을 직접 측정할 수 있는 모형으로는 **선형확률모형**이 있다. 선형확률모형은 차입자의 재무비율 가운데 과거의 대출에 대한 자료를 바탕으로 채무이행과 관련이 있는 비율을 선정해 설명변수로 이용하여 채무이행확률을 추정한다. 그러나 확률은 0과 1 사이의 값이 되어야 함에도 불구하고 선형확률모형은 이에 의해 추정된 값이 0과 1 사이 밖의 값을 가질 수 있다는 문제점이 있다. 이러한 문제를 해결하기 위해 이용되는 것이 로짓모형이다. 로짓모형에서는 추정된 채무불이행확률값이 0과 1 사이에 들어오도록 로지스틱스함수를 사용한다. 로짓모형은 다음과 같이 표현된다.

$$\log \frac{P(y=1 \mid X_i)}{P(y=0 \mid X_i)} = \beta_0 + \beta_1 x_{i1} + \beta_2 x_{i2} + \beta_k x_{ik}$$

여기서 $y = 1$은 부도기업, $y = 0$은 건전기업을 의미하며, P는 확률을 의미한다. x는 판별모형에서와 같이 기업의 재무비율이다. 이를 정리하면 다음과 같으며, 이 함수를 로지스틱스함수라고 한다.

$$P(y = 1 \mid X_i) = \frac{\exp(\beta_0 + \beta_1 x_{i1} + \beta_2 + x_{i2} + \cdots + \beta_k x_{ik})}{1 + \exp(\beta_0 + \beta_1 x_{i1} + \beta_2 + x_{i2} + \cdots + \beta_k x_{ik})}$$

이는 알트만의 모형들과는 달리 기업의 부도확률이 직접 계산될 수 있다는 특징이 있으며, 선형확률모형과는 달리 종속변수의 값이 0과 1 사이에만 존재한다는 장점이 있다. 로짓모형은 종속변수가 기업부도 여부 등과 같이 두 값 가운데 하나가 되는 이항변수일 경우에 유용하게 사용된다.

이 모형 역시 부도확률을 결정하는 독립변수의 선정이 중요한데 로짓모형에서의 독립변수는 알트만의 모형에서와 같이 다양한 재무비율 가운데 계량경제학적인 분석을 통해 기업의 파산과 관련이 높은 비율이 선택된다. 표본에 따라 다르게 나타나지만 국내의 연구를 살펴보면 로짓모형의 독립변수로는 안정성지표로서 이자보상비율, 차입금의존도, 수익성지표로 경상이익증가율, 유동성지표로 총자산 대비 순운전자본비율 등의 재무비율 등이 사용되고 있다.

4. 새로운 신용위험의 측정방법

전통적인 신용평가모형은 이론적인 근거보다는 과거의 경험을 바탕으로 신용위험을 측정한다. 이에 비해 새로운 신용위험 측정방법들은 재무이론을 바탕으로 모형을 구축하고 광범위한 시장 자료를 이용하여 채무불이행 가능성을 평가한다. 새로운 신용위험 측정방법에서 중요한 개념 가운데 하나가 **신용 *VaR***(Credit *VaR*)이다. 신용 *VaR*의 개념은 본질적으로 시장 *VaR*와 동일하다. 신용 *VaR*는 일정기간 동안 주어진 신뢰수준에서 신용위험으로 인해 발생할 수 있는 최대 손실을 말한다. 예를 들어 특정 대출(또는 자산)에 대해 99% 신뢰수준에서의 신용 *VaR*가 10억원이라는 의미는 향후 1년 동안 거래상대방의 신용등급 하락이나 파산 등에 의해 발생할 수 있는 손실액이 99%의 확률로 최대 10억원에 이를 수 있다는 것이다. 일반적으로 기업의 파산확률은 1년 내 파산확률을 적용하기 때문에 시장 *VaR*와는 달리 신용 *VaR*는 1년의 기간을 사용한다.

신용 *VaR* 계산에서 핵심적인 두 개념은 **예상손실**(expected loss : EL)과 **예상 밖의 손실**(unexpected loss : UL)이다. 예상손실은 거래상대방이 채무를 이행할 수 없을 때 예상되는 손실금액을 의미하며, 이는 거래상대방의 부도확률, 부도 시 회수율, 그리고 부도 시 신용위험노출액의 곱으로 계산된다. 한편 예상 밖의 손실은 기대치 못했던 장래의 잠재적인 손실을 의미한다. 예상 밖의 손실은 신용 *VaR*를 계산하여 측정할 수 있다. 이 같은 개념을 바탕으로 한 새로운 신용위험 측정방법에는 투자은행인 뱅커즈트러스트(Bankers Trust)[3]에 의해 개발된 **위험조정자본수익률**(risk-adjusted return on capital : RAROC)**모형**과 제이피모건(JPMorgan)[4]에 의해 개발된 **CreditMetrics모형**, 그리고 KMV의 옵션을 이용한 모형 등이 있다.[5]

4.1 RAROC모형

시장위험을 측정하는 데 이용되기도 하는 *RAROC*모형은 전 세계 주요 은행에서 신용위험을 측정하는 데 이용되고 있다. *RAROC*(risk-adjusted return on capital)은 기본적

3 뱅커스트러스트(Bankers Trust)는 1998년 도이체방크(Deutsche Bank)에 의해 인수되었다.

4 제이피모건(JPMorgan)은 2000년 체이스맨해튼은행(Chase Manhattan Bank)과 합병하여 제이피모건체이스(JPMorgan Chase)가 되었다.

5 이 외에도 금리의 기간구조를 이용한 방법, 보험통계에서 사용하는 사망률(mortality rate)을 이용하는 방법 등이 있다.

으로 투입된 자본의 위험 노출액에 대한 수익의 비율을 나타낸다. 위험 노출액이 시장위험에 대한 것이라면 *RAROC*은 시장위험을 측정하는 지표가 될 것이며 만일 신용위험에 대한 것이라면 신용위험측정지표가 된다. *RAROC*은 다음과 같이 정의된다.

$$RAROC = \frac{\text{대출로부터의 연간 수입}}{\text{대출위험(loan risk)}}$$

이 식에 의하면 대출은 대출로 발생되는 모든 수입과 대출의 위험의 비율에 의해 평가된다. 대출로부터의 연간 순수입은 스프레드에 수수료를 더한 수치로 계산된다. 대출로부터의 연간 수입은 스프레드로 비교적 용이하게 추정될 수 있지만, **대출위험**(loan risk)의 측정은 간단하지 않다. 대출위험을 측정하는 방법은 부도율을 이용하는 방법과 듀레이션을 이용하는 방법이 있다. 먼저 부도율을 이용하는 방법을 살펴보면 대출위험은 기본적으로 신용 *VaR*와 동일한 개념으로 예상 밖의 부도율(unexpected default rate)과 부도손실률(loss given default : LGD)의 곱으로 측정된다. 즉 대출위험은 다음과 같이 계산된다.

$$\text{대출위험} = \text{예상밖의 부도율(unexpected default rate)} \times \text{부도손실률(loss given default : LGD)}$$

이 경우 분자인 대출로부터의 연간 수입은 금액이 아닌 수익률로 표시된다.

예제 19-4

대출로부터의 연간 수입이 0.4%로 기대되고 있고, 부도 시 회수율은 20%(즉, 손실률은 80%)이며, 99% 신뢰수준에서 부도율이 5%라고 하자. 이 경우 *RAROC*은 다음과 같이 계산된다.

$$RAROC = \frac{0.004}{0.05 \times 0.8} = 10\%$$

따라서 *RAROC*을 계산하기 위해서는 채무불이행과 채무불이행 시 손실률에 대한 과거 데이터가 충분히 축적되어 있어야 한다. 이러한 데이터가 구축되어 있지 않은 경우에는 듀레이션을 이용하여 대출위험을 측정할 수 있다.

대출위험을 측정하는 두 번째 방법은 **듀레이션**을 이용하여 금리변화에 따른 대출가치의 변화를 추정하는 것이다. 금리변화에 따른 대출가치의 변화는 다음의 듀레이션 식을 이용하여 측정할 수 있다.[6]

$$\Delta L = -D_L \times L \times \frac{\Delta R}{1 + R}$$

여기서 L은 대출의 시장가치를 의미하며, R은 금리, 그리고 D_L은 대출의 듀레이션이다. ΔL과 ΔR은 각각 대출의 가치 변화와 금리의 변화를 의미한다. 신용도 악화에 따른 대출의 가치를 측정하기 위해서는 ΔR은 신용위험 프리미엄 최대 상승치가 되어야 한다. 신용위험 프리미엄 변화를 측정하기 위해서 과거의 대출프리미엄 데이터를 이용할 수도 있으나, 국채수익률과 회사채수익률 사이의 스프레드의 변화를 이용할 수 있다. 여기서 ΔR은 스프레드의 최대 변화치를 의미하는데 다음 식과 같이 표시될 수 있다.

$$\Delta R = \text{Max}[\Delta(R_i - R_G)] > 0$$

여기서 R_i는 신용등급 i에 속하는 회사채수익률이며, R_G는 같은 만기 또는 듀레이션의 국채수익률이다. 따라서 $\Delta(R_i - R_G)$은 무위험수익률과 회사채수익률의 차이인 신용스프레드의 변화치를 의미하며 ΔR은 주어진 신뢰수준에서 신용스프레드의 최대 변화치를 나타낸다. 최종적으로 대출위험은 주어진 신뢰수준에서 차입자의 신용도 하락으로 인한 대출가치의 하락분이 된다.

*RAROC*모형을 적용하는 경우 대출의사 결정의 벤치마크는 *ROE*가 될 수 있다. 즉, *RAROC*이 *ROE*보다 큰 경우 대출이 결정되며, *ROE*보다 작은 경우에는 대출이 기각된

---

6 이 식은 듀레이션의 정의를 이용하여 유도되었다. 듀레이션의 정의는 다음과 같다.

$$D_L = -\frac{\Delta L / L}{\Delta R / (1+R)}$$

다. 이는 *RAROC*이 *ROE*보다 높아야 금융기관의 자기자본가치가 커지기 때문이다. *RAROC*이 낮게 나타나는 경우에는 대출금리를 높여 *RAROC*을 *ROE*보다 높은 수준이 되도록 하여야 한다.

4.2 CreditMetrics

CreditMetrics는 1997년 제이피모건(JPMorgan)에 의해 대출과 같이 시장성이 없는 자산의 가치와 위험을 평가하기 위해 시장위험평가에서 사용되는 *VaR*를 적용하여 개발되었다. CreditMetrics는 주어진 확률하에 최악의 상황이 발생한다면 다음 해에 대출의 가치하락이 얼마나 되는가를 측정한다. CreditMetrics는 과거자료로부터 신용등급 전이(credit migration)의 확률분포를 추정하여 일정기간 내에 대출포트폴리오의 가치변화를 측정하는 모형이다. CreditMetrics 방법의 기본가정을 살펴보면, 위험은 신용등급이 다른 등급으로 전이될 때 발생하며, 시장위험과 신용위험은 서로 독립적이고, 부도율과 회수율은 서로 독립이며, 회수율은 채권의 변제우선순위(seniority)에 따라 다르다는 것 등이다. 한편 CreditMetrics는 신용위험 측정기간을 1년으로 하고 있다.

CreditMetrics에 의한 신용위험은 다음 식에 의해 측정될 수 있다.

$$VaR = P \times 1.65 \times \sigma$$

여기서 P는 대출의 시장가치이며, σ는 1년 동안의 대출의 시장가치의 변동성을 의미한다. 이 식은 95% 신뢰수준에 대출의 시장가치 하락에 의한 1일 동안의 잠재손실금액을 측정한다. 그러나 이 식을 실제 사용하는 데는 두 가지 문제가 있다. 첫 번째는 대출의 시장가치 P를 관측하기가 쉽지 않다는 것이다. 따라서 대출가치의 변동성 σ를 추정하는 것도 매우 곤란하다. CreditMetrics에서는 차입자의 신용등급에 관한 자료, 차기년도의 차입자의 신용등급 전이 확률, 채무불이행 대출의 회수율, 그리고 채권시장에서의 스프레드 등을 이용하여 가상적인 P와 σ를 계산하여 개별 대출의 *VaR*을 추정한다. 두 번째 문제는 CreditMetrics의 기초적인 가정과 관련되는 것으로 대출로부터의 수익률이 통상

정규분포를 따르지 않는다는 점이다. 이 경우 앞의 식에서처럼 1.65σ가 95% 신뢰수준을 나타낸다고 하기 어렵게 된다.

4.3 CreditRisk+

CreditMetrics가 신용위험에 대해 완전한 형태의 VaR모형을 적용하고자 한 데 반해 CreditRisk+는 특정 수준 이상의 손실을 보전하기 위해 필요한 자기자본량을 산정하는 데 초점을 맞추고 대출의 기대손실과 손실의 분포를 추정한다. 스위스의 금융그룹인 Credit Suisse의 자회사인 크레딧스위스금융상품(Credit Suisse Financial Product)에 의해 개발된 CreditRisk+는 채무불이행빈도, 즉 채무불이행확률과 채무불이행 시의 손실률(즉, 1 – 회수율)을 이용하여 채무불이행 손실분포를 추정하여 신용위험을 평가한다. CreditRisk+는 기본적으로 개별 대출의 채무불이행확률은 랜덤이며 개별 대출의 채무불이행 사이의 상관계수는 영(0)이라고 가정하여 채무불이행의 빈도를 포아송(Poisson)분포로 모형화한다. CreditRisk+는 소수의 대규모 대출로 구성된 대출포트폴리오보다는 소규모 대출로 구성된 대규모 대출포트폴리오의 신용위험평가에 적합하다.

CredotRisk+는 신용상태를 부도와 비부도 두 가지 상태만 고려하는데 대출포트폴리오는 독립적인 부도확률을 가진 n개의 동일한 대출로 구성되어 있다고 가정한다. 만일 이 가운데 채무불이행이 발생하는 개수를 x라고 한다면 n개의 대출 가운데 x개의 채무불이행이 발생할 확률은 다음과 같이 포아송분포에 의해 계산된다.

$$f(x) = e^{-\lambda} \frac{\lambda^x}{x!}$$

여기서 λ는 채무불이행대출의 개수의 기대치로서 $\lambda = np(p =$ 부도확률$)$로 계산된다. 이렇게 채무불이행확률의 분포가 계산이 되면 채무불이행 시 손실률을 이용하여 잠재적인 손실가능성을 평가할 수 있고 이것이 바로 신용위험의 크기가 된다.

4.4 KMV모형

2002년 신용평가회사인 Moody's에 인수된 KMV사는 전 세계의 약 30,000개의 공개기업에 대해 기대부도확률(expected default frequency : EDF)을 추정하는 서비스를 시장에 제공하고 있다. 다만 KMV사는 사기업으로 추정에 관한 자세한 내역은 공개하고 있지 않다.

KMV사는 블랙숄즈(Black-Scholes)와 머튼(Merton)에 의해 개발된 옵션가격결정모형에 이용하여 **신용감시모형**(credit monitor model)을 개발하였다. 머튼은 옵션가격결정모형을 이용하여 채권 또는 대출의 가치를 평가하는 방법을 제시하였는데, KMV의 신용감시모형은 머튼의 방법에 기초를 두고 있다. **KMV모형**에서 채무불이행확률은 기업의 자본구조, 자산의 수익률변동성, 자산의 가치에 의해 추정될 수 있다. 기업의 자산가치는 부채의 가치와 자본의 가치를 합산하여 계산되며, 이를 바탕으로 자산가치의 변동성도 계산할 수 있다. 그러나 대출과 같이 시장가치를 추정하기 곤란한 부채가 있다면 기업의 자산가치와 그 변동성을 다른 방법을 이용하여 추정하여야 한다.

먼저 대출일 실시한 금융기관의 손익을 고려해 보자. [그림 19-1]에서 어떤 금융기관

그림 19-1 | 금융기관의 대출로부터의 손익

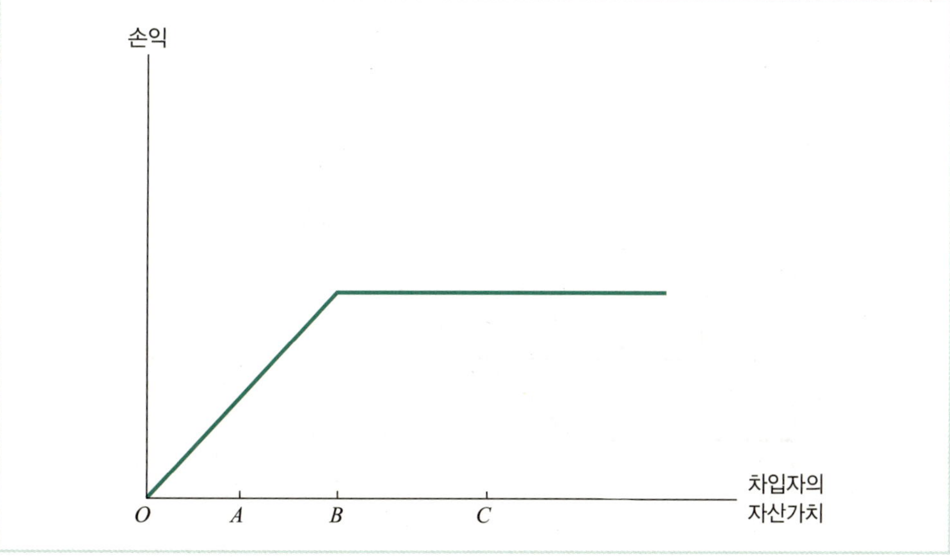

은 원리금 합계가 *B*인 1년 만기의 대출을 보유하고 있다. 차입자는 만기에 자산가치가 *B*보다 크다면 대출을 상환할 유인을 갖는다. 그림에서 차입자는 *B*만큼의 부채를 상환하고 *C* − *B*만큼의 자산을 보유한다. 자산가치가 *B*보다 작은 *A*가 되는 경우에는 차입자는 대출을 상환하지 못해 채무불이행이 되고, 모든 자산은 금융기관에게 인수된다. 금융기관은 기업의 가치가 *B*보다 큰 경우에는 정해진 원리금을 모두 받게 되지만, 기업의 가치가 *B* 이하가 되는 경우에는 *B* − *A*만큼의 손실을 입게 된다. 이러한 금융기관의 대출로부터의 손익은 풋옵션의 매도포지션 손익과 유사하다. 차입자의 입장에서 보면 기업가치가 대출원리금보다 작아지는 경우에는 채무를 이행하지 않는 **채무불이행옵션**(default option)을 보유하고 있는 것이다. 따라서 금융기관의 대출로부터의 손익은 풋옵션의 가격결정모형을 적용하여 유도할 수 있다.

한편 차입자인 기업의 주주 입장은 기업의 자산에 대한 콜옵션을 매수하는 것과 유사하다. [그림 19-2]에서 *L*은 기업의 자기자본규모이고, *B*는 대출의 가치이다. 기업이 투자에 성공하여 자산가치가 *C*가 되는 경우 차입자는 B만큼의 대출을 상환하고 *C* − *B*만큼을 갖는다. 따라서 *C*가 커질수록 차입자의 이익도 커지게 된다. 만일 투자에 실패하여 기업가치가 *A*에 머문다면 차입자는 채무불이행을 할 수밖에 없고, 대출을 제공한 금융기

그림 19-2 대출에 대한 차입자의 손익

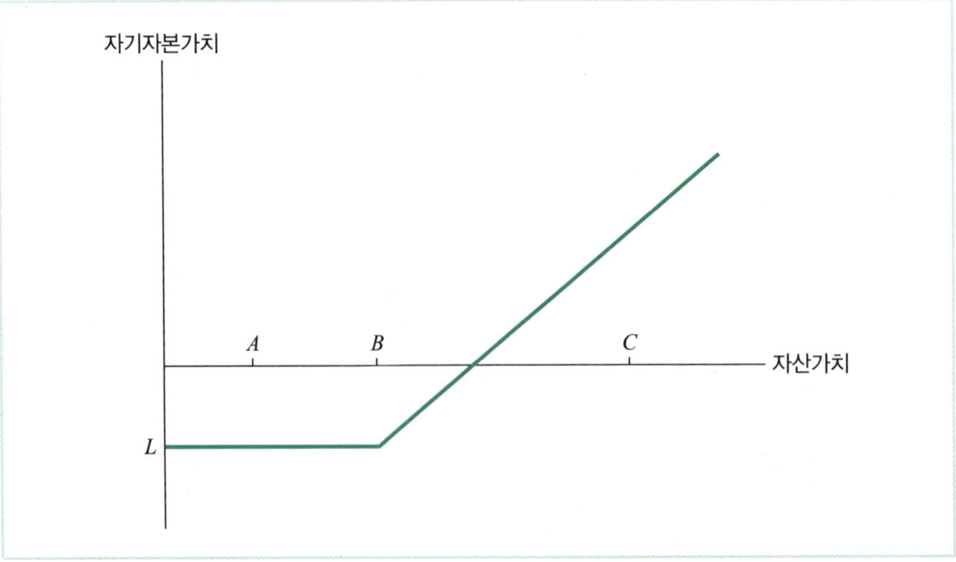

관은 잔여자산을 인수하고 $B-A$만큼의 손실을 부담하여야 한다. 이 경우 차입자의 자기자본 L은 콜옵션가격, 대출의 가치 B는 행사가격으로 간주할 수 있다. 따라서 대출은 차입자의 입장에서나 또는 금융기관 입장에서 모두 옵션으로 간주할 수 있고, 대출의 가치는 옵션가격결정모형을 이용하여 평가할 수 있다. 옵션의 가격결정모형을 적용하는 경우 대출의 가치를 결정하는 식은 다음과 같이 표현될 수 있다.

$$F(t) = AN(d_1) - Be^{-i\tau}N(d_2)$$

여기서, $$d_1 = \frac{ln\,(A/B) + (i + \sigma^2/2)}{\sigma\sqrt{\tau}}$$

$$d_2 = d_1 - \sigma\sqrt{\tau}$$

A는 기업의 가치, B는 부채의 장부가치(행사가격), σ는 기업가치의 변동성, τ는 대출의 만기까지 남은 기간, 그리고 i는 무위험이자율을 의미한다.

그러나 이 식을 이용하여 대출의 가치를 평가하는 데는 문제점이 있다. 즉, 이러한 방식으로 대출의 가치를 평가하기 위해서는 A, B, R, σ 및 τ를 알아야 하는데, 현실적으로 기업의 자산가치와 자산가치의 변동성을 관측하기가 어렵다는 것이다. KMV는 이러한 문제점을 해결하기 위한 대안을 제시하고 있다. **KMV모형**은 차입자의 관점에서 기업의 자기자본의 가치를 기업의 자산에 대한 콜옵션을 보유하는 것과 동일한 것으로 간주하여 대출의 가치를 평가한다.[7] KMV모형은 자산의 시장가치와 자기자본의 시장가치 간의 구조적 관계와 자산가치 변동성과 자기자본가치의 변동성 간의 관계를 도출하여 A와 σ를 추정한다. 자기자본의 시장가치와 그 변동성은 시장에서 쉽게 관측되므로 자기자본의 시장가치와 자산의 시장가치 사이 관계만 알 수 있다면 손쉽게 자산의 시장가치와 그 변동성을 추정해 낼 수 있다. 일단 두 변수가 추정된다면 KMV모형은 차입자의 EDF를 계산하여 대출의 가치를 평가한다.

7 이는 궁극적으로 예상채무불이행빈도(expected default frequency : EDF)와 관계가 있다. 이에 대해서는 나중에 KMV 포트폴리오 매니저 모형에서 설명한다.

4.5 Creidt Portfolio View

CPV(Credit Portfolio View)모형은 1997년 컨설팅 기업인 McKinsey에 의해 개발되었는데 CreditMetrics와는 신용등급의 변화가 차입자 유형 및 경기변동에 따라 변화한다고 전제하였다. 즉 CVP는 거시경제적인 요인과 등급변화확률 간의 관계를 모형화하여 경기상황에 따라 변화하는 부도확률을 추정한다.

t시점의 부도확률 p_t는 t시점에서의 n개의 거시경제변수 $x_{k,\,t}(k = 1 \cdots n)$에 의해 결정되는데 이때 각각의 거시경제변수는 다음과 같은 선형결합에 의해 하나의 지표로 전환된다.

$$y_t = \alpha + \sum_{k=1}^{n} \beta_k x_{k,\,t}$$

여기서 α와 β는 선형결합을 위한 상수이다. 이렇게 계산된 y_t를 부도확률로 전환하기 위해 다음과 같은 로짓모형이 적용된다.

$$p_t = \frac{1}{1 + \exp(y_t)}$$

따라서 부도확률 p_t는 0과 1 사이에 존재하게 된다. 이 모형에서 각 기업은 국가, 산업 및 신용등급별로 구분되며 회수율의 불확실성도 요인으로 포함된다. 이 모형을 이용한 시뮬레이션을 통해 부도손실의 분포가 계산되며 신용위험이 계산된다.

4.6 금리의 기간구조를 이용한 신용위험측정

이제까지 설명한 방법 이외에도 신용위험을 평가하기 위해 다양한 방법이 사용된다. 그 가운데 하나가 금리의 기간구조(term structure of interest rate)를 이용하는 것이다. 이는 채무불이행확률을 측정하기 위해 특정 신용등급의 차입자 대출 또는 회사채 프리미엄을 현재의 수익률곡선(yield curve)에 내재되어 있는 위험프리미엄을 이용하여 분석하는 것이다. 1년 만기 회사채와 국채의 수익률을 각각 k와 i라 한다면 국채와 회사채 수익률의 관계는 다음과 같이 나타낼 수 있다.

$$(1 - p)(1 + k) = 1 + i$$

$1 - p$는 회사채의 원리금이 모두 상환될 확률이다. 따라서 p는 채무불이행 확률이 된다. k와 i는 모두 시장에서 관찰이 가능하며, 채무불이행확률은 다음과 같이 계산될 수 있다.

$$1 - p = \frac{1 + i}{1 + k}$$

이러한 분석은 손쉽게 다기간 대출에 확장 적용될 수 있으며, 담보가 있는 경우나 또는 채무불이행 시 잔여자산을 회수할 수 있는 경우에도 적용될 수 있다.

4.7 사망률모형을 이용한 신용위험측정방법

금융기관은 보험통계에서 이용되는 **사망률**(mortality rate)을 이용하여 신용위험을 측정할 수 있다. 즉, 차입자의 채무불이행확률을 사망률로 간주하여 신용위험을 측정하는 것이다. 여기서 사망률은 역사적 부도율로 볼 수 있으며, **한계사망률**(marginal mortality rate : MMR)은 특정 연도에 부도가 발생할 확률로 간주할 수 있다. 이 방법을 적용하기 위해서는 유사한 특성을 갖는 대출에 대한 과거 채무불이행 자료가 축적되어 있어야 한다. p_1을 첫 해에 대출이 생존할 확률이라고 하고, p_2를 두 번째 해에 대출이 생존할 확률이라고 하자. 그렇다면$(1 - p_1)$은 첫 번째 해의 채무불이행확률이 되며, 따라서 첫 해의 한계사망률이 된다. $(1 - p_2)$는 첫 해에는 채무가 이행되나 두 번째 해에 채무가 불이행되는 확률로, 두 번째 해의 한계사망률이다. 실제적으로 1차년도의 한계사망률은 다음과 같이 측정될 수 있다.

$$MMR_1 = \frac{\text{1차년도 채무불이행 대출총액}}{\text{1차년도의 대출총액}}$$

2차년도의 한계사망률인 MMR_2도 마찬가지 방식으로 추정될 수 있다.

$$MMR_2 = \frac{\text{2차년도 채무불이행 대출총액}}{\text{2차년도의 대출총액, 이전연도 발생 채무불이행금액 등}}$$

이 같은 방법으로 매년의 한계사망률을 계산할 수 있다. 이렇게 계산된 한계사망률은 기대부도율 대신 사용될 수 있다. 이 방법은 역사적 자료에 크게 의존한다는 점에서 미래 예측에 적합하지 않을 수 있다는 문제점을 갖는다. 또한 *MMR* 계산기간에 따라 부도율의 추정치가 민감하게 변화한다는 약점이 있으며, 한계사망률은 등급별 대출규모에 크게 영향을 받는다는 문제점이 있다.

5. 대출포트폴리오의 신용위험측정방법

금융기관은 개별 대출의 신용위험평가에 더하여 금융기관 전체의 신용위험을 평가하고 이를 관리하여야 한다. 즉, 금융기관은 개별 대출의 위험뿐만 아니라 대출포트폴리오의 위험도 평가하여야 한다. **대출포트폴리오 위험평가**에는 투자론에서 이용되고 있는 포트폴리오이론이 적용된다. 포트폴리오이론에 의하면 주어진 위험수준에서 수익률을 극대화하는 포트폴리오를 선택하여 투자하는 것이다. 포트폴리오투자의 기본적인 장점은 앞 장의 시장위험분석에서와 마찬가지로 상관관계가 불완전한 자산을 대출포트폴리오에 포함시킴으로써 위험을 분산시킬 수 있다는 것이다. 즉, 금융기관은 대출을 집중시키지 않고 분산시킴으로써 신용위험을 분산시킬 수 있다. 이는 대출을 집중시키는 경우보다 주어진 위험에서 보다 높은 수익률을 올리게 해준다.

5.1 KMV Portfolio Manager모형

KMV의 Portfolio Manager모형은 포트폴리오이론을 신용위험에 적용시킨 것이다. 포트폴리오이론에 의하면 포트폴리오의 위험-수익률 관계를 알기 위해서는 개별 자산의 기대수익률, 위험, 그리고 개별 자산 간의 상관계수를 알아야 한다. 이를 대출포트폴리오에 적용시키면 대출포트폴리오의 위험-수익률 관계를 평가하기 위해서 개별 대출의 기대수익률, 위험, 그리고 개별 대출가치 간의 상관관계를 알아야 한다. 여기서 문제점은, 개별 대출의 기대수익률은 비교적 용이하게 추정될 수 있으나 대출가치의 변동성과 대출 간의 상관관계는 관찰되지 않으며, 추정도 쉽지 않다는 데 있다. KMV Portfolio Manager모형에서는 이들 변수를 측정하는 방법을 제시하고 있다.

우선 대출의 기대수익률 $\overline{R}_i$는 다음과 같이 추정된다.

$$\overline{R}_i = AIS_i - E(L_i) = AIS - [EDF_i \times LGD_i]$$

여기서 AIS_i는 연간 총스프레드(all-in-spread)로서 금융기관이 대출로부터 얻는 연간 수수료와 대출금리에서 금융기관의 자금조달비용 등을 공제하여 산정한다. $E(L_i)$는 대출의 기대손실률로서, 차입자의 **예상채무불이행빈도** EDF_i(Expected Default Frequency)에 **채무불이행 시 손실률** LGD_i(Loss Given Default)를 곱한 값이다. 대출로부터의 기대수익은 대출에서의 비용을 제한 총수입에서 기대손실을 뺀 값이 된다. 따라서 대출의 기대수익률을 계산하기 위해서는 과거의 채무불이행빈도와 채무불이행 시의 회수율 등에 대한 자료가 구축되어 있어야 한다. 만일 채무불이행빈도와 채무불이행 시의 손실률을 알고 있다면 대출의 위험은 비교적 손쉽게 계산할 수 있다.

대출의 위험은 대출의 채무불이행의 변동성과 LGD_i의 곱으로 나타낼 수 있다. 이때 대출의 위험은 예상치 못했던 손실, 즉 예상 밖의 손실(unexpected loss)이다. 채무불이행의 변동성은 이항분포를 적용해 구하는데, 이를 식으로 표현하면 다음과 같다.

$$\sigma_i = UL_i = \sigma_{Di} \times LGD_i = \sqrt{EDF_i(1 - EDF_i)} \times LGD_i$$

여기서 예상 밖의 손실(UL)은 예상치 못했던 장래의 잠재적인 손실을 의미하며, 구체적으로 실제 실현된 부도율이 예상부도율을 벗어나는 것을 뜻한다. 따라서 예상 밖의 손실은 부도율의 표준편차로 나타낼 수 있다.

예제 19-5

어떤 대출의 대출금리와 자금조달금리의 스프레드가 4.0%이며, 연간수수료는 1.5%이다. 이 경우 AIS는 5.5%가 된다. 한편 동일 신용등급기업의 부도율, 즉 EDF는 5%이고 회수율(recovery rate)은 80%이다. 회수율이 80%이므로 LGD는 20%가 된다. 이 대출의 기대수익률은 다음과 같이 계산된다.

$$\overline{R} = 0.055 - 0.05 \times 0.2 = 0.045$$

즉, 기대수익률은 4.5%이다. 한편 이 대출의 위험은 다음과 같다.

$$\sigma = \sqrt{0.05 \times (1 - 0.05)} \times 0.2 = 0.0436(4.36\%)$$

대출가치 간의 상관관계는 개별 대출의 채무불이행위험의 상관계수를 추정하여 사용하는데, 이를 추정하는 것은 쉽지 않은 과제이다. KMV Portfolio Manger모형에서는 차입자의 체계적 자산수익률의 과거 변동추이를 기초로 하여 상관계수를 추정한다. KMV에 의하면 채무불이행 간의 상관계수는 작은 값을 가지는 경향이 있다. 이는 대출을 분산시킴으로써 대출포트폴리오의 위험을 축소할 수 있음을 시사한다.

5.2 대출손실비율모형

KMV Portfolio Manager모형은 포트폴리오이론을 대출포트폴리오의 신용위험평가에 그대로 적용시킨 것이다. 이에 비해 **대출손실비율모형**(Loan loss ratio-based model)은 포트폴리오이론을 부분적으로 적용시키고 있다. 대출손실비율모형은 금융기관의 특정 부문 또는 특정 산업의 체계적 대출손실을 전체 대출포트폴리오의 손실위험을 이용해 추정한다. 특정 산업분야의 체계적 대출손실위험은 다음 식을 이용하여 추정할 수 있다.

$$\left(\frac{I\text{산업부문의 대출손실}}{I\text{산업부문에 대한 대출}}\right) = \alpha_i + \beta_i\left(\frac{\text{총대출손실}}{\text{총대출}}\right)$$

여기서 α_i는 전체 대출포트폴리오의 손실과 관련 없는 대출손실률을 측정하며, β_i는 전체 대출포트폴리오의 손실에 민감한 손실을 측정한다. 즉, β_i는 전체 대출포트폴리오에 대한 I산업부문의 민감도를 나타내는 지표이다. 이 식은 CAPM의 시장모형과 일치하는 것으로, CAPM에서와 같이 β_i는 i산업부문의 체계적 대출손실위험을 나타낸다. 베타가 높다는 것은 경기가 악화되어 전체 대출의 손실률이 높아지는 경우 해당 산업의 손실율은 베타가 높은 만큼 더욱 악화된다는 것을 의미한다. 따라서 위험이 크다는 것을 시사한다. 이와 같이 베타가 높은 산업부문에 대한 대출은 상대적으로 큰 손실을 야기할 수 있으므로 베타가 높은 산업부문의 대출집중한도는 낮아져야 할 것이다.

6. 신용평가등급

차입자에 대한 신용위험평가는 금융기관 내부적으로 시행될 뿐만 아니라 전문적인 신용평가기관에 의해서도 시행된다. 전문적인 신용평가기관에 의한 신용평가등급은 시장에서 객관성을 인정받고 있으며, 금융기관 내부자료가 불충분한 경우에 이용되기도 한다. 또한 이러한 신용등급은 앞에서 설명한 여러 신용위험평가모형에서 신용위험을 측정하는 기초자료로 이용되기도 한다. 따라서 이에 대한 적절한 이해는 신용위험평가에 매우 중요하다.

신용평가기관에 의한 **신용평가**는 1900년대 초 미국에서 시작되어 현재는 전 세계적으로 광범위하게 이용되고 있다. 신용평가기관은 초기에 무료로 서비스를 제공하였지만 1970년대 이후부터는 본격적으로 유료화되기 시작하였다. 현재 전 세계적으로 공신력을 인정받는 신용평가기관으로는 스탠더드앤드푸어스(S&P), 무디스(Moody's), 그리고 피치(Fitch)사 등이 있으며, 우리나라에서는 한국신용평가, 한국기업평가, 한국신용정보 등의 기관이 신용평가업무를 수행하고 있다. 이들 기관의 평가기준과 평가등급은 다소의 차이가 있기는 하나 서로 유사하다. 신용평가는 회사채, 기업어음, ABS 등 상품별로 실행된다. 회사채의 경우 신용등급은 주로 채무불이행확률(likelihood of default), 채무의 속성(nature of obligation), 그리고 채무의 보호장치(protection of obligation) 등의 요인에 기초하여 내려진다.

| 표 19-1 | S&P사의 회사채 신용등급

평가등급		평가내용
투자등급 (investment grade)	AAA	원리금 지급능력이 매우 우수(excellent)
	AA	원리금 지급능력이 매우 강력(very strong)
	A	원리금 지급능력이 강력(strong) 경제상황이 악화되는 경우 영향을 받을 수 있음.
	BBB	원리금 지급능력이 적절(adequate) 경제상황이 악화되는 경우 지급능력이 위축될 가능성
투기등급 (speculative grade)	BB	단기적으로는 문제가 없으나 경제상황이 악화되는 경우 원리금 지급능력이 부적절해지는 불확실성에 직면
	B	현재는 원리금 지급이 가능하나 경제상황이 악화되는 경우 원리금 지급능력이 축소될 가능성이 높은 편
	CCC	현재 채무불이행 가능성이 있음 지급능력은 경제상황 호전에 영향을 받음
	CC	선순위채가 CCC+등급을 받는 경우 후순위채에 적용되는 등급
	C	선순위채가 CCC등급을 받는 경우 후순위채에 적용되는 등급
	D	현재 채무불이행 상태

[표 19-1]에는 스탠더드앤드푸어스(S&P)의 회사채 신용등급이 제시되어 있는데, 회사채 신용등급은 크게 투자적격인 **투자등급**(investment grade)과 투자부적격인 **투기등급**(speculative grade)으로 구분되며, 세부적으로 AAA에서 D등급까지 구분된다. AAA부터 BBB등급까지가 투자등급이며 그 이하가 투기등급인데, 투기등급 채권에 대한 투자에는 금융기관 내 · 외부에서 제한과 규제가 있다. 또한 신용등급은 각 등급 내에서 높고 낮음을 나타내기 위해서 +와 −를 이용한다. 예를 들어 AA+등급은 AA등급보다 신용위험이 낮으며, AA−등급은 AA등급보다 신용위험이 높다. 신용평가기관의 신용평가는 다

양한 방법으로 이루어지는데, 앞에서 설명된 여러 가지 방법, 즉 신용분석, 판별분석모형 등 신용평점모형이 이용된다.

7. 신용위험의 관리

채권과 같이 유동성이 풍부한 자산의 경우 신용위험의 경감은 시장위험에서와 같이 손쉽게 이루어질 수 있다. 즉, 일부 자산을 매도함으로써 신용위험 노출을 축소할 수 있고, 따라서 신용위험을 경감할 수 있다. 그러나 대출과 같이 유동성이 없는 자산의 경우에는 신용위험 노출을 축소하는 것이 용이하지 않다. 따라서 전통적으로 금융기관은 신용위험 노출 자체를 통제하는 방식으로 신용위험을 관리하였다.

이러한 전통적인 신용위험 통제방법에는 높은 스프레드부과, 대출한도설정, 담보설정 등을 통한 채권회수 순위 우선화, 대출의 다변화를 통한 위험분산, 자산이용 등에 대해 제한적인 대출계약 조항 삽입 등이 포함된다. 그러나 1992년부터 시행된 BIS 위험조정 자기자본비율 규제로 신용위험 관리는 당면한 과제가 되었으며, 금융기관은 이전과는 차원이 다른 신용위험 통제수단이 필요하게 되었다. 이에 금융기관에 새로운 신용위험 관리수단으로 등장한 것이 대출채권 유동화와 신용파생금융상품이다.

제11장에서 살펴보았듯이 **대출채권 유동화**는 크게 **증권화**(securitization)와 **대출채권 매각**(loan sales)으로 구분된다. 증권화는 기존 또는 신규 자산을 바탕으로 증권을 발행하여 자산을 대차대조표에서 삭제하는 것으로, 금융기관은 이를 통해 신용위험 노출을 축소할 수 있다. 대출채권 매각은 기존 또는 신규의 대출을 제3의 기관에게 매각하는 것으로, 이 또한 신용위험 노출을 축소하는 수단이 된다. 대출채권 매각 시장은 미국에서 100여 년 전부터 존재해 온 시장이나, 1980년대 금융기관의 연쇄부실화 사태를 겪으며 급격히 축소되었다가 1990년 중반 이후 다시 급속히 성장하기 시작하였다. 대출채권 매각 시장이 1990년대 중반 이후 급성장한 것은 경기가 호전된 데도 그 원인이 있으나 강화된

자기자본비율규제에 기인한 면이 크다고 할 수 있다.

신용파생금융상품은 1990년대 초반 신흥경제국에 대한 투자에서의 신용위험을 이전하기 위해 사용되기 시작하였으며, 도입 초기부터 빠르게 성장하기 시작하여 2000년대 중반 이후 급격히 성장하였다. 신용파생금융상품을 통해 채무자는 자금을 보다 용이하게 조달할 수 있게 되었으며, 채권자는 일종의 보험료를 지급하면서 채무불이행으로 인한 위험을 방지할 수 있게 되었다. 그러나 신용파생금융상품은 2008년 글로벌 금융위기에서 보듯이, 채무자인 기업이 파산할 경우 지급을 책임지는 투자기관의 손실이 발생하고, 이러한 손실이 다른 금융기관에도 영향을 미쳐 연쇄적인 금융기관 부실화가 일어나는 요인이 될 수 있다.

신용파생금융상품 가운데 가장 널리 알려진 것은 **신용부도스왑**(credit default swap : CDS)으로, 이는 2008년 금융위기의 원인으로 지목되기도 하였다. CDS는 준거자산(reference entity)의 신용위험을 분리하여 보장매도자(protection seller)에게 이전하고 보장매도자는 그 대가로 수수료(premium)를 지급받는 금융상품으로, 보장(protection)과 손실보전금액(contingent default payment)을 교환하는 계약이다. 이 외에도 신용파생금융상품에는 **총수익스왑**(total return swap : TRS), **신용스프레드옵션**(credit spread option), **바스켓디폴트스왑**(basket default swap), **신용연계채권**(credit linked notes : CLN) 및 **합성 CDO**(synthetic collateralized debt obligation) 등이 있다.

8. 요약

신용위험은 과거부터 금융기관이 부담하는 위험 가운데 가장 주요한 것이다. 특히 상대적으로 직접금융이 미약했던 1960년대까지는 금융기관의 위험 가운데 대부분을 차지하는 것이었다. 1980년대 이후 직접금융이 확대되는 가운데 신용위험은 계속 가장 중요한 위험 가운데 하나로 남아 있다. 금융시장의 발전과 더불어 금융시장에서 거래상대방의 계약불이행 확대는 전통적인 신용위험 개념과 범위를 확대시키는 요인으로 작용하였다. 한편 1990년대 시행된 금융기관에 대한 자기자본비율규제는 금융기관 경영에서 신용위험관리를 보다 중요시하게 하는 역할을 하였다. 이러한 배경 아래 신용분석과 신용평점모형 등 기존의 신용위험평가방법 외에 *RAROC*, CreditMetrics 및 Credit Risk+, KMV모형 등 개별 대출에 대한 신용위험평가뿐만 아니라 대출포트폴리오에 대한 위험평가와 관련된 새로운 기법들이 소개되기 시작하였으며, 금융기관의 신용위험을 관리하기 위한 여러 가지 수단들도 개발되었다. 여기에는 증권화 및 대출채권 매각 관련 상품들이 포함되며, 2000년대 들어 급속히 성장한 신용파생금융상품 역시 신용위험 관리수단의 하나이다. 그러나 2007~2009년의 글로벌 금융위기를 통해 이들을 이용하여 신용위험을 완전히 통제하는 것이 쉽지 않은 과제라는 것을 경험하였다.

연 | 습 | 문 | 제

01. 상업은행이 노출되는 신용위험에 대해 설명하시오.

02. 투자은행도 신용위험에 노출되는가? 투자은행의 영업활동과 관련지어 설명하시오.

03. 기업대출과 가계대출은 어떻게 차별화되는가? 이들 두 종류의 대출은 위험 측면에서 어떻게 다른지 설명하시오.

04. RAROC모형, CreditMetrics모형 및 KMV모형의 공통점은 무엇인지 설명하시오.

05. 기존의 신용위험을 줄이기 위해서 사용할 수 있는 방법에는 무엇이 있는가? 또 신용위험 노출을 축소하는 데 사용할 수 있는 파생금융상품으로는 어떤 것들이 있는지 설명하시오.

06. 신용위험의 분포에 영향을 미치는 변수에 대해 설명하시오.

07. 대출의 수익구조를 옵션을 이용하여 설명하시오.

08. A은행의 1년 만기 대출의 기본 대출금리는 7%이며, 각각의 대출에 대한 대출수수료는 0.25%이다. 중앙은행이 요구하는 지불준비금은 5%이다.

(1) 어떤 차입자의 가산금리가 3%인 경우 이 차입자에 대한 대출로부터 약정된 총수입은 얼마인지 설명하시오.

(2) 만일 A은행이 이 차입자에 대해 대출금의 10%에 해당하는 금액을 양건예금으로 예치할 것을 요구한다면 약정수익률은 얼마인지 설명하시오. 단, 양건예금에 대한 금리는 0%이다.

(3) 이 같은 대출에 대한 부도율이 5%이고, 부도 시 회수율이 70%라면, 이 대출에 대한 기대수익률은 얼마인지 설명하시오.

09. A기업에 대한 대출로부터의 연간순수입은 0.5%로 기대되고 있다. A기업에 대한 대출과 동일한 신용등급의 대출에 대한 부도 시 회수율은 15%이며, 99% 신뢰수준에서 부도율이 10%라고 하자. 이 경우 *RAROC*은 얼마인가?

10. B기업에 대한 대출의 대출금리와 자금조달금리의 스프레드가 3.0%이며, 연간수수료는 1.0%이다. 한편 동일 신용등급기업의 부도율은 10%이고, 회수율(recovery rate)은 70%이다.

(1) 이 경우 *AIS*는 얼마인지 설명하시오.

(2) 이 대출의 기대수익률은 얼마인지 설명하시오.

(3) 이 대출의 위험은 얼마인지 설명하시오.

CHAPTER 20

운영위험관리

그동안 전 세계적으로 발생한 금융사고 가운데 상당수는 운영위험관리의 실패에서 비롯된 것이다. 금융사고의 직접적인 원인은 과도한 시장위험이나 신용위험의 부담으로 나타나지만, 이러한 과도한 위험부담은 내부통제나 부적절한 위험관리 등 운영위험에서 비롯된 것이라 할 수 있다. 시장위험이나 신용위험과는 달리 운영위험을 정의하기는 쉽지 않지만, 운영위험은 통상적으로 외부 사건, 인적 실수, 프로세스 및 시스템상의 부적절성 또는 실패로 야기된 직·간접적 손실위험을 의미하는 것으로 이해된다. 본 장에서는 운영위험의 개념에 대해 살펴보고 측정방법에 대해 알아본다. ■

1. 운영위험의 기본개념과 중요성

1.1 운영위험의 기본개념

1.1.1 운영위험의 정의

운영위험을 명쾌하게 정의하는 것은 쉽지 않다. 그동안 금융기관별로 사용되는 정의는 중복적이고 일관성이 결여되어 있는 경우가 빈번하였다. 이에 **바젤위원회**(Basel Committee on Banking Supervision : BCBS)에서는 통일된 정의를 위한 조사를 실시하기도 하였다. 운영위험을 정의하는 방식에는 여러 가지가 있다. 우선 운영위험을 시장위험과 신용위험을 제외한 나머지 위험으로 정의하는 방법이 있다. 위험은 기본적으로 수익 또는 자산가치의 변동성으로 측정되는데, 이 가운데 시장위험과 신용위험으로 인한 변동성을 제외한 나머지를 운영위험으로 정의하는 것이다.

이러한 접근법은 운영위험을 매우 광범위하게 정의하는 방식으로, 관련된 모든 위험을 식별하기가 어려우며 관리가 곤란하다는 문제점이 있다. 또한 여기에는 기업이 주주가치 제고를 위해 부담하는 **경영위험**(business risk)까지 포함된다는 문제가 있다.

따라서 운영위험을 보다 현실적으로 정의하는 대안이 몇 가지 제시되었는데, 이 가운데 현재 가장 보편적으로 사용되는 것은 운영위험을 외부 사건, 인적 실수, 프로세스 및 시스템상의 부적절성 또는 실패로 야기된 직·간접적 손실위험으로 정의하는 것이다.[1] 이 방식에 의하면, 운영위험에 정치 및 규제위험, 재해위험, 거래상대방위험, 증권거래위반 등 외부 사건은 포함되며, 경영위험은 제외된다. 이러한 방식의 정의는 그동안 금융산업 내에서 널리 받아들여져 온 정의로서 바젤위원회에서도 이러한 정의를 받아들이고 있다. 바젤위원회의 정의에서 **전략위험**이나 **평판위험**이 운영위험에서 제외된 것은 이들

1 이 외에도 운영위험을 일상적인 운영활동에서 발생하는 위험으로 정의할 수 있다. 여기에는 예를 들어 거래프로세스 및 시스템 실패 등이 포함된다. 이 정의에 의한다면 위험통제는 비교적 용이하게 되나 사기와 같은 중요한 위험은 제외된다. 또 다른 방식은 운영위험을 통제할 수 있는 모든 위험으로 정의하는 것이다. 이 방식은 내부 사기를 운영위험에 포함시키나 규제 변화로 인한 문제나 자연재해 같은 외부적 사건은 제외시킨다.

위험이 관리대상이라기보다는 운영위험과 연관된 사건에서 파생된 위험으로 간주될 수 있기 때문이다. 금융기관 내 · 외부의 사기 및 사취, 업무장애와 시스템 실패, 물적 자산의 가치 훼손, 업무실행과 서비스제공, 고객, 상품과 영업관행에서 운영위험과 관련된 사건 발생이 줄어든다면 전략위험이나 평판위험은 자연히 감소하게 될 것이다.

1.1.2 운영위험의 구분

운영위험은 내부위험(internal risk)과 외부위험(external risk)으로 구분할 수 있다. **내부위험**은 프로세스위험, 인적위험, 시스템위험 등으로 분류되며, 외부위험은 외부적 위험, 물리적 위험 등으로 분류된다. 프로세스위험은 부적절한 프로세스, 프로세스 간의 부조화 등으로 인해 나타나는 위험으로 회계처리오류, 보고 및 결제의 오류, 가치평가오류 등이 포함된다. 인적위험은 부적절한 인적관리, 직원에 대한 불충분한 교육 및 통제 등으로 인해 나타나는 위험으로 직원의 횡령 또는 사기, 직원의 실수, 업무지식 부재 등에 의한 손실을 의미한다. 시스템위험은 전산시스템, 프로그램, 데이터에 의해 발생하는 위험을 의미하는데, 자료의 손실, 프로그램상의 오류, 자료의 질 및 시스템의 부적합성에 따른 오류 등에 의한 손실을 의미한다. **외부위험**은 외부환경이나 인적요소에 의해 발생하는 위험으로서 법률위험, 규제 및 정책위험, 외주위험, 공급자위험 등이 포함된다. 물리적 위험은 기업이 통제할 수 없는 외부의 물리적 요소에 의해 발생하는 위험을 의미하는데, 화재, 자연재해, 도난, 테러 등에 의한 위험이 포함된다.

내부위험은 여러 가지 요인들이 서로 유기적으로 연계되어 서로 영향을 주고받는 특징이 있어 위험을 인식하기가 어렵다는 문제점이 있다. 이에 비해 외부위험에 대한 인식은 비교적 용이하다. 예를 들어 금융회사의 자산가치에 손해를 유발하는 자연재해, 영업이 일시적으로 중단되는 결제시스템오류 등 외부요인에 의한 손실은 직원의 사기 또는 금융상품 결함 등 내부적인 요인에 의한 손실보다 상대적으로 쉽게 파악될 수 있다. 내부적인 요인에 의한 위험은 해당 금융기관의 특정 상품 또는 사업부문의 특정 라인과 밀접하게 관련되어 있으므로 금융기관별로 그 특성을 잘 고려하여 인식해야 한다.

1.1.3 운영위험 관련 손실사건 유형

바젤위원회는 운영위험과 연관된 손실사건 유형을 [표 20-1]과 같이 정리하고 있다. 바젤위원회에 의하면 운영위험과 관련된 손실사건은 내부사기, 외부사기, 고용관례 및 사업장안전, 고객, 상품 및 영업관례, 물적자산의 훼손, 업무장애 및 시스템실패 및 업무실행, 전달 및 절차관리로 유형화하고 있다. 여기에 열거된 사건은 바젤위원회의 운영위험에 대한 정의에 따라 시장위험 및 신용위험 관련 사건은 제외된 것이며, 전략위험 및 평판위험과 직접적인 관계가 있는 사건도 제외된 것이다.

| 표 20-1 | 손실사건의 유형

사건 유형	정의	예
내부사기(internal fraud)	내부자가 관련된 자산의 횡령, 규정, 법률 및 정책을 악용하는 행위로부터 유발되는 손실	비인가 거래, 사기, 횡령, 뇌물
외부사기(external fraud)	제3자에 의한 자산의 횡령, 부적절한 규정 적용, 사기 목적 행위로부터 유발되는 손실	절도, 위조, 정보사취, 해킹
고용관례 및 사업장안전(employment practices and workplace safety)	고용, 건강 또는 안전규정을 지키지 않아 유발되는 손실	안전사고, 인종차별, 성차별
고객, 상품 및 영업관례(clients, products and business practices)	부주의로 인한 고객에 대한 책임 미수행에 의한 손실	고객정보침해, 자금세탁, 모형오류 등
물적자산의 훼손(damage to physical assets)	자연재해 등의 사건으로 인한 물리적 자원의 손실	홍수, 지진, 화재 및 테러피해
업무장애 및 시스템실패(business disruption and system failure)	업무장애나 시스템실패로 인한 손실	업무장애, 정전, 정보통신시스템 장애
업무실행, 전달 및 절차관리(execution, delivery and process management)	거래처리 및 관리실수로 인한 손실	회계오류, 부적절한 담보관리, 법적 문서 누락

1.2 운영위험의 중요성

이제까지의 금융기관의 손실 또는 파산은 대부분 시장위험과 신용위험, 그리고 통제의 실패가 어우러져 발생하였다. 이는 금융기관의 손실 및 파산이 어떠한 형태로든 운영위험이 관련되어 있음을 의미한다. 이 가운데 가장 큰 위험은 인가받지 않은 증권거래이다. 물론 증권거래는 본질적으로 재무위험을 부담하는 것이며 이로 인해 종종 손실이 발생한다. 그러나 감독 및 감시 부재로 인한 손실은 용인되기 곤란하다. 이러한 손실은 정상적인 상황에서는 완전히 제거될 수 있는 것이다. [표 20-2]에는 1990년대 이후의 주요 운영위험 관련 금융사고가 예시되어 있다. 표에서 보는 바와 같이 베어링은행(Barings Bank)을 비롯한 대부분의 사례에서 손실의 원인은 시장위험이나 과도한 시장위험 노출을 유발한 데 있지만, 이는 내부통제의 실패에서 비롯된 것이므로 운영위험이 원인이었다고 할 수 있다.

이 같이 운영위험이 손실을 유발한 사건의 직 · 간접적 원인이라는 인식의 확산과 더불어 금융환경 변화에 따른 금융기관의 업무범위 및 규모확대는 운영위험에 대한 관심을 높이는 데 기여하였다. 이와 함께 혁신적인 신금융상품의 등장과 금융시장의 규모 확대, 정보통신기술의 발전과 의존도 심화, 고객과의 법적 다툼의 빈번화 등으로 인해 금융기

| 표 20-2 | 운영위험 관련 금융사고 사례

발생년도	사건 또는 금융기관	손실규모	사건의 내용
1995	베어링은행	15억달러	니케이 선물거래에서 직원의 거래내용에 대한 보고와 내부통제의 불충분으로 발생하였음.
1995	다이와은행	11억달러	뉴욕지점의 직원이 연루된 사기거래가 11년 동안 계속된 사건임. 미국 내에서의 영업허가가 취소됨.
1996	스미토모은행	26억달러	채권거래 담당자가 10여 년에 걸쳐 미인가 파생금융상품을 거래하였으며 3년 동안의 손실을 보고하지 않았음.
2002	미즈호금융그룹	–	합병과 관련된 시스템 결함으로 고객의 공공요금 납부 및 ATM의 장애, 고객의 결제계좌에서의 이중인출 등 여러 가지 문제점이 발생
2008	쏘시에테제네랄	49억유로	주가지수선물거래담당자가 2008년 주가상승을 예상하여 불법자금 수십억 달러를 유럽 주가지수선물 3곳에 투자하였으나 증시가 폭락하면서 거액의 손실이 발생

관의 위험관리에서 운영위험의 중요성이 점차 강조되고 있다. 금융기관의 업무가 점차 다양해지고 복잡해짐에 따라 이를 완벽히 이해하고 통제하는 것이 점점 어려워지고 있으며, 업무프로세스에서 문제가 발생하더라도 신속히 해결되지 않아 손실발생 빈도가 증가함은 물론 사건발생 시 손실규모도 증가하는 추세를 보이고 있다. 정보통신기술의 발전은 금융기관 업무처리의 전산시스템 의존도를 심화시키고 있는데, 이러한 시스템의 오류는 원인규명이 어려운 경우도 빈번하며, 오류발생 시 막대한 손실을 유발시킨다.

금융기관의 손실은 이와 같은 내부적 요인뿐만 아니라 테러나 자연재해 등 외부적 요인에 의해 발생하는 경우도 증가하고 있으며, 이들도 운영위험의 범주에 포함된다. 내부적 요인에 의한 위험은 비록 그 인식이 어렵기는 하지만 그로 인한 손실은 위험관리 등을 통해 예측되고 통제될 수 있다. 그러나 외부적 요인에 의한 위험은, 인식은 상대적으로 용이하나 예측이 곤란하고 관리 및 통제가 보다 어렵다는 특징이 있다. BIS에서도 운영위험의 중요성을 인식하여 바젤Ⅱ에서는 필요 자기자본의 산출과정에 기존의 시장위험 및 신용위험에 운영위험을 새로이 포함시켜 이를 반영하도록 하고 있다.

한편, 운영위험에 대해서는 금융기관에서뿐만 아니라 일반 기업에서도 그 중요성을 인식하기 시작하였다. 위험관리가 금융기관에서는 물론 일반 기업에서도 주요한 경영관리 수단으로 받아들여지기 시작하면서 운영위험관리는 **전사적 위험관리**(enterprise-wide risk management) 또는 **통합위험관리**(integrated risk management)에서 핵심적인 위치를 차지하고 있다. 이는 금융기관에서와는 달리 일반 기업에서는 시장위험 및 신용위험보다 운영위험에 대한 노출이 크기 때문이다.

2. 운영위험에 대한 필요 자기자본 측정방법

바젤위원회는 기존의 자기자본보유제도를 개편한 바젤Ⅱ에서 필요 자기자본량의 산출에 기존의 시장위험 및 신용위험과 더불어 운영위험을 반영할 것을 규정하고 운영위험의 측정방법과 필요 자기자본 산출식을 제시했다. 운영위험 측정방법은 기본적으로 **기초지**

표법(basic indicator approach : BIA), 표준방법(standardised approach : SA) 그리고 고급측정법(advanced measurement approach : AMA) 등으로 구분된다.

2.1 기초지표법

기초지표법은 금융기관의 총수입(gross income)과 같은 하나의 지표를 통해 운영위험을 나타낼 수 있다고 전제하고 이를 기준으로 적정한 비율을 곱해 필요 자기자본을 산출하는 방법이다. 즉, 이 방법은 금융기관이 부담하는 운영위험이 총수입과 일정비율로 비례한다고 가정하고 운영위험에 대한 필요 자본량을 총수입에 적정한 비율을 곱해 계산한다. 여기서 금융기관의 총수입은 순이자수입과 순비이자수입으로 구성된다.

$$K_{BIA} = \frac{\sum_{i=1}^{n} GI_i \times \alpha}{n}$$

여기서 K_{BIA}는 운영위험에 대한 필요 자기자본, GI_i는 i년의 총이익 중 양수인 금액, n은 총이익이 양수인 연도의 수, 그리고 α는 총이익을 운영위험에 대한 필요 자기자본량으로 변환시키는 계수를 의미한다. BIS는 자본계수 15%, 그리고 직전 3개년도의 자료를 이용하여 필요 자기자본을 산출하도록 권고하고 있다. 이 방법은 적용하기 용이하고 금융기관 간 비교가 쉽다는 장점이 있기는 하지만, 운영위험에 대한 관리수준 등 개별 금융기관의 특성을 반영하지 못한다는 문제점이 있다. 기초지표법은 영업이 단순한 소형 은행에는 적합한 방법이나, 위험구조가 복잡한 글로벌 대형 은행에는 적합하지 않은 것으로 나타났다.

예제 20-1

어떤 은행의 지난 3년간 총이익이 각각 500억원, −200억원, 그리고 700억원이었다. 이 경우 운영위험에 대한 필요 자기자본은 다음과 같이 계산된다.

$$(500 \times 0.15 + 700 \times 0.15)/2 = 90(\text{억원})$$

2.2 표준방법

표준방법은 금융기관의 영업활동을 표준화된 사업부문(business lines)으로 나누고 각 사업부문별로 총수입을 계산하여 운영위험에 대한 필요 자기자본량을 계산한 후 이를 합산하여 전체 금융기관의 운영위험에 대한 최소 자기자본 규모를 산정하는 방법이다. 이 방법은 금융기관의 영업활동을 기업재무, 트레이딩, 소매금융, 상업은행, 지급결제, 소매중개, 대행서비스 및 자산관리업무 등 8개 부문으로 나누고, 각 사업부문별로 **자기자본계수**(capital factor)라고 불리는 수치를 곱하여 해당 부문의 필요 자기자본량을 산출한다. 금융기관 전체의 운영위험에 대한 필요 자기자본량은 다음과 같이 계산된다.

$$K_{SA} = \frac{\sum_{n} \text{Max}\left(\sum_{j=1}^{8} \beta_j GI_j,\ 0 \right)}{n}$$

여기서 K_{SA}는 운영위험에 대한 필요 자기자본, GI_j는 각 연도 j부문의 총이익, n은 연도의 수, 그리고 β_j는 j영업부문의 자기자본계수를 나타낸다. 바젤위원회는 3개년도(따라서 n = 3)의 자료를 사용하도록 권고하고 있다. 표준화된 8개 사업부문과 적용 자본계수는 [표 20-3]과 같다.

이 같이 영업부문을 구분하여 계수를 달리 하는 것은 부문별로 다른 형태의 운영위험이 발생하기 때문이다. 이 방법은 각 금융기관 또는 각 영업부문에 따른 운영위험의 구조

표 20-3 표준화된 8개 사업부문

사업부문	자기자본계수
기업재무(corporate finance)	18%
트레이딩(trading and sales)	18%
소매금융(retail banking)	12%
상업은행(commercial banking)	15%
지급결제(payments and settlements)	18%
소매중개(retail brokerage)	15%
대행서비스(agency services)	12%
자산관리(asset management)	12%

와 크기를 서로 달리 반영할 수 있다는 점에서 기초지표법보다는 개선된 방법이라고 할 수 있다. 그러나 기초지표법과 마찬가지로 금융기관의 부문별 운영위험 수준이 총수입에 비례한다고 가정하고 있다. 따라서 일반적으로 금융기관의 운영위험 수준은 총수입에 대해 선형적으로 비례하지는 않기 때문에 이 방법은 기초지표법과 마찬가지로 금융기관의 위험수준을 제대로 반영하고 있다고 보기 어렵다. 특히 이 방법에 의할 경우 총수익이 작으면 운영위험 수준에 비해 필요 자기자본 규모가 과소평가될 가능성이 있으며, 금융기관은 운영위험을 적극적으로 관리할 유인을 갖지 못하게 되는 문제점이 있다.

예제 20-2

다음 표에는 어떤 은행에서 3개년도에 걸쳐 발생한 사업부문별 이익이 제시되어 있다. 단위는 억원이다.

사업부문	자기자본계수 β	1차년도 이익	2차년도 이익	3차년도 이익
기업재무	18%	150억원	100억원	100억원
트레이딩	18%	−50억원	100억원	200억원
소매금융	12%	100억원	50억원	50억원
상업은행	15%	50억원	50억원	−90억원
지급결제	18%	20억원	20억원	30억원
대행서비스	15%	30억원	30억원	40억원
자산관리	12%	50억원	50억원	60억원
소매중개	12%	100억원	50억원	90억원

각 연도별 필요자본은 다음과 같이 계산된다.

1차년도 : $150 \times 0.18 + (-50) \times 0.18 + 100 \times 0.12 + 50 \times 0.15 + 20 \times 0.18 + 30 \times 0.15 + 50 \times 0.12 + 100 \times 0.12 = 62.4$억원

2차년도 : $100 \times 0.18 + 100 \times 0.18 + 50 \times 0.12 + 50 \times 0.15 + 20 \times 0.18 + 30 \times 0.15 + 50 \times 0.12 + 50 \times 0.12 = 69.6$억원

3차년도 : $100 \times 0.18 + 200 \times 0.18 + 50 \times 0.12 + (-90) \times 0.15 + 30 \times 0.18 + 40 \times 0.15 + 60 \times 0.12 + 90 \times 0.12 = 75.9$억원

따라서 총자기자본요구량은 $(62.4 + 69.6 + 75.9)/3 = 69.3$억원이 된다.

2.3 고급측정법

고급측정법에는 **내부측정법**(internal measurement approach : IMA), **손실분포법**(loss distribution approach : LDA) 및 **스코어카드법**(scorecard) 등이 있다. 고급측정법은 금융기관의 내부모형에 기초하여 필요 자기자본을 산출하는 방식으로, 표준방법에 비해 정교한 측정방법이다. 내부측정법은 각 영업부문과 위험유형별 운영위험에 대한 노출 정도와 손실사건의 발생빈도 및 손실발생 시 손실규모를 고려하여 운영위험 발생 시 기대손실을 구하는 방법이다. 즉, 이는 금융기관이 자체적으로 내부손실자료(internal loss data)를 통해 각 영업부문의 기대손실, 손실발생확률 등을 계산하여 자기자본을 산출하는 방법이다.[2] 이는 기본적으로 앞에서 설명한 손실분포를 추정하는 것으로, 신용위험의 측정방식과 비슷하다.

내부측정법은 운영위험 노출 정도를 영업부문과 운영위험 사건 유형으로 구분하고 각각의 영업부문 및 사건 유형별 기대손실을 계산한다. 기대손실은 여러 영업부문 및 사건 유형 조합별로 운영위험 발생 빈도와 손실심각도에 대한 분포를 결합시켜 계산한다. 최종적인 운영위험 규모는 운영위험을 유발하는 사건에 대한 기대손실에 일정한 계수를 곱하여 산출한다.

$$\text{기대손실} = \sum_j \sum_i (EI_{ij} \cdot PE_{ij} \cdot LE_{ij})$$

$$\text{운영위험에 대한 필요자본} = \sum_j \sum_i (\gamma_{ij})(EI_{ij} \cdot PE_{ij} \cdot LE_{ij})$$

여기서, i = 영업부문

j = 위험 유형

r_{ij} = 각 영업부문과 해당 위험유형별 운영위험에 대한 최저 필요 자기자본량 환산 비율

EI_{ij} = i영업부문에서 j위험 유형에 대한 노출(exposure indicator)

PE_{ij} = i영업부문에서 j위험 유형의 운영위험 사건 발생 확률(probability of a loss event)

LE_{ij} = i영업부문에서 j위험 유형의 운영위험 사건 발생 시 손실규모(loss given an event)

---

2 운영위험의 경우 데이터가 부족한 경우가 많기 때문에 일정조건하에 외부손실 데이터를 사용하는 것도 허용되고 있다.

여기서 운영상 손실사건 유형은 [표 20-1]의 7가지로 구분된다. 고급측정법은 기초지표법이나 표준방법의 경우보다 위험을 보다 정교하게 측정할 수 있다는 장점이 있다. 또한 금융기관들이 각자 자신의 내부환경을 고려한 위험관리체계를 구축하는 등 모형 구축에 유연성을 가질 수 있으며, 내부와 외부에서 얻은 손실자료, 시나리오분석, 내부적으로 검증받은 측정방안의 적용 등을 통해 보다 정확하게 위험을 측정할 수 있고, 이를 바탕으로 효과적인 위험관리를 할 수 있다. 그러나 신뢰도 높은 모형이 구축되고 이를 통한 위험관리가 이루어지기 위해서는 많은 자료의 축적이 필요하고, 여러 기술적 사항이 요구되는 등 많은 비용과 시간이 필요하다는 단점도 있다.

손실분포법은 금융기관이 운영위험별 손실확률분포를 계산하여 필요 자기자본규모를 계산하는 방법으로, 금융기관이 내부적으로 구축한 손실자료에 기초하여 각 영업부문과 손실사건의 조합별로 손실을 유발하는 운영위험 발생빈도와 손실규모에 대한 분포를 추정하고 이를 바탕으로 운영위험을 측정하는 것이다. 스코어카드법은 금융기관이 금융기관 전체 수준 또는 각 영업부문별로 운영위험에 대한 초기 필요자본을 결정한 후 향후 영업부문별 잠재위험이나 위험통제 환경변화를 반영하여 작성한 점수표에 따라 초기 자본량을 조정해 가는 방식으로 운영위험에 대한 필요 자기자본 규모를 측정한다.

2.4 운영위험 측정을 위한 데이터 기간

신BIS제도에서는 운영위험 측정방법을 측정의 난이도와 모형의 정교한 정도에 따라 기초지표법, 표준방법, 고급측정법 등 세 가지 방법을 제시하고 있다. 금융기관은 해당 기관의 위험특성과 위험관리수준 등에 따라 측정방법을 선택할 수 있다. 각 측정방법별 측정요소와 최소 데이터 필요기간은 [표 20-4]와 같다. 각 금융기관은 표에서와 같이 적합한 데이터의 축적 여부, 사업영역별 영업이익의 구분 여부 등에 따라 측정방법을 선택할 수 있다. 운영위험 측정에서 충분히 긴 기간 동안의 데이터 축적은 적정필요자본의 크기를 추정하는 데 매우 중요한 요소이다.

| 표 20-4 | 운영위험 측정방법과 필요자료

측정요소 \ 측정방법	기초지표법	표준방법	고급측정법	최소 필요 데이터기간
영업이익	전체 영업이익	부문별 영업이익	–	3년
내·외부 손실데이터	–	–	손실자료 수집	3년
시나리오분석 데이터	–	–	은행 자체 생성	2년
영업환경과 내부통제	–	–	은행 자체 설정	2년

3. 운영위험의 측정

3.1 운영위험의 인식

위험관리의 첫 번째 단계는 위험의 인식이며, 이를 바탕으로 위험에 대한 측정이 실시된다. 따라서 운영위험의 측정을 위해서는 우선 운영위험을 어떻게 인식할 것인가에 대한 논의가 필요하다. 이는 앞에서 논의한 운영위험의 정의와 밀접한 관련이 있으며, 다음에 설명할 운영위험의 측정과도 연관이 있다. 운영위험의 인식을 위해서는 손실을 유발하는 사건과 운영위험이 어떤 연관을 갖고 있는가를 알 필요가 있다. 사건을 발생시키는 요인에는 부적절한 지침과 같은 절차상의 요소, 내부사기와 같은 인적 요소, 시스템실패와 같은 시스템요소, 규제의 변화와 같은 외적 요소 등이 있는데, 이들을 개별적인 요소로 구별해내는 것은 매우 어려운 과제이다. 예를 들어 사기사건의 경우 부적절한 절차와 인적 및 시스템요소가 혼합되어 있어 사건을 유발시킨 요소를 구분해 내기가 곤란하다. 그러나 운영위험을 사건과 연결지어 인식하면 운영위험의 원천을 비교적 쉽게 식별할 수 있으며, 운영위험의 통제 및 관리가 가능해진다.

운영위험을 손실과 연계하여 인식하는 것은 여러 가지 바람직한 특성을 갖고 있으나 운영위험을 하나의 사건으로 정의하는 데는 문제가 있다. 어떤 사건의 발생으로 인한 손실을 측정하는 데 있어 재무적으로 나타나는 손실의 측정은 용이하나 평판의 훼손 등 간접비용까지 손실에 포함시키는 경우 그 규모가 커지는 것은 물론 측정이 어려워진다. 운영위험에 포함되는 사건의 종류는 매우 다양하며, 사건의 발생빈도와 사건발생 시 손실규모 역시 금융기관별로 다양하다. 이는 사건별로 손실분포가 다양하다는 것을 의미한다. 따라서 손실분포의 추정이 쉽지 않다는 것을 의미한다. 도난 등 빈번히 발생하는 고빈도 저손실 사건은 그 인식과 분포의 추정이 비교적 용이하나 소송, 테러 등 저빈도 고손실 사건은 추정이 어렵다. 이러한 사건들은 예측이 쉽지 않으며 발생 시 금융기관에 치명적인 손실을 가져온다.

한편 운영위험 인식에서 어려운 점은 운영위험이 여러 영역에 걸쳐 발생할 수 있다는 것이다. 운영위험은 신용위험과 관련 있는 신용분석에서도 발생할 수 있으며, 시장위험을 발생시키는 시장부문에서도 발생할 수 있다. 최근 빈번히 문제가 되고 있는 고객정보의 누출은 영업부문과 전산부문 등 금융기관 내의 대부분의 영역에서 발생할 수 있다.

3.2 운영위험 측정의 접근방식

불확실성이 외부로부터 발생하는 시장위험이나 신용위험과는 달리 운영위험은 주로 내부적 원천에 의해 발생한다. 따라서 운영위험으로 발생하는 손실빈도와 규모를 최소화하여 손실을 최소화할 수 있다. 운영위험에 대한 통제와 관리를 위해서는 그 비용을 측정할 수 있는 수단이 있어야 할 것이다. 운영위험을 측정하는 접근방식에는 **상향식 접근법**과 **하향식 접근법**이 있다.

우선 하향식 접근법은 적용이 용이하기는 하나 실제 경영프로세스에 적용하여 실행하는 데 문제가 있다. 하향식 접근법은 전체 위험을 측정한 후 위험을 종류별로 나누는 것이다. 예를 들어 전체 위험은 수익의 변동성으로 측정할 수 있으며, 이 가운데 운영위험은 신용위험과 시장위험으로 인한 변동성을 제외한 나머지 부분이 된다. 그러나 이 방식은 현재의 위험을 반영하지 못하고 있으며, 운영위험의 원천이나 위험통제에 대해 아무 정보도 제공해 주지 못한다는 문제가 있다. 특히 수익의 변동성은 대부분 경기변동과 같은 경영위험에 의해 발생한다는 점을 고려할 때 이러한 접근법은 운영위험을 부정확하게 측정한다고 할 수 있다.

반면에 상향식 모형은 운영위험의 원천을 파악하는 데 훨씬 도움이 되는 구조적인 접근방식을 택하고 있다. 상향식 모형은 개별 업무단위별로 업무흐름을 잠재적인 실패 및 손실 요인과 연계하여 운영위험을 측정하는 방식이다. 이는 운영위험을 발생시키는 요인을 유형화하고, 운영위험 발생빈도 및 손실수준을 산정한 후 이를 합산하여 전체적인 운영위험수준을 측정하는 방법이다. 이 방법에 의하면 운영위험의 원천을 명확히 인식할 수 있으며, 보다 적절한 운영위험 측정이 가능하다. 그러나 이 방식을 적용하기 위해서는 우선 운영위험에 대한 명확한 정의가 필요하며, 운영위험을 유발하는 사건에 대한 유형화가 필요하다. 또한 상향식 방법에 의해서만 가격결정에 운영위험을 반영시킬 수 있으며, 프로세스 개선의 효과를 측정할 수 있다.

상향식 접근법을 이용하는 경우 운영위험을 효과적으로 측정하기 위해서는 운영위험을 유발시키는 각종 요인들과 손실을 연관시킬 수 있는 과거 자료가 충분히 있어야 하지만 많은 금융기관이 이러한 자료를 축적하지 못하고 있는 것이 현실이다. 이에 대한 대안으로 다른 금융기관의 자료를 종합하여 이용할 수도 있지만 내부통제시스템이 상이한 금융기관의 자료의 유용성은 제한적이다. 따라서 정확하지는 않더라도 운영위험을 측정하는 대안이 필요한데 여기에는 내부감사평가등급(internal audit ratings), 자체적인 내부통제평가결과, 규모, 회전율, 오차, 결제실패 및 지연횟수, 수익의 변동성 등이 포함된다. 이 같은 방법을 통해 운영위험에 대한 기초적 자료가 구축된다면 운영위험은 신용위험 측정법과 유사한 방식으로 측정될 수 있다.

3.3 손실분포

어떠한 방식에 의해 운영위험을 측정하든지 **손실분포**(loss distribution)는 보험통계모형(actuarial model)에 의해 측정될 수 있다. 운영위험에 의한 손실은 **손실빈도**(loss frequency)와 손실발생 시의 **손실심각도**(loss severity)라는 두 가지 확률변수의 조합에 의해 나타낼 수 있다. 손실빈도는 일정한 기간 동안에 발생하는 손실유발사건의 횟수에 대한 측정치이다. 손실심각도는 손실이 발생하는 경우 그 크기에 대한 측정치이다. 이 같이 운영위험을 측정하는 데 손실을 두 부분으로 나누어 고려하는 것은 손실의 영향과 원인을 파악하는 데 도움이 된다.

운영위험에 대한 관리를 위해서는 우선 손실빈도와 심각도에 대한 확률분포함수를 추정하여야 한다. 손실심각도는 과거 데이터로부터 구축될 수 있다. k시점의 손실심각도에 대한 역사적 측정치를 y_k라 한다면, 이는 인플레이션과 금융기관의 현재 규모를 고려하여 조정되어야 한다. 물가지수를 P_k라 하고 금융기관 규모를 V_k라 한다면, t시점의 표준화된 손실(scaled loss)은 다음과 같이 표현될 수 있다.

$$x_t = y_k \times \frac{P_t}{P_k} \times \frac{V_t}{V_k}$$

여기서 손실심각도는 금융기관 규모 V에 비례한다고 가정하였다. 만일 n을 일정한 기간 동안, 예를 들어 1년 동안 발생한 손실건수라 한다면 손실빈도의 확률밀도함수를 다음과 같이 쓸 수 있다.

$$\text{손실빈도의 확률밀도함수}(pdf) = f(n),\ n = 0,\ 1,\ 2,\ \cdots$$

손실빈도의 확률밀도함수는 손실발생건수가 n회일 확률을 나타낸다. 마찬가지로 손실이 발생하는 경우의 손실규모를 x라 한다면 손실심각도의 확률밀도함수는 다음과 같이 표현할 수 있다.

$$\text{손실심각도의 확률밀도함수}(pdf) = g(x \mid n = 1),\ x \geq 0$$

손실심각도의 확률밀도함수는 손실이 발생하는 경우 그 규모가 x일 확률을 나타낸다. 따라서 주어진 기간 동안 수차례의 손실이 발생하는 경우 총손실은 다음과 같다.

$$S_n = \sum_{i=1}^{n} X_i$$

이는 주어진 기간 동안 손실이 n회 발생하고 각각의 경우 손실규모가 X_i일 경우의 총손실을 나타낸다. 만일 손실빈도 n과 손실규모 x가 서로 독립적이라면 두 분포는 하나의 분포로 결합될 수 있다.[3] 이러한 절차를 걸쳐 손실에 대한 확률밀도함수(*pdf*)는 다음과 같이 구할 수 있다.

$$\text{손실의 확률밀도함수} = h(s) = \int g_s(s \mid n) f(n) dn$$

여기서 g_s는 손실심각도를 나타내는 변수의 합이다. 이 식을 다시 설명하면 손실의 확률밀도함수는 손실심각도를 나타내는 변수에 손실빈도를 나타내는 변수의 곱의 합으로 나타낼 수 있다. 이러한 손실확률밀도함수는 사업부문마다 구할 수 있으며, 금융기관 전체의 손실은 이를 합산하여 구할 수 있다. 이제까지의 논의는 신용위험의 측정과 유사하다. 즉, 신용위험은 부도발생 빈도와 부도발생 시 회수율이라는 두 변수의 곱을 이용하여 측정할 수 있다.

4. 운영위험의 관리

4.1 운영위험관리의 기본원칙

2002년 바젤위원회에서는 신용위험 및 시장위험과 마찬가지로 운영위험에 대해서도 포괄적인 관리가 필요하다는 인식에 동의하면서 운영위험관리에 대한 개선방안과 원칙을 제시하였다. 전통적으로 운영위험관리는 영업부문에 대한 관리 및 통제에 많이 의존하였으나, 최근에는 운영위험에 대한 위험관리의 구조와 프로세스의 중요성이 강조되고 있다.

운영위험은 신용위험이나 시장위험에 비해 측정이 어려우며, 측정을 위해 필요한 데

3 이 같은 과정을 확률론에서 콘볼루션(convolution)이라고 한다.

이터에 제한이 있고, 위험발생 전후 비교가 곤란하며, 본부 조직에 의한 관리가 제한적이라는 특징이 있다. 따라서 운영위험의 효과적 관리를 위해서는 전사적인 관리가 필요하다. 바젤위원회에서는 2002년 「운영위험 관리 및 감독에 대한 건전한 관례」라는 보고서에서 금융기관의 효과적인 운영위험관리 및 감독에 대한 10가지 원칙을 제시하였다. 이들 원칙은 이사회와 최고경영자를 중심으로 하는 위험관리 환경의 조성, 위험의 인식, 측정, 감시 및 통제, 위험관리의 한 부분으로서의 운영위험에 대한 인식, 측정, 감시 및 통제, 감축노력, 그리고 충분한 공시 등으로 요약될 수 있다.

4.2 운영위험의 관리방안

운영위험이 시장위험 및 신용위험과 같이 별개의 위험 범주로서 인식된 것은 비교적 최근의 일이며, 아직 운영위험의 인식과 측정방법은 상대적으로 정교함이 부족하다. 운영위험의 중요성을 일깨운 베어링은행 파산사건을 분석한 결과, 영국의 중앙은행인 영란은행(Bank of England)은 운영위험을 방지하기 위해서는 우선 관리부서는 담당업무를 완전히 이해해야 하며, 각 사업부서의 활동에 대한 책임이 명확하여야 하고, 각 부서 간에 정보가 원활히 소통되어야 하며, 모든 영업활동에 대해서는 독립적인 위험관리를 포함한 내부통제가 적절히 이루어져야 하며, 최고경영자와 감사위원회는 주요 문제 부문을 신속히 해결하여야 한다고 지적하였다.

현실적으로는 운영위험 측정에서의 여러 가지 어려움 때문에 대부분의 금융기관은 계량적 접근보다는 감시기능을 보다 강조하고 있다. 이는 운영위험관리가 시장위험이나 신용위험관리와는 차원이 다르다는 것으로 의미한다. 시장위험이나 신용위험은 수익의 창출을 위해 반드시 부담하여야 하는 위험이기 때문에 부담가능한 적정수준의 위험이 어느 정도인가를 파악하는 것이 중요하다. 그러나 운영위험은 기본적으로 수익창출과 직접적 관련이 없으며, 위험의 발생은 곧바로 손실로 연결된다. 운영위험은 부담해야 할 필요가 없으며 사전에 제거하는 것이 바람직하다. 따라서 시장위험이나 신용위험과는 달리 운영위험에 대해서는 관리의 비용과 효익을 비교하여 보다 효과적인 방법을 선택하는 것이 바람직하다. 만일 운영위험의 규모가 크지 않고 금융기관에 치명적이지 않다면, 많은 비용과 시간을 들여 자료를 수집하고 모형을 구축하여 필요자본량을 산정하기보다는 운영위험이 발행하는 경로와 원인을 추적하여 발생가능성을 직접 제거하는 것이 효율적이다.

효과적인 운영위험 감시를 위해서는 미리 분류된 여러 형태의 운영위험에 대한 책임소재를 분명히 해둘 필요가 있으며, 운영위험에 대한 효과적인 측정, 감시 및 통제를 위해서는 보고체계를 구축하여야 한다. 특히 대규모의 비정형 손실이 발생하는 경우 손실을 발생시킨 거래에 어떤 위험이 내재되어 있었는지, 재발의 여지가 있는지를 분석하여야 하며, 긴급상황이 발생하는 것에 대비하여 비상계획을 수립하여야 한다. 한편, 운영위험관리에서 적절한 내부통제를 위하여 **영업부서**(front office), **위험관리부서**(middle office) 및 **후선부서**(back office) 간의 업무분리, 최고경영층에 대한 보고체계, 적절한 영업프로세스 등에 대해 명확한 문서화된 규정이 필요하다.

앞서 언급한 바와 같이 운영위험은 수익과 직접적인 연관성이 없으므로 인식된 운영위험은 관리를 통해 제거하거나 외부로 이전하여야 한다. 운영위험의 제거를 위해서는 내부통제수준의 평가와 내부통제절차의 개발이 필요하며, 운영위험의 이전을 위해서는 보험과 **운영파생금융상품**(operational risk derivatives)이 이용될 수 있다. 특히 내부통제만으로 금융기관의 모든 운영위험을 제거하는 것은 현실적으로 불가능하므로 적정수준을 넘어서는 운영위험에 대해서는 제3자로의 이전이 필요하다. 운영파생금융상품에는 **운영위험연계채권**(operational risk linked securities : ORLS)과 **운영위험스왑**(operational risk swap : OR swap) 등이 있는데, 이들은 신용파생금융상품과 유사한 특성을 지니고 있다.

Box 20-1 | 바젤위원회의 운영위험관리 및 감독원칙

첫째, 이사회는 운영위험의 주요 요소들을 관리가 필요한 별도의 위험범주로 인식하는 한편, 운영위험관리의 기본 구성체제를 승인하고 정기적으로 점검하여야 한다. 기본 구성체제에는 운영위험의 정의, 인식, 평가 감시 및 통제, 그리고 완화방법에 대한 원칙이 제시되어야 한다.

둘째, 이사회는 금융기관의 운영위험관리의 기본 구성체제가 독립적이고 관련 교육을 이수한 우수한 직원에 의해 효과적이고 포괄적인 감사를 받도록 하여야 한다. 내부감사기능은 운영위험관리에 대해 직접적인 책임을 부담해서는 안 된다.

셋째, 최고경영자는 이사회에 의해 승인된 운영위험관리의 기본 구성체제를 집행할 책임이 있다. 기본 구성체제는 전 금융기관 수준에서 수행되어야 하며, 모든 직원들은 운영위험과 관련된 각자의 책임을 이해하여야 한다. 최고경영자는 금융기관의 모든 상품, 활동, 프로세스 및 시스템상의 운영위험을 관리하는 데 필요한 정책 및 절차를 수립하여야 한다.

넷째, 금융기관은 모든 상품, 활동, 절차 및 시스템에 내재되어 있는 운영위험을 인식하고 평가하여야 하며, 새로운 상품, 활동, 절차 및 시스템의 도입에 앞서 이들 상품 등에 내재된 운영위험에 대한 적절한 평가가 선행되도록 하여야 한다.

다섯째, 금융기관은 정기적으로 운영위험의 프로파일과 주요 노출을 감시하여야 하며, 최고경영자와 이사회는 정기적으로 필요한 정보를 보고받아야 한다.

여섯째, 금융기관은 주요 운영위험을 통제하거나 축소하기 위한 정책 및 절차를 구축하여야 한다. 또한 위험한도 대안과 통제전략의 실행가능성을 평가하고 적절한 전략을 이용하여 전반적인 위험에 대한 성향 및 특성에 맞도록 운영위험 프로파일을 조정하여야 한다.

일곱째, 금융기관은 심각한 업무상의 문제가 발생하는 경우 손실을 최소화하고 지속적인 존속을 가능하게 하기 위한 비상계획을 마련하여야 한다.

여덟째, 감독당국은 금융기관이 전체 위험관리의 한 부문으로서 운영위험을 인식, 측정, 감시 및 통제, 축소할 수 있는 적절한 시스템을 갖추어 운영하도록 하여야 한다.

아홉째, 감독당국은 운영위험과 관련된 금융기관의 전략, 정책, 프로세스 및 관행에 대해 직간접적으로 정기적이고 독립적인 평가를 수행하여야 하며, 금융기관의 동향을 지속적으로 감시할 수 있는 효과적인 보고체계를 구축하여야 한다.

열째, 금융기관은 시장참가자들이 금융기관의 운영위험 관리수준을 평가할 수 있게 충분한 공시를 하여야 한다.

5. 운영위험관리와 내부통제

5.1 내부통제의 개요

BIS에 의하면, 금융기관의 **내부통제제도**란 효율적이고 효과적인 업무운영, 재무정보의 신뢰성, 그리고 법규의 준수라는 세 가지 영역에서 금융기관의 목표 달성을 적절히 보장(reasonable assurance)하기 위하여 이사회, 경영진, 직원 등에 의해 지속적으로 실행되고 있는 일련의 내부절차이다. 효율적이고 효과적인 업무운영목표(operational objective)는 조직의 구성원들이 자산이나 기타 자원을 조직의 목표에 부합되게 효율적이고 효과적으로 사용하고 있는가, 불필요한 비용부담은 없는가, 조직의 이익이 항상 최우선시되는가 등 업무운영 성과를 통제하기 위한 것으로, 넓은 의미의 내부통제를 의미한다. 재무정보의 신뢰성 목표(information objective)는 경영진, 이사회, 주주, 감독기관, 기타 투자자 및 이해관계자가 받는 경영에 대한 정보가 이들이 올바른 의사결정을 내리는 데 도움이 될 수 있도록 충실하고 정확해야 하며, 적시에 제공되어야 한다는 것이다. 법규의 준수 목표(compliance objective)는 협의의 내부통제로서 법률, 규제, 감독기준, 조직 내의 제반 규정 및 절차에 대한 준수를 의미한다. 일반적으로 준법감시인의 역할과 관련된 내부통제 업무이다.

5.2 내부통제체계의 구성요소

내부통제제도가 이상의 목적을 효과적으로 달성하기 위해서는 통제환경, 위험의 인식 및 평가, 통제활동, 의사소통, 모니터링이라는 다섯 가지의 통제요소를 갖추어야 한다. 통제환경은 효과적인 내부통제활동을 위한 조직문화, 이사회의 관심, 경영자와 직원들의 의식 및 철학, 업무스타일 등을 의미하며, 이러한 통제환경을 조성하는 것은 최고경영층의 역할이다. 높은 수준의 직업윤리 및 내부통제의 중요성을 강조하는 기업문화를 조성하는 것은 이사회 및 경영진의 책임이다. 아울러 모든 조직구성원들은 내부통제시스템상 자신의 역할을 인식하고 이를 실행할 의무를 가진다. 위험의 인식 및 평가는 금융기관의 목표 달성에 부정적인 영향을 미칠 수 있는 신용위험, 시장위험 및 운영위험 등 내부 및 외부의 모든 주요 위험을 지속적으로 파악하고 분석하여 실질적인 위험관리의 기초를 만드는 과정이다. 효과적인 위험의 평가는 측정가능한 위험은 물론 측정 불가능한 위험도 감안하고, 아울러 통제의 효과와 이를 위한 비용도 함께 고려해야 한다.

통제활동은 두 단계를 거친다. 우선 이사회나 경영진이 제시한 경영정책이 목표대로 실행될 수 있도록 하는 통제정책 및 절차를 수립해야 한다. 다음 단계는 이러한 정책이나 절차가 준수되도록 보장하는 제반 활동을 의미한다. 이러한 통제활동은 특정 부분이 아니라 조직의 모든 단계에서 실행되어야 한다. 그리고 여기에는 상급자의 업무감독 및 성과분석, 각종 위험에 대한 한도관리, 승인, 대사, 실물자산에 대한 물리적 통제 등 극히 다양한 형태의 통제활동이 포함된다. 한편 효과적인 내부통제제도는 잠재적으로 이해상충의 가능성이 있는 임무를 하나의 개인이나 조직에 부여하지 않는 직무의 분리(segregation of duties)를 기초로 한다.

효과적인 내부통제를 위해서는 올바른 의사결정을 내리는 데 필요한 외부 시장정보뿐만 아니라, 재무 · 운영 · 규정준수 등에 관한 종합적인 내부정보가 적시에 정확하게 제공되어야 한다. 효과적인 내부통제제도는 금융회사의 주요 활동을 모두 포함하는 신뢰할 수 있는 정보시스템을 필요로 한다. 아울러 이러한 정보시스템은 철저한 보안, 독립적인 감사체제, 그리고 비상계획 등을 갖추어야 한다. 모든 직원이 각자의 직무와 관련된 규정 및 절차를 이해하고 이를 올바로 수행하기 위해서는 종적 · 횡적으로 효과적인 의사소통 채널을 필요로 한다. 이사회나 경영진에게 중요한 업무상 위험이나 성과를 보고하는 상향 의사소통, 목표달성을 위해 전 직원에게 조직의 목표 · 전략 · 주요 정책 등을 전달하는 하향 의사소통, 그리고 유관부서 간 효율적인 업무수행을 위한 내부조직 간의 횡적 의사소통 등이 필요하다.

전반적인 내부통제제도의 유효성 유지를 위해서는 통제활동에 대한 지속적 모니터링이 중요하다. 주요 위험관리는 금융회사의 일상적 업무로서 지속적으로 모니터링해야 하고, 업무라인 혹은 내부감사 등에 의한 정기적인 별도의 평가도 필요하다. 상시적 모니터링은 문제를 즉각적으로 파악하고 즉시 시정조치를 취할 수 있는 장점이 있다. 한편 별도의 평가는 내부통제제도의 유효성을 광범위하게 객관적으로 평가할 수 있는 장점이 있는 반면, 오직 사후적으로 문제를 지적한다는 단점이 있다.

내부통제제도의 운영에 대해 독립적이고 폭넓은 내부감사가 이루어져야 한다. 내부감사에 의한 상시적인 모니터링은 내부통제제도의 중요한 한 일부분이며, 내부감사조직은 그 결과를 이사회(감사위원회)나 상위 경영진에게 직접 보고할 수 있어야 한다. 이를 위해 내부감사조직은 유능한 인력 등 충분한 자원을 갖추고 일상적 은행업무로부터 독립성을 확보해야 한다. 내부통제의 결함이 발견되면 즉각적으로 관리책임자에게 보고되어야 하고, 즉각적인 시정조치가 취해져야 한다. 아울러 중요한 문제는 이사회(감사위원회) 및 최고경영층에 반드시 보고되어야 한다.

이상과 같은 세 가지 내부통제의 목적과 다섯 가지 구성요소 사이에는 직접적인 관계가 있다. 각각의 내부통제 목적을 효과적으로 달성하기 위해서는 각각 다섯 가지의 통제요소를 갖추어야 한다.

5.3 새로운 내부통제수단으로서의 운영위험관리

전통적인 내부통제방식에서는 위험에 대한 체계적인 평가 없이 주어진 통제장치에 대한 준수 여부에 의해 내부통제를 평가하고, 사후적인 적발 위주의 감시 및 통제활동에 크게 의존하고 있다. 이러한 방식의 내부통제는 위험 변화에 효과적으로 대응하기가 어렵고, 제도 운영에 일선 업무조직의 참여가 미흡하며, 내부통제의 범위도 법규준수나 금융사고 등에 한정되어 있다는 문제점이 있다. 그러나 금융환경이 급격히 변화하고 위험관리가 중요시되면서 최근의 내부통제 경향은 위험평가를 내부통제의 핵심적 요소로 도입하고 있다.

내부통제제도는 위험에 대한 체계적인 분석을 통하여 관련 통제장치의 적정성을 평가하고 한정된 통제자원을 효율적으로 배분하기 위한 수단으로 활용되고 있기도 하다. 또한 내부통제제도 운영의 주체가 제3자적 위치의 내부감사조직이 아니라 바로 현업 업무부서 당사자라는 것도 폭넓게 받아들여지고 있다. 이에 따라 누구보다 해당 업무를 잘 이해하는 현업 업무부서가 당면한 위험과 통제를 스스로 평가하는 **자가진단방법**(self assessment)이 도입되었다. 이러한 가운데 무엇보다 큰 발전은 환경변화에 맞추어 동태적이며 사전적인 통제활동이 강조되고, 내부통제의 목적도 업무의 효율적 · 효과적 수행이라는 성과적 측면으로 확대되었다는 점이다.

한편 운영위험을 신용위험이나 시장위험과 같은 차원의 별도의 위험 유형으로 인식한 것도 내부통제제도가 크게 발전할 수 있는 계기가 되고 있다. 바젤Ⅱ에 따르면 측정된 운영위험의 크기에 따라 이에 상응하는 자기자본을 보유해야 할 뿐만 아니라, 실질적으로 운영위험을 평가 · 통제하기 위한 관리체계의 수립을 요구하고 있다. 또한 바젤위원회는 운영위험을 내부프로세스, 인적오류, 시스템실패, 그리고 외부사건 등으로부터 발생할 수 있는 직접 혹은 간접적인 손실위험으로 정의하고 있는데, 여기서 내부프로세스는 업무프로세스만이 아니라 이에 연관되어 있는 내부통제 프로세스를 포함하는 것이다. 따라서 별도로 관리되는 신용위험과 시장위험을 제외한다면 운영위험관리의 범위는 일반적인 내부통제의 범위와 크게 다르지 않다고 할 수 있다.

6. 요약

운영위험관리의 실패는 곧바로 대형 금융사고로 연결된다. 이 점에서 금융기관의 효과적인 운영위험관리는 매우 중요하다. 운영위험의 중요성이 널리 인식된 것은 1990년대 이후 대형 금융사고의 근본적인 원인이 대부분 내부통제실패라는 운영위험관리상의 문제에 기인하였기 때문이다.

일반적인 위험관리에서와 같이 운영위험관리의 첫 번째 단계는 위험의 인식 또는 식별이다. 운영위험의 인식은 운영위험을 어떻게 정의하는가와 직결되어 있다. 운영위험은 시장위험 또는 신용위험 등과는 달리 그 성격이 명확하지 않아 그 인식이 쉽지 않다. 이에 따라 바젤위원회는 운영위험에 대한 구체적인 정의를 제시하고 나아가 운영위험 노출에 대한 필요 자기자본을 산정하는 방식을 제공하여 금융기관의 운영위험관리를 용이하게 하고 있다. 한편 효율적이고 효과적인 업무운영, 재무정보의 신뢰성, 그리고 법규의 준수를 보장하기 위해 금융기관은 적절한 내부통제시스템을 갖추어야 한다. 금융기관경영에서 위험관리가 중요시되는 경향에 맞추어 최근의 내부통제시스템에서는 위험평가를 핵심적 요소로 도입하고 있는데, 이는 운영위험을 별도의 위험 유형으로 인식하기 시작한 것이 계기가 되었다. 바젤위원회의 운영위험 정의의 내부 프로세스는 업무프로세스만이 아니라 이에 연관되는 내부통제 프로세스를 포함하는 것으로, 운영위험관리의 범위는 일반적인 내부통제의 범위와 크게 다르지 않다.

연 | 습 | 문 | 제

01. 운영위험이 중요한 이유에 대해 설명하시오.

02. 금융기관의 운영위험 관련 손실사건의 유형에 대해 설명하시오.

03. 금융기관의 운영위험에 대해 일정수준의 자기자본을 보유하도록 규제하는 이유는 무엇인지 설명하시오.

04. 금융기관이 바젤Ⅱ에서 제시하는 운영위험 측정방법은 어떤 것들이 있는지 설명하시오.

05. 표준방법에서 금융회사의 사업부문은 어떻게 구분되는가? 각 사업부문 가운데 운영위험이 가장 큰 것으로 평가되는 사업부문은 무엇인지 설명하시오.

06. 고급측정법의 장 · 단점에 대해 설명하시오.

07. 금융기관 내부통제의 구성요소는 무엇인지 설명하시오. 그리고 운영위험관리는 내부통제에서 어떻게 이용될 수 있는지 설명하시오

08. 금융기관의 운영위험관리에 사용될 수 있는 파생금융상품에는 어떤 것들이 있는지 설명하시오.

PART 06

FINANCIAL INSTITUTIONS MANAGEMENT

금융회사 지배구조와 규제 · 감독

CHAPTER 21

금융기관의 지배 및 조직구조

금융기관이 인수 및 합병을 통해 대차대조표상의 자산규모가 증가하면 금융시장에서의 위상 또한 높아지는 것이 일반적이다. 그러나 2007~2009년의 글로벌 금융위기에서 경험하였듯이 금융기관의 경쟁력은 단순히 자산규모, 자본력 등과 같은 유형자산에만 좌우되지는 않으며, 지배구조, 조직구조, 위험관리 등 무형자산(intangible asset)에 크게 의존한다. 이런 점에서 본 장에서는 전반부에서 금융기관의 지배구조를 살펴보고, 후반부에서는 금융기관의 조직구조를 살펴본다. 특히 최근의 지배구조 동향과 오늘날 금융기관의 대표적 조직형태인 금융지주회사 제도에 대해서 자세히 살펴본다. ■

1. 지배구조

1.1 지배구조의 정의

기업지배구조(corporate governance)란 좁은 의미로는 기업이 효율적으로 경영될 수 있도록 경영진의 의사결정과정을 통제하는 체제를 말하고, 넓은 의미로는 기업 관련 이해당사자 간의 이해관계 및 지배권을 규율하는 제도적 장치 및 운영 메커니즘을 말한다. 이러한 점에서 소유와 경영이 분리된 기업의 지배구조 논의는 경영자가 투자자(또는 주주) 이익을 위해 행동하도록 하기 위해 어떻게 영향력을 행사하고, 또 어떠한 유인을 제공할 것인가에 대한 문제로 귀결된다(Berle and Means, 1932). 한편 기업지배구조는 이해집단 간의 이해상충으로 인해 발생하는 대리인 문제와 이에 따른 비용을 최소화하는 수단으로 이해할 수 있다(Hart, 1995; Macey, 1998).

기업활동에 있어 주주는 주요 경영사안에 대해 의결권을 행사하거나 의사결정과정을

그림 21-1 | 기업지배구조의 개념

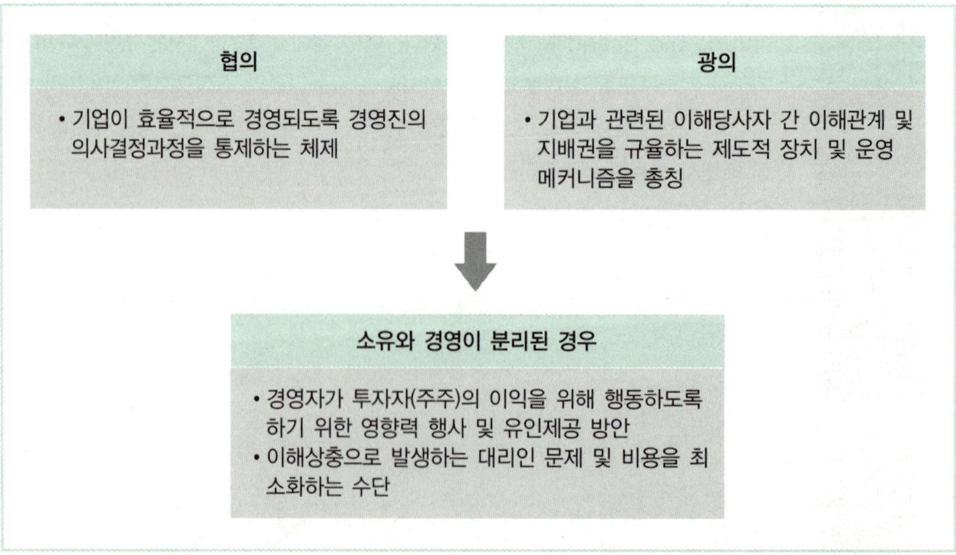

감시하기 위해 자신들의 이익을 대변할 수 있는 이사를 선출한다. 그리고 선출된 이사들에게 스톡옵션 등 성과와 연계된 보상을 제공함으로써 경영진과 주주의 이해를 일치시키고자 노력한다. 일반적으로 소액주주는 정보의 비대칭성 때문에 경영진을 감시하고자 하는 유인이 높지 않으며, 전문성 또한 부족하여 효과적으로 기업경영에 관여하거나 자신들의 이익을 추구하기가 어렵다. 반면 지배주주 또는 대주주는 경영진을 감시할 충분한 유인이 있으므로 자신의 이익을 대표하는 사람을 이사로 선임하고, 이들에게 영향력을 행사한다. 이 경우 지배주주 또는 대주주는 소액주주나 채권자 등 다른 이해관계자의 희생하에 자신의 이익을 추구하는 등 지배구조 측면에서 새로운 문제가 야기되기도 한다.

기업지배구조에 대한 연구는 기업과 관련된 이해당사자의 범위를 어떻게 정하느냐에 따라 크게 두 가지로 구분된다. 하나는 주주를 경영자 감시의 주체로 보는 접근방법이다. 이 방법은 주주가 기업의 **잔여위험부담자**(residual risk bearer)로서 경영진의 사적 이익추구 행위로부터 보호받을 수 없다는 점에서 주주의 권익보호에 초점을 맞추어 기업지배구조를 판단한다(Scott, 1998). 또 다른 접근방법은 기업과 관련된 모든 이해당사자들의 권한과 책임이라는 관점에서 지배구조를 파악한다. 즉, 경영자의 의사결정으로 영향을 받을 수 있는 투자자, 종업원, 고객 모두가 고려대상에 포함되는 것이다(Tirole, 2001). 이 밖에 블레어(Blair 등, 1999)는 인적 자본(human capital)을 보유하고 있는 지식노동자들도 주주와 마찬가지로 잔여위험부담자라는 점에서 종업원의 역할에 초점을 두고 지배구조를 분석하였다.

그림 21-2 | 기업지배구조의 종류 : 외부자체제 vs 내부자체제

외부자체제(앵글로색슨모형)	구분	내부자체제(유럽대륙모형)
• 기업의 시장가치에 의해 경영진 평가 → 효율적 경영유도 가능 • 적극적인 투자자보호 및 정보공개	장점	• 소유권 및 의결권이 내부자에게 집중 → 지배주주에 의한 적극적 감독으로 대리인 문제 감소
• 소유와 경영의 분리에 따른 대리인 문제 발생 → 사외이사 확대, 기업지배권 시장 활성화 등을 통해 해결	단점	• 경영진 역량평가 애로 • 지배대주주와 일반주주 간 상충 • 지배대주주의 사적 이익 추구

기업지배구조는 국가별 · 기업별로 다양하게 나타나지만, 크게 **외부자체제**(outsider system)와 **내부자체제**(insider system)로 구분할 수 있다. 이 밖에 자금조달방식이나 법체계 차이로도 구분할 수 있으나, 각각 어느 정도의 한계가 있다.

외부자체제는 **앵글로색슨모형**이라고도 불리는데, 기업의 시장가치에 의해 경영실적이 평가되므로 효율적인 경영을 유도할 수 있고, 지배구조의 중심을 외부자에 두고 있어 정보가 적절히 공개되며, 투자자보호가 적극적으로 이루어지는 장점이 있다. 반면 소유와 경영의 분리로 인한 경영진의 사적 이익 추구가능성, 즉 대리인 문제가 발생할 수 있다는 점에서 취약하다. 대리인 문제를 억제하기 위해서는 경영진에 대한 적절한 감독이 필수적이나, 관련자들의 무임승차 선호로 인해 이것이 현실적으로는 쉽지 않다. 결국 외부자체제에서는 이러한 문제를 사외이사의 확대, 기업지배권시장의 활성화, 기관투자자의 비중 확대 등 제도개선을 통해 해결하고 있다.

내부자체제는 **유럽대륙모형**으로도 불리는데, 유럽국가들과 일본에서 주로 관찰된다. 이 체제는 기업의 의사결정과정에서 주주뿐만 아니라 경영자, 종업원, 금융기관 등 모든 이해관계자를 고려대상으로 하는 **관계자모형**(stakeholder model)에 기초하고 있다. 지주회사, 금융기관 및 가족 등 기업의 소유권과 의결권의 상당 부분이 내부자(insider)에게 집중되어 있어 지배대주주에 의한 적극적인 감독유인이 존재하므로 대리인 문제가 감소하는 장점이 있다. 반면 실적평가기준이 다양해 기업실적과 경영자의 능력을 객관적으로 판단하기 어렵기 때문에 적절한 경영자 문책이 이루어지기 어렵다. 또한 상호 주식보유, 차등의결주식제도 등을 통해 소유지분 이상의 의결권을 확보하는 경향을 보이고 있어 지배대주주와 일반주주의 이해가 상충되고, 일반주주에 대한 지배대주주들의 사적 이익 추구가능성이 존재한다는 단점이 있다.

1.2 지배구조의 의미

소유와 경영의 분리가 정착되면서 경영을 담당하는 집행임원들에게 기업의 지배력이 집중됨에 따라 최고 의사결정기관으로서 이사회의 지위가 점차 형식화되었다. 특히 1970년대 들어 각종 기업비리들이 사회적 문제로 대두됨에 따라 이사회의 기능 분화, 명확한 권한의 설정, 효과적인 감독체제 구축 등을 골자로 하는 기업지배구조 재편에 대한 논의가 본격적으로 이루어지기 시작하였다.

우리나라에서는 십여 년 전만 해도 기업지배구조에 대한 인식이 부족하였다. 그러나 1997년 말 외환위기로 많은 기업들이 도산하는 과정에 부실경영에 대한 감독장치의 미비가 주요 원인의 하나로 지적되면서 기업지배구조에 대한 관심과 개선 필요성이 급속히 확산되었다. 이러한 변화에 발맞추어 증권거래법과 외감법(주식회사의 외부감사에 관한 법률)을 개정하여 국제기준에 부합하는 회계기준을 만들었고, 외부감사인의 독립성 강화를 위한 감사인 선임위원회 설치, 감사인과 회계 관계인의 법적 책임범위 확대 등 회계기준의 투명성 제고를 위한 법률적 정비가 이루어졌다. 특히 1999년 OECD의 '**기업지배구조원칙**' 제정을 계기로 우리나라도 소수주주권 강화, 대주주의 책임 강화, 이사회 내 사외이사 비중의 확대 및 독립성 강화, 공시제도 강화 등을 주요 내용으로 하는 '**기업지배구조모범규준**' 을 발표하였다. 또한 금융기관과 금융지주회사의 감사위원회 및 준법감시인 제도를 도입하였고 사외이사 선임을 의무화하는 등 내부 감독 · 통제시스템 개선을 위한 노력을 지속해 오고 있다. 한편 우리나라에서는 글로벌 금융위기를 계기로 전 세계적으로 금융회사의 바람직한 지배구조에 대한 중요성이 강조되는 상황에서 좀 더 체계적으로 이를 정립하기 위해 「**금융회사의 지배구조에 관한 법률**」을 제정하여 2015년 7월 말에 공포하였으며 2016년 8월부터 시행될 예정이다.

EU의 경우 1990년대까지만 하더라도 국가별 정책의 다양성을 존중하는 차원에서 기본지침을 마련하고 여기에 회원국들의 참여를 유도하는 이른바 'Soft Law' 접근방식을 고수하였다. 하지만 전 세계적으로 투명한 기업지배구조원칙 확립에 대한 중요성이 부각되면서 향후 단일 자본시장에 대비하는 차원에서 EU 전체를 포괄하는 기업지배구조 개선방안을 모색하게 되었다. 이에 따라 2003년 유럽위원회(European Commission)가 발표한 개선안은 기존의 기업지배구조 체계를 획기적으로 변화시키는 계기가 되었다.

1.2.1 금융기관 지배구조의 특수성

금융기관, 특히 은행의 경우 자산의 불투명성과 심각한 정보 비대칭성으로 경영자가 사적 이익을 추구할 가능성이 높고, 금융당국에 의한 광범위한 규제로 경쟁적 시장을 통한 경영자 감시기능이 미흡하여 경영진이 지배구조를 개선할 유인이 부족할 뿐만 아니라 예금보험제도 실시로 예금자의 경영자 감시 유인이 약화된다는 점에서 일반 기업의 지배구조와는 많은 차이를 보인다(Macey and O'Hara, 2003). 네 가지로 나누어 이를 좀 더 자세히 살펴보기로 한다.

첫째, 자금의 조달 및 운용 측면에서 은행은 구조적으로 부채의존도가 높고, 불투명하고, 유동적인 자산 중심으로 운용되는 특징을 나타낸다. 따라서 경영진이 자기거래와 같은 사적 이익을 추구할 가능성은 증가하지만 적발될 가능성이 낮아 대리인 문제가 심화된다. 또한 자산의 불투명성으로 인해 발생하는 정보의 비대칭성은 경영자에 대한 주주 및 채권자의 감시, 시장에서의 경쟁 및 규제 · 감독 등 전통적 기업지배구조의 메커니즘을 약화시키는 결과를 초래한다. 둘째, 지급결제의 중추적인 역할을 담당하는 은행은 외부 파급효과가 크기 때문에 일반적으로 정부에 의해 강력한 규제를 받는 대신 퇴출에 대한 암묵적인 보호를 받게 되므로 경영진의 도덕적 해이 문제가 더욱 심화되며, 경영 전반에 대한 폭넓은 규제하에서 경영성과에 대한 책임을 전적으로 경영진에게 부과하기도 힘들다. 셋째, 대부분의 국가에서는 뱅크런(bank run)을 방지하기 위해 예금보험제도를 시행하고 있는데, 이것이 은행의 위험선호도를 증가시킨다. 예금보험제도의 존재가 소액예

그림 21-3 | 금융기관 지배구조의 특수성

높은 유동성 자산 비중	• 경영진의 사적 이익(전용, 자기거래 등) 추구가능성 증가
자산의 불투명성 (정보의 비대칭성)	• 경영진 감시, 시장감독 등 전통적 기업지배구조 메커니즘을 약화
강력한 규제 (진입규제 등)	• 시장감독기능 저하 → 경영진의 지배구조개선 유인 감소 및 도덕적 해이 문제 발생
예금보험제도	• 예금자의 경영감시기능 약화(예금보험기구가 대체)

금자의 경영감시 유인을 약화시키는 것이다. 넷째, 은행산업의 경우 엄격한 설립요건 등 진입규제로 인하여 독과점적 성격을 갖게 되므로 시장규율에 의한 감시 · 감독기능이 미약해져 경영진의 지배구조 개선 유인은 약해질 수밖에 없다.

한편, 슈라이퍼-비시니(Shleifer-Vishny, 1986)는 규제산업의 경우 경영감시 유인이 있는 대주주가 존재하면 대리인 문제를 줄일 수 있지만, 공익성이 강조되는 은행의 경우 소유 제한으로 경영감시기능이 약화되고 경영진과 주주 간 **대리인 문제**가 상대적으로 심화될 수 있음을 보여준다. 이러한 점에서 일반기업에 비해 금융기관의 지배구조가 기업가치에 미치는 영향이 훨씬 더 클 것으로 예상할 수 있다. 젠센(Jensen, 1993)은 비효율적 기업의 경우 생산물시장과 요소시장이 발달할수록 시장규율에 의해 대리인 문제를 감소시킬 수 있다고 설명하였다. 그러나 금융기관처럼 규제산업에 속한 기업은 생산물시장에서의 독과점적 성격과 정부에 의한 암묵적 퇴출보호의 혜택으로 인해 일반기업에 비해 심각한 대리인 문제가 발생함을 보여주었다.

1.2.2 금융기관별 지배구조의 차이

앞에서 우리는 금융기관, 특히 은행 지배구조의 특수성에 대해 언급하였다. 여기서는 비은행금융기관의 지배구조가 어떻게 다른지를 살펴본다. 대표적 비은행금융기관인 생명보험사는 선량한 관리자의무 수혜자의 범위를 주주뿐만 아니라 보험계약자까지 확대해야 할 필요성이 있다는 점에서 은행과 유사하다. 하지만 우리나라의 경우 생명보험사와 자산운용사는 대부분 비공개기업이며 지배주주의 대부분이 산업자본이라는 점에서 큰 차이를 보인다.[1]

금융기관은 일반적으로 특별히 보호해야 할 주주가 사실상 존재하지 않고, 주요 자금조달원인 예금자의 경우 암묵적인 예금보호장치들로 안전판이 제공되고 있어 경영감시 유인이 미약하다. 따라서 **선량한 관리자의무** 부담자가 도덕적 해이에 빠질 위험성이 일반기업에 비해 훨씬 크다. 특히 모기업이 사실상 모든 지분을 장악하고 있는 비공개기업의 경우에는 이들에게 직접 선량한 관리자의무를 물을 수 없기 때문에 **사외이사**, **감사위**

1 동양생명(2009년 10월), 대한생명(2010년 3월), 삼성생명(2010년 5월) 및 미래에셋생명(2015년 7월)이 상장하였으나 이들을 제외한 대부분의 생보사는 아직 비공개이다.

원회, 준법감시인 등 기업지배구조 개선을 위한 새로운 제도들이 도입되었다. 그러나 그 성과가 기대에 미치지 못하고 있다. 특히 앞서 언급한 국내 생명보험사의 경우에는 특성상 모기업의 이해관계에 따라 자회사의 성과가 악화될 가능성이 높은데, 이는 결국 보험계약자의 희생으로 귀착될 가능성을 의미한다.

비공개 금융기관의 경우 시장가치에 의해 작동되는 시장규율은 물론이고 감독기관에 의한 일상적인 외부감시기능이 작동되기 어려우므로 회계법인, 투자은행, 법무법인, 증권거래소 등 이른바 평판중개기관의 정보생산기능이 매우 중요하다. 이러한 이유에서 평판중개기관 역시 도덕적 해이를 방지하기 위해 자율규제기관(self-regulatory organization : SRO) 또는 감독기관을 통한 규제가 필요하다. 문제는 자율규제의 전통이 미약한 우리나라의 경우 자율규제기관을 통해 큰 효과를 기대하기 어렵다는 것이다. 결국 감독기관의 감독과 피해자들의 대표소송 또는 집단소송을 통해 직접 책임을 물을 수밖에 없다.

1.2.3 금융그룹 지배구조의 특수성

금융그룹 또는 금융지주회사는 다양한 금융기관들로 구성된 기업집단의 형태를 가지므로 금융기관에서 나타나는 일반적 특징과 더불어 기업집단에서 발생하는 지배구조의 특수성까지 지닌다. 단일기업에 비해 기업집단의 경우 지주회사 주주와 자회사의 경영진, 모회사 경영진과 자회사의 주주 등 이해관계자의 범위가 단일기업에 비해 확대되므로 대리인 문제가 모회사와 자회사에 걸쳐 복잡하게 나타난다. 결국 경영진이 사적 이익을 추구할 동기가 크다는 점에서 참호구축(entrenchment)[2] 문제가 심화될 수 있으며, 적대적 인수 · 합병 등 지배구조의 외부 견제장치를 무력화시켜 경영진의 비효율을 높일 수도 있다. 기업집단은 내부정보를 이용하여 자회사 경영진에 대한 모니터링을 강화할 수 있지만, 오히려 온정주의 때문에 모니터링 기능의 약화가 초래될 수도 있다.

우리나라의 경우 기업집단의 지배구조에 대한 법적 · 제도적 장치 미비와 금융부문 지배구조의 특수성에 대한 인식 부족으로 금융그룹 지배구조 문제가 심화될 가능성이 높

2 참호구축이란 지배주주가 없는 상황에서 CEO가 장기간 경영권을 전횡하는 것으로, 견제 없는 경영자의 지배가 공고화되는 현상을 의미한다. 다양한 경영권 방어장치의 도입으로 경영권 방어가 가능해지면 경영진의 참호구축이 초래되어 기업가치 제고 유인의 실종이 초래된다.

다. 실례로 금융지주회사의 경우 지주회사와 자회사 은행의 이사회 간 역할 구분의 모호성, 자회사 은행의 예금자가 손실을 입을 경우 지주회사 경영진의 책임 문제, 지주회사와 자회사 경영진의 자격 문제 등 수많은 분쟁의 소지가 존재한다. 금융지주회사는 주식의 소유를 통하여 자회사인 금융기관을 지배하고 경영관리를 수행할 수 있다. 따라서 향후 금융지주회사가 제대로 정착되면 지금의 은행장 중심의 자회사 권한시스템에 변화가 올 것으로 예상된다. 예를 들어 2008년 금융지주회사법 개정[3]으로 100% 자회사에 대한 사외이사 설치 의무가 면제되었다. 이 밖에도 장기적으로 자회사 이사회의 임무, 자회사 감사의 역할과 지주회사 감사위원회(또는 감사)의 역할 등 지배구조 전반에 변화가 예상되고 있다.

1.3 지배구조의 구성

기업지배구조는 크게 소유구조, 이사회, 경영진에 대한 보수체계, 내부통제시스템 등 내부적 요인과 M&A시장의 활성화, 정부 또는 감독기관의 역할 등 외부적 요인들로 구성된다.

1.3.1 소유구조

금융기관의 소유구조(ownership structure)는 지배구조를 형성하는 데 있어 중요한 역할을 담당한다. 일반기업과 마찬가지로 대주주의 존재는 경영진을 감시할 유인을 갖게 된다는 점에서 지배구조에 중요한 영향을 미칠 수 있지만, 은행의 경우는 엄격한 소유제한 규제가 적용되고 있기 때문에 지배력을 가진 대주주가 없어 경영진 감시 인센티브가 약하고 심각한 정보의 비대칭성에 직면할 가능성이 높다.

---

3 금융지주회사법 제41조의4(완전자회사등의 지배구조 특례) ① 완전자회사 및 완전자회사가 발행주식총수를 소유하는 손자회사(이하 이 조에서 '완전자회사등'이라 한다)는 경영의 투명성 등 대통령령으로 정하는 바에 따라 금융위원회가 정하는 요건에 해당하는 경우에는 해당 금융기관의 설립근거가 되는 법률에 따른 이사회 및 감사위원회에 관한 규정에도 불구하고 사외이사를 두지 아니하거나 감사위원회를 설치하지 아니할 수 있다.

| 표 21-1 | 주요국 은행 및 은행지주회사 소유 규제 비교

국가	규제내용
한국	• 동일인 10%, 비금융주력자 4%
미국	• 동일인이 은행지주회사 주식 25% 이상 취득 시 FRB 승인
일본	• 은행 및 은행지주회사 소유에 대한 특별한 규제 없음 • 5% 이상 소유 시 신고, 20% 이상 소유 시 사전인가
영국	• 은행 및 은행지주회사 소유를 원칙적으로 제한하지 않고 있음 • 단, 일정 비율 초과 시 단계적 승인

1.3.2 이사회

기업지배구조에서 **이사회**는 기업전략 및 사업계획 등의 검토, 사업수행 및 기업성과의 감독, 주요 업무집행자의 선임, 보수지급, 이사 및 주주 간 이해상충의 감독 및 관리, 독립적인 감사를 포함한 기업의 회계 및 법규준수를 감독하는 통제체제의 확보 등 중요한 역할을 담당한다. 따라서 이사회의 효율적 운영은 기업지배구조에서 대단히 중요한 문제인데, 성공의 관건은 이사회가 경영진과 일정한 거리를 둘 수 있는가 하는 점에 달려 있다. 이 때문에 전문성과 독립성을 갖춘 사외이사들을 주축으로 이사회를 구성할 필요가 있다.

이사회는 OECD 회원국 사이에서도 다양한 모습을 보이는데, 예를 들어 독일의 경우 순수 사내이사로만 구성되어 회사 경영을 책임지는 **경영이사회**(Vorstand)와 경영이사회를 감독하는 **감독이사회**(Aufsichtsrat)로 이원화되어 있다. 이때 감독이사회는 경영이사회의 상위기관으로 이사와 이사회 의장의 임면권을 갖는다. 반면 미국은 각 주의 회사법에서 이사회제도를 채택하고, 경영관리기구를 이사와 임원으로 분리하며, 우리 법제와 같이 독립된 감사를 따로 두지 않는 것이 특징이다.

사외이사제도는 대주주 및 대표이사로부터 독립적인 사외이사를 임명함으로써 기업비리를 감독하고 경영의 투명성 및 전문성을 제고하기 위해 미국에서 최초로 도입되었다. 미국식 사외이사제도는 일반적으로 과반수 이상의 사외이사를 이사회에 포함시킴으로써 사외이사가 이사회를 지배하게 된다. 또한 경영의 전문성 제고를 위해 이사회 산하에 법정 위원회인 감사위원회를 비롯하여 **운영위원회**, **리스크관리위원회**, **경영발전 및 보상위**

원회 등 전문 소위원회를 운영한다. 소위원회들은 대부분 사외이사만으로 구성되며, 이사회 권한의 일부를 위임받아 대신 집행함으로써 이사회의 효율적 운영에 기여하고 있다. 우리나라의 경우 미국식 사외이사제를 이사회제도의 근간으로 도입하였으나, 사외이사와 경영진 간 유착, 사외이사를 위한 이사회의 형식적 운영 등 문제점이 드러나고 있다. 이는 사외이사에 대한 보상 제한, 자격기준 강화 등 제도 개선만으로 극복하기 어려운 측면이 있어 사외이사제도 정착을 위한 지속적 노력이 필요한 실정이다.

1.3.3 경영진에 대한 보수체계

기업지배구조 측면에서 볼 때 경영진의 보수체계는 여타 기업지배구조 장치와 대체성을 갖는다. 경영진의 보수체계가 적절히 구성된다면 다른 지배구조장치의 역할은 상당부문 축소될 수 있는 것이다. 결국 경영진 보수는 전문경영인 체제하에서 대리인 문제를 해결하기 위한 중요한 수단이 된다. 일반적으로 경영자는 기본급, 단기성과급, 장기성과급 등으로 보상을 받는다. 성과급에는 상여금 및 신주인수권 등의 소득보상, 주식, 옵션 등에서 발생하는 자본소득, 금전 외적 소득 등이 있다. 이 중 주식에 근거한 보상은 주주의 이익과 경영진의 이익을 일치시켜 감시비용을 줄이는 중요한 방법으로 간주된다. 은행의 경우 정보의 비대칭성 문제가 심하여 이익을 조작하기 쉽고, 자금조달이 주식보다 예금으로 이루어져 있어 경영자와 주주이익을 일치시키기 어렵다는 문제점에도 불구하고 그동안 스톡옵션 등을 통한 성과보상이 이루어져 왔다. 그러나 2007~2009년 금융위기 이후 정부의 강력한 개입으로 이를 축소해 나가는 추세이다.

1.3.4 정부의 규제와 시장의 역할

정부의 규제와 시장의 역할에 따라 기업지배구조는 다양한 형태를 가지게 된다. 미국과 영국은 시장원리가 핵심적인 기능을 수행하고 법 · 제도가 시장을 보완하는 이른바 시장규율형 지배구조를 가지고 있다. 반면 유럽과 일본에서는 법규 및 거래관계가 핵심적인 기능을 수행하고 시장의 규율기능이 미미한 조직통제형 지배구조를 가지고 있다.

1.3.5 내부통제시스템 관련 제도

기업지배구조의 내부통제적 기능을 담당하는 제도는 소수주주권제도, 감사 및 감사위원회제도 등이 있다.

소수주주권제도란 지배주주에 대한 교섭력이 상대적으로 열등한 일반주주들의 지위를 법률로 보장하고 직접적으로 지배주주 및 경영진에 대해 책임추궁을 하는 방법이며, 다수결의 원리를 법적 · 윤리적 측면에서 보완한다. 구체적으로, **대표소송제**(derivative suit), **주주제안제**(shareholder's proposal), **집중투표제**(cumulative voting), **소수주주의 사외이사 추천제** 등이 있다.

대표소송은 주주가 회사를 대신하여 이사에 대해 책임을 묻고 회사에 대한 이사의 손해배상책임 청구소송을 제기하는 것으로, 특히 감사나 감사위원회 등에 의한 내부감독이 제대로 이루어지지 않을 경우 주주이익을 보호하고 경영의 투명성을 확보하기 위한 제도이다. **주주제안제도**란 소수주주의 적극적인 경영참여와 경영감시를 강화하기 위하여 주주의 의안 발의를 허용하는 제도로, 이사회의 의사결정권 독점에 따른 폐해를 줄이기 위해 도입되었다. 우리나라의 경우 발행주식 총수의 3/100 이상의 주식을 보유한 주주에 대해서 주주제안을 허용하고 있다(상법 제363조의2). **집중투표제**란 기업이 2인 이상의 이사를 선임하는 경우 각 주주는 1주당 선임할 이사의 수만큼 의결권을 가지게 되는데, 그 의결권을 1인 또는 몇 명에게 집중하여 투표할 수 있도록 하는 방법으로 이사선임의 경우에만 적용된다. 이 제도는 단순투표제를 통한 이사선임 시 발생하는 지배주주의 일방적 선임을 방지하고, 소수주주의 이익을 대표하는 이사가 이사회에 참여할 수 있도록 길을 터놓음으로써 이사회 기능의 회복을 통한 지배주주나 재벌오너의 경영전횡을 통제할 수 있는 장점이 있다. 또한 일반투자자들의 주주총회 참석 유인 제고, 재벌기업의 내부거래 차단, 기관투자자 보호 등의 효과가 있다. 현재 미국, 일본, 그리고 우리나라 등에서 시행하고 있으나, 독일을 비롯한 유럽국가에서는 이를 배제하고 있다. 최근에는 기업인수 위협이 증대하고 이사회의 내부갈등 문제가 드러나면서 집중투표제를 도입한 대부분의 국가에서 정관상 임의규정으로 채택하는 등 기업의 자율에 맡기는 추세이다.

감사 및 감사위원회는 기업경영의 투명성을 제고하기 위한 제도로, 이사의 직무집행 감독, 기업의 재정상태조사 및 주주총회 소집청구 등의 역할을 담당한다. 미국의 경우 소유와 경영의 분리가 심화되면서 주주는 이사들에 대한 인사권을 가지고 이사회는 회사의 경영을 책임지게 됨에 따라 주주와 이사회 간의 권한이 뚜렷하게 구별되기 시작하였다. 이사회는 집행위원을 선임하여 경영활동을 위임함으로써 경영과 감독의 두 가지 기능이 이사회에 의해서 이루어지는 일원적 시스템이 구축되었다. 한편 기존의 감사에 대한 독립성과 전문성 문제가 제기되면서 감사위원회 제도가 도입되었다. **감사위원회**는 다수의 독립된 비상근 감사위원들을 통해 경영 전반에 대한 감사기능을 수행함으로써 기업회계의 부패와 실수를 방지하는 데 중요한 역할을 수행한다. 우리나라의 경우 외환위기 이후 감사위원회 제도를 도입하였고, 이후 자산총액 2조원 이상의 주권상장법인 또는 코스닥 상장법인, 일정규모 이상의 증권회사, 보험회사, 그리고 자산운용회사에 대해 설치를 의무화하는 등 대상기업을 확대해 오고 있다.

1.3.6 외부통제시스템 관련 제도

M&A시장이 활성화되어 있는 경우 부실경영으로 기업가치가 떨어진 기업은 인수자에게 경영진 교체를 통하여 미래의 기업가치를 증대시키려는 유인을 제공한다. 동시에 M&A시장의 감시기능은 경영진에게 경영권 유지를 위해 주주가치에 부합하려는 유인을 제공한다. 이런 관점에서 미국과 영국에서는 M&A가 기업지배구조의 효과적인 수단으로 활용되고 있다. 메이시-밀러(Macey-Miller, 1995)에 의하면 기업의 **내부지배구조**와 **외부지배구조**는 상호 보완작용을 하는데, 이사회 등과 같은 내부지배구조 장치는 통상 경쟁력 약화와 부실화 등 기업의 구조적 문제에 대처할 능력이 떨어지기 때문에 M&A와 같은 외부적 장치에 의해 문제를 해결하는 것으로 알려지고 있다. 즉, 시장에서의 경쟁은 경영진의 도덕적 해이를 규제하는 수단으로 작용함으로써 기업의 효율적인 경영을 실현하고, 기업이익의 희생을 대가로 경영자가 사적 이익을 추구하는 것을 방지하게 된다는 점에서 중요하다.

반면 외부통제장치에 대응하는 경영권 방어수단으로 차등의결권제도와 황금주제도 등이 시행되고 있다. **차등의결권제도**(**복수의결권제도**)란 경영권 안정을 저해하는 적대적 M&A의 방어수단으로 주식 종류별로 의결권 수에 차등을 인정하는 제도이며, 넓은 의미에서 무의결권 주식과 의결권 제한 등을 포함한다. 과거 독일에서는 경영권 침탈방지를 위해 복수의결권과 최고의결권제도가 주로 이용되었으나, 근래 자본시장이 발전하면서 M&A에 대한 불공정한 방어수단이라는 비판이 제기됨에 따라 사실상 폐지되었다. 다른 나라들도 대부분 폐지하는 추세이나, 스웨덴에서는 에릭슨과 SAAB의 대주주인 왈렌버그(Wallenberg)재단으로 하여금 최고 1,000배에 달하는 의결권 행사가 가능하도록 하기도 하였다. 한편 **황금주**(golden share)**제도**란 주로 공공성이 강하고 시장지배력이 높은 기간산업을 민영화함에 있어 민영화 이후에도 경영권 변동 등 중요한 의사결정 시 국가 이익이나 사회후생에 반하는 사안에 대해 거부권 행사가 가능한 일종의 특별한 주식을 보유하는 제도를 말한다. 자본이동을 저해한다는 이유로 EU법 위반이라는 판결이 나오는 등 폐지되거나 축소되는 추세지만, 국방, 에너지 등 공공의 이익에 필요한 경우 예외적으로 시행되고 있다. 현재 우리나라에서는 대형은행 민영화 과정에서 자본차익에만 열중하는 투기성 펀드를 규제하고 지배주주를 견제하기 위한 장치로 황금주 도입이 논의되고 있다. 이 밖의 M&A 방어수단으로는 독일 기업에서 흔히 나타나는 **주식 상호보유**(cross-share holdings), 상호출자 관계에 있는 기업이 상대방 감독위원회에 참여하는 **교차이사제도**, **투표협정**(voting pacts) 등이 있다. 또한 주식 대량보유 변동보고제도, 자사주 취득, 의결권 없는 우선주의 발행, 우호세력에게 전환사채 및 신주인수권부사채 배정, 경영진에게 대규모 스톡옵션 부여, 상법상의 특별결의 요건보다 더 강화된 결의요건을 정관으로 규정하는 이른바 **초다수결의제**(super majority voting requirement) 등도 활용되고 있다. 이와 같은 방어수단들은 기업지배구조 개선을 통한 기업가치 증대에 역행하는 것으로 폐지하는 기업이 점차 늘고 있다.

기업지배구조의 외부통제적 기능을 담당하는 주요 수단으로 **집단소송**을 들 수 있는데, 이는 다수의 소비자나 투자자들이 공통의 원인이나 쟁점에 대해 대표 당사자가 손해배상소송을 청구하면 판결의 효력이 구성원 모두에게 미치게끔 하는 소송을 말하며, 미국의 경우 **대표당사자 소송**이라고도 한다. 독일의 경우에도 이와 유사한 단체소송제도가 있지만, 소송당사자가 직접적인 이해관계자여야 한다는 요건이 없다는 점에서 차이를 보인다. 집단소송은 불특정 다수의 소규모 피해에 대한 효율적 구제가 가능하며, 동시에 경영진의 불법행위를 억제할 수 있는 효과가 있지만 남소의 가능성이 계속 문제로 남아 있다. 미국은 집단소송의 남용과 악의적 소송을 방지하기 위하여 증권민사소송개혁법을 개정하였으며, 일본은 증권집단소송제도를 도입하는 대신 재판을 받은 대표들만이 재판결과에 영향을 받는 선정당사자제도를 통하여 이를 보완하고 있다.

1.4 지배구조의 제도적 한계

1970년대 이후 지속되었던 지배구조 개선 노력은 2000년 초 미국의 대규모 회계부정 사건인 엔론(Enron) 사태가 일어나면서 또 한 번 한계에 직면하게 되었다. 이에 대한 대응책으로 미국에서 2002년 **사베인-옥슬리**(Sarbanes-Oxley)법이 제정되었다. 동 법은 SEC 산하에 상장기업 회계감독국을 신설하여 회계법인의 회계감사에 대한 품질기준을 설정하고 이를 감독하게 하였다. 또한 회계법인이 회계감사를 수행하고 있는 기업에 대한 컨설팅 업무를 겸임할 수 없도록 엄격히 제한하고, 투자은행 기업분석가(analyst)의 독립성과 이해상충에 대한 규제를 강화하였다. 아울러 변호사에 대해서는 법령 위반이나 충실의무 위반 사실을 발견하였을 경우 CEO에게 보고하도록 하고 CEO가 적절한 조치를 취하지 않을 때에는 감사위원회 또는 이사회에 보고하도록 의무화하였다.

2008년 글로벌 금융위기 발생 이후 전 세계적으로 금융기관의 지배구조 개선에 대한 논의가 재차 본격화되었다. 최근의 주요 논의는 이사회의 역할, 위험관리, 보상체계, 그리고 주주권리 강화 측면에서 진행되고 있다. OECD[4]는 2010년 CEO와 이사회의장의 분리, 이사회의 구성형태와 역할뿐만 아니라 도덕성, 전문성, 독립성 확보를 위한 적격성 심사를 시행할 것을 권고하는 등 이사회의 독립된 역할 강화를 언급하고 있다. 위험관리 측면에서는 미래지향적(forward-looking) 시각, 위험관리체계와 문화 · 보상과의 연계성 확보, 최고위험관리책임자(chief risk officer : CRO)와 이사회의 소통을 강화할 것을 권고하고 있으며, 보상 및 인센티브시스템과 관련해서는 장기성과를 기반으로 독립이사에 의한 사후평가가 이루어지도록 조치함으로써 경영진 개입 방지의 필요성을 강조하였다. 또한 주주가 이사회에 대해 적극적인 역할을 수행함은 물론 기관투자자의 역할을 강화시킬 수 있는 여건을 마련할 것을 제안하였다. 바젤은행감독위원회(BCBS)[5]는 2010년 3월 은행 이사회가 전략적 목표, 리스크 전략, 지배구조와 기업가치 실현 등에 대해 승인 · 감

4 OECD, *Corporate Governance and the Financial Crisis*, 2010

5 Basel Committee on Banking Supervision, *Principles for Enhancing Corporate Governance*, 2010

시하는 포괄적 책무와 함께 상위 경영진에 대한 감시기능을 수행해야 한다는 내용 등을 담은 **은행 지배구조원칙 수정안**을 제시함으로써 이사회 역할 강화를 권고한 바 있다. 또한 CRO 등 이사회 접근성을 갖춘 독립적인 위험관리기구를 구비하고 경영목표 및 내부통제, 위험관리, 지배구조 등을 주주, 예금자, 기타 이해관계자 및 시장참여자들에게 적절하고 투명하게 공개할 것을 요구하였다. 이는 위기발생의 원인이 경영진의 위험관리 중요성에 대한 인식부족과 이사회의 경영진 감시기능의 미작동 때문이라는 시각에 기반하고 있다. 최근 제정된 미국의 **금융개혁법안**(Dodd-Frank Wall Street Reform and Consumer Protection Act) 중 지배구조와 관련된 내용은 크게 상장회사의 지배구조 강화(Subtitle G)와 경영진 보상체계(Subtitle E)로 구성되어 있다. 먼저 **위임장권유신고서**(proxy statement)에 이사 후보를 포함시키고, 이사회 의장과 CEO가 동일인인지의 여부 및 이유를 공시하도록 했다. 또한 경영진 보상체계 및 보상주기에 대한 공시, 독립적인 보상위원회의 설치 및 운영 등을 제시하였다.

우리나라에서는 외환위기 이후 지배구조 개혁차원에서 사외이사제도를 도입 · 시행하였다. 관련해서 제도의 실효성을 제고하기 위하여 상장법인, 금융기관 및 금융지주회사 등으로 사외이사제도 대상기업을 확대하였다. 기업지배구조의 실패가 1997년 말 외환위기로 촉발된 경제위기의 주요 원인 중 하나라는 인식하에, 지난 10여 년간 다양한 기업지배구조개선 조치들이 시행되었다. 금융기관의 지배구조 또한 상당한 성과를 거둔 것이 사실이다. 그러나 새로운 제도의 도입 못지않게 중요한 것이 이사, 경영자, 지배주주들이 부담하고 있는 선량한 관리자의무의 구체적인 내용을 확인하고 이를 현실화하는 과정이다. 사외이사, 감사위원회, 준법감시인 등 새로 도입된 기업지배구조 개선 관련 제도들이 현실에서 제 기능을 발휘하지 못하는 것은 이들 신인의무 부담자들이 자신의 의무를 정확하게 인식하지 못했음은 물론 사법기관, 감독기관, 자율규제기관, 평판중개기관, 그리고 투자자들이 이들의 의무를 엄격하게 강제하지 못했음을 의미한다. 2007~2009년의 글로벌 금융위기도 이러한 제도 및 운영상의 미흡으로 인해 지배구조의 선순환적 시스템이 제대로 작동하지 못한 측면이 크다고 할 수 있다. 우리나라에서도 글로벌 금융위기 이후 국제적으로 금융기관 지배구조의 중요성이 재부각되면서 지배구조 개선에 대한 논의가 본격화된 결과, 지난 2010년 사외이사의 독립성 및 전문성 제고를 통한 은행 및 은행지주회사의 바람직한 경영지배구조 정립을 유도하기 위한 모범규준을 마련한 바 있다.

또한 금융위원회는 지난 2013년에 '금융회사 지배구조 선진화 방안'을 마련하였고 이를 기반으로 2014년에 '금융회사 지배구조 모범규준'을 마련하여 시행하기도 하였다.

1.5 금융회사의 지배구조에 관한 법률

앞에서 제시한 것처럼 관행이 바뀌지 않는 한 금융회사의 지배구조를 법이나 제도로 규제하는 데에는 분명히 한계가 있다. 하지만 2008년 글로벌 금융위기 이후 전 세계적으로 금융회사의 바람직한 지배구조의 중요성이 강조되어온 데다 우리나라에서는 그동안 금융회사 지배구조제도가 개별 업권별로 도입되면서 기능적으로 동일함에도 업권별로 규제에 차이가 발생하여 이를 통일적 · 체계적으로 정비할 필요성이 제기되었다. 또한, 금융회사가 금융시스템 및 예금자 · 투자자에 미치는 영향을 고려할 때 주주보호뿐 아니라 건전성 규제 측면에서도 지배구조에 관한 강화된 규율이 필요하였다. 이에 따라 우리나라 정부는 2011년에 「**금융회사의 지배구조에 관한 법률**」 제정안을 입법예고하고 2012년 6월에 이를 국회에 제출하여 면밀한 심사를 거쳐 2015년 7월말에 공포하기에 이르렀다.

이 법의 주요 내용은 다음과 같다. 먼저 그동안 은행, 저축은행 등에만 도입되었던 대주주적격성 심사제도를 보험회사, 증권사, 카드사 등 제2금융권으로 확대하였다(제32조). 이는 제2금융권의 금융회사에 대해서도 대주주가 금융회사를 소유하는 데 적합한 자격을 갖추었는지 심사한다는 것이다. 이에 따라 금융회사의 최대주주 중 개인인 최다출자자 1인이 금융업법, 조세범처벌법, 독점규제 및 공정거래에 관한 법률 등을 위반하지 않았는지 심사하여 적격성을 판단하고 위반했을 경우 시정명령을 내리거나 의결권을 제한하게 되었다. 또한 금융회사의 이사회 권한을 강화하고 사외이사 중심으로 이사회를 구성하도록 하였다(제12조~제22조). 이사회의 권한으로는 최고경영자 승계계획 등 지배구조 관련 정책수립과 경영목표 및 평가에 관한 사항 등을 법률에 구체적으로 명시하였다(제15조). 이사회 내에 임원후보추천위원회, 감사위원회, 위험관리위원회, 보수위원회를 설치하도록 하여 이사회의 심의기능도 강화하였다(제16조).

사외이사는 이사회 내에 3명 이상을 두도록 했고, 전체 이사수의 과반수 이상이 되도록 하여 이사회가 사외이사 중심으로 운영되도록 하였다(제12조). 사외이사의 자격요건도 강화하여(제6조) 해당 금융회사 및 그 계열회사의 상근 임직원 또는 비상임이사이거나 최근 3년 이내에 상근 임직원 또는 비상임이사였던 사람은 해당 회사의 사외이사가 되지 못하도록 하였다. 또 해당 금융회사와 중요한 거래관계가 있거나 사업상 경쟁관계 또는 협력관계에 있는 법인의 상근 임직원이거나 최근 2년 이내에 상근 임직원이었던 사람도 사외이사가 될 수 없도록 하였다. 사외이사의 임기도 해당 금융회사에서 6년, 해당 금융회사 및 그 계열회사 합산 9년으로 제한하였다. 전략기획, 재무관리, 위험관리를 담당하는 주요 업무집행책임자는 이사회에서 임면하도록 함으로써 이사회의 권한을 강화하였다(제8조). 감사위원이 되는 사외이사 1명 이상에 대해서는 다른 이사와 분리선임토록 하고 감사위원 선임 · 해임 시 3% 초과 보유주주는 의결권행사를 제한하도록 하여 감사위원의 독립성을 강화하였다(제19조). 한편 지배구조에 관한 내부규범을 마련하여 이사회의 구성과 운영, 이사회 내 위원회 설치, 임원성과평가, 최고경영자 승계 등의 내용을 담도록 하였으며 이를 금융회사 홈페이지 등을 통해 외부에 공개하도록 하기도 하였다(제14조).

이러한 내용의 「금융회사의 지배구조에 관한 법률」이 공포되고 2016년 8월 1일부터 시행됨에 따라 우리나라 금융회사의 지배구조제도가 한 단계 도약하는 계기가 되었다.

2. 조직구조

2.1 경영방식의 대안

각국의 금융그룹은 은행에게 다른 금융업을 허용하는 독일의 **완전겸영방식**, 자회사에 의하여 제한적으로 겸업을 인정해 왔던 미국과 제한 없이 겸업을 인정하는 일본의 **자회사방식**, 그리고 최근의 **금융지주회사방식**까지 다양한 외연적 조직형태를 보이고 있다. 유

| 표 21-2 | 경영방식(Entity) 비교

<table>
<tr><th colspan="2"></th><th>완전겸영(in-house)방식</th><th>은행자회사방식</th><th>금융지주회사방식</th></tr>
<tr><td colspan="2">내용</td><td>• 은행 자체적으로 비은행업무를 직접 수행</td><td>• 비은행금융업무는 자회사를 통해 수행</td><td>• 지주회사가 다양한 금융자회사를 소유해 겸업화 수행</td></tr>
<tr><td rowspan="2">사업시너지</td><td>장점</td><td>• 강력한 통합기능으로 규모 및 범위의 경제 실현 용이
• 서비스제공을 위한 인가나 업무이전 관련 추가비용 소모 최소화</td><td>• 완전금융서비스(full financial service) 제공 가능
• 모회사의 강력한 리더십으로 인한 서비스 간 협조 용이
• 규모 및 범위의 확장이 상대적으로 수월</td><td>• 완전금융서비스(full financial service) 제공 가능
• 지주회사 조정 아래 업무 간 협조가 용이
• 그룹차원에서 의사결정이 이루어지므로 시너지창출 및 효율적 자원배분이 가능</td></tr>
<tr><td>단점</td><td>• full financial service 제공이 불가능할 수도 있음
• 부문 간 이해상충 가능성이 높음
• 부문별 전문성 확보가 어려움</td><td>• 라이센스 획득을 위한 비용 소요
• 모회사와 자회사 간 전략 방향 상충 시 모회사의 의사결정이 우선하여 이해상충 가능성 높음</td><td>• 라이센스 획득을 위한 비용 소요
• 지주회사 본부조직의 전문인력 확보 필요</td></tr>
<tr><td rowspan="2">경영체제</td><td>장점</td><td>• 조직 내 변화관리 필요성 감소</td><td>• 전사적인 강력한 리더십체제 구축 용이</td><td>• 자회사의 독립 · 투명경영 보장
• 비은행업무에 필수적인 유연한 조직구조와 전문적 인력관리체제 구축 용이</td></tr>
<tr><td>단점</td><td>• 비은행업무에 필수적인 유연한 조직구조와 경쟁적 인력관리 체제 구축이 매우 어려움
• 전문인력 영입이 어려움
• 은행건전성 훼손 우려
• 조직효율성 및 안정성 저하</td><td>• 자회사의 체계적 독립경영이 어려움
• 모자회사 간 전문성, 차별성이 부각되기 어렵고 중복 서비스 발생
• 비은행업무에 적합한 유연한 조직구조 구축이 어려움</td><td>• 선진 경영기법 도입과 그룹 전략 차원에서 모자회사 간 이해관계를 조정할 전문인력 확보가 필요</td></tr>
<tr><td colspan="2">전제조건</td><td>• 은행 본체에 편입되는 금융서비스의 제공에 대한 법적 규제 변화
• 기존 자회사와의 서비스 중복문제 해결</td><td>• 자회사 설립인가 획득</td><td>• 지주회사 설립을 위한 인가 획득
• 자회사의 지주회사 편입요건 완비</td></tr>
<tr><td colspan="2"></td><td>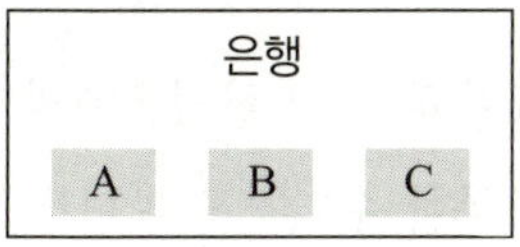
</td><td>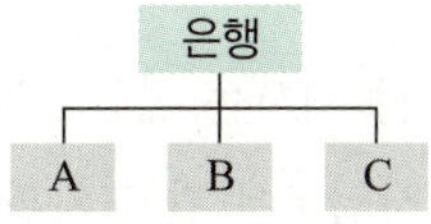
</td><td>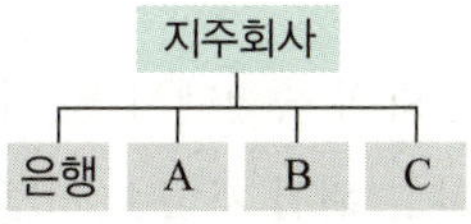
</td></tr>
</table>

자료 : PWC

럽은 자회사방식에 의한 금융그룹화가 일반적인데, 영국의 경우 모회사가 상업은행 업무를 수행하고 증권, 보험 등의 자회사를 갖는 방식을, 유럽대륙의 국가들은 모회사가 상업은행 및 증권업무를 수행하고 보험업무 등을 수행하는 자회사를 두는 방식을 택하고 있다. 반면 미국에서는 글라스-스티걸(Glass-Steagall) 규제 이후 은행과 증권업무가 분리되었으며, 최근의 금융겸업화 허용도 지주회사 방식을 따르도록함으로써 금융그룹은 지주회사방식으로 이루어져 왔다.

우리나라의 경우 전업주의금융법 체제를 유지하고 있어 자체 겸영방식은 허용되지 않는다. 따라서 자회사를 통한 금융그룹화방식은 금융지주회사가 허용되기 이전까지 주요한 겸업화 수단이었고, 현재도 지주회사 형태를 갖추지 않은 금융회사의 주요 겸업화 수단이라 할 수 있다. 다만, 새로 도입된 금융지주회사제도가 자산운용, 금융정보공유, 직원겸임 등 운영상 유리한 측면이 많아 자회사방식보다 선호되는 추세이다.

2.2 금융지주회사제도

금융지주회사란 주식의 보유를 통하여 금융기관의 경영을 지배할 목적으로 설립된 일종의 페이퍼 컴퍼니(paper company)이다. 은행 · 증권 · 보험 등 다양한 금융계열사들을 동시에 소유하는 형태를 가지고 있으며, 그룹 전체의 전략 수립, 인사관리업무 등 금융그룹의 핵심적인 역할을 담당한다. 금융지주회사는 계열사 지배만을 목적으로 만들어진 **순수금융지주회사**와 지주회사 자신도 금융업무를 영위하는 동시에 계열사에 대한 관리 및 경영을 수행하는 **사업지주회사**로 구분된다. 우리나라는 순수금융지주회사만 허용하고 있다.

2.2.1 설립동기

전략적 측면에서 볼 때 금융지주회사는 전업주의를 고수해 오던 상업은행의 한계를 극복하고 핵심 사업별 전문화 및 사업부문 간 교차판매를 통한 수익구조의 다변화 및 안정화에 기여할 수 있으며, 자회사 간 시너지효과를 극대화할 수 있는 장점이 있다. 또한 지

그림 21-4 | 주요 금융지주회사 개요

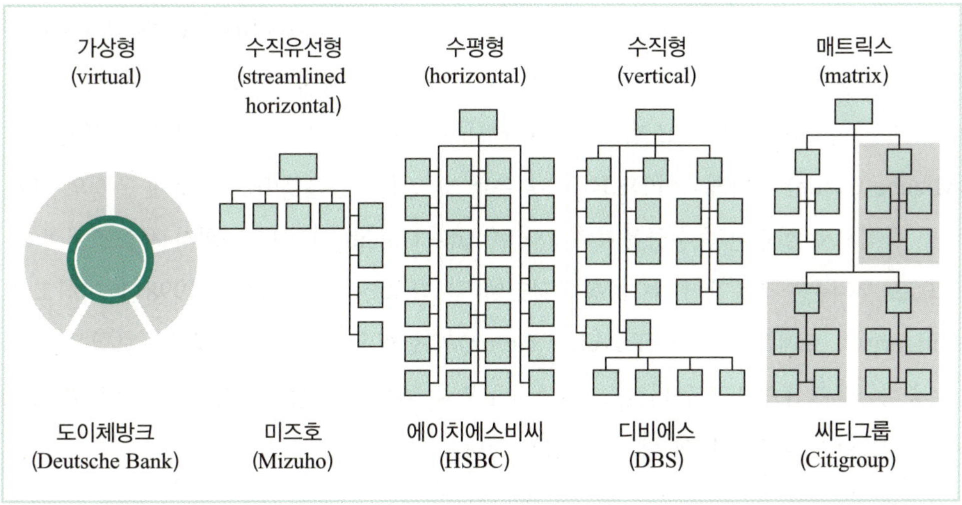

주회사체제를 통해 은행, 자산운용, 보험, 카드 등 종합적인 금융서비스를 고객에게 제공할 수 있으므로 미래의 핵심 생존전략으로 인식된다. 운용 측면에 있어서도 포괄적인 전략적 투자자의 유치 및 관리가 용이하고 신규사업의 진입 · 퇴출 등 자회사의 사업구조조정에도 유리하다. 제도적으로는 정보공유, 자회사통제시스템, 조직구조, 자금조달 및 운용 등에서 장점이 있다. 우리나라의 경우 2000년 금융지주회사법이 제정되면서 금융지주회사제도가 도입되었고, 현재까지 대형화 및 겸업화의 핵심 수단으로 자리매김하고 있다.

2.2.2 내부조직 형태

금융지주회사의 내부조직은 기본적으로 수평형, 수직형, 혼합형으로 구분될 수 있다. 다만, 독일계 금융지주회사는 법적으로만 금융지주회사일 뿐 실제 운영에 있어서는 완전겸영방식을 채택하고 있는 경우가 많다.

예를 들어 도이체방크(Deutsche Bank)는 투자은행, 보험, 자산운용업무 등에 진출하면서 경영진에게 권한과 정보가 집중되는 은행중심의 자회사방식에서 탈피할 수 있었다. 그 과정에서 법적인 변화가 업무상의 변화를 초래하지 않았기 때문에 임직원이 느끼는 조직구조의 변화는 없었다. 이른바 가상형(virtual) 완전겸영방식이 가능할 수 있었던 것이다. 반면에 에이치에스비씨그룹(HSBC Group)은 순수지주회사(HSBC Holdings plc)의 형태로 지주회사가 그룹의 전략수립 · 인사관리 · 회계감사 · 위험관리 등을 담당하고 있으며, 중앙집중식 전산시스템과 내부관리시스템을 운영하고 있다. 일본의 미즈호그룹(Mizuho Group)은 디케이비(DKB), 후지은행 및 일본흥업은행(IBJ) 등 3개 은행의 연합체를 중심으로 설립된 순수금융지주회사(Mizuho Holdings)이며, 자회사 구조조정의 일환으로 투자은행부문만이 수직 통합되었다. 씨티그룹(Citigroup)은 1998년 씨티코프(Citicorp)와 트래블러스그룹(Travelers Group)의 합병을 통해 은행 · 증권 · 보험을 포함한 종합금융그룹으로 전환되었으며, 소유구조와 별도로 기능 · 고객 · 상품별로 관리를 하는 매트릭스 형태의 통제구조를 가지고 있다.

2.2.3 설립방식

지주회사의 설립방식은 주식이전방식, 주식교환방식, 그리고 삼각합병방식 등 크게 세 가지로 구분된다. 이는 일반 지주회사나 금융지주회사 모두에게 적용된다.

주식이전방식과 주식교환방식의 가장 큰 차이는 지주회사가 기존에 이미 설립된 회사인가 아니면 새롭게 설립된 회사인가 하는 점이다. 주식이전방식에서는 지주회사가 새롭게 설립되며, 주식교환방식에서는 기존에 설립되었던 회사가 지주회사의 역할을 수행하게 된다. 주식이전방식에서는 [그림 21-5]와 같이 새롭게 설립되는 모회사(A) 주식의 일

그림 21-5 | 주식이전에 의한 지주회사 설립

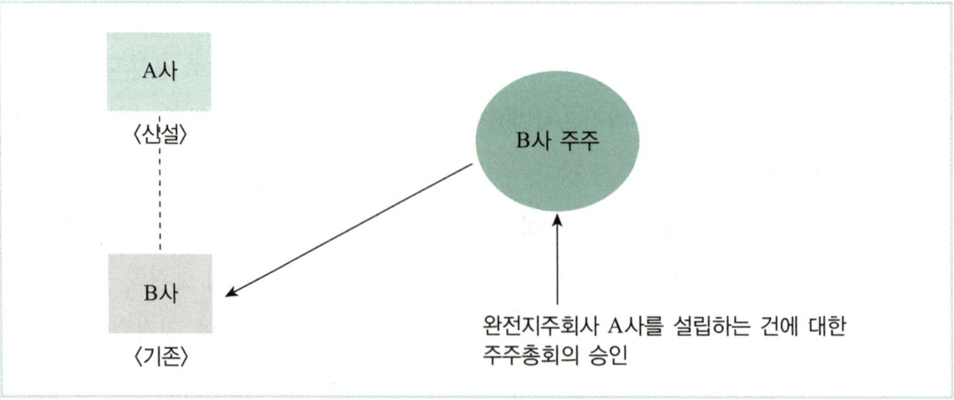

부 또는 전부와 자회사가 되는 회사(B)의 주식 전부를 상호교환, 즉 주식이전에 의해 지주회사격인 새로운 완전모회사(A)가 설립되고, 기존회사(B)는 완전자회사가 된다.

주식교환방식이란 [그림 21-6]에서 볼 수 있듯이 이미 설립된 회사(모회사; A) 주식의 일부와 자회사가 되는 회사(B)의 주식 전체를 상호 교환함으로써 A사와 B사의 관계가 완전모회사와 완전자회사의 관계로 설정되어 A사가 지주회사가 되는 방식을 말한다. 주식교환방식의 경우 모회사(A)가 되는 기존의 기업이 완전자회사(B)가 되는 기업의 주식을 취득하는 대가로 현금 대신 신주의 할당이나 보유 자기주식의 교부에 의하여 대가를

그림 21-6 | **주식교환에 의한 지주회사 설립**

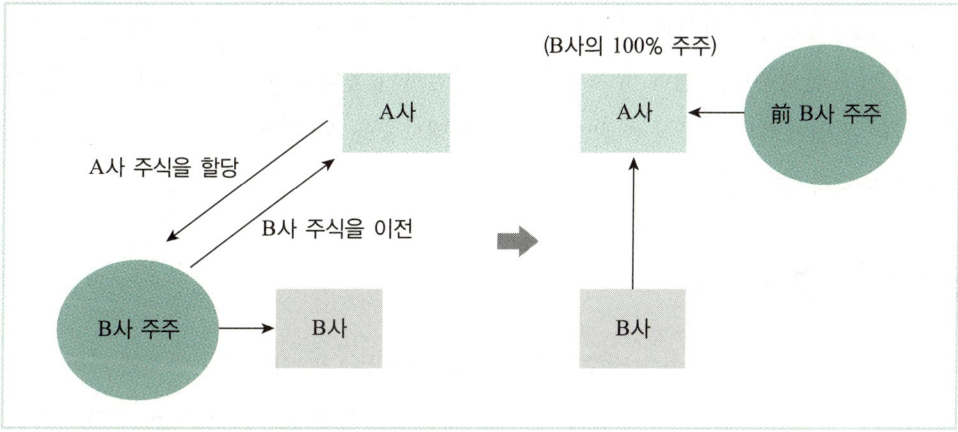

그림 21-7 | **삼각합병에 의한 지주회사 설립**

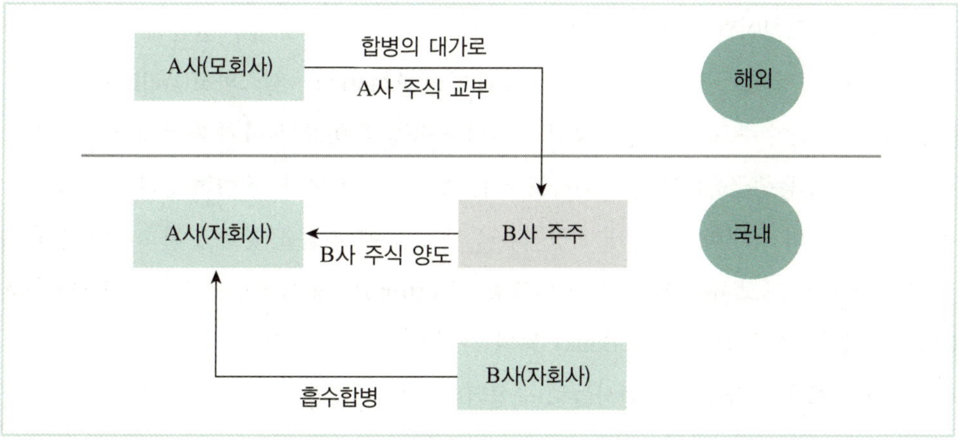

지불하는 것이 가능하므로, 현금동원 부담이 작아지기 때문에 기존의 회사를 자회사로 편입하는 수단으로 활용된다.

삼각합병방식이란 기존 회사가 지주회사를 먼저 설립하고 그 지주회사가 새로운 자회사를 설립하게 한 후 새로운 자회사로 하여금 기존 회사를 흡수 · 합병하게 하는 방식으로, 기존 회사의 주주는 보유주식을 새로운 회사의 주식과 교환하고 새로운 회사의 주식을 지주회사에 현물출자하는 방식을 말한다.

금융지주회사 설립의 경우 물적분할 등 회사분할 방식보다 새로운 지주회사를 신설하는 방식이 주로 사용된다. **물적분할 방식**이란 분할된 신설회사의 주식 전부를 기존 회사가 취득하여 자회사로 만들고 기존 회사가 지주회사의 업무를 수행하게 하는 방법으로, 신설회사로 이전되는 자산과 부채에 대해서는 공정가액으로 평가한다. 금융기관, 특히 은행의 경우 물적분할을 함에 있어 채권자인 예금자의 동의를 일일이 얻어내야 하며, 지주회사와 편입자회사가 공히 채권에 대하여 연대보증을 서야 하는 등 현실적 어려움이 많아 사용되지 않고 있다.

2.2.4 운영방식

금융지주회사의 운영방식은 지주회사와 자회사의 CEO 및 이사회의 관계에 따라 분류된다. 지주회사 CEO는 그 책임 및 권한의 범위, 지주회사 본부조직의 기능, 그리고 자회사와의 관계 등에 따라 크게 **중앙통제형**(controller), **전략적 설계자형**(strategic architect), **조정자형**(coordinator)으로 구분된다.

중앙통제형 모형이란 지주회사 경영진이 지주회사 및 자회사 업무 전반에 걸쳐 책임과 권한을 가지는 형태로 뱅크오브아메리카(Bank of America), 웰스파고(Wells Fargo) 등에서 볼 수 있듯이 주로 핵심역량 중심의 기업군 육성을 목표로 하기 때문에 이종금융기관보다 다수의 동종금융기관을 자회사로 두는 것이 일반적이다. **전략적 설계자형 모형**은 전략적 시너지의 극대화, 산업 내 시장점유율 제고 등에 초점을 맞추고 자회사의 중장기적 성과개선을 도모하는 형태로 씨티그룹(Citigroup), 제이피모건체이스(JPMorgan Chase), 내이션스뱅크(Nations Bank) 등의 사례에서 발견할 수 있다. 이미 경쟁우위의 핵심역량을 보유한 다양한 자회사들로 구성되어 있어 자회사 간 시너지효과를 극대화하고 지주회사 내 통합서비스를 통하여 규모의 경제를 실현하기 위한 목적으로 사용된다. **조정자형 모형**은 장기적 비전 및 목표를 중시하면서 상이하고 다양한 업종을 보유한 자회사로 구성되는데 노르웨스트(Norwest), 피델리티(Fidelity) 등이 여기에 해당된다. 이러한 모형에서는 인력교류, 의사결정 등에서 자회사 간에 협의하는 일은 거의 없고, 다만 세금혜택 등의 목적으로 형식상 결합된 가장 느슨한 형태의 지주회사 모형이라고 할 수 있다.

각각의 유형에 따라서 CEO의 역할도 상이하게 나타나는데, 특히 중앙통제형 모형의 경우 지주회사 CEO는 그룹 전체의 비전과 전략을 수립하고 지주회사와 자회사에 대한 강력한 관리 및 통제, 임원 선임에 대한 영향력 행사 등 자회사 경영에 관한 총괄업무를 수행한다. 반면 자회사 CEO는 금융지주회사가 결정한 경영전략을 실행하는 영업활동 중심의 COO(chief operating officer) 역할을 주로 수행한다. 대부분의 중앙통제형 및 전략적 설계자형 금융지주회사의 경우 지주회사 CEO 내지 임원들이 자회사 CEO를 겸임하거나 자회사의 이사회에 사외이사로 참여하는 등 이른바 매트릭스(matrix) 조직으로 운영되고 있다. 근래 금융의 겸업화가 진전되면서 업무구조가 복잡해지고 국경을 뛰어넘는 글로벌화가 이루어짐에 따라 매트릭스조직을 도입하는 것이 추세이다.

지주회사가 자회사를 지배하고 자회사 경영관리 역할을 수행하려면 지주회사 이사회는 그룹 전체의 전략방향과 관련된 의사결정을 수행하고, 자회사 이사회는 그 전략방향

| 표 21-3 | 지주회사 운영방식별 특징

구분	중앙통제형	전략적 설계자형	조정자형
특징	• 지주회사 경영진이 지주회사 및 자회사 업무 전반에 책임과 권한 소유	• 중앙통제형과 조정자형의 중간적 단계	• 인력, 의사결정에 있어 자회사 간 협의는 거의 전무
목적	• 핵심역량 중심의 기업군 육성이 목표	• 전략적 시너지 극대화 • 산업 내 시장점유율 제고	• 세제혜택 등
자회사 구성	• 다수의 동종 금융회사로 구성	• 경쟁우위의 핵심역량을 보유한 다양한 자회사로 구성	• 상이하고 다양한 업종의 자회사들로 구성
CEO의 역할	• 그룹 전체 비전 · 전략수립 • 자회사 임원 선임 • 자회사 CEO는 영업활동 중심의 역할 수행	• 지주사 임원이 자회사 CEO 겸임 또는 자회사 이사회에 참여	• 지주사 임원이 자회사 CEO 겸임 또는 자회사 이사회에 참여

에 부합하는 현실적인 사업계획을 수립 · 추진해야 한다. 금융지주회사의 효율적 경영을 위해서는 지주회사와 자회사 간 운영체계가 기존의 법적 조직으로 제한되기보다 가상형(virtual) 운영방식으로 운영되는 것이 바람직한 것으로 판단된다. 가상형 운영방식이란 지주회사 소속 자회사들이 법적으로만 별도 회사이고, 사실은 한 회사와 같은 방식으로 운영되는 형태를 말한다. 대부분 선진 금융기관의 경우 법적 조직은 존재하나 수익성관리, 보고체계, 평가 및 보상 등 실제업무는 운영조직 단위로 이루어지고 있다. 금융지주회사의 이사회는 금융그룹 및 자회사의 경영목표와 경영전략의 방향을 설정하고, 자회사에 대한 모니터링 및 평가, 지주회사 CEO의 선임 및 교체, 보상 등에 대한 사항을 결정하게 되는데, 일반적으로 주요 안건은 이사회 산하의 위원회를 통해서 심의 및 의결이 이루어진다. 통상 이사회 내에 이사회운영위원회(또는 집행위원회), 리스크위원회, 경영발전위원회(또는 경영전략위원회), 보상위원회 등을 두고 있으며, 씨티그룹의 경우처럼 필요한 경우 지주회사와 자회사 간 의사소통을 원활하게 하기 위해 지주회사 CEO 산하에 자회사 관리운영위원회를 설치하기도 한다.

2.2.5 본부조직의 구성

금융지주회사의 본부조직은 크게 지주회사 사업방향 및 비전을 제시하고, 지주회사와 자회사관리 등을 담당하는 **기업센터**(corporate center)와 규모의 경제가 있고 시너지 창출이 가능하며 전사적 공통기능에 대한 관리업무를 수행하는 **공유서비스센터**(shared service center)로 구분된다.

중앙통제형에서 기업센터는 영업을 제외한 모든 공통기능을 담당하며, 따라서 자회사에 대한 광범위한 개입이 이루어진다. 전략적 설계자형에서 기업센터는 그룹 전체의 전략적 방향제시, 전반적인 정책수립, 재무성과 및 비용효율관리 등의 역할을 수행하는데, 전략, 재무, 법률 및 IR 등 주요 핵심기능은 기업센터가 관리하고 기타 기능은 자회사에 일임한다. 조정자형에서 기업센터의 주요 역할은 전반적인 재무정책의 수립과 재무성과 관리 위주에 그치며, 재무 · 법률 · IR 이외의 기능은 자회사 차원에서 독립적으로 수행하므로 자회사에 대한 경영개입도 최소한으로 이루어진다.

한편 공유서비스센터의 조직형태는 핵심역량과 공통서비스 기능을 어떤 식으로 조직화하고 통합화하느냐에 따라 일치형, 분리형, 가상형(virtual) 등으로 구분할 수 있다. 일치형은 공통서비스 기능의 대부분을 핵심역량으로 인식하고 지주회사의 본부조직에서 공통서비스를 제공하는 조직형태로 중앙통제형 모형에서 주로 채택한다. 분리형은 공통지원기능 중 핵심역량업무와 그렇지 않은 업무를 구분, 핵심역량부문은 지주회사에서 관리하고 기타 공통서비스부문은 아웃소싱하거나 자회사에 두는 조직형태로 전략적 설계자형 모형에서 주로 채택한다. 가상형은 단일조직화하여 규모의 경제나 시너지 창출이 가능한 공통지원기능 외에는 가상의 조직체제로 대응하는 형태로 조정자형 모형에서 주로 채택하며, 개별 자회사는 독립적 경영을 유지하고 본부조직은 소규모로 운영한다.

3. 요약

지배구조는 기업의 의사결정 프로세스는 물론이고 소유구조, 정부규제, 유인부합적 내부통제제도, M&A시장 등 외부통제제도를 포괄하는 광범위한 개념이다. 금융기관의 지배구조는 일반기업과 달리 특별하며, 국가별 · 업종별로 상이하게 발달되어 왔다. 지난 수십 년간 진행되어 온 지배구조 개선 노력은 과소평가될 수 없지만, 법 · 제도적 측면보다 운영상의 문제가 더 크기 때문에 그 자체로 한계가 있다.

금융기관의 조직구조는 완전겸영방식, 자회사방식, 지주회사방식으로 구분되며, 현재의 글로벌 금융시스템상에서 지주회사방식이 가장 효과적인 것으로 알려지고 있다. 그러나 조직구조는 지배구조의 구현에 불과하기 때문에 그 회사가 어떻게 통할(govern)되고 있는가가 조직의 성과에 더 큰 영향을 미칠 것이다.

연 | 습 | 문 | 제

01. 당신은 오늘 A금융지주회사의 B자회사 이사회 의장으로부터 사외이사로 임명되었다는 통보를 받았다. 이 경우 당신은 누구로부터 권한을 위임받아 임무를 수행하게 되는지 설명사히오.

02. 지배구조 측면에서 은행이 일반기업과 차이를 보이는 이유들을 설명하시오.

03. 영 · 미식 사외이사제도와 독일식 사외이사제도에 대하여 비교 · 분석하시오.

04. 2007~2009년 금융위기 이후 글로벌 지배구조 개혁에 대하여 사베인-옥슬리(Sarbanes-Oxley)법, 도드-프랭크(Dodd-Frank) 금융개혁법 등을 중심으로 상술하시오.

05. 최근 우리나라에서도 지주회사와 관련된 제도적 여건이 마련되면서 금융권을 중심으로 구조조정을 통한 경영효율성 제고, 전략산업으로의 집중 등 지주회사제도의 장점을 활용하기 위한 지주회사 설립이 활발히 진행되고 있다. 경영진 및 대주주 입장에서 지주회사 설립동기에 대해 설명하시오.

06. 지주회사 설립방식인 주식교환방식과 주식이전방식, 그리고 삼각합병방식에 대해 설명하시오.

07. 금융지주회사 설립의 경우 물적분할 등 회사분할 방식이 활용되지 못하고 주로 지주회사를 새롭게 설립하는 방식이 사용되고 있다. 금융지주회사 설립에 있어서 물적분할 방식이 이용되기 어려운 이유에 대해 설명하시오.

08. 완전겸영방식, 자회사방식, 지주회사방식에 의한 기업결합을 간단히 설명하고, 사업시너지 측면에서 각각의 장 · 단점을 설명하시오.

09. 금융지주회사의 단일체(one entity)이론에 대해 설명하고, 자회사 간 거래, 연결납세제도 등을 단일체이론의 관점에서 설명하시오.

CHAPTER 22

금융규제와 감독

본 장에서는 금융규제란 무엇이고 왜 필요하며, 그 종류에는 무엇이 있고 금융감독과는 어떤 관계를 갖는지, 그리고 우리나라에서 금융규제와 금융감독을 담당하는 금융감독기구는 어떻게 구성되어 있는지 등에 대해 공부한다. 정부의 규제는 기본적으로 시장실패를 보정하기 위해 이루어지는 것이다. 특히 금융산업의 경우에는 정보비대칭성 문제가 심각하고 시장실패에 따른 부정적 파급효과가 다른 산업에 비해 크기 때문에 상대적으로 더 강한 규제를 하고 있으며 이를 담당하는 공적 기구까지 두고 있는 실정이다. 본 장에서는 이런 내용들에 대해 구체적으로 공부한다. ■

1. 시장실패와 정부의 규제

사회적 관점에서 가장 바람직한 자원배분이 이루어지는 시장 경쟁형태는 **완전경쟁시장**(perfectly competitive market)이라고 할 수 있다. 완전경쟁시장에서는 수많은 기업이 서로 경쟁하고 있으며, 개별 기업은 그 규모가 너무 작아 시장가격에 영향을 미치지 못하고 모두 **가격순응자**(price taker)가 된다. 또한 모든 기업과 소비자는 모든 상품의 가격과 품질 등에 대해 완전한 정보를 가지고 있다. 이 상태에서 모든 기업은 시장에서 주어진 가격하에서 자신의 이윤을 극대화하는 생산을 하고, 소비자는 자신의 효용을 극대화하는 소비를 하게 된다. 이 경우 균형상태에서는 '보이지 않는 손'이라 불리는 시장가격기구에 의해 자원이 효율적으로 배분되어 사회적으로 바람직한 자원배분 상태인 **파레토 최적**(Pareto optimum)[1]이 달성된다.

이처럼 완전경쟁시장에서 가격이 제 역할을 다하면 개인의 사적 효용극대화가 사회적으로 효율적인 자원배분을 달성하게 되는데, 이것을 **후생경제학 제1정리**(first theorem of welfare economics)라고 한다. 만약 이것이 달성된다면 사실상 정부의 역할은 없게 된다. 그러나 현실에서는 완전경쟁시장이 형성되는 조건이 모두 만족되지는 않으며 이에 따라 개별 경제주체의 효용극대화 행위가 사회적으로 효율적인 자원배분으로 연결되지는 않는 경우가 있는데, 우리는 이를 **시장실패**(market failure)라고 부른다. 즉, 경쟁적 시장의 가격기구가 자원을 효율적으로 배분하지 못하게 되는 것이다. 이러한 시장실패를 교정하기 위해 정부가 개입하여 규제를 하게 된다.

1 다른 사람의 후생을 감소시키지 않고서는 어떤 사람의 후생 증가도 가져올 수 없는 자원배분 상태를 '파레토 최적 자원배분'이라고 한다.

2. 시장실패의 원인과 금융규제

앞서 지적한 바와 같이 시장실패가 나타나면 경쟁적 가격기구에 의한 사적 자원배분이 사회적으로 최적인 자원배분을 달성하지 못하게 된다. 이를 교정하기 위해 정부가 개입하게 되는데, 금융시장에 대한 정부의 규제도 같은 이유에서 일어난다. 시장실패를 일으키는 요인으로는 정보 비대칭성, 외부성, 공공재, 규모의 경제 등을 들 수 있다.

2.1 정보 비대칭성

정보 비대칭성(information asymmetry)이란 경제주체 간에 가지고 있는 정보의 양이 서로 차이가 있어 비대칭적(asymmetric)이라는 것이다. 즉, 경제주체 A와 B가 어떤 거래를 할 때 A는 어떤 정보를 모르고 있는데 B는 잘 알고 있다면 정보 비대칭성이 있는 것이다. 이처럼 정보 비대칭성이 있을 때는 역선택(adverse selection)이나 도덕적 해이(moral hazard) 문제가 발생하며, 이 경우 시장가격기구에 의한 자원배분은 실패하게 되어 정부의 규제가 필요하게 된다.

2.1.1 역선택

역선택(adverse selection)이란 거래가 일어나기 이전에 발생하는 문제로, 정보 비대칭성으로 인해 시장의 경제주체들이 불량한 상품을 선택하게 되는 것을 말한다.

우리는 앞서 제5장의 [Box 5-1]에서 조지 애컬로프(G. Akerlof) 교수가 제시한 중고차 시장의 예를 살펴본 바 있다. 여기서는 또 다른 예로 보험산업을 살펴보자. 자동차보험에 가입하려는 운전자들 중에는 언제나 차를 안전하게 운행하는 우량운전자들이 있는 반면 난폭하게 운전하는 불량운전자들도 있게 마련이다. 자동차보험회사들은 보험에 가입하려는 운전자들이 우량운전자인지 불량운전자인지 구분할 수 없다(즉, 보험회사와 보험가입자 간에 정보 비대칭성이 존재). 따라서 두 종류의 운전자들에게 각각 제시해야 할 보험료의 평균값을 모든 운전자들에게 보험료로 제시할 수밖에 없게 된다. 그러면 불량운전자들은 자신들이 발생시킬 기대손실금액보다 보험료가 싸므로 보험에 가입하려고 할 것이나, 우량운전자들은 자신들의 기대손실금액보다 보험료가 비싸므로 보험에 가입하지 않으려 할 것이다. 이렇게 되면 불량운전자들만 보험에 가입하려고 하여, 보험사들은 불량한 고객만을 대상으로 보험상품을 판매하는 역선택이 발생하고 보험료 수입보다 손실이 커지게 된다. 따라서 보험사는 손해를 보게 될 것이다. 이런 상태가 지속되면 궁극적으로 자동차보험시장은 성립될 수 없게 되는 **시장실패**가 발생한다.

주식시장에서도 이런 문제가 발생한다. 기업에 대한 정보가 공개되지 않으면 주식투자자는 우량기업과 불량기업을 구분하기 어렵다. 따라서 우량기업의 주식가치와 불량기업의 주식가치의 평균에 해당하는 가격을 지불하려고 할 것이다. 그러나 기업의 경영자들이 자기 기업의 가치를 알고 있는 상황에서는(즉, 정보 비대칭성하에서는) 우량기업의 경영자들은 평균가격에 주식을 팔려고 하지 않는 반면 불량기업의 경영자들은 평균가격에 주식을 팔려고 할 것이다. 그 결과 투자자들은 불량기업의 주식만 매입하는 역선택이 발생할 것이며, 궁극적으로 시장에 불량기업 주식만 있다는 것을 깨닫게 되어 주식투자를 하지 않게 되고 주식시장은 사라지게 될 것이다.

이와 같은 정보 비대칭성에 의한 역선택 문제를 해결하기 위해 정부는 정보공시를 강제하는 규제를 하고 있다. 앞에서 예로 든 자동차보험의 경우 자동차보험에 가입하려는 운전자는 자신의 나이, 결혼 여부, 과거의 사고사례 등 안전운전과 관계될 것으로 보이는 개인정보를 보험회사에 제공하여야 한다. 이러한 정보제공은 보험회사와 보험가입자 간의 정보 비대칭성을 해소하는 데 도움을 주게 되고 보험회사는 이를 통해 보험가입자의 위험도에 따른 적정한 보험료를 제시할 수 있게 된다.

주식시장에서도 마찬가지다. 주식투자자는 자기가 투자하는 회사가 정보를 제공하지 않으면 정보를 제대로 알 수 없어 역선택의 문제에 직면한다. 따라서 정부는 거래소에 상장된 기업에게 정보공시를 의무화하는 것이다. 정보공개에 의한 역선택 문제의 해결은 소비자보호를 위해서도 필요하다. 특히 예금자 등 금융소비자들은 금융기관의 건전성이나 부실화가능성 등에 대한 정보가 부족해 역선택을 할 위험에 노출되어 있다. 따라서 금융당국은 금융기관과 금융소비자 간 정보 비대칭성 문제해결을 통해 금융소비자를 보호하기 위해서 금융기관의 자산운용 상태 및 건전성 정도 등에 대한 정보를 의무적으로 공시하게 하는 것이다.

2.1.2 도덕적 해이

정보 비대칭성이 야기하는 또 다른 문제로 **도덕적 해이**(moral hazard)가 있다. 역선택이 거래 이전의 비대칭적 정보로 야기되는 문제라면, 도덕적 해이는 거래 이후에 비대칭적 정보로 발생하는 문제이다. 도덕적 해이란 정보를 가진 자가 상대방이 자신에 대한 정보를 모른다는 점을 악용하여 도덕적으로 문제가 있는 행동을 한다는 것을 의미하는 말이다. 즉, 정보를 가진 자가 계약체결 후 정보를 가지지 못한 자에게 불리한 행동을 하려는 유인(incentive)이 발생하게 되는데, 이를 도덕적 해이라고 한다. 다시 자동차보험 문제로 돌아가 보자. 보험회사와 자동차운전자가 자동차보험을 체결한 후 자동차운전자는 이미 보험료를 지불하였고 또 보험회사가 운전자의 안전운전 노력을 지속적으로 점검할 수 없다는 점 때문에 안전운전을 열심히 할 유인이 떨어져 안전운전에 소홀하게 될 우려가 있는데, 이것이 도덕적 해이의 전형적인 예이다.

주식시장에서도 도덕적 해이 문제는 쉽게 관찰된다. 기업의 주인은 주주라고 할 수 있다. 기업의 주인인 주주는 기업을 잘 경영하여 이윤을 극대화하기 위해 경영자를 고용한다. 이러한 계약관계에서 주주는 **주인**(principal)이 되며, 경영자는 주주의 이익을 극대화시킬 의무를 갖는 **대리인**(agent)이 된다. 그러나 계약체결 후 기업에 대한 정보를 잘 알고 있는 경영자는 주주가 기업에 대한 정보를 잘 모른다는 점을 이용하여 주주의 이익보다는 자기의 이익을 극대화하는 행동을 하게 된다. 특히 기업을 지배하는 대주주가 없고 소액주주들로 주주들이 구성되어 있어 이들이 기업경영자를 제대로 감시하지 않을 때 이러한 기업경영자에 의한 도덕적 해이가 자주 발생하게 된다. 소액주주들은 기업경영자가 기업의 가치극대화가 아니라 경영자 자신의 이익극대화를 위해 행동할 경우에도 경영자를 견제하는 데 비용이 많이 드는데다, 다른 주주가 경영자를 견제하면 이에 무임승차할 수 있어 적극적으로 경영자를 견제하지 않게 되어 손해를 보는 경우가 비일비재하다.

따라서 정부는 이러한 기업경영자에 의한 도덕적 해이 문제를 해결하기 위해 기업들이 기업회계기준에 따라 재무제표를 작성하게 함으로써 경영자들이 어떤 행동을 했는지 명확히 나타낼 수 있도록 하고, 또 경영자에 의한 기업이익 사취행위에 대해 형사처벌할 수 있게 하는 등의 규제를 하고 있다. 또한 소액주주들이 일일이 경영자의 불법행위에 소송을 제기하는 것이 어렵다는 점을 고려하여 소액주주들이 주가조작 · 분식회계 · 허위공시 등으로 피해를 볼 경우 한 사람이 소송을 제기해 이기면 같은 피해를 본 주주들도 똑같은 보상을 받을 수 있는 제도인 **증권집단소송제**를 도입하기도 하였다.

금융기관의 경영과 관련하여서도 유사한 문제가 발생할 수 있다. 금융기관, 특히 은행은 주주와 예금자가 맡긴 돈을 대출 등으로 운용하고 있다. 따라서 금융기관의 경영자는 철저한 대출심사로 회수가능성이 높은 기업 등에 자금을 대출해 주고 대출받은 기업 등에 대한 감시를 철저히 해 회수율을 높이는 등 건전경영을 위해 최선을 다할 책무가 있다고 할 수 있다. 또한 금융기관경영자들은 예금자가 원할 때면 언제나 예금을 찾을 수 있도록 높은 유동성도 유지해야 할 것이다. 그러나 금융기관경영자들이 안전성 및 유동성 위주로 금융기관을 경영하기보다는 자신의 위신과 보상을 극대화하기 위해 시장점유율을 높이고 위험사업에 투자하여 수익성을 높이려는 등의 행위를 할 가능성이 높다. 이러한 금융기관경영자들의 도덕적 해이를 막기 위한 방법으로는 이들의 유인을 조정하는 방법과 **시장규율**(market discipline)을 강화하는 방법 등이 있다. 즉, 외부감사나 내부통제제도를 강화하여 금융기관경영자에 대한 감독을 강화하거나, 주주 및 예금자의 이익극대화를 유도한 정도로 경영자의 성과를 평가하여 이러한 성과에 보수 및 스톡옵션 등을 연동시킴으로써 경영자의 유인을 조정하는 방법 등이 있을 수 있다. 또한 경영자시장을 활성화시켜 경영자의 평판(reputation)에 따라 경영자들을 쉽게 교체할 수 있도록 함으로써 경영자들이 주주를 위해 열심히 일하게 만드는 등 시장규율을 강화하는 방법도 생각할 수 있겠다.

한편 금융기관에서 대출을 받은 기업이 대출을 받은 이후 대출금을 다른 사업에 사용한다든지 혹은 사업 성공을 위해 최선의 노력을 다하지 않는 등 차입자의 도덕적 해이도 나타날 수 있다. 이러한 차입자의 도덕적 해이 방지를 위해 금융기관은 대출 시 담보를 설정하거나 대출약정을 체결한다. 담보가 크면 차입자가 대출상환을 위해 최선의 노력을 다할 유인이 생길 것이고, 대출약정을 통해서는 차입자가 대출금을 원래의 목적에 맞게 쓰도록 하는 등의 통제를 할 수 있다.

2.2 외부성

외부성(externality)이란 어떤 경제주체의 경제활동 결과가 시장경제의 외부에서 가격기구를 통하지 않고 다른 경제주체의 후생에 영향을 주는 것을 의미한다. 의도하지는 않았지만 가격을 받지 않고 다른 경제주체의 후생을 증대시키는 경우를 외부경제(external economy)라고 하고, 가격을 지불하지도 않고 다른 경제주체의 후생을 감소시키는 경우를 외부불경제(external diseconomy)라고 한다.

외부경제의 예로는 사과농장과 양봉업을 들 수 있다. 양봉업자가 사과농장 근처에서 벌을 키우면 벌들이 사과꽃에서 꿀을 따와 양봉업자가 혜택을 보지만 양봉업자가 사과농장 주인에게 꿀값을 지불하지는 않는다. 이 경우 사과농장 주인의 사과 재배행위는 대가 없이 양봉업자의 후생을 높여주는 것이므로 외부경제의 예가 된다. 반면에 자동차의 소음과 공해 등은 외부불경제의 예가 된다. 자동차가 내는 소음과 공해가 다른 사람들의 후생을 감소시키지만 자동차 소유자가 이에 대한 피해액을 보상해 주지는 않기 때문이다. 이처럼 경제활동에 외부성이 있을 경우 사적 이익극대화 행위가 사회적으로 최적인 자원배분으로 이어지지는 않아서 시장실패가 발생한다. 즉, 사적 이익극대화 행위에 의해 자원배분이 이루어질 경우 외부경제가 있으면 사회적 최적량보다 적게 생산되며, 외부불경제가 있으면 사회적 최적량보다 많이 생산되게 된다.

일반적으로 외부성에 의한 시장실패는 정부의 보조금이나 세금을 통해 교정하게 된다. 즉 외부경제를 발생시키는 경제주체에게는 보조금을 주어 생산을 늘리고 외부불경제를 유발하는 주체에게는 세금을 부과하여 생산을 억제함으로써 사적 이익극대화를 위한 생산량이 사회적으로 최적인 생산량에 근접하도록 만드는 것이다.

금융산업에 내재하는 외부불경제로 예금인출사태(bank run)를 들 수 있다. '뱅크 런'이라는 용어는 미국에서 1929년 경제공황이 발생했을 때 많은 은행들이 문을 닫게 되자 맡긴 돈을 찾기 위해 사람들이 허겁지겁 은행으로 뛰어가던 모습에서 유래한 말이다. 어떤 은행이 대출해 준 돈을 떼이는 등 부실화하여 고객의 예금을 지급해 줄 여력이 없게 되면 그 은행에 돈을 예금한 고객들은 예금을 돌려받을 수 없는 사태에 직면한다. 한 은행에 이러한 예금지급 불능사태가 발생하면 여타 은행에 예금을 한 예금주들도 자기가 예금한 은행의 건전성 정도를 제대로 파악하는 데 시간이 걸리므로 은행의 건전성 여부와 관계없이 일단 예금을 찾고 보려는 심리가 만연하게 된다. 이 경우 모든 예금자가 일시적으로 예금을 인출하려는 사태가 발생하게 되는데 이를 '뱅크 런' 이라고 부른다. 은행은 예금을 대출 등으로 운용하고 있는데 뱅크 런이 발생하여 한꺼번에 예금에 대한 인출요구가 있을 경우 은행은 대출회수로 예금을 내주어야 하나 대출은 계약에 의해 상환일정이 정해져 있어 즉각적인 회수가 불가능하기 때문에 부도를 면하기 어렵게 된다.

이러한 '뱅크 런' 은 물론 일차적으로는 자기가 예금하고 있는 은행의 건전성 정도에 대한 정보의 부족에서 나오는 현상이므로 정보 비대칭성이 그 원인이라고 할 수 있다. 거기에다 한 은행의 부실화가 다른 은행의 부실화를 촉발하는 외부불경제 효과가 겹쳐져 '뱅크 런' 이 발생하는 것이다. 이처럼 '뱅크 런' 이 발생할 경우 대부분의 은행들이 건전한 경우에도 예금이 인출되어 도산하면서 금융위기가 발생하고, 이에 따라 전체 경제에 심대한 피해를 야기할 수 있게 된다.

'뱅크 런' 을 방지하기 위해 정부는 **예금보호제도** 등 금융안전망을 도입하는 등의 규제를 하게 된다.[2] 즉, 공적 기구인 예금보험기구는 은행 등 금융기관으로부터 예금보험료를 징구하고 이들 금융기관이 도산했을 때 도산한 금융기관의 고객예치금 중 일부를 대신 지급해 줌으로써 고객들이 금융기관의 도산을 우려해 일거에 자금을 인출하는 사태를 예방하는 것이다. 이와 더불어 금융시스템의 안정성 확보를 목적으로 정부와 금융감독당국은 금융기관의 부실화를 예방하기 위해 금융기관에 대한 건전성 규제를 하게 되고, 금융기관을 소유 또는 지배하는 자의 성향 및 경영능력 등에 의해 금융기관이 부실화될 가능성을 줄이기 위해 소유 및 지배 관련 규제도 시행한다.

2.3 공공재

시장실패가 일어나는 또 다른 예로 국방, 치안, 공공시설 등과 같은 **공공재**(public goods)를 들 수 있다. 공공재는 **비배제성**(non-exclusiveness)과 **비경합성**(non-rivalry)이라는 특성을 갖는다. 국방의 예를 들어보자. 어떤 경제주체가 국방비를 내지 않았다고 해

2 예금보험제도에 대해서는 제24장에서 추가로 논의한다.

서 그 경제주체만 특별히 국방서비스를 받지 못하도록 배제할 수는 없다. 이것이 비배제성이다. 이러한 비배제성의 특징 때문에 경제주체들이 공공재에 대한 비용은 지불하지 않고 서비스만 받으려는 무임승차유인(free-riding incentive)이 발생한다. 또한 다른 나라에서 누가 이민을 와서 추가로 국방서비스를 받는다고 해도 이미 국방서비스를 받고 있는 여타 경제주체의 국방서비스의 양이 줄어드는 것은 아니다. 이것이 비경합성이다. 이러한 비배제성과 비경합성의 특징 때문에 공공재는 시장에 맡겨 놓을 경우 경제주체들이 비용은 부담하지 않고 소비만 하려고 하여 사회적으로 바람직한 수준보다 과소공급되는 시장실패가 나타난다.[3] 따라서 이러한 시장실패를 교정하고 공공재를 적절히 공급하기 위해 정부가 개입하게 되는 것이다.

금융산업에서 예금보험의 예를 들어보자. 만약 예금보험제도의 도입 여부를 금융기관들의 사적 결정에 맡긴다면 어떻게 될까? 그러면 다른 모든 금융기관들이 예금보험에 가입해 금융안정을 확보한다는 전제하에 예금보험에 가입하지 않은 금융기관은 비용을 지불하지 않고서도 금융안정의 혜택을 볼 수 있게 된다. 즉, 무임승차가 가능하게 되는데, 만약 그렇다면 아무도 예금보험에 가입하려고 하지 않게 될 것이므로 예금보험제도 자체가 도입될 수 없게 된다. 따라서 예금보험과 같은 공공재적 성격이 있는 제도는 정부가 금융기관들의 가입을 강제하게 되는 것이다.

2.4 규모의 경제

규모의 경제(economies of scale)란 생산량이 늘어날수록 평균비용이 감소하는 현상을 말한다. 즉, 규모가 커질수록 경제적이라는 것이다. 이러한 현상은 주로 전기, 가스, 철도 등 초기 고정비용이 많이 드는 산업에서 나타나는데 이러한 산업에서는 기업의 규모가 클수록 비용효율성이 높아져 자연독점이 나타나게 된다. 따라서 규모의 경제가 있는 산업의 가격결정을 시장에만 맡겨 놓는 경우 독점가격이 형성되어 효율적 자원배분이 이루어지지 못하게 되므로 공정한 가격형성을 위해 정부가 개입하여 규제를 시행하게 된다.

3 제5장에서 우리는 금융시장에서 정보창출이 활성화되기 어려운 것이 정보가 지니는 공공재적 특성 때문임을 살펴보았다. 아울러 이러한 문제를 극복하는 데서 금융기관의 역할을 찾을 수 있음을 지적하였다.

| 표 22-1 | 시장실패의 원인과 금융규제 요약

시장실패 원인	개념	금융산업의 예
외부성	어떤 경제주체의 경제활동 결과가 가격기구를 통하지 않고 다른 경제주체의 후생에 영향을 주는 현상	한 은행이 파산하면 건전한 다른 은행의 예금자들도 불안감에 예금을 인출하려고 하여 예금인출사태가 벌어지는 뱅크 런 현상(외부불경제) 발생. 이의 방지를 위해 예금보험제도, 금융감독 등 운영
공공재	비배제성(non-exclusiveness), 비경합성(non-rivalry)의 특징을 가진 재화나 서비스로, 시장가격기구에 맡겨 놓을 경우 무임승차 문제로 과소 공급됨.	예금보험제도. 타 금융기관들이 모두 예금보험에 가입해 금융안전망을 만들어 놓으면 예금보험에 가입하지 않은 금융기관도 비용을 지불하지 않고 금융안전망의 혜택을 볼 수 있음. 따라서 예금보험 가입은 의무
역선택	거래가 일어나기 이전에 정보 비대칭성에 의해 경제주체가 잘못된 선택을 하게 되는 것	자동차보험, 주식시장 등. 이의 해결을 위해 정보공시를 의무화하는 규제 시행
도덕적 해이	거래 이후에 정보 비대칭성에 의해 발생하는 문제로, 정보를 가진 자가 상대방이 자신의 정보를 모른다는 점을 이용하여 도덕적으로 문제가 있는 행동을 하는 것	주주로부터 기업경영을 위탁받은 경영자나 금융기관에서 대출을 받은 기업 등이 범할 수 있음. 이의 해결을 위해 기업에 대해서는 재무제표 작성, 집단소송, 외부감사, 내부통제 등 제도를 운영하고 대출자에 대해서는 담보를 받거나 모니터링을 강화함

3. 금융산업의 특수성과 금융규제

앞에서 우리는 자원의 배분을 시장에만 맡겨 놓았을 때 시장실패가 생길 수 있는 이유에 대해 공부했으며, 이것이 정부가 규제를 하는 근거가 된다는 것을 배웠다. 그런데 특별히 금융회사에 대해서는 정부가 더 엄격하게 규제를 하고 있는 것이 현실이다. 자동차회사나 전자회사를 규제 · 감독하는 감독기관은 없지만 금융회사를 규제 · 감독하는 금융감독기관은 세계 어느 나라에나 존재하고 있다. 그만큼 금융회사는 다른 업종의 회사들과는 달리 특별히 규제가 필요한 것이다. 우리는 **금융회사의 특수성**에서 그 이유를 찾아

볼 수 있다. 은행을 예로 들어보자.

은행이 파산할 경우 일반 기업과는 다르게 주주뿐만 아니라 수많은 예금자들도 피해를 볼 수 있다. 따라서 은행은 일반 기업과는 달리 엄격한 규제를 받을 필요가 있는 것이다. 각 국은 예금자의 피해를 보상하기 위해 예금보호제도를 운영하고 있다. 즉, 은행이 예금의 일부를 보험료로 내서 예금보험기금을 조성해 놓고 은행이 부실화되어 예금자들이 예금을 잃게 될 경우 예금자들에게 예금의 일부를 보상해 주게 된다. 따라서 은행이 부실화되면 수많은 예금자들이 피해를 볼 뿐만 아니라 은행 공동으로 모아놓은 예금보험기금이 사용되어야 하므로 금융감독당국은 은행이 부실화되지 않도록 특별히 더 엄격하게 규제와 감독을 해야 하는 것이다.

또 다른 금융업의 특수성은 높은 레버리지비율에 있다고 할 수 있다. 즉, 자기자금보다 많은 빚을 내서 영업을 한다는 것이다. 예를 들어 2013년 말 현재 우리나라 제조업의 자기자본비율은 51.8%인 데 반해 국내은행의 자기자본비율은 11.8%(기본자본비율) 정도에 불과하다. 이렇게 타인자본이 많을 경우 주주의 입장에서는 위험사업에 투자를 늘릴 유인이 크다. 왜냐하면 위험사업에 투자할 경우 성공하면 자기자본수익률이 높아지지만 실패하더라도 잃는 것은 적기 때문이다. 따라서 은행과 같은 금융회사는 타인의 자금을 많이 사용한다는 점, 또 이 때문에 위험사업에 대한 투자를 늘릴 유인이 커 부실화가능성이 높다는 점 때문에 금융당국의 철저한 규제가 필요한 것이다.

한편 금융회사의 경우 자산의 건전성 상황을 소비자가 정확하게 알기 어렵고, 금융상품도 매우 복잡하여 소비자들이 필요한 정보를 정확하게 획득하기 어려운 것이 현실이다. 즉, 금융시장에서 금융의 수요자인 소비자들이 금융 공급자들에 비해 더 적은 정보를 가지고 있는 정보 비대칭성이 존재하기 때문에 소비자보호가 더 강화될 필요가 있다. 이러한 관점에서 금융공급자인 금융회사에 대한 규제가 더욱 필요한 것이다.

4. 금융규제의 종류

4.1 진입 및 퇴출규제

금융산업에 대한 **진입규제**는 정부가 금융산업의 경쟁도를 조절하고 금융기관을 안정적으로 경영할 수 있는 대주주 및 경영자들만 금융산업에 진입할 수 있도록 하게 하기 위해 시행된다. 금융산업의 경쟁도가 높아지면 금융기관 간 치열한 경쟁으로 금융기관의 경영효율성은 높아질 것이나 수익성 하락으로 금융기관의 부실화가능성도 높아져 금융시스템이 부실화할 우려가 커지게 된다. 따라서 금융감독당국은 금융기관의 경영효율성을 유지하면서도 과도한 경쟁으로 금융기관들이 부실화하는 것을 막기 위해 금융산업이 적절한 경쟁도를 유지하도록 할 필요가 있으며, 이를 위해 금융산업에 대한 진입규제를 시행하고 있다. 우리나라 은행의 경우 설립 시 시중은행은 1,000억원, 지방은행은 250억원의 자본금 요건(은행법 제8조 제2항)을 설정해 놓고 있다. 또 금융감독당국은 사업계획의 타당성, 자본금 및 주주 구성과 주식인수자금의 적정성 등을 기준으로 인가 여부를 결정하고 있다.

또한 금융업은 공공성이 매우 높은 사업이기 때문에 금융업을 수행하는 금융기관이 경영부실 등으로 부실화할 경우 금융시스템의 안정성이 무너져 경제 전반에 심대한 타격을 주게 된다. 따라서 금융기관이 안정적으로 경영되게 하기 위해서는 일정한 자격을 갖춘 사람만이 대주주나 경영자가 되는 것이 바람직하다고 할 수 있다. 이를 위해 금융감독당국은 금융기관의 대주주나 경영자에 대해 엄격한 **자격심사**(fit and proper test)를 하고 있다. 이것도 일종의 금융산업에 대한 진입규제라고 할 수 있다. 우리나라 은행업의 경우 금융감독당국이 대주주는 적합성 및 재무능력, 경영자는 전문성 및 성실성 등을 기준으로 엄격한 자격심사를 하고 있다.

한편 금융기관 퇴출은 일반 기업의 퇴출과는 달리 금융시스템 전반에 영향을 줄 수 있기 때문에 정부가 일정한 절차를 정해 규율하고 있다.

4.2 소유 및 지배구조규제

금융기관은 공공성이 매우 높고, 또 대체로 타인의 자금을 운용하며, 부실화 시 금융시스템 안정성 유지를 위해 예금보험이 투입되는 등 공적 자금으로 보호를 해주고 있다. 따라서 금융기관이 사적 목적을 위해 이용되지 않도록 정부가 그 소유와 지배에 대해 규제를 행하고 있다. 금융기관은 유동성이 높은 타인의 자금을 운용하기 때문에 사적 목적을 위한 자금전용 등을 막기 위해 대부분의 경우 동일인에 대한 주식보유한도가 존재한다. 우리나라에서 은행의 경우 **동일인 주식보유한도**를 10%(지방은행의 경우 15%)로 제한(은행법 제15조 제1항)하고 있다.[4]

또한 금융업이 아닌 다른 사업을 영위하는 자(산업자본)가 금융업까지 영위할 경우 금융기관의 보유자산을 자기 사업 확장에 사용하는 등 부작용이 발생할 수 있어 이를 방지하기 위해 대부분의 나라에서는 일반적으로 산업자본의 금융기관 소유 및 지배를 억제하고 있다. 우리나라의 경우 은행은 **비금융주력자**(또는 **산업자본**)가 의결권 있는 주식을 4% 이상(지방은행의 경우 15%) 보유할 수 없게 규제(은행법 제16조의2 제1항)하고 있으며, 다른 금융산업의 경우 소유규제는 하지 않으나 소유에 따른 부작용을 방지하기 위한 여러 가지 규제를 시행하고 있다.

한편 금융기관이 건전하게 경영되게 하기 위해 금융감독당국은 금융기관의 지배구조에 대해서도 규제를 가하고 있다. 은행의 경우 이사회 및 감사위원회 설치 및 운용 등은 은행법에 의한 규정을 따르도록 하고 있으며, 또 은행법에 은행의 내부통제기준에 대한 규정 등을 정해 놓고 있다.

4.3 업무영역규제

우리나라 금융규제체계는 자본시장법이 도입되기 전까지는 금융업무가 아닌 금융업을 규제대상으로 하는 권역별 칸막이에 의한 **전업주의**를 채택하고 있었다. 즉, 은행, 증권,

---

4 금융기관의 소유 및 지배구조규제에 대해서는 제21장에서 구체적으로 설명한다.

보험 등 금융회사별로 개별 법률이 존재하여 각 금융회사가 영위할 수 있는 업무를 일일이 법에 열거하는 **열거주의**(positive system) 방식으로 법체계가 구성되어 있었다. 따라서 금융업을 영위하고자 하는 자는 예금업무, 보험인수업무 등 업무별로 영업인가를 받는 것이 아니라 은행업, 보험업, 증권업 등 업별로 인가를 받아야 했으며, 인가받은 금융업에서 영위할 수 있는 업무는 열거주의에 의거하여 일일이 법에 나열되어 있었다. 이처럼 열거주의에 의거하여 금융회사가 영위할 수 있는 금융업무를 일일이 열거하는 것은 감독당국의 사전통제 및 소비자보호 등을 위해 바람직한 측면이 있으나 급속히 변화하는 금융환경에서 새로운 금융업무가 출현할 때마다 금융회사가 동 업무의 영위에 대해 감독당국에 일일이 허가를 받아야 하는 번거로움이 있다. 이에 따라 새로운 금융업무 및 상품 활용에 제약이 생겨 금융회사의 금융혁신 활동이 활성화되지 못하는 문제가 생기게 된다. 이러한 문제를 해결하기 위해서는 법에서 금지하는 업무 외에는 모든 업무를 수행할 수 있도록 하는 **포괄주의**(negative system)를 금융업무 규제방식으로 채택할 필요가 있다.

이러한 점들을 반영하여 2009년 2월부터 시행하게 된 자본시장법에서는 기존의 기관별 열거주의 규율체계가 기능별 포괄주의 규율체계로 변화하게 되었다. 먼저 동 법에서는 현행 기관별 규율체제를 '경제적 실질이 동일한 금융기능'을 '동일하게 규율'하는 **기능별 규율체제**(functional regulation)로 전환하였다. 이에 따라 **금융투자상품**(증권 · 파생금융상품), **금융투자업**(투자매매업, 투자중개업, 집합투자업 등), **고객**(전문, 일반투자자)을 기준으로 금융기능이 분류되고 각 '금융기능'에 대하여 업규제(진입규제, 건전성규제, 영업행위규제)가 적용되었다. 이러한 과정을 거쳐 영위주체(금융회사)를 불문하고 금융기능이 동일하면 동일한 진입 · 건전성 · 영업행위규제가 적용되고, 금융기능의 특성에 따라 업규제가 차등화되어 적용되게 되었다. 이러한 기능별 규율의 적용으로 **규제차익**(regulatory arbitrage)이 사라져 투자자보호가 강화되고 금융업 간의 형평성이 제고되는 장점이 나타나게 되었다.

한편 자본시장법의 규율을 받지 않는 금융업의 경우 우리나라에서는 각 금융업별 핵심업무에 대해서는 겸영을 금지하고 부수업무 및 부대업무에 대해서는 겸영을 허용하는 정책을 유지해 왔다. 즉, 각 금융업별 고유업무에 대한 겸영은 허용되지 않아 개별 금융업이 각자의 특성을 유지할 수 있는 반면, 부수업무에 있어서는 겸영이 확대되어 권역 간 업무가 유사해지는 모습을 보여주고 있다. 이에 따라 여타 금융업의 핵심업무는 내부겸영이 되지 않으므로 이를 영위하기 위해서는 기본적으로 자회사 또는 지주회사 방식에 의해 해당 금융업 인가를 받아야 하며, 일부의 경우 업무제휴 및 업무위탁 등을 통해서 타 권역 핵심업무를 활용하는 것이 가능한 상태이다.

4.4 업무행위규제

「금융감독기구의 설치 등에 관한 법률」 제1조에는 금융감독기구의 목적을 "건전한 신용질서와 공정한 금융거래 관행을 확립하고 예금자 및 투자자 등 금융수요자를 보호함으로써 국민경제의 발전에 기여"하는 것으로 규정하고 있다. 따라서 금융감독당국은 이러한 목적 수행을 위해 금융회사의 영업행위 전반을 규제하고 있다. 이번 소절에서는 은행에 대한 **업무행위규제**에 대해서 알아보기로 한다.

은행에 대한 업무행위규제는 어떤 업무를 금지하는 규제와 신용공여의 한도를 정하는 규제로 나눌 수 있다. 금지규제의 경우는 대체로 은행이 우월한 지위를 이용하여 은행 이용자의 권익을 침해하거나 금융질서를 문란하게 하는 행위를 금지하는 것이고, **신용공여 한도규제**는 대체로 신용위험의 집중을 방지함으로써 간접적으로 은행의 건전성을 확보하도록 하는 규제라고 할 수 있다.

금지규제로는 유가증권투자한도규제, 업무용 부동산한도규제, 비업무용 부동산소유 금지, 부당대출금지, 여신취급관련 금지행위 등이 있다. 유가증권투자한도규제는 은행의 경영안정성을 확보하기 위해 위험이 따르는 유가증권투자에 대해 일정한 규제를 가하는 것이다. 은행이 가격변동위험이 큰 주식이나 금리변동위험이 큰 장기채권에 투자를 할 경우에는 위험을 흡수하기 위해 자기자본 이내에서 투자하도록 규제하고 있다. 업무용 부동산한도규제는 은행의 자금이 부동산에 묶여 고정화되는 것을 방지하려는 규제이다. 특히 유사한 이유로 은행의 경우 비업무용 부동산에 대해서는 원칙적으로 소유가 금지되고 있다. 또한 투기목적의 자금대출, 자기은행 주식을 매입시키기 위한 대출, 정치자금대출, 일정기준을 넘는 은행 임직원에 대한 대출 등은 부당대출로 규정하고 이를 금지하고 있다. 이는 은행이 레버리지를 일으켜 통화를 창출할 수 있는 능력을 바람직하지 못한 목적에 사용하지 못하도록 하는 규제라고 할 수 있다. 여신취급과 관련한 금지행위는 여러 가지가 있지만 그 중 대표적인 것은 '꺾기' 라고 불리는 양건예금 또는 구속성예금이다.[5] 즉, 일정금액을 예금하는 조건으로 대출해 주는 행위를 금지하고 있는 것이다.

4.5 건전성규제

금융시스템이 부실화할 경우 경제 전체에 심대한 타격을 줄 수 있다는 것은 우리가 외환위기의 경험을 통해 습득한 바 있다. 따라서 금융시스템 안정성 확보를 위해 금융감독당국은 금융회사가 건전하게 경영될 수 있도록 규제하고 있다. 금융회사가 건전하게 경영되지 못하면 파산하게 될 것이다. 금융회사를 파산으로 몰고 갈 수 있는 위험은 유동성위험과 청산위험이 있다. **유동성위험**이란 금융회사가 예금이나 채권 등 부채의 상환요구에 대해 적시에 응하지 못할 때 파산할 수 있는 위험을 말한다. **청산위험**이란 금융회사가 부실자산에 의한 손실이 커져 최종적으로 부채를 모두 청산할 수 없게 되는 위험을 말한다.

금융감독당국은 금융회사가 유동성위험에 빠지지 않도록 하기 위해 금융회사가 유동성부채에 대해 충분한 유동성자산을 보유하게 하고 있다. 은행의 경우에는 잔존만기 1개월 이내 유동성부채 대비 잔존만기 1개월 이내 유동성자산의 비율인 원화유동성비율을 100% 이상으로 유지하도록 하고 있다. 외화유동성에 대해서는 외화유동성비율, 외화자산부채 만기 불일치비율, 중장기 외화대출재원 조달비율 등이 일정수준 이상 유지되도록 하고 있다.[6]

금융회사의 청산위험에 대응하기 위해서는 손실에 대비할 수 있는 자금을 확보해야 하는데 은행의 경우 이에 해당하는 것이 **자기자본**과 **대손충당금**이다. 금융감독당국은 금융회사가 손실이 났을 때 이를 보상할 수 있도록 하기 위해 일정액의 자기자본을 쌓도록 규정하고 있다. 즉 금융회사의 자기자본은 손실에 대한 일종의 완충장치 역할을 하는 것이다. 일반적으로 은행은 부실여신에 대비하기 위해 개별 여신에 대해 그 건전성 분류기준에 따라 일정액의 대손충당금을 쌓도록 되어 있는데, 이와 같은 대손충당금이 개별 여신

5 양건예금에 대해서는 제19장의 논의를 참고하기 바란다.
6 자세한 내용은 제23장을 참조하기 바란다.

으로부터 예상되는 손실(expected loss)에 대비하는 자금인 반면, 자기자본은 은행의 자산가치 하락이나 여타 손실 등 예상치 못한 손실(unexpected loss)에 대비하는 자금의 성격을 가진다고 할 수 있다.

2013년 12월 1일 이전에는 위험가중자산 대비 자기자본비율 8%가 은행 자기자본에 대한 경영지도비율로 규정되어 은행들이 이 비율을 준수해야 했다. 그러나 우리나라 금융감독당국은 글로벌 금융위기 이후 국제 논의를 통해 은행부문에 적용되는 강화된 건전성 규제인 바젤 Ⅲ 중 자본규제를 2013년 12월 1일부터 단계적으로 도입하기로 하였다. 이에 대한 자세한 내용은 제23장을 참조하기 바란다.

은행의 자기자본비율 규제와 유사하게 금융투자업자는 영업용순자본비율을 150% 이상으로 유지해야 하며, 보험회사는 지급여력비율을 100% 이상으로 유지해야 한다.[7]

또한 은행은 부실자산으로부터 예상되는 손실에 대해서는 대손충당금을 쌓아 이에 대비해야 한다. 금융감독당국은 은행이 보유한 자산의 건전성을 차주의 과거 및 미래 채무상환능력에 따라서 '정상', '요주의', '고정', '회수의문', '추정손실' 등 5단계로 분류한 후 각 단계별로 적정한 대손충당금을 쌓도록 하고 있다.[8]

한편, 신용공여한도규제는 은행의 특정 차주(동일인, 동일 차주, 대주주, 자회사 등)에 대한 신용공여 또는 거액 신용공여 등에 대해 그 총량에 일정한 한도를 둠으로써 은행이 사금고화되거나 거래처 부실 시 동반 부실화되는 것을 방지하여 은행의 건전성을 관리하려고 하는 규제이다.

4.6 신용배분규제

원칙적으로 금융기관은 자신의 이윤극대화를 위해 최적의 포트폴리오를 구성하여 자금을 운용하는 것이 가장 바람직하다. 이러한 원칙하에서는 금융기관이 가장 높은 수익을 올리기 위해 가장 생산성이 높은 사업부터 자금을 배분할 것이며, 이렇게 될 때 경제

---

7 영업용순자본비율은 총위험액 대비 영업용순자본의 비율이며, 지급여력비율은 지급여력기준금액 대비 지급여력금액의 비율을 의미한다. 자세한 내용은 제13장과 제14장을 참고하기 바란다.

8 자세한 내용은 제23장을 참조하기 바란다.

전체로도 자금이 가장 효율적으로 배분되는 결과를 얻게 된다. 그러나 이와 같은 시장원리에 의한 자금배분이 항상 경제 전체의 후생이나 성장의 극대화로 연결되는 것은 아니다. 예를 들어 후진국의 경우 지속적인 경제성장을 견인할 수 있는 사업에 자금이 집중배분되는 것이 장기적인 국가발전을 위해 바람직할 수 있지만, 당장은 그 사업의 위험성도 크고 생산성도 낮아 시장에 맡겨 놓을 경우 전혀 자금이 배분되지 않는 경우도 발생할 수 있다. 이럴 때는 국가가 나서서 이러한 사업에 자금을 강제배분하는 것이 합리적일 수도 있다. 1960~70년대 우리나라가 국가주도 경제개발을 시행할 당시 중화학공업에 금융자금을 집중배분하여 성장을 견인했던 것이 그 예라고 할 수 있다.

이처럼 경제개발 초기단계에 경제성장을 촉발시키기 위해 금융자금을 강제배분하는 것은 어느 정도 합리성이 있다고 할 수 있으나 성숙된 경제에서는 시장원리에 자금의 배분을 맡겨 놓는 것이 가장 효율적이라고 할 수 있다. 하지만 지금도 정부가 정책적 목적 달성을 위해 특정 부문에 대해 금리, 대출기간 등의 대출조건이나 대출가능금액을 우대하는 정책금융을 사용하는 것이 현실이다. 저소득층 주택자금, 농 · 수 · 축산업자금, 기술개발자금, 중소기업 의무대출비율 등이 그 예인데, 이러한 **정책금융**은 금융제도가 발전해 감에 따라 점차 사라지게 될 것이다.

한편 공공성 확보를 위해 금융기관의 신용배분을 규제하기도 한다. 미국에서는 1970년대 중반 대형 금융기관들이 중산층 및 저소득층으로부터 자금(또는 예금)은 조달하면서도 그들이 필요로 하는 자금을 적극적으로 공급하지는 않는다는 비판이 제기되었다. 당시 미국 금융기관들은 각 지역 소득수준 등을 바탕으로 여신심사를 하는 관행이 있었으며, 대출신청자들이 부적절한 것으로 분류된 지역에 거주하면 이를 이유로 대출을 거부하고 있는 사실이 알려지기도 하였다. 금융기관들이 인종이나 종족 또는 경제적 특징상의 이유로 여신 제공에 부적절한 지역으로 분류된 지역을 실제로 붉은 선을 그어 구분하고 이들 지역주민에게는 대출을 거부하는 관행(red-lining)이 있었던 것이다. 이에 따라 미국 의회는 **지역사회재투자법**(Community Reinvestment Act : CRA)을 제정(1977년)하여 지역사회의 저소득층(중소기업, 소농민, 중산층 이하 계층 등)이 대출 취급에서 소외되지 않도록 하고, 금융기관들이 의무적으로 일정비율을 지역사회에 대출하도록 하였다.

한편 이러한 정책금융이나 CRA 등과 같은 신용의 강제배분은 취약부문에 대한 자금

지원이라는 소기의 목적달성을 위해서는 필요할 수도 있으나, 결국 경제 전체의 자원배분 왜곡을 가져와 경제 전체 후생극대화를 저해할 우려가 있다는 점을 인식해야 할 것이다.

4.7 시장규제

앞에서 살펴본 규제들은 대부분 금융회사에 대한 규제라고 할 수 있다. 하지만 앞서 금융감독당국은 금융회사의 경영건전성 확보뿐만 아니라 금융시장의 신용질서 및 공정거래관행 확립을 위해서도 금융규제 및 감독을 하고 있다고 지적한 바 있다. 이를 **시장규제**라고 하는데, 대표적인 시장규제로는 **기업공시제도**, **회계감독**, **불공정거래규제** 등이 있다.

금융의 자율화 · 겸업화가 진전되고 첨단 금융상품이 개발되는 등 급변하는 금융환경하에서 금융감독만으로 금융회사의 건전경영을 유도하는 데에는 한계가 있으며, 시장으로부터의 감시 및 견제, 즉 시장규율(market discipline)을 통한 금융회사 건전경영 유도가 필요하다고 할 수 있다. 시장규율이 제대로 작동하게 하기 위해서는 금융회사의 경영정보를 금융회사의 이해관계자인 예금주, 주주 및 채권자들에게 공개하는 것이 필요하며, 이를 위해 금융감독당국은 금융회사가 자사의 경영정보 등을 시장에 공표하도록 하고 있는데, 이를 **기업공시제도**라고 한다. 또한 유가증권의 발행은 불특정다수로부터 자금을 모집하는 행위로, 유가증권의 발행기업에 대한 정보가 투명하게 공개되지 않을 경우 투자자들이 피해를 볼 수 있고 또 제대로 된 자원배분이 이루어질 수 없다. 따라서 금융감독당국은 투자자보호 및 시장규율 확립을 위해 유가증권 발행에 대해 심사하고 발행회사의 정보를 일반투자자에게 공개하도록 하고 있다. 또 유가증권이 발행된 이후에도 기업과 일반투자자 간의 정보균형을 유지하기 위해 **유통시장 공시제도**를 운영하고 있다.

한편, 금융회사가 부실화되지 않으려면 대출대상에 대한 정확한 정보에 바탕을 두고 심사를 할 수 있어야 한다. 이러한 금융회사의 심사능력 제고와 기업에 대한 투자자보호를 위해 금융감독당국은 기업회계에 대한 감독과 감리업무를 수행하고 있다. 먼저 금융감독당국은 기업정보공개의 표준화와 투명성제고를 위해 기업회계준칙을 제정하여 시행하고 있다. 또 상장 · 등록법인에 대해서는 해당 기업을 지배하는 대주주 및 경영진과 소액투자자 및 채권자 간의 정보 비대칭 문제를 해소하기 위해 외부감사인이 정기적으로 기업을 감시토록 하고, 감독당국은 이 외부감사인에 대한 감리업무를 수행하고 있다.

또한 자본시장의 공정성이 확보되지 않으면 투자자가 시장을 외면하여 자본시장이 발전해 갈 수 없게 된다. 따라서 금융감독당국은 자본시장의 공정성 확보를 위해 회계 및 공시에 대한 사전적 감독 외에 불공정거래에 대한 사후적 조사 및 조치 등을 하고 있다. 불공정거래 조사업무의 체계는 증권거래소와 증권업협회 등 자율규제기관이 매매거래에 대한 심리업무를 수행(1단계)하고, 금융감독당국은 불공정 소지가 있는 거래에 대해 전문적인 정밀추적을 요하는 조사업무를 담당(2단계)하며, 검찰은 감독당국이 불공정거래로 고발한 경우 기소 및 사후 형사처벌을 진행(3단계)하는 3각 감시 · 감독체계를 유지하고 있다.

4.8 금융소비자보호규제

금융시장에서는 기본적으로 금융의 공급자가 금융소비자에 비해 정보력의 우위에 있다. 이에 따라 금융소비자들이 교섭력이 약하고 전문지식이 부족해 피해를 볼 우려가 높아 **소비자보호**를 위한 각종 규제와 정책이 시행되고 있다.

예를 들어 주식시장에서는 투자자가 투자하려는 기업의 정보를 제대로 알 수 없을 경우 실제로 투자가 제대로 이루어지지 않아 주식시장이 활성화되기 어렵고, 또 이미 투자한 기업의 경우에도 투자자에 대한 정보제공이 제대로 이루어지지 않으면 기업이 투자자에게 불리할 수 있는 위험사업에 과도하게 진출하는 등의 도덕적 해이가 발생할 수 있다. 따라서 이러한 정보 비대칭성을 해결하여 투자자를 보호하기 위해 공시규제가 필요하다.

또한 금융기관과 금융소비자 간에 예금이나 대출 관련 계약을 체결할 때에도 소비자들이 다른 금융기관의 더 좋은 계약조건을 알지 못하는 정보 비대칭성으로 인해 불리한 조건으로 계약을 하는 역선택 문제가 발생할 수 있고, 계약 이후에는 해당 금융기관이 위험사업에 과도하게 투자하는 등 도덕적 해이로 인해 피해를 볼 수도 있다. 따라서 금융당국은 이러한 역선택 문제 해결을 위해 금융기관의 이자율 등을 비교할 수 있도록 서비스를 제공하고, 소비자에게 불리한 계약조건은 법적으로 불허하는 등의 규제를 행하고 있다. 또 앞에서 언급한 금융기관에 대한 감독과 검사도 금융기관의 건전경영을 유도하고 도덕적 해이의 유인을 차단함으로써 금융시스템 안정성을 확보하고 금융소비자를 보호하기 위해 이루어지고 있다.

글로벌 금융위기 이후 국제적으로 금융의 패러다임이 금융산업의 발전과 성장에서 **금융소비자보호**로 이동 중인 상황이다. 이에 따라 미국에서 **금융소비자보호국**(Consumer Financial Protection Bureau : CFPB)이 설립되는 등 많은 나라들이 별도의 금융소비자보호기구를 설치하여 금융소비자보호 기능 및 조직을 강화하는 추세이다. G20도 2011년에 '**금융소비자보호상위원칙**'(G20 High-level Principles on Financial Consumer Protection)을 발표했고, 세계은행(World Bank)도 2012년에 '**금융소비자보호모범규준**'을 발표하는 등 국제기구 차원의 금융소비자보호 논의도 활발하게 이루어지고 있다. 우리나라 금융당국도 이러한 국제적인 흐름에 맞추어 금융소비자보호 체계정립 및 제도개선을 위해 노력하고 있다. 2012년 7월에는 금융소비의 전 과정을 규율하는 기본법 성격을 가진 「**금융소비자보호법**」을 국회에 제출하였으며, 2013년 7월에는 '금융소비자보호모범규준'을 개정하여 **최고고객책임자**(Chief Consumer Officer : CCO)를 의무화하는 등 금융회사 내부의 소비자보호시스템 구축을 유도하기도 하였다. 또 2012년 5월에는 금융감독원 내부에 '금융소비자보호처'를 신설하였고, 2013년 8월에는 금융위원회 내부에 '**금융소비자보호기획단**'을 신설하는 등 금융소비자보호조직을 강화하였다.

한편 금융소비자는 금융에 대한 전문지식이 부족하여 피해를 볼 수 있는데, 금융감독당국은 이를 해결하기 위한 사전적 조치로 금융소비자 교육을 강화하고 있다. 또한 사후적으로도 금융소비자의 피해구제를 위해 분쟁조정 등의 노력을 하고 있다.

| 표 22-2 | 금융규제의 종류와 주요 내용

<table>
<tr><th colspan="2">금융규제의 종류</th><th>주요 내용</th></tr>
<tr><td colspan="2">진입 및 퇴출규제</td><td>• 금융산업의 경쟁도를 조절하고 금융기관을 안정적으로 경영할 수 있는 대주주 및 경영자들만 금융산업에 진입할 수 있도록 규제
• 은행설립자본금규제, 금융기관의 대주주나 경영자에 대해 엄격한 자격심사(fit and proper test) 등</td></tr>
<tr><td colspan="2">소유 및 지배구조규제</td><td>• 금융기관이 사적 목적을 위해 이용되지 않도록 하기 위해 정부가 그 소유와 지배에 대해 규제
• 은행의 경우 동일인 주식보유한도, 산업자본의 의결권 있는 주식보유한도, 지배구조 관련 법령 등</td></tr>
<tr><td colspan="2">업무영역규제</td><td>• 자본시장법 도입 이후 열거주의 규제에서 '경제적 실질이 동일한 금융기능'을 '동일하게 규율' 하는 기능별 규율체제로 전환
• 각 금융업별 핵심업무에 대해서는 겸영을 금지하고 부수업무 및 부대업무에 대해서는 겸영을 허용하는 정책 유지</td></tr>
<tr><td colspan="2">업무행위규제</td><td>• 은행의 경우 금지규제와 신용공여한도 규제가 있음
• 금지규제 : 은행이 우월한 지위를 이용하여 은행 이용자의 권익을 침해하거나 금융질서를 문란하게 하는 행위를 금지</td></tr>
<tr><td rowspan="2">건전성규제</td><td>자산운용규제</td><td>• 일반적으로 금융회사는 자기자본비율이 작아 위험사업 투자유인이 크나 부실화 시 시스템위험이 커지므로 자산운용에 대해 규제
• 은행의 경우 자산운용 대상 및 한도 등에 대해 규제
• 신용공여한도규제 : 신용위험의 집중을 방지하여 간접적으로 은행의 건전성을 확보하도록 하는 규제</td></tr>
<tr><td>자기자본규제</td><td>• 금융회사가 예상치 못한 손실에 대비하도록 자기자본적립규제
• 글로벌 금융위기 이후 자기자본규제 강화</td></tr>
<tr><td colspan="2">신용배분규제</td><td>• 사회 전체의 후생증대를 위해서는 자금이 배분되어야 하지만 시장원리에 의해서는 자금배분이 잘되지 않는 분야에 대한 자금공급을 위해 규제</td></tr>
<tr><td colspan="2">시장규제</td><td>• 금융시장의 신용질서 및 공정거래관행 확립을 위한 규제
• 기업공시제도, 회계감독, 불공정거래규제 등</td></tr>
<tr><td colspan="2">금융소비자보호규제</td><td>• 금융시장에 기본적으로 내재되어 있는 정보 비대칭성으로 인한 금융소비자들의 피해방지를 위한 규제</td></tr>
</table>

5. 금융감독

금융감독(financial supervision)의 개념을 명확하게 정의하기는 어렵다. 다만 「금융위원회의 설치 등에 관한 법률」 제1조에 "이 법은 금융위원회와 금융감독원을 설치하여 금융산업의 선진화와 금융시장의 안정을 도모하고, 건전한 신용질서와 공정한 금융거래 관행을 확립하며, 예금자 및 투자자 등 금융수요자를 보호함으로써 국민경제의 발전에 기여함을 목적으로 한다"고 되어 있어 이를 통해 금융감독의 개념을 미루어 짐작해 볼 수 있다. 즉, 금융감독이란 "금융감독당국이 금융회사의 경영건전성 확보, 금융시장의 신용질서 및 공정거래관행 확립, 금융소비자의 보호 등을 도모하고자 금융회사와 금융시장에 대한 규제 등을 수행하는 제반 활동"이라고 정의할 수 있다(금융감독원이 발간한 『금융감독개론』에서 발췌).

또한 금융감독과 금융규제의 개념 구분도 다소 모호하지만, 일반적으로 규제(regulation)는 경제주체의 행위에 대한 규칙을 사전적으로 규율하는 것을 의미하고, 감독(supervision)은 경제주체의 행위를 사후적으로 감시하는 것을 의미한다고 할 수 있다. 즉, 금융규제는 금융과 관련된 규칙(rule)을 사전적으로 설정하는 것이고, 금융감독은 이렇게 설정된 규칙이 잘 실행되도록(enforcement) 감시하는 것을 말한다.

한 나라의 금융시스템은 실물기업과 가계에 자원을 배분하고 지급결제기능을 수행하는 등 경제의 혈맥과도 같은 중요한 역할을 수행한다. 따라서 금융시스템의 안정성 확보는 매우 중요한 정책의 목표라고 할 수 있다. 그런데 이 금융시스템은 예금주 및 투자자와 금융회사 간 정보 비대칭성으로 인해 작은 충격에도 전체 시스템이 부실화될 수 있는 가능성이 항상 존재한다. 즉, 예금주 및 투자자가 금융회사의 경영정보를 완전히 파악하기 어렵기 때문에 특정 금융회사가 부실화할 경우 다른 금융회사에 대해서도 무차별적인 예금인출이나 투자기피가 발생할 수 있고, 이로 인해 전체 금융시스템이 붕괴될 수도 있는 위험이 항시 내포되어 있는 것이다.

이에 따라 각 국은 예금주 및 투자자와 금융회사 간 정보 비대칭성이 야기하는 이러한 혼란을 방지하기 위해 금융안전망(financial safety net)을 설치하여 운용하고 있다. 즉,

경영이 악화되어 계속 운영되기 어려운 금융회사를 시장에서 퇴출시키기 위해 정형화된 퇴출제도(exit policy)를 운영하고 있고, 금융회사가 일시적 유동성 위기에 몰릴 경우 중앙은행의 긴급유동성 지원을 통해 위기가 여타 금융회사에 전염되는 것을 방지하고 있다. 또 금융회사가 파산하더라도 정부가 일정범위 내에서 예금을 대신 지급하는 **예금보호제도**(deposit protection schemes)를 운영하여 예금인출사태를 예방하고 있다.

그러나 이러한 금융안전망은 예금주 및 투자자, 그리고 금융회사의 도덕적 해이를 부추기고 **시장규율**(market discipline)을 약화시키는 문제를 야기한다. 즉, 예금보호제도가 잘 되어 있을 경우 예금주 및 투자자는 금융회사가 부실화되어도 정부가 예금의 일부를 보장해 주어 손실이 적으므로 금융회사의 경영을 제대로 감시하지 않게 되고, 또 금융회사가 부실경영을 해도 다른 금융회사로 예금을 옮기는 등의 응징을 하지 않아 시장규율이 약화되게 된다. 또 금융회사는 최대 채권자인 예금자로부터의 감시가 없어지면 수익을 늘리기 위해 고위험 · 고수익 자산에 투자를 늘리게 되어 과도한 위험을 부담함으로써 시스템위험을 높이는 부작용을 낳게 된다.

따라서 각 국은 금융시스템의 안정성 확보를 위해 금융안전망을 설치 · 운영함과 동시에 금융안전망이 가져오는 금융회사의 도덕적 해이를 방지하고, 금융시스템의 안정성과 건전성을 확보하며, 예금자와 투자자를 보호하기 위해 금융회사에 대해 금융감독을 실시하고 있다.

6. 우리나라의 금융감독기구

1997년 발발한 외환위기 이전 우리나라의 금융감독은 금융권역별로 감독기관이 별도로 존재했으며, 각 감독기관과 재정경제부(구 재무부 또는 재정경제원)가 감독권한을 보유하는 이원적 구조를 가지고 있었다. 즉, 은행은 한국은행 내부 조직인 은행감독원과 재경부, 증권은 증권감독원과 재경부, 보험은 보험감독원과 재경부가 감독권한을 보유하고 있었으며, 비은행금융회사의 경우에는 포괄적 감독권을 재경부가 가지고 검사업무를 한국은행 은행감독원과 신용보증기금에 위임하는 형태를 취하였다.

1997년 외환위기 이후 국회는 금융의 세계화 · 겸업화 등 환경변화에 대응하고 감독의 사각지대를 없애며, 감독의 효율성 · 전문성 · 독립성을 강화하기 위해 통합 금융감독기구를 설치하기로 하고 1997년 12월 29일 「금융감독기구의 설치 등에 관한 법률」을 의결 · 공포하였다. 이 법에 따라 1998년 4월 1일 국무총리 산하의 합의제 행정기구인 **금융감독위원회**가 발족하였고, 1999년 1월 2일에는 집행기구인 **금융감독원**이 출범하였다. 이에 따라 우리나라의 금융감독체계는 종전에 금융권역별로 감독이 분리되어 이루어지던 체계에서 **통합된 금융감독체계**로 변화하게 되었다. 이후 2008년 2월 29일에 종전 재정경제부의 금융정책 기능과 금융감독위원회의 감독정책 기능을 통합하여 **금융위원회**로 개편하는 내용을 골자로 하여 「금융감독기구의 설치 등에 관한 법률」을 「금융위원회 설치 등에 관한 법률」로 개정함으로써 현재의 금융감독기구 형태가 마련되었다.

금융위원회는 금융에 관한 정책 및 제도, 금융기관 감독 및 검사 · 제재, 금융기관의 인허가, 자본시장의 관리 · 감독 및 감시 등과 관련된 주요 사항을 심의 · 의결하며, 금융감독원의 업무 · 운영 · 관리에 대한 지도 · 감독도 담당한다. 금융위원회 위원은 위원장 1인, 부위원장 1인, 기획재정부 차관, 금융감독원 원장, 한국은행 부총재, 예금보험공사 사장, 금융위원회 위원장이 추천하는 금융전문가 2인, 대한상공회의소 회장이 추천하는 경제계 대표 1인 등 총 9인으로 구성된다. 그리고 금융위원회의 사무를 처리하기 위하여 금융위원회에 사무처를 두도록 하고 있다. 한편 금융위원회 내에 자본시장의 불공정거래 조사, 기업회계의 기준 및 회계감리에 관한 업무, 금융위원회 소관사무 중 자본시장의 관리 · 감독 및 감시 등과 관련된 주요 사항에 대한 사전심의 등을 담당하기 위해 **증권선물위원회**를 두도록 하고 있다. 증권선물위원회는 금융위원회 부위원장이 겸임하는 위원장 1인 및 금융위원회 위원장이 추천하는 전문가 4인 등 총 5인으로 구성된다.

한편 **금융감독원**은 금융기관에 대한 검사 · 감독업무를 수행하는 무자본 특수법인으로, 중앙정부 또는 지방자치단체로부터 독립하여 특정한 공공사무를 담당하는 공법인의 성격을 지니고 있다. 금융감독원을 정부조직으로 하지 않고 독립된 공법인으로 만든 것은 금융감독기구가 정치권 또는 행정부로부터 영향을 받지 않고 자율적 · 독립적으로 금융감독기능을 수행토록 하기 위해서이다.

우리나라 금융감독기구는 1997년 말 **통합감독기구**로 개편되었는데, 그 취지는 금융환경의 변화에 대응하며 감독의 사각지대를 없앨 뿐만 아니라 오랫동안 경험해 온 관치금융의 폐해를 억제하고 독립적이고 자율적인 감독체제를 갖추는 데 있었던 것으로 이해된다. 그러나 현재의 금융감독기구는 행정부의 금융정책기능과 금융감독기구의 금융감독기능이 합쳐져 있어 정부로부터의 독립이 제대로 이루어지지 않는다는 비판을 받고 있어 합리적인 방향으로의 개선이 필요해 보인다.

7. 요약

시장실패가 나타나면 경쟁적 가격기구에 의한 사적 자원배분이 사회적으로 최적인 자원배분을 달성하지 못하게 된다. 이를 교정하기 위해 정부가 개입하게 되는데, 금융시장에 대한 정부의 규제도 같은 이유에서 일어나게 된다. 특히 금융업의 경우 예금보험제도가 운영되고 있고, 레버리지비율이 높으며, 정보 비대칭성이 커서 정부가 별도의 규제 · 감독당국을 두고 규제하고 있다. 금융규제의 종류로는 진입 및 퇴출규제, 소유구조 및 지배구조규제, 업무영역규제, 업무행위규제, 건전성규제, 신용배분규제, 시장규제, 금융소비자보호규제 등이 있다. 금융규제(financial regulation)는 사전적으로 규칙을 정하는 것이고, 금융감독(financial supervision)은 사후적으로 이 규칙이 실현되도록 감시하는 것을 의미한다. 법상에 나타난 우리나라 금융감독의 목적은 "금융산업의 선진화와 금융시장의 안정을 도모하고, 건전한 신용질서와 공정한 금융거래관행을 확립하며, 예금자 및 투자자 등 금융수요자를 보호함으로써 국민경제의 발전에 기여함"이다. 이러한 금융감독을 하기 위해 우리나라에서는 금융위원회와 금융감독원이라는 금융감독기구를 두고 있다.

연 | 습 | 문 | 제

01. 후생경제학 제1정리(first theorem of welfare economics)를 설명하시오.

02. 규모의 경제(economies of scale)를 설명하시오.

03. 은행의 독과점화는 왜 반드시 나쁘다고 할 수 없는지 설명하시오.

04. 예금인출사태(bank run)에 대해 설명하시오.

05. 외부경제(external economy)가 있는 산업을 시장에 맡겨둘 경우 어떤 일이 벌어지는지 설명하시오.

06. 자동차보험 계약에서 자동차보험 회사가 보험가입자에게 정보의 공개를 강제할 수 없으면 어떤 일이 벌어지겠는지 설명하시오.

07. 역선택(adverse selection) 문제와 도덕적 해이(moral hazard) 문제의 근본적 차이는 무엇인지 설명하시오.

08. 금융기관 경영자들이 범할 수 있는 도덕적 해이(moral hazard)에 대해 설명하시오.

09. 금융업무규제에서 열거주의(positive system)과 포괄주의(negative system)에 대해 설명하시오.

10. 금융업무규제에서 열거주의(positive system)의 장 · 단점을 논의하시오.

11. 왜 세계 각국은 금융회사를 감독하는 금융감독기구를 두고 있는지 설명하시오.

12. 금융회사의 경영자는 왜 위험사업에 투자하려는 유인이 큰지 설명하시오.

13. 금융소비자보호규제가 필요한 이유에 대해 설명하시오.

14. 신용배분규제가 바람직하지 않은 이유에 대해 설명하시오.

15. 시장규제의 필요성에 대해 설명하시오.

16. 우리나라의 금융감독기구에 대해 설명하시오.

CHAPTER 23

금융회사 건전성감독

본 장에서 우리는 금융감독당국이 왜 금융회사에 대해 건전성감독을 하는지, 그리고 그 방법은 무엇인지에 대해 공부한다. 구체적으로 우리나라 금융감독당국은 자기자본규제, 유동성규제 및 자산건전성규제 등을 통해 금융회사의 건전성을 감독하고 있고, 이를 종합하여 점수를 매기는 경영실태평가도 시행하고 있다. 또한 건전성이 좋지 않은 금융회사에 대해서는 적기시정조치를 통해 강제로 시정조치를 부과한다. 본 장에서는 이러한 내용들에 대해 구체적으로 공부한다. ■

1. 금융회사 건전성감독의 목적, 근거 및 방법

금융회사에 대한 건전성감독은 개별 금융회사뿐만 아니라 금융시장 및 금융산업의 안정성과 건전성을 확보함으로써 금융회사의 부실경영으로 야기될 수 있는 손실을 방지하거나 그 규모를 줄이는 역할을 한다.

일반적으로 개별 금융회사의 건전성 저하는 유사한 수익구조 및 영업형태를 갖고 있는 동종의 금융회사에서 공동으로 발생하는 경향이 있다. 즉, 개별 금융회사의 건전성 문제가 시장 및 산업의 전체 문제로 확대되어 금융산업의 건전성 저하 및 금융시장의 불안전성을 증대시킬 수 있는 것이다. 특히 은행이 도산할 경우 정보가 부족한 상황에서 다른 은행에 대한 신뢰가 약화됨으로써 예금인출사태가 발생하여 은행산업 전체의 부실이 야기될 수도 있다. 이러한 파급효과는 지급결제기능과 금융중개기능을 마비시켜 금융시스템의 신뢰 및 안전성을 크게 훼손시킬 수 있다.

따라서 금융감독당국은 미시적 차원에서 개별 금융회사의 경영건전성을 감시 · 감독하여 개별 금융회사의 건전성 저하를 조기에 차단하고 있다. 또한 만일 개별 금융회사의 건전성 문제가 시장 및 산업 전체로 확산되어 시스템위험을 유발할 것으로 우려되는 경우 이의 확산을 방지하기 위한 거시적 차원의 건전성감독도 시행하고 있다.

은행의 예를 들 경우 은행에 대한 '**건전성감독**(prudential regulation)' 이란 은행의 건전성을 평가하고 그 평가결과를 활용하여 은행의 위험추구(risk-taking) 행위를 통제하는 감독수단을 의미한다. 과거에는 은행의 자산운용과 영업활동 규제로 은행의 건전성을 통제하여 왔으나, 최근에는 국제화 · 겸업화 · 경쟁심화라는 외부환경의 변화에 따라 자기자본규제가 새롭게 강조되고 있다. 은행의 건전성을 감독하는 이유는 크게 세 가지로 분류된다.

첫째, 은행의 **도덕적 해이**(moral hazard)를 최소화하기 위해서이다. 은행은 예금보험에 의해 파산위험으로부터 보호받기 때문에 수익극대화를 위해 고위험자산을 운용하고자 하는 유인이 존재한다. 이러한 은행의 과도한 위험추구 행위는 결국 파산으로 이어지고 사회적 비용(social cost)을 발생시킨다. 따라서 은행의 파산으로부터 발생할 사회적 비용을 최소화하기 위해 은행의 건전성을 감독할 필요가 있다. 둘째, **금융산업의 안정성**(stability)을 보호하기 위해서이다. 1개 은행의 파산은 다른 은행으로 전염(contagion)되는 **뱅크 런**(bank run)을 야기시킨다. 뱅크 런이 확산될 경우 결국 모든 은행이 지급불능 상태에 빠지게 되고 금융산업은 와해되고 만다. 따라서 금융산업의 안정성을 확보하기 위해 개별 은행의 건전성을 감독할 필요가 있다. 셋째, **금융소비자의 권익을 보호**하기 위해서이다. 은행의 건전성이 악화되었다는 것은 파산위험이 증가하였다는 것을 의미하고, 이로 인해 발생할 유동성위험으로 인해 예금지급능력도 악화되어 궁극적으로 예금자는 예금보험한도 5천만원 이외의 예금에 대해서 손해를 보게 된다. 따라서 이를 막기 위해 은행의 건전성감독이 필요한 것이다.

한편 금융감독당국이 개별 금융회사의 건전성을 감독하는 이유는 궁극적으로 금융시스템의 안정성을 확보하기 위해서라고 할 수 있다. 즉, 여기에는 개별 금융회사가 건전하게 경영되면 금융시스템 안정성이 자동적으로 확보되리라는 기대가 숨어 있는 것이다. 하지만 현실에서 이러한 기대가 반드시 맞는 것은 아니다. 예를 들어 개별 금융회사들은 모두 건전하게 경영되고 있는데 갑자기 경기가 급락한다든지 해외에서 발생한 금융위기가 외환시장을 통해 국내로 진입함으로써 우리 금융시스템이 위험에 처할 수도 있다. 또 개별 금융회사는 합리적으로 행동하는데 전체적으로는 위기를 초래하는 사례도 있다. 예를 들어 경기가 나빠지고 있을 때 모든 개별 금융회사들이 건전경영을 위해 부실가능성이 다소 있는 중소기업대출을 회수하면 이것이 오히려 경기악화를 가속화시켜 결국에는 모든 금융회사가 피해를 보게 될 수도 있는 것이다. 따라서 개별 금융회사의 '미시적' 건전성이 전체 금융시스템의 '거시적' 건전성을 반드시 보장하지는 못한다고 할 수 있다. 최근에는 이러한 점에 착안하여 개별 금융회사의 '미시적' 건전성감독에 대응하는 개념으로 금융시스템 전체의 '거시적' 건전성을 확보하려는 목적의 **거시건전성감독**(macro-prudential regulation) 개념이 도입되었다. 금융회사가 주택을 담보로 대출을 해줄 때 주택시장의 거품을 미연에 방지하여 주택가격 폭락에 의한 금융시스템 부실을 방지하기 위해 금융감독당국이 담보가치의 일정비율 이하로만 대출해 주도록 하는 담보인정비율(loan to value : LTV) 규제를 하는데, 이는 거시건전성감독수단의 하나라고 할 수 있다. 그러나 거시건전성감독은 그 정책수단과 방법이 아직 정형화되지 못하고 있어 본 서의 범주를 넘으므로 여기서는 주로 금융회사의 미시건전성감독에 대해 다루도록 한다.

은행법 제34조에 따르면 은행은 은행업을 경영할 때 자기자본을 충실하게 쌓고 적정한 유동성을 유지하는 등 경영의 건전성을 확보하여야 한다. 이를 위해 은행은 금융위원회가 정하는 자본적정성, 자산건전성, 유동성 및 그 밖에 경영의 건전성 확보를 위하여 필요한 사항들에 대한 경영지도기준을 지켜야 한다. 은행이 이러한 **경영지도기준**을 충족시키지 못하는 등 경영의 건전성을 크게 해칠 우려가 있다고 인정될 때 금융위원회는 자본금의 증액, 이익배당의 제한 등 경영개선을 위하여 필요한 조치를 요구할 수 있다. 이와 같이 경영지도기준 충족이 어려워 보이는 은행에 대해서는 금융감독원이 그 개선을 위한 계획을 제출하도록 하거나 해당 은행과 **경영개선협약**(MOU)을 체결하여 은행경영의 건전성을 확보하고 있다.

이번 장에서는 이러한 은행의 경영건전성 확보를 위한 규제에 대해 알아보기로 한다.

2. 자기자본규제

제22장의 건전성규제에 대한 내용에서 설명한 바와 같이 자기자본은 금융회사의 자산가치 하락이나 여타 손실 등 예상치 못한 손실(unexpected loss)에 대비하는 자금의 성격을 가진다. 금융감독당국은 금융회사가 손실이 났을 때 이를 보상할 수 있도록 하기 위해 일정액의 자기자본을 쌓도록 규정하고 있다. 이번 장에서는 이러한 금융감독당국의 자기자본규제에 대해 자세하게 알아보기로 한다. 다만, 이번 장에서는 은행의 **자기자본규제**에 대해서만 다루고 은행 이외에 금융투자회사 및 보험회사의 자기자본규제에 대해서는 그 회사를 다루는 장에서 다루도록 한다.

은행이 자산 대비 얼마만큼의 자본을 가지고 있는지 보여주는 지표가 자본적정성 지표이며 금융감독당국은 이 지표가 적정한 수준 이상이 되도록 규제하고 있다. 국제적으로 통용되는 은행의 자본적정성 지표는 **국제결제은행**(Bank for International Settlement : BIS)에서 요구하는 자기자본비율이다. BIS가 요구하는 최소 자기자본비율은 8%였으나 국제사회는 2007년 미국의 서브프라임모기지 부실화로 야기된 글로벌 금융위기를 겪으며 이 비율이 은행의 예상치 못한 손실에 대비하기에는 충분하지 않다고 생각하게 되어 이를 강화하게 되었다. 이의 자세한 내용에 대해서는 뒤에서 다루게 될 것이다.

2.1 바젤 I : BIS 자기자본비율규제의 도입

1970년대 이후 세계적으로 금융규제 완화 추세가 이어지고, 국제화가 진전됨에 따라 은행 간 경쟁이 심화되어 은행들이 고위험 · 고수익 위주의 자산운용전략을 추구함에 따라 잠재적 시스템위험이 급증하였다. 또 1970년대 말부터 일본계 은행들의 국제금융시장 진출이 확대되면서 일본계 은행의 자본적정성에 대한 우려가 제기되었다. 이에 BIS 산하 위원회인 **바젤은행감독위원회**(Basel Committee on Banking Supervision : BCBS)는 1988년 7월 은행의 자기자본비율에 대한 통일된 기준인 '자기자본의 측정과 기준에 관한 국제적 합의'를 제정하였다. 그 주된 내용은 국제업무를 영위하는 상업은행은 BIS 자기자본비율을 1990년 말부터 7.25% 이상, 1992년 말부터는 8% 이상을 유지토록 의무화하는 것이었다. 우리나라는 이 제도를 1992년에 도입하여 1993년 말부터는 7.25%, 1995년 말부터는 8% 이상을 유지하도록 의무화하였다. 도입 당시에는 은행의 신용위험만을 고려하였고, 자산의 유형별로 일정한 위험가중치를 설정하였다.

$$\text{BIS 자기자본비율} = \frac{\text{BIS기준 자기자본(기본자본 + 보완자본 − 공제항목)}}{\text{위험가중자산}} \times 100$$

여기서 **기본자본**(tier 1 capital)은 주주들이 납입한 기초 자기자본으로 영구적 성격을 지닌 자본이라고 할 수 있다. 기본자본에는 자본금, 자본잉여금, 이익잉여금, 연결 자회사의 외부주주지분 및 신종자본증권 등이 포함되며, 여기서 영업권, 무형자산, 현금배당 예정액, 이연법인세차 등을 차감한다.

보완자본(tier 2 capital)은 전형적인 자기자본은 아니지만 자기자본에 포함될 수 있다고 인정되는 항목으로, 기본자본의 100% 이내에서만 인정한다. 보완자본에는 자본성격을 가지고 있는 만기 5년 이상 장기 후순위채권, 매도가능증권의 평가이익, 정상 · 요주의 자산에 대한 대손충당금(위험가중자산의 1.25% 한도 내) 등이 포함된다. 이러한 기본자본과 보완자본을 합한 금액에 일부 공제항목을 제외하면 **BIS기준 자기자본**을 구할 수 있다. **위험가중자산**은 대차대조표의 위험자산(부외자산의 경우에는 신용환산율로 환산)에 각 자산별로 위험가중치를 곱하여 산정한다. 즉,

$$\text{위험가중자산} = \Sigma\{(\text{대차대조표의 자산}) \times (\text{위험가중치}) + (\text{부외자산} \times \text{신용환산율} \times \text{위험가중치})\}$$

이때 BIS 자기자본비율은 자회사 등을 포함하는 연결재무제표 기준으로 산정하며 최저자기자본비율은 8%를 제시하였다.

1990년대 들어서는 국제적으로 금융자율화가 추진되면서 은행의 유가증권거래가 활발해짐에 따라 금리, 환율 및 주가 등 시장가격들이 은행의 건전성에 미치는 영향이 커지게 되었다. 이에 대응하여 바젤위원회는 1996년 1월 자기자본규제 합의를 크게 보완하여 1997년부터 신용위험 이외에 시장위험(market risk)에 대해서도 일정한 자기자본을 보유토록 요구하게 되었다. 즉, 은행의 자산을 거래목적별로 트레이딩계정(trading book)과 은행계정(banking book)으로 나눈 후, 은행계정 자산에 대해서는 신용위험에 대비한 자기자본을 쌓고, 트레이딩 목적의 자산에 대해서는 시장가격변동에 따른 위험을 산정하여 이에 대비하기 위한 자기자본을 보유하도록 한 것이다. 이에 따라 우리나라에서도 시장위험을 반영한 자기자본 보유제도를 2002년 1월 1일부터 도입하여 시행하고 있다.

2.2 바젤 Ⅱ : 자본규제 정교화 및 세 가지 필라

1988년 확정된 BIS 자기자본규제는 신용도가 서로 다른 기업에 대해 획일적인 위험가중치를 적용하는 등 신용위험을 보다 정교하게 반영하지 못하고, 자산유동화를 통한 규제자본 회피거래에 적절히 대응할 수 없는데다, 신용 · 시장위험 이외의 여러 가지 위험을 고려하지 못한다는 등의 문제점을 내포하고 있었다. 이에 바젤위원회는 1996년 7월

부터 이를 대체할 신BIS 협약을 마련키로 하고 은행, 감독당국과 관련 전문가들의 의견을 광범위하게 수렴하여 2004년 6월에 **바젤 Ⅱ** 또는 **신BIS 협약**으로 통칭되는 새로운 자기자본규제안을 최종 확정하여 발표하였다.

신BIS 협약은 그동안 규제완화와 전자통신기술 및 금융공학의 발달 등으로 은행의 영업규모가 커지고 그 내용이 복잡다기화되어 최저 자기자본규모 이상으로 자본을 유지토록 하는 방식(Pillar 1)만으로는 은행의 건전성 · 안정성을 확보하는 데 불충분하다고 판단한 데서 출발하고 있다. 이에 따라 은행의 위험관리와 자본적정성 평가시스템에 대한 감독당국의 점검(Pillar 2)과 공시 강화를 통한 시장참여자의 감시 유도(Pillar 3)로 자기자본규제방식을 보완하고자 하는 것이다.

| 표 23-1 | 바젤 Ⅱ의 주요 내용

구분	내용
Pillar 1	바젤 I을 개편한 최저 자기자본 산출방식
Pillar 2	감독당국의 점검
Pillar 3	공시강화를 통한 시장참여자의 감시 유도

먼저 **최저 자기자본규제**(Pillar 1)에서는 위험가중자산 산정에 이용되는 신용위험 산출방식을 개선하고, 신용위험 및 시장위험 이외에 운영위험을 추가하였다. 즉, 신용위험 측정 시 차주의 신용도에 따라 위험가중치를 차등화하고, 정교한 내부 신용평가모형을 갖춘 은행에 대해서는 위험측정과 규제자본 산출에 있어 은행의 재량권을 허용하였다. 또한 담보, 보증 또는 신용파생금융상품과 같은 신용위험 경감수단을 현행 협약보다 폭넓게 인정하여 그동안 발전해 온 위험관리기법을 수용하였다. 다만, 자기자본비율은 현행 협약과 동일하게 자기자본을 총위험가중자산(신용위험가중자산 + 시장위험가중자산 + 운영위험가중자산)으로 나누어 산출하도록 하고 최저 자기자본비율도 현행 협약과 동일한 8%를 유지하였다.

감독당국의 점검(Pillar 2)이란 은행이 스스로 위험을 인식 · 측정 · 관리하는 시스템을 갖추도록 한 후, 감독당국이 그 시스템의 적정성 여부를 점검하고 필요한 경우 적절한 감독조치를 취하는 것이다. Pillar 2에 따라 은행은 업무수행 과정에서 나타나는 모든 중요한 위험을 스스로 평가하고 위험수준에 맞는 적정 자기자본을 산출 · 관리하는 절차를 구축 · 운용하여야 하며, 감독당국은 이러한 절차의 적정성 여부를 평가하고 그 결과에 따라 필요한 경우 자기자본 확충 요구를 포함한 감독조치를 취하게 된다.

시장참여자의 감시유도(Pillar 3)란 은행의 위험에 관한 정보의 공시를 확충하여 시장참가자가 스스로 이를 평가하고 적절히 대응할 수 있도록 함으로써 시장규율을 강화하자는 것이다. 이러한 시장규율의 강화는 은행으로 하여금 건전하게 영업활동을 수행하도록 하는 유인을 갖게 함으로써 감독당국에 의한 규제를 보완하는 역할을 수행하는 것이다.

2.3 바젤 Ⅲ : 글로벌 금융위기 이후 자기자본규제 강화

미국의 서브프라임 모기지 부실로 인해 2007년부터 발생하기 시작한 글로벌 금융위기를 겪으면서 국제사회는 기존에 BIS가 요구해 온 최소 자기자본비율 8%가 은행들의 예상치 못한 손실에 대처하기에는 너무 부족하다는 데 공감대를 형성하게 되었다. 이에 따라 **바젤은행감독위원회**(BCBS)가 중심이 되어 은행의 자본규제를 강화하는 방향으로 규제개혁이 논의되기 시작하였다. 이 과정에서 특히 자본의 양(quantity) 자체도 더 높여야 하지만 실제 손실흡수능력이 높은 보통주 위주로 자본을 구성하는 등 자본의 질(quality)도 향상시켜야 한다는 주장이 많았다. 또한 자본으로 인정되는 기준도 대폭 강화하여 손실흡수능력이 없는 돈이 자본으로 인정되지 않도록 해야 하며 큰 규모로 인해 부실화될 경우 금융시스템에 미치는 영향이 지대한 금융기관, 즉 '**시스템적으로 중요한 금융기관**(systemically important financial institution : SIFI)' 에 대해서는 추가적으로 자본을 더 쌓도록 해야 한다는 데에도 공감대가 형성되었다.

이런 점들을 반영하여 BCBS는 2010년 10월에 '금융규제개혁보고서(The Basel committee's response to the financial crisis : report to the G20)' 를 발표하고 이를 2010년 11월 서울에서 개최된 G20 정상회의에 보고하여 최종 합의가 도출되었다. 구체적인 규제강화 내용은 다음과 같다.[1]

---

1 이 내용은 금융감독원 보도자료(BCBS, 은행에 대한 자본 및 유동성 규제 방안 확정, 2010. 9. 13)를 참조하였다.

먼저 은행에게 요구되는 최소자본비율이 현재보다 2~4배 정도 강화되었다. 지금까지는 최소 총자본비율만 8%가 요구되었으나, 강화된 규제에서는 **최소보통주자본비율** 4.5%, **Tier 1 기본자본비율** 6%가 추가 규제로 도입되었다. 또 이와 별도로 은행은 미래의 위기 발생가능성에 대비하기 위하여 2.5%의 보통주자본을 **완충자본**(capital conservation buffer)으로 추가 확보해야 한다. 이 완충자본은 위기 시 사용이 가능하지만, 이 경우 자본비율이 다시 목표수준(2.5%) 이상이 될 때까지 이익배당 등에 있어서 제약을 받게 된다.

한편, 새로운 규제하에서는 자본비율수준뿐만 아니라 자본비율계산기준도 대폭 강화되었다. 먼저, 자본비율계산 시 분자 항목인 자본을 계상함에 있어서 영업권이나 이연법인세자산 등을 자본금에서 차감하도록 하였다. 다만, 모기지서비스권리(mortgage servicing rights : MSR),[2] 시차에 의한 이연법인세,[3] 비연결 타금융회사 투자지분의 경우 보통주 자본의 15% 한도까지는 인정해 주기로 하였다. 자본비율의 분모 항목인 **위험가중자산**(risk-weighted assets : RWA)을 계상함에 있어서도 파생금융상품거래의 거래상대방 신용위험, 유동화 익스포저, 트레이딩계정 등에 대한 자본 부과를 대폭 강화하였다.

이렇게 강화된 자본비율규제는 2013년부터 단계적으로 시행하기로 합의되었다.[4] 보통주 자본비율 및 Tier 1 기본자본비율은 2013년부터 2015년까지 점진적으로 상향조정되게 되었다. 완충자본은 2016년부터 2019년까지 4년 동안 매년 0.625%p씩 높여 나가도록 하여 2019년부터는 2.5%를 적립해야 한다. 자본에서 차감해야 할 공제항목의 경우 2014년부터 매년 20%씩 5년에 걸쳐 완전 차감토록 할 계획이다. 한편, 은행이 현재 보유하고 있는 자본 항목 중에서 새로운 자본의 정의에 부합되지 않는 자본금액은 2013년부터 10년간 경과기간을 인정하되, 인정한도를 매년 10%씩 차감해 나갈 예정이다. 이에 따라 은행들은 연도별로 [표 23-2]에 해당하는 최저자본규제를 받게 된다.

시스템적으로 중요한 금융기관(SIFI)의 경우 위에서 언급한 자본규제 이상으로 손실흡

---

2 모기지 계좌의 대금납부 등 계좌관리서비스에 대한 권리로, 미국 등에서는 시장에서 가격이 형성되고 매매도 되는 무형자산의 일종이다.

3 회계기준과 세무기준의 차이 등에 따라 발생하는 것으로 결손금의 세무상 법인세효과와는 차이가 있다.

4 2012년 12월 21일 금융위원회는 바젤Ⅲ 국내 도입의 정책방향은 유지하되 구체적 적용시기는 해외동향 등을 살핀 후 추후 결정하기로 하였다.

| 표 23-2 | 바젤 Ⅲ에 따른 최저자본규제

	2013.12	2014	2015	2016	2017	2018	2019
필요자본비율 (총자본비율 + 자본보전완충자본비율)	8.0	8.0	8.0	8.625	9.25	9.875	10.5
총자본비율	8.0	8.0	8.0	8.0	8.0	8.0	8.0
기본자본비율	4.5	5.5	6.0	6.0	6.0	6.0	6.0
보통주자본비율	3.5	4.0	4.5	4.5	4.5	4.5	4.5
자본보전완충자본비율	–	–	–	0.625	1.25	1.875	2.5

수능력을 가져야 한다는 데 합의가 되었다. 이에 따라 우리나라 금융감독당국은 2016년부터 **국내의 시스템적으로 중요한 은행**(domestic systemically important Banks : D-SIB)을 선정하여 추가자본 적립을 요구하게 되었다.[5]

3. 유동성규제

3.1 원화유동성규제

은행의 **유동성**이란 은행이 가지고 있는 자산으로 부채의 청구에 대해 얼마나 적시에 대처할 수 있는지 그 능력을 나타낸다고 할 수 있다. 즉 예금자를 포함하여 은행에 돈을 빌려준 채무자들이 부채의 상환을 요구했을 때 은행이 현금이나 채권 등 가지고 있는 자산을 활용하여 적시에 얼마나 지급할 수 있는지 그 정도를 표시하는 것이다. 은행의 유동

5 금융위원회는 2015년 12월 30일에 국내은행, 외은지점 및 은행지주회사를 대상으로 금융시스템에 미치는 영향력(시스템적 중요도)을 평가하여 하나금융지주, 신한금융지주, KB금융지주, 농협금융지주를 시스템적으로 중요한 은행지주회사로, 우리은행을 시스템적으로 중요한 은행으로 선정하였다. 시스템적으로 중요한 은행지주회사의 자은행인 하나은행, 신한은행, 제주은행, 국민은행, 농협은행도 시스템적으로 중요한 은행이 되었다. 이렇게 선정된 시스템적으로 중요한 은행 및 은행지주회사에 대해서는 2016년부터 매년 0.25%씩 4년간 총 1%의 추가자본 적립 의무가 부과된다.

성 상태를 측정하는 지표로 기존에는 원화유동성비율을 이용하였다.

원화유동성비율은 잔존만기 1개월 이내의 유동성자산을 잔존만기 1개월 이내의 유동성부채로 나누어 계산한다. 즉, 이는 1개월 이내에 만기가 돌아오는 부채를 갚기 위해 은행이 만기 1개월 이내의 자산을 얼마나 가지고 있는지를 보여주는 산식이다. 2015년 이전까지 금융감독당국은 **원화유동성비율규제**를 시행하여 일반은행 및 외은지점은 원화유동성비율을 100%로 유지하도록 하고, 산업 · 기업은행 및 농협 · 수협 등 특수은행은 70% 이상을 유지하도록 하였다.

그러나 글로벌 금융위기 시 은행의 유동성리스크가 크게 증가하였던 문제점을 개선하기 위해 바젤Ⅲ에서는 국제적인 유동성리스크 규제수단으로 **유동성커버리지비율**(liquidity coverage ratio : LCR)과 **순안정자금조달비율**(net stable funding ratio : NSFR)을 새롭게 도입하였다. 유동성커버리지비율은 은행이 유동성위기 상황에서 1개월 동안 생존할 수 있는 충분한 양의 고유동성자산을 확보하도록 하는 단기 유동성비율규제로 2011년부터 관찰기간을 적용한 후 2015년부터 국제적으로 시행하기로 하였다.

$$LCR = \text{고유동성자산} / \text{순현금유출}$$

위 식에서 고유동성자산은 유동성위기가 발생하여도 가치가 크게 하락하지 않으면서 현금화가 가능한 자산으로 현금, 중앙은행 지급준비금, 국 · 공채 및 일정등급 이상 회사채 등이다. 순현금유출은 유동성위기상황에서 1개월간 예상되는 순현금유출 규모를 의미한다. 국내은행권은 2015년부터 유동성커버리지비율에 대한 규제가 시행되어 2019년까지 일반은행 및 특수은행은 100% 이상, 외은지점은 60% 이상을 유지해야 한다.[6] 또한 은행이 일반적 위기상황에서 1년 이상 현금화되지 않는 자산 규모 이상으로 안정적 자금을 보유하는지 여부를 알아보는 중장기 유동성비율인 순안정자금조달비율(net stable funding ratio : NSFR)은 향후 관찰기간을 거쳐 2018년부터 시행될 예정이다.

$$NSFR = \text{가용안정자금조달(부채 및 자본)} / \text{필요안정자금조달(자산)}$$

---

6 일반은행은 80%로 도입 후 매년 5%p씩 상향, 특수은행은 60%로 도입 후 매년 10%p씩 상향조정하며, 외은지점은 20%로 도입 후 매년 10%p씩 상향조정하게 된다.

가용안정자금조달은 부채와 자본 중 위기상황에서도 1년 이내에 이탈할 가능성이 낮은 안정적인 조달금액이며 필요안정자금조달은 자산 중 1년 이내에 현금화될 가능성이 낮아 안정적인 자금조달이 필요한 금액을 의미한다.

한편, 2000년대 중반 이후 국내은행들은 주택담보대출 및 중소기업대출 등을 통해 경쟁적으로 자산규모를 확대해 왔다. 이 과정에서 국내은행들은 대출을 확대하는 데 필요한 재원을 예금으로 모두 충당하지 못하자 은행채 등 시장성 수신으로 조달하는 비중을 늘려 왔고 이에 따라 2008년 금융위기 시 은행권 유동성이 불안정해진 측면이 있었다. 일반적으로 예금은 뱅크 런이 일어나지 않는 한 대체로 안정적인 수준이 유지되는 반면 은행채, CD 등 시장에서 조달하는 자금은 시장상황에 따라 변동성이 커 은행이 유동성 수준을 안정적으로 유지하려면 자금조달에서 예금의 비중을 높여야 한다고 할 수 있다.

국내 은행권의 **원화예대율**(CD를 제외한 예금 대비 대출의 비율)은 2004년 말까지 100% 내외였으나 이후 급격히 증가하여 2007년 말 123.9%에 이르는 등 높은 수준을 나타냈고 글로벌 금융위기 이후 감독당국의 지도 등으로 다소 감소하기는 하였으나 2009년 말에도 110.7%를 기록하는 등 매우 높은 수준을 보여주었다.

| 표 23-3 | 국내 일반은행 원화예대율[1] 추이

(단위 : %)

2002년	2003년	2004년	2005년	2006년	2007년	2008년	2009년	2010년	2011년	2012년	2013년
88.4	94.4	99.9	101.0	109.0	123.9	118.8	110.7	97.2	95.9	95.2	96.5

주 : 1) 예금에서 CD 제외, 말잔기준
자료 : 금융감독원, 금융통계정보시스템

이에 2010년 금융위원회는 은행 간 외형 경쟁유인을 최소화하고 건전경영을 유도하기 위해 은행업감독규정(제26조 제1항)을 개정하여 원화예대율을 경영지도비율로 도입하기로 하였다. 이 **원화예대율규제**는 원칙적으로 원화대출금 2조원 이상인 일반은행(외은지점 포함)에 적용되며, 특수은행 중에는 농협만 적용대상으로 하였다. 규제내용은 CD를 예금으로 인정하지 않고 평잔기준으로 원화예수금 대비 원화대출금 비율로 산정되는 예대율이 100% 이하가 되도록 하는 것이다. 원화예대율규제는 당초 2013년 말까지 시행을 유예하였으나, 가계부채 연착륙 대책의 일환으로 시행이 앞당겨져 2012년 6월 말부터 시행되고 있다. 은행권은 예대율을 100% 이하로 유지해야 한다. 금융위원회가 예대율규제 도입을 추진하자 2010년부터 예대율이 100% 이하로 하락하여 유지되고 있다.

$$예대율 = \frac{원화대출금}{원화예수금(CD\ 제외)} \times 100 \leq 100\%$$

한편, 금융위원회는 2014년 12월부터 예대율 산정 시 정책자금대출을 원화대출금에서 제외하여 은행의 대출여력을 확보해주고, 발행만기 5년 이상 커버드본드를 원화예수금에 포함시켜 커버드본드 발행 활성화를 유도하고 가계부채 구조개선을 지원하기로 하였다. 동 정책으로 예대율규제는 다소 완화되었다.

3.2 외화유동성규제

우리나라와 같이 통화 국제화가 되어 있지 않은 나라가 경제 · 금융위기 상황에 빠지면 금융기관은 외화유동성 부족 문제에 직면할 가능성이 높다. 즉 달러 등 국제결제통화로 표시된 부채의 상환요구가 있을 때 이에 대응할 수 있는 유동성 높은 외화자산이 부족하다는 것이다. 또한 금융기관의 외화자산과 외화부채는 환율변동리스크에 노출되어 있기 때문에 환리스크 관리도 필요하다. 따라서 금융감독당국은 금융기관 중 「외국환거래법」에 따라 외국환업무를 하겠다고 등록한 기관인 외국환업무취급기관에 대해 외화유동성 및 환리스크관리에 대한 규제를 하고 있다. 여기에는 **외국환포지션한도규제**, **외화유동성비율규제**, **중장기 외화자금관리비율규제** 및 **외화안전자산보유제도** 등이 있다.

외국환포지션이란 외화자산과 외화부채의 차액을 말한다. 이 차액이 커지면 금융기관이 환리스크에 크게 노출되기 때문에 금융감독당국은 이에 대한 규제를 하고 있다. 외국환은행의 경우 종합포지션(현 · 선물 외화자산 · 부채차액 합계)은 자기자본의 50%, 선물환포지션은 자기자본의 30%(외은지점은 150%)를 넘지 않도록 하고 있다.

외화유동성비율규제는 단기적으로 예상되는 외화부채의 상환요구에 대응할 수 있는 외화자산을 일정정도 확보하라는 규제이다. **외화유동성비율규제**에는 잔존만기 3개월 이내 외화부채 대비 외화자산비율을 나타내는 3개월 외화유동성비율과 기간별로 외화자산과 부채의 만기불일치가 어느 정도인지를 나타내는 **외화자산부채만기불일치비율**이 있다. 국내은행의 경우 외화유동성비율은 85% 이상, 외화자산부채만기불일치비율은 7일 이내는 −3% 이상, 1개월 이내는 −10% 이상으로 규제되고 있다.

$$\text{외화유동성비율} = \frac{\text{잔존만기 3개월 이내 외화자산}}{\text{잔존만기 3개월 이내 외화부채}} \times 100 \geq 85\%$$

$$\text{외화자산부채만기불일치비율} = \frac{\text{기간별 외화자산} - \text{기간별 외화부채}}{\text{총외화자산}} \times 100$$

$$\geq -3\%(\text{7일 이내}),\ -10\%(\text{1개월 이내})$$

또한 금융감독당국은 금융기관의 과도한 단기외채를 억제하고 외화자금조달의 중장기화를 유도하기 위해 **중장기 외화자금관리비율**을 규제하고 있다. 이는 국내은행들이 상환기간이 1년 이상 남은 외화대출은 상환기간이 1년을 초과하는 중장기 외화자금으로 조달하여야 한다는 규제이다.

$$\text{중장기 외화자금관리비율} = \frac{\text{상환기간 1년 초과 외화조달잔액}}{\text{상환기간 1년 이상 외화대출잔액}} \times 100 \geq 100\%$$

한편 2010년 7월부터는 금융기관들이 신용등급이 높은 국가의 국 · 공채 등 양질의 유동성자산을 보유하도록 하는 **외화안전자산보유제도**[7]도 시행되고 있다.

4. 자산건전성규제

자산건전성규제는 금융회사가 가지고 있는 자산의 신용위험을 미리 파악하여 예상되

7 국내은행은 외화 총자산의 2% 이상 또는 향후 2개월 이내 최대 유출가능금액 이상을 A등급 이상의 국 · 공채 등으로 보유해야 한다.

는 손실에 대비할 수 있도록 하는 규제이다. **자본적정성규제**가 금융회사의 예상 밖의 손실(unexpected losss)에 대해 손실흡수력을 확보하게 하려는 규제라면, **자산건전성규제**는 예상손실(expected loss)에 대해 손실흡수력을 확보하게 하려는 규제라고 할 수 있다. 쉽게 말해서 금융회사 자산의 건전성을 파악해서 부실가능성이 있으면 부실이 실현되는 것에 대비해 일정금액의 돈을 쌓아 놓으라는 규제를 일컫는다.

4.1 자산건전성 분류

은행은 정기적으로(분기에 1회) 차주의 채무상환능력과 금융거래내용 등을 감안하여 보유자산 등의 건전성을 '**정상**(normal)', '**요주의**(precautionary)', '**고정**(substandard)', '**회수의문**(doubtful)', '**추정손실**(estimated loss)' 등 5단계로 분류하고, 적정한 수준의

| 표 23-4 | 자산건전성 분류단계별 정의

구분	채무상환능력기준	연체기간	부도 여부 등
정상	채권회수에 문제가 없는 거래처에 대한 자산	–	–
요주의	채권회수에 즉각적인 위험은 없지만 향후 채무상환능력이 저하될 수 있는 잠재적 위험이 있는 거래처에 대한 자산	1개월 이상 3개월 미만	–
고정	채무상환능력 저하요인이 현재화되어 채권회수에 상당한 위험이 발생한 거래처에 대한 자산	3개월 이상 자산 중 회수예상가액 해당 부분	최종부도, 청산 · 파산절차 진행 또는 폐업 등으로 채권회수에 심각한 위험이 있는 거래처에 대한 자산 중 회수예상가액
회수의문	채무상환능력이 현저히 악화되어 채권회수에 심각한 위험이 발생한 거래처에 대한 자산	3개월 이상 12개월 미만 자산 중 회수예상가액 초과부분	–
추정손실	채무상환능력의 심각한 악화로 회수불능이 확실하여 손실처리가 불가피한 거래처에 대한 자산	12개월 이상 자산 중 회수예상가액 초과부분	최종부도, 청산 · 파산절차 진행 또는 폐업 등으로 채권회수에 심각한 위험이 있는 거래처에 대한 자산 중 회수예상가액 초과부분

대손충당금 등(지급보증충당금, 미사용약정충당금 및 대손준비금을 포함)을 적립 · 유지하여야 한다(은행업감독규정 제27조 제1항). 이때 차주의 과거 신용실적이나 연체기간, 부도 여부 등뿐만 아니라 미래의 채무상환가능성을 종합적으로 판단하여 자산의 건전성을 분류하게 되는데, 이를 미래지향적 자산건전성분류 또는 FLC(forward looking criteria)라고 부른다. 이 5단계의 자산건전성 분류기준은 [표 23-4]와 같다(은행업감독규정 〈별표 3〉).

4.2 대손충당금 적립규제

대손충당금(loan loss provisioning) 적립규제는 금융회사의 여신을 자산건전성 분류기준에 의거하여 분류한 후 금융회사가 그 여신으로부터의 손실에 대비하여 예상손실액 이상을 적립하도록 의무화하는 제도를 말한다. 대손충당금은 금융회사 보유자산으로부터 발생하는 신용손실(credit loss)을 흡수하는 역할을 한다. 은행이 이러한 대손충당금을 과소적립한 상태에서 경기침체 등 외부충격이 발생하면 금융회사가 부실화하고, 이에 따라 예금자의 피해가 발생할 우려가 있어 금융감독당국은 대손충당금 적립기준을 엄격하게 적용하고 있다. 은행은 보유자산 등에 대하여 '한국채택국제회계기준' 에 따라 충당금을 적립해야 한다.

금융회사의 대손충당금 부족은 당해 금융회사의 건전성은 물론 금융시장 전반에 심각한 악영향을 초래할 우려가 있어 대부분의 선진국 감독당국은 금융회사의 대손충당금 적립 최소 기준을 제시하고 있다. 우리나라 금융감독원도 다음 표에서 제시하는 것처럼 금융기관 보유자산의 건전성 단계별로 최저적립률을 제시하고 있다(은행업감독규정 제29조).[8] 충당금적립액이 이 최저적립금액의 합계금액에 미달할 경우 그만큼의 금액을 매 결산 시마다 대손준비금으로 적립해야 한다.

한편 회수가 불가능하다고 판단되는 채권을 대차대조표에서 제외시켜 손실로 처리하는 것을 대손상각이라고 하는데, 은행은 '회수의문' 또는 '추정손실' 로 분류된 자산(부실

8 내부등급법 사용을 승인받은 금융회사의 경우 내부등급법으로 산출한 예상손실 금액과 최저적립률 기준에 의한 금액 중 큰 금액을 적립해야 한다.

자산)을 조기에 상각하여 자산의 건전성을 확보하여야 한다(은행업감독규정 제27조 제6항). 금융감독원은 은행이 보유하고 있는 부실자산에 대한 상각실적이 미흡하다고 인정되는 경우 해당 은행에 대하여 특정 부실자산의 상각을 요구할 수 있다(은행업감독규정 제27조 제7항).

| 표 23-5 | 대손충당금 최저적립비율[1)]

(단위 : %)

		정상	요주의	고정	회수의문	추정손실
기업		0.85(0.9)[2)]	7	20	50	100
가계		1.0	10	20	55	100
신용카드	신용판매	1.1	40	60	75	100
	카드대출	2.5	50	65	75	100

주 : 1) 은행업감독규정 제29조 제1항
2) 건설업, 도매 및 소매업, 숙박 및 음식점업, 부동산 및 임대업은 0.9%

5. 경영실태평가

금융감독당국은 금융회사의 위험을 미리 파악하고 대처하여 금융시스템 안정성을 확보하기 위해 금융회사의 경영상태를 객관적이고 체계적으로 평가하는 **금융회사 경영실태평가** 제도를 시행하고 있다. 이러한 경영실태평가를 통해 금융감독당국은 금융회사의 경영상태를 평가하여 부실가능성이 높으면 적기시정조치를 취하는 등의 조치를 통해 금융회사의 건전성을 확보하고, 나아가 금융시스템의 안정성 확보를 도모하게 된다.

금융감독당국의 경영실태평가는 1996년 은행에 처음 도입된 이후 순차적으로 증권회사, 보험회사, 여신전문금융회사, 종금사, 저축은행, 특수은행, 금융지주회사, 투신운용사, 농·수협 및 산림조합중앙회와 그 회원조합 및 자산운용사 등으로 평가대상이 확대되었다. 여기서는 은행에 대한 금융감독당국의 경영실태평가에 대해 좀 더 자세히 알아보기로 한다.

| 표 23-6 | 우리나라 금융감독원의 경영실태 평가항목(일반은행 본점 및 국외 현지법인)

평가부문	계량지표	비계량평가항목	평가비중
자본적정성	• 총자기자본비율 • 기본자본비율 • 보통주자본비율 • 단순자기자본비율	• 경영지도기준 충족 • 리스크의 성격 및 규모 등을 감안한 자본규모의 적정성 • 자본구성의 적정성 및 향후 자본증식가능성 • 경영진의 자본적정성 유지정책의 타당성	20%
자산건전성	• 손실위험도가중여신비율 • 고정이하여신비율 • 연체대출채권비율* • 대손충당금적립률 *계절조정연체율	• 신용리스크관리의 적정성 • 신용리스크 인식 · 측정 · 평가 • 여신정책의 적정성 • 자산건전성 분류의 적정성 • 충당금 적립의 적정성 • 여신관리의 적정성 • 문제여신 판별 및 관리실태	25%
경영관리 적정성		• 경영지배구조의 안정성 • 경영정책수립 및 집행기능의 적정성 • 성과보상체계운영의 적정성 • 경영효율성 및 경영개선추진실태 • 내부통제제도 및 운영실태 • 법규, 정책 및 검사지적사항의 이행실태 • 사회적 책임의 이행실태	15%
수익성	• 총자산순이익률 (자산 10조원 이상) (자산 10조원 미만) • 총자산경비율 (자산 10조원 이상) (자산 10조원 미만) • 이익경비율 • 위험조정자본이익률[1)]	• 수익의 규모 및 내용에 영향을 미치는 리스크의 수준 등 • 수익구조의 적정성 • 비용구조의 적정성 • 경영합리화 및 미래수익창출능력	10%
유동성	• 유동성커버리지비율[1)] • 외화유동성비율[2)] • 원화예대율[3)] • 중장기외화자금 조달비율[4)]	• 유동성 리스크관리의 적정성 • 유동성 변동요인의 적정성 • 자금조달 및 운용구조의 합리성 • 유동성 위기상황분석(stress-test) 운용의 적정성	15%
리스크관리[5)]		• 리스크 지배구조 및 관리정책의 적정성 • 리스크 관리절차 및 통제실태 • 리스크 인식 · 측정 · 평가의 적정성	15%

주 : 1), 3), 4) 은행 국외현지법인에 대해 적용배제
2) 외화자산이 은행계정 총자산 대비 5% 이하인 은행은 적용배제
3) 직전 분기 중 분기말월 기준 원화대출금 2조원 미만인 은행은 적용배제
4) 외화대출잔액이 미화 5천만불 미만인 은행은 적용배제
5) '차주기업의 외환리스크관리 적정성' 포함

자료 : 금융감독원, 2015 개정판 금융감독개론, 2014

은행에 대한 경영실태평가의 방식을 보면 먼저 일반은행 본점 및 해외현지법인은 CAMELS 방식으로 평가하다가, 2012년 4분기부터 CAMEL-R 방식으로 변경하여 평가하고 있다. 외은지점 및 일반은행의 국외지점은 ROCA 방식으로 평가하고 있다. CAMEL-R이란 자본적정성(capital adequacy), 자산건전성(asset quality), 경영관리적정성(management), 수익성(earnings), 유동성(liquidity), 위험관리(risk management) 등 6개 부문의 영문 첫 자를 딴 용어이다. CAMEL-R 방식의 평가는 특정 수치를 활용해서 평가하는 계량평가와 질적 평가인 비계량평가를 실시하여 평가등급을 매기게 된다. 자세한 평가항목에 대해서는 [표 23-6]을 참조하기 바란다.

한편 ROCA는 위험관리(risk management), 경영관리 및 내부통제(operational controls), 법규준수(compliance), 자산건전성(asset quality) 등 4개 부문에 대한 평가로 이루어진다. 특수은행의 본점, 국외지점 및 현지법인은 자본적정성, 자산건전성, 법규준수, 위험관리, 수익성, 유동성 등 6개 부문에 대해 평가를 실시한다. 수익성평가의 경우 산업은행과 중소기업은행에 대해서는 비계량평가만 하고 수출입은행에 대해서는 평가를 배제하고 있다. 유동성평가의 경우 수출입은행에 대해서는 유동성커버리지비율을 적용하지 않고 있다. 또 특수은행의 국외지점에 대해서는 자산건전성, 법규준수, 위험관리 등 3개 부문에 대해서만 평가하고 있다.

이렇게 평가가 이루어지면 각 부문별 평가등급 및 종합평가등급을 매기게 되는데, 평가등급은 1등급(우수, strong), 2등급(양호, satisfactory), 3등급(보통, less than satisfactory), 4등급(취약, deficient), 5등급(위험, critically deficient)의 5단계로 나뉘게 된다. 금융회사 경영실태평가 등급은 금융회사의 적기시정조치에 활용되며, 이에 대해서는 다음 절에서 다루도록 한다.

6. 적기시정조치

적기시정조치(prompt corrective action : PCA)란 금융회사의 건전성을 자본적정성 수준(BIS기준 자기자본비율) 및 경영실태평가 결과로 평가하여 경영상황이 악화된 금융회사에 대해 금융감독당국이 강제로 시정조치를 부과해 나가는 제도이다. 적기시정조치제도는 일정기준에 미달하는 금융회사에 대해 강제로 시정을 요구하기 때문에 경영정상화 가능성이 없는 금융회사는 자동적으로 퇴출되게 되어 금융소비자를 보호하고 예금보험기금 고갈을 막는 등 사회적 비용을 줄이며 금융시스템 안정성을 확보하는 제도적 장치라고 할 수 있다.

적기시정조치제도는 1974년 덴마크가 「상업은행 및 저축은행법(CBSBA)」을 제정하면서 최초로 도입하였으며, 이후 미국이 1992년 「연방예금보험공사 개혁법(FDICIA)」을 제정하면서 도입하여 국제적으로 널리 알려지게 되었다. 우리나라에서는 1992년 7월 은행권에 최초로 도입되었으며, 1998년 4월에는 조치 발동기준을 객관화하여 BIS 자기자본비율 기준 미달 정도에 연계하여 자동적으로 실시하는 것을 의무화함으로써 감독당국의 재량 여지와 온정주의를 배제하여 실효성을 높였다. 1998년 6월에는 경영실태평가 결과에도 연동하도록 함으로써 제도를 더 강화하였다. 또한 1998년 6월 제정된 「금융산업의 구조개선에 관한 법률(금산법)」에 적기시정조치를 은행뿐만 아니라 모든 금융기관에 적용할 수 있는 근거가 마련됨으로써(금산법 제10조 '적기시정조치') 이후 전 금융권역으로 확산되어 적용되고 있다.

우리나라의 적기시정조치제도는 **경영개선권고**, **경영개선요구**, **경영개선명령**의 3단계로 구분하여 운용되고 있다. 은행의 경우 **경영개선권고**는 총자본비율 8% 또는 기본자본비율 6% 또는 보통주자본비율 4.5% 미만이거나 경영실태평가 결과 종합등급이 3등급이면서 자본적정성 또는 자산건전성이 4등급 이하인 경우 발동된다. **경영개선요구**는 총자본비율 6% 또는 기본자본비율 4.5% 또는 보통주자본비율 3.5% 미만이거나 경영실태평가 결과 종합등급이 4등급 이하인 경우 발동된다. **경영개선명령**은 퇴출수단으로 활용될 수 있는데, 총자본비율 2% 또는 기본자본비율 1.5% 또는 보통주자본비율 1.2% 미만인 경우 발동되며 경영실태평가 결과에 따른 발동요건은 없다. 경영개선명령은 금융회사의 퇴출이 가능한 강력한 조치인 만큼 실사를 거쳐 신중하게 결정하고 있다.

금융위원회는 경영개선권고 대상인 금융회사에 대하여 조직 및 인력운용의 개선, 자본금의 증액 또는 감액 및 신규업무 진출 제한 등을 권고할 수 있고, 관련 임원에 대하여 주의 또는 경고조치를 취할 수 있다. 또 경영개선요구 대상인 금융회사에 대하여는 조직

| 표 23-7 | 우리나라 적기시정조치제도의 주요 내용

구분				적기시정조치		
				경영개선권고	경영개선요구	경영개선명령[1]
발동요건[2]	자본충실도	비은행금융지주회사	필요자본 대비 자기자본비율	100% 미만	75% 미만	25% 미만
		은행 은행지주회사	총자본비율	8% 미만	6% 미만	2% 미만
			기본자본비율	6% 미만	4.5% 미만	1.5% 미만
			보통주자본비율	4.5% 미만	3.5% 미만	1.2% 미만
		금융투자	순자본비율[3]	100% 미만	50% 미만	0% 미만
			영업용순자본비율[4]	150% 미만	120% 미만	100% 미만
		보험	지급여력비율	100% 미만	50% 미만	0% 미만
		종금	BIS비율	8% 미만	6% 미만	2% 미만
		저축은행	BIS비율	6% 미만	4.5% 미만	1.5% 미만
		여전	조정자기자본비율	7% 미만	4% 미만	1% 미만
		카드		8% 미만	6% 미만	2% 미만
	경영실태평가	금융지주회사		종합등급 3등급 및 금융지주회사 부문 또는 자본적정성 4등급 이하	종합등급 4등급 이하	-
		권역공통[5]		종합등급 3등급 및 자본적정성 또는 자산건전성 부문 4등급 이하	종합등급 4등급 이하	-
		여전		종합등급 4등급 및 자산건전성 또는 자본적정성 3등급 이상	종합등급 4등급으로서 자산건전성 및 자본적정성 4등급 이하	종합등급 5등급
		신용카드		종합등급 1~3등급 및 자산건전성 또는 자본적정성 4등급 이하	종합등급 4등급 이하	-

조치내용 (권역공통)	조직 · 인력 운용의 개선, 자본금의 증액 또는 감액, 신규업무 진출 제한 등	점포폐쇄 및 신설제한, 임원진 교체요구, 영업의 일부정지 등	주식소각, 영업양도, 외부관리인 선임, 합병 및 계약이전 등
경영개선계획 처리절차 (권역공통)	경영개선계획 불승인 또는 미이행 시 경영개선요구 발동	경영개선계획 불승인 또는 미이행 시 경영개선명령 발동	경영개선계획 불승인 또는 미이행 시 원칙적으로 퇴출조치

주 : 1) 금융지주회사, 은행, 증권, 보험, 종금, 상호저축은행의 경우 경영개선명령 발동 시 '자본충실도' 및 '경영실태평가' 요건 외에 '부실금융회사지정' 요건 포함.
2) 거액의 금융사고 또는 부실채권의 발생으로 금융회사가 자본충실도 및 경영실태평가 결과상 발동요건에 해당될 것이 명백하다고 판단되는 경우 포함.
3) 투자매매, 투자중개업자
4) 집합투자 · 신탁업자
5) 금융지주회사, 여신전문회사를 제외하고 권역공통

자료 : 금융감독원, 2015 개정판 금융감독개론, 2015

의 축소, 점포폐쇄 및 신설제한, 임원진 교체요구, 영업의 일부 정지 등의 조치를 취할 수 있다. 한편 금융위원회는 경영개선명령 대상인 금융회사에 대하여 주식소각, 영업정지 및 양도, 외부 관리인 선임, 계약이전 및 합병 등의 조치를 취할 수 있으나, 주식의 전부 소각, 영업의 전부 정지 및 양도, 계약의 전부 이전 등 퇴출조치는 금융시스템의 안정성과 건전한 신용질서를 해할 우려가 현저히 크다고 인정되는 경우에 한하여 신중하게 조치하도록 하고 있다. 은행을 포함한 각 금융회사들에 대한 적기시정조치의 주요 내용은 [표 23-7]을 참조하기 바란다.

7. 요약

금융감독당국은 금융회사의 부실경영으로 야기될 수 있는 손실을 방지하고 금융시스템 안정성을 확보하며 금융소비자의 권익을 보호하기 위해 금융회사에 대한 건전성감독을 시행한다. 특히 최근에는 개별 금융회사에 대한 '미시적' 건전성감독이 금융시스템의 안정과 반드시 연결되지는 않을 수도 있어 거시건전성감독도 시행하고 있다. 우리나라 금융감독원에서는 은행경영의 건전성 확보를 위해 은행의 주요 경영지표에 대해 '경영지도기준' 을 설정하여 은행들이 이 기준을 지키도록 하고 있다.

금융감독원이 제시하는 경영지도기준에는 총자본비율 · 기본자본비율 · 보통주자본비율 등 자본규제비율, 유동성커버리지비율(liquidity coverage ratio : LCR) · 순안정자금조달비율(net stable funding ratio : NSFR) · 원화예대율 등 원화유동성규제비율, 외화유동성비율 · 외화자산부채만기불일치비율 · 중장기외화자금관리비율 등 외화유동성규제비율 등이 있다. 자본규제의 경우 글로벌 금융위기 이전에는 BIS 자기자본비율규제가 있었다. BIS 자기자본비율은 BIS기준 자기자본(기본자본 + 보완자본 − 공제항목)을 위험가중자산으로 나눈 값으로, BIS가 요구하는 최소 자기자본비율은 8%였다.

BIS 자기자본비율은 1997년부터 신용위험 이외에 시장위험(market risk)에 대해서도 일정한 자기자본을 보유토록 수정되었으며, 바젤Ⅱ에서는 최소 자기자본규모(Pillar 1)뿐만 아니라 은행의 위험관리와 자본적정성 평가시스템에 대한 감독당국의 점검(Pillar 2)과 공시 강화를 통한 시장참여자의 감시 유도(Pillar 3)로 보완되었다. 글로벌 금융위기 이후에는 바젤 Ⅲ가 도입되면서 총자본뿐 아니라 보통주 및 Tier 1 자본에도 최소자본규제가 도입되면서 자기자본규제가 훨씬 더 강화되었다.

자산건전성규제는 금융회사가 가지고 있는 자산의 신용위험을 미리 파악하여 예상되는 손실에 대비할 수 있도록 하는 규제이다. 은행은 정기적으로 차주의 채무상환능력과 금융거래내용 등을 감안하여 보유자산 등의 건전성을 '정상(normal)', '요주의(precautionary)', '고정(substandard)', '회수의문(doubtful)', '추정손실(estimated loss)' 등 5단계로 분류하고, 각 단계별로 적정한 수준의 대손충당금을 적립 · 유지하여야 한다. 금융감독당국은 금융회사의 위험을 미리 파악하고 대처하여 금융시스템 안정성을 확보하기 위해 금융회사의 경영상태를 객관적이고 체계적으로 평가하는 금융회사 경영실태평가 제도를 가지고 있다. 은행에 대한 경영실태평가는 CAMEL-R 방식으로 하는데, 이는 자본적정성(capital adequacy), 자산건전성(asset quality), 경영관리적정성(management), 수익성(earnings), 유동성(liquidity), 위험관리(risk management) 등 6개 부문의 영문 첫 자를 딴 용어이다. 적기시정조치(prompt corrective action)란 금융회사의 건전성을 자본적정성 수준 및 경영실태평가 결과로 평가하여 경영상황이 악화된 금융회사에 대해 금융감독당국이 강제로 시정조치를 부과해 나가는 제도이다. 우리나라의 적기시정조치 제도는 경영개선권고, 경영개선요구, 경영개선명령의 3단계로 구분하여 운용되고 있다.

연 | 습 | 문 | 제

01. 은행의 건전성을 감독하는 이유는 무엇인지 설명하시오.

02. 거시건전성감독에 대해 설명하시오.

03. 바젤Ⅱ에서의 Pillar 1, Pillar 2, Pillar 3는 무엇이며, 왜 Pillar 2와 Pillar 3가 추가로 도입되었는지 설명하시오.

04. 글로벌 금융위기 이후 바젤은행감독위원회(BCBS)는 은행의 자본규제를 강화하였다. 그 내용을 설명하시오.

05. 은행 자산건전성의 5단계 분류기준은 무엇인지 설명하시오.

06. 은행의 대손충당금에 대해 설명하시오.

07. CAMEL-R이란 무엇의 약자인지 설명하시오.

08. 적기시정조치제도의 단계와 조건에 대해 설명하시오.

CHAPTER 24

예금보험제도

금융회사가 영업정지나 파산 등으로 고객의 예금을 지급하지 못하게 될 경우 해당 예금자가 손실을 입게 됨은 물론 전체 금융시스템의 안정성도 위협받을 가능성이 있다. 금융안전망 체제의 한 축으로 이러한 사태를 방지하기 위하여 도입된 예금보험은 그 명칭에서 알 수 있듯이 '동일한 종류의 위험을 가진 사람들이 평소에 기금을 적립하여 만약의 사고에 대비한다'는 보험의 원리를 이용하여 예금자를 보호하는 제도이다. 세계 여러 나라와 유사하게 우리나라에서도 예금자보호법에 의해 설립된 예금보험공사가 평소에 금융기관으로부터 보험료(예금보험료)를 받아 기금(예금보험기금)을 적립한 후, 금융기관이 예금을 지급할 수 없게 되었을 때, 금융기관을 대신하여 예금의 전부 또는 일부를 대신 지급하고 있으며, 부실한 금융기관의 신속한 시장퇴출 여건을 조성하는 업무도 수행하고 있다. 본 장에서는 예금보험제도의 필요성, 도입 시의 역기능과 역기능 해소방안 등 일반적 구조와 더불어 현실에서의 적용형태를 살펴본다. ■

1. 예금보험제도의 필요성

예금보험제도는 개별 예금자보호와 이를 통한 금융제도의 안전성 확보를 주된 목적으로 하고 있다. 이 제도의 필요성이 제기되는 근본적인 이유는 은행제도의 특수성에 기인한다. 은행업은 **부분지준제도**(fractional reserve system)하에서 만기 전 언제라도 정해진 금액의 예금에 대한 선착순 인출을 보장(sequential service contract)하는 방식으로 자금을 빌리고, 유동성이 부족한 대출로 빌려주는 것을 주된 업무로 하고 있다. 이러한 특성이 은행업을 본질적으로 불안정(inherently unstable)하게 만든다.

무슨 이유에서든 예금인출요구가 과도하게 발생하면 유동성 확보 시 발생하는 손실로 인해 건전한 은행이라도 예금자의 인출요구에 응할 수 없는 지급불능상태에 빠질 수밖에 없다. 유동성 필요가 없음에도 불구하고 안전성 확보를 위해 한꺼번에 몰려드는 현상, 즉 **대량 예금인출사태**(bank run)가 발생하면 자산건전성 여부에 관계없이 해당 은행은 도산하게 되는 것이다. 이러한 현상은 은행과 예금자 간의 자산의 건전성에 대한 정보 비대칭성이 강한 은행시장의 특성을 감안하면 실제로는 건전한 은행에 대해서도 예금자의 불안은 '**뱅크 런**'으로 이어질 수 있다.

이를 더욱 악화시키는 것은 한 은행의 도산이 다른 은행의 연쇄도산으로 이어지는 경우이다. **정보의 비대칭성**(information asymmetry) 정도가 강한 금융시장에서는 한 은행의 도산이 겉으로 보기에 유사한 다른 은행의 안전성에 대한 의구심을 불러 일으켜 다른 은행에도 '뱅크 런'이 발생케 함으로써 금융제도의 붕괴로 이어질 수 있는 것이다. 결국 금융시장에 충격이 발생하면 예금을 지키기 위해 은행으로 달려가는 것이 합리적인 예금자의 당연한 반응이겠지만,[1] 그 결과는 은행의 도산, 금융제도의 붕괴 및 그에 따른 실물경제의 붕괴일 수 있는 것이다.[2] '뱅크 런'이 하나의 사회현상으로 만연했던 1929년부터 1933년 초까지 미국의 경제공황기에 기존 은행의 36%에 해당하는 9,000여 개 은행이

1 Diamond and Dybvig(1983)

2 이러한 분석에 의거하여 은행산업의 안전성 유지를 위해 '뱅크 런' 발생요인을 근원적으로 제거하자는 주장이 있다. 부분지준제도의 해결방안으로 은행의 지급결제기능을 분리하여 지급결제기능은 100% 지준을 요구하자는 협의의 은행(narrow banking)이 제시되기도 하였다(Friedman, 1959).

영업정지되었고, 상업은행 예금은 42%가 축소되었으며, 통화량은 1/3이 감소하였고, 국민총생산이 53%나 감소하는 결과가 발생하였다.[3] 따라서 금융시장의 안전성을 유지하기 위해서는 정보의 비대칭성에 직면한 예금자들의 무차별적인 예금인출 동기를 억제하는 것이 필요한데, 예금보험제도가 이러한 역할을 수행한다.

한편, '뱅크 런'에 대한 부정적 인식은 '뱅크 런'을 방지하는 데 정책의 초점을 맞추어야 한다는 생각을 정당화할 수 있지만, 지금까지의 연구를 종합하면 조금은 다른 시각을 가질 수 있다. 현실에서 나타난 현상은 '뱅크 런'으로 지급불능이 발생한 경우보다 부실은행에 대한 예금자의 응징으로 '뱅크 런'이 발생한 경우가 더 일반적이라는 것이다.[4] 또한 소수은행의 도산이 은행산업의 붕괴와 실물경제의 붕괴로 이어지는 경우는 예금자들의 산업 전체에 대한 신뢰회복에 필요한 조치가 없을 때만 발생하는 특수한 사건[5]이며, 적절한 제도적 장치가 있을 경우에는 개별 은행의 도산과 산업의 안전성은 양립될 수 있다는 것이다.

이러한 점들의 고려는 예금보험제도의 역할을 '뱅크 런'의 방지에 국한시키는 것이 올바른 방향이 아니라는 점을 시사한다. 우리나라와 같이 정부주도의 금융에서 자율과 경쟁의 환경으로 변화할 때, 경쟁에 실패한 은행을 도산처리할 경우 여타 은행에 대한 신뢰도 상실로 연결되어 안전성 문제가 대두될 것이라는 통념은 부실은행도 구제해야 하는 모순을 초래한다. 그러나 은행도산의 파급효과를 제한시키고 전염성을 억제하는 제도가 존재하는 경우에는 부실은행의 파산을 허용하는 것이 경쟁을 통한 효율성 제고와 산업의 안전성을 동시에 달성할 수 있게 된다. 따라서 효율성과 안전성을 동시에 추구해야 하는 현재의 환경하에서는 어느 은행도 도산해서는 안 된다는 고정관념에서 벗어나, 제한된 '뱅크 런' 발생가능성은 남겨 둠으로써, 부실은행의 도산은 허용하되 전체 산업으로의 연계가능성을 단절하는 안전망 체제의 주축으로서 예금보험제도의 역할이 강조될 필요가 있다.

---

3 Friedman and Schwartz(1965)
4 Schwartz(1987)
5 Benston 등(1986)과 Kaufman(1988)

2. 예금보험제도의 유용성

예금의 안전성을 은행의 지급능력에 관계없이 제3의 기관에서 보장해 주는 **예금보호제도**는 시장의 자율기능과 제한적인 최종대부자기능만으로는 성취할 수 없는 경제적 효익을 제공하고 있으며, 다음의 몇 가지로 요약될 수 있다.

첫째, 예금보험은 파괴적인 예금의 대량 인출사태를 사전에 방지하는 데 가장 효과적인 수단이다.[6] 예금보험기능은 지급불능은행이 발생하는 경우 우선 예금자의 손실을 이 목적으로 조성된 자금을 활용하여 보장해 주는 동시에 지급불능은행의 원만하고 신속한 시장탈퇴 여건을 조성하는 사후적 처리기능이 주된 임무이다. 이러한 사후적 조치로서의 예금보험제도는 예금자의 예금안전성에 대한 불안감을 제거시킴으로써 파괴적인 대량 예금인출 동기를 근원적으로 제거하는 사전적 예방 기능을 수행하게 되어 '뱅크 런'을 방지하는 효과적인 수단이 된다. 이는 몇몇 지급불능은행이 발생하더라도 은행산업의 공신력 저하로는 연결되지 않기 때문에 은행도산이 독립된 사건으로 끝나게 되어 은행도산의 외부효과를 최소화시키는 순기능을 수행한다.

둘째, 중앙은행의 **최종대부자기능**의 역할 범위를 명확히 해주는 효과가 있다. 예금보험의 존재는 지급불능은행 발생이 금융위기로 연결될 가능성을 단절하기 때문에 일시적 유동성 제공에 최종대부자기능을 국한시키는 근거가 된다.[7] 동시에 도산은행의 재조직 및 흡수합병 등에 필요한 자금은 이를 위해 조달된 예금보험기금을 활용함으로써 지급불능은행에까지 유동성공급을 확산할 경우에 발생할 수 있는 손실부담에 대한 논란이 필요 없게 된다.

셋째, 예금보험의 존재는 규모가 다른 은행 간의 공정한 경쟁여건을 만드는 데 기여한다. 대형 금융기관이 일반적으로 더 안전하게 평가되고 또 문제 발생 시 정부의 개입가능성이 소형 금융기관에 비해 클 것이라는 인식이 팽배하다면 상대적으로 소형 금융기관이 본질과 관계없이 불공정한 대우를 받을 가능성이 있는데, 예금보험이 이러한 우려를 완

---

6 Diamond and Dybvig(1983, 1986)

7 Mussa(1986)

화시킨다.

넷째, 예금보험은 금융위기 발생가능성을 약화시킴으로써 자율화와 경쟁여건의 조성을 촉진시키는 역할을 한다. 경쟁적 금융시장을 통해 효율성 제고를 성취하기 위해서는 부실은행의 도산이 허용되어야 하지만, 정책당국이 자율화 추진과정에서 지급불능은행의 발생이 전체 기관의 신뢰도 저하로 이어져 금융위기가 발생할 수 있음을 우려하게 되면 부실은행을 보호해야 되는 모순을 안게 된다. 따라서 금융위기를 두려워하는 정책당국은 자율화의 추진속도를 확신이 있을 때까지 가급적 늦추려는 경향을 띠게 되어 자율화, 경쟁심화, 국제경쟁력 강화 수준의 발전이 늦어질 것이다.

그러나 예금보험이 존재하면 개별 은행의 부실이 전체 은행의 신뢰도 저하로 이어질 가능성이 소멸되어 독립된 사건으로 끝나게 되며, 예금보험기금과 전문성의 도움으로 부실은행의 청산 또는 건전한 은행에 의한 흡수합병 등의 순조로운 시장탈퇴 여건을 조성함으로써 은행의 도산으로 인한 금융시장의 불안과 그에 따른 사회적 비용을 최소화할 수 있다. 이러한 관점에서 금융자율화가 진전될 때 금융불안 요인의 제거방안으로서 예금보험이 필요하다기보다 예금보험제도의 도입이 금융자율화의 여건을 조성해 줄 수 있다고 할 수 있다.

3. 예금보험의 역기능과 해결방안[8]

예금보험이 '뱅크 런' 가능성을 억제하며 부실은행 발생으로 인한 사회적 비용을 줄이는 유용한 역할을 하고 있으나 모든 사회제도가 그렇듯이 새로운 문제를 야기시킬 수 있다.

8 정운찬 등(1992)

3.1 도덕적 해이

예금보험의 존재는 예금자의 은행경영 감시 동기를 제거하고, 그로 인해 은행이 전반적으로 위험성을 높여 수익성을 제고시키고자 하는 자연적인 동기를 제공한다.

고정보험료에 의한 예금보험이 존재할 경우, 은행의 위험이 증가하는 경우를 예를 들어 살펴보자. 은행과 예금자 모두 위험중립적이라는 가정하에 은행이 1년 후에 8천만원을 지급하기로 약속하고 자금을 조달하여 A와 B의 위험이 다른 두 가지 투자안 중 선택해야 하는 경우를 고려하자. 두 투자안의 성공과 실패가능성은 각각 50%이고, 투자안들로부터 예상되는 결과는 다음과 같다고 하자.

투자안	성공	실패
A	2억원	0
B	1.1억원	1.1억원

예금보험이 없는 경우 은행의 고정보험료 지급 전 기대이익은 투자안 A를 선택하면 2천만원(2억원 × 0.5 − 8천만원)이 된다. 이를 다른 측면에서 보면 예금자는 투자안이 실패할 경우에는 한푼도 받을 수가 없기 때문에 1년 후 8천만원을 기대하기 위해서는 성공 시에 1억 6천만원을 받는 계약을 해야 할 것이다. 따라서 은행의 기대이익은 (2억원 − 1억 6천만원) × 0.5 = 2천만원이 된다. 반면에 안전한 투자안 B를 선택하면 기대이익이 3천만원이 되므로 투자안 B를 선택하는 것이 유리하다.

그러나 예금보험이 있는 경우는 상황이 달라진다. 투자안 B를 선택하면 예금보험의 도움이 필요할 경우가 없기 때문에 기대이익은 3천만원으로 동일하다. 투자안 A를 선택한 경우 예금자는 투자안 실패 시에도 예금보험에서 8천만원을 받을 수 있게 된다. 그러면 은행의 고정보험료 지급 전 기대이익은 (2억원 − 8천만원) × 0.5 = 6천만원으로 증가하게 된다. 그러나 그 결과 예금보험의 존재로 인해 은행은 투자안 B보다 A를 선호하게 되어 전반적인 은행의 도산위험이 증가된다.

이러한 예금보험제도에 내재해 있는 **도덕적 해이**(Moral Hazard) 문제는 부실가능성이 큰 한계은행의 경우에 더욱 강하게 작용함으로써 문제의 심각성을 더하게 된다. 특히 문제가 되는 부분은 예금보험이 없는 경우 자금조달이 불가능한 부실은행도 자금조달이 가능해져 이를 **기사회생을 위한 투자**('go-for-broke' policy)에 사용함으로써 도산위험과 결과적 손실이 증가하는 경우이다.[9] '뱅크 런' 동기를 제거하여 외부로부터의 충격을 제거함으로써 은행의 안정성을 도모하고자 하는 예금보험제도가 도덕적 해이 문제의 해결 없이는 은행산업의 자생적인 위험수준을 높이는 환경을 제공하여 은행의 안전성과 예금보험기금의 안정성마저 위협하는 결과를 낳을 수 있다.

3.2 도덕적 해이 문제의 해결방안

예금보험제도를 설계할 때는 예금보험의 장점을 살리는 동시에 도덕적 해이 위험을 줄이는 제도를 도입하는 것이 일반적이다. 도덕적 해이의 문제점을 줄이고자 하는 제도는 크게 **시장규율**(market discipline)과 **규제규율**(regulatory discipline)로 구분할 수 있다.

3.2.1 시장규율 방안

시장규율은 시장원리에 근거하여 이해관계자들이 위험에 따라 적정한 비용을 지불하게 함으로써 은행의 위험선호적인 행동을 억제하고자 하는 것이다.

변동보험료

이익을 추구하는 은행의 도덕적 해이 현상이 나타나는 근본적인 이유는 고정보험료 제도하에서는 경영위험을 높여서 기대이익이 상승하더라도 그에 따른 비용의 증가가 없거나 미미하기 때문이다.

고정보험료는 산업 전체의 평균위험을 반영한 보험료이다. [그림 24-1]에서 보듯이 서로 다른 위험을 가진 은행이 존재한다면 은행 A는 자산위험수준보다 낮은 비용을 부담하기 때문에 기대이익을 높일 수 있다. 그 결과는 낮은 위험을 취하는 은행 B가 고위험 전략을 취하는 은행 A를 보조하게 되며, 도산위험의 증가로 시장을 불안정하게 하고 예

9 Benston 등(1986)

그림 24-1 부보기관 손실위험과 예금보험

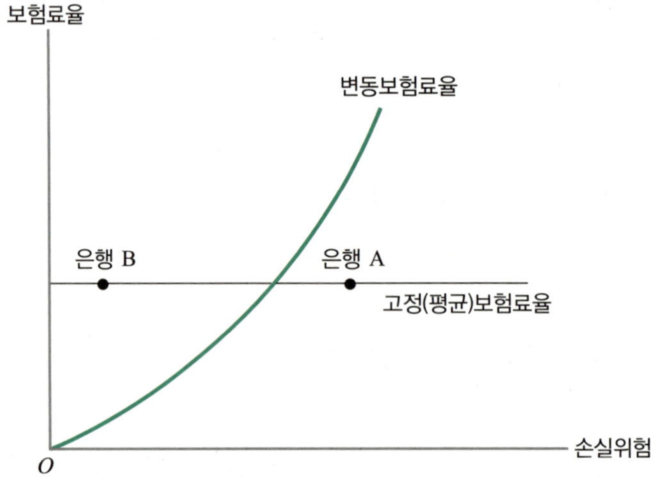

금보험기금에 손실을 끼칠 수 있게 된다.

이를 교정하는 방법으로 은행의 위험 정도에 따라 적정한 보험료를 부과하면 은행의 위험선호 경향이 억제되어 은행의 안전성과 보험기금의 안정적 운용이 가능할 것이다. 앞의 예에서 보면 투자안 B를 선택한 은행에 비해 투자안 A를 선택한 은행에 3천만원의 추가 보험료를 부담케 한다면 위험선호도가 억제될 것이다.

적정 **변동보험료** 산정은 예금보험이 **유럽형 풋옵션** 성격(만기 1년, 행사가격은 부보예금(D), 기초자산은 자산의 가치(A), 발행자는 예금보험기관, 매입자는 부보기관)을 이용해 도출할 수 있다.

이 계약하에서 1년 후에 자산의 가치(A)가 부보예금의 가치(D)보다 크면 풋옵션은 행사되지 않고 소멸된다. 그러나 자산가치(A)가 부보예금가치(D)보다 적으면 부보기관은 자산을 예금보험기관에 D로 매각할 수 있다. 즉, 예금보험기관은 예금을 예금자에게 지급하고 자산을 취득(그 이후 매각 또는 구조조정을 통해 가치상승 후 매각)하게 되므로 ($D - A$)만큼의 손실을 부담하게 된다. 보험프리미엄(보험료)은 **블랙-숄즈**(Black-Scholes) **가격결정모형**을 이용해서 도출해 낼 수 있다.

그럼에도 불구하고 도덕적 해이 억제방안으로 변동보험료제도를 전면 도입해야 한다

그림 24-2 풋옵션 성격의 예금보험

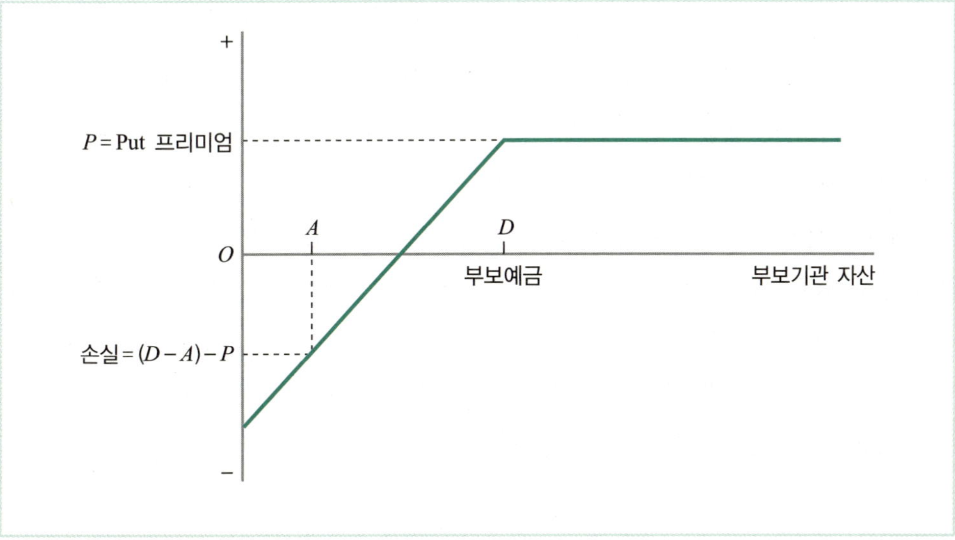

는 주장은 이론적으로 가능할지 모르나 예금보험의 경우는 그 본질상 변동요율 대상이 되기 힘든 취약점[10]이 있다는 주장도 있다. 첫 번째 문제로 지적되는 것은 보험료산정의 근간이 되어야 할 은행위험 정도에 대한 은행과 보험기구 간에 정보의 비대칭성 문제가 심각한 동시에 미래에 발생할 위험의 사전적 측정이 현실적으로 어렵다는 것이다.[11] 이러한 위험측정의 부정확성을 무시하고 보험료를 차등 적용하는 경우에는 해당 은행의 경영형태에 왜곡된 영향을 미칠 수 있다.

두 번째 지적은 은행의 도산위험과 예금보험에 전가되는 손실규모와는 구별되어야 한다는 것이다. 변동보험료는 한 은행이 보험기구에 끼칠 손실을 추정하여 산정되어야 하지만 예상손실이 은행의 위험 정도와 무관하게 결정될 수 있다는 것이 예금보험의 특징이다. 일반 보험은 보험기관이 피보험자의 사고확률과 손실규모를 통제할 수 없는 것이 일반적이지만, 예금보험의 경우는 보험기관이 은행부실확률 및 손실규모를 건전경영규제와 감독을 통해 어느 정도는 통제할 수 있다는 데 차이가 난다. 예금보험의 예상손실은 피보험은행의 위험수준과 밀접한 관계가 있다기보다는 지급불능기관의 **영업정지** 시점에

10 Horvitz(1983) 등 참조
11 Kareken(1986), Diamond and Dybvig(1986)

더 큰 영향을 받는다. 은행 간 위험이 다르더라도 지급불능 정도가 같은 수준에서 영업정지를 시키는 경우에는 손실규모가 같기 때문에 구태여 실행이 어려운 보험료의 차등화를 꾀할 필요가 없다. 보험료 산정방법과 축적된 기금의 적정수준이 어느 정도인가에 대한 해답은 은행위험의 측정에 전적으로 의존하기보다는 규제감독기능의 강도와 효율성 및 영업정지정책의 방향에 따라 결정되어야 한다.

그러나 현실에서 완벽한 규제감독기능을 기대하기도 어렵고, 전면적인 변동요율제도의 도입도 어려운 상황에서는 부분적이지만 사전적으로 확인가능한 위험을 위주로 보험료의 차등화 또는 규제감독 강도의 차등화를 꾀하는 것이 바람직할 것이다. 1993년부터 미국이 이 제도를 도입함으로써 변동보험료제도가 보편화되는 과정에 있으며, 우리나라도 2014년에 변동보험료제도가 도입되었다.

예금자규율, 채권자규율, 주주규율 및 정보공시

정보제약 등의 현실적인 문제와 불완전한 감독 등을 인정한다면 은행경영에 관련된 이해당사자의 은행감시 동기를 유발하는 수단이 유효할 수 있다. 예금보호대상의 제한, 예금보험한도의 설정(미국, 일본, 우리나라 등)이나 공동보험제도(영국 등), 후순위채권 발행 등을 강제함으로써 채권자와 거액예금자 역할분담을 요구하는 것이 그 예이다. 또한 적정자본금 규정을 강화함으로써 주주의 적극적인 은행경영 감시 동기를 유발할 수 있다.

규제감독의 보완장치로서 시장참가자들의 역할에 의존하는 **시장규율**에 대한 관심도는 증가되고 있다. 이 방안에서의 핵심적인 과제는 시장규율 의존도를 어느 정도까지 하는 것이 적정하느냐이다. 또한 시장규율이 효과적이기 위해서는 은행의 건전성에 대한 판단을 할 수 있는 은행에 관한 상세한 정보제공이 필수적이므로 시장규율은 은행정보의 정확도와 공시문제와도 연결되어 있다.

한편, 시장규율의 필요성에 대해서는 대체로 동의하지만 활용 정도에 대해서는 상반된 의견이 존재한다. 너무 많은 정보의 공개와 부보한도를 과도하게 낮추는 경우는 예금보험제도 도입 이전과 같은 금융불안이 발생할 수 있기 때문에 예금은 완전부보가 되어야 하며, 시장규율은 채권자와 주주에 한정시켜만 한다는 주장이 그것이다.[12] 일반적으

---

12 Diamond and Dybvig(1986)

로 감독당국은 은행 내부의 재무건전성 문제가 대중에게 덜 알려질수록 문제해결이 쉽다고 믿는 경향이 있다. 실제적으로 예금주에게 알려지면 도산에 이를 수 있는 정보를 노출시키지 않음으로써 감독당국이 예금자의 손실 없이 문제를 해결한 경우가 외국에도 흔할 뿐만 아니라 우리나라에서도 확인은 할 수 없지만 있었으리라 짐작이 된다. 위험의 정도가 무시할 만하고 공시 자체가 더 큰 위험을 야기시킬 수 있다면 부정적 정보의 은폐는 정당화될 수 있다. 그러나 비밀주의가 대중에게 도움이 되었다고 단정하기는 어렵다. 중요한 것은 장기적으로 볼 때 정확히 공시된 정보에 의거한 시장규율이 감독당국의 비밀스런 처리보다 은행도산을 줄이는 데 더 효과적인가에 대한 판단을 내리는 것이다.

채권자와 주주의 감시기능을 강화하는 조치는 일반적으로 효과적이라는 것이 중론이다. 부정적 정보의 공시가 있더라도 은행으로부터의 자금유출은 불가능하며, 자본시장에서의 채권과 주식가격의 하락이 있을 뿐일 것이다. 자본의 손실을 피하고 싶은 이들은 은행의 재무정보가 필요하며, 부정적 재무정보의 출현을 피하기 위해 경영층의 건전경영을 요구하는 압력집단으로 작용할 것이다. 일반 기업의 공시 필요성은 투자자의 보호에 있으나, 은행의 경우에는 과도한 위험추구의 억제수단으로 중요성이 있다고 할 수 있다.

여러 논란이 있지만 일반적으로 정보공시를 강화하여 시장과 공유되어야 하며, 향후의 환경에서 시장규율의 중요성이 더욱 강조되어야 된다는 주장[13]이 호응을 얻고 있다. 감독기관의 목표가 모든 개별 은행의 안전성 유지가 아니라 은행제도의 안정성 유지가 목표라면 정보의 완전공시가 (예금자의) 시장규율에 의한 은행의 건전경영을 유도하는 기초가 될 수 있다. 즉, 예금자의 정확한 정보에 의한 시장규율이 대량 예금인출 형태로 나타나더라도 여타 안전한 은행의 신뢰도에는 영향을 미치지 않는 경우에는 정보의 완전공개가 개별 은행의 건전경영을 유도할 수 있다. 이러한 상황은 정보의 공시제도가 완벽하고 지급불능 은행의 발생이 독립적으로 발생하는 경우에는 한 은행에서 인출된 예금이 여타 안전한 은행에 재예금될 것이므로 은행제도의 안전성은 유지되는 동시에 정보의 공개가 개별 은행의 위험선호를 사전에 억제하는 효과를 가지게 될 것이다. 자율화가 진전되면서 새로운 경영위험의 출현과 규제가 완화되는 상황에서 감독의 부담을 줄인다는 면에서 완벽한 공시로 거액 예금자와 주주의 시장규율이 필요할 것이다.

---

13 FHLBB(1983), FDIC(1983), OECD(1987)

또한 제도적으로 도입된 시장규율의 실제 효과는 은행 도산에 대응하는 당국의 태도에 대한 예금자의 인식에 달려 있다. 도산 시 부보범위와 한도를 무시하고 모두 구제된다는 인식이 팽배한 경우에는 시장규율의 효과를 기대할 수 없으며, 이것이 1990년대 초에 발생한 미국 저축대부조합(S&Ls) 산업의 붕괴의 주된 이유로 지적되고 있다. 한편 철저히 지켜진다는 인식이 있는 경우에는 거액예금자를 포함한 이해당사자들의 시장규율기능이 발휘될 것이고, 은행경영을 감시하게 되어 규제규율의 보완적인 역할을 수행하게 될 것이다.

3.2.2 규제규율 방안

시장의 불완전성으로 인해 시장참가자들이 해결할 수 없는 사항에 대해서는 규제감독당국이 은행의 위험 정도를 사전적으로 통제하고, 고정보험료제도로 인한 왜곡현상을 억제할 수 있다. 이는 위험수준에 따른 적정한 보험료의 산정이 어렵다면 고정보험료 수준에 따라 위험수준을 조정하자는 논리에 근거하여, 불완전한 이해관계자의 은행감시기능보다는 규제감독기능이 더 효율적으로 수행될 것이라는 가정에 기초하고 있다. 이는 은행규제와 감독이 외부에서 주어진 공공성 논리에 의해 정당화되는 것이 아니라 정부의 최종대부자기능과 예금보험을 제공하는 대가로서 경제적인 타당성을 가지는 **규제규율**(regulatory discipline)이 된다.

도덕적 해이 행위의 적절한 통제를 위해 규제감독의 역할이 필수적이지만, 은행의 건전한 경영을 유도하는 방안으로써 은행의 동기구조와 일치하는 수단의 강구가 전제되어야 한다. 규제규율은 사기업으로서의 자율성을 최대한 보장해 주는 동시에 은행위험 자체보다는 그에 따른 손실이 외부에 전가될 가능성의 억제가 목적이므로, 은행의 행위를 억제하는 규제조항의 유지보다는 경영부실에 따른 손실을 은행 소유주가 부담하게 하는 적정자본금 규정의 강화가 향후 환경에서 효율적인 수단이 될 것이다. 국제결제은행(BIS)의 **위험조정 적정자본금규제**(risk-related capital adequacy)도 이러한 논리를 반영하고 있다. 충분한 자본금의 축적은 예상치 못한 경영손실로부터 예금자를 보호하는 역할을 함으로써 예금자의 은행에 대한 신뢰도 증진과 예금보험의 부담을 줄이는 데 기여한다. 자본금의 더욱 중요한 기능은 주주의 시장규율을 통해 은행의 위험추구 행위가 사전적으로 억제될 수 있다는 데 있다. 이러한 장점으로 인해 은행의 위험추구 행위를 억제하는 규제감독 수단으로 주목을 받고 있다.

최근 이와 연관되어 규제규율 수단으로 주목받는 것이 적기시정조치(PCA)이다. 이는 인지된 은행의 문제점의 정도에 따라 적절한 시정조치를 취함으로써 부실은행의 발생을 사전적으로 예방하며, 부실은행의 발생 시에도 은행의 손실이 외부에 전가되는 것을 억제하여 관련 비용을 최소화하자는 목적을 갖고 있다.

현실적인 적용에서는 일반적으로 자기자본 수준과 CAMELS에 기초한 경영실태평가의 등급을 몇 가지 단계로 세분화하여 해당 은행의 건전성이 적정하지 않다고 판단될 때는 각 단계별로 감독당국이 사전에 명시된 시정조치를 의무적으로 실시하도록 하고 있다. 1970년대 덴마크에서 시작되어 1991년 미국의 예금보험강화 법안에서 적기시정조치를 법제화했고, 일본과 우리나라도 이 제도를 운영 중이다.

적기시정조치의 장점은, 첫째 은행의 부실화와 도산가능성을 줄일 수 있는 사전적 예방효과를 극대화시킨다. 둘째로는 객관적인 기준의 명시와 이에 따른 시정조치를 사전에 명문화하고 강제화함으로써 문제 발생 시 감독당국의 자의적인 판단에 의한 재량의 여지를 축소시킨다. 이로 인해 감독행정의 객관성, 일관성, 투명성을 제고하는 동시에 감독당국의 규제유예(regulatory forbearance)에 따른 손실 확대와 문제의 은폐가능성을 사전에 봉쇄할 수 있게 된다. 셋째로는 적기시정조치의 최후수단인 조기영업정지는 부실은행 처리에 따른 사회적 비용을 절감할 수 있는 사후적 대안을 제시한다. 부실은행의 발생은 부실 그 자체보다 부실로 인한 손실이 외부로 전가되어 예금보험기금의 소진과 국민의 납세부담으로 전가되는 경우에 문제가 된다. 경영손실의 누적으로 자본금 잠식이 심화되어 은행의 시장가치가 영(0)으로 될 때, 즉 경제적 지급불능상태가 될 때, 자본금의 증액을 강제화하거나, 여타 건전한 은행에 매각 또는 합병을 주선하거나, 최후의 수단으로 청산을 시킨다면 예금보험으로 약화된 주주와 경영자의 시장규율 역할을 강화시키게 되어 은행의 위험선호동기가 약화될 것이다. 물론 지급불능 은행의 기준과 그에 따른 재조직 방법에 관한 규칙이 명확히 공시되고 예외없이 적용될 때 사후적 처리로 인한 사전적 예방효과가 극대화될 것이다. 더군다나 은행의 시장가치가 영(0)이 되는 시점에서 재조직 또는 영업정지를 단행하는 경우에는 주주의 손실은 있으나 예금자의 손실은 없으므로 은행의 경영부실로 인한 예금보험기금의 손실은 발생하지 않는다.

이에 대한 반대의견은 시가회계의 어려움과 빈번한 감시감독의 어려움, 자기자본이 양(+)인 상태에서의 강제적 영업정지의 정당성 여부 등으로 요약될 수 있다. 또한 특정 은행이 적기시정조치의 대상이 된다는 발표가 있는 경우 해당 은행의 회생가능성이 확실함에도 불구하고 거액예금자의 인출사태가 발생할 수 있어 현실 적용이 어렵다는 지적도 있다.

4. 예금보험제도의 다양성

은행의 예금안전성을 제3의 기관이 보장한다는 것과 이에 따른 도덕적 해이 문제를 해결하는 수단이 필요하다는 기본원칙은 동일하지만, 명시적 예금보험제도를 운영하는 국가들의 운영형태는 다양하다.[14]

보험지급한도는 상한선을 정해 놓는 것이 일반적이지만 미국, 일본, 우리나라와 같이 절대금액을 정하는 경우도 있고, 대부분의 유럽국가와 같이 일정규모 이상은 일정비율만 보장하는 경우도 있다. 부분지불 보장의 논리는 은행의 채권자인 거액예금자의 은행 감시 동기가 약화되는 것을 방지하기 위한 것이다. 그러나 보장한도가 너무 낮으면 예금보호제도의 취지가 약해질 수 있고, 너무 높으면 예금자의 시장규율기능이 약해질 수 있다.

보험가입은 강제적인 경우와 임의적인 경우가 있다. 무임승차 문제(제22장의 소절 2.3) 내지 **역선택 문제**를 없애기 위해 강제 가입이 적정하다는 주장이 설득력이 있지만, 임의 가입을 허용하는 국가에서도 예금보험제도의 가입이 영업에 필수적이기 때문에 가입하는 것이 보편적이므로 이러한 구분은 큰 의미가 없다.

기금조성 면에서 보면 보험료를 납부하여 사전에 기금을 조성하는 방법과 은행도산 시에 사후적으로 생존은행으로부터 기금을 조달하는 방법이 있다. 전자는 미국, 일본, 독일

14 Garcia(1999)

등에서 채택하고 있는 제도로, 은행 도산에 신속히 대응할 수 있고 형평성 문제가 없는 장점이 있는 반면에 기금의 적정규모를 산정하기 어려운 단점이 있다. 후자는 영국 등 일부 유럽국가에서 채택되고 있으며, 도산 은행은 손실을 부담하지 않는 문제가 있으나 손실을 방지하기 위한 은행들의 상호감시기능이 강화된다는 장점이 있다.

보험운영 주체는 정부, 중앙은행 등 공적 기관에서 운영하는 경우와 사적 기관에 의해 운영되는 경우가 있다. 공적 기관이 운영하는 경우는 정부의 공신력으로 인해 최소한의 기금으로 예금의 안전성을 보장할 수 있는 장점이 있는 반면에, 경영효율성의 저하가능성이 단점으로 지적된다. 사적 기관에 의해 운영될 때는 보험제도에 대한 공신력이 낮을 수 있고 위험이 큰 은행의 보험인수를 회피할 수 있는 등의 단점이 있지만, 운영효율성은 높은 장점이 있다. 은행의 도덕적 해이를 억제하기 위해 어느 정도의 규제규율이 필요하고, 은행 파산의 사회적 비용이 크다는 점 등으로 인해 공적 기관이 담당하는 것이 일반적인 현상이다. 그러나 최근에는 공적 기관과 사적 기관의 보완 형태가 토의되고 있다.

보험기관이 가입은행에 대한 감독권 여부도 국가별로 상이하다. 미국은 보험기구가 감독권을 보유하지만, 유럽 국가에서는 보험기능만 보유하고 있다. 감독권한을 보유하는 경우는 보험기금의 건전한 관리를 위해 철저한 감독을 할 유인이 있지만, 다른 감독기구와 업무 중복가능성이 있으며, 보험과 감독기능을 동시에 보유하면 권한이 지나치게 비대해지고 그에 따른 부작용이 클 수 있다는 단점이 있다.

5. 우리나라 예금보험제도

현재 우리나라에서는 부보금융기관이 보험사고(영업정지, 인가취소 등)가 발생하여 파산할 경우, 원금과 소정의 이자를 합하여 동일한 금융기관에서 1인당 최고 5천만원까지 예금을 보호하고 있다.

예금보험제도가 확립되기 전에는 오랫동안 예금자보호를 정부의 감독기능에 의존해 왔다. 즉, 감독을 통해 사전에 금융기관의 부실화를 방지하고, 그래도 부실이 발생하면 정부가 보호해 주는 관행이 오랫동안 지속되어 온 것이다. 그러나 금융자율화와 개방화의 진행에 따른 경쟁심화로 인해 금융기관의 도산가능성이 커짐으로써 예금보험과 부실금융기관의 원만한 시장퇴출 업무를 담당하는 명시적인 예금보험기구의 필요성이 발생하였다.

한편 오랫동안 정부의 암묵적 보호가 있었던 은행권에 비해 비은행권의 경우 예금보험제도가 상대적으로 일찍 도입되었는데, 1980년대에 보험의 보험보증기금, 증권의 증권투자자보호기금, 투자금융사, 종합금융사 및 신용금고의 신용관리기금, 새마을금고의 연합회안전기금, 신협의 중앙회안전기금 등 금융권역별로 사전적으로 보험료를 적립한 기금형태의 예금보험제도가 운영되어 왔다.

은행권에는 1996년에 명시적인 예금보험제도가 도입되었는데, 이는 시장규율의 강화를 통해 은행부문의 비효율을 제거하는 동시에 금융안정성을 제고하려는 의도였다. 도입당시 고정보험료를 징수하여 기금을 조성하고, 예금자 1인당 2천만원까지를 보장하였으며, 부실은행의 합병 · 영업양수의 알선 및 자금지원을 주된 업무로 지정하였다.

그러나 업무개시(1997년 1월) 후 1년도 지나지 않은 시점에 외환위기가 발생함으로써 예금보험기구는 금융시장 안정과 구조조정 과정에 핵심적인 역할을 수행하게 된다. 1998년 4월 통합 금융감독체제가 출범하면서 그동안 금융업종별로 설치 · 운영되었던 예금보험기구들을 은행권 기금운영을 담당하던 예금보험공사로 흡수하면서 예금보험공사의 부실금융기관 정리기능이 확충되었고, 구조조정에 필요한 예금보험기금 재원 확충을 위하여 예금보험기금채권을 발행할 수 있게 되었다. 2000년 말까지 한시적으로 부보대상 예금을 확대하고 부보한도도 무제한으로 조정하여 예금자의 동요를 억제하였으며, 구조조정에 필요한 보험기금의 자금조달을 확대하기 위해 보험료를 0.02%에서 0.03%로 인상하고 정부와 한국은행으로부터의 차입한도를 증액하였다.

예금보험공사는 당초에는 **예금대지급기관**(paybox)으로 출발하였으나, 1997년 말 외환위기 이후 지금까지 위기의 수습과정에서는 예금자보호 및 금융안정을 위해 부실금융기관의 자금지원 및 정리, 부보금융기관에 대한 위험관리, 부실관련자에 대한 책임추궁 등 주로 구조조정 분야에서 자금의 지원 및 회수와 관련된 역할도 수행해 왔다. 예금보험공사는 2015년 6월 말까지 168.6조원에 달하는 공적자금 중 110.9조원을 지원하여 금융구조조정 과정에서 핵심적 역할을 수행했으며, 공적자금회수 · 사후관리 · 파산재단관리 · 부실책임조사 등 투입된 자금의 효율적 사용 및 회수를 위한 노력을 통해 시장규율의 정착에도 기여한 것으로 평가된다.

| 표 24-1 | 기관별 공적자금 지원현황(1997년 11월~2015년 6월 말)

(단위 : 조원)

기관	출자	출연	예금대지급	자산매입 등	부실채권매입	계
예금보험공사	50.8	18.6	30.3	11.2	–	110.9
자산관리공사	–	–	–	–	38.5	38.5
정부	11.8	–	–	6.6	–	18.4
한국은행	0.9	–	–	–	–	0.9
계	63.5	18.6	30.3	17.8	38.5	168.7

주 : 2002년 이후의 공적자금 투입재원은 회수된 자금의 재사용
자료 : 공적자금관리위원회(www. pbfunds.go.kr)

2015년 6월 말 현재 투입한 공적자금 168.7조원 중 110.9조원이 회수되어 회수율은 종합적으로 65.7%인데, 그 내용을 살펴보면 예금보험공사 54.3조원을 회수하여 회수율 48.9%, 자산관리공사 119.7%, 정부재정투입자금의 57.3% 등이다. 자산관리공사는 부실채권을 금융회사로부터 시장가에 매입하여 구조조정 후 시장가에 되파는 업무의 본질상 회수율이 100%를 넘고 있으나, 예금보험공사는 금융회사의 부실을 메꾸어 주는 역할이기 때문이며 또한 우리금융지주에의 지원 등 아직 회수하지 못한 대규모 건들이 많아서 회수율이 저조하다.

금융위기를 극복하는 과정에서 공적자금 투입과 회수의 주된 역할을 맡아 왔던 예금보험공사는 2003년부터 다시 정상적인 업무로 전환했다. 2000년 도입된 「**공적자금관리특별법**」에 의해 금융위기 동안의 공적자금 투입과 관련된 업무가 공적자금상환기금을 관리하는 공적자금관리위원회로 이전되었고, 2002년 시행된 '공적자금의 성과와 상환대책'에 의해 2003년 1월부터는 기존의 구조조정 중심의 예금보험기금은 '**예금보험기금채권상환기금**' 이라는 별도 계정으로 전환되고, 새로운 예금보험료 징수에 근거한 예금보험기금이 시작됨으로써 정상적인 예금보험업무로 전환하게 되었다.

현재 예금보험공사[15]는 은행, 증권회사(「자본시장과 금융투자업에 관한 법률」에 의한

투자매매업자와 투자중개업자), 보험회사, 종합금융회사, 상호저축은행에 대해 의무가입시키고, 정해진 예금에 대해 고정보험료를 징수하며, 원금과 소정의 이자를 합쳐 회사별로 동일인 한 명당 5,000만원까지를 보장하는 체제를 유지하고 있다.

| 표 24-2 | 예금보험공사 부보제도 개요(2014년 12월 말 현재)

대상회사	은행	금융투자	보험사	종금사	저축은행	합계
보험요율(%)	0.08	0.15	0.15	0.15	0.40	
요율법정한도	0.5	0.5	0.5	0.5	0.5	
총회사수(개)	56	116	48	1	81	302
부보예금(조) : 14.9말[1]	956.87	18.38	549.55	0.68	30.79	1,556.28
누적보험료수입(억)	56,855	2,658	37.153	272	14,785	132,112
누적기금자금지원(억)[2]	0	0	226	0	316,441	316,668
목표기금률 상하한(%)[3]	0.825~1.1	0.825~1.1	생보 : 0.66~0.935 손보 : 0.825~1.1		1.65~1.925	
기금적립률(%)	0.668	1.714	생보 : 0.858 손보 : 0.775	3.632	−5.464	

주 : 1) 보험료수입은 2003년 보험기금 개정 이후부터 신예금보험기금에 2014년 12월 말까지 권역별로 축적된 예금보험기금 규모이며, 합계는 특별계정 포함 규모임.
2) 신기금에서 2003년부터 2014년 12월 말까지 권역별 누적지원액
3) 목표규모는 직전회계연도 말일 현재 부보예금의 비율로 표시하며, 2009년 1월부터 시행하였고 2011년 4월 1일 목표적립률을 하향조정하였음.
자료 : 예금보험공사(www.kdic.or.kr)

수납된 보험료는 권역별로 분리된 기금으로 축적하였다가 보험사고 발생 시 필요한 재원으로 활용하고 있으며, 축적된 기금이 부족하면 다른 권역에서 차입해서 사용할 수 있도록 하고 있다. 신 보험기금이 시작된 2003년부터 발생한 보험사고는 2010년부터 가시화된 상호저축은행업계의 부실에 상호저축은행업계에 집중되었는데, 이에 따른 자금지

15 예금보험공사 홈페이지(www.kdic.or.kr) 참조

원이 축적된 기금인 1조 4,785억원을 훨씬 상회하는 31조 6,441억원에 달해 현재 상호저축은행 기금계좌는 막대한 적자상태를 보이고 있다.

또한 2009년 1월부터는 부보대상 회사의 부담을 줄여주기 위해 **목표기금제**를 도입하여 운영하고 있다. 목표기금제는 예금보험기금이 일정손실을 감당할 수 있도록 사전에 적립목표 규모를 설정하고, 예금보험기금의 적립수준이 부보예금의 일정수준으로 정해놓은 목표규모에 도달하는 경우 보험료를 감면해 주는 제도이다.

2014년부터는 보험료 부과방식이 현재의 업권별로는 동일한 보험료를 부과하는 **고정보험료제도**에서 개별회사의 위험도를 반영하는 **차등보험료제도**가 도입되어 시행 중이다. 차등보험료율제는 경영 및 재무상황 등을 고려하여 개별 부보금융회사별로 위험에 상응하는 보험료를 부과함으로써 개별 부보금융회사의 위험선호 행위를 억제하여 건전경영 유인을 제공하고 회사별 형평성을 제고하기 위한 것이다.

우리나라의 예금보험기구는 금융구조조정 과정에서 핵심적인 역할을 하면서 금융안정성을 제공하는 역할 범위가 확대되었지만, 금융기관 부실로 인한 기금손실가능성을 사전적으로 억제하여 손실이 국민 부담으로 전가될 가능성을 예방할 수 있는 수단을 보유하고 있지 않다는 우려가 제기되고 있다.

부실금융기관의 발생을 억제할 수 있는 사전적 예방기능인 감독기능, 적기시정조치의 적용권한, 손실규모를 결정하는 부실기관의 선언시점 등은 금융위원회가 담당하고 있으며, 예금보험공사는 부실기관의 처리기능만을 담당하고 있다. 이는 미국 등의 국가에서 보험기관이 보험기금의 건전한 관리에 필요한 피부보기관에 대한 위험관리 수단을 보유하고 있는 것과는 대조를 이룬다. 따라서 위험연동 보험료제도 도입과 더불어 피부보기관의 도덕적 해이 가능성과 위험수준을 억제할 수 있는 수단에 대한 논의가 필요하며, 동시에 부실기관 발생 시에 손실전가를 제한할 수 있는 수단의 보유, 예를 들면 적기시정조치 발동 시 예금보험공사의 의무 개입 등을 통해 수익자 부담원칙에 의해 운영될 수 있는 보험제도로 변화를 추구하는 것이 향후의 과제라고 할 수 있다.

조직구조상 **예금보험공사**는 1996년 설립 당시 재정경제부 산하의 무자본 특수법인으로 출발하였으나, 2008년 정부조직법 개편으로 금융위원회 산하로 변경되었다. 금융위원회가 금융감독과 예금보험의 양 기능을 동시에 담당하게 됨으로써 상기한 양 기능 간의 이해상충으로 인한 문제들이 악화될 가능성이 존재한다. 또한 다른 나라와 달리 우리나라에서 제공하고 있는 은행예금 이외의 타금융권 부채에도 정부가 보증하는 예금보험이 필요한가 하는 문제도 향후의 토의과제이다.

6. 요약

금융회사가 영업정지나 파산 등으로 고객의 예금을 지급하지 못하게 될 경우 예금자에게 약속한 금액을 대신 지급해 줌으로써 전체 금융제도의 안정성을 유지하는 목적을 가진 것이 예금보험제도이다.

예금보험제도는 외부충격효과를 억제하는 등 장점이 있지만, 그에 따라 파생되는 도덕적 해이 문제의 발생은 산업의 내생적인 위험요인을 촉진하여 오히려 전체 안정성을 위협할 수 있다. 도덕적 해이 문제의 부분적 해결방안으로 크게 시장규율과 규제규율의 두 가지 방안이 활용되고 있다. 시장규율은 예금보험제도를 악용하지 않도록 시장참가자들 간의 자율적인 견제와 균형을 이루도록 환경을 제공하는 것으로, 변동보험료 부과로 과도한 위험추구 유인 억제, 보호한도 제한을 통한 예금자 감시, 후순위채권 발행 강제로 채권자의 감시, 자본금 증액을 통해 주주의 감시 노력을 유도하며, 동시에 이들의 감시 노력이 적절하도록 정확한 정보의 생산과 공시하도록 하는 제도 등을 들 수 있다. 규제규율은 시장규율을 보완하는 감독당국의 규제감독을 의미하며, 영업 및 포트폴리오규제, BIS 적정자본금규제, 적기시정조치(PCA) 등을 포함한다.

현실에서 각국의 예금보험제도는 부보한도, 가입의 강제성 여부, 보험기금 조성 여부, 운영주체, 부보기관에 대한 감독권한 여부 등 여러 면에서 도입국가의 역사적 배경에 따라 다양한 조합을 보이고 있다.

세계 여러 나라와 유사하게 우리나라에서도 예금자보호법에 의해 설립된 예금보험공사가 평소에 각 금융기관으로부터 고정보험료를 받아 권역별로 분리하여 예금보험기금을 적립한 후, 금융기관이 예금을 지급할 수 없게 되면 금융기관을 대신하여 예금의 전부 또는 일부를 대신 지급하고 있으며, 부실한 금융기관의 신속한 시장퇴출여건을 조성하는 업무도 수행하고 있다. 그러나 진정한 의미에서 잘 작동하는 예금보험제도를 보유하기에는 아직도 부족한 점이 많다는 것이 중론이다.

연 | 습 | 문 | 제

01. 은행제도가 근원적으로 불안전한 이유는 무엇인지 설명하시오.

02. 건전한 은행에 '뱅크 런'이 발생하면 지급불능이 되는 이유를 설명하시오.

03. 예금보험제도가 '뱅크 런'의 문제를 억제하는 이유를 설명하시오.

04. 고정보험료 예금보험제도가 있을 때 발생할 수 있는 은행의 도적적 해이를 설명하시오.

05. 변동보험료제도가 도적적 해이 현상을 억제할 수 있는 이유를 설명하시오.

06. 은행의 도덕적 해이 행위를 억제할 수 있는 예금보험제도의 요소를 열거하시오.

07. 주주규율을 강화할 수 있는 수단을 설명하시오.

08. 문제은행에 대한 규제유예(regulatory forbearance)의 의미와 결과를 설명하시오.

09. 적기시정조치의 내용과 장 · 단점을 설명하시오.

10. 예금보험제도 이외의 금융안전성을 유지하기 위한 제도는 무엇이 있는지 설명하시오.

■ 참고문헌 ■

공적자금관리위원회, 『공적자금관리백서』, 각호.

공적자금관리위원회 홈페이지(www.pbfunds.go.kr)

금융감독원, 금융통계정보시스템.

________, 『2015 개정판 금융감독개론』, 2014.

________, 『2007 금융감독개론』, 2006.

________, 「금융감독정보」 각호.

________, 금융통계월보, 각호.

________, 보도자료, 각호.

________, 은행경영통계, 각호.

________, 『자산유동화 실무안내』, 2013. 12.

________ 복합금융감독국, 「2014년 3분기 자산유동화증권 발행실적 분석」, 2014. 10.

금융감독원 신BIS실, 『알기 쉬운 신BIS』 제1편 신용리스크, 제2편 운영리스크/필라 2/필라 3, 2006.

금융감독원 홈페이지(www.fss.or.kr)

금융위원회, 보도자료, 각호.

________, 「KIKO 거래규모 및 손익현황」, 2008. 8. 1.

________, 『FSB와 글로벌 금융규제개혁』, 2010. 4.

금융위원회 홈페이지(www.fsc.go.kr)

금융위원회, 금융감독원, 한국은행, 『바젤Ⅲ 기준서』, 2011. 1.

__________________________, 「BCBS의 금융규제개혁보고서 : BCBS Report to the G20」, 2010. 10. 21.

금융투자협회, 「주요국 가계금융자산 비교」, 2010. 9.

금융투자협회 홈페이지(www.kofia.or.kr)

기술신용보증기금 홈페이지(www.kibo.or.kr)

기획재정부, 금융위원회, 한국은행, 금융감독원, 「거시건전성부담금 도입 방안」, 2010. 12.

김규수 · 이슬기, 「2014년 지급수단 이용행태 조사결과 및 시사점」, 한국은행 지급결제조사자료 2015-1, 2015. 1.

김병덕 · 함준호, 「글로벌 금융위기 이후의 금융회사의 건전성 감독 논의와 전망」, KIF 금융리포트,

한국금융연구원, 2010. 7.

김석진 · 김주현 · 우영호 · 이원흠 · 장범식 · 차명준, 『한국자본시장론』, 삼영사, 2009.

김영도, "KIKO 관련 주요 이슈와 경제적 함의," 『주간금융브리프』, 한국금융연구원, 2009. 1. 3.

문종진 · 고일용 · 임철순 · 박병수 · 이승국, 『Basel Ⅱ와 리스크 관리』, 경문사, 2007.

박래수 · 윤석헌, "관계금융효과의 비대칭성에 관한 실증연구 : 제일은행 사례를 중심으로," 『증권학회지』 제31집, 2002, pp. 425～463.

__________, "은행퇴출과 관계효과 상실에 관한 실증연구," 『금융학회지』 제5권 제3호, 2000, pp. 1～27.

박용린 · 권재현, 『국내 증권업 경쟁도와 구조변화에 대한 연구』, 자본시장연구원, 2015.

변제호 · 홍성기 · 김종훈 · 엄세용 · 김유석, 『자본시장법』, 지원출판사, 2009.

상호저축은행중앙회 홈페이지(www.fsb.or.kr)

새마을금고중앙회 홈페이지(www.kfcc.co.kr)

신한은행, 『Shinhan Bank Report』, 2014.

신용보증기금 홈페이지(www.kodit.co.kr)

신용보증재단중앙회 홈페이지(www.koreg.or.kr)

여신금융협회 홈페이지(www.crefia.or.kr)

예금보험공사 홈페이지(www.kdic.or.kr)

우정사업본부 홈페이지(www.koreapost.go.kr)

위정범, 『재무금융리스크관리』, 경문사, 2014.

윤석헌, "은행의 수익성 제고와 거래형 금융," 『금융』, 전국은행연합회 웹진, 2015. 3.

_____ · 박래수, "금융기관 통합의 도산확률 및 시스템리스크 확대 효과," 『금융연구』 제30권 제1호, 2016, pp. 1-26.

__________ · 김범, 「한국 은행산업의 도전 : 수익성 제고와 비이자이익 활성화」, 한국금융학회 정책심포지엄, 2014. 12. 11.

이병윤 · 이시연, 『G-20 금융규제개혁의 주요 내용과 국내은행에 대한 영향』, 한국금융연구원, 2010. 12.

재정경제부, 「"금융투자업과 자본시장에 관한 법률"(가칭) 제정 방안」, 보도자료, 2006. 2. 17.

정운찬 · 김대식 · 김용진, 「예금보험제도의 평가 및 개선과제」, 신용관리기금, 1992. 5.

조규환, "최근 글로벌 금융규제 개혁 논의의 주요 내용," 『조사통계월보』, 한국은행, 2010. 7.

조하현 · 이승국 · 김종호, 『운영리스크 측정과 관리』, 세경사, 2004.

천창민 · 이현정, 『2013년 자본시장 제도동향』, 자본시장연구원, 2014.

통계청, 「장래인구 추계 : 2010년~2060년」, 2011. 12. 7.

하나은행, 『2014년 하나은행 현황』, 2015.

한국거래소, 『KRX 파생상품시장의 이해』, 2009. 12.

한국금융연구원, 『국내 금융산업의 과거, 현재, 미래』, 2001. 11.

__________, 『금융선진화를 위한 비전 및 정책과제』, 2010. 4.

한국선물거래소, 『미국달러선물 미국달러옵션의 이해』.

한국자산관리공사 홈페이지(www.kamco.or.kr)

한국은행, 경제통계시스템.

______, 『금융안정보고서』, 2015. 6.

______, 보도자료, 각호.

______, 『우리나라의 통화지표 해설』, 2008. 8.

______, 『한국의 거시건전성정책』, 2015.

______, 『한국의 금융시장』, 2012. 12.

______, 『한국의 금융제도』, 2011. 12.

______, 『우리나라의 금융제도』, 2005. 12.

한국은행 은행감독원, 「위험가중자산에 대한 자기자본비율 산출기준 해설」, 업무자료 94-1, 1994.

Akerlof, G., "The Market for "Lemons": Quality Uncertainty and Market Mechanism," *Quaterly Journal of Economics*, 84-3, Aug. 1970, pp. 488~500.

Basel Committee on Banking Supervision, "Operational Risk," BIS, 2001.

______________________________, "Operational Risk-Supervisory Guidelines for the Advanced Measurement Approaches," BIS, 2011.

______________________________, *Principles for Enhancing Corporate Governance*, 2010.

______________________________, "Principles for Sound Liquidity Risk Management and Supervision," BIS, 2008.

______________________________, "Proposed Enhancements to the Basel Ⅱ Framework," BIS, 2009.

______________________________, "Consultative Document : Strengthening the Resilience of the Banking Sector, International Framework for Liquidity Risk Measurement, Standards and Monitoring," BIS, 2009. 12.

______________________________, "The Basel Committee's Response to the Financial Crisis : Report to the G20," BIS, October 2010.

______________________________, "Operational Risk-Supervisory Guidelines for the Advanced Measurement Approaches," BIS, 2011.

Benston, G., R. Eisenbeis, P. Horvitz, E. Kane and G. Kaufman, *Perspectives on Safe and Sound Banking : Past, Present, and Future*, American Bankers Association, MIT

Press, 1986.

Benston, G. and C. Smith, Jr., "A Transation Cost Approach to the Theory of Financial Intermediation," *Journal of Finance*, May 1976.

Berle, A. and G. C. Means, *The Modern Corporation and Private Property*, Columbia University Press, 1932.

BIS, "International Convergence of Capital Measurement and Capital Standards," July 1988.

___, "International Convergence of Capital Measurement and Capital Standards : A Revised Framework," July 2004.

Blair, M. M. and L. A. Stout, "A Team Production Theory of Corporate Law," *Virginia Law Review*, 85-2, 1999, pp. 248~328.

Board of Governors of the Federal Reserve System, *Federal Reserve Bulletin*.

Bolton, P. and D. Scharfstein, "Optimal Debt Structure and the Number of Creditors," *Journal of Political Economy*, 104, 1996, pp. 1~25.

Bonaccorsi Di Patti, E. and G. Dell' Ariccia, "Bank Competition and Firm Creation," IMF Working Paper, WP/01/21, 2001. 2.

Brunnermeier, M., et al., "The Fundamental Principles of Financial Regulation," *Geneva Reports on the World Economy*, ICMB, 2009. 6.

Citi Research, "In Banking, Boring is Beautiful," *Equities*, 2013. 8.

CPMI, "Principles for Financial Market Infrastructure," BIS, 2015.

Crockett, A., "Why Is Financial Stability a Goal of Public Policy?" Maintaining Financial Stability in a Global Economy, Federal Reserve Bank of Kansas City Economic Symposium, 1997.

Crouhy, M., D. Galai and R. Mark, *Risk Management*, McGraw-Hill, 2001.

Diamond, D., "Financial Intermediation and Delegated Mornitoring," *Review of Economic Studies*, August 1984, pp. 393~414.

Diamond, D. and P. Dybvig, "Bank Runs, Deposit Insurance and Liquidity," *Journal of Political Economy*, 91-3, 1983, pp. 401~419.

________________________, "Banking Theory, Deposit Insurance, and Bank Regulations," *Journal of Business*, 1986, pp. 55~68.

dongA.com, "브라질 통화 끝모를 추락... 국내투자자 망연자실," 2015. 10. 7.

Fama, E., "What's Different About Banks?" *Journal of Monetary Economics*, January 1985, pp. 29~39.

Federal Deposit Insurance Corporation(FDIC), *Deposit Insurance in a Changing Environment*, April 1983.

__________________________________, "Economic Capital and the Assessment of Capital Adequacy," *Supervisory Insights*, 2004.

Federal Home Loan Bank Board(FHLBB), *Agenda for Reform*, 1983.

Financial Services Authority, *The Turner Review : A Regulatory Response to the Global Banking Crisis*, March 2009.

Friedman, M., *A Program for Monetary Stability*, Fordham University Press, 1959.

Friedman, M. and J. Schwartz, *The Great Contraction : 1929~1933*, Princeton University Press, 1965.

FSB, "Overview of Progress in the Implementation of the G20 Recommendations for Strengthening Financial Stability," 2010. 6.

____, "Progress since the St. Andrews Meeting in Implementing the G20 Recommendations for Strengthening Financial Stability," 2010. 4.

____, "Reducing the Moral Hazard Posed by Systemically Important Financial Institutions," 2010. 6.

Garcia, G., "Deposit Insurance : A Survey of Actual and Best Practices," IMF Working Paper, 99-54, April 1999.

Goldman, Sachs & Co. and SBC Warburg Dillon Read, *The Practice of Risk Management : Implementing Processes for Managing Firmwide Market Risk*, Euromoney Books, 1998.

Greenbaum, S. I. and A. J. Thakor, *Contemporary Financial Intermediation*, 2nd Edition, Academic Press, 2007.

Group of 20 Washington Summit, "Declaration: Summit on Financial Markets and the World Economy," 2008. 11. 15.

Group of 20 Working Group 1, "Enhancing Sound Regulation and Strengthening Transparency-Final Report," 2009. 3. 25.

Group of 30, "Financial Reform : A Framework for Financial Stability," 2009.

Hart, O., *Firms, Contracts, and Financial Structure*, Oxford University Press, 1995.

Horvitz, P. M. "The Case against Risk-related Deposit Insurance Premiums," *Housing Finance Review*, July 1983, pp. 252-63.

Hull, J. C., *Options, Futures, and Other Derivatives*, 7th Edition, Pearson Education Inc., Upper Saddle River, NJ, USA, 2009.

_________, *Risk Management and Financial Institutions*, Pearson Education Inc., Upper Saddle River, NJ, USA, 2007.

IMF, *Global Financial Stability Report*.

James, C., "Some Evidence on the Uniqueness of Bank Loans," *Journal of Financial Economics*, 19, 1987, pp. 217~235.

Jensen, M. C., "The Modern Industrial Revolution, Exit, and the Failure of Internal Control Systems," *Journal of Finance*, 48-3, 1993, pp. 43~58.

Jorion, P., *Value at Risk*, 2nd Edition, McGraw-Hill, 2001.

________, *Value at Risk*, 3rd Edition, McGraw-Hill, 2007.

JPMorgan, *Introduction to RiskMetrics*, New York, November 1995.

Kareken, J., "Federal Bank Regulatory Policy : A Description and Some Observations," *Journal of Business*, 59-1, 1986, pp. 3~48.

Kaufman, G., "Bank Runs : Causes, Benefits, and Costs," *Cato Journal*, 7-3, Winter 1988, pp. 559~587.

__________, "Measuring and managing interest rate risk: A primer," Federal Reserve Bank of Chicago, *Economic Perspectives*, 1984, pp. 16-29.

Kidwell, David S., David W. Blackwell, David A. Widbee, and Richard W. Sias, *Financial Institutions, Markets, and Money*, 11th Edition, John Wiley & Sons, 2012.

Leland, H. and D. Pyle, "Information Asymmetry, Financial Structure, and Financial Intermediation," *Journal of Finance*, 32, May 1977, pp. 371~387.

Liaw, Thomas, *The Business of Investment Banking : A Comprehensive Overview*, Wiley, 2006.

Macey, J. R., "Measuring the Effectiveness of Different Corporate Governance Systems : Toward a More Scientific Approach," *Journal of Applied Corporate Finance*, 10-4, 1998.

__________, "The Legality and Utility of Shareholder Rights Bylaw," *Hofstra Law Review*, 26-4, 1998, pp. 835~872.

Macey, J. R. and Geoffrey P. Miller, "A Market Approach to Tort Reform via Rule 23," *Cornell Law Review*, 1995, pp. 909~914.

Macey, J. R. and Maureen O'Hara, "The Corporate Governance of Banks," *Economic Policy Review*, Federal Reserve Bank of New York, 2003, pp. 91~107.

Marshall, J. F. and K. R. Kapner, *Understanding Swaps*, John Wiley & Sons, Inc., 1993.

Modigliani, F. and M. Miller, "The Cost of Capital, Corporate Finance, and the Theory of Investment," *American Economic Review*, 48, pp. 261~297.

Mussa, M., "Safety and Soundness as an Objective of Regulation of Depository Institutions: Comment on Kareken," *Journal of Business*, 59-1, 1986, pp. 97~117.

OECD, *Corporate Governance and Financial Crisis*, 2010 .

______, *G20 High-Level Principles on Financial Consumer Protection*, 2011.

______, *Principles of Corporate Governance*, 1999, 2015.

______, *Trends in Banking Structure and Regulation in OECD Countries*, 1987.

Petersen, M. and R. Rajan, "The Benefits of Lending Relationships: Evidence from Small Business Data," *Journal of Finance*, 49, 1994, pp. 3~37.

Rajan, R., "Insiders and Outsiders : The Choice between Informed and Arm' s-Length Debt," *Journal of Finance*, 47, 1992, pp. 1367~1400.

Resti, A. and A. Sironi, *Risk Management and Shareholders' Value in Banking : From Risk Management Models to Capital Allocation Policies*, John Wiley & Sons, Chichester, England, 2007.

Saunders, A. and M. M. Cornett, *Financial Institutions Management : A Risk Management Approach*, 6th Edition., McGraw-Hill, 2008.

Schwartz, A., "The Lender of Last Resort and the Federal Safety Net," *Journal of Financial Services Research*, September 1987, pp. 1~18.

Scott, K. E., "The Role of Corporate Governance in South Korean Economic Reform," *Journal of Applied Corporate Finance*, 8, Winter 1998.

Shleifer, A. and R. W. Vishny, "Large Shareholders and Corporate Control," *Journal of Political Economy*, 94-3, 1986, pp. 461~488.

Smithson, C. W., *Managing Financial Risk : A Guide to Derivative Products, Financial Engineering and Value Maximization*, 3rd Edition., McGraw-Hill, 1998.

Snell, S. A. and P. L. Cochran, "Stakeholder Theory in Transition : The Case of Human Resource Function," International Association of Business and Society Conference, Kailua-Kona, Hawaii, 1998.

Standard Chartered, "Transaction Banking in Asia," *Equity Research*, 2012. 9. 14.

Thomson Reuters

Tirole, J., " Corporate Governance," *Econometrica*, 69-1, 2001, pp. 1~35.

Turner, A. et al., *The Future of Finance : The LSE Report*, London School of Economics and Political Science, 2010 ; http://www.futureoffinance.org.uk

World Bank, *Good Practices for Financial Consumer Protection*, 2012.

■ 찾아보기 ■

국문

ㄱ

ㅇ

ㅈ

영문

A

B

C

D

E

F

G

H

I

N

O

[저자약력]

권재중(權才重)

서울대 경제학과를 졸업하고 미국 라이스대학교에서 경제학 박사학위를 취득했다. 1993년부터 대외경제정책연구원에서 금융서비스교역 및 자본이동 자유화에 대한 연구와 정부정책 자문활동에 주력했다. 1997년에는 금융개혁위원회의 전문위원으로 참여하여 중소기업금융과 금융국제화 등에 대한 제안서를 집필하였다. 외환위기 직후 정부의 외채대책반에 참여하였으며, 1998년에는 금융감독위원회 상임자문위원으로 금융구조조정 정책수립 및 실행에 일익을 담당하였다. 1999년부터는 금융연구원에서 은행의 부실채권정리 및 자본확충, 금융시스템 개선과제, 금융회사 인허가제도, 인터넷뱅킹 등에 관하여 활발한 연구활동을 하였다. 2003년부터는 금융감독위원장 자문관을 지낸 바 있으며, 2005년 SC제일은행의 상임감사로서 은행 현장에서 업무를 시작하여 스탠더드차타드그룹의 규제준수감사본부장을 역임하였다. 이후 2012년에 신한은행으로 옮겨 감사본부장, 리스크관리그룹장을 거쳐 현재는 경영기획그룹장으로 재직 중이다.

김대식(金大植)

서울대 경영학과를 졸업한 후 미국 펜실베니아대학 와튼스쿨에서 MBA와 재무학 박사학위를 받았다. 미국 뉴욕주립대학(SUNY-Buffalo) 경영대학에서 교수를 역임한 후 한국투자공사(KIC) 운영위원회 위원장을 맡고 있으며, 현재 한양대학교 경영대학 교수로 재직 중이다. 공적자금관리위원회 민간위원 겸 매각소위원회 위원장 등 다양한 정부위원회에 참가했고, 다수의 일반 기업 및 금융기관의 사외이사를 역임했다. 다수의 국내외 재무금융관련 학회에 참여해 왔고, 한국재무학회장, 한국금융학회장과 한국 FP학회장을 역임했으며, 3년 휴직기간 동안 보험연구원장을 역임하고 2013년 한양대로 복귀하였다. 주요 연구 관심분야는 금융규제와 감독, 예금보험제도, 금융기관경영 등이며, *Journal of Finance* 등 학술저널에 다수의 논문을 발표하였다.

김덕영(金德永)

서울대 경영학과를 졸업하고 동 대학원 경영학과를 수료하였다. 미국 일리노이대학(UIUC)에서 재무학 석사 및 박사학위를 받았다. 군복무 전후 현대종합상사에서 잠시 근무하였고, 유학 전까지 한국수출입은행 조사부와 자금부에 재직하였다. 박사학위 취득 후 숙명여자대학교에 부임하여 경제경영연구소 소장과 경상대학 학장을 역임하였으며, 투자신탁협회 자문위원회 위원, 기획재정부 기금운용평가단 평가위원과 한국재무학회, 한국금융학회, 한국경영학회 이사 등으로 일하였다. 현재 숙명여자대학교 경영학부 교수로 재직 중이다. 주요 연구실적으로는 「은행에 대한 묵시적 예금보호의 가치」, 「자본규제와 은행의 자본 및 위험에 관한 유인」, 「투자신탁 감독의 효율성 제고방안 : 자율규제를 중심으로」, 「우리나라 금융시스템의 발전방향」(공저) 등의 논문이 있다. 주요 연구 관심분야는 은행경영, 위험관리, 자산운용, 예금보험, 자본규제 등이다.

윤석헌(尹碩憲)

서울대 경영학과를 졸업 한국은행에 입행하였고, 해군사관학교 경영학 교관으로 군복무를 마쳤다. 미국 산타클라라대학에서 MBA를, 노스웨스턴대학에서 재무학 박사학위를 받았고, 캐나다 맥길대 경영대학 교수로 근무했다. 귀국 후 금융연구원(KIF) 선임연구위원으로 일했고, 한림대 재무금융학과로 옮겨 경영대학(원)장을 역임하였으며, 2010년 3월부터 2016년 2월까지 숭실대 금융학부 교수로 재직했다. 한국금융학회 및 한국재무학회학회장 등을 역임하였다. *Journal of Banking and Finance* 게재 논문 「Loan Commitments, Investment Decisions and the Signaling Equilibrium」(공저)으로 Iddo-Sarnat 상을 수상했고, 이밖에도 국내외 학회들로부터 최우수/우수 논문상을 수상했으며, 국내외 저널에 다수의 논문을 발표하였다. 은행경영, 금융중개론, 금융규제·감독, 자본시장, 금융위험관리 등이 연구 관심분야이다.

이동걸(李東傑)

서울대 경제학과를 졸업한 후 미국 예일대학에서 경제학 박사학위를 받았다. 산업연구원(KIET), 한국개발연구원(KDI), 한국금융연구원(KIF)에서 연구위원으로 재직하였으며, 1997년 대통령자문 금융개혁위원회 전문위원으로 일하였다. 2003년 3월부터 2004년 9월까지 금융감독위원회 부위원장(겸 증권선물위원회 위원장)을, 2007년 7월부터 2009년 1월까지 한국금융연구원 원장을 역임하였다. 한림대학교 재무금융학과 객원교수를 거쳐, 현재 동국대학교 경영대학 초빙교수로 재직 중이다. 주요 연구실적으로는 「금융개혁보고서」(공저), 「공적자금 회수규모 추정 및 상환대책」(공저) 등 연구보고서와 「The Dark Side of Internal Capital Allocation : The Case of Korean Chaebols」(공저), 「Restructuring of Daewoo」, 「경기순응성 완화 방안에 관한 연구－자본금버퍼와 동태적 충당금제도를 중심으로」(공저), 「국내 증권산업의 M&A 유인구조 분석 : No M&A 퍼즐」(공저) 등 다수의 논문이 있다.

이병윤(李秉允)

고려대 경제학과에서 학사와 석사를 마치고 한국은행에서 일하다가 미국으로 건너가 위스콘신대(매디슨)에서 경제학 박사학위를 받았다. 귀국 후 한국은행에서 조사역으로 근무하던 중 2002년부터 한국금융연구원으로 옮겨 지금까지 일하고 있다. 기금운용평가위원, UC-Berkeley 방문학자, 금융발전심의위원, 한국금융학회 부회장, 한국금융연구원 부원장 등을 역임하였으며, 현재 한국금융연구원 선임연구위원으로 재직하면서 연기금투자풀 운영위원을 맡고 있다. 주요 연구실적으로는 「금융기업결합 심사방안 연구」(공저), 「은행권 사외이사제도 개선방안」(공저), 「우리나라 은행 대형화와 기업대출자금의 배분」, 「우리나라 은행의 외화자금 조달방식과 외화유동성 위험」(공저), 「가계부채 백서」(공저) 등 연구보고서와 「외환위기 이후 금융구조조정이 우리나라 은행산업 경쟁도에 미친 영향」 등 다수의 논문이 있다. 주요 연구관심 분야는 은행산업, 금융발전 등이다.

장정자(張貞子)

이화여대 영어영문학과를 졸업한 후 미국 피츠버그대학에서 재무관리로 MBA를 받았다. 미국공인회계사이며 JPMorgan Chase, BNY Mellon 피츠버그 본점, ABN Amro 피츠버그 지점, Boston Company 보스턴 본점 등에서 근무하였고, Central Texas College에서 경영학을 강의하였다. 외환위기 이후 한국에 돌아와 1999년부터 우리은행에서 6년간 여신감리부장으로 근무하였고, 2005년부터는 금융감독원에서 국제협력국장으로, 2010년에는 금감원장 국제 보좌역으로 재직하였다. 금감원 재직 중 한국 최초로 국제보험감독자총회의 집행위원(2008~2010년)에 선출되었고, 여러 국제회의에서 한국을 대표하여 활동하였다. 현재 김 · 장 법률사무소에서 고문으로 근무하고 있고, AMCHAM(미국상공회의소) 자본시장 및 금융서비스 위원회 공동위원장과 BCCK(영국상공회의소) 집행위원을 맡고 있다.

정재욱(鄭宰旭)

한양대 공과대학을 졸업하고 미국으로 건너가 조지아주립대학에서 금융보험학 석사(MS), 위스콘신대학(매디슨)에서 경영학 박사(금융보험)학위를 취득하였다. 보험개발원(KIDI), 금융연구원(KIF)에서 연구위원으로 재직하였으며, 현재 세종대학교 경영대학 교수로 재직 중이다. 주요 연구실적으로는 「International Property-Liability Insurance Consumption」, 「방카슈랑스와 보험상품 판매규제」, 「은행의 방카슈랑스 영업 기술효율성 및 생산성 변화 연구」, 「보험지주회사 규제 및 감독에 관한 연구」, 「개인신용정보 공유수준에 따른 금융회사 영향 분석」, 「우리나라 가계부채의 연체결정요인 및 취약성 연구」(공저) 등 다수의 논문이 있다. 주요 연구 관심분야는 금융회사 감독 및 규제, 보험회사 경영, 개인 신용정보, 가계부채 등이다.

홍정훈(洪靜熏)

서울대 경영학과와 대학원 경영학과를 졸업한 후 미국 노스웨스턴대학에서 재무학 박사학위를 취득하였다. 금융연구원(KIF)에서 연구위원으로 재직하였으며, 1998년부터 국민대 경영학부 교수로 재직하고 있다. 주요 연구실적으로는 「우리나라 금융회사의 환경위험 관리 도입방안」, 「우리나라 증권결제제도 발전방향과 중앙은행의 역할」 등 연구보고서와 「최근 지급결제 환경변화에 대응한 감시체계 및 제도개편 방향에 관한 연구」(공저), 「KOSPI 200 편입효과와 개인투자자의 투자행태」(공저) 등을 포함하여 다수의 논문이 있다. 주요 연구 관심분야는 행태주의 재무론, 자본시장제도, 지급결제제도, 금융위험관리, 금융감독 등이다.

금융기관론(제3판)

2011년 8월 30일 1판 1쇄 발행
2022년 8월 10일 3판 3쇄 발행

저 자 | 권재중 · 김대식 · 김덕영 · 윤석헌 · 이동걸
이병윤 · 장정자 · 정재욱 · 홍정훈
발 행 인 | 이수영
발 행 처 | 도서출판 청람
서울시 마포구 독막로 288(대흥동, 세양상가 109호)
전 화 | 02)3272-2601~2
팩 스 | 02)3272-2603
이 메 일 | crbooks@daum.net
홈페이지 | www.crbooks.co.kr
등 록 | 2000년 8월 26일 제6-0509호

ISBN 978-89-5972-535-9 93320 [정가 36,000원]